O LONGO CAMINHO PARA A
UTOPIA

J. BRADFORD DeLONG

O LONGO CAMINHO PARA A UTOPIA

UMA HISTÓRIA ECONÔMICA DO SÉCULO XX

Tradução
Diego Franco Gonçales

Revisão técnica
Marco Antonio Rocha

CRÍTICA

Copyright © J. Bradford DeLong, 2022
Copyright © Editora Planeta do Brasil, 2024
Copyright da tradução © Diego Franco Gonçales, 2024
Todos os direitos reservados.
Título original: *Slouching Towards Utopia*

Coordenação: Sandra Espilotro
Preparação: Ana Maria Fiorini
Revisão: Ana Maria Barbosa e Carmen T. S. Costa
Diagramação: Negrito Produção Editorial
Capa: Ann Kirchner
Adaptação de capa: Emily Macedo
Imagens da capa: © Berg Dmitry / Shutterstock.com; © VadimZosimov/Shutterstock.com

Dados Internacionais de Catalogação na Publicação (CIP)
Angélica Ilacqua CRB-8/7057

DeLong, J. Bradford
  O longo caminho para a utopia : uma história econômica do século XX / J. Bradford DeLong ; tradução de Diego Franco Gonçales ; revisão técnica de Marco Antonio Rocha. -- São Paulo : Planeta do Brasil, 2024.
  544 p.

ISBN 978-85-422-2506-8
Título original: Slouching Towards Utopia

1. História econômica – Séc. XX 2. Igualdade 3. Inovações tecnológicas I. Título II. Gonçales, Diego Franco III. Rocha, Marco Antonio

23-6534   CDD 330.904

Índice para catálogo sistemático:
1. História econômica – Séc. XX

Ao escolher este livro, você está apoiando o manejo responsável das florestas do mundo

2024
Todos os direitos desta edição reservados à
EDITORA PLANETA DO BRASIL LTDA.
Rua Bela Cintra, 986, 4º andar – Consolação
São Paulo – SP CEP 01415-002
www.planetadelivros.com.br
faleconosco@editoraplaneta.com.br

À próxima geração:
Michael, Gianna, Brendan, Mary Paty, Matthew,
Courtney, Brian, Barbara, Nicholas, Maria, Alexis e Alex.

SUMÁRIO

Introdução: Minha narrativa grandiosa................... 9

1. Globalizando o mundo............................ 31
2. Acelerando os motores do crescimento conduzido pela tecnologia...................................... 61
3. Democratizando o Norte global 85
4. Impérios globais 113
5. Primeira Guerra Mundial 137
6. Os loucos anos 1920 159
7. A Grande Depressão 197
8. O socialismo real................................ 223
9. Fascismo e nazismo.............................. 245
10. Segunda Guerra Mundial 267
11. A Guerra Fria entre sistemas hostis, mas coexistentes...... 293
12. Inícios falsos (e verdadeiros) do desenvolvimento econômico no Sul global 319
13. Inclusão.. 351
14. Trinta gloriosos anos de social-democracia............ 373
15. A virada neoliberal............................... 403
16. Reglobalização, tecnologia da informação e hiperglobalização............................... 433
17. A Grande Recessão e a recuperação anêmica 455

Conclusão: Ainda estamos no longo caminho para a utopia? ... 487

Agradecimentos 503
Notas 505

INTRODUÇÃO
MINHA NARRATIVA GRANDIOSA

O que eu chamo de "o longo século XX" começou com alguns divisores de água ocorridos por volta de 1870 – o triplo surgimento da globalização, dos laboratórios de pesquisa industrial e das corporações modernas –, os quais introduziram mudanças que começaram a tirar o mundo da terrível pobreza que foi o destino da humanidade durante os 10 mil anos anteriores, desde a descoberta da agricultura.[1] E o que chamo de "o longo século XX" terminou em 2010, com os líderes da economia mundial, os países do Atlântico Norte, ainda sofrendo os efeitos da Grande Recessão iniciada em 2008 e incapazes desde então de retomar um crescimento econômico sequer próximo ao ritmo médio que tinha sido a regra desde 1870. Os anos posteriores a 2010 trariam grandes ondas de fúria política e cultural, capazes de desestabilizar o sistema, por parte das massas de cidadãos, todos atingidos de diferentes maneiras e por diferentes razões pelo fracasso do sistema do século XX em funcionar em seu benefício do modo como julgavam correto.

Entre essas duas pontas, as coisas eram maravilhosas e terríveis, mas, segundo os padrões de todo o resto da história humana, muito mais maravilhosas do que terríveis. Acredito firmemente que os 140 anos desse longo século XX, entre 1870 e 2010, foram os de maiores consequências entre todos os séculos da humanidade. E foi o primeiro século em que o fio histórico mais importante é o que todos chamariam de o fio econômico, pois foi o século que nos viu acabar com nossa terrível e quase universal pobreza material.

Minha forte crença de que a história deve se concentrar no longo século XX contrasta com o que outros – mais notavelmente Eric Hobsbawm, historiador marxista britânico – analisaram e chamaram de "curto século XX", que durou do início da Primeira Guerra Mundial, em 1914, à queda da União Soviética, em 1991.[2] Estes outros tendem a ver o século XIX como a longa ascensão da democracia e do capitalismo, de 1776 a 1914, e o curto século XX como aquele em que o socialismo e o fascismo reais abalaram o mundo.

As histórias dos séculos, longos ou curtos, são narrativas grandiosas por definição, construídas para contar a história desejada pelo autor. Definir estes anos, 1914-1991, como um século torna mais fácil para Hobsbawm contar a história que ele quer contar – mas ao preço de perder muito do que acredito fortemente ser a história maior e mais importante. É aquela que vai de cerca de 1870 a 2010, desde o sucesso da humanidade em abrir o portão que a aprisionava na extrema pobreza até o fracasso em manter o ritmo da rápida trajetória ascendente da riqueza humana que o êxito anterior havia iniciado.[3]

O que se segue é minha narrativa grandiosa, minha versão do que é mais importante contar sobre a história do século XX. Trata-se de uma história principalmente econômica. Naturalmente, ela começa em 1870. E acredito que, naturalmente, termina em 2010.

Como observou Friedrich August von Hayek, o genial – ao modo do dr. Jekyll – filósofo moral austro-inglês da Escola de Chicago, a economia de mercado obtém – incentivando e coordenando entre as bases – soluções para os problemas que ela própria cria.[4] Antes de 1870, a humanidade não possuía as tecnologias ou as organizações que permitiriam a uma economia de mercado formular o problema de como enriquecer a economia. Assim, embora a humanidade tivesse tido economias de mercado, ou pelo menos setores de mercado dentro de suas economias, tudo o que os mercados puderam fazer por milhares de anos antes de 1870 era encontrar clientes para os produtores de luxos e conveniências, e tornar suntuosa a vida dos ricos e cômoda e confortável a da classe média.

As coisas mudaram por volta de 1870. Foi quando surgiram as instituições para organização e pesquisa e as tecnologias – conseguimos a globalização plena, o laboratório de pesquisa industrial e a corporação moderna. Essas foram as chaves. Elas abriram o portão que até ali aprisionava a humanidade na extrema pobreza. O problema de como tornar a humanidade rica podia agora ser formulado à economia de mercado, porque agora havia uma solução. Do outro lado do portão, surgiu a trilha para a utopia. E tudo de bom deveria ter se seguido a partir disso.

E muita coisa boa realmente se seguiu.

Minha estimativa (ou talvez meu muito grosseiro palpite pessoal) do ritmo médio mundial daquilo que está no centro do crescimento econômico da humanidade – a taxa proporcional de crescimento do meu índice do valor do estoque de ideias úteis a respeito da manipulação da natureza e da organização de seres humanos, ideias essas que foram descobertas, desenvolvidas e implantadas na economia mundial – disparou de cerca de 0,45% ao ano antes de 1870 para 2,1% ao ano a partir de então, um verdadeiro divisor de águas. Um crescimento médio de 2,1% para os 140 anos entre 1870 e 2010 é uma multiplicação por um fator de 21,5. Isso foi muito bom: o crescente poder de criar riqueza e obter renda permitiu que os humanos tivessem mais das coisas boas, necessárias, convenientes e luxuosas da vida, e que pudessem melhor sustentar a si mesmos e a suas famílias. Isso não significa que a humanidade em 2010 fosse 21,5 vezes mais rica em termos de bem-estar material do que em 1870: havia seis vezes mais pessoas em 2010 do que em 1870, e o aumento resultante na escassez de recursos reduziria os padrões de vida humanos e os níveis de produtividade do trabalho. Como uma estimativa aproximada, a renda média mundial *per capita* em 2010 seria 8,8 vezes maior do que era em 1870, o que significa uma renda média *per capita* em 2010 de talvez US$ 11 mil por ano. (Para obter o número de 8,8, divida 21,5 pela raiz quadrada de 6.) Guarde esses números na cabeça como um guia muito grosseiro para o tanto que a humanidade era mais rica em 2010 do que em 1870 – e nunca se esqueça de que em 2010 a riqueza estava muito mais desigualmente distribuída ao redor do mundo do que em 1870.[5]

Uma taxa de crescimento de 2,1% ao ano é equivalente a uma duplicação a cada 33 anos. Isso significa que os alicerces econômicos, tanto tecnológicos como produtivos, da sociedade humana em 1903 eram profundamente diferentes daqueles de 1870 – alicerces fincados na indústria e na globalização, em oposição aos agrários e dominados por senhores de terras. O alicerçamento na produção em massa de 1936, pelo menos no núcleo industrial do Norte global, também foi uma mudança profunda. Mas a mudança para o alicerçamento no consumo de massa e na suburbanização de 1969 foi igualmente profunda, e a ela se seguiu a guinada de 2002, que fincou esses alicerces nos microeletrônicos da era da informação. Uma revolução econômica a cada geração não pode deixar de revolucionar a sociedade e a política, e é inevitável que um governo que tente lidar com essas repetidas revoluções fique sob imenso estresse em suas tentativas de administrar e garantir o sustento de seu povo durante as tormentas.

Gerou-se muita coisa boa, mas também muita coisa ruim: as pessoas podem usar, e realmente usam, tecnologias – tanto as mais duras, para manipular a natureza, quanto as mais suaves, para organizar humanos – para explorar, dominar e tiranizar. E o longo século XX viu as piores e mais sanguinárias tiranias que conhecemos.

E muita coisa misturada, tanto para o bem quanto para o mal, também fluiu. Tudo que era sólido se desmanchou no ar – ou, antes, todas as ordens e padrões estabelecidos evaporaram.[6] Apenas uma pequena proporção da vida econômica podia ser – e era – realizada em 2010 da mesma forma como em 1870. E até a parte que era a mesma era diferente: ainda que você estivesse fazendo as mesmas tarefas que seus predecessores faziam em 1870, e as fazendo nos mesmos lugares, outros pagariam muito menos do valor de seu tempo de trabalho pelo que você fez ou produziu. Como quase tudo que envolve a economia foi transformado de novo e de novo – como houve uma revolução econômica a cada geração, pelo menos nos lugares da Terra que tiveram a sorte de ser os polos de crescimento –, essas mudanças moldaram e transformaram quase tudo que fosse sociológico, político e cultural.

Suponha que pudéssemos voltar no tempo até 1870 e dizer às pessoas quão rica em relação a elas a humanidade se tornaria em 2010. Como reagiriam? Quase certamente pensariam que o mundo de 2010 seria um paraíso, uma utopia. As pessoas teriam 8,8 vezes mais riqueza? Certamente isso significaria poder suficiente para manipular a natureza e organizar os humanos de modo a que todos os problemas e obstáculos que atrapalhavam a humanidade, exceto os mais triviais, pudessem ser resolvidos.

Mas não. Já se passaram 150 anos. Não chegamos ao fim da trilha que leva à utopia. Ainda estamos caminhando – talvez, já que não conseguimos mais enxergar com clareza o fim dela, ou até mesmo para onde ela leva.

O que deu errado?

Bem, Hayek pode ter sido um gênio, mas apenas o lado "dr. Jekyll" dele era um gênio. Ele e seus seguidores também eram idiotas extraordinários. Também pensaram que o mercado sozinho seria capaz de fazer todo o trabalho – ou pelo menos todo o trabalho que poderia ser feito – e ordenaram à humanidade que acreditasse no funcionamento de um sistema com uma lógica própria, que os reles humanos jamais poderiam entender por completo: "O mercado dá, o mercado tira; abençoado seja o nome do mercado". Eles pensavam que a salvação possível para a humanidade viria não através do *sola fide* de São Paulo, mas através do *solo mercato* de Hayek.[7]

Porém a humanidade se opôs. A economia de mercado resolvia os problemas que ela mesma criava, mas então a sociedade não queria essas soluções – queria soluções para outros problemas, aqueles que a economia de mercado não formulava para si mesma e para os quais as soluções coletivas que obtinha eram inadequadas.

Quem melhor descreveu a questão talvez tenha sido Karl Polanyi, filósofo moral húngaro-judeu que viveu em Toronto. A economia de mercado reconhece os direitos de propriedade. Formula para si mesma o problema de dar àqueles que possuem propriedades – ou melhor, aquelas propriedades que ela considera valiosas – aquilo que eles acham que querem. Se você não tem propriedade, não tem direitos. E se a propriedade que tem não é valiosa, os direitos que você tem são muito escassos.

Mas as pessoas acham que têm outros direitos – acham que aqueles que não têm propriedades valiosas deveriam ter o poder de ser ouvidos socialmente, e que as sociedades deveriam levar em conta suas necessidades e desejos.[8] A economia de mercado pode de fato satisfazer suas necessidades e desejos. Só que, se isso acontece, é por mero acidente: apenas se satisfazer essas necessidade e desejos estiver de acordo com um teste de rentabilidade máxima, realizado por uma economia de mercado que está ocupada resolvendo o problema de como fornecer aos donos de propriedades valiosas o máximo possível daquilo que os ricos desejam.[9]

Assim, ao longo do longo século XX, comunidades e pessoas olharam para o que a economia de mercado lhes oferecia e perguntaram: "Foi isso que nós pedimos?". E a sociedade exigia uma outra coisa. O lado idiota de Friedrich von Hayek, o lado sr. Hyde, chamou isso de "justiça social" e decretou que as pessoas deveriam esquecê-la: a economia de mercado nunca poderia oferecer justiça social, e tentar reorganizar a sociedade para que a justiça social pudesse acontecer destruiria a capacidade da economia de mercado de entregar aquilo que ela era capaz de entregar: riqueza crescente, distribuída para aqueles que possuíam direitos de propriedade valiosos.[10]

Não deixe de notar que, nesse contexto, "justiça social" sempre foi apenas "justiça" em relação ao que determinados grupos desejavam: nada justificado por quaisquer princípios consensualmente transcendentais. Não deixe de notar que ela raramente era igualitária: é injusto que aqueles que não são iguais a você sejam tratados igualitariamente. Mas a única concepção de "justiça" que a economia de mercado podia oferecer era o que os ricos talvez pensassem que era justo, pois os proprietários eram as únicas pessoas com quem ela se importava. Além disso, a economia de mercado, embora poderosa, não é perfeita: ela é incapaz de fornecer sozinha pesquisa e desenvolvimento o bastante, por exemplo, ou qualidade ambiental, ou, de fato, emprego pleno e estável.[11]

Não: "O mercado dá, o mercado tira; bendito seja o nome do mercado" não era um princípio estável em torno do qual se poderia organizar a sociedade e a economia política. O único princípio estável tinha que ser alguma versão de "O mercado foi feito para o homem, não o homem para o mercado". Mas quem eram os homens que contavam, para quem o mercado deveria ser feito? E qual seria a melhor versão? E como resolver as contendas a respeito das respostas a essas perguntas?

Ao longo do longo século XX, muitos outros – Karl Polanyi, Theodore Roosevelt, John Maynard Keynes, Benito Mussolini, Franklin Delano Roosevelt, Vladimir Lênin e Margaret Thatcher são boas referências para as muitas correntes de pensamento, ativismo e ação – tentaram pensar em soluções. Eles discordavam da ordem pseudoclássica (pois a ordem da sociedade, economia e política, como era nos anos pós-1870, era de fato bastante nova) e semiliberal (pois se baseava na autoridade atribuída e herdada tanto quanto na liberdade) que Hayek e sua laia defendiam e trabalhavam para criar e manter. Fizeram isso de forma construtiva e destrutiva, exigindo que o mercado fizesse menos, ou fizesse algo diferente, e que outras instituições fizessem mais. Talvez o mais próximo disso que a humanidade tenha chegado foi o casamento forçado entre Hayek e Polanyi, abençoado por Keynes na forma da social-democracia desenvolvimentista do Atlântico Norte pós-Segunda Guerra Mundial. Mas essa configuração institucional falhou em seu próprio teste de sustentabilidade. E assim ainda estamos no caminho, não no seu fim. E ainda estamos, na melhor das hipóteses, no longo caminho para a utopia.

VOLTE À MINHA AFIRMAÇÃO ANTERIOR de que o longo século XX foi o primeiro em que o fio histórico mais importante foi o econômico. Vale refletir sem pressa sobre essa afirmação. Aquele século viu, entre muitas outras coisas, duas guerras mundiais, o Holocausto, a ascensão e queda da União Soviética, o apogeu da influência norte-americana e a ascensão da China modernizada. Como ouso dizer que todos esses são aspectos de uma história principalmente econômica? Na verdade, como ouso dizer que existe um único fio condutor mais importante?

Digo isso porque, se quisermos refletir de verdade, temos que criar narrativas grandiosas. Nas palavras do filósofo Ludwig Wittgenstein, um farol do século XX, narrativas grandiosas são "absurdas". Mas, em certo sentido, todo pensamento humano é absurdo: desconexo, propenso a confusões e capaz de nos enganar. E nossos pensamentos desconexos são nossa única maneira de pensar – nossa única maneira de progredir. Se tivermos sorte, disse Wittgenstein, podemos "considerá-los [...] sem sentido" e usá-los como degraus "para superá-los [... e então] jogar fora a escada" – pois, talvez, teremos aprendido a transcender "essas proposições" e adquirido a capacidade de "enxergar o mundo corretamente".[12]

É na esperança de transcender o absurdo para vislumbrar o mundo corretamente que escrevi esta narrativa grandiosa. É com esse espírito que declaro sem hesitação que o fio mais influente de toda essa história foi o econômico.

Antes de 1870, repetidamente, a tecnologia perdeu a corrida contra a fecundidade humana, contra a velocidade com que nos reproduzimos.

Números maiores, junto com a escassez de recursos e um ritmo lento de inovação tecnológica, produziam uma situação em que a maioria das pessoas, na maior parte das vezes, não podia ter certeza de que em um ano elas e seus familiares teriam um teto e comida suficiente.[13] Antes de 1870, aqueles capazes de obter tais confortos tinham que fazer isso tomando dos outros, em vez de encontrando maneiras de produzir mais para todos (especialmente porque aqueles que se especializam em produzir tornam-se alvos muito fáceis e atrativos para os especialistas em tomar dos outros).

A situação era periclitante antes de 1870. Entre 1770 e 1870, a tecnologia e as organizações ganharam um ou dois passos na dianteira da fecundidade. Mas só um ou dois passos. No início da década de 1870, o economista, filósofo moral e burocrata britânico John Stuart Mill afirmou, com alguma razão, ser "questionável que todas as invenções mecânicas já criadas aliviaram a labuta diária de qualquer ser humano".[14] É preciso avançar uma geração após 1870 para que o progresso material geral se torne inquestionável. O terreno podia então ter se estabilizado: as tecnologias do século XIX – vapor, ferro, trilhos e têxteis – estavam chegando ao ponto culminante; além disso, todas dependiam do carvão hiperbarato, e o carvão hiperbarato estava se esgotando.

Mas conte a qualquer um de antes do longo século XX sobre a riqueza, produtividade, tecnologia e organizações produtivas sofisticadas do mundo de hoje, e sua provável resposta, como observado acima, seria que, com tamanho poder e riqueza em nossas mãos, teríamos certamente construído uma utopia.

E foi de fato isso que eles nos disseram. Talvez o terceiro romance mais vendido nos Estados Unidos no século XIX tenha sido *Looking Backward, 2000-1887* [Olhando para trás, 2000-1887], de Edward Bellamy. Bellamy era um populista e – embora rejeitasse o nome – um socialista: ele sonhava com uma utopia criada pela propriedade governamental da indústria, a eliminação da competição destrutiva e a mobilização altruísta das energias humanas. Acreditava que a abundância tecnológica e organizacional geraria uma sociedade de abundância. Seu romance, portanto, era uma "fantasia literária, um conto de fadas de felicidade social", no qual ele imaginava, "plainando no ar, longe do

alcance do mundo sórdido e material do presente, [...] [um] palácio-
-nuvem para uma humanidade ideal".¹⁵

Ele lança seu narrador-protagonista em uma viagem no tempo, de 1887 a 2000, para se maravilhar com uma sociedade rica e funcional. A certa altura, perguntam ao narrador-protagonista se ele gostaria de ouvir um pouco de música. Ele espera que sua anfitriã toque piano. Isso por si só seria uma prova de um grande salto à frente. Para ouvir música quando quisesse por volta de 1900, você precisava ter – em sua casa ou nas proximidades – um instrumento e alguém treinado para tocá-lo. Um trabalhador médio precisaria de cerca de 2,4 mil horas, aproximadamente um ano em uma semana de trabalho de cinquenta horas, para ganhar o dinheiro para comprar um piano de alta qualidade. Depois, haveria a despesa e o tempo dedicados às aulas de piano.

Mas o narrador-protagonista de Bellamy fica impressionado quando sua anfitriã não se senta ao piano para diverti-lo. Em vez disso, ela "apenas tocou em um ou dois parafusos" e imediatamente a sala "se encheu de música; preenchida, não inundada, pois, de alguma forma, o volume da melodia havia sido perfeitamente ajustado para o tamanho do apartamento. 'Grandioso!', gritei. 'Bach deve estar tocando esse órgão; mas onde está o órgão?'".

Ele descobre que sua anfitriã havia ligado, por seu telefone fixo, a uma orquestra ao vivo, e a colocara no viva-voz. Perceba que, na utopia de Bellamy, você pode ligar para uma orquestra local e ouvi-la tocar ao vivo. Mas espere. Fica mais impressionante. Ele descobre depois que tem escolha. Sua anfitriã podia ligar para uma das quatro orquestras que tocavam naquele momento.

A reação do narrador? "Se nós [nos anos 1800] pudéssemos ter concebido um arranjo para oferecer a todos música em suas casas, perfeita em qualidade, ilimitada em quantidade, adequada a todos os humores, e começando e terminando à vontade, teríamos considerado que o limite da felicidade humana fora alcançado."¹⁶ Pense nisto: o limite da felicidade humana.

Utopias são, por definição, o objetivo final de tudo. "Um lugar ou estado de coisas imaginado em que todos são perfeitos": é o que diz o site Oxford Reference.¹⁷ Grande parte da história humana foi gasta em flertes desastrosos com uma grande variedade de ideais de perfeição. Imaginações utópicas durante o longo século XX foram responsáveis por seus absurdos mais chocantes.

Citando Immanuel Kant, o filósofo do século XVIII – "Com a madeira torta da humanidade nunca se fez nada reto" –, o filósofo e historiador Isaiah Berlin concluiu: "E por essa razão não há solução perfeita possível, não apenas na prática, mas como princípio, nos assuntos humanos".[18]

Berlin continua: "Qualquer tentativa determinada de criá-la [uma solução perfeita] provavelmente levará a sofrimento, desilusão e fracasso". Essa observação também indica por que enxergo o longo século XX como fundamentalmente econômico. Apesar de todos os seus benefícios desiguais, apesar de ter expandido a felicidade humana sem jamais chegar ao seu limite, apesar de todas as suas imperfeições manifestas, a economia durante o século XX funcionou a ponto de quase fazer milagres.

As consequências do longo século XX foram enormes: hoje, menos de 9% da humanidade vive no (ou abaixo do) padrão de vida de aproximadamente US$ 2 por dia, que consideramos como "pobreza extrema", um número que era de cerca de 70% em 1870. E mesmo entre esses 9%, muitos têm acesso à saúde pública e a tecnologias de comunicação por telefone celular, de grande valor e poder. Hoje, as economias mais afortunadas do mundo alcançaram níveis de prosperidade *per capita* pelo menos vinte vezes superiores aos de 1870 e pelo menos 25 vezes superiores aos de 1770 – e não faltam razões para acreditar que, nos séculos vindouros, a prosperidade continuará a crescer a uma taxa exponencial. Hoje, os cidadãos típicos dessas economias podem exercer poderes – de mobilidade, de comunicação, de criação e de destruição – que se aproximam daqueles atribuídos a feiticeiros e deuses em eras passadas. Mesmo a maioria dos que vivem em economias azaradas e no "Sul global" enfrenta não o padrão de vida de US$ 2 a US$ 3 por dia dessas economias em 1800 ou 1870, mas uma média mais próxima de US$ 15 por dia.

Muitas invenções tecnológicas do século passado transformaram experiências que eram luxos raros e valiosos – disponíveis apenas para uns poucos ricos e com grandes custos – em traços comuns da vida moderna que achamos tão inquestionáveis que, em uma lista do que pensamos ser nossas riquezas, não entrariam no top 20, e nem mesmo no top 100. Muitos de nós crescemos tão acostumados com o nosso nível diário de felicidade que ignoramos por completo algo surpreendente. Nós hoje – mesmo os mais ricos de nós – raramente nos enxergamos como extraordinariamente sortudos, afortunados e felizes, embora, pela primeira vez na história humana, haja mais do que o suficiente.

Há mais calorias do que o suficiente no mundo, por isso é desnecessário que alguém passe fome.

Há mais abrigo do que o suficiente no globo, por isso é desnecessário que alguém fique sem teto.

Há mais roupas do que o suficiente em nossos depósitos, por isso é desnecessário que alguém passe frio.

E há mais coisas do que o suficiente por aí e também sendo produzidas diariamente, então é desnecessário que alguém sinta falta de algo de que precisa.

Em suma, não estamos mais sequer perto do que poderíamos chamar de "reino da necessidade". E, como disse G. W. F. Hegel: "Buscai primeiro comida e roupas, e então o Reino de Deus vos será acrescentado".[19] Então, alguém poderia pensar, nós humanos deveríamos estar em algum tipo de condição passível de ser reconhecida como utópica. O fato de não conseguirmos aceitar isso é mais uma consequência de vivermos mergulhados na corrente da história econômica. Enquanto a história alimentada por aspirações utópicas é uma proposição de tudo ou nada, os sucessos e fracassos da história econômica são mais frequentemente vivenciados nas margens.

E é em parte por isso que nenhum triunfalismo otimista no percurso do longo século XX pode sobreviver nem mesmo a um breve olhar sobre a economia política dos anos 2010: o afastamento dos Estados Unidos de seu papel de líder mundial bom-moço e da Grã-Bretanha de seu papel como peça-chave da Europa; e a ascensão na América do Norte e na Europa de movimentos políticos que rejeitam a política de consenso representativo democrático – movimentos que Madeleine Albright, ex-secretária de Estado dos Estados Unidos, chamou de "fascistas" (e quem sou eu para dizer a ela que ela está errada?).[20] De fato, qualquer narrativa triunfalista colapsaria diante dos fracassos evidentes que os administradores da economia global sofreram na década anterior.

Sim, entre 1870 e 2010 a tecnologia e as organizações superaram múltiplas vezes a fecundidade. Sim, uma humanidade recentemente mais rica triunfou com estardalhaço sobre as tendências de expansão da população e, portanto, de maior escassez de recursos, compensando mais conhecimento e melhor tecnologia. Mas a prosperidade material está distribuída de forma desigual ao redor do mundo, a um ponto grosseiro e até criminoso. E riqueza material não torna as pessoas felizes em um mundo onde políticos e outras pessoas prosperam enormemente ao buscar novas maneiras de tornar e manter as pessoas infelizes. A história do longo século XX não pode ser contada como um galope triunfal, ou uma marcha triunfal, ou mesmo uma caminhada do progresso que nos aproxima da utopia. Estamos, na verdade, rastejando. No melhor dos casos.

Uma razão pela qual o progresso humano em direção à utopia é no máximo um rastejo é que muito dele foi e ainda é mediado pela economia de mercado, este Mamon da Injustiça. A economia de mercado permite a surpreendente coordenação e cooperação de quase 8 bilhões de humanos em uma divisão de trabalho altamente produtiva. Ela também não reconhece aos humanos quaisquer direitos além daqueles que acompanham as propriedades que seus governos dizem que esses humanos possuem. E esses direitos de propriedade só valem algo se ajudarem a produzir coisas que os ricos querem comprar. Não dá para isso ser justo.

Como observei acima, Friedrich von Hayek sempre advertiu contra ouvir o canto da sereia de que devemos buscar justiça em vez de mera produtividade e abundância. Precisávamos nos amarrar ao mastro. A interferência no mercado, por mais bem-intencionada que fosse em seu início, nos levaria a uma espiral descendente. Ela nos colocaria no caminho para, bem, alguma variante industrial da era da servidão. Mas Karl Polanyi respondeu que tal atitude era desumana, além de impraticável: acima de tudo, as pessoas acreditavam firmemente que tinham outros direitos mais importantes e anteriores aos direitos de propriedade que energizavam a economia de mercado. Elas tinham direito a uma comunidade que lhes desse apoio, a uma renda que lhes desse os recursos que mereciam, à estabilidade econômica que lhes desse trabalho consistente. E quando a economia de mercado tentasse dissolver todos os direitos, exceto os de propriedade? Abra os olhos![21]

Rastejar, no entanto, é melhor do que ficar parado, para não falar de retroceder. Este é um truísmo que nenhuma geração da humanidade jamais contestou. O ser humano sempre foi inventivo. O avanço tecnológico raramente parou. Os moinhos de vento, diques, campos, plantações e animais da Holanda em 1700 tornaram sua economia rural muito diferente da dos pântanos pouco cultivados de 700. Os navios que atracavam no porto chinês de Cantão tinham um alcance muito maior em 1700 do que em 800, assim como as mercadorias que entravam e saíam deles tinham um valor muito maior. E tanto o comércio quanto a agricultura em 800 eram muito mais avançados tecnologicamente do que nas primeiras civilizações alfabetizadas de 3000 a.C., ou algo assim.

Mas antes de nossa era, na Era Agrária pré-industrial, o progresso tecnológico levou a poucas mudanças visíveis ao longo de uma ou mesmo várias vidas, e pouco crescimento nos padrões de vida típicos, mesmo ao longo de séculos ou milênios.

Lembre-se do meu índice muito grosseiro que rastreia o valor das ideias úteis da humanidade para manipular a natureza e organizar esforços coletivos – um índice de nossa "tecnologia", como os economistas a chamam. Para calculá-lo, suponha que cada aumento de 1% nos padrões de vida humana média em todo o mundo nos diz que o valor de nossas ideias úteis aumentou 1%. Isso é simplesmente uma equiparação: quero que o índice aumente com a renda real, e não com outra coisa, como a raiz quadrada ou o quadrado da renda. Suponha também que cada aumento de 1% na população humana em um padrão de vida típico constante nos diz que o valor das ideias úteis aumentou 0,5% – pois esse aumento é necessário para manter o padrão de vida constante em face da escassez de recursos que emerge de uma população mais elevada. Essa é uma forma de levar em conta o fato de que, como nossos recursos naturais não são ilimitados, para sustentar uma população maior com o mesmo padrão de vida dependemos de tanta engenhosidade humana adicional quanto dependeríamos para sustentar a mesma população com um padrão de vida mais alto.[22]

Defina esse índice quantitativo do valor global do conhecimento humano útil igual a 1 em 1870, no início do longo século XX. No ano 8000 a.C., quando descobrimos a agricultura e desenvolvemos a pecuária, o índice era de 0,04, aproximadamente, e em uma média mundial, com os mesmos materiais e em fazendas de mesmo tamanho, seriam necessários 25 trabalhadores em 8000 a.C. para fazer o que um trabalhador podia fazer em 1870. No ano 1, 8 mil anos depois, esse índice era de 0,25: com os mesmos recursos, melhores "tecnologias" significavam que o trabalhador típico era agora mais de seis vezes mais produtivo do que o trabalhador típico no início da Era Agrária – mas apenas um quarto tão produtivo quanto o trabalhador típico de 1870. Em 1500, o índice estava em 0,43, mais de 70% acima do ano 1 e um pouco menos da metade do valor de 1870.

São mudanças impressionantes para um índice. Elas resumem, do ponto de vista daqueles que viveram há 8 mil anos, ampliações verdadeiramente milagrosas e impressionantes do império humano. As tecnologias de 1500 – a cerâmica Ming, a caravela portuguesa ou o cultivo úmido de mudas de arroz – teriam parecido milagrosas. Mas esse crescimento e o ritmo da invenção ocorreram ao longo de um enorme período de tempo: a tecnologia avançou apenas 0,036% ao ano durante todo o período entre o ano 1 e 1500 – ou seja, apenas 0,9% durante o curso de uma vida, que naquele período era em média de 25 anos.

E o maior conhecimento em tecnologia e organização humana fez com que a vida de uma pessoa típica em 1500 fosse muito mais confortável do que em 8000 a.C.? Pior que não. A população humana cresceu a uma taxa média de 0,07% ao ano entre o ano 1 e 1500, e essa diminuição de 0,07% ao ano no tamanho médio das fazendas e outros recursos naturais disponíveis por trabalhador significava que, em média, o trabalho mais qualificado produzia pouco ou nenhum valor líquido adicional. Enquanto a elite vivia muito melhor em 1500 do que em 8000 a.C. ou no ano 1, as pessoas comuns – camponeses e artesãos – viviam pouco ou nada melhor do que seus predecessores.

Os humanos da Era Agrária eram desesperadamente pobres: era uma sociedade de subsistência. Em média, 2,03 filhos por mãe sobreviviam para se reproduzir. Uma mulher típica (que não estava entre uma em cada sete que morria no parto, ou uma em cada cinco que morria antes de seus filhos crescerem, às vezes das mesmas doenças contagiosas às quais eles sucumbiam) teria passado talvez vinte anos comendo para dois: ela passaria por talvez nove gestações, seis nascidos vivos e três ou quatro filhos sobrevivendo até os cinco anos de idade, e a expectativa de vida de seus filhos permaneceria abaixo, talvez bem abaixo, de trinta anos.[23]

Evitar que seus filhos morram é o primeiro e maior objetivo de todos os pais. A humanidade na Era Agrária definitivamente não conseguia fazer isso de forma estável. Esse índice mede a pressão da necessidade material a que a humanidade se viu submetida.

Ao longo dos milênios, no entanto, o crescimento médio geracional da população foi de 1,5%. Em 1500 havia cerca de três vezes mais pessoas do que no ano 1 – 500 milhões, em vez de 170 milhões. Mais humanos não se traduzia em menos necessidade material individual. Em 1500, os avanços no conhecimento tecnológico e organizacional passaram a compensar menos recursos naturais *per capita*. Assim, a história econômica continuava a ser um pano de fundo em lenta mudança, diante do qual a história cultural, política e social acontecia.

Depois de 1500, a coisa começou a mudar de figura. Talvez uma boa metáfora seja cruzar uma fronteira e entrar em uma nova bacia hidrográfica – agora você está indo rio abaixo e as coisas estão fluindo em uma nova direção. Chamemos essa mudança de chegada da era da "Revolução Imperial-Comercial". O ritmo das invenções e inovações acelerou. E então, por volta de 1770, chegamos a uma nova bacia hidrográfica no que diz respeito ao nível de prosperidade mundial e ao ritmo de crescimento econômico global: chamemos o século após 1770 de a chegada da era da "Revolução Industrial". Em 1870, o índice do valor do conhecimento era 1, mais que o dobro que em 1500. Foram necessários 9.500 anos para o salto de dez vezes, de 0,04 para 0,43 – 2.800 anos, em média, para dobrar de valor, e então a próxima duplicação levou menos de 370 anos.

Mas isso significava uma humanidade mais rica e confortável em 1870? Não muito. Havia então, em 1870, 1,3 bilhão de pessoas vivas, 2,6 vezes mais do que em 1500. O tamanho das fazendas era, em média, apenas dois quintos do das de 1500, anulando o enorme volume de melhorias tecnológicas no que diz respeito aos padrões médios de vida.

Por volta de 1870, cruzamos outra fronteira em mais um novo divisor de águas: a era que Simon Kuznets chamou de era do "crescimento econômico moderno".[24] Durante o período que se seguiria, o longo século XX, houve uma explosão.

Os cerca de 7 bilhões de pessoas em 2010 tinham um valor global de índice de conhecimento de 21. Maravilhe-se. O valor do conhecimento em tecnologia e organização cresceu a uma taxa média de 2,1% ao ano. Desde 1870, a capacidade tecnológica e a riqueza material da humanidade explodiram além da imaginação. Em 2010, a família humana média já não enfrentava como seu problema mais urgente e importante a tarefa de adquirir comida, abrigo e roupas suficientes para o próximo ano – ou para a próxima semana.

Do ponto de vista tecnoeconômico, 1870-2010 foi a época do laboratório de pesquisa industrial e da corporação burocrática. Um reuniu comunidades de prática de engenharia para impulsionar o crescimento econômico, e a outra organizou comunidades de competência para implantar os frutos das invenções. Foi só um pouco menos a era da globalização: transporte marítimo e ferroviário baratos que anulavam a distância como fator de custo e permitiam que humanos em grande número buscassem vidas melhores, junto com conexões de comunicação que nos permitiam conversar em tempo real com todo o mundo.

Os laboratórios de pesquisa, as corporações e a globalização deram tração à onda de descoberta, invenção, inovação, implantação e integração econômica global que ampliou nosso índice global de conhecimento econômico útil. Maravilhe-se mais um pouco. Em 1870, o salário diário de um trabalhador não qualificado em Londres, a cidade então na vanguarda do crescimento e do desenvolvimento econômicos mundiais, compraria para ele e sua família cerca de 5 mil calorias em pão. Isso era um progresso: em 1800, seu salário diário teria comprado para ele e sua família talvez 4 mil calorias de um pão mais grosseiro, e em 1600, cerca de 3 mil calorias de um pão mais grosseiro ainda. (Mas o pão mais grosseiro e com mais fibras não é melhor para você? Para nós, sim – mas só para aqueles de nós que estão ingerindo calorias suficientes e, portanto, têm energia para fazer seu trabalho diário e depois se preocupar com coisas como o consumo de fibras. Antigamente, você estaria desesperado para absorver o máximo de calorias possível e, para isso, um pão mais branco e mais fino era melhor.) Hoje, o salário diário de um trabalhador não qualificado em Londres lhe compraria 2,4 milhões de calorias de trigo, que ele poderia então simplesmente transformar em pão em casa: quase quinhentas vezes mais do que em 1870.

Do ponto de vista biossociológico, esse progresso material significava que a mulher típica não precisava mais passar vinte anos comendo por dois – grávida ou amamentando. Em 2010, esse tempo estava mais próximo de quatro anos. E foi também durante esse século que nos tornamos capazes, pela primeira vez, de evitar que mais da metade de nossos bebês morressem em abortos ou como natimortos, e também durante a primeira infância – e evitar que mais de um décimo das mães morresse no parto.[25]

Do ponto de vista das nações e da política, a criação e a distribuição de riqueza impulsionaram quatro coisas, das quais a primeira foi de longe a mais importante: 1870-2010 foi o século em que os Estados Unidos se tornaram uma superpotência. Em segundo lugar, foi durante esse período que o mundo passou a ser composto principalmente de nações, e não de impérios. Terceiro, o centro de gravidade da economia passou a consistir em grandes empresas oligopolistas que controlavam cadeias de valor. Por fim, isso criou um mundo em que as ordens políticas seriam legitimadas primordialmente, pelo menos em tese, por eleições com sufrágio universal – e não pelas reivindicações da plutocracia, tradição, "aptidão", carisma de líderes ou conhecimento de uma chave secreta para o destino histórico.

Muito do que nossos predecessores teriam chamado de "utópico" foi alcançado passo a passo, por meio de melhorias econômicas ano a ano, cada uma delas marginal, mas que se combinavam.

E, no entanto, em 1870, tal explosão não era prevista, ou não foi prevista por muitos. Sim, 1770-1870 viu pela primeira vez a capacidade produtiva começar a superar o crescimento populacional e a escassez de recursos naturais. No último quarto do século XIX, o habitante médio de uma economia líder – um britânico, um belga, um holandês, um norte-americano, um canadense ou um australiano – tinha talvez o dobro da riqueza material e do padrão de vida do habitante típico de uma economia pré-industrial.

Isso bastava para ser um verdadeiro divisor de águas?

No início da década de 1870, John Stuart Mill deu os toques finais no livro que as pessoas que buscavam entender a economia então procuravam: *Princípios de economia política, com algumas de suas aplicações à filosofia social*. Seu livro dava a devida atenção à era 1770-1870 da

Revolução Industrial britânica. Mas, olhando ao redor, ele enxergou um mundo ainda pobre e miserável. Longe de aliviar a labuta diária da humanidade, a tecnologia da época apenas "permitiu que uma população maior vivesse a mesma vida de labuta e aprisionamento, e que um número maior de fabricantes e outros fizessem fortunas".[26]

Uma palavra de Mill se destaca para mim: "aprisionamento".

Sim, Mill enxergou um mundo com mais e mais ricos plutocratas e uma classe média maior. Mas ele também enxergava o mundo de 1871 não apenas como um mundo de trabalho penoso – um em que os humanos tinham que trabalhar longas e cansativas horas. Ele o enxergava não apenas como um mundo em que a maioria das pessoas estava à beira do desespero da fome, não apenas como um mundo de baixa alfabetização – em que a maioria das pessoas só podia acessar parcial e lentamente o estoque coletivo de conhecimento, ideias e entretenimento humanos. O mundo que Mill enxergou era um em que a humanidade estava aprisionada: em uma masmorra, acorrentada e agrilhoada.[27] E Mill enxergava apenas uma saída: se o governo tomasse o controle da fecundidade humana e exigisse licenças para que as pessoas tivessem filhos, proibindo a reprodução daquelas sem condições de cuidar e educar adequadamente deles, só então – ou estaria ele pensando "se"? – as invenções mecânicas provocariam as "grandes mudanças no destino humano, que estão em sua natureza e em seu futuro realizar".[28]

E havia outros muito mais pessimistas do que Mill. Em 1865, o então economista britânico William Stanley Jevons, à época com trinta anos, fez fama profetizando a ruína da economia britânica: ela precisava cortar imediatamente a produção industrial para economizar carvão, um bem escasso e cada vez mais valioso.[29]

Com tanto pessimismo circulando, a explosão vindoura no crescimento econômico estava longe de ser aguardada – mas também seria perigosamente mal interpretada por alguns.

Em 1848, Karl Marx e Friedrich Engels já tinham enxergado a ciência e a tecnologia como forças prometeicas que permitiriam à humanidade derrubar seus velhos deuses (míticos) e dar à própria humanidade o poder de um deus. A ciência, a tecnologia e a classe empreendedora em busca de lucros que as empregavam tinham, disseram eles, durante seu governo de escassos cem anos […] criado forças produtivas mais massivas e colossais do que todas as gerações anteriores juntas. Sujeição das forças da Natureza ao homem, maquinaria, aplicação da química à indústria e agricultura, navegação a vapor, ferrovias, telégrafos elétricos, aragem de continentes inteiros para cultivo, canalização de rios, populações inteiras conjuradas do nada – que século anterior teve sequer um pressentimento de que tais forças produtivas jaziam no colo do trabalho social?[30]

ENGELS DECLAROU QUE, AO ignorar o poder da ciência, da tecnologia e da engenharia, meros economistas (como Mill) haviam demonstrado ser pouco mais do que esbirros dos ricos.[31]

Mas a promessa de Marx e Engels não era que um dia haveria comida suficiente, ou abrigo suficiente, ou roupas suficientes para as massas, muito menos um aumento exponencial no valor do conhecimento global, ou mesmo uma escolha quase ilimitada de música para ouvir. O crescimento econômico, rastejante ou galopante, era apenas um paroxismo necessário no caminho para a utopia. *A promessa deles era a utopia*. Nas poucas e ralas descrições de Marx sobre a vida após a revolução socialista, em obras como sua *Crítica do programa de Gotha*, a vida utópica que ele previa ecoava – deliberadamente, mas com que intenção autoral? – as descrições nos Atos dos Apóstolos de como se comportavam as pessoas que alcançavam o Reino dos Céus: cada um contribuía "conforme sua capacidade" (Atos 11:29), e cada um utilizava o estoque comum e abundante "conforme suas necessidades" (4:35).[32] Talvez suas descrições sejam escassas e não detalhadas porque elas diferiam muito pouco do que Mill imaginava: o fim do aprisionamento e do trabalho penoso da pobreza, uma sociedade na qual todas as pessoas pudessem ser verdadeiramente livres.

No entanto, a melhoria econômica, alcançada por rastejos ou galopes, tem importância.

Quantos de nós hoje conseguiríamos nos virar em uma cozinha de um século atrás? Antes da chegada da corrente elétrica e da máquina de lavar, lavar a roupa não era uma tarefa chata e menor, mas sim uma parte significativa da semana de uma casa – ou melhor, da semana das mulheres de uma casa. Hoje, poucos entre nós são coletores, caçadores ou fazendeiros. Caçar, coletar, cultivar, junto com pastorear, fiar e tecer, limpar, cavar, fundir metal e moldar madeira – de fato, montar estruturas à mão – tornaram-se as ocupações de uma pequena e cada vez menor proporção de humanos. E onde temos fazendeiros, pastores, trabalhadores da manufatura, trabalhadores da construção civil e mineiros, eles são majoritariamente controladores de máquinas e cada vez mais programadores de robôs. Já não são pessoas que fabricam, fazem ou moldam as coisas com as mãos.

Em vez disso, o que as pessoas modernas fazem? Cada vez mais, avançamos o corpo de conhecimento tecnológico e científico. Educamos uns aos outros. Prestamos cuidados médicos uns aos outros. Cuidamos dos nossos jovens e dos nossos velhos. Entretemos uns aos outros. Prestamos outros serviços uns aos outros para que todos possamos aproveitar os benefícios da especialização. E nos envolvemos em complicadas interações simbólicas que têm o efeito emergente de distribuir *status* e poder e coordenar a divisão do trabalho da economia de hoje, que em 2010 abrangia 7 bilhões de pessoas.

Durante o curso do longo século, cruzamos uma grande fronteira entre o que costumávamos fazer em toda a história humana anterior e o que fazemos agora. Não se trata, é verdade, da utopia. Imagino que Bellamy ficaria ao mesmo tempo impressionado e desapontado.

O historiador econômico Richard Easterlin ajuda a explicar o porquê. A história dos fins buscados pelos humanos, ele sugere, demonstra que não somos adequados para a utopia. Com nossa riqueza crescente, as necessidades de outrora se tornam assuntos de pouca preocupação – talvez até mesmo para além de nossa percepção. Mas as conveniências se transformam em necessidades. Luxos se transformam em conveniências. E nós, humanos, fantasiamos e então criamos novos luxos.[33]

Easterlin, perplexo, quebra a cabeça sobre por que "as preocupações materiais nas nações mais ricas de hoje são tão urgentes quanto sempre, e a busca por necessidades materiais, igualmente intensa". Ele enxergava a humanidade em uma esteira ergométrica hedônica: "Geração após geração pensa que precisa apenas de mais 10% ou 20% de renda para ser perfeitamente feliz. [...] No fim das contas, o triunfo do crescimento econômico não é um triunfo da humanidade sobre as necessidades materiais; ao contrário, é o triunfo das necessidades materiais sobre a humanidade".³⁴ Não usamos nossa riqueza para dominar nossas necessidades. Em vez disso, nossos desejos usam nossa riqueza para continuar a nos dominar. E essa esteira hedônica é uma poderosa razão pela qual, mesmo quando tudo corria muito bem, nós apenas rastejamos em vez de galopar em direção à utopia.

No entanto, descer da esteira parece algo sombrio. Só um tolo rastejaria ou galoparia – de bom grado ou por ignorância – para trás, para uma terrível pobreza global quase universal.

Deixe-me recordá-lo, novamente, de que o que se segue é uma narrativa grandiosa. Por necessidade, dedico capítulos a descrever coisas às quais outros dedicaram livros, na verdade, vários volumes. Na busca de grandes temas, os detalhes necessariamente sofrem. Além disso, conforme necessário – o que será frequente –, vou "puxar pela raiz" e voltar no tempo para identificar e traçar rapidamente uma história de origem influente, pois não podemos fazer nada além de refletir em termos narrativos. O que aconteceu em 1500, digamos, teve consequências para o que aconteceu em 1900. Detalhes, áreas cinzentas, controvérsias, incertezas históricas – eles sofrem, sofrem muito, mas por um propósito. Até hoje, nós, humanos, fracassamos em enxergar o longo século XX como fundamentalmente econômico em sua importância – e, em consequência disso, fracassamos em tirar dele todas as lições que devemos tirar. Tiramos abundantes lições da miríade de histórias políticas, militares, sociais, culturais e diplomáticas dessas décadas. Mas as lições econômicas não são menos urgentes – de fato, são mais urgentes.

A fonte de onde tudo o mais flui foi a explosão de riqueza material que superou todos os precedentes: o longo século XX testemunhou aqueles de nós que pertencem à classe média alta, e que vivem no núcleo industrial da economia mundial, tornarem-se muito mais ricos do que poderiam imaginar os teóricos das utopias dos séculos anteriores. Dessa explosão decorreram cinco importantes processos e conjuntos de forças que constituirão os grandes temas deste livro:

A história se tornou econômica: por causa da explosão da riqueza, o longo século XX foi o primeiro em que a história foi predominantemente uma questão econômica: a economia foi a arena dominante de eventos e mudanças, e as mudanças econômicas foram a força motriz por trás de outras mudanças, de uma forma nunca antes vista.

O mundo se globalizou: como nunca antes, coisas que aconteciam em outros continentes tornaram-se não apenas fatores marginais, mas fatores determinantes e centrais do que acontecia em todos os lugares em que seres humanos viviam.

A cornucópia tecnológica foi o motor: a explosão do conhecimento tecnológico humano possibilitou o enorme aumento da riqueza material – foi seu pré-requisito, na verdade. Isso exigiu não apenas uma cultura e um sistema educacional que criassem um grande número de cientistas e engenheiros, e meios de comunicação e memória, para que pudessem incrementar descobertas anteriores, mas também uma economia de mercado estruturada de tal forma que valesse a pena para as pessoas canalizar recursos para cientistas e engenheiros fazerem seu trabalho.

Governos mal administrados, criando insegurança e insatisfação: os governos do longo século XX tinham pouca ideia sobre como regular o mercado não autorregulado para manter a prosperidade, garantir oportunidades ou produzir igualdade substancial.

As tiranias se intensificaram: as longas tiranias do século XX foram mais brutais e mais bárbaras do que as de qualquer século anterior – e estiveram, de maneiras estranhas, complicadas e confusas, intimamente relacionadas às forças que tornaram tão grande a explosão da riqueza.

Escrevo este livro para gravar essas lições em nossas memórias coletivas. Para isso, a única maneira que conheço é contar as histórias e as sub-histórias.

O ponto de partida é no ano de 1870, com a humanidade ainda enfeitiçada, de modo que uma tecnologia melhor não significava padrões de vida mais altos para o ser humano típico, mas sim mais pessoas e mais escassez de recursos que consumiam quase todo, se não todo, o potencial de aperfeiçoamento material. A humanidade ainda estava sob o feitiço de um demônio: o demônio de Thomas Robert Malthus.[35]

1
GLOBALIZANDO O MUNDO

Ele estava aborrecido com as dissertações a favor da democracia, da razão, do feminismo, do Iluminismo e da revolução que cruzavam sua escrivaninha. Assim, pouco antes de 1800, o estudioso e clérigo inglês Thomas Robert Malthus escreveu uma contrainvectiva, seu *Ensaio sobre o princípio da população*. O objetivo? Demonstrar que seu alvo explícito, William Godwin (pai de Mary Wollstonecraft Shelley, a autora de *Frankenstein*) – e todos os seus comparsas –, era, por melhores que fossem suas intenções, um inimigo míope e iludido do bem-estar público. Em vez de uma revolução que trouxesse democracia, razão, feminismo e iluminismo, o que a humanidade precisava era de ortodoxia religiosa, monarquia política e patriarcado familiar.[1]

Por quê? Porque a sexualidade humana seria uma força quase irresistível. A menos que fosse controlada de alguma forma – a menos que as mulheres fossem mantidas sob a religião, o mundo permanecesse patriarcal e vigorassem sanções governamentais para impedir as pessoas de fazerem amor, exceto sob certas condições pré-aprovadas e rigorosas –, a população sempre se expandiria até atingir um limite imposto pela "verificação positiva": em outras palavras, a população só pararia de crescer quando as mulheres ficassem tão magras que a ovulação se tornasse um cara ou coroa e quando as crianças se tornassem tão desnutridas que seus sistemas imunológicos ficassem comprometidos e ineficazes. A boa alternativa que Malthus enxergou foi a "verificação preventiva": uma sociedade na qual a autoridade paterna mantivesse as mulheres virgens até os 28 anos, mais ou menos, e na qual, mesmo depois dessa idade, as restrições governamentais proibissem de fazer sexo as mulheres que não tivessem a bênção de um casamento, e ainda o medo da condenação induzido pela religião as impedisse de fugir dessas restrições. Então, e só então, uma população poderia se estabelecer em um equilíbrio em que as pessoas fossem (relativamente) bem nutridas e prósperas.

O que Malthus escreveu não era, do seu ponto de vista, falso, pelo menos para a sua época e também para as anteriores. O mundo no ano 6000 a.C. era um lugar com talvez 7 milhões de pessoas e um índice tecnológico de 0,051. O padrão de vida era o que as Nações Unidas e os economistas do desenvolvimento poderiam fixar em uma média de US$ 2,50 por dia, ou cerca de US$ 900 por ano. Avançando para o ano 1, vemos um mundo com uma grande quantidade de invenções, inovações e desenvolvimento tecnológico acumulados em comparação com 6000 a.C. A tecnologia avançou muito, e meu índice agora chegava a 0,25, mas o padrão de vida aproximado ainda era de cerca de US$ 900 por ano. Por que nenhuma mudança? Porque a sexualidade humana era de fato uma força quase irresistível, como Malthus sabia, e a população humana mundial havia crescido de cerca de 7 milhões em 6000 a.C. para talvez 170 milhões no ano 1. O economista Greg Clark estimou os salários reais dos trabalhadores ingleses da construção ao longo do tempo, e esses dados nos dizem, em um índice que fixa esses salários em 1800 em 100, que o salário real dos trabalhadores da construção também tinha o valor de 100 em 1650, em 1340, em 1260 e em 1230. O pico que esse salário atingiu foi o valor de 150 em 1450, depois que a Peste Negra (1346-1348) dizimou talvez um terço da população da Europa, e depois que ondas subsequentes da peste, geração após geração, somadas às revoltas camponesas, limitaram severamente o poder dos aristocratas de manter a servidão. De 1450 a 1600, o salário real caiu para o que seria o nível de 1800.[2]

Os remédios propostos por Malthus – ortodoxia, monarquia e patriarcado – não ajudavam muito a elevar esse padrão médio inevitavelmente sombrio da vida humana típico da Era Agrária. Em 1870, alguma melhora tinha ocorrido, pelo menos na Inglaterra. (Mas lembre-se de que em 1870 a Inglaterra era, por uma margem substancial, a nação industrial mais rica e de longe a economia mais industrializada do mundo.) Nesse ano, a série de salários de Clark estava em 170. Mas teve quem não ficasse impressionado: lembra-se de John Stuart Mill? A melhor aposta ainda era que não havia sido cruzada nenhuma fronteira decisiva no destino humano.

John Stuart Mill e companhia tinham um bom ponto. Mesmo na Grã-Bretanha, o país da vanguarda, a Revolução Industrial de 1770-1870 aliviou a labuta da esmagadora maioria da humanidade? Duvidoso. Será que elevou materialmente os padrões de vida da esmagadora maioria – mesmo na Grã-Bretanha? Um pouco. Em comparação com a forma como a humanidade tinha vivido antes da revolução, era inquestionavelmente um grande negócio: energia a vapor, produção de ferro, teares elétricos e telégrafo haviam proporcionado conforto para muitos e fortuna para uns poucos. Mas a forma como os humanos viviam não tinha sido transformada. E havia temores legítimos. Já corria o ano de 1919 quando o economista britânico John Maynard Keynes escreveu que, embora o demônio de Malthus estivesse "acorrentado e fora de vista", com a catástrofe da Primeira Guerra Mundial, "talvez o tenhamos soltado novamente".[3]

Uma fixação em comida faz enorme sentido para os famintos. Do ano 1000 a.C. a 1500 d.C., as populações humanas, limitadas pela escassez de calorias disponíveis, cresceram a um ritmo de lesma, a uma taxa de 0,09% ao ano, passando de talvez 50 milhões para talvez 500 milhões. Havia muitas crianças, mas elas eram desnutridas demais para que um número suficiente sobrevivesse de modo a aumentar a população geral. Ao longo desses milênios, o padrão de vida típico dos camponeses e dos artesãos pouco mudou: eles gastaram consistentemente metade ou mais de sua energia e dinheiro disponíveis para garantir o mínimo de calorias e nutrientes essenciais.

Dificilmente poderia ter sido de outro jeito. O demônio de Malthus garantia que fosse assim. O crescimento populacional devorava os benefícios das invenções e inovações em tecnologia e organização, deixando apenas a classe alta exploradora numa situação visivelmente melhor. E o ritmo médio de invenção e inovação em tecnologia e organização era anêmico: talvez 0,04% ao ano. (Lembre-se, para contextualizar, que o ritmo médio a partir de cerca de 1870 era de 2,1% ao ano.)

Assim era a vida até 1500, quando se cruzou um divisor de águas: a Revolução Industrial-Comercial. A taxa de crescimento das capacidades tecnológicas e organizacionais da humanidade deu um salto de quatro vezes: da taxa de 0,04% ao ano após o ano 1 para 0,15% ao ano. As caravelas oceânicas, as novas raças de cavalos, as raças de gado e ovelhas (as ovelhas merino, especialmente), a invenção da prensa, o reconhecimento da importância de restaurar o nitrogênio do solo para o crescimento das culturas básicas, os canais, as carruagens, os canhões e os relógios que já tinham surgido em 1650 eram maravilhas tecnológicas e também – com exceção dos canhões e, para algumas pessoas, as caravelas – grandes bênçãos para a humanidade. Mas esse crescimento não foi rápido o suficiente para quebrar o feitiço do demônio de Malthus, que acorrentava a humanidade a uma pobreza quase universal. A expansão populacional, em geral, acompanhou o aumento do conhecimento e o compensou. Globalmente, os ricos começaram a viver melhor.[4] Mas a pessoa média viu poucos benefícios – ou talvez tenha sofrido uma perda substancial. Melhor tecnologia e organização trouxeram aumentos na produção de todos os tipos – incluindo a produção de formas mais efetivas e brutais de matança, conquista e escravidão.

Em 1770, uma geração antes de Malthus escrever seu *Ensaio sobre o princípio da população*, um outro divisor de águas foi cruzado: a chegada da Revolução Industrial britânica. A taxa de crescimento das capacidades tecnológicas e organizacionais da humanidade deu outro salto, de aproximadamente três vezes – de 0,15% para cerca de 0,45% ao ano, e talvez o dobro disso no coração da Revolução Industrial original: um círculo encantado com um raio de cerca de trezentos quilômetros ao redor dos penhascos brancos de Dover, no canto sudeste da Ilha da Bretanha (mais ramificações no Nordeste da América do Norte). Nesse ritmo mais acelerado, de 1770 a 1870, mais maravilhas tecnológicas se tornaram comuns no Atlântico Norte e visíveis em grande parte do resto do mundo. O crescimento da população global acelerou para cerca de 0,5% ao ano e, pela primeira vez, a produção global pode ter excedido o equivalente a US$ 3 por dia *per capita* (em valores atuais).

Os números são importantes: na verdade, são fundamentais. Como disse certa vez o historiador econômico Robert Fogel – ecoando meu tio-avô, o historiador econômico Abbott Payson Usher –, a arma secreta do economista é a capacidade de contar.⁵ Lembre-se de que nós, humanos, somos animais que amam narrativas. Histórias com um enredo emocionante e um final adequado com castigos e recompensas nos fascinam. É assim que raciocinamos. É assim que nos recordamos. Mas as histórias individuais só são importantes se dizem respeito a indivíduos em uma encruzilhada cujas ações acabam moldando o caminho da humanidade, ou se dizem respeito a indivíduos que são especialmente representativos do grande panorama humano. É só contando que podemos dizer quais histórias são representativas e quais decisões realmente importam. As tecnologias individuais são importantes. Mas mais importante é o seu peso: contando até que ponto, de modo geral, as pessoas estavam se tornando mais produtivas em fazer coisas antigas e mais capazes de fazer coisas novas.

As causas da Revolução Industrial não estavam dadas. A revolução não era inevitável. Mas traçar suas causas e a falta de necessidade na história está fora do escopo deste livro. Os teóricos do multiverso me asseguram de que existem outros mundos como o nosso, mundos que não podemos ouvir, ver ou tocar, da mesma forma que um rádio sintonizado em uma estação não consegue captar todas as outras. E saber o que sabemos sobre nosso mundo me deixa totalmente confiante de que na maioria desses outros mundos não houve Revolução Industrial britânica. Esse crescimento provavelmente teria se estabilizado no nível da era da Revolução Comercial, de 0,15% ao ano, ou no nível medieval, de 0,04% ao ano. Parecem cenários muito mais prováveis: mundos de impérios de pólvora semipermanentes e comércio global movido a vela.⁶

Mas esse não é o nosso mundo. E mesmo em nosso mundo não acho que as Revoluções Imperial-Comercial e Industrial britânica tenham sido decisivas.

Considere que a taxa de crescimento global de 0,45% ao ano das capacidades tecnológicas e organizacionais humanas implantadas na Revolução Industrial teria sido consumida pelo crescimento populacional global de 0,9% ao ano, ou um fio de cabelo abaixo de 25% por geração. Em vez de quatro casais médios com oito filhos sobreviventes cada para se reproduzir entre eles, os quatro casais juntos têm menos de dez. Mas mesmo com pessoas moderadamente bem alimentadas, a sexualidade humana pode e faz muito mais: as populações de colonos britânicos na América do Norte, na zona livre de febre amarela ao norte da linha Mason-Dixon, quadruplicaram naturalmente a cada cem anos, sem nenhuma das vantagens da saúde pública moderna. Pense em pessoas bem alimentadas, mas pobres, enfrentando uma alta mortalidade infantil e desesperadas para que alguns descendentes sobrevivam para cuidar delas na velhice. Quatro desses casais poderiam facilmente ter não dez, mas catorze filhos. Um crescimento de 0,45% ao ano nas capacidades tecnológicas humanas não era suficiente nem para começar a desenhar um pentagrama mágico para conter o demônio malthusiano. Assim, o mundo de 1870 era desesperadamente pobre. Em 1870, era ainda com o suor do rosto que mais de quatro quintos dos humanos cultivavam a terra para produzir a maior parte dos alimentos que suas famílias comiam. A expectativa de vida era só um pouco maior do que já tinha sido antes, talvez nem isso. Em 1870, 140 gramas de cobre foram extraídos por pessoa em todo o mundo; em 2016, extraímos 2,3 quilos por pessoa. Em 1870, 450 gramas de aço foram produzidos por pessoa em todo o mundo; em 2016, produzimos 159 quilos por pessoa.

E o crescimento das ideias tecnológicas continuaria naquele ritmo global de 0,45% ao ano registrado em 1770-1870? Todas as eflorescências anteriores da humanidade tinham se exaurido e terminado em mais uma estagnação econômica, ou pior, uma Idade das Trevas das conquistas. Délhi havia sido saqueada por invasores estrangeiros em 1803 – Pequim em 1644, Constantinopla em 1453, Bagdá em 1258, Roma em 410, Persépolis em 330 a.C. e Nínive em 612 a.C.

Por que as pessoas esperariam que o crescimento de 1770-1870 não se esgotaria da mesma forma? Por que as pessoas deveriam esperar que a Londres imperial encontraria um destino diferente?

O economista William Stanley Jevons fez fama em 1865, quando ainda era um jovem inexperiente de 33 anos, com *The Coal Question* [A questão do carvão]: argumentando que, dentro de uma geração, pelo menos a Grã-Bretanha ficaria sem acesso fácil a carvão, e então as fábricas simplesmente… parariam.[7] Não havia ninguém que acreditasse mais no Império Britânico do que Rudyard Kipling. O Império Britânico foi muito bom para ele – até 27 de setembro de 1915, quando, durante a Primeira Guerra Mundial, arrebatou seu filho John, matando-o nos sangrentos campos nos arredores da cidade francesa de Lille. No entanto, sua reação ao 60º aniversário da ascensão da rainha-imperatriz Vitória, da Casa de Hanôver, ao trono, em 1897, foi um poema sobre o destino de Londres ser o mesmo de Nínive, encerrando assim: "Pela vaidade desvairada e palavras vãs –/ Tende misericórdia de Teu povo, Senhor!".[8]

Assim, sem uma aceleração maior – maior do que a aceleração da Revolução Industrial – dos motores subjacentes do crescimento econômico, o mundo de hoje poderia realmente ter virado um mundo paralisado na tecnologia a vapor. Poderia ter tido em 2010 uma população global de 7 bilhões. Mas, mesmo que a invenção tivesse mantido seu ritmo global médio de 1770-1870, a grande maioria das pessoas teria permanecido em um padrão de vida um pouco melhor do que aquele global típico de 1800-1870. Se hoje a tecnologia e a organização globais estivessem no nível de 1910, o avião ainda poderia ser uma novidade tecnológica em sua infância, e o descarte de esterco de cavalo nosso principal problema de gerenciamento de transporte urbano. Poderíamos ter não 9%, mas sim 50% do mundo vivendo com US$ 2 por dia e 90% vivendo com menos de US$ 5. O tamanho médio das fazendas seria um sexto do que era em 1800, e apenas as classes mais altas teriam o que hoje consideramos o padrão de vida da classe média do Norte global.

É lógico que não foi isso que aconteceu, mas sim uma aceleração do crescimento da inovação pós-1870: um terceiro divisor de águas.

Por volta de 1870, a taxa proporcional de crescimento das capacidades tecnológicas e organizacionais da humanidade deu mais um salto de quatro vezes, para nossos atuais 2,1% ao ano. A partir daí, a tecnologia ultrapassou em muito o crescimento populacional. E desde então o crescimento populacional nas economias mais ricas começou a declinar: os humanos tornaram-se ricos e longevos o bastante para a limitação da fertilidade se tornar uma opção desejável.

O período entre 1870 e 1914 foi, na perspectiva de todas as épocas anteriores, o "eldorado econômico", ou, como disse John Maynard Keynes em 1919, ao olhar para trás, "utopia econômica".[9]

Em 1914, o mundo resultante era uma estranha mistura de modernidade e antiguidade. A Grã-Bretanha queimou 194 milhões de toneladas de carvão em 1914. Na Grã-Bretanha de hoje, o consumo total de energia equivalente a carvão é de apenas 2,5 vezes esse valor. Em

1914, as ferrovias dos Estados Unidos transportavam passageiros a uma taxa de 563 quilômetros por cidadão, em média. Hoje as companhias aéreas do país percorrem 4,8 mil quilômetros por cidadão. No entanto, em 1914, toda a Europa, exceto a França, ainda estava sob o poderoso domínio político e social dos proprietários agrários, que ainda se viam principalmente como descendentes de cavaleiros que haviam lutado, espada à mão, por seus reis.

Comparado com o passado, isso era quase uma utopia. Globalmente, em 1914 os salários reais dos trabalhadores não qualificados estavam novamente acima dos níveis de 1870. Esse padrão de vida não era alcançado desde antes de nos mudarmos para as fazendas.

Por que os anos desde 1870 viram o mesmo volume de progresso tecnológico e organizacional quanto o alcançado a cada quatro anos entre 1770 e 1870? (Ou o mesmo volume de progresso quanto o alcançado a cada doze anos entre 1500 e 1770? Ou a cada sessenta anos antes de 1500?) E como o que era originalmente um surto geograficamente concentrado na e ao redor de partes da Europa se tornou um fenômeno global (embora de forma desigual)?

Para prenunciar uma discussão mais completa no Capítulo 2, acho que as respostas estão na chegada do laboratório de pesquisa industrial, da grande corporação moderna e da globalização, que tornou o mundo uma economia de mercado global, que então passou a resolver os problemas que a própria economia colocava para si mesma. E o maior desses problemas acabou sendo encontrar uma maneira de acelerar o ritmo do crescimento econômico. Foram o laboratório e a corporação que permitiram que Thomas Edison e Nikola Tesla se tornassem inventores. Eles não precisaram cumprir as dez outras funções que seus antecessores precisaram, de empresário a gerente de recursos humanos. Esse trabalho ficou a cargo da corporação. Isso fez uma enorme diferença. As tecnologias inventadas poderiam ser desenvolvidas de forma racional, rotineira e profissional; e então poderiam ser implantadas de forma racional, rotineira e profissional.

O desenvolvimento do laboratório e da corporação por volta de 1870 foi necessário e inevitável? Podemos ver quantas coisas na história não são inevitáveis nem necessárias – como somos tanto o produto do que não aconteceu quanto do que aconteceu. Nossa história está repleta de tais poderia-ter-sido. Aqui está apenas um: Lillian Cross não atinge o assassino Giuseppe Zangara com sua bolsa em 15 de fevereiro de 1933, e assim a bala dele encontra o cérebro do presidente eleito Franklin Delano Roosevelt em vez do pulmão de Anton Čermák, prefeito de Chicago; Roosevelt morre e Čermák vive – e a história dos Estados Unidos na Grande Depressão da década de 1930 teria sido muito diferente. Mas a criação do laboratório de pesquisa industrial não foi a ação de um único humano, e nem mesmo de uns poucos humanos. Foi necessário muito trabalho em conjunto, muitas vezes com objetivos antagônicos, ao longo de anos. Inevitável? Não, mas muitas pessoas trabalhando juntas ao longo do tempo realmente tornam um resultado específico cada vez mais provável.

Achamos que esse processo poderia ter funcionado de maneira diferente, mas não dispomos de uma boa forma de conceituar como isso poderia ter acontecido ou qual seria a gama plausível de resultados diferentes. Como salientou o historiador Anton Howes, quase qualquer tecelão durante os 5 mil anos anteriores a 1773 poderia ter tornado sua vida muito mais fácil inventando a lançadeira volante. Nenhum o fez até John Kay, que não tinha grandes conhecimentos e não usou materiais avançados, apenas, como se maravilhou Howes, "duas caixas de madeira de cada lado para pegar a lançadeira [...] [e] um cordão, com uma pequena alça chamada de transportadora". Assim, ele acrescentou, "a inovação de Kay foi extraordinária em sua simplicidade". Em comparação, o laboratório de pesquisa e a corporação eram complexos e talvez pudessem ter escapado ao alcance conceitual da humanidade.[10]

Os laboratórios e as corporações precisariam de aceleradores se quisessem difundir e transformar o mundo. O maior acelerador é evidente: a globalização.

Antes de 1700, o que chamaríamos de "comércio internacional" era a troca de preciosidades de alto valor por moedas feitas de metais preciosos – especiarias, sedas, psicoativos (ópio, por exemplo), manufaturas finas (espadas de aço, porcelanas e assim por diante), matérias-primas importantes e escassas, como estanho (essencial para fazer bronze), artigos básicos ocasionais transportados por navio entre e dentro dos impérios (trigo do Egito e da Tunísia para Roma, arroz do delta do Yangtzé para Pequim) – e escravos: retire humanos de seu contexto social e imponha um papel hierárquico de *status* zero sobre eles, e você consegue muitos trabalhadores por um pouco de comida. Isso fez diferença. Fez muita diferença no que dizia respeito ao conforto e à sofisticação das elites. Mas não era uma força essencial que moldava a vida econômica (exceto, é claro, para aqueles que as redes de comércio pré-Revolução Industrial escravizaram). O que chamaríamos de "comércio internacional" representava no máximo 6% da vida econômica global: cerca de 3% do que uma região típica consumia era importado de outros lugares, e cerca de 3% do que uma região típica produzia era exportado para outros lugares. Isso começou a mudar depois de 1700. Entre 1700 e 1800, o comércio do triângulo armas-escravos-açúcar no Atlântico Norte tornou-se de fato uma força essencial, conformando a África e o Caribe de maneira bastante prejudicial e desempenhando um papel, ainda debatido, em concentrar e transferir para a Grã-Bretanha a riqueza de um império marítimo global, colocando-a em seu caminho para uma economia de mercado, um governo limitado, a Revolução Industrial e a dominação mundial. Mas o comércio internacional em 1800 ainda era, no máximo, apenas 6% da vida econômica global.

Depois de 1800, o algodão e os têxteis tornaram-se adições importantes à lista das principais mercadorias do comércio mundial. O algodão era importado para o coração manufatureiro da Revolução Industrial britânica – a própria Grã-Bretanha; para as regiões imediatamente do outro lado do canal da Mancha, dentro de um círculo com um raio aproximado de 480 quilômetros, com seu centro em Dover, na extremidade sudeste da Inglaterra; e também para a Nova Inglaterra, nos Estados Unidos –, e têxteis e outros produtos manufaturados eram exportados dessas mesmas regiões para o resto do mundo. Mas o comércio mundial em 1865 ainda era apenas 7% da atividade econômica global.[11]

Houve também a globalização do transporte, na forma do navio oceânico a vapor com casco de ferro e hélice helicoidal, ligado à rede ferroviária. Houve a globalização da comunicação, na forma da rede global de telégrafos submarinos, ligada às linhas fixas. Em 1870, você podia se comunicar quase à velocidade da luz de Londres a Bombaim e vice-versa, e em 1876 de Londres à Nova Zelândia e vice-versa.

Um outro aspecto da globalização foi a falta de barreiras. Das consequências decorrentes das fronteiras abertas, a mais influente foi a migração – com a ressalva muito importante de que os migrantes mais pobres – os da China, da Índia e assim por diante – não eram permitidos nos assentamentos temperados. Estes eram reservados para os europeus (e às vezes para migrantes do Oriente Médio). Advertência à parte, uma vasta população de pessoas se mudou: entre 1870 e 1914, um em cada catorze humanos – 100 milhões de pessoas – mudou seu continente de residência.[12]

A adoção da abertura pelos governos mundiais também significou a ausência de barreiras legais ao comércio, investimento e comunicação. Conforme as pessoas se mudavam, eram seguidas pelas finanças, as máquinas, as ferrovias, os navios a vapor e os fios telegráficos das redes de produção e distribuição, que vinham atrás dos abundantes recursos naturais, físicos e biológicos. A proporção da atividade econômica global que foi comercializada através das fronteiras nacionais atuais aumentou de talvez 9% em 1870 para talvez 15% em 1914, à medida que as reduções revolucionárias no custo do transporte ultrapassaram em muito o que também eram as reduções e diferenciais revolucionários da época em custos de produção. Assim, o transporte fez uma enorme diferença.

Pensemos na ferrovia.

A metalurgia para fazer trilhos e motores baratos fez do transporte por terra, pelo menos onde quer que trilhos fossem instalados, tão barato quanto a viagem por cursos d'água navegáveis ou através dos oceanos, e o tornou mais rápido.

Alguns bateram o pé. Em meados do século XIX, a resposta de Henry David Thoreau, autor transcendentalista e ativista, à ferrovia foi: "Não no meu quintal!".

> Os homens têm uma noção indistinta de que, se mantiverem a atividade dessas engrenagens por tempo suficiente, todos irão finalmente viajar para algum lugar em pouco tempo e de graça, mas embora uma multidão corra para a estação e o condutor grite "Todos a bordo!" quando a fumaça é soprada e o vapor se condensa, se perceberá que alguns estão dentro do trem, mas o resto é atropelado – e isso será chamado, e de fato será, "um acidente melancólico".[13]

Meus ancestrais, e a maior parte da humanidade, tinham uma visão diferente.

Antes da ferrovia, como regra geral, você simplesmente não tinha como transportar por terra mercadorias agrícolas por mais de 160 quilômetros. A essa distância, os cavalos ou bois teriam comido tanto quanto conseguiam carregar. Ou você encontrava um curso d'água navegável – idealmente muito, muito mais perto do que 160 quilômetros de distância – ou ficava preso na autossuficiência para todos os seus itens básicos. Isso também significava que, em sua maioria esmagadora, aquilo que você vestia, comia e usava como passatempo era produzido em sua cidade ou comprado a peso de ouro.

Para Thoreau, o fato de levar um dia para caminhar ou cavalgar até Boston era um benefício – parte de uma vida deliberada. Mas o ponto de vista dele era o de um cara rico, ou pelo menos de um cara sem família para cuidar, e para quem Lidian Jackson, segunda esposa de Ralph Waldo Emerson, estava disposta a assar tortas.

O laboratório, a corporação, o transporte global, as comunicações globais e a queda de fronteiras – juntos, esses fatores foram mais do que suficientes para desencadear o divisor de águas decisivo e tirar a humanidade da pobreza malthusiana. Eles também fizeram das economias do mundo uma história como jamais havia acontecido antes.

Dada nossa propensão global a viver perto de águas navegáveis, talvez a maior revolução no transporte não tenha ocorrido na década de 1830, com a ferrovia, mas mais tarde, com o navio a vapor de casco de ferro e movido a carvão. Em 1870, o estaleiro Harland e Wolff, de Belfast, lançou o navio *RMS Oceanic*, com casco de ferro e propulsão a vapor. Ele prometia levar nove dias de Liverpool a Nova York, uma viagem que em 1800 demoraria mais de um mês.

Os 150 tripulantes do *Oceanic* suportavam mil passageiros de terceira classe a um custo de três libras cada – o equivalente aproximado de um mês e meio de salário para um trabalhador não qualificado – e 150 passageiros de primeira classe a quinze libras cada.[14] Em valores atuais, a mesma parcela da renda média para os assentos de primeira classe equivale a US$ 17 mil. Mas o contexto mais relevante é em relação ao passado recente da década de 1870. Uma geração antes, um beliche de terceira classe no equivalente (mais lento e menos seguro) do *Oceanic* custava o dobro, e esse beliche custava quatro vezes mais em 1800. Depois de 1870, enviar um membro da família para trabalhar do outro lado do oceano se tornou uma possibilidade aberta a todos, com exceção das famílias europeias mais pobres.

E os humanos responderam aos milhões. A globalização da produção e do comércio do final dos anos 1800 foi alimentada por 100 milhões de pessoas que deixaram seu continente de origem para viver e trabalhar em outros lugares. Nunca antes ou depois vimos uma redistribuição proporcional tão rápida da humanidade ao redor do globo.

Cerca de 50 milhões de pessoas deixaram as áreas colonizadas da Europa, principalmente para as Américas e a Australásia, mas também para a África do Sul, para as terras altas do Quênia, para as regiões ocidentais de terra negra da estepe pôntico-cáspia e outros lugares. Os anos de 1870 a 1914 foram uma época extraordinária, na qual as pessoas da classe trabalhadora podiam cruzar oceanos repetidamente em busca de uma vida melhor.

Se as informações que tenho da minha história familiar estiverem corretas, todos os meus ancestrais já haviam chegado aos Estados Unidos em 1800, na época em que a migração através do oceano era coisa de pessoas que tinham sido escravizadas, tinham contratos de servidão por dívida ou eram de classe média. O último de quem tenho notícia é Edmund Edward Gallagher (nascido em Watmeath, Irlanda, em 1772). No início de 1800, ele e Lydia McGinnis (nascida em New Hampshire, em 1780) viviam em Chester, na Pensilvânia, onde registraram o nascimento de seu filho John. Mas todos os ancestrais de minha esposa vieram para cá durante a grande onda de migração global pós-1870. Uma delas foi Maria Rosa Silva, nascida em 1873 em Portugal. Ela chegou em 1892. Em 1893, em Lowell, Massachusetts, casou-se com José F. Gill, nascido em 1872, não em Portugal, mas na ilha lusófona da Madeira. Ele havia chegado em 1891 – não em um navio para Boston, mas para Savannah.

Talvez ele conhecesse cana-de-açúcar e ouviu que Savannah a plantava, mas decidiu que era escuro demais para Savannah, e então partiu para Lowell. Nós não sabemos. O que sabemos é que eles e seus filhos, Mary, John Francis e Carrie, atravessaram de novo o Atlântico de Boston para a ilha da Madeira logo depois de 1900. E sabemos que ele morreu na África do Sul em 1903. Encontramos Maria Rosa e quatro filhos – um recém-nascido Joseph – voltando a atravessar o Atlântico e, no censo de 1910, em Fall River, Massachusetts, onde foi registrada como uma tecelã viúva que alugava uma casa, com cinco filhos nascidos, quatro dos quais ainda vivos.

As migrações nem sempre foram de sentido único. Como vimos com José Gill e Maria Rosa Silva, algumas pessoas cruzaram o Atlântico várias vezes. Uma pessoa que fez a jornada inversa permanentemente – natural dos Estados Unidos, mudou-se para a Inglaterra – foi Jennie Jerome, nascida em 1854, filha do financista de Nova York Leonard Jerome e de Clara Hall. A ocasião foi seu casamento com lorde Randolph Spencer-Churchill, filho mais novo do sétimo duque de Marlborough. O casal ficou noivo em 1873, apenas três dias após seu primeiro encontro em uma regata na ilha de Wight, no canal da Mancha. O casamento deles foi então adiado por sete meses, enquanto o pai de Jennie, Leonard, e o pai do noivo, o duque John Winston Spencer-Churchill, discutiam sobre quanto dinheiro ela traria para o casamento e como esse dinheiro seria salvaguardado. Seu filho Winston nasceu oito meses após o casamento. Eles tiveram outro filho, John, seis anos mais tarde.[15]

Randolph morreu cerca de duas décadas depois, em 1895, aos 45 anos, talvez de sífilis, certamente de algo com um acentuado caráter neurológico. O diagnóstico na certidão de óbito é "paralisia geral dos insanos". Jennie passou a ser "muito admirada pelo príncipe de Gales" e outros, como se dizia naqueles dias. Em 1900, ela se casou com George Cornwallis-West, um mês mais velho que Winston.

Winston Spencer Churchill – ele abandonou o hífen e transformou a primeira metade de seu sobrenome em um nome do meio – seria o *enfant terrible* da política britânica quando jovem, um desastroso chanceler britânico do Tesouro – o equivalente a ministro das Finanças ou secretário do Tesouro – durante a meia-idade, e um fator decisivo para derrotar os nazistas na condição de primeiro-ministro britânico durante a Segunda Guerra Mundial. E uma virtude não menos importante de Winston como primeiro-ministro durante a guerra foi sua condição de meio norte-americano, graças à qual ele sabia como falar com os Estados Unidos, e particularmente como falar com o então presidente Franklin Delano Roosevelt.

Embora as florestas de sequoias do norte da Califórnia contenham santuários para o bodisatva Kuan Yin, a migração da China para uma Califórnia colonizada por europeus e para o resto das colônias e ex-colônias de clima temperado foi rapidamente encerrada. Plutocratas como Leland Stanford (o barão das ferrovias e governador da Califórnia que fundou e financiou a Universidade de Stanford em memória de seu filho) podem ter favorecido a imigração, mas os populistas favoreciam a exclusão. Na maioria das vezes, eles foram incapazes de estancar o fluxo de europeus e europeus orientais, mas foram amplamente capazes de impor o lema "chineses, voltem para seu país". Nesse aspecto, as pessoas do subcontinente indiano se enquadravam nessa mesma categoria.

Mohandas Karamchand Gandhi nasceu em 1869, na península de Kathiawar. Era filho de Karamchand Uttamchand Gandhi, primeiro-ministro do pequeno principado de Porbandar, aliado e súdito britânico, localizado na península de Kathiawar, e da quarta esposa de Karamchand, Putlibai.[16] Tinha catorze anos quando sua família arranjou o casamento dele com Kasturbai. Em 1888, aos dezoito anos, Gandhi viajou de Mumbai para a Inglaterra para estudar direito. Três anos depois, aos 22 anos, tornou-se advogado e voltou para a Índia. Ele não foi bem na carreira. Em 1893, encontrou um comerciante que precisava de advogado para tentar cobrar uma dívida de 40 mil libras na África do Sul. Gandhi se ofereceu para o trabalho e novamente cruzou o oceano. Ele achava que ia passar um ano. Mas decidiu ficar. Em 1897, voltou para a Índia para buscar sua família e levá-la para a África do Sul. Gandhi permaneceria na África do Sul por 22 anos. E foi lá que ele se tornou um anti-imperialista, um político e um ativista, pois na África do Sul os povos do Sul da Índia não eram tratados tão mal quanto os povos nativos africanos, embora estivessem no máximo só um degrau acima.

Outro participante dessas grandes migrações foi Deng Xiaoping, nascido em 1904, filho de um rico proprietário de terras cuja renda era talvez cinco vezes a média chinesa da época.[17] Em dezembro de 1920, ele chegou à França para trabalhar e estudar: a Primeira Guerra Mundial, de 1914 a 1918, havia atraído um grande número de trabalhadores para o exército e os deixou mortos e mutilados. O governo francês estava ansioso para permitir a entrada de qualquer um que quisesse substituí-los, durante e depois da guerra. Deng aproveitou a parte pós-guerra do programa. Trabalhou como montador – um metalúrgico – em uma fábrica em Le Creusot, nos arredores de Paris. Lá se tornou comunista e conheceu muitos outros futuros líderes do Partido Comunista Chinês, incluindo Zhou Enlai. Em 1926, estudou em Moscou, na Universidade Sun Yat-sem, e em 1927 retornou à China para se tornar primeiro um quadro e depois um alto funcionário do Partido Comunista. Durante a era Mao, foi expurgado duas vezes, a primeira como a "pessoa número dois em autoridade no caminho capitalista", e ainda assim se tornou o líder supremo da China quando o país finalmente se levantou na década de 1980, e pode muito bem ter sido a figura mais importante da história do longo século XX.

Em todas as terras da zona temperada colonizadas pela Europa, os populistas locais foram extremamente bem-sucedidos em manter os Estados Unidos, Canadá, Argentina, Chile, Uruguai, Austrália e Nova Zelândia "europeus". O fluxo de migrantes da China e da Índia foi direcionado para outros lugares, para as plantações de chá do Ceilão ou para as plantações de borracha da Malásia. Ainda assim, 50 milhões de chineses e indianos migraram, indo para o Sul da Ásia, África, Caribe e as terras altas do Peru.

Áreas de assentamentos ricas em recursos, como o Canadá e a Argentina, dotados de climas semelhantes aos da Europa, proporcionaram um impulso adicional ao padrão de vida europeu. O um terço que migrou e depois voltou para casa o fez, na maioria dos casos, com recursos que os tornaram membros sólidos das classes médias de suas economias de origem. Os dois terços que migraram e permaneceram multiplicaram seu padrão de vida e de seus filhos por uma taxa entre 1,5 e 3. Os que ficaram para trás também se beneficiaram. Em última análise, essas décadas de migração aumentaram os salários na Europa, pois os trabalhadores em casa passaram a enfrentar menos competição por empregos e puderam comprar produtos importados baratos do Novo Mundo.[18]

Plutocratas e populistas foram igualmente beneficiados. De fato, não há sinal de que os trabalhadores que já estavam no lado ocidental e periférico do Atlântico, com escassez de trabalhadores, tenham sido prejudicados à medida que seu litoral absorvia a onda migratória da Europa, abundante em mão de obra. O salário real nos Estados Unidos, Canadá e Argentina parece ter crescido a 1,0%, 1,7% e 1,7% ao ano, respectivamente, nos anos que antecederam 1914 – em comparação com uma taxa de crescimento média de 0,9% ao ano no Noroeste da Europa. Só na Austrália, onde o salário real aparentemente estagnou no meio século anterior a 1914, o aumento do comércio parece ter desempenhado algum papel na erosão dos salários relativos dos trabalhadores em uma economia com escassez de mão de obra. Independentemente disso, a migração para países da zona temperada significava que as pessoas carregavam capital com elas, o que expandia a escala das economias receptoras.[19]

Teria a migração baixado os salários relativos nas economias receptoras da zona tropical? Sim – e esse foi o caso em economias que nunca viram um migrante. O capital britânico, as seringueiras oriundas do Brasil e a mão de obra importada da China para a Malásia poderiam pressionar, e de fato pressionaram, fortemente os salários dos trabalhadores no Brasil, que nem sabiam que existia um lugar chamado Malásia. O subdesenvolvimento econômico foi um processo, algo que se desenvolveu ao longo de 1870-1914.

E a migração não aumentou muito os salários nas economias da China e da Índia, países de origem de migrantes. Ambas tinham populações tão substanciais que a emigração era uma gota no oceano.

Devido a infortúnios e mau governo, Índia e China não conseguiram escapar dos grilhões do demônio malthusiano. A tecnologia avançou, mas melhorias no potencial produtivo foram absorvidas pelo aumento populacional, e não pelo aumento dos padrões de vida. A população da China no final do século XIX era três vezes maior do que no início do segundo milênio, no ano 1000. Assim, potenciais migrantes da China e da Índia estavam dispostos a se mudar em troca do que, para os europeus, parecia ser um salário de fome.

Dessa forma, as grandes populações e os baixos níveis de riqueza material e produtividade agrícola na China e na Índia frearam o crescimento do salário em qualquer uma das áreas – Malásia, Indonésia, Caribe ou África Oriental – abertas à migração asiática. Trabalhadores podiam ser importados a baixo custo e empregados com salários não muito acima do nível de subsistência física. Ainda assim, esses trabalhadores buscavam esses empregos: suas oportunidades e padrões de vida na Malásia ou nas plantações africanas eram significativamente maiores do que poderiam esperar se retornassem à Índia ou à China. Baixos custos salariais significavam que as mercadorias produzidas nos países abertos à imigração asiática eram relativamente baratas. E a concorrência dos seringais da Malásia freou o crescimento e até derrubou os salários nos seringais brasileiros. Resultado: os padrões de vida e os salários durante o final do século XIX permaneceram baixos, embora mais altos do que na China e na Índia, em todas as regiões que viriam a ser chamadas de Sul global.

Para o bem e para o mal, o mundo era agora uma unidade integrada, sob uma única narrativa.

Parte dessa narrativa global foi o surgimento de uma divisão acentuada do trabalho internacional: regiões "tropicais" forneciam borracha, café, açúcar, óleo vegetal, algodão e outros produtos agrícolas de valor relativamente baixo para a Europa. As regiões de zonas temperadas, onde a colonização europeia estava em expansão – Estados Unidos, Canadá, Austrália, Nova Zelândia, Argentina, Chile, Uruguai, Ucrânia e talvez África do Sul –, produziam e enviavam grãos básicos, carnes e lá para a Europa. Os agricultores alemães se viram com novos concorrentes, e não apenas das Américas: a concorrência também vinha na forma de grãos russos enviados de Odessa. A Europa Ocidental pagava por suas importações exportando produtos manufaturados. O mesmo se dava no Nordeste dos Estados Unidos, onde os suprimentos e materiais industriais chegariam a ser metade das exportações norte-americanas em 1910.

E à medida que os salários nas economias que se tornariam a periferia global diminuíam, também diminuía a possibilidade de essa periferia desenvolver uma classe média rica o suficiente para criar demanda para um forte setor industrial doméstico.

Para entender o porquê, considere o Império Britânico.

Onde quer que os britânicos fossem, eles construíam um forte, algumas docas e um jardim botânico – este último para descobrir quais plantas valiosas cultivadas em outros lugares também poderiam florescer sob as armas de seu forte. Durante o século XIX, foi o Império Britânico que levou a seringueira do Brasil para Kew Gardens, e depois para a Malásia, e que levou o arbusto do chá diretamente da China para o Ceilão. Embora a borracha não tenha sido introduzida na Malásia, na Indonésia e na Indochina até o último quartel do século XIX, no final da Primeira Guerra Mundial essas três regiões haviam se tornado as principais fontes da oferta mundial de borracha natural. A maior parte desse processo foi mediada pelo Império Britânico, mas não todo. Os portugueses levaram as plantações de café do Iêmen para o Brasil. As vantagens comparativas das regiões que se tornariam a periferia da economia global do final do século XIX não estavam dadas: elas foram produzidas.[20]

Os Estados Unidos foram o mais proeminente beneficiário de longo prazo. Lançando nosso olhar para o futuro por um breve momento, essas décadas de migração entre 1800 e o início de 1900 foram passos cruciais no caminho que transformou o longo século XX em uma era de predominância dos Estados Unidos. Considere que em 1860 o país tinha uma população de cidadãos plenos, incluindo mulheres e crianças – isto é, anglófonos "caucasianos" que o governo considerava dignos de educação –, de 25 milhões, enquanto a Grã-Bretanha e seus domínios tinham uma população total de 32 milhões de cidadãos. No ponto médio entre 1870 e 2010, 1940, as coisas haviam mudado enormemente: os Estados Unidos tinham 116 milhões de cidadãos plenos, e a Grã-Bretanha e seus domínios, 75 milhões. O crescimento natural multiplicou ambas as populações, de modo que foram os imigrantes, bem recebidos e assimilados, que deram aos Estados Unidos um peso maior que o do Império Britânico em 1940.

As décadas entre 1870 e 1914 foram uma época de avanço tecnológico, crescimento populacional e migração, e com os avanços nos transportes e nas comunicações veio um aumento concomitante em comércio e investimento. O custo do transporte de pessoas caiu, junto com o custo do transporte de mercadorias: a farinha, que em 1850 custava cerca de 3,30 centavos por quilo em Chicago e cerca de 6,60 centavos por quilo em Londres, custava apenas 4,40 centavos por quilo em Londres em 1890. De fato, toda mercadoria que não fosse excepcionalmente frágil nem deteriorável poderia, depois de 1870, ser transportada de porto a porto através dos oceanos por menos do que custava transportá-la dentro de qualquer país.[21] Desde que houvesse docas e ferrovias, quaisquer dois pontos do mundo estariam como unha e carne. As oportunidades e restrições de todos dependiam do que estava acontecendo em todas as outras partes da economia mundial.

Isso teve importância: entre 1870 e 1914, a participação das exportações no produto interno bruto dobrou na Índia e na Indonésia e mais que triplicou na China. E no Japão – que foi forçado a sair de dois séculos e meio do isolacionismo Tokugawa por canhões norte-americanos –, as exportações passaram de praticamente zero para 7% do produto interno bruto apenas nas duas gerações anteriores à Primeira Guerra Mundial. Em 1500, a participação do comércio internacional na produção mundial total era de cerca de 1,5%. Em 1700, havia subido para cerca de 3%. Em 1850, para cerca de 4%. Em 1880, era de 11% e, em 1913, de 17%. Hoje é de 30%.[22]

A história dessa ascensão entre 1870 e 1914 é o que o economista internacional Richard Baldwin chamou de "primeira desagregação": a gigantesca queda nos custos de transporte, significando que o uso e o consumo de mercadorias não precisavam mais estar "agregados" na mesma região de sua produção. Você podia produzir bens onde fosse mais em conta, transportá-los de forma barata e fazer o uso e o consumo ocorrerem onde a riqueza para comprá-los estava localizada.[23]

Mas isso não "tornou o mundo plano" em qualquer sentido que seja. Se o que você estava fazendo era mais complicado do que comprar um produto simples e de qualidade conhecida, você precisava se comunicar – os vendedores tinham que aprender o que você queria, você tinha que aprender quais eram as capacidades de produção deles, e ambos tinham que alcançar uma comunhão de mentes sobre como se ajustariam. Você também tinha de olhá-los nos olhos, cara a cara, para entender com o que e até onde seria possível confiar neles. A "primeira desagregação" de Baldwin significava que a produção poderia se afastar do uso e do consumo, e ela de fato se afastou, mas não se mudou simplesmente para aquele ponto na rede de transporte onde os recursos estavam mais disponíveis. Mudou-se junto, para distritos industriais, a fim de que os produtores pudessem economizar nos custos associados às comunicações e às comunhões de mentes, às negociações cara a cara e à confiança.

As fábricas passaram a ser localizadas próximo umas das outras. Isso significava que os laboratórios de pesquisa industrial e as novas ideias também estavam concentrados – e os custos ainda altos das comunicações significavam que as ideias tendiam a ficar em um só lugar.

As mercadorias poderiam ser transportadas e utilizadas em qualquer lugar da rede de transporte. Mas só poderiam ser produzidas de forma mais barata e eficiente em alguns lugares do mundo. Assim o mundo se expandiu em seu Eldorado econômico pré-1914. E o Norte global se industrializou. A serpente no jardim estava no fato de que o mundo divergia em níveis relativos de renda: do mesmo jeito que o mercado dá (neste caso, para o Norte global), ele também pode tirar (como fez no que viria a se tornar o Sul global, que se industrializou muito menos, em muitos lugares não se industrializou nada e em lugares importantes se desindustrializou).[24]

O Noroeste da Europa obteve uma enorme vantagem comparativa na fabricação de bens manufaturados. E os recursos naturais da periferia também se tornaram mais valiosos: cobre, carvão, café e todos os produtos minerais e agrícolas podiam ser enviados por via férrea para os portos onde estavam atracados os navios de carga oceânicos com casco de ferro e movidos a vapor. A economia de mercado respondeu à medida que o conhecimento corria por fios de cobre. Graças ao seu maior acesso às tecnologias industriais, o núcleo industrializado se especializou nas manufaturas. A periferia se especializou nos produtos primários que sua infraestrutura recém-melhorada lhe permitia exportar. A capacidade de ambos se especializarem era de grande valor econômico.

Foram enormes os retornos sociais dos investimentos em tecnologia e infraestrutura que criaram essa economia mundial do final do século XIX. Considere apenas um exemplo: o historiador econômico Robert Fogel calculou que a taxa de retorno social da ferrovia transcontinental da Union Pacific foi de cerca de 30% ao ano.[25]

O crescimento do comércio fez com que a lógica da vantagem comparativa pudesse ser levada ao limite. Onde quer que houvesse uma diferença entre dois países no valor dos têxteis em relação aos metais – ou quaisquer outros dois bens não deterioráveis –, havia lucro a ser obtido e bem-estar social a ser aprimorado pela exportação do bem que era relativamente barato em seu país e pela importação do bem que era relativamente caro. Uma vez estabelecida, uma vantagem comparativa tendia a perdurar por muito tempo. Não havia nada nas máquinas têxteis automatizadas inventadas pelos britânicos que as fizessem funcionar melhor na Grã-Bretanha do que em outros lugares. No entanto, as exportações de têxteis de algodão da Grã-Bretanha aumentaram década após década entre 1800 e 1910, atingindo um pico anual de 1,1 bilhão de libras nos anos anteriores à Primeira Guerra Mundial.[26]

O alcance da vantagem comparativa também era amplo. Um país quase miserável no cultivo de alimentos, mas ainda menos capaz de fabricar máquinas-ferramentas, poderia melhorar sua situação exportando alimentos e importando máquinas-ferramentas. Um país que fosse o melhor da turma na fabricação de automóveis, mas ainda melhor, em termos relativos, na fabricação de aviões, poderia avançar exportando aviões e importando carros. Tal era o poder de expansão do comércio mundial. Se a vantagem comparativa de alguém vinha de empreendedores inovadores, uma comunidade mais profunda de práticas de engenharia, uma força de trabalho bem treinada, recursos naturais abundantes ou apenas uma pobreza que tornava sua mão de obra barata, os negócios seriam lucrativos e a sociedade se tornaria mais rica. E assim o aumento dos salários reais foi mundial, não se limitando aos locais onde as tecnologias industriais estavam sendo implantadas.

Essa foi a consequência de as finanças e o comércio terem seguido a mão de obra. A economia mundial de 1870-1914 era de alto investimento – em uma perspectiva histórica comparativa. A industrialização da Europa Ocidental e do Leste e Centro-Oeste da América do Norte forneceu trabalhadores suficientes para fabricar produtos industriais que satisfizessem as demandas globais, e também para construir as ferrovias, navios, portos, guindastes, linhas telegráficas e outros meios de transporte e infraestrutura de comunicações que tornaram realidade a primeira economia global. Havia mais de 48 mil quilômetros de ferrovias no mundo quando a Guerra Civil Americana terminou, em 1865. Havia quase 500 mil quilômetros em 1914. (Hoje, há mais de 1,6 milhão de quilômetros de ferrovias no mundo.)

Trabalhadores em Hamburgo, na Alemanha, comiam pão barato feito com o trigo ucraniano ou da Dakota do Norte. Investidores em Londres financiavam minas de cobre em Montana e ferrovias na Califórnia. (E o barão ferroviário Leland Stanford desviou uma grande parcela para seus próprios bolsos.) Empresários financiados pelo Estado em Tóquio compravam máquinas elétricas feitas pelos trabalhadores de Hamburgo. E os fios de telégrafo que conectavam todos eram feitos com o cobre de Montana e cobertos por borracha colhida por trabalhadores chineses na Malásia e trabalhadores indianos em Bengala.

Como John Maynard Keynes escreveria em 1919, o resultado foi que, para as classes média e alta do globo, em 1914 "a vida oferecia, a baixo custo e com um mínimo de aborrecimento, conveniências, confortos e comodidades além dos padrões dos mais ricos e poderosos monarcas de outras eras".[27]

E o resultado para as classes trabalhadoras do globo – pelo menos aquelas tocadas por navios e ferrovias e pelo comércio internacional – foi uma margem crescente entre os padrões de vida e a mera subsistência. As forças malthusianas deram as caras: em 1914, havia cinco pessoas onde uma geração antes havia quatro. Meio século viu um crescimento populacional maior do que o ocorrido em meio milênio da Era Agrária. No entanto, não havia sinais de que os padrões de nutrição seriam pressionados para baixo. Investimento e tecnologia significavam que, pela primeira vez na história, à medida que a população crescia, os recursos disponíveis, incluindo a nutrição, mais do que acompanhavam o ritmo. O demônio de Malthus estava acorrentado.

Considere a capacidade de se comunicar.

Por volta de 1800, Arthur Wellesley, quarto filho de uma família aristocrática anglo-irlandesa financeiramente instável, um homem cujo único talento óbvio era ser um violinista, não incompetente, mas definitivamente amador, tentou fazer fama e fortuna. Ele havia comprado um posto de major no 33º Regimento de Infantaria do Exército britânico. (O governo britânico acreditava que um corpo de oficiais composto predominantemente de parentes de senhores de terras abastados e bem estabelecidos jamais repetiria a ditadura quase militar de 1650-1660; portanto, a regra era que os oficiais tinham que comprar seus postos, de maneira que os únicos homens que podiam se tornar oficiais eram parentes próximos de senhores de terras dispostos a lhes emprestar ou dar o dinheiro.) Assim, seu irmão mais velho, Richard, emprestou-lhe o dinheiro para comprar o posto de tenente-coronel. Richard foi então nomeado vice-rei da Índia, e então Arthur, o futuro duque de Wellington, o acompanhou na viagem, apostando corretamente que o nepotismo levaria seu irmão a torná-lo general. Assim foi feito. Desde então, Arthur Wellesley, o único general a comandar um exército que derrotou uma força comandada por Napoleão Bonaparte, diria que a batalha em que ele deu seu melhor como general foi a primeira que comandou: Assaye, em Maharashtra, a batalha que determinou a vitória britânica na Segunda Guerra Anglo-Marata.[28]

Arthur Wellesley levou sete meses para ir da Grã-Bretanha à Índia. Levaria seis meses para voltar. Esse intervalo de tempo significava, entre outras coisas, que quaisquer perguntas, instruções e ordens que o gabinete imperial britânico e os diretores da Companhia das Índias Orientais lhe pedissem para transmitir a seus procônsules na Índia estariam um ano obsoletas quando chegassem a Fort William, em Calcutá, a Fort St. George, em Chenai, ou ao Castelo de Bombaim. Uma conversa em que um único intercâmbio de perguntas e respostas leva um ano não é um diálogo: são dois monólogos sobrepostos. E transmitir atitudes, práticas, capacidades e objetivos através de tal abismo é duvidoso a ponto de ser perigoso.

O telégrafo elétrico permitiu uma conversa. Conectou pontos no globo enquanto as mensagens percorriam o cobre quase à velocidade da luz.

Nem todos foram acolhedores. Henry David Thoreau, novamente, reclamou: "Estamos com muita pressa para construir um telégrafo magnético do Maine ao Texas, mas talvez o Maine e o Texas não tenham nada importante para comunicar".[29]

Embora o Texas possa não ter tido muito a aprender com o Maine, no verão de 1860 o estado teve muito a aprender com Chicago: a reunião da Convenção Nacional do Partido Republicano no Wigwam nomeou Abraham Lincoln como seu candidato à presidência. Assim começou uma cadeia de eventos que mataria 25 mil texanos adultos brancos e mutilaria outros 25 mil, e em cinco anos libertaria todos os 200 mil texanos negros escravizados. O Maine pode não ter tido muito a aprender com o Texas, mas os telégrafos informando os preços relativos do bacalhau do Grand Bank em Boston, Providence, Nova York e Filadélfia foram de grande importância para os pescadores do Maine se libertarem de suas amarras.

Se conhecer o preço do bacalhau é valioso, a libertação de centenas de milhares de norte-americanos é importantíssima, e ambos os eventos apenas sugerem a mudança que veio com a inteligência telegrafada. Desde o desenvolvimento da linguagem, um dos grandes poderes da humanidade é que nosso desejo de falar e fofocar realmente nos transforma em um manancial de inteligência. Em um grupo, se um de nós sabe de algo útil, rapidamente todos no grupo saberão, e muitas vezes aqueles que estão bem além do grupo também. O telégrafo ampliou o grupo relevante da aldeia, município ou guilda para, potencialmente, o mundo inteiro.

Cobrir o globo com telégrafos era difícil. Particularmente difíceis de instalar eram os cabos telegráficos submarinos. O ano de 1870 viu o *SS Great Eastern*, do engenheiro inglês Isambard Kingdom Brunel – então o maior navio já construído (nada maior seria construído até 1901) –, estabelecer o cabo telegráfico submarino do Iêmen a Mumbai, completando a linha submarina de Londres. Os futuros duques de Wellington, e milhões de pessoas além dele, não mais demorariam meses para transmitir notícias e ordens de Londres a Bombaim e vice-versa. Demoravam apenas alguns minutos. Depois de 1870, você podia descobrir pela manhã como seus investimentos no exterior haviam se saído no dia anterior e enviar instruções e perguntas para os seus banqueiros no exterior antes do almoço.

Isso era importante por três motivos.

Primeiro, esse processo trouxe não apenas mais informações a partir das quais tomar decisões; também melhorou a confiança e a segurança. Considere que 1871 viu J. Pierpont Morgan, um financista norte-americano de 34 anos, juntar-se a Anthony Drexel, um financista norte-americano de 45 anos, em uma sociedade em um banco de investimentos para orientar e lucrar com o fluxo de fundos de investimento da Grã-Bretanha, rica em capital, para os Estados Unidos, abundantes em recursos e terras. Os bancos J. P. Morgan Chase e Morgan Stanley de hoje são os rebentos dessa parceria.[30] Em segundo lugar, isso ajudou muito a transferência de tecnologia – a capacidade de usar em um canto do globo tecnologias e métodos inventados ou em uso em outro canto do globo. Terceiro, esse processo estava a serviço do império. Onde era possível comunicar e transportar mercadorias e pessoas de maneira barata e confiável, também se poderia comandar, mover e abastecer exércitos. Assim, conquistas, ou pelo menos invasões e devastações, tornaram-se coisas que qualquer grande potência europeia poderia empreender em quase qualquer canto do mundo. E as potências europeias o fizeram.

Antes de 1870, o imperialismo europeu era – com a bastante notável exceção do raj britânico* na Índia – em grande parte uma questão de portos e seus interiores. Em 1914, apenas Marrocos, Etiópia, Irã, Afeganistão, Nepal, Tailândia, Tibete, China e Japão haviam escapado da conquista ou dominação europeia (ou, no caso de Taiwan e Coreia, da dominação japonesa).

No FINAL DO SÉCULO XIX, com o grande aumento da velocidade de transmissão de informações e o custo muito reduzido do transporte de pessoas e de máquinas, parecia que, pela primeira vez na história, deveria ter sido possível aplicar qualquer tecnologia produtiva conhecida pela humanidade em qualquer canto do mundo.

Havia indústrias têxteis em lugares como Mumbai, Calcutá, Xangai, Cidade do Cabo e Tóquio, bem como em Manchester, em Fall River, Massachusetts e em Bruxelas. O núcleo econômico do Atlântico Norte apoiou esses empreendimentos com capital, trabalho, organização e demanda, ou seja, sua necessidade e disposição para comprar produtos da periferia. Antes de 1870, as importações básicas da Europa Ocidental limitavam-se a algodão, tabaco, açúcar e lã – além de pequenas quantidades de óleo de palma, peles, couros, chá e café: luxos, não necessidades ou mesmo conveniências. Depois de 1870, no entanto, a tecnologia passou a exigir petróleo para os motores a diesel e gasolina, nitrato para fertilizar os campos, fiação de cobre e pneus de borracha. E mesmo sem novas tecnologias, disparou a demanda do núcleo do Atlântico Norte pós-1870, muito mais rico, por cacau, chá, café, seda, juta, óleo de palma e outros produtos tropicais. A demanda por *commodities* e a transferência de tecnologia industrial deveriam ter começado a unir o mundo. Mas não foi assim.

---

* O termo em inglês *British Raj* também tem uso difundido na historiografia em diversas línguas. [N.T.]

Como disse W. Arthur Lewis, economista especializado em comércio e desenvolvimento natural de Santa Lúcia, o efeito líquido da chegada de um mundo econômico único foi permitir que muitos países e regiões embarcassem em uma "escada rolante" do crescimento econômico moderno que os elevaria "a níveis cada vez mais altos de produção *per capita*". No entanto, Lewis julgou que, em 1870, apenas seis países estavam por inteiro na escada rolante.[31]

Vislumbramos por que havia tão poucos deles na história de Muhammed Ali, quediva (ou vice-rei) do Egito de 1805 a 1848. Seu principal desejo era transformar o país para que seus netos não fossem fantoches de banqueiros franceses e procônsules britânicos. Uma maneira pela qual ele se pôs a realizar esse sonho foi buscando transformar o Egito em um centro de manufatura têxtil. Problema: manter as máquinas funcionando era impossível. Suas indústrias têxteis pararam. E seu neto, Ismail, que se tornou quediva em 1863, de fato se tornou um fantoche de banqueiros franceses e procônsules britânicos.[32]

É compreensível que China, Índia e outras regiões do que se tornaria o Sul global pós-Segunda Guerra Mundial não produzissem e exportassem *commodities* de valor relativamente alto, como trigo e lã, que eram exportadas por economias de colonização temperadas: a produtividade agrícola era muito baixa e o clima era desfavorável. É compreensível que – com uma forte pressão descendente sobre os salários na Malásia, Quênia e Colômbia devido à migração e a ameaça de migração da China e da Índia – o preço das *commodities* de exportação que eles produziam fosse baixo já de início e permanecesse relativamente baixo.

O mais intrigante é por que a industrialização não se espalhou com muito mais rapidez para o futuro Sul global nos anos anteriores à Primeira Guerra Mundial. Afinal, o exemplo do núcleo industrial do Atlântico Norte parecia fácil de ser seguido. Inventar as tecnologias da Revolução Industrial britânica original – energia a vapor, fiações, teares automáticos, refino de ferro, fabricação de aço e construção de ferrovias – havia exigido diversos golpes independentes de gênio. Mas copiar essas tecnologias não exigia, especialmente quando você podia comprar e fretar a baixos preços o mesmo equipamento industrial que abastecia as indústrias da Inglaterra e dos Estados Unidos.

Se Henry Ford conseguiu redesenhar a produção para que os trabalhadores não qualificados da linha de montagem pudessem fazer o que artesãos habilidosos costumavam fazer, por que Ford – ou outra pessoa – também não poderia redesenhar a produção para que peruanos, poloneses ou quenianos não qualificados, e até mesmo com salários mais baixos, pudessem fazer o que os americanos estavam fazendo? Afinal, mesmo em 1914, os norte-americanos eram mão de obra extraordinariamente cara para os padrões mundiais.

Estaria a dificuldade nos riscos políticos? O fator decisivo era a vantagem relativa de estar perto de seus fornecedores de máquinas e de outras fábricas de produtos similares? Foi a necessidade de ter especialistas à mão para consertar as muitas coisas que podem dar errado?

Continua sendo uma grande incógnita para mim. E não apenas para mim, mas também para outros historiadores econômicos. Entendemos muito pouco sobre por que o ritmo de difusão tecnológica fora do núcleo industrial era tão lento antes da Primeira Guerra Mundial.

As economias "periféricas" se saíram muito bem na tarefa de se especializar na agricultura de plantação para exportação. Mas se saíram muito mal na criação de indústrias manufatureiras modernas que também poderiam ter transformado seus baixos salários relativos em uma fonte durável de vantagem comparativa.

Quando me perguntam por que isso aconteceu, digo que a vantagem inicial de custo desfrutada pela Grã-Bretanha (e depois pelos Estados Unidos, e mais tarde pela Alemanha) era tão grande que teria exigido tarifas aduaneiras incrivelmente altas para nutrir "indústrias nascentes" em outros locais. Digo que os governantes coloniais se recusaram a deixar que os colonizados o tentassem. Digo que o domínio ideológico do livre-comércio impediu que muitos outros sequer considerassem a possibilidade. Poucos sequer pensaram em dar alguns passos para longe da ideologia do livre-comércio como objetivo último, em direção à economia política prática de Alexander Hamilton e companhia. Contudo, uma abordagem à moda do "Estado desenvolvimentista" hamiltoniano poderia ter beneficiado poderosamente suas economias no longo prazo.[33]

Sem gestão, uma economia de mercado se esforçará ao máximo para satisfazer os desejos daqueles que detêm os valiosos direitos de propriedade. Mas proprietários valiosos buscam um alto padrão de vida para si, impulsionados pela compra de luxos estrangeiros. Não são pessoas pacientes que desejam possibilitar e acelerar o crescimento de longo prazo, muito menos encorajar o gotejamento de riquezas e oportunidades para a classe trabalhadora. Além disso, enquanto a economia de mercado enxerga os lucros das plantações e das taxas que podem ser cobradas pelo uso da infraestrutura, como ferrovias e docas, ela não enxerga e não pode levar em conta o conhecimento que os trabalhadores e engenheiros adquirem ao fazer parte de uma comunidade de prática. Observar o que dá errado e o que dá certo com os pioneiros e os concorrentes, ouvi-los se gabar quando as coisas dão certo e se solidarizar com eles quando as coisas dão errado com suas empresas é um canal social poderoso para o crescimento da produtividade. Entretanto, não havia fluxo de dinheiro associado a conversas no bar Wagon Wheel, no Vale do Silício.[34] E, portanto, o mercado não consegue ver os benefícios para a economia.

Essa "habilidade e experiência adquiridas", escreveu John Stuart Mill, podem criar uma "superioridade de um país sobre outro em um ramo de produção [...] decorrente apenas de tê-lo começado mais cedo [...] [sem] nenhuma vantagem inerente". Mas – a menos que haja gestão – o teste de rentabilidade máxima da economia de mercado impediria que essa habilidade e experiência fossem adquiridas. E, assim, 1870-1950 viu as porções mais lucrativas da atividade econômica, e que mais apoiavam a inovação, se concentrarem cada vez mais no que hoje chamamos de Norte global.[35]

O historiador econômico Robert Allen acha que o fator dominante foi o imperialismo: os governos coloniais não estavam interessados em adotar um "pacote-padrão" de medidas políticas que teriam permitido a industrialização – portos, ferrovias, escolas, bancos, além de tarifas alfandegárias para "indústrias nascentes" em setores que estavam um pouco além das indústrias de exportação que já eram lucrativas. W. Arthur Lewis achava que a questão mais importante era a migração e o comércio global de *commodities*: a industrialização exigia uma classe média doméstica próspera para comprar os produtos das fábricas, e as economias tropicais não tinham como desenvolvê-la. O historiador econômico Joel Mokyr acha que foram os hábitos de pensamento e intercâmbio intelectual desenvolvidos durante o Iluminismo europeu que lançaram as bases para as comunidades de prática de engenharia sobre as quais se baseou o poder industrial do núcleo do Atlântico Norte. E o economista do desenvolvimento Raul Prebisch achava que o que mais importava eram as aristocracias latifundiárias descendentes de conquistadores castelhanos, que achavam que seu domínio sobre a sociedade se manteria melhor se as fábricas produtoras dos luxos que eles desejavam permanecessem do outro lado do oceano.[36]

Não sei o suficiente para julgar. A resposta está em algum lugar na mistura causal de pessoas que tomam decisões individuais e forças culturais e políticas maiores. O que eu sei que não temos como saber é o que teria acontecido se o século XX não tivesse sido do jeito que foi.

2
ACELERANDO OS MOTORES DO CRESCIMENTO CONDUZIDO PELA TECNOLOGIA

O mundo que emergiu depois de 1870 era globalizado de uma forma nunca antes vista. Mas o que exatamente isso significava? A globalização era claramente algo mais do que apenas as linhas de comunicação e transporte que cruzavam o planeta e que começavam a mover ideias e pessoas mais rápido do que nunca. Para entender melhor o que significava essa globalização, podemos começar examinando a história de Herbert Hoover.[1]

Hoover nasceu em 1874, em Iowa. Seu pai, um ferreiro, morreu em 1880, e sua mãe, em 1884. Herbert, portanto, ficou órfão aos dez anos de idade. Em 1885, começou a rumar para o oeste – primeiro para o Oregon, para morar com uma tia e um tio; depois, em 1891, para a Califórnia –, como ele sempre afirmou, para ser o primeiro aluno da Universidade de Stanford (ele chegou antes do dia da abertura, e os funcionários o deixaram dormir no campus). Lá estudou engenharia de minas, graduando-se em 1895, durante a sofrida ressaca do Pânico de 1893.

O primeiro emprego de Hoover foi como mineiro em Grass Valley, Califórnia, ganhando US$ 600 por ano. O próximo foi como estagiário e assistente especial de um engenheiro de minas, pelo qual ganhava anualmente US$ 2,4 mil. Ele continuou rumando para o oeste. Em 1897, cruzou o Pacífico – primeiro para a Austrália, onde trabalhou para a mineradora Bewick Moreing, ganhando um salário anual de US$ 7 mil, e depois para a China, onde ganhava US$ 20 mil por ano. Foi na China que Hoover fez a primeira grande parcela de sua fortuna, embora de maneiras que, mais tarde, por vezes teve dificuldades em explicar.[2]

De 1901 a 1917, ele morou em Londres, trabalhando como engenheiro consultor e investidor, com trabalhos e investimentos na Austrália, China, Rússia, Birmânia, Itália e América Central, além dos Estados Unidos. Em 1917, voltou para seu país e foi nomeado secretário de Comércio em 1925 e eleito presidente em 1928. De filho de um ferreiro de vila a diplomado em universidade, a consultor de mineração multimilionário e a presidente dos Estados Unidos – mais alguém ascendeu tanto e tão rápido, mesmo nos Estados Unidos? Era um país excepcional. E o fato de que era um país excepcional foi um fator significativo para que o longo século XX também o fosse.

Hoover, no entanto, não fez a maior parte de sua fortuna com a globalização. Ele a fez, na verdade, graças ao seu domínio da aplicação de tecnologias de mineração e por suas habilidades como gerente e organizador. A globalização não foi o desenvolvimento mais importante a contribuir para o divisor de águas de 1870. Entre 1870 e 1914, a tecnologia e a organização melhoraram a uma taxa de 2% ao ano – mais do que o quádruplo do ritmo do progresso durante o século anterior, de 1770 a 1870. Os líderes econômicos globais – inicialmente Estados Unidos, Alemanha e Grã-Bretanha, com a Grã-Bretanha rapidamente decaindo – já vinham crescendo mais do que o resto do mundo antes de 1870, talvez 0,9% mais rápido ao ano.[3] Agora eles ganhavam ritmo e mantinham uma liderança no crescimento de talvez 2,5% ao ano, quase três vezes mais rápido em relação à taxa de antes de 1870.

Antes de 1870, as invenções e inovações tinham sido, em sua maioria, descobertas e adaptações singulares. Elas produziram novos e melhores modos de fazer coisas antigas: de fabricar fios e tecidos, de transportar mercadorias, de beneficiar o ferro, de extrair carvão e de cultivar trigo, arroz e milho. Tendo sido pioneiros nessas melhorias, seus inventores se puseram a encontrar maneiras de explorá-las. Era um processo que exigia que os inventores não fossem apenas pesquisadores, mas também engenheiros de desenvolvimento, técnicos de manutenção, gerentes de recursos humanos, chefes, animadores de torcida, marqueteiros, empresários e financistas.

Aquele sistema anterior a 1870 era bom o bastante, desde que a confluência das circunstâncias fosse perfeita. Considere a invenção da máquina a vapor no século XVIII. Ela precisava de uma fonte barata de combustível, de algo importante e lucrativo para fazer, bem como de competência social na fronteira tecnológica da metalurgia. O combustível foi encontrado no fundo das minas de carvão. Com a máquina a vapor, o algodão barato, cultivado em plantações, bastante adequado para fiação mecânica, chegou rapidamente às fábricas que produziam bens cobiçados. E com a metalurgia para fazer trilhos de ferro e rodas de ferro baratos deu-se a partida no motor da Revolução Industrial. A energia a vapor impulsionou os fusos automáticos, teares e prensas de metal, além das locomotivas ferroviárias do século XIX.

Mas o motor poderia muito bem ter pifado. Isso, afinal, é o que o histórico anterior a 1870 levaria a esperar. A imprensa, o moinho de vento, o mosquete, a caravela marítima, o moinho de água e, antes disso, os arreios de cavalo, o arado pesado, a legião de 3,6 mil soldados – cada uma dessas coisas revolucionou uma parte das economias e sociedades de sua época. No entanto, nenhuma deles deu partida em nada parecido com o foguete do crescimento econômico que estamos cavalgando desde 1870. A antiga civilização mediterrânea foi seguida pelo que é corretamente chamado de Idade das Trevas. A imprensa revolucionou a disseminação da informação, mas os livros sempre foram uma pequena parte do gasto total, e a imprensa foi uma invenção revolucionária, não uma série delas. O moinho de vento e o moinho de água significavam que as mulheres não precisavam mais gastar tanto tempo debruçadas sobre uma mó, mas seus pais e maridos encontraram outras coisas para elas fazerem. O mosquete e a caravela possibilitaram a Era Imperial-Comercial e os impérios da pólvora, mas isso, novamente, foi um salto discreto, e não uma decolagem para um crescimento sustentado. O arreio de cavalo e o arado pesado deslocaram o centro de colonização e comércio europeu para o norte, mas não melhoraram drasticamente a situação da classe trabalhadora da Europa. A legião foi essencial para a formação do Império Romano, mas este então atingiu os limites de sua expansão e finalmente caiu.[4] O que mudou depois de 1870 foi que as economias mais avançadas do Atlântico Norte *inventaram a invenção*. Elas inventaram não apenas máquinas têxteis e ferrovias, mas também o laboratório de pesquisa industrial e as formas de burocracia que deram origem às grandes corporações. A partir de então, o que era inventado nos laboratórios de pesquisa industrial podia ser implantado em escala nacional ou continental. Talvez mais importante, essas economias descobriram que havia muito dinheiro a ser ganho e satisfação a ser conquistada não apenas inventando maneiras melhores de fazer coisas velhas, mas inventando coisas totalmente novas.

Não apenas invenções, mas a invenção sistemática de como inventar. Não apenas organizações individuais de grande escala, mas a organização de como organizar. Ambos foram essenciais para a chegada do planejamento central integrado de comando e controle das corporações modernas. Todos os anos entre 1870 e 1914, tecnologias industriais mais novas e melhores que surgiram dos primeiros laboratórios de pesquisa industrial foram implantadas, às vezes ao serem vendidas a produtores já estabelecidos, mas com mais frequência porque estimulavam o surgimento e a expansão de grandes corporações.

Como observou W. Arthur Lewis, um homem rico em 1870 possuía as mesmas coisas que um homem rico em 1770.[5] Pode muito bem ser que os ricos de 1870 tivessem mais dessas coisas – mais casas, mais roupas, mais cavalos e carruagens, mais móveis. Mas exibir riqueza era uma questão de exibir número de serviçais de que se dispunha, e não as mercadorias de que se desfrutava pessoalmente. Após a década de 1870, isso mudou. A fabricação de novas mercadorias deu a isso um novo rumo, concedendo aos ricos acesso a, nas palavras de Lewis, "telefones, gramofones, máquinas de escrever, câmeras, automóveis e assim por diante, um processo aparentemente interminável cujas últimas adições no século XX incluem aviões, rádios, refrigeradores, máquinas de lavar, televisores e barcos de passeio". Em 1870, 4% dos americanos tinham sanitário com descarga em casa; em 1920, 20%; em 1950, 71%; em 1970, 96%. Nenhum americano tinha telefone fixo em 1880; 28% tinham um em 1914; 62% em 1950 e 87% em 1970. Em 1913, 18% dos americanos tinham energia elétrica; em 1950 eram 94%.[6]

A chegada dessas maravilhas da conveniência e do consumo é muitas vezes chamada de "segunda revolução industrial". O economista Robert Gordon escreveu sobre "uma grande onda" abarcando de tudo, de vasos sanitários com descarga a fornos de micro-ondas, após a qual os frutos mais à mão, e até aqueles um pouco mais altos na árvore da inovação, como os produtos químicos orgânicos, os motores de combustão interna e a energia elétrica, foram colhidos, e a tecnologia inevitavelmente desacelerou. Para ele, o progresso contínuo da ciência acabou nos levando de súbito a um lugar extraordinariamente rico em potencial tecnológico. Mas isso, acho, passa longe do alvo: nós associamos essas inovações a uma única "segunda revolução industrial" porque elas vieram em rápida sucessão: em vez de se espalharem por um século e meio, como teria ocorrido ao ritmo vigente durante a era da Revolução Industrial britânica, elas chegaram em uma geração. O mais importante nunca é tanto a chegada de qualquer tecnologia em particular, mas sim uma compreensão crescente de que há uma ampla e profunda gama de novas tecnologias a serem descobertas, desenvolvidas e implantadas.

Pense no aço. O que seria o material de construção fundamental do século XX e o metal mestre da civilização industrial foi efetivamente inventado de novo na segunda metade do século XIX. O aço é composto de 90% a 95% de ferro misturado com carbono. Você consegue forjar ferro sem carbono em seu forno se mantiver a temperatura abaixo do ponto de fusão do ferro e martelar conforme a escória – as várias impurezas no ferro – derrete e escorre, fazendo isso repetidas vezes. Mas, para fins industriais, o ferro forjado é excessivamente macio. Se você aquecer seu forno com coque, uma forma pura de carvão, e o mantiver quente o suficiente para derreter o ferro, o carbono do coque se liga a ele, e então você obtém ferro fundido ou gusa. Porém ele é excessivamente frágil para fins industriais.

Criar aço requer atenção aos detalhes, mas isso não é fácil.

Por milhares de anos, o aço foi feito por artesãos habilidosos que aqueciam e martelavam o ferro forjado na presença de carvão e depois o resfriavam em água ou óleo. Nos séculos anteriores ao XIX, a fabricação de aço de alta qualidade era um processo limitado aos ferreiros mais habilidosos de Edo (nome antigo da cidade de Tóquio), Damasco, Milão ou Birmingham. Para quem via de fora – e muitas vezes para quem participava do processo –, parecia mágica. Nas lendas germânicas modernizadas no ciclo de óperas do *Anel*, de Wagner, o herói condenado

Siegfried adquire uma espada feita por um ferreiro habilidoso. Seu criador, o anão Mime, não é de forma alguma um engenheiro de ciência dos materiais. Seu irmão, Alberich, é realmente um mágico.[7]

Isso mudou em 1855-1856, quando Henry Bessemer e Robert Mushet desenvolveram o processo Bessemer-Mushet. Forçava-se o ar através do ferro fundido para queimar todas as impurezas e, em seguida, acrescentava-se carbono (e manganês) o bastante para produzir o aço necessário para a indústria. O preço de uma tonelada de aço caiu por um fator de sete, de 45 libras para seis libras, numa época em que setenta libras por ano era o salário médio na Grã-Bretanha. Seguiram-se os processos Thomas-Gilchrist e Siemens-Martin, oferecendo melhorias adicionais. A produção mundial de aço aumentaria de quantidades triviais – o suficiente para espadas, alguns talheres e umas poucas ferramentas que precisavam do fio mais afiado possível – para cerca de 70 milhões de toneladas por ano em 1914.[8] Em 1950, esse número passaria para 170 milhões de toneladas, e em 2020, para 1,5 bilhão de toneladas por ano. Em 2016, o aço custava cerca de US$ 500 por tonelada, e o salário médio em tempo integral do Atlântico Norte era de quase US$ 50 mil por ano.

Mas não foi só o aço. Robert Gordon estava 100% certo quando escreveu que o ano de 1870 foi o alvorecer de algo novo no mundo, pois nas décadas seguintes "todos os aspectos da vida experimentaram uma revolução. Em 1929, a América urbana [tinha] eletricidade, gás natural, telefone [e] água corrente limpa [...] o cavalo tinha quase desaparecido das ruas urbanas [...] [e] as casas desfrutavam de entretenimento [...] além do que se poderia imaginar em 1870".[9] Da ferrovia e da siderúrgica como a vanguarda da alta tecnologia em 1870, ao dínamo e ao automóvel como a vanguarda da alta tecnologia em 1903, passando pela linha de montagem e pelos aviões em 1936, ao aparelho de televisão e ao foguete (tanto lunar quanto militar) em 1969, ao microprocessador e à World Wide Web em 2002, a revolução tecnológica, com suas consequências econômicas e depois sociológicas e políticas, seus problemas e ajustes, chegou mais rápido e mais furiosamente do que em qualquer época anterior.

Muitas dessas mudanças ocorreram bem antes de 1929. E não se limitavam aos Estados Unidos. Em 1889, no centenário da Queda da

Bastilha durante a Revolução Francesa, a França realizou uma exposição universal. No centro dela não estava uma pintura de mártires revolucionários, mas uma torre projetada por Gustave Eiffel e batizada em homenagem a ele. Como escreveu o historiador Donald Sassoon, a exposição francesa tornou-se uma "consagração [...] [do] comércio e das bolsas, da modernidade e das maravilhas da tecnologia expostas na Galerie des Machines. [...] Sob o estandarte da modernidade, do progresso e da busca pacífica da riqueza, o povo francês recuperaria o orgulho e a unidade nacionais".[10]

A torre de aço de Eiffel, salva do desmantelamento no final da exposição universal pelo clamor público, domina o horizonte de Paris desde então. Do outro lado do oceano Atlântico, no porto de Nova York, pairava outro projeto de Gustave Eiffel. Mas essa estrutura de aço foi revestida de cobre e chamada de Estátua da Liberdade.

A vida ainda era dura e suja. Os Estados Unidos, tornando-se rapidamente o centro de crescimento do mundo no ano de 1900, ainda era pobre. E muito desigual. E, de fato, para aqueles norte-americanos que tinham sido mantidos em cativeiro umas poucas décadas antes, era mais desigual do que nunca, ou do que tornaria a ser no restante do século XX.[11] Apesar disso, os Estados Unidos da primeira década do século 1900 também eram um lugar muito atraente em comparação com todos os outros lugares do resto do mundo. Apesar das longas horas e do risco de morte ou ferimentos nas mãos de empresas que se importavam pouco ou nada com a segurança dos trabalhadores, os empregos no país eram muito bons para os padrões internacionais.[12] Eram empregos pelos quais valia a pena atravessar milhares de quilômetros, digamos, da Hungria ou da Lituânia para o subúrbio de Pittsburgh ou de Nova Jersey.

Neste ponto de qualquer história econômica, é tradição falar de Thomas Alva Edison – o inventor mais famoso do mundo, "o mago de Menlo Park", Nova Jersey, que registraria mais de mil patentes e fundaria quinze empresas, incluindo a que agora se chama General Electric. Mas a história de Edison já é amplamente conhecida e, de fato, obscurece o alcance global da revolução.

Em vez dele, vamos falar de outro migrante que, como Herbert Hoover, foi para o Oeste – mas, neste caso, alguém que se mudou na direção oeste, da Croácia para os Estados Unidos: Nikola Tesla.[13]

Tesla nasceu em 10 de julho de 1856, na cidade de Smiljan, na região de Krajina da província da Croácia, no Império Habsburgo – então governado pelo jovem imperador Francisco José em Viena. Tesla era o quarto de cinco filhos. Seu pai era alfabetizado – um padre da Igreja Ortodoxa sérvia –, mas sua mãe não. Seus pais queriam que ele se tornasse padre. Ele queria se tornar engenheiro elétrico.

Tesla estudou engenharia elétrica por dois anos em Graz, na Áustria, e então abandonou o curso. Rompeu relações com sua família e amigos, trabalhou como engenheiro por dois anos e aparentemente sofreu um colapso nervoso. Seu pai o incentivou a retomar os estudos na Universidade Karl-Ferdinand, em Praga. Talvez Nikola tenha ido, mas, se foi esse o caso, apenas por um verão. Foi mais ou menos nessa época que o pai dele morreu.

O ano de 1881 encontra Nikola trabalhando em Budapeste para a Companhia Telefônica Nacional da Hungria, como eletricista-chefe e engenheiro. Mas ele não ficaria lá por muito tempo. No ano seguinte, mudou-se para Paris, onde trabalhou para melhorar e adaptar tecnologia norte-americana, e dois anos depois, em junho de 1884, chegou a Nova York, sem nada nos bolsos a não ser uma carta de recomendação do engenheiro Charles Batchelor a Thomas Edison: "Conheço dois grandes homens", escrevera Batchelor. "Você é um deles. Este jovem é o outro." E então Edison contratou Tesla.

Nos Estados Unidos, Tesla foi trabalhar para a Edison Machine Works. Mais tarde, ele alegaria que Edison lhe prometera US$ 50 mil – todo o patrimônio líquido da Edison Machine Works à época – para melhorar e redesenhar os geradores de corrente contínua de Edison. Independentemente do que foi ou não acordado, em 1885 Edison se recusou a pagar essa quantia. Tesla se demitiu e, por alguns anos, precisou cavar valas para ganhar a vida.

Segundo sua própria avaliação, Tesla era um homem difícil que achava outros homens difíceis. No dia seguinte à morte de Edison, por exemplo, Tesla parece ter demonstrado uma extraordinária falta de qualquer inteligência social ao esboçar, para os jornais, seu antigo empregador e inventor de renome mundial da seguinte maneira: Edison, disse ele, não tinha nenhum passatempo, não se importava com nenhum tipo de diversão e vivia em total desrespeito às regras mais elementares de higiene. [...] Seu método era extremamente ineficiente, pois uma enorme distância tinha que ser percorrida para se chegar a qualquer coisa, a menos que o mero acaso interviesse e, a princípio, fui quase uma triste testemunha de seus feitos, sabendo que apenas um pouco de teoria e cálculo lhe teria poupado 90% do trabalho. Mas ele tinha um verdadeiro desprezo pelo aprendizado dos livros e pelo conhecimento matemático, confiando inteiramente em seu instinto de inventor e seu senso prático norte-americano.[14]

Sobre sua própria personalidade, Tesla disse:

Eu tinha uma aversão violenta pelos brincos das mulheres. [...] pulseiras me agradavam mais ou menos, a depender do desenho. A visão de uma pérola quase me dava um ataque, mas me fascinava o brilho dos cristais. [...] Ficava com febre só de olhar para um pêssego. [...] Contava os passos das minhas caminhadas e calculava o volume cúbico de pratos de sopa, xícaras de café e pedaços de comida – caso contrário, minha refeição não tinha graça. Todos os atos ou operações repetidos que eu realizava tinham que ser divisíveis por três, e se eu errasse me sentia impelido a fazer tudo de novo, mesmo que levasse horas.[15]

Tesla articulou suas excentricidades a afirmações bizarras e utópicas sobre o futuro da ciência e da tecnologia. Ele era, à semelhança do fictício dr. Viktor von Frankenstein, de Mary Wollstonecraft Shelley, o modelo acabado do cientista louco. Não surpreende que tenha tido dificuldades em manter financiadores ou uma equipe de engenheiros assistentes. Apesar disso, Tesla e seus aliados venceram Thomas Edison na luta entre a eletricidade de corrente alternada ou contínua.

Corrente contínua *versus* corrente alternada – o que isso significa? Voltemos à década de 1770 e à descoberta de Alessandro Volta sobre os efeitos produzidos pela propriedade que possui um átomo de zinco de descer para um estado quântico preferencial de energia mais baixa, cedendo um elétron. Além disso, um átomo de prata pode descer para um estado quântico preferencial de baixa energia aceitando um elétron extra. Conecte um ânodo a um pedaço de zinco, e os elétrons liberados do zinco se acumularão nele. Conecte um cátodo a um pedaço de prata, e a prata pegará elétrons dele. Agora passe um fio condutor do ânodo para o cátodo. Então, uma corrente contínua – elétrons reais – fluirá do ânodo para o cátodo até que essa "bateria elétrica" se esgote, o que acontece quando o zinco como um todo adquire carga positiva suficiente para que essa carga que atrai elétrons compense a força da tendência da reação química dos elétrons de deixar o zinco. E como os elétrons fluem em uma corrente contínua do ânodo para o cátodo, a energia de seu movimento pode ser aproveitada para realizar trabalhos. Isso é eletricidade CC – corrente contínua: intuitiva e sensata. Mas seu alcance é pequeno: à medida que um elétron viaja do ânodo para o cátodo, ele tromba, vibra e perde energia para o calor a cada centímetro que percorre.

Suponha que, em vez disso, você gire um fio perto de um ímã de modo que ele faça uma revolução sessenta vezes por segundo. Um elétron estacionário não percebe que está perto de um ímã. Um elétron em movimento sim: ele é empurrado pelo ímã com uma força proporcional à velocidade do elétron. Assim, à medida que o fio é girado perto do ímã, os elétrons nele são empurrados primeiro para um lado e depois para outro: sacudidos sessenta vezes por segundo. Como o fio é um condutor, essa agitação é transmitida para pedaços do fio que não estão perto do ímã. Ao enrolar o fio muitas vezes em torno de um cilindro, você pode transformar o fio em um ímã muito poderoso – que pode então agitar outro fio com extrema força nesse padrão de corrente alternada (CA), e isso se torna então um transformador. Quanto mais vigorosamente um elétron é sacudido, maior a eficiência com que a energia é transmitida – uma corrente mais baixa carrega a mesma energia, e menos elétrons equivalem a menos perda na forma de calor.

Os sistemas CC de Edison, portanto, exigiam muitas usinas de energia: uma por bairro. Os sistemas CA de Tesla exigiam apenas algumas grandes usinas de energia, colocadas onde fosse mais conveniente, com a energia sendo então transmitida por meio de uma agitação vigorosa – a alta-tensão CA – através de linhas de energia de longa e curta distância, e o grau de agitação aumentava e diminuía com o uso dos transformadores. Assim, as economias de escala estão do lado de Tesla. E elas são mesmo poderosas. Mas isso era feitiçaria. Não havia fluxo de elétrons para transportar a energia. Havia apenas as sacudidas para a frente e para trás, primeiro num sentido, depois no outro. Como poderia uma agitação sem movimento real de elétrons de um lugar para outro produzir energia útil? Assim, houve grande resistência, pois mesmo engenheiros treinados tinham dificuldade em entender como isso podia funcionar.[16]

Houve um tempo, talvez, em que Nikola Tesla era o único engenheiro elétrico que entendia que a transmissão de energia via CA era mais do que uma curiosidade teórica, que ela poderia funcionar, e realmente funcionaria, com muito mais eficiência, e, portanto, a um preço muito mais baixo do que o método de Edison.

Ele estava certo. Toda a nossa rede de energia elétrica, e tudo o que dela deriva, tem muito mais de Tesla do que de Edison. O mundo visto do espaço à noite, iluminado pela rede elétrica, é o mundo de Tesla. Suas ideias sobre como fazer os elétrons dançarem de maneira eficiente e poderosa estavam corretas, embora parecessem altamente especulativas a quase todos os seus contemporâneos, improváveis de ser implementadas e, no limite, insanas.

Tesla fez muito mais. Em 1894 ele encenou talvez a primeira, ou pelo menos uma das primeiras, demonstrações do rádio. Muitas de suas ideias deram certo. Muitas de suas ideias estavam vários anos à frente de seu tempo. Muitas de suas ideias eram simplesmente malucas: o raio da morte e a transmissão elétrica sem fio, para citar duas. Ele fez uma enorme diferença – talvez de cinco a dez anos – ao fazer progredir a eletricidade na economia, e pode ter mudado permanentemente a economia para uma direção um pouco diferente daquela em que estava indo. Como pode Tesla, o cientista louco, ter feito tanta diferença? Porque ele pôde trabalhar em *laboratórios de pesquisa industrial* e suas ideias puderam ser desenvolvidas e implementadas por corporações. Ele pôde trabalhar para George Westinghouse. E a General Electric pôde copiar o que ele havia feito.

Tesla foi, em primeiro lugar e acima de tudo, um inventor. Em 1887, ele fundou a Tesla Electric Light and Manufacturing, mas seus financiadores o demitiram de sua própria empresa. No ano seguinte, ele encenou uma demonstração de um motor de indução CA – o ancestral de todos os nossos motores CA atuais – na reunião do Instituto Americano de Engenheiros Elétricos. E, um ano mais tarde, ele por fim encontrou um financiador permanente, George Westinghouse e sua Westinghouse Electric and Manufacturing Company. Tesla logo começou a trabalhar no laboratório da empresa em Pittsburgh. Em 1891, aos 35 anos, Tesla estava de volta a Nova York, estabelecendo seu próprio laboratório com o dinheiro que ganhara vendendo suas patentes para a Westinghouse sob um acordo de compartilhamento de patentes. Em 1892 tornou-se vice-presidente do Instituto Americano de Engenheiros Elétricos e recebeu patentes para o sistema de energia elétrica CA polifásico que ele inventou. Em 1893, ele e George Westinghouse usaram energia CA para iluminar a Feira Mundial de Chicago – a primeira feira mundial a ter um pavilhão para a eletricidade e suas aplicações.

O final da década de 1880 e a década de 1890 viram Westinghouse, Tesla e seus apoiadores lutarem contra Edison e seus apoiadores na chamada "guerra das correntes". Edison havia apostado em uma rede elétrica em CC. A corrente contínua funcionava muito bem com lâmpadas incandescentes e com os motores da época. Funcionava bem com baterias de armazenamento, o que significava que você só precisava construir a dispendiosa capacidade de geração para cargas médias, em vez de cargas de pico. E Edison não tinha compreendido totalmente o que Tesla queria quando trabalhou para ele: "As ideias [de Tesla] são esplêndidas", disse ele. "Mas são totalmente impraticáveis."[17]

Os sistemas CA de Tesla e Westinghouse permitiam a transmissão eficiente de energia elétrica por longas distâncias através de linhas de alta-tensão. Uma vez chegada ao destino desejado, ela podia então ser reduzida, por meio de transformadores redutores, a uma tensão que não fosse imediatamente fatal. O sistema CC de Edison era muito menos arriscado, embora exigisse que a baixa-tensão fosse transmitida por longas distâncias, incorrendo em perdas de potência por conta da resistência extremamente grande. Por um lado, o sistema de Tesla, com todos os riscos inerentes, levava mais energia aonde ela era necessária. Por outro, não era óbvio como a corrente alternada poderia ser usada para alimentar qualquer coisa útil. Quer dizer, isso até que Tesla inventou o motor de indução.

Tanto Westinghouse quanto Edison quase faliram no esforço de construir uma rede de energia elétrica rápido o suficiente para se tornar o padrão dominante. Westinghouse e Tesla venceram.

O alcance das ideias de Tesla foi amplamente expandido pela riqueza e inteligência organizacional de terceiros, e continuou a se expandir mesmo depois de Tesla se mudar, em 1899, de Nova York para Colorado Springs a fim de realizar experimentos com a distribuição de energia de alta-tensão – tanto com quanto sem fio. Seus experimentos de distribuição de energia sem fio logo se transformaram no rádio, um resultado pelo qual ele não se interessou muito. Em compensação, cativava-o a ideia de distribuir energia elétrica por todo o mundo sem ter que construir linhas de energia, e distribuí-la gratuitamente. O dele foi um tipo de movimento de energia elétrica de código aberto que antecedeu em noventa anos o movimento dos softwares de código aberto.

Os financistas dominantes J. P. Morgan e George F. Baker decidiram, em 1907, quando o pânico financeiro daquele ano lhes deu a oportunidade – além do fato de terem imprudentemente emprestado dinheiro demais a George Westinghouse –, que a era heroica da eletricidade tinha acabado. Era hora, decidiu Morgan, de racionalizar as operações e substituir inventores visionários como Tesla (e empreendedores carismáticos e ávidos por apoiá-los, como George Westinghouse) por executivos sóbrios, de paletó de flanela, como Robert Mather e Edwin F. Atkins, que implementariam rotinas no negócio. Eles se concentraram no resultado final: gastar menos em experimentos sonhadores, pagar menos aos trabalhadores e canalizar o fluxo de caixa livre não para expansões no exterior ou (o horror!) para competir com a General Electric, a favorita dos banqueiros, mas para dividendos. Tesla deu à Westinghouse uma licença permanente, livre de *royalties*, para usar todas as suas invenções e, assim, empobreceu. De todo modo, Morgan e Baker expulsaram Westinghouse e ficaram com a licença.[18]

Tesla não estava sozinho nessa travessia do final do curto século XIX para o início do longo século XX. Na condição de gênio criativo e inventivo, ele quase não teve pares, mas como desvalido no pós--Westinghouse, endividando-se no hotel Waldorf-Astoria de Nova York, seu empobrecimento o colocou em vasta companhia, pois o mundo de então ainda era pobre.

Em 1914, talvez dois terços de quase todos os humanos ainda cultivavam a terra para conseguir a maior parte dos alimentos que suas famílias comiam. A maioria dos humanos não sabia ler, nem tinha visto uma locomotiva a vapor de perto, viajado em um trem, falado ao telefone ou morado em uma cidade. A expectativa de vida ainda era só um pouco maior do que na Era Agrária. E em 1914, mesmo nos Estados Unidos, mais de um terço da força de trabalho trabalhava na agricultura. Na época, os Estados Unidos eram um farol para os milhões de trabalhadores do mundo, que muitas vezes estavam dispostos a mudar de continente para melhorar de situação. De todos os países do mundo, apenas a Grã-Bretanha e a Bélgica estavam transferindo seus trabalhadores da agricultura para as cidades mais rápido do que os Estados Unidos. Considere que no início da primeira década de 1900 a Alemanha se tornou a terceira superpotência do mundo, mais poderosa e mais industrializada do que qualquer outra nação, exceto a Grã-Bretanha e os Estados Unidos. Mas quando a Alemanha nazista de Adolf Hitler entrou em guerra em 1939, quatro quintos dos veículos com rodas e lagartas em seu exército ainda eram movidos por cavalos e mulas.[19]

Para ter uma noção melhor não apenas de quão pobre, mas de quão desigual era a sociedade dos Estados Unidos no início do século XX, contemple o caso de um professor universitário anônimo que, em 1902, foi objeto de um artigo de quatro páginas do *Atlantic Monthly*, assinado por G. H. M.[20] O professor, alegando ser muito mal pago, afirmou com ressentimento que o "salário médio de um professor universitário" era de "cerca de US$ 2 mil". Para ele, isso era claramente inadequado e injustamente baixo. Apesar disso, na época, US$ 2 mil eram aproximadamente quatro vezes a produção bruta do trabalhador norte-americano médio e seis vezes seu salário anual. Para efeito de comparação, em 2020, um professor que ganhasse quatro vezes a média nacional receberia um salário anual de US$ 500 mil.[21]

Mas G. H. M. se considerava um "homem razoável". Ele não pedia "um grande [salário], equiparável ao de outras linhas de trabalho de igual capacidade (entre US$ 10 mil e US$ 50 mil)" – ou de vinte a cem vezes a renda média atual do país por trabalhador.

Mas o *Atlantic Monthly* não deu a esse professor comum quatro páginas para fazer graça. Conforme G. H. M. destrinchava seu orçamento, os leitores concordavam que sua família estava realmente numa situação difícil. A primeira grande despesa que ele listou foi a de serviços pessoais. Sem bens de consumo duráveis – geladeiras, lavadoras e secadoras, fogões alimentados por uma rede elétrica ou pelo gás municipal, sem mencionar carros e eletrodomésticos –, "é preciso pagar US$ 25 por mês para ter um empregado mesmo razoável", escreveu o professor. Acrescente a isso US$ 10 por mês para lavanderia, pois os empregados regulares "não lavam roupa", ele reclamou. E então US$ 1 por mês para cortes de cabelo e US$ 2 por mês para um jardineiro. Somente em serviços pessoais, chegamos a US$ 445 por ano – aproximadamente o nível médio do produto interno bruto (PIB) dos Estados Unidos por trabalhador em 1900. E os indivíduos contratados para ajudar o faziam sem o benefício de um cortador de grama movido a gasolina, aspirador de pó ou lava-louças.

O professor G. H. M. não podia se dar ao luxo de morar a uma curta distância do campus e nem de manter um cavalo e uma carruagem, então precisava usar aquela invenção de alta tecnologia – a bicicleta – para se deslocar. Que um professor comum pudesse sentir, junto com o público leitor, que seus talentos deveriam ser retribuídos com um múltiplo tão enorme da renda média, e se preocupar com sua insuficiência, é um sinal da economia profundamente estratificada em que ele se encontrava.

Essa desigualdade torna-se evidente quando nossa atenção passa desse típico professor para a família média da classe trabalhadora no início do século XX.

Talvez um terço dos lares norte-americanos em 1900 tinha um hóspede, quase sempre homens e sem relações de parentesco, dormindo e comendo na casa. Era a única maneira de uma dona de casa trazer renda diretamente para o lar. Isso também multiplicava a quantidade de trabalho que ela tinha que fazer. E grande parte era manual. Por exemplo, poucas residências tinham água encanada ou aquecedor de água. Em vez disso, a água chegava em baldes enchidos em uma torneira comum que ficava, sendo otimista, perto da casa, e para ser usada na lavagem de roupa ela era aquecida em um fogão a lenha ou a carvão. A mesma ausência de bens duráveis que afligia nosso professor atingia nossa dona de casa, desde acender aquele fogão até lavar uma camisa.[22]

Aqueles que podiam pagar a manutenção de um estilo burguês de limpeza o ostentavam. Camisas brancas, vestidos brancos e luvas brancas eram indicadores poderosos de riqueza nos Estados Unidos na virada do século XX. Eles diziam: "Eu não tenho que lavar minha própria roupa", e diziam em voz alta.

A relativamente próspera cidade siderúrgica de Homestead, na Pensilvânia, oferece mais elementos sobre as vastas disparidades de riqueza da época. Em 1910, apenas uma em cada seis residências da classe trabalhadora tinha banheiros internos. Metade das famílias "eslavas" e "negras" vivia em casas de um ou dois cômodos. A maioria das famílias brancas vivia em casas de quatro cômodos – e muitos grupos que hoje seriam chamados de "brancos" não eram considerados assim naquela época, incluindo "eslavos", "latinos" e "hebreus". Mas mesmo no relativo conforto de uma casa de quatro cômodos, poucos podiam se dar ao luxo de aquecer mais de um cômodo durante o inverno da Pensilvânia. E em quantas maneiras de cozinhar batatas em um antigo fogão de ferro fundido você consegue pensar? A preparação das refeições não era uma tarefa de uma hora por dia, mas de quatro horas.

A mortalidade infantil ainda era alta. Um em cada cinco bebês em Homestead, Pensilvânia, morria antes de completar seu primeiro aniversário. As mulheres adultas enfrentavam riscos substanciais no parto. E os homens adultos também morriam, aos montes. Acidentes nas fábricas de Homestead deixavam 260 feridos por ano e trinta mortos. Isso numa população total de 25 mil habitantes e uma força de trabalho em siderurgia de 5 mil pessoas. A cada ano, 5% desses 5 mil trabalhadores eram feridos em acidentes graves o bastante para afastá-los do trabalho, 1% ficavam permanentemente incapacitados e 0,5% morriam.

Podemos fazer as contas. Se você tivesse começado a trabalhar para a U.S. Steel aos vinte anos, haveria então uma chance de um em sete de que a fábrica o teria matado antes de você chegar aos cinquenta, e de quase um em três de que ela o teria incapacitado. É de se admirar que o seguro de vida e o seguro por invalidez fornecidos por seguradoras e organizações locais (já que a empresa fornecia poucos) ocupassem tanto espaço na mente da classe trabalhadora norte-americana na virada do século? É de se admirar que Homestead tenha sido o lar de algumas das disputas trabalhistas mais violentas e brutais do final do século XIX, superadas em crueldade apenas pelas minas das Montanhas Rochosas e pelos pátios de transporte ferroviário de Chicago? E é de se admirar que o primeiro componente do Estado de bem-estar social implantado em muitas partes dos Estados Unidos tenha sido indenizações para os trabalhadores?

A maior parte da força de trabalho de Homestead trabalhava apenas seis dias por semana. Esse "apenas" foi duramente conquistado, pois a U.S. Steel via o fechamento da maioria das usinas aos domingos como uma grande concessão de sua parte, uma concessão que seus diretores esperavam que lhes valesse muitos benefícios em relações públicas. Desde que conseguissem encontrar trabalhadores dispostos a trabalhar no turno da noite, a fábrica de Homestead (depressões e recessões à parte) ficava aberta 24 horas por dia durante a semana. E quando as coisas mudaram, foi de uma vez – de dois turnos de doze horas, antes e durante a Primeira Guerra Mundial, para dois (ou três) turnos de oito horas durante a década de 1920, a Segunda Guerra Mundial e depois.

Ainda assim, os empregos em Homestead – pelo menos aqueles ocupados por pessoas nascidas nos Estados Unidos – eram bons para a época, mesmo para os padrões elevados dos Estados Unidos. A maioria dos ocupantes desses empregos se sentia grata. "As expectativas deles não eram as nossas", explicou o historiador Ray Ginger. "Um homem que tivesse crescido em uma fazenda do Sul dos Estados Unidos não achava cruel que seus filhos tivessem que trabalhar como meninos de bilros [coletando fios em uma fábrica têxtil]. Um imigrante que vivia em um cortiço e trabalhava em uma fábrica clandestina ainda sabia que pela primeira vez em sua vida estava usando sapatos sete dias por semana."[23] As famílias brancas em Homestead podiam ganhar cerca de US$ 900 por ano, o que as situava confortavelmente no terço superior da população do país em termos de renda por família, no país mais rico do mundo, exceto a Austrália.

Em relação ao que poderia ser ganho por pessoas com níveis de habilidade semelhantes em qualquer outro lugar do mundo, um emprego fabril em Homestead era uma colocação muito atraente. E então as pessoas se mudavam para os Estados Unidos, e lá elas procuravam lugares como Homestead, onde a economia fervilhava.

As fontes da riqueza excepcional dos Estados Unidos eram muitas.

Em 1870, o foco do crescimento econômico cruzou o Atlântico, da Grã-Bretanha para os Estados Unidos, onde, em escala continental, uma enxurrada de imigração, vastos recursos e uma sociedade aberta fizeram de inventores e empresários heróis culturais.

Alguns notaram que o grande tamanho do país e a população precipitaram indústrias capazes de adotar a produção em massa e a gestão moderna. Alguns notaram a grande onda de imigrantes que se direcionou para os Estados Unidos, trazendo consigo força de trabalho, talento e vontade de trabalhar e consumir. Outros ainda enfatizaram o papel crucial desempenhado pelos recursos naturais na supremacia industrial dos Estados Unidos: em um mundo em que os custos de transporte ainda eram significativos, uma vantagem comparativa em recursos naturais tornou-se uma vantagem comparativa em manufatura. Outros enfatizaram as ligações entre uma economia rica em recursos e o "sistema norte-americano" de manufaturas, contando com padronização, tentativas de fazer peças intercambiáveis, uso pesado de maquinário – e desperdício de recursos naturais, incluindo tanto matéria-prima quanto energia. Por fim, alguns enfatizaram a abertura da sociedade americana, a facilidade com que indivíduos, ideias, capital e iniciativa se moviam pelo país, e também do país para outros continentes e vice-versa.[24]

Era um sistema de oportunidades no qual um Hoover e um Tesla, para não mencionar um Westinghouse, um Edison, um professor com as iniciais G. H. M. e um trabalhador de Homestead, podiam se sentir esperançosos e ter ambições. Mas chamá-lo de "sistema" é muito grandioso, sugerindo algum processo previdente. No século XX, essas fontes coletivas de riqueza excepcional levaram a possibilidades de produção em massa não por causa de qualquer processo deliberativo e planejado de desenvolvimento industrial, mas por meio de escolhas míopes que geraram mais externalidades tecnológicas. A invenção da invenção, ao que parece, produz ainda mais invenções.

A isso podemos acrescentar duas fontes adicionais de riqueza norte-americana: educação e paz, embora devamos notar que estas estavam amplamente indisponíveis tanto para os povos indígenas – as primeiras nações, descendentes de imigrantes anteriores que chegaram por terra, e não por mar –, então expostos a doenças transmitidas por cobertores dados de "presente" e arrebanhados em reservas, quanto para negros, contra os quais a sociedade branca travava então uma campanha de terror.

Nos Estados Unidos, em 1914, mesmo em sua porção rural, as crianças iam à escola. Nos anos anteriores à Primeira Guerra Mundial houve um grande aumento na educação, e pelo menos o ensino fundamental se tornou a regra para crianças em economias de ponta. E o número de anos que um aluno típico passava na escola também cresceu.[25]

Os Estados Unidos fizeram da criação de uma população alfabetizada e capaz de calcular uma alta prioridade. E isso encorajou aqueles com formações mais ricas, mais preparados e com mentes mais rápidas ou mais bem treinadas a rumar para uma educação cada vez mais sofisticada. Industriais logo perceberam que uma força de trabalho mais qualificada mais do que compensava os impostos cobrados para apoiar o ensino médio e superior em massa. Essa não era uma vantagem exclusiva dos Estados Unidos. Enquanto o forte sistema educacional dos Estados Unidos proporcionava uma vantagem em produtividade, os domínios da Grã-Bretanha, e ainda mais a Alemanha, também tinham um forte compromisso com a educação e desfrutavam de uma vantagem semelhante na competitividade industrial.

O excepcionalismo norte-americano era muito real, mas pode distorcer um ponto: o país era excepcional em comparação com o resto do mundo ocidental desenvolvido apenas em alguns graus. Cumulativamente, as diferenças de grau, no entanto, resultavam em algo que, na aparência, era uma diferença de condição. E o resultado final foi um Estados Unidos que desfrutou de uma extensão notável de domínio tecnológico e industrial sobre o resto do mundo durante grande parte do século XX. Também capturou muito da imaginação do mundo.

Por ser tão próspero em termos relativos e por seu grau de avanço tecnológico no período pré-Primeira Guerra Mundial ser muito mais rápido do que o da Europa Ocidental, era para os Estados Unidos que as pessoas se voltavam para divisar a forma do alvorecer do século XX. No século XVII, grande parte da Europa se voltara para a Holanda; no século XIX, grande parte do mundo se voltara para a Grã-Bretanha. No início do longo século XX, quase todo o mundo, e certamente toda a Europa, se voltou para os Estados Unidos. Para os observadores, aquela parecia ser uma civilização qualitativamente diferente. Os

Estados Unidos não carregavam o fardo do passado que constrangia a política e oprimia os povos da Europa e, livre desse fardo, podia olhar com ousadia para o futuro.

Essa vantagem exclusiva norte-americana foi bastante reforçada pelo fato de que, nos Estados Unidos, o período de prosperidade explosiva iniciado por volta de 1870 (também chamado de Belle Époque, Idade Dourada ou Eldorado econômico) avançou sem interrupções por mais tempo do que em qualquer outro lugar do mundo. A China desmoronou na revolução em 1911. A Europa mergulhou no inferno da Primeira Guerra Mundial em 1914. Nos Estados Unidos, o período de progresso e desenvolvimento industrial durou de 1865, quando as armas silenciaram em Appomattox, no final da Guerra Civil, até o início da Grande Depressão, no verão de 1929.

Podemos ver um pouco da admiração e do maravilhamento causados pelos Estados Unidos da virada do século ao olhar para o país por intermédio dos olhos de mais um migrante: Lev Davidovich Bronstein.

Os pais de Lev também tinham sido migrantes: seu pai, David, e sua mãe, Anna, atravessaram o maior rio que já haviam visto a fim de se deslocar centenas de quilômetros para sair da floresta e adentrar a pradaria – terras por onde nômades a cavalo tinham perambulado antes de serem suprimidos pelo exército. Lá eles viveram em um dos solos agrícolas mais ricos do mundo e muito pouco povoado. A fazenda dos Bronsteins ficava a cerca de vinte quilômetros do posto de correio mais próximo.

Mas não se trata de algo no estilo de *Os pioneiros*, de Laura Ingalls Wilder, uma história sobre o assentamento europeu nos trigais dos Estados Unidos. A fazenda Bronstein ficava em Yanovka, na Ucrânia. As línguas que falavam eram o russo e o iídiche, não o inglês. Quando colocaram seu filho Lev na escola, mandando-o para a cidade grande mais próxima, esta não era a cidade portuária de Chicago, no lago Michigan, mas sim a cidade portuária de Odessa, no mar Negro.

Lá ele se tornou comunista. E no meio de sua carreira se viu temido por czares e policiais, e caçado e exilado porque era temido. Em janeiro de 1917, ele deu início a uma estadia de dez semanas na cidade de Nova York com sua família (sua segunda esposa e seus filhos). Ao contrário da maioria das pessoas que haviam trocado o Velho Mundo pelo Novo e acabaram em Nova York na década de 1910, o comunista Lev não queria estar lá. Mas ele e sua família procuraram tirar proveito da situação, e mais tarde ele escreveu sobre sua vida na cidade:

> Alugamos um apartamento em um bairro operário e o mobiliamos com um empréstimo parcelado. Aquele apartamento, que custava US$ 18 por mês, estava equipado com todo tipo de comodidades a que nós, europeus, não estávamos habituados: luz elétrica, fogão a gás, banheira, telefone, elevador automático e até uma rampa para o lixo. Essas coisas fizeram os meninos se apaixonarem por Nova York. Por um tempo, o telefone foi o principal interesse deles; não tínhamos esse instrumento misterioso nem em Viena nem em Paris.

Eles – principalmente as crianças – ficaram impressionados com a prosperidade dos Estados Unidos e com as maravilhas tecnológicas das quais faziam uso diário:

> As crianças tinham novos amigos. O mais próximo era o motorista do dr. M. A esposa do médico levava minha esposa e os meninos para passear de carro [...] o motorista era um mágico, um titã, um super-homem! Com um aceno de mão, ele fazia a máquina obedecer ao seu menor comando. Sentar-se ao lado dele era o prazer supremo.

Quando aconteceu a Revolução Russa, Lev retornou a São Petersburgo, uma cidade que mudaria de nome várias vezes durante o longo século XX, primeiro para Petrogrado, depois para Leningrado e, por fim, de novo para São Petersburgo. De modo similar, Lev também mudaria de nome. Ele tomou emprestado o pseudônimo de um de seus ex-carcereiros czaristas em Odessa: Lev Bronstein se tornou Leon Trótski.

Trótski nunca foi autorizado a voltar para os Estados Unidos. Afinal, ele era um subversivo perigoso, com um plano de longo prazo que incluía a derrubada do governo dos Estados Unidos pela força e violência. Tornou-se o braço direito de Lênin, o organizador da vitória bolchevique na Guerra Civil Russa, o primeiro dos derrotados por Joseph Stálin na subsequente luta pelo poder e, por fim, em 1940, vítima da polícia secreta soviética, assassinado a golpes de picador de gelo na cabeça na Cidade do México.

Antes de seu assassinato, enquanto estava no exílio, Trótski se lembraria de sua partida de Nova York. Nessas recordações, ele capturaria o que grande parte do mundo acreditava. Ao partir de Nova York para a Europa, Trótski sentiu que estava indo do futuro para o passado: "Eu estava partindo para a Europa com a sensação de um homem que deu apenas uma espiada na fornalha em que o futuro está sendo forjado".[26]

A utopia estava sendo construída, pensou Trótski. Mas não estava sendo construída no Império Russo ao qual ele voltava para tentar tirar vantagem do momento político aberto pela abdicação do czar Nicolau II Romanov. Eram os Estados Unidos que estavam erguendo o estandarte da utopia e prometendo ser o líder mundial e um guia no caminho.

O calor para essa forja vinha de ondas recorrentes de avanço tecnológico que continuavam chegando a um ritmo sem precedentes. Essas ondas foram criadas pelo laboratório de pesquisa industrial e pela corporação moderna, e, embora estivessem centradas nos Estados Unidos, elas se difundiram para fora do país, primeiro para o resto do Norte global e depois, aos poucos, para todo o mundo: deve-se lembrar que, proporcionalmente, houve mais progresso e mudanças tecnoeconômicas em um único ano no período de 1870-2010 do que em cinquenta anos antes de 1500, e mais do que em doze anos no período de 1500 a 1770, ou mais do que em quatro anos entre 1770 e 1870. Esse progresso criou muito, e também destruiu muito. Estamos falando de uma economia de mercado: o financiamento necessário para manter seu emprego exige que ele integre uma cadeia de valor que satisfaça algum teste de probabilidade máxima realizado por algum financista que pode estar a milhares de quilômetros de distância; sua capacidade de ganhar a renda que você acha que merece depende de seus empregadores em potencial examinarem o valor do que você é capaz de criar pela mesma métrica. À medida que as capacidades tecnológicas crescem, aqueles cujo trabalho depende de tecnologias antigas ficam cada vez menos capazes de passar em tais testes. "O capitalismo", escreveu o economista Joseph Schumpeter em 1942, "nunca pode ser estacionário. [...] O impulso fundamental que coloca e mantém o motor capitalista em movimento vem dos bens de consumo dos novos consumidores, dos novos métodos de produção ou de transporte, dos novos mercados, das novas formas de organização industrial que a empresa capitalista cria. [...] Mutação industrial [...] revoluciona incessantemente a estrutura econômica por dentro, destruindo incessantemente a antiga. [...] Esse processo de destruição criativa é o fato essencial sobre o capitalismo."[27] A grande riqueza é formada pela criação. A pobreza é imposta pela destruição. E a incerteza e a ansiedade são criadas pela ameaça. Alguém tinha que administrar esse processo, conter as rebeliões contra as consequências da parte da "destruição" se o futuro das possibilidades tecnológicas iria mesmo ser forjado.

Depois de 2006, o ritmo do crescimento econômico medido nos Estados Unidos despencou. Em 2010, nossa data final, muitos pensaram que isso era momentâneo, já que 2010 veio logo depois de chegarmos ao fundo do poço da Grande Recessão iniciada em 2008. Mas durante toda a década de 2006-2016, o PIB real *per capita* cresceu a um ritmo de apenas 0,6% ao ano – uma queda chocante em relação a qualquer coisa vista durante o extenso século XX. Ao longo da década de 1996-2006, o ritmo foi de 2,3% ao ano. Nas duas décadas anteriores, 1976-1996, o ritmo foi de 2% ao ano, e nos "Trinta Anos Gloriosos" após a Segunda Guerra Mundial, foi de 3,4% ao ano. Depois de 2006, o fogo das fornalhas dos Estados Unidos estava esfriando rapidamente, se é que não tinha se apagado, ou não tinha se apagado ainda.

3
DEMOCRATIZANDO O NORTE GLOBAL

Há uma grande diferença entre *economia* e *economia política*. Esta última refere-se aos métodos pelos quais as pessoas decidem coletivamente como vão organizar as regras do jogo dentro do qual a vida econômica ocorre. Portanto, relaciona-se ao modo de as pessoas decidirem coletivamente estabelecer as regras com base nas quais tomam decisões sobre organizações e instituições. Para ver como a economia política funciona na prática, vamos voltar no tempo, para o início da história do governo federal dos Estados Unidos.

James Madison nunca foi um entusiasta da democracia. Em 1787, ele escreveu nos *Artigos federalistas*: "As democracias sempre foram espetáculos de turbulência e disputas; sempre foram consideradas incompatíveis com a segurança pessoal ou os direitos de propriedade; e têm sido [...] tão curtas em suas vidas quanto [...] violentas em suas mortes".[1]

Mas, bem, no final dos anos 1700, quase ninguém entre os ricos e poderosos era um entusiasta da democracia.

O que entusiasmava James Madison era uma *república*, um sistema de governo no qual certo subconjunto de pessoas notáveis – consistindo, em sua maioria, daqueles já dotados de quantidades saudáveis de segurança e propriedade – escolheria um grupo pequeno e seleto de sábios, pensadores e enérgicos para representá-los. Esses representantes compartilhariam os valores do povo e promoveriam seu bem-estar, mas, esperava-se, o fariam desinteressadamente: buscando não seu próprio lucro, mas sim demonstrar sua virtude como cidadãos.

Madison queria fervorosamente evitar a "turbulência e a disputa" da democracia. Lembre-se de que, de acordo com a Constituição elaborada por Madison e seus pares, os estados poderiam restringir o direito de voto o quanto quisessem, desde que preservassem "uma forma republicana de governo".

Foi difícil para os Pais Fundadores dos Estados Unidos convencer alguém de que mesmo sua república com sufrágio limitado era uma boa ideia. Na época, as teias feudais, as monarquias e os impérios pareciam ser mais duráveis e provavelmente as melhores formas de governo. A partir de 1787, Madison e Alexander Hamilton, nos *Artigos federalistas*, reduziram-se ao argumento de que valia a pena arriscar estabelecer uma república, apesar de seu triste passado histórico, por causa dos "avanços na ciência do governo" desde a Antiguidade clássica. Mas Thomas Jefferson, por exemplo, achava que pelo menos Hamilton estava só "advogando em causa própria", pois tinha se comprometido por ambição com a causa republicana revolucionária – Jefferson achava que, na verdade, Hamilton queria uma forma monárquica de governo para o país.[2] Naquela época, a superioridade da democracia não era tão óbvia.

Apesar disso, de 1776 a 1965, a democracia – pelo menos na forma de um voto por homem da idade e da raça certas – ganhou muito terreno no Atlântico Norte. Os sistemas de governo feudal e monárquico caíram num descrédito cada vez maior.

Por um tempo, a *prosperidade* foi vista como a qualificação mais importante para a participação política. Até o final da Primeira Guerra Mundial, na legislatura provincial prussiana do Império Alemão, aqueles que pagavam o terço superior dos impostos podiam eleger um terço dos representantes. No início da década de 1840, François Guizot, um primeiro-ministro ligeiramente de centro-esquerda na monarquia constitucional da França, respondeu às demandas por um sufrágio mais amplo com as palavras *enrichessez vous*: se você quer votar, fique rico o suficiente. Não funcionou. Em 23 de fevereiro de 1848, o rei Luís Filipe da dinastia Orléans da França – o único rei dessa dinastia – jogou Guizot debaixo da proverbial carroça na esperança de evitar a revolução e o destronamento. Era tarde demais. Louis-Philippe abdicou no dia seguinte.[3]

No período de 1870 a 1914, a democracia em expansão provou ser o princípio político que menos ofendia ao maior número de pessoas e, consequentemente, ganhou aceitação geral. A sociedade política seria um reino em que algumas ou a maioria das preferências dos indivíduos do sexo masculino contariam igualmente na escolha do governo, e o governo então restringiria e controlaria um pouco a economia. Limitaria, mas não extinguiria a influência extra daqueles a quem Theodore Roosevelt chamava os "malfeitores da grande riqueza".

Mas mesmo isso não foi suficiente para satisfazer a todos – de fato, haveria uma pressão contínua para expandir o sufrágio.

Quando os liberais estavam no poder, eles tentavam estender o sufrágio com base no princípio de que os eleitores novos e mais pobres seriam menos conservadores e os apoiariam. Quando os conservadores estavam no poder, eles (mais raramente e com relutância) tentavam estender o sufrágio na crença de que os trabalhadores, leais ao rei e ao país, os apoiariam. Permitir que mais pessoas votassem "derrotaria os Whigs [liberais]", pois os trabalhadores lembrariam quem teve e quem não teve sucesso em dar a eles o direito de voto.[4] E quando uma revolução se insinuava, os governos, temendo turbas armadas pelas ruas, estendiam o sufrágio para dividir a oposição potencialmente revolucionária. "O princípio", disse o então primeiro-ministro conde Grey em um debate de 1831 sobre o projeto de reforma para a extensão do sufrágio na Grã-Bretanha, "é evitar [...] a revolução" e, com base nessa expectativa, declarou: "Estou reformando para preservar, não para derrubar".[5]

Por esses meios o sufrágio avançou, passo a passo, sob regimes liberais e conservadores. Até 1914, pelo menos no cada vez mais próspero núcleo industrial da economia mundial, no Atlântico Norte, as perspectivas de disseminação de uma ampla prosperidade e de estabilização da democracia pareciam boas. O sistema político-econômico aparentava estar funcionando: a prosperidade crescente fez com que aristocratas e plutocratas sentissem que a lenta erosão de sua posição social relativa era um preço que valia a pena pagar em troca das coisas boas que recebiam e fez os de baixo sentirem que continuar tolerando o domínio da classe alta era um preço que valia a pena pagar em troca do progresso social. Por fim, conservadores e liberais viam caminhos suficientemente amplos para a vitória política para deixar ambos confiantes de que a atual trajetória da história estava do seu lado.

Embora o sufrágio tenha se expandido rapidamente em vários aspectos, isso aconteceu aos trancos e barrancos, e muito mais tempo se passou até que fosse estendido às mulheres.

Em 1792, a França tornou-se o primeiro país a conceder o sufrágio universal masculino – embora o sufrágio efetivo de qualquer tipo tenha desaparecido na época da coroação de Napoleão, em 1804, e o sufrágio universal masculino só tenha retornado, exceto por um breve intervalo em 1848-1851, em 1871. Nos Estados Unidos, a luta pelo direito de voto para homens brancos foi vencida por volta de 1830. O primeiro Estado europeu a oferecer sufrágio universal – tanto para homens quanto para mulheres – foi a Finlândia, em 1906. Na Grã-Bretanha, o sufrágio (quase) universal veio em 1918, quando foi estendido a todos os homens com 21 anos ou mais e às mulheres com trinta anos ou mais. Mulheres adultas com menos de trinta anos tiveram que esperar até 1928.

As sufragistas norte-americanas lutaram o bom combate por décadas. No início de 1900, a luta ainda estava em andamento. Em suas fileiras estava minha bisavó, Florence Wyman Richardson, que, com outras pessoas, se acorrentou à cerca da sede do governo na capital do Missouri e, como consequência, parece ter sido expulsa do baile de debutante do Profeta Velado, em St. Louis. A 19ª Emenda à Constituição, estendendo o voto a todas as mulheres, foi aprovada em 1920.

Tendo liderado a corrida no final de 1700, a França agora era a retardatária. Foi só com a expulsão do regime colaboracionista nazista de Vichy, em 1944, que se estendeu o voto às mulheres.

Demorou ainda mais para a extensão total do sufrágio cruzar a linha de chegada, especialmente nos Estados Unidos.

Acontecimentos envolvendo sacrifícios heroicos de todo tipo se desenrolaram ao longo de mais de um século durante a luta pelo direito de voto dos negros. Um deles foi o Massacre de Colfax, na Louisiana, em 1873, durante o qual aproximadamente cem negros foram assassinados. Em um extremo muito menos heroico do espectro, quando minha bisavó Florence se juntou a outras pessoas para lançar a Liga Urbana em St. Louis na década de 1920, ela se tornou o escândalo da vizinhança por convidar negros para jantar.

O sufrágio dos negros só chegaria de verdade aos Estados Unidos em 1965, com a aprovação da Lei dos Direitos de Voto – e mesmo depois disso permaneceu tênue. Enquanto escrevo este parágrafo, um terço dos estados norte-americanos criou recentemente obstáculos burocráticos e legais destinados a tirar o direito de voto de até um quarto dos eleitores negros. Como corolário, pelo menos institucionalmente, uma pessoa como o falecido presidente da Suprema Corte William Rehnquist ganhou fama ao conduzir esforços de "segurança eleitoral" no início da década de 1960, fazendo com que "toda pessoa negra ou [de aparência] mexicana fosse questionada". Por que ele fez isso? Conforme relatou uma testemunha: "[Como] um esforço deliberado para retardar a votação [...] para fazer com que as pessoas que aguardam sua vez de votar se cansassem de esperar e fossem embora. [...] folhetos eram distribuídos alertando as pessoas de que se não estivessem devidamente qualificadas para votar seriam processadas".[6]

DE MADISON A REHNQUIST e além, a verdade é que, para alguns segmentos da humanidade, a democracia – e o direito ao voto, e o consequente exercício de influência e poder – levantou mais questões do que resolveu. Com esse tecido ricamente trançado, nós górdios foram feitos, repetidamente, e os esforços para cortá-los levaram ao derramamento de galões de tinta – e mais ainda de sangue.

A história desses conflitos sobre a democracia cruzou-se de maneira importante com a história econômica. Para entender como, voltemos novamente a dois pensadores nascidos em Viena que já mencionei: o economista de direita austríaco-britânico de Chicago Friedrich August von Hayek (1899-1992) e o filósofo moral húngaro-judeu de Toronto, ligeiramente mais velho, Karl Polanyi (1886-1964).

Primeiro damos a palavra a Hayek, sempre impelido a ensinar a lição de que "o mercado dá, o mercado tira; abençoado seja o nome do mercado".

Na visão de Hayek, indagar se a distribuição de renda e riqueza de uma economia de mercado é "justa" ou "equitativa" seria cometer um erro intelectual fatal. "Justiça" e "equidade", em qualquer forma, exigem que você receba o que merece. Uma economia de mercado dá não para aqueles que merecem, mas para aqueles que estão no lugar certo na hora certa. Quem vai controlar os recursos valiosos para a produção futura não é uma questão de equidade. Uma vez que você entra no pântano da "justiça social", acreditava Hayek, você não seria capaz de parar de perseguir um resultado "justo" e "equitativo" "até que toda a sociedade estivesse organizada [...] em todos os aspectos essenciais [...] [como] o oposto de uma sociedade livre".[7]

Observe que isso não significava que você era moralmente obrigado a assistir os pobres passarem fome e os doentes sangrarem e morrerem na rua. A sociedade deveria fazer "algumas provisões para aqueles ameaçados pelos extremos da indigência ou da fome devido a circunstâncias além de seu controle", disse Hayek, mesmo que apenas como a maneira mais barata de proteger pessoas trabalhadoras e bem-sucedidas "contra atos de desespero por parte dos necessitados". Mas, para além disso, não se deveria interferir no mercado. O mercado era a utopia, ou nos levaria a ela – ou o mais próximo da utopia que os humanos pudessem alcançar. A interferência era, portanto, pior do que inconveniente.[8]

Era irrelevante o fato de que uma economia de mercado pode tanto produzir uma distribuição altamente desigual de renda e riqueza quanto uma menos desigual. Até mesmo levantar a questão de como deveria ser a distribuição da riqueza era presumir – falsamente, acreditava Hayek – que as pessoas tinham outros direitos além dos de propriedade, e obrigações para com os outros além daquelas que assumiam livremente por meio de contratos.

Além disso, corrigir a desigualdade era terrível por ser quimérico. Hayek acreditava que nos faltava e sempre nos faltaria o conhecimento para criar uma sociedade melhor. A centralização sempre levava à desinformação e a más decisões. Imposições de cima para baixo eram um desastre. Somente a "ordem espontânea" de baixo para cima, que emergia da busca de todos por seus próprios interesses, no que pode parecer um processo caótico, poderia levar ao progresso.

Para esse fim, o que a humanidade tinha era o capitalismo de mercado, o único sistema que poderia ser ao menos moderadamente eficiente e produtivo, pois "os preços são um instrumento de comunicação e orientação que incorpora mais informações do que temos diretamente", escreveu Hayek, e assim "cai por terra toda a ideia de que se pode criar a mesma ordem baseada na divisão dirigida do trabalho".

Quaisquer tentativas de reordenar a distribuição de renda no mercado para recompensar os merecedores em detrimento dos não merecedores corroeria o capitalismo de mercado: "A ideia [de que] se pode organizar a distribuição de renda [...] [para que] corresponda a [...] mérito ou necessidade", disse ele, não se encaixa com sua "necessidade [de que os] preços, incluindo os preços do trabalho, direcionem as pessoas a ir aonde são necessárias". E uma vez que se começa a planejar de cima para baixo, chega-se ao que ele chamou de "caminho para a servidão", e "a escala detalhada de valores que deve guiar o planejamento torna impossível que ele seja determinado por qualquer coisa como meios democráticos".[9] A utopia de Hayek era do tipo "isso é o melhor que pode ficar".

Hayek entendia, no entanto, que esse método melhor de organizar a sociedade, que não se importava nem um pouco com justiça e equidade, dificilmente seria aceito com gritos universais de "oba!". Previsivelmente, o fato de os únicos direitos que a economia de mercado reconhece serem os de propriedade – e, na verdade, apenas aqueles direitos a propriedades que são valiosas – não inspirou as multidões. Ficou claro que as pessoas pensavam que tinham outros direitos além daqueles que se acumulavam na propriedade que por acaso possuíam. E esse sentimento representava um enorme problema para Hayek. Para seu crédito, ele não se esquivou da direção a que seus argumentos levavam. Identificou dois inimigos substantivos para uma boa (ou pelo menos tão boa quanto possível) sociedade: o *igualitarismo* e a *permissividade*. Democracia demais – democracia que fazia as pessoas sentirem que deveriam ser capazes de fazer o que quisessem e não ser dominadas por aqueles com mais propriedades – era, em suma, ruim.

De fato, para Hayek, o igualitarismo era "um produto da necessidade, sob a democracia ilimitada, de solicitar o apoio mesmo do pior". Em outras palavras, democracia significava essencialmente conceder, como ele afirmou, "'um direito à igual consideração e respeito' para aqueles que quebram o acordo" – o que, ele advertiu, não era uma maneira de manter uma civilização.[10]

O resultado temível para Hayek seria então a *permissividade*, que, "assistida por uma psicologia cientificista", escreveu ele, "veio em apoio daqueles que reivindicam uma participação na riqueza de nossa sociedade sem se submeter à devida disciplina". A lição foi clara. Uma próspera economia de mercado só poderia florescer se fosse protegida pela autoridade.

Para Hayek, sociedades excessivamente democráticas, igualitárias e permissivas provavelmente precisariam em algum momento de alguém para tomar o poder e reordená-las de um modo autoritário, que respeitasse a economia de mercado. Tal interrupção seria um "momento Licurgo" temporário, como ele o chamava – usando um termo que remonta ao mítico legislador da clássica cidade grega de Esparta – e, depois, a música poderia recomeçar e a dança normal da liberdade individual ordenada e da prosperidade impulsionada pelo mercado seria retomada. Hayek, apoiando-se nos ombros de gigantes e tiranos, articulou uma posição sobre a economia de mercado que, ao longo do século XX, colocaria a direita política contra a democracia repetidas vezes, levando muitos a enxergar a instituição não apenas como um bem menor, mas também como um mal genuíno. Esses pontos de vista não perderam força com a aproximação da Primeira Guerra Mundial.

Veja, os parágrafos acima lançaram uma dura luz sobre o pensamento de Hayek como filósofo moral e ativista político. E mais adiante farei julgamentos ainda mais severos do pensamento de Hayek como macroeconomista. Por que, então, não devemos ignorá-lo? Existem três razões principais.

Primeiro, ele serve como um marco para uma corrente de pensamento e ação extremamente influente, influente em especial porque se viu compatível e apoiada pelos ricos e poderosos.

Em segundo lugar, a economia política de Hayek não está completamente errada. A esfera política democrática pode se transformar em algo em que a lógica não é de cooperação e crescimento, mas sim de confisco e redistribuição – com "merecedores" e "não merecedores" substituindo, respectivamente, os amigos e inimigos dos poderosos. Hayek não está errado ao dizer que manter a cabeça baixa, concentrar-se na produção ganha-ganha das trocas de mercado e reputar os apelos à "justiça social" como quimeras pode ser muito melhor do que esse cenário.

Terceiro, Hayek era um perspicaz e genial dr. Jekyll em um aspecto crucialmente importante de seu pensamento – ele era um ouriço que sabia um só truque, mas muito bom, como, segundo Isaiah Berlin, disse

Arquíloco, em vez de uma raposa que sabia muitos truques.[11] Ele foi o pensador que compreendeu mais completa e profundamente o que o sistema de mercado poderia fazer para o benefício humano. Todas as sociedades, ao resolver seus problemas econômicos, enfrentam profundas dificuldades para fornecer informações confiáveis a quem toma as decisões e, então, incentivá-los a agir em favor do bem público. A ordem de mercado de propriedade, contrato e troca pode – se os direitos de propriedade forem administrados adequadamente – empurrar a tomada de decisões para a periferia descentralizada, onde informações confiáveis já existem, resolvendo o problema da informação. E ao recompensar aqueles que colocam os recursos para serem usados de modo valioso, resolve automaticamente o problema do incentivo. (Restam o problema de macrocoordenação e o problema de distribuição, e a maioria das falhas no pensamento de Hayek vem de sua incapacidade de reconhecer a natureza desses problemas. Mas acertar na mosca dois em quatro não é ruim.)

No geral, o que Hayek acertou é absolutamente essencial para compreender a longa história econômica do século XX. Seu raciocínio não apenas é citado por tomadores de decisão com graus variados de influência ao longo dessas décadas, mas aspectos do que seu raciocínio elucida estavam inquestionavelmente em jogo.

Passamos agora a palavra a Karl Polanyi, que ensina a lição de que "o mercado é feito para o homem, não o homem para o mercado".[12] Friedrich von Hayek adorava o fato de que o mercado transforma tudo em mercadoria, e temia aqueles que amaldiçoavam o mercado por ele não tornar todos materialmente iguais. Polanyi discordava enfaticamente. Em *A grande transformação*, Polanyi explicou que terra, trabalho e finanças eram "mercadorias fictícias". Elas não podiam ser governadas pela lógica do lucro e do prejuízo, mas precisavam ser *inseridas* na sociedade e administradas pela comunidade, levando em conta as dimensões religiosas e morais. O resultado, escreveu Polanyi, foi uma tensão, uma disputa, um *movimento duplo*. Os ideólogos do mercado e o próprio mercado tentaram remover a terra, o trabalho e as finanças da governança moral e religiosa da sociedade. Em reação, a sociedade revidou restringindo o domínio do mercado e colocando o dedo na balança quando os resultados do mercado pareciam "injustos". Como consequência, uma sociedade de mercado enfrentará uma reação negativa – pode ser uma reação da esquerda, pode ser uma da direita, mas haverá uma reação –, e ela será poderosa.

Veja, esses foram – são – *insights* brilhantes. Como disse Polanyi, também são, infelizmente, incompreensíveis para uma esmagadora proporção daqueles que tentam lê-lo. Com deferência à compreensão, segue meu resumo do que Polanyi estava realmente dizendo.

A economia de mercado acredita que os únicos direitos que importam são os de propriedade, e os únicos direitos de propriedade que importam são aqueles que produzem coisas pelas quais os ricos têm alta demanda. Mas as pessoas acreditam que têm outros direitos.

Com relação à *terra*, as pessoas acreditam que têm direito a uma comunidade estável. Isso inclui a crença de que o ambiente natural e construído em que cresceram ou que fizeram com as próprias mãos é *deles*, quer a lógica do mercado diga ou não que seria mais lucrativo se fosse diferente – digamos, que uma estrada passasse por ali – ou mais lucrativo se alguém diferente morasse lá.

Com relação ao *trabalho*, as pessoas acreditam que têm direito a uma renda adequada. Afinal, elas se prepararam para a profissão, jogaram de acordo com as regras, e por isso acreditam que a sociedade lhes deve uma renda justa, proporcional à sua preparação. E isso vale quer a lógica do mercado mundial concorde ou não.

No que diz respeito às *finanças*, as pessoas acreditam que, desde que façam sua parte e trabalhem diligentemente, o fluxo de poder de compra na economia deve ser tal que lhes permita os meios para comprar. E financistas "cosmopolitas sem raízes" – pessoas poderosas sem conexão com a comunidade, e sim, isso muitas vezes tangencia, e mais do que tangencia, o antissemitismo, pois o que é para Polanyi uma crítica ao funcionamento de um sistema se transforma em uma condenação de judeus e pessoas parecidas com judeus que desempenham um papel específico nele – que talvez estejam a milhares de quilômetros de distância não devem ter o direito proporcional de decidir que este ou aquele fluxo de poder de compra que atravessa a economia não é mais suficientemente lucrativo e, portanto, deve ser fechado. Eles não deveriam ser capazes de fazer o seu emprego minguar e sumir.[13]

As pessoas não têm apenas direitos de propriedade, declarou Polanyi, mas também alguns outros direitos econômicos – que uma economia de mercado pura não respeitará. Uma economia de mercado pura construirá a estrada, ignorará anos de preparação ao distribuir a renda e permitirá que seu poder de compra seque e suma junto com seu emprego se alguém a milhares de quilômetros de distância decidir que melhores retornos sobre os investimentos serão conseguidos em outro lugar. Assim, a sociedade – por decreto do governo ou por ação de massa, de esquerda ou de direita, para o bem ou para o mal – *vai* intervir e vai reinserir a economia em sua lógica moral e religiosa para que esses direitos sejam satisfeitos. É um processo de duplo movimento: a economia se move para dissociar a produção, as transações e o consumo da rede de relações que é a sociedade, e então a sociedade se move – de alguma forma – para se reafirmar.[14]

Observe que esses direitos que a sociedade tentará validar não são – ou podem não ser – direitos a algo como uma distribuição *igualitária* dos frutos da indústria e da agricultura. E provavelmente é errado descrevê-los como *justos*: eles são o que as pessoas esperam, dada certa ordem social. Iguais devem ser tratados igualmente, sim; mas os desiguais devem ser tratados de forma desigual. E as sociedades não precisam e quase nunca presumem que as pessoas têm igual importância.

O que podemos fazer com esses *insights*? Hayek e Polanyi eram teóricos e acadêmicos – e brilhantes. Mas seus *insights* e suas doutrinas são importantes apenas porque capturam amplas e profundas correntes de pensamento que pululam no cérebro de milhões de pessoas e impulsionaram suas ações. Não Hayek, mas hayekianos, e não Polanyi, mas polanyianos, e aqueles que agiram pelos motivos identificados por Polanyi, fizeram história. Então, para ter um vislumbre de como isso aconteceu na prática, vamos dar uma olhada na economia e na política interagindo na vanguarda – no lugar de mais rápido crescimento e industrialização no planeta Terra no pré-Primeira Guerra Mundial, na contraparte daquela época à Shenzhen do século XXI: Chicago.[15]

Em 1840, quando o canal de Illinois e Michigan foi aberto, conectando o rio Mississippi aos Grandes Lagos, Chicago tinha uma população de 4 mil habitantes. Em 1871, a vaca da sra. O'Leary queimou um terço, talvez, da cidade.* Em 1885, Chicago construiu o primeiro arranha-céu com estrutura de aço do mundo; em 1900, a cidade tinha uma população de 2 milhões de pessoas; e, naquela época, 70% de seus cidadãos tinham nascido fora dos Estados Unidos.

Em 1º de maio de 1886, a Federação Americana do Trabalho declarou uma greve geral para lutar por uma jornada de trabalho de oito horas. Uma linha de frente desse conflito se formou nos portões da McCormick Harvesting Machine Company, em Chicago. Lá, centenas de policiais, apoiados por seguranças particulares da agência Pinkerton, protegeram centenas de fura-greves que passaram por uma multidão enfurecida. Em 3 de maio, policiais abriram fogo contra a multidão, matando seis pessoas. No dia seguinte, em Haymarket Square, oito policiais foram mortos por uma bomba anarquista durante uma manifestação em protesto contra a violência policial e em apoio aos trabalhadores em greve. A polícia abriu fogo e matou talvez vinte civis (ninguém parece ter contado), em grande parte imigrantes, em grande parte não falantes de inglês. Pelo assassinato dos oito policiais, um tribunal de araque condenou oito políticos de esquerda e sindicalistas inocentes (é o que se acha hoje). Cinco foram enforcados.[16]

Em 1889, Samuel Gompers, presidente da Federação Americana do Trabalho, pediu ao movimento socialista mundial – a "Segunda Internacional" – que reservasse o 1º de maio de cada ano como o dia para uma grande manifestação internacional anual em apoio ao movimento pela jornada de oito horas e em memória das vítimas da violência policial em Chicago em 1886.

No verão de 1894, o presidente Grover Cleveland, na bela tradição política do apaziguamento, persuadiu o Congresso a estabelecer um feriado nacional em reconhecimento à importância dos trabalhadores na sociedade norte-americana. Mas não no Dia Internacional dos Trabalhadores, 1º de maio, que homenageava os trabalhadores assassinados

---

* Referência à alegada causa do Grande Incêndio de Chicago de 1871: o coice de uma vaca da família O'Leary num lampião que iluminava o celeiro onde era ordenhada por Catherine O'Leary. O celeiro pegou fogo, e o fogo de lá teria se alastrado pela cidade. [N.T.]

de Chicago – em vez disso, o novo feriado seria observado na primeira segunda-feira de setembro.

Nem todos os políticos americanos foram assim tímidos. Em 1893, o novo governador democrata de Illinois, John Peter Altgeld – o primeiro governador democrata do estado desde 1856, o primeiro residente de Chicago a se tornar governador e o primeiro governador nascido no exterior –, perdoou os três assim chamados Haymarket Bombers que ainda estavam vivos. Suas razões eram inequívocas. Os condenados pelo atentado provavelmente eram inocentes. A verdadeira razão do atentado, na opinião de Altgeld, fora a violência descontrolada dos guardas da Pinkerton contratados por McCormick e demais.

Quem era esse Altgeld que perdoou anarquistas condenados e pôs a culpa pela violência nos príncipes da manufatura do Centro-Oeste e em seus capangas armados? E como ele se tornou governador de Illinois?

Altgeld nasceu na Alemanha. Seus pais se mudaram para Ohio em 1848, quando ele tinha três meses de idade. Ele lutou no Exército da União durante a Guerra Civil e, em Fort Monroe, Virgínia, contraiu malária, que durou até o fim de sua vida. Depois da guerra, terminou o ensino médio, tornou-se ferroviário, encontrou trabalho como professor escolar e, em algum momento ao longo dessa trajetória, estudou as leis o suficiente para se tornar advogado. Em 1872, era advogado do município na cidade de Savannah, Missouri. Em 1874, era procurador do condado. Em 1875, ele apareceu em Chicago como autor de *Our Penal Machinery and Its Victims* [Nossa maquinaria penal e suas vítimas].[17] Em 1884, foi candidato democrata ao Congresso, sem sucesso – e um forte defensor do candidato presidencial democrata Grover Cleveland.

Ele ganhou a eleição como juiz no Tribunal Superior do Condado de Cook em 1886. E nesse ínterim ficou rico. Era um especulador imobiliário e um construtor: sua maior propriedade era o prédio mais alto de Chicago em 1891, o Unity Building, de dezesseis andares, na rua N. Dearborn, 127.

Imigrante em uma cidade de imigrantes, era também um progressista. Como governador, Altgeld apoiou e persuadiu a legislatura a promulgar aquelas que se tornaram as leis de trabalho infantil e de segurança no local de trabalho mais rigorosas do país até então, aumentou o financiamento estadual para a educação e nomeou mulheres para cargos de alto escalão no governo estadual. E perdoou os anarquistas.

A imprensa, em grande parte republicana e financiada pelos republicanos, condenou o governador Altgeld pelo perdão no caso Haymarket. Pelo resto de sua vida, para os leitores de jornais de classe média em todo o país, especialmente na Costa Leste, que eram a parcela média daqueles que conseguiam votar, Altgeld foi o estrangeiro anarquista, o socialista, o governador assassino de Illinois. Mesmo quando se dispunham a considerar reformas, procuravam pessoas como o presidente Cleveland para implementá-las. Para ver as consequências disso, pensemos nas Greves Pullman.

Em 11 de maio de 1894, trabalhadores da Pullman Company, fabricante de vagões-dormitório e equipamentos ferroviários, entraram em greve em vez de aceitar cortes salariais. Clarence Darrow, amigo de Altgeld e também advogado, explicou em sua autobiografia como acabou virando o advogado dos grevistas, do Sindicato Ferroviário Americano e de seu líder, Eugene V. Debs. Darrow, casado e com um filho de dez anos, atuava como advogado no ramo ferroviário em Chicago e no Noroeste dos Estados Unidos. Ele deixou o emprego para defender o líder grevista Debs.

Sobre a natureza da disputa, ele não tinha dúvidas:

> As disputas industriais assumem as atitudes e a psicologia da guerra, e ambas as partes fazem muitas coisas que nunca sequer sonhariam em fazer em tempos de paz. [...] Na pradaria, observando os vagões [ferroviários] em chamas, não tive nenhum sentimento de inimizade contra nenhum dos lados, fiquei apenas triste ao perceber quão pouca pressão o homem é capaz de suportar antes de regredir ao primitivo. Pensei nisso muitas vezes desde aquela noite agitada.[18]

Ainda que sem sentimentos de inimizade, e mesmo depois de assistir à violência e aos incêndios criminosos dos grevistas, Darrow ficou do lado destes. O que o fez aderir à sua causa foi observar os esforços flagrantes das ferrovias para trazer a força do governo para seu lado. "Não considerei isso justo", escreveu Darrow mais tarde. Então, quando Debs e outros lhe pediram que assumisse o caso, ele concordou, escrevendo mais tarde: "Vi homens pobres abrindo mão de seus meios de subsistência".

As ferrovias foram bem-sucedidas em cooptar o governo. O sempre apaziguador presidente Cleveland – o único presidente democrata eleito entre James Buchanan e Woodrow Wilson – decidiu atender ao pedido das empresas. Anexou um vagão de correio a cada trem, tornando o bloqueio de qualquer trem uma interferência no serviço postal do país e, portanto, um crime federal. O procurador-geral dos Estados Unidos, Richard Olney, conseguiu nos tribunais uma liminar contra os grevistas, proibindo a obstrução dos trens. Cleveland então ordenou que o Exército dos Estados Unidos se posicionasse em Chicago.

O governador Altgeld protestou. Em dois telegramas ao presidente, ele apontou que a Constituição dava ao presidente o poder de usar tropas contra a violência doméstica *apenas* "a pedido do Legislativo [estadual], ou do Executivo (quando o Legislativo não pode ser convocado)".[19] Altgeld protestou que nem ele nem a legislatura de Illinois haviam solicitado a ação das tropas. A resposta de Cleveland foi de desdém. Era mais importante proteger a propriedade contra desordeiros, anarquistas e socialistas, declarou ele: "Se for preciso todo o exército e a marinha dos Estados Unidos para entregar um cartão-postal em Chicago, esse cartão será entregue!".[20]

Em 7 de julho, Debs e os outros líderes sindicais foram presos por violar os termos da liminar, e a greve ruiu.

Foi um ponto de ruptura para Altgeld e muitos outros, que decidiram, em seguida, que era hora de o candidato presidencial do Partido Democrata ser um verdadeiro democrata, não um centrista como Cleveland. Altgeld e seus apoiadores queriam seus direitos como Polanyi os expressaria mais tarde: eles queriam a justiça e a equidade que Hayek condenaria. Também queriam que os Estados Unidos abandonassem o padrão-ouro e permitissem a livre cunhagem da prata, a uma taxa de dezesseis onças de prata para uma onça de ouro – aproximadamente 453 gramas para 28 gramas.

Cleveland e seus apoiadores, muitos deles empresários e banqueiros, eram favoráveis à adesão a um padrão-ouro estrito para manter o valor do dólar. Altgeld e seus apoiadores, muitos deles trabalhadores ou fazendeiros, queriam uma política monetária expansionista – cunhagem ilimitada de prata – porque achavam que isso aliviaria seus encargos creditícios e aumentaria os preços de suas colheitas. O que os proponentes da "Prata Livre" queriam era, em suma, o oposto do que Cleveland e seus apoiadores queriam. Ambas as visões eram em parte uma reação ao Pânico de 1893.

Na Convenção Nacional Democrata de 1896, Altgeld assumiu o controle da plataforma de propostas e a alterou para condenar o padrão-ouro, denunciar as intervenções do governo contra os sindicatos, apoiar o federalismo e pedir uma emenda para o imposto de renda ou que a Suprema Corte declarasse tal imposto constitucional, de modo a permitir ao governo redistribuir gradualmente a riqueza e levantar os recursos para levar a cabo as ideias progressistas. A plataforma também apoiava o direito à sindicalização e pedia a expansão de liberdades pessoais e civis.

Para promover a causa, Altgeld procurou fazer com que o Partido Democrata nomeasse o ex-senador americano Richard P. Bland. O jovem William Jennings Bryan, político de Nebraska, porém, tinha outras ideias. Em um discurso que condenava o padrão-ouro e um rol de interesses dos abastados, Bryan impressionou a convenção. Ele liderou uma chapa presidencial junto com o pouco atraente Arthur Sewall.

Em resposta, o presidente Cleveland e seus apoiadores abandonaram o Partido Democrata e formaram o Partido Nacional Democrático, cuja chapa foi John M. Palmer, ex-governador republicano de Illinois e ex-general da União, e Simon Bolivar Buckner, ex-governador de Kentucky e ex-general confederado, na esperança de roubar votos de Bryan e Sewall.

Venceu a chapa republicana de William McKinley e Garret Hobart.

Nas décadas anteriores a 1896, tinha sido estreita a diferença no total do voto popular nas eleições presidenciais. A mitologia política pode ter levado as pessoas a pensar que, ao nomear um populista como Bryan, os democratas poderiam desfrutar de uma vitória esmagadora em 1896. Mas não foi assim. Bryan perdeu, e mais feio do que os democratas haviam perdido nas eleições presidenciais das décadas anteriores. A vitória de William McKinley no colégio eleitoral foi esmagadora, com uma contagem final de 271 a 176; no voto popular, foi uma vitória um pouco menos esmagadora. O problema não foi tanto que eleitores decisivos do colégio eleitoral tenham aderido ao lado republicano. Foram, sim, uma enorme mobilização contra William Jennings Bryan e um aumento de participação que determinaram o resultado da eleição. Descobriu-se que muitos eleitores anteriormente em cima do muro, pouco interessados em se dar ao trabalho de ir às urnas, apareceram em 1896, e eles definitivamente não queriam o tipo de candidato democrata que Altgeld e seus aliados defendiam. (Veja bem, não que o Partido Democrata em 1896 pudesse ser propriamente caracterizado como *igualitário*: dos 176 votos para Bryan no colégio eleitoral, 129 vieram de estados que, se os negros tivessem permissão para votar, teriam aderido ao lado republicano porque Lincoln tinha libertado os escravos.)

Quando se pediu ao centro crucial de homens brancos com direito ao voto que escolhessem entre, de um lado, proteger a propriedade, e, de outro, promover oportunidades por meios convincentemente retratados como ameaçadores para a propriedade e a ordem, eles escolheram a propriedade – porque a tinham, ou pensavam que a teriam e porque temiam que muitos daqueles que se beneficiariam da redistribuição fossem, em certo sentido, indignos dela. Mesmo o pálido nivelamento associado ao perdão dos presos de Haymarket e ao apoio aos grevistas da Pullman era demais para os Estados Unidos do início do século XX.

Altgeld perdeu o cargo de governador, perdeu uma candidatura para prefeito de Chicago em 1899 e morreu, aos 54 anos, em 1902. Clarence Darrow viveu mais e com mais sucesso, em parte porque se dispôs a defender grandes corporações, entre outros grupos e ideias, no restante de sua carreira jurídica – incluindo professores que ensinavam a teoria da evolução, professores do ensino médio, assassinos e funcionários sindicais. Quaisquer que fossem as afinidades que tivesse com os conceitos de Polanyi, ele estava atento à influência das ideias de Hayek na sociedade em que vivia. "Em conflito" é a palavra, como ele observou em uma carta para sua amiga Jane Addams em meados da década de 1890: "Eu vim [para Chicago] sem amigos ou dinheiro. A sociedade não oferece recursos com o qual essas pessoas possam viver enquanto prega a heresia. Ela nos compele a viver de acordo com sociedade como ela é, ou morrer. Ainda não escolho morrer, embora talvez fosse o melhor".[21] Entre os trabalhadores idealistas que passaram pela agência privada de bem-estar social de Jane Addams, a Hull-House, estava a jovem Frances Perkins, que se tornaria secretária do Trabalho do presidente Franklin Delano Roosevelt e principal artífice do sistema de previdência social dos Estados Unidos.

Apesar de todas as suas concessões pessoais, Darrow compartilhava a opinião de Altgeld sobre os políticos democratas. Eles não eram os porta-estandartes adequados para as causas que ele achava que levariam os Estados Unidos para mais perto da utopia, como suas memórias de 1932 explicam: "Eu sempre admirei Woodrow Wilson e desconfiei do [seu sucessor] presidente republicano [Warren] Harding. Sem dúvida, minhas opiniões sobre ambos em relação aos assuntos do governo estavam mensuravelmente corretas; ainda assim, o sr. Wilson, um erudito e idealista, e o sr. Palmer, um *quaker*, mantiveram [Eugene V.] Debs na prisão; e o sr. Harding e o sr. Dougherty destrancaram a porta".[22]

Darrow passou a década de 1920 defendendo o ensino da teoria da evolução (no caso Scopes Monkey)* e atacando darwinistas sociais eugenistas. (De um deles, ele disse: "Por qual truque psicológico ele chega à conclusão de que a capacidade de ler inteligentemente denota um bom plasma germinativo e [produz] cidadãos desejáveis, não sei dizer".[23]) Darrow morreu em 1938, aos 81 anos. Em meados da década de 1920, no julgamento do caso Scopes Monkey, ele enfrentou seu antigo aliado político, William Jennings Bryan. Na década de 1920, Bryan acrescentou o antievolucionismo e a tolerância à Ku Klux Klan às suas propostas para uma emenda de direitos iguais para as mulheres, subsídios agrícolas, um salário mínimo federal, financiamento público de campanhas políticas e leis imobiliárias na Flórida.

Ali por 1900, o Partido Democrata era contra plutocratas, banqueiros e monopolistas. Eram favoráveis a alguma igualdade. Mas era uma igualdade somente entre o tipo certo de pessoas. Socialistas pacifistas – como Eugene V. Debs, que, além de se envolver com os grevistas da Pullman, se opôs à entrada dos Estados Unidos na Primeira Guerra Mundial – não faziam parte dela. E os negros também não. Woodrow Wilson, um progressista, era muito respeitado na esquerda. Ele também impôs a segregação ao serviço público do governo federal dos Estados Unidos.

---

* Em 1925, o professor John Thomas Scopes foi processado por ensinar a teoria da evolução em uma escola pública do estado norte-americano do Tennessee. O caso atraiu atenção nacional, e Scopes terminou condenado a pagar uma multa de US$ 100. [N.T.]

W. E. B. Du Bois nasceu em 1868 em Great Barrington, Massachusetts. Foi criado pela mãe, Mary, e pelos pais dela, Othello e Sarah Lampman Burghardt. O avô de Othello, Tom, foi o primeiro negro a se mudar para Great Barrington, onde morreu por volta de 1787, aos cinquenta anos. Os vizinhos brancos de W. E. B. Du Bois fizeram uma vaquinha para ele poder estudar na Universidade Fisk, local de ensino tradicionalmente negro em Nashville. Ele então foi de Fisk para Harvard (obtendo um diploma de bacharel em História e graduando-se *cum laude* em 1890). De Harvard foi para a Universidade de Berlim, onde, como disse mais tarde, seus colegas não o viam "como uma curiosidade, ou algo sub-humano", mas como "um homem de certa forma privilegiada de classe estudantil, com quem eles gostavam de encontrar e conversar sobre o mundo, especialmente sobre a parte do mundo de onde eu vim". Ele se viu "do lado de fora do mundo norte-americano, olhando para dentro". Retornou então a Harvard, onde concluiu seu doutorado – o primeiro homem negro a fazê-lo – em 1895, aos 27 anos.[24]

Em 1895, em Atlanta, Geórgia, aconteceu a Exposição Internacional dos Estados Produtores de Algodão, para mostrar ao mundo que os ex-estados confederados do Sul dos Estados Unidos estavam de volta – com tecnologia, agricultura, prontos para produzir e comercializar com o mundo. Mas, ao mesmo tempo, havia os linchamentos de negros – pelo menos 113 em 1895. O presidente Ulysses S. Grant tentou dar ao Exército dos Estados Unidos a missão de proteger os negros da campanha de guerrilha-terror dos supremacistas brancos, e, a seu pedido, o Congresso tinha aprovado leis com o objetivo de tentar pôr fim à violência. Essas tentativas, no entanto, terminaram quando Grant deixou a Casa Branca. Seu sucessor, Rutherford B. Hayes, trocou essa causa – junto com o poder de 1 milhão de homens negros do Sul votarem – por votos no colégio eleitoral.

Na exposição, o líder negro Booker T. Washington fez um discurso propondo o que ficou conhecido como seu "compromisso de Atlanta": os negros, disse ele, não deveriam buscar o voto – ou integração, ou, de fato, igualdade de tratamento; em vez disso, eles e os nortistas brancos que buscavam a melhoria de sua condição deveriam concentrar sua atenção na educação e no emprego. "A oportunidade de ganhar US$ 1 em uma fábrica vale agora infinitamente mais do que a oportunidade de gastar US$ 1 numa apresentação de ópera", disse ele. Os negros deveriam receber uma educação "básica". Em troca dessa submissão, eles deveriam receber a proteção do Estado de direito e a campanha de guerrilha-terror deveria acabar. "Encha o seu balde onde quer que você esteja" era a palavra de ordem de Washington. Ele achava que isso era o melhor que os negros poderiam fazer na época. Eles deveriam se concentrar na educação – buscando uma educação predominantemente profissionalizante – e então trabalhar, economizar e deixar a roda da história girar.[25]

Du Bois discordava de Booker T. Washington e assumiu a liderança daqueles que argumentavam e batalhavam pela igualdade plena – social, política, econômica. Sim, tinha havido progresso desde os tempos da escravidão.[26] Não, o progresso não tinha sido suficiente. Enquanto isso, ele observou, a campanha de terror dos supremacistas brancos não dava trégua.

Quatro anos após o discurso de Washington, na mesma cidade, Sam Hose, um homem negro, foi acusado de matar seu empregador branco, Alfred Cranford, um fazendeiro, que tinha pegado sua arma e ameaçado atirar em Hose quando este pediu uma folga para visitar a mãe. Agitadores supremacistas brancos, mentindo, alegaram que Hose também tentara estuprar a esposa de Alfred, Mattie Cranford. Uma multidão de pelo menos quinhentas pessoas tomou Hose do xerife; cortou seus testículos, pênis, dedos e orelhas; acorrentou-o a um pinheiro e depois ateou fogo ao pinheiro. Os membros da multidão não usavam máscaras nem se recusavam a dizer seus nomes. Levou mais de trinta minutos para Hose morrer. Membros da multidão então cortaram mais partes de seu corpo, incluindo ossos, e as venderam como lembranças.

Du Bois disse mais tarde que, ao ver os nós dos dedos queimados de Hose em uma vitrine, soube que precisava romper com Booker T. Washington. Os negros precisavam exigir direitos iguais, igualdade de tratamento, integração e paridade.

Du Bois acreditava na promessa da educação para resolver o problema, mas não apenas a educação técnica e comercial, como defendia Washington. Para Du Bois, a resposta estava em uma completa educação universitária em artes liberais para a potencial elite meritocrática que ele chamava de "Décimo Talentoso": "A educação não deve simplesmente ensinar o trabalho – deve ensinar a Vida. Os componentes do Décimo Talentoso da raça negra devem se tornar líderes de pensamento e missionários da cultura em meio ao seu povo. Ninguém mais pode fazer isso, e as universidades para negros devem treinar homens para isso".[27]

A comunidade precisava apoiar o Décimo Talentoso, que mostraria ao mundo do que negros educados e empreendedores eram capazes, e o Décimo Talentoso precisava retribuir a comunidade entrando na política. Caso contrário, a supremacia branca esmagaria os negros e depois se justificaria apontando para o pequeno número de negros bem-sucedidos: "Por três longos séculos esse povo linchou os negros que ousaram ser corajosos, estupraram mulheres negras que ousaram ser virtuosas, esmagaram jovens de pele escura que ousaram ser ambiciosos, e encorajaram e fizeram florescer o servilismo, a lascívia e a apatia", escreveu ele. E ainda assim "um remanescente salvador sobrevive e persiste continuamente", demonstrando "a capacidade do sangue negro, a promessa dos homens negros".

Mas Du Bois e companhia estavam remando contra uma corrente muito forte. De 1875 a 1925, mais ou menos, a crescente segregação e a discriminação continuaram a esmagar o Décimo Talentoso onde quer que eles aparecessem. Políticos e grupos de interesse, temendo o populismo branco, perceberam a possibilidade de que a fúria se dirigisse aos plutocratas abastados do Leste urbano e trabalharam duro para redirecioná-la contra os negros preguiçosos. Aqueles que persistiram no objetivo de uma distribuição de renda relativamente igualitária diante do darwinismo social redefiniram a "aptidão" para sobreviver e florescer como um atributo etnorracial. Assim, Woodrow Wilson procurou elevar a classe média branca e degradar a população negra, e a coalizão progressista de Wilson não protestou.

Seja lá o que mais constituía o excepcionalismo norte-americano, a grande cautela em relação a revisões "utópicas" das relações sociais e hierarquias sociais – fossem baseadas em raça ou classe – estava entre os primeiros itens dessa lista. E os Estados Unidos não estavam sozinhos. Uma vez que a sociedade europeia não era mais uma competição da aristocracia fechada, baseada em riqueza, honra e sangue, contra todo o resto, uma vez que a mobilidade social era possível, qualquer coisa que fosse ou pudesse ser erroneamente retratada como um socialismo nivelador completo se mostrava bastante pouco atraente.

Podemos ver isso funcionando bem antes de nossa data de início, 1870. Considere a França em junho de 1848. Naquele ano, uma onda de descontentamento político varreu a Europa, encorajando muitos a abraçar reformas liberais. Mas aqueles que pensavam que uma utopia verdadeiramente justa e equitativa estava no horizonte ficaram desapontados. O que Alexis de Tocqueville descobriu, junto com toda a Europa, foi que a esmagadora maioria dos franceses não queria ser taxada para dar pleno emprego aos artesãos urbanos. Ficou evidente que eles valorizavam mais suas propriedades do que oportunidade para os desempregados.

Em 1848, os fazendeiros da França de Tocqueville se posicionaram contra os socialistas quando, como disse Tocqueville, os socialistas – isto é, os trabalhadores – se levantaram em "um esforço cego e rude, mas poderoso [...] para escapar das necessidades de sua condição, que havia sido retratada para eles como uma condição de opressão ilegal".[28] Ele estava se referindo às jornadas revolucionárias, uma reação contra a decisão do governo de encerrar as Oficinas Nacionais da Segunda República, que ofereciam ocupação aos desempregados. As oficinas vinham sendo financiadas por impostos pagos por agricultores, que não queriam pagar por um programa em expansão para trabalhadores urbanos. No acalorado conflito, cerca de 4,5 mil pessoas morreram e milhares ficaram feridas.

Os políticos da Segunda República francesa ficaram aterrorizados e abandonaram o movimento operário. A lição da política francesa desde 1789 era que, a menos que houvesse um Napoleão (ou alguém semelhante) disponível para enviar um exército disciplinado – com ordens para atirar na multidão e explodir as barricadas –, turbas em Paris derrubavam governos. Mas as jornadas revolucionárias de Paris foram diferentes. Tocqueville, que se opôs ao movimento operário, escreveu mais tarde que viu "milhares [...] apressando-se em nosso auxílio de todas as partes da França". Ele observou que camponeses, comerciantes, proprietários de terras e nobres "invadiram Paris com ardor inigualável", em parte por via férrea, proporcionando um espetáculo "estranho e sem precedentes": "Os insurgentes não receberam reforços, enquanto tínhamos toda a França para nos ajudar".

O mesmo princípio esteve em ação nos Estados Unidos de 1896 e na França de 1848.

Apesar disso, nos dias da Revolução Francesa de 1789, a ordem tinha muito menos apelo para aqueles que não estavam no topo da pirâmide social: "Vamos estrangular o último rei com as tripas do último padre!", disse o filósofo e crítico Denis Diderot.[29] Diderot morreu antes da revolução – o que pode muito bem ter sido uma bênção para ele: os revolucionários chegaram perto de executar o ativista da democracia norte-americana Thomas Paine, que viajou para a França apenas para ajudá-los. É verdade, os franceses conseguiram matar o rei Luís XVI. Sim, eles chegaram a uma distribuição igualitária da terra, parcelando-a para famílias de pequenos agricultores. Mas não chegaram a uma democracia política estável.

Depois de 1791, sucessivamente, a França experimentou a ditadura terrorista dos jacobinos; o corrupto e manipulado diretório de cinco homens; uma ditadura sob Napoleão Bonaparte como "primeiro cônsul"; uma monarquia até 1848; uma Primeira República; uma Segunda República; uma sombra de um império sob Luís Napoleão, sobrinho de Napoleão Bonaparte; uma comuna socialista (pelo menos em Paris); uma Terceira República, que suprimiu a comuna e colocou um monarquista na presidência; e, culminando em 1889, os esforços de um aspirante a ditador e ex-ministro da Guerra, Georges Ernest Jean-Marie Boulanger, com sua promessa de *Revanche, Révision, Restauration* (vingança contra a Alemanha, revisão da Constituição e restauração da monarquia).[30]

Mesmo assim, a reforma agrária perdurou. Sonhos de uma glória militar passada e esperanças de uma glória militar futura perduraram. E para aqueles à esquerda política também perdurou o sonho de uma revolução política transformadora e pirática – habitantes urbanos marchando em armas (ou não) para derrubar a corrupção e estabelecer justiça, liberdade e utopia. Já a estabilidade do regime não perdurou, e a "normalidade política" entre 1870 e 1914 prosseguiu sempre sob a ameaça revolucionária, ou foi colorida por sonhos revolucionários.

Isso também era verdade em outras partes da Europa. As nacionalidades do continente passaram a querer unidade, independência, autonomia e segurança – o que antes de tudo, especialmente no caso dos Estados alemães, significava segurança contra uma invasão da França. Alcançar qualquer parte desses resultados geralmente implicava, em vez de redistribuição por atacado, uma restrição de privilégios e, em seguida, uma tentativa de agarrar e cavalgar as ondas da globalização e do avanço tecnológico. Essas ondas, no entanto, arrancaram a sociedade das suas ordens estabelecidas. Como as divisões de classe e etnia se reforçavam, evitar a guerra civil e a limpeza étnica ficou mais difícil, especialmente quando seus aristocratas falavam uma língua estrangeira e seus agitadores declaravam que eram eles que podiam satisfazer as demandas camponesas e operárias de "paz, terra e pão". Cada vez mais, naquelas partes do mundo sem mestres coloniais, a política tornou-se um jogo sem regras – exceto por aquelas que os jogadores inventavam por capricho e oportunidade. Em quase todos os lugares e a qualquer momento, a estrutura de um regime e os modos de ação política podiam mudar repentinamente, talvez para muito pior. As instituições representativas eram instáveis e parciais. Promessas de governantes de novas Constituições que resolveriam queixas legítimas eram geralmente vazias.

No final, os regimes resistiram até a Primeira Guerra Mundial. Os jogos continuaram. Fora dos Bálcãs, a única mudança de regime na Europa entre 1871 e 1913 foi a proclamação da República portuguesa, com poucas baixas, em novembro de 1910.

A expectativa e o temor de que revoluções estivessem na agenda se mostraram equivocados. Uma razão foi que, naquele momento, os partidos de esquerda – mesmo os socialistas – da Europa pré-Primeira Guerra Mundial sempre exigiam representação parlamentar, mas assim que a conseguiam passavam a pressionar apenas por uma versão aguada de seu programa. Considere o Partido Socialista da Alemanha, que procurou reunir a ala radical dos eleitores da nação com o seguinte programa:

- sufrágio universal masculino e feminino;
- voto secreto, representação proporcional e o fim das manipulações eleitorais;
- feriado nos dias de eleição;

- mandatos legislativos de dois anos;
- direito de propor e votar em referendos;
- eleição de administradores e juízes locais;
- necessidade de referendo para declarações de guerra;
- tribunais internacionais para resolver disputas internacionais;
- direitos iguais para as mulheres;
- liberdade de expressão, associação e religião;
- proibição de gastar fundos públicos para fins religiosos;
- escolas e faculdades públicas gratuitas;
- assistência jurídica gratuita;
- abolição da pena de morte;
- assistência médica gratuita, incluindo obstetrícia;
- impostos progressivos de renda e propriedade;
- um imposto sucessório progressivo;
- fim dos impostos indiretos regressivos;
- jornada de trabalho de oito horas;
- leis para o trabalho infantil;
- plano nacional de seguro-desemprego e invalidez "com participação decisiva dos trabalhadores".[31]

Bem classe média branca, não?

Mas eles também buscavam, no longo prazo, não avanços incrementais, porém a completa reordenação da sociedade e da economia numa verdadeira utopia. O programa do Partido Socialista da Alemanha também pedia:

> Por todos os meios legais, criar um Estado livre e uma sociedade socialista, para efetuar a destruição da lei de ferro dos salários, acabando com o sistema de trabalho assalariado [...].
>
> A transformação da propriedade privada e capitalista dos meios de produção – terra e solo, poços e minas, matérias-primas, ferramentas, máquinas, meios de transporte – em propriedade social e a transformação da produção de bens em produção socialista realizada por e para a sociedade [...]
>
> Emancipação [...] de toda a raça humana. [...] Mas essa deve ser uma obra da classe trabalhadora, porque todas as outras classes [...]

têm como seu objetivo comum a preservação dos fundamentos da sociedade contemporânea.

As exigências parecem contraditórias. Os socialistas alemães revolucionários eram destruidores de um sistema podre ou aprimoradores de uma obra em andamento? Eles não conseguiam se decidir, e assim se viram entre dois gumes.

Chegamos agora a um dos pontos de inflexão na história desse longo século. As tensões já existiam entre dois campos, falando de modo geral: os que se reuniam sob o estandarte de Hayek, "bendito seja o nome do mercado", e os que se reuniam sob o estandarte de Polanyi, "o mercado é feito para o homem". *Grosso modo*. As coisas acabam ficando confusas. O que todos tinham em comum era uma crença, de tipos variados, no mercado. E algumas dessas crenças eram mais utópicas do que outras.

Karl Marx, Friedrich Engels e aqueles que se inspiravam neles não tinham ilusões sobre o que o mercado tira, mas tinham uma grande ilusão sobre o que o mercado finalmente daria, ou aquilo que se tornaria após transformar a si próprio – a revolução do proletariado. Earl Grey, Benjamin Disraeli e outros direitistas entendiam que o mercado é feito para alguns homens, mas não para todos – e, da mesma forma, que alguns homens, mas não todos, seriam beneficiados. Por fim, os centristas tentaram conter as tensões com muitas reformas e algumas baionetas. No geral, funcionou – até 1914.

Enquanto o centro continha e a esquerda ficava entre dois gumes, a direita pensava em novas justificativas para seu princípio básico: "O que eu tenho, eu mantenho!". *A origem das espécies*, do naturalista inglês Charles Darwin, colocara em movimento ondas intelectuais: ideias que se transformaram em *darwinismo social*. Os darwinistas sociais justificavam a desigualdade econômica não olhando para o passado, para a descendência dos capangas ricos de Guilherme, o Conquistador, mas olhando para o presente e o futuro, alegando que traços raciais inerentes tanto explicavam seu sucesso econômico como justificavam as desigualdades econômicas existentes. Um passo adiante os levou a propor que as raças superiores deveriam ser encorajadas a procriar, e as outras, não. Como John Maynard Keynes observaria uma geração depois, aos olhos dos darwinistas sociais, "as interferências socialistas tornaram-se

[...] ímpias, pois calculadas para retardar o avanço do poderoso processo do qual nós mesmos havíamos ascendido, como Afrodite do limo primordial do oceano".[32]

Ideologias não são como bondes, no sentido de que não se pode puxar a cordinha e descer na próxima parada quando se deseja. Mas são como bondes em um aspecto diferente: têm trilhos que devem seguir. Os darwinistas sociais justificavam a desigualdade econômica dentro das sociedades como parte de uma luta progressiva pela existência que, por meio da evolução, havia melhorado o *pool* genético.[33] Por que não, então, dar o próximo passo e ver as relações entre as nações como uma luta semelhante pela existência que, novamente via evolução, melhorou o *pool* genético? "Eu sou melhor que você" tornou-se, facilmente, "nós somos melhores que eles". E "nós" tínhamos de ter as armas necessárias para provar isso, caso se chegasse às vias de fato.

O filho de Jennie Jerome, Winston S. Churchill, estava no gabinete do governo liberal britânico na década de 1900. O alarme com o tamanho crescente da frota de batalha alemã vinha aumentando, e a Grã-Bretanha precisava do controle dos mares para unir seu império. Além disso, a Grã-Bretanha importava metade de seus alimentos. Uma frota de batalha alemã que controlasse os mares ao redor da Grã-Bretanha poderia matar de fome metade do país. Como Churchill contou a história, o governo do Partido Liberal, de modo a apaziguar a Marinha e a imprensa, se ofereceu para financiar quatro novos navios de guerra da classe *dreadnought* por ano para se defender da crescente frota alemã. A Marinha exigiu seis. Churchill respondeu: "Nós dois cedemos para oito".[34]

Sir Arthur Conan Doyle fez seu personagem detetive Sherlock Holmes comentar o aumento das tensões internacionais à medida que a Primeira Guerra Mundial se aproximava: "Há um vento leste chegando mesmo assim", diz Holmes. "Será frio e amargo, Watson, e pode ser que muitos de nós minguemos antes que ele sopre. Mas [...] o sol brilhará sobre uma terra mais limpa, melhor e mais forte quando a tempestade passar."[35]

Doyle escreveu essas palavras em 1917, quando a Primeira Guerra Mundial já passava da metade. Mas ele as colocou na boca de um Holmes pré-1914. Fez Holmes profetizar que, apesar de todo o sangue, a guerra global não deveria ser evitada, pois, no final, teria valido a pena.

O barômetro político, social, cultural e econômico estava em queda. Os sinais de alerta eram abundantes: uma classe alta de direita tinha, em grande parte, perdido seu papel social; os políticos estavam cada vez mais ansiosos para encobrir divisões de classe com apelos à unidade nacional; crescia uma corrente ideológica de darwinismo social que defendia a luta – mesmo que fosse, ou especialmente se fosse, uma luta militar, com pessoas armadas –, não sobre em que língua uma província seria administrada, mas sobre os netos de quem viveriam lá. Esses temas acumulavam problemas à medida que 1914 se aproximava. O desencadeamento de um crescimento econômico sem precedentes tinha abalado o mundo e transformado a política. E no final dessa transformação houve uma pronunciada virada imperial e militarista.

Em 1919, John Maynard Keynes escreveria, amargamente, que ele, seus pares e seus decanos no *establishment* intelectual e seguro de si tinham ignorado os sinais de alerta e ficado inertes. Eles tinham considerado "os projetos e as políticas do militarismo e do imperialismo, das rivalidades raciais e culturais, dos monopólios, restrições e exclusão, que viriam a agir como a serpente desse paraíso [do crescimento econômico pré-1914], [...] [como] pouco mais do que as diversões [do] jornal diário". Para ele e sua turma, Keynes diria, olhando pelo espelho retrovisor, a ideia de que o sistema progressivo de prosperidade crescente poderia entrar em colapso era "aberrante [e] escandalosa" – e facilmente evitável.[36]

Aproximava-se o ano de 1914, e não havia contramobilização antimilitarista intelectual ou organizacional que erguesse a voz para tentar evitar a catástrofe.

4
IMPÉRIOS GLOBAIS

Em 1870, no início do longo século XX, um dos maiores impérios que o mundo já viu – o Império Britânico, cujo único par em potencial foi o Império Mongol – estava perto de seu apogeu. Parte do que fez dele o maior é que esse império tinha manifestações tanto formais quanto informais – manifestava-se na forma de exércitos permanentes, escritórios coloniais que empregavam burocratas e prisões para impor deferência, mas também exerceu sua vontade de várias maneiras menos tangíveis. Já que todos sabemos como essa história em particular termina, não me sinto culpado em pular essa parte. Em1945, a Grã-Bretanha viu-se finalmente superada pelos Estados Unidos como a principal potência industrial, comercial e imperial do mundo. O interessante é que, assim que os Estados Unidos se estabeleceram como a potência mais proeminente do mundo, puseram-se a construir um império norte-americano que era, ao contrário daquele de seu antecessor, quase inteiramente informal.

Bem aqui tenho um problema narrativo. A história panorâmica do "Norte global", ou da região do Atlântico Norte, de 1870 a 1914, pode ser enfiada (com alguma violência) na estrutura de um único fio narrativo. Já a história do que viria a ser conhecido como o "Sul global" – isto é, países geralmente ao sul, mas, mais importante, na periferia econômica do Norte global –, não. E meu espaço e sua atenção são limitados. Além disso, um século definido principalmente por sua história econômica é um século centrado no Norte global. Isso, é claro, não diz nada sobre culturas ou civilizações, ou mesmo sobre os méritos relativos do Norte ou do Sul globais em geral, ou sobre nações em particular. Trata-se meramente de afirmar que a atividade econômica e os avanços de uma região do mundo conduziram causalmente a atividade econômica e os avanços da outra.

Dado esse pano de fundo, o que ofereço aqui são quatro vinhetas importantes: Índia, Egito, China e Japão. Para nos situarmos nessas histórias nacionais, entenda que, embora 1870 seja o divisor de águas para o surto de crescimento econômico do Norte global, é (não por coincidência) o meio da história do imperialismo para o Sul global. Talvez não o meio exato, pois o projeto imperialista começa em 1500 e, como projeto, termina no final dos anos 1900. Como eu disse, o terreno interpretativo aqui fica escorregadio. O que pode nos dar alguma vantagem é lembrar nosso coro de duas pessoas, Friedrich August von Hayek e Karl Polanyi, observando, esperando e sussurrando.

A Europa – ou melhor, Espanha e Portugal – começou a construir impérios nos anos 1500. Não que ela tivesse poderes tecnológicos ou organizacionais únicos em comparação com o resto do mundo. Na verdade, tinha sistemas interligados – religiosos, políticos, administrativos e comerciais – que reforçavam as razões para buscar o poder na forma de conquista imperial. A construção do império fazia sentido político-militar, ideológico-religioso e econômico. Os conquistadores da Espanha partiram para servir ao rei, para espalhar a palavra de Deus e para enriquecer.[1] Outros aventureiros e aspirantes a imperialistas de outras partes do globo não tinham um conjunto tão forte de incentivos e capacidades interligados.

Quando os portugueses chegaram ao que hoje é a Malásia, no século XVI, encontraram a oposição político-militar de governantes locais, a oposição ideológico-religiosa das comunidades islâmicas e a oposição econômica de comerciantes chineses que não queriam ser deslocados. Mas os mercadores chineses não tinham apoio político de seus governantes Ming. Os sultões locais não podiam convocar a força religioso-ideológica para cruzadas de expulsão dos portugueses. E essas comunidades islâmicas locais não eram lucrativas o suficiente para que sultões e aliados distantes gerassem uma intervenção sustentada. Os portugueses – e os espanhóis, e mais tarde os holandeses, os franceses e os britânicos – tinham tudo: ouro, armas, Deus e reis trabalhando juntos.²

Assim, os impérios ultramarinos europeus criaram raízes e cresceram no século XVI e além. O período de 1500 a 1770 foi uma Era Imperial-Comercial, com o imperialismo e a globalização avançando em todas as suas dimensões: militar, política, econômica e cultural, para um grande bem e um grande mal.

Esses primeiros impérios eram, no entanto, limitados. Fora das Américas, o mar se tornou europeu, mas a terra não. O controle do mar, no entanto, significava muito. Nos séculos XVI e XVII, o controle sobre os bens de luxo de alto valor e baixo peso do Leste Asiático, ou sobre os metais preciosos da América Latina, fez fortunas individuais, resultou em reforços saudáveis aos tesouros reais europeus modernos e canalizou as energias de jovens potencialmente desordeiros e missionários entusiasmados, empenhados em agradar seu Deus.

Essa dinâmica também produziu o comércio de tabaco, de açúcar e de escravos, e fez dos impérios das Índias Ocidentais tanto o foco da alta política como um motor do crescimento econômico, até então lento. O tráfico de escravos, entretanto, devastou a África e plausivelmente criou as condições que hoje a mantêm como o continente mais pobre do planeta.³

Mas em 1870 a lógica imperial parecia em declínio. Poucos luxos não podiam ser produzidos a preços mais baixos no núcleo industrial. Além disso, conquistar ficou mais caro do que negociar. Mas os impérios não são construídos apenas com base na lógica, e mesmo depois de 1870 eles continuaram a crescer. Prosseguiram conquistando, controlando, explorando, e assim uma depreciação geral também continuou.

O imperialismo talvez fosse lamentável, mas inevitável, sussurra metade do nosso coro. Havia muito dinheiro a ser ganho trazendo o mundo para um único mercado e, para funcionar, os mercados precisam ser governados por algo. O mercado dá, o mercado tira; bendito seja o nome do mercado. Foi em grande parte intencional e explicável, embora ainda lamentável, sussurra a outra metade do nosso coro. O mercado foi feito para o homem, não o homem para o mercado.

Em 1870, a diferença de poder entre a metrópole imperial e a colônia submetida era imensa – em termos tecnológicos, organizacionais e políticos. As melhorias nos transportes e comunicações tornaram a guerra, a conquista e a ocupação muito mais fáceis. Não havia parte do mundo em que os europeus ocidentais não pudessem – se o desejassem – impor sua vontade por meio de armas, a um custo moderado. E os procônsules raramente se concentravam apenas nos recursos que fluiriam de volta para a metrópole imperial de seu posto avançado particular do império. Afinal, os postos avançados eram povoados, e muitas vezes liderados, por jovens desordeiros com coisas a provar, ou missionários entusiasmados com almas a salvar. Se não seria mais barato no longo prazo simplesmente negociar e pagar por esses recursos, era para muitos uma preocupação menor.

Esses jovens arrojados e missionários zelosos não tinham só os meios, mas também os métodos.

Considere a Batalha de Omdurman, no Sudão, de 1898, durante a qual morreram 10 mil soldados do regime mahdista sudanês. Apenas 48 soldados britânicos e egípcios morreram. A diferença não se deveu inteiramente à tecnologia militar europeia superior. O regime mahdista tinha metralhadoras, telégrafos e minas – todos comprados de fornecedores europeus. O que ele não tinha era capacidade organizacional e disciplina para fazer uso efetivo deles.[4]

A consequência de um Norte global disciplinado e mais organizacionalmente capaz foi um globo integrado à economia mundial dominada pela Europa, em grande parte governada ou influenciada por procônsules europeus, e a disseminação de línguas e preferências europeias: escolas de estilo europeu, cultura europeia e métodos europeus de administração, ciência e tecnologia. Portos, ferrovias, fábricas e plantações surgiram, de Bali, na atual Indonésia, até Acra, na atual Gana.

E em todos os lugares os povos eram informados de que eram a terra sob os pés de seus governantes europeus.

Considere a Índia. No início de 1756, o recém-empossado nababo de Bengala, Mirza Mohammad Siraj ud-Dowla, quis mostrar aos britânicos em Calcutá quem era o dono de Bengala. Ele pegou emprestados alguns artilheiros e peças de artilharia dos franceses e atacou e capturou Calcutá e seu forte William. Ele esperava negociações e que a paz subsequente resultasse em uma França agradecida, impostos muito mais altos pagos a ele pelos comerciantes europeus e muito menos evasão fiscal via contrabando pelos britânicos subjugados.

Um grande erro.

Os britânicos enviaram 3 mil soldados – oitocentos britânicos e 2,2 mil indianos – para o norte pelo mar de Madras a Calcutá. Siraj ud--Dowla se mobilizou para a batalha. O comandante britânico Robert Clive subornou os três subordinados do nababo. E, depois disso, a Companhia Britânica das Índias Orientais adquiriu o gosto por conquistar, governar e tributar a Índia, em vez de simplesmente negociar com ela.

Em 1772, Calcutá era a capital da Índia britânica. Warren Hastings foi seu primeiro governador-geral. A Companhia Britânica das Índias Orientais tinha participado da divisão nas guerras de sucessão pelos territórios do Império Mogol. Cada geração viu principados antes independentes se tornarem aliados subservientes. Cada geração viu antigos aliados se tornarem fantoches. E cada geração viu antigos fantoches se tornarem territórios governados por Londres. Quase um século depois de Clive e Siraj ud-Dowla, aconteceu a grande Revolta dos Sipais (também conhecida como Grande Rebelião Indiana de 1857). O motim foi derrotado. E em 1º de maio de 1876 o governo britânico proclamou a rainha Vitória I, da Casa Hanôver, como *Kaiser-i-Hind*: imperatriz da Índia.[5]

Em 1853, Karl Marx tinha interrompido o trabalho em sua *magnum opus* para tentar juntar dinheiro suficiente para não ter que penhorar a prataria de sua esposa (de novo). Ele tinha escrito um ensaio intitulado "Os resultados futuros do domínio britânico na Índia", no qual profetizou que a conquista imperial britânica era, para a Índia, sua maior maldição no curto prazo e sua maior bênção no longo: "A Inglaterra tem de cumprir uma dupla missão na Índia: uma destrutiva, a outra [...] lançando as bases materiais da sociedade ocidental na Ásia. [...] A unidade política da Índia [...], imposta pela espada britânica, será agora reforçada e perpetuada pelo telégrafo elétrico. O exército nativo, organizado e treinado pelos sargentos britânicos, [será] a condição *sine qua non* da autoemancipação indiana".[6]

Se você prestar atenção, escutará um eco de metade do nosso coro, ainda que com entonações muito diferentes. Abençoado seja o mercado. Sim, Marx diria que a burguesia implementa o progresso "arrastando indivíduos e povos no sangue e na sujeira, na miséria e na degradação". Mas se com uma mão tira, com a outra dá mais prodigamente – emancipação plena, emancipação humana, preparando o cenário e fornecendo incentivos mais que suficientes para que se puxe o gatilho da criação do comunismo completo.

No entanto, a partir de 1914, as grandes mudanças econômicas e sociais que Karl Marx previra com confiança sessenta anos antes não haviam avançado muito. A instalação de uma rede de ferrovias sobre a Índia? Feito. A introdução na Índia das indústrias necessárias para sustentar as ferrovias? Feito. A disseminação de outros ramos da indústria moderna pela Índia? Nem tanto. A disseminação da educação moderna em toda a Índia? Nem tanto. Melhorias na produtividade agrícola, resultantes da criação de propriedade privada efetiva da terra? De jeito nenhum. Extinção do sistema de castas? De jeito nenhum. A derrubada do colonialismo britânico, a restauração do autogoverno e a criação da unidade política subcontinental por graça de uma revolta do exército treinado pelos britânicos? Eles chegaram muito perto em 1857, mas apenas perto.

O fracasso do raj britânico em transformar a Índia representa um enorme problema para nós, economistas. Somos todos, até mesmo os economistas marxistas, os filhos intelectuais de Adam Smith, que, segundo relata Dugald Stewart, disse: "Pouco mais é necessário para levar um Estado da mais baixa barbárie ao mais alto grau de opulência além de paz, impostos brandos e uma administração tolerável da justiça: todo o resto sendo causado pelo curso natural das coisas".[7] Sob o raj britânico no fim do século XIX e começo do XX, a Índia teve um grau marcante de paz interna e externa, uma administração tolerável da justiça e impostos brandos. No entanto, nenhum sinal de progresso em direção "ao mais alto grau de opulência" foi visto.[8]

Seja considerado natural ou não natural, o curso das coisas tinha produzido resultados diferentes.

O Egito oferece mais um exemplo elucidativo. Muhammed Ali (1769-1849), um órfão albanês, filho do comerciante de navios Ibrahim Agha e de sua esposa, Zeynep, estava cansado de cobrar impostos no porto grego de Cavala, sob o governo otomano. Em 1801, alistou-se como mercenário no exército otomano que foi enviado para reocupar o Egito, tendo o exército expedicionário francês sob Napoleão exterminado o antigo regime mameluco antes de se render à Marinha britânica. Em 1803, Muhammed Ali comandou um regimento de seus compatriotas etnicamente albaneses. O governador otomano do Egito ficou sem dinheiro. Não podendo mais pagá-los, ele dispensou as tropas albanesas. Os albaneses se amotinaram e assumiram o governo, e uma disputa se seguiu.

De alguma forma, Muhammed Ali acabou no topo. Ele conservou a lealdade de seus albaneses e conseguiu suprimir os combatentes turcos e egípcios. Ali então recebeu pelo menos a bênção temporária do sultão otomano, Selim III, o Reformador (que logo depois foi deposto, preso e assassinado por seus próprios guardas janízaros). Muhammed Ali olhou para o Noroeste, para a Europa, e para o Leste, para Índia. Governou um reino próspero, mas viu que os europeus poderiam fazer com o reino dele ou de seus filhos o que haviam feito com a Índia.

Assim, Muhammed Ali se esforçou para engrandecer o Egito, introduzindo novas lavouras, reforma agrária, um exército moderno, foco na exportação de algodão e a construção de fábricas têxteis estatais para impulsionar a indústria egípcia. Ele entendeu que, a menos que pudesse manter as máquinas funcionando, seus bisnetos se tornariam fantoches de banqueiros franceses e procônsules britânicos. Mas não foi possível manter as máquinas em pleno funcionamento. Foi porque o Egito não treinou engenheiros suficientes? Porque os patrões eram funcionários do Estado? Porque a política não foi implementada por tempo suficiente e, quando os militares do Egito se viram sob pressão, tornou-se irresistivelmente atraente no curto prazo comprar armas, munições e uniformes do exterior?[9]

Muhammed Ali morreu em 1849. Se sua progênie tivesse compartilhado suas preocupações, poderiam ter feito reformas o suficiente para treinar egípcios capazes de consertar aquelas máquinas. Mas no Egito esse era um projeto pessoal de Muhammed Ali, não um projeto nacionalista intergeracional.[10]

Em 1863, seis anos antes da conclusão do canal de Suez, o neto de Muhammed Ali Ismail assumiu o trono do Egito como quediva aos 33 anos. Educado na França, aberto a influências europeias e ávido por modernizar seu país, ele também teve sorte. Tornou-se governante do

Egito no meio da "escassez de algodão" criada pela Guerra Civil Americana. O desaparecimento temporário do Sul dos Estados Unidos da oferta mundial de algodão resultou em um *boom* do algodão em todos os outros lugares. As fábricas têxteis da Revolução Industrial precisavam de algodão, e seus proprietários estavam dispostos a pagar quase qualquer preço por ele. O Egito cultivava algodão. E assim, por alguns anos, parecia que os recursos econômicos e a riqueza do Egito eram inesgotáveis.

Não eram.

O governo egípcio declarou falência em 1876. Os credores do quediva tornaram-se os governantes do Egito. Ismail abdicou. Dois controladores financeiros — um britânico e um francês — foram nomeados com domínio substancial sobre impostos e despesas. A tarefa deles era garantir que o Egito, agora governado pelo filho de Ismail, mantivesse a receita e pagasse sua dívida. Os egípcios, pesadamente tributados, se perguntavam por que estavam sendo obrigados a pagar as dívidas contraídas por seu extravagante ex-quediva. As tropas britânicas restauraram a ordem em 1882 e, a partir de então, o quediva se tornou um fantoche britânico. Sob pretextos variados, as tropas britânicas permaneceram no Egito até 1956.

Assim, os bisnetos de Muhammed Ali de fato se tornaram fantoches de banqueiros franceses e procônsules britânicos.[11]

A China também oferece informações importantes.

Pobre e desorganizada em 1870, a China imperial era um país em que o governo e a economia estavam em crise. Ao longo de mais de dois séculos de domínio, o governo da dinastia Qing, de etnia manchu, havia treinado sua aristocracia confuciana, senhorial, burocrata e acadêmica, da etnia han, para ser incapaz de tomar medidas efetivas. Afinal, ações efetivas poderiam se dirigir contra o Perímetro de Segurança do Governo Central (que é, talvez, o que na época se traduzia como "Cidade Proibida").

Um deles, nascido em 1823 em uma família de nobres eruditos em um vilarejo cerca de 240 quilômetros a oeste de Xangai, era Li Hongzhang. A rotina de estudar os clássicos literários da escola confuciana e passar nos exames era difícil e cansativa. Em 1847, após estudo intensivo com um tutor de Hunan, Zeng Guofan, Li conseguiu. A piedade filial exigia que Zeng voltasse a Hunan para lamentar a morte de sua mãe em 1851, assim que estourou a Rebelião Taiping. O exército comandado por burocratas era inútil, assim como os supostos "estandartes" manchus de elite da dinastia. Zeng, desesperado para remediar a situação em meio à qual se encontrava, revelou ter um grande talento para a organização militar. Ele recrutou, treinou e comandou um exército voluntário – o Exército de Xiang – para resistir aos rebeldes de Taiping. Li Hongzhang uniu-se a ele e se tornou um dos poucos generais competentes da dinastia.

Em 1864, a Rebelião Taiping foi extinta, e Li foi enviado para eliminar outro grupo de rebeldes, o Nian. Em 1870, no posto de diplomata, ele tentou acalmar os franceses após o assassinato de sessenta padres, freiras e membros católicos da congregação, junto com o cônsul francês em Tianjin. Em 1875, liderou as forças em um semigolpe militar após a morte do imperador Tongzhi, para garantir que Guangxu, de quatro anos de idade, sobrinho da imperatriz viúva Cixi, subisse ao trono. Li tinha sido treinado para ser um burocrata, aplicando princípios filosóficos de 2 mil anos de idade a questões de governança. Mas descobriu que as habilidades que importavam eram (a) ser um general, e (b) ser capaz de afastar a ira das potências imperiais europeias e obter a ajuda delas.

Muitos especialistas na China Ocidental enxergam e quase podem tocar em uma história alternativa – uma história na qual a China do final do século XIX teria se destacado econômica, política e organizacionalmente. Afinal, o Japão venceu sua curta guerra contra a Rússia em 1905, negociou em pé de igualdade com a Grã-Bretanha e os Estados Unidos a construção de navios de guerra em 1921 e era talvez a oitava potência industrial do mundo em 1929.[12]

Nós, economistas, somos muito mais céticos. Notamos as burocracias corruptas e incompetentes que falharam em administrar os diques do rio Amarelo e o Grande Canal. Observamos que os Qing não conseguiram que seus funcionários locais cobrassem o imposto sobre o sal. Notamos que quando, em meados da década de 1880, a dinastia Qing, tendo comprado maquinaria metalúrgica estrangeira e construído uma marinha, arsenais e docas, havia pensado que era forte o suficiente para se opor à conquista francesa do Vietnã, teve sua frota destruída em uma hora. E notamos que quando, em 1895, a dinastia Qing pensou que era forte o suficiente para se opor à extensão japonesa de sua esfera de influência para a Coreia, estava, novamente, errada. O Tratado de Shimonoseki colocou Taiwan, Coreia e o Sul da Manchúria na esfera de influência do Japão.

Além disso, nós, economistas, observamos que, mesmo em 1929, a China produzia apenas 20 mil toneladas de aço, menos de sessenta gramas por pessoa, e 400 mil toneladas de ferro, ou aproximadamente setecentos gramas por pessoa. Enquanto isso, extraía 27 milhões de toneladas de carvão, ou aproximadamente 45 quilos por pessoa. Compare isso com 317 quilos de aço *per capita* dos Estados Unidos no mesmo ano ou os 91 quilos em 1900, ou com as 3,6 toneladas de carvão *per capita* dos Estados Unidos em 1929 ou 2,2 toneladas de carvão *per capita* em 1900.

Limite o escopo a uma mina, a mina de carvão Kaiping, no Norte da China. Lá vemos o general, diplomata e governador Li Hongzhang trabalhando na década de 1880. Ele viu que a China precisava de força industrial. E assim se tornou o principal impulsionador burocrático por trás da mina de carvão, bem como por trás de vários outros "esforços de autofortalecimento" da China, como as fábricas de algodão de 1878 em Xangai, o arsenal de Tianjin, o telégrafo entre Tianjin e Pequim e outras medidas. Homens tão focados quanto Li no desenvolvimento econômico podiam fazer as coisas acontecerem.[13]

Mas eles não conseguiam atuar junto à burocracia e fazer qualquer coisa que fosse. Li contratou um rico comerciante de Hong Kong, Tang Tingshu, para construir a mina Kaiping. O que ele buscava era uma mina industrial grande e moderna, que pudesse ajudar a modernizar a nação. Mas eles enfrentaram formas incomuns de oposição. Um vice-presidente do Conselho de Serviço Civil, Chi Shihehang, declarou que "os métodos de mineração enfureciam o dragão da terra [...] [e assim] a falecida imperatriz não conseguia descansar em silêncio em seu túmulo". Li teve que escolher entre abandonar sua ideia de construir uma mina de carvão moderna – e com ela o combustível para alimentar os motores a vapor – ou aceitar a culpa por quaisquer mortes ou doenças que pudessem atingir a família imperial. Com muita coragem – considerando o tamanho da família imperial e o alto índice de mortalidade da época –, ele escolheu a modernidade.

A produção começou em 1881. Em 1889, 3 mil trabalhadores em três turnos produziam setecentas toneladas de carvão por dia. Em 1900,

9 mil trabalhadores estavam em ação, mas produziam apenas um quarto do que se esperava dos mineiros nos Estados Unidos ou na Austrália. A mina era um projeto governamental público e uma empresa capitalista privada. O diretor da mina era funcionário dos acionistas da empresa em Hong Kong e funcionário da burocracia administrativa de Qing.

O diretor-geral da mina, Tang Tingshu, morreu em 1892. Seu substituto, Chang Li – chamado de "Yenmao" em praticamente todas as fontes em inglês –, não era comerciante, nem industrial, nem engenheiro, nem gerente. Chang era um homem de confiança – outro elemento-chave no semigolpe de 1875 – da imperatriz Cixi. Mas Chang era possivelmente o homem mais rico de Tianjin em 1900. Manter a rede de favores e patrocínio que sustentava a corte Qing era uma prioridade maior do que uma gestão eficaz. A mina tinha se tornado uma fonte de renda para os bem relacionados, em vez de uma parte importante de um programa de industrialização. Li Hongzhang morreu em 1901, após uma última rodada de esgrima diplomática com as potências imperiais europeias, que queriam ser generosamente remuneradas por suprimir a Rebelião dos "Boxers" – "Lutadores Unidos pela Justiça" seria uma tradução melhor.

Em 1901, Herbert Hoover, um engenheiro de minas expatriado de 26 anos e futuro presidente dos Estados Unidos, assumiu a mina. Hoover alegou que a folha de pagamento de 9 mil trabalhadores tinha 6 mil nomes fantasmas e que o diretor de pessoal que os havia criado (e cujos salários recebia) subornara generosamente Chang Li para assumir o cargo.

"Espere", você diz. "Herbert Hoover virou o chefe da mina?"

Sim. Hoover chegou a Tientsin em 1900, bem a tempo de ser sitiado na cidade pela Rebelião dos Boxers. Chang Li havia fugido para lá, temendo com razão que os Boxers o executassem por ser um fantoche corrupto dos europeus e que os europeus sitiados quisessem prendê-lo por passar informações aos Boxers.

Desse ponto em diante, as coisas ficam nebulosas, pois quase todos os narradores se tornam não confiáveis, desesperados de várias maneiras para aparecer sob uma boa luz. De alguma forma, Hoover libertou Chang da prisão. De alguma forma, Chang deu a Hoover uma procuração para reincorporar a mina Kaiping como uma empresa de bandeira britânica controlada completamente por Herbert Hoover. O historiador Ellsworth Carlson relatou que o encarregado de negócios britânico local ficou enojado. Hoover e companhia "fizeram uma bela fortuna às custas dos chineses", disse ele, e embora "legalmente o Conselho de Administração fosse intacável [...], moralmente, eles estavam errados". A Grã-Bretanha não deveria tolerar "uma transação financeira que espoliou os acionistas chineses", continuou o encarregado de negócios, e "encheu os bolsos de uma gangue anglo-belga", tudo sob a orquestração de "um ianque sem caráter".

Herbert Hoover não teria concordado com nada disso. Mais de um século depois, podemos tentar ler a mente de Hoover. Talvez ele pensasse que os antigos acionistas deveriam ser gratos por ele e seus sócios terem cobrado deles apenas 62,5% da empresa; afinal, a alternativa era os russos terem confiscado toda a mina como reparação de guerra, deixando os antigos acionistas com zero. Talvez ele pensasse que Chang Li era um ladrão corrupto, enquanto Hoover faria a mina funcionar de forma produtiva e lucrativa. De fato, Hoover conseguiu quase triplicar o valor das ações dos antigos acionistas: os 37,5% que ele lhes deixou valiam mais do que os 100% que os antigos acionistas possuíam antes.

Novamente ouvimos os ecos do nosso coro sussurrante. O mercado impessoal tinha tirado de uns, dado a outros e aumentado muito o total; abençoado seja o mercado. Mas o encarregado de negócios local ouviu algo mais: o homem — neste caso, um Herbert Hoover — tomou e deu, não o mercado. Alguns — especialmente os novos acionistas europeus que agora detinham a maior parte da mina e recebiam os lucros almejados por Li Hongzhang como parte da base que possibilitaria um grande salto econômico para a China e todo o seu povo — talvez abençoassem o homem, mas outros — digamos, os Boxers que se rebelaram e os oficiais da dinastia Qing que viram diminuir seu espaço de manobra contra os pretensos conquistadores imperialistas — o amaldiçoariam.

E, por extensão, os infelizes e rebeldes também amaldiçoariam uma estrutura socioeconômica incapaz de encontrar e promover executivos competentes, mas, em vez disso, promovia intermediários políticos corruptos; uma cultura político-ritual que exigia que um dos poucos governadores regionais modernizadores concentrasse sua atenção constantemente no empreendimento para mantê-lo nos trilhos e interferir para protegê-lo dos reacionários; e um sistema educacional que produzia literatos em vez de engenheiros, o que significava que o país precisava de pessoal técnico estrangeiro para tudo. Mas suas maldições pouco mudaram no mundo ao seu redor. Fora dos venturosos círculos perto dos portos criados pelas concessões estrangeiras extraterritoriais e, até certo ponto, nas regiões sob o controle dos poucos governadores modernizadores, as indústrias modernas simplesmente não se desenvolveram e as tecnologias modernas simplesmente não foram aplicadas na China imperial tardia.

O visionário político reformista Sun Yat-sen, que tinha oferecido seus serviços a Li Hongzhang em 1894 e sido rejeitado, construiu uma rede financeira e de propaganda entre os emigrantes chineses fora do alcance do governo. Políticos militares, como Yuan Shikai, concluíram que trabalhar com a corte manchu era inútil. Em 1912, Sun Yat-sen iniciou uma rebelião, que Yuan Shikai e seus pares se recusaram a reprimir, e a dinastia Qing caiu.

O imperador de seis anos de idade abdicou. Yuan Shikai declarou-se presidente da república que se seguiu e tentou assumir o controle do país. A China mergulhou em uma quase anarquia.

Há muitas outras histórias que eu poderia contar sobre os impérios da Europa no final do século XIX e sobre como os colonizados e os quase colonizados tentaram responder. Mas Índia, Egito e China transmitem muito do quadro. O poder, real e ameaçado, dos impérios formais do Atlântico Norte, com toda a sua riqueza e influência, significou que, no início do longo século XX, mesmo aqueles não formalmente colonizados estavam, no entanto, sob o domínio do império informal – majoritariamente pelos britânicos. Era um mundo em que se faziam ofertas que não podiam, por motivos reais ou por prudência, ser recusadas.

Talvez as ofertas não pudessem ser recusadas porque as consequências de aceitá-las eram muito boas. Talvez não pudessem ser recusadas porque as consequências de não as aceitar eram muito ruins. Como gostava de dizer Joan Robinson, economista socialista do século XX, a única coisa pior do que ser explorado pelos capitalistas era não ser explorado pelos capitalistas – ser ignorado por eles e colocado de fora dos circuitos de produção e troca.

Havia também, é claro, a questão de quem exatamente arcava com as consequências de recusar determinada oferta. Seria a elite governante do país, os cidadãos da época ou seus descendentes? Geralmente, as atitudes se dividiam em linhas hayekianas e polanyianas: aqueles que achavam que o mercado dá, abençoado seja o mercado (e algum percentual do imperialismo); e aqueles que achavam que o mercado tira, amaldiçoados sejam os homens que privaram o povo de pão, abrigo ou dignidade.

Era mais fácil decidir quem abençoar e quem amaldiçoar quando se tratava de impérios em seu modo formal. Nas primeiras décadas do longo século XX, no entanto, fazer tais distinções tornou-se cada vez mais difícil à medida que o modo informal do Império Britânico – e, em menor grau, de outros impérios europeus – ganhou poder. Tais são os benefícios da hegemonia, que tinha quatro aspectos importantes: livre-comércio, indústria concentrada, livre migração e liberdade de investimento.

Era tecnicamente possível, claro, resistir aos avanços do império informal. Mas recusar uma oferta muitas vezes significava invocar sobre si punições por parte de seu próprio povo. O Afeganistão pode realmente ser o lugar aonde os impérios vão para morrer, mas também provou ser um túmulo para o progresso social, avanços tecnológicos e longevidade. A maioria dos Estados-nação que receberam ofertas irrecusáveis acabou concordando em seguir as regras da Grã-Bretanha – em geral, por três razões.

Primeiro, jogar de acordo com essas regras era o que a Grã-Bretanha estava fazendo, e a Grã-Bretanha claramente era um modelo a ser imitado. A esperança era de que, ao adotar as políticas de uma economia obviamente bem-sucedida, você – ou seja, o governo – também pudesse tornar sua economia bem-sucedida. Em segundo lugar, tentar seguir outras regras – digamos, proteger seu setor têxtil artesanal – era muito caro. Grã-Bretanha e companhia conseguiam fornecer mercadorias e produtos industriais baratos, assim como luxos inatingíveis em outros lugares. E Grã-Bretanha e companhia pagavam generosamente pelas exportações de produtos primários. Por fim, mesmo que você tentasse seguir outras regras, seu controle sobre o que estava acontecendo em seu país era limitado. E havia muito dinheiro a ser ganho.

Jogar de acordo com as regras do jogo econômico internacional tinha consequências.

A primeira, um aspecto da globalização e do livre-comércio, era que as máquinas movidas a vapor ofereciam uma vantagem competitiva que os produtos artesanais não conseguiam igualar, por mais baixos que fossem os salários dos trabalhadores. E com pouquíssimas exceções, as máquinas a vapor funcionavam de forma confiável apenas no Norte global. A manufatura declinou fora do núcleo industrial, e a mão de obra periférica foi transferida para a agricultura e outros produtos primários. E, como consequência, a periferia global ficou "subdesenvolvida". Ganhando no curto prazo graças a termos de troca vantajosos, os Estados periféricos foram incapazes de construir comunidades de prática de engenharia que pudessem fornecer um caminho para riquezas maiores, advindas da indústria.

Uma consequência secundária essencial foi que as máquinas a vapor funcionavam de maneira confiável e estável o suficiente para serem *rentáveis* apenas no Norte global. A parte do "confiável" e a do "rentável" exigiam três coisas: uma comunidade de prática de engenharia, uma força de trabalho alfabetizada que pudesse ser treinada para usar a tecnologia industrial e financiamento suficiente para fornecer manutenção, reparo e suporte necessários.[14]

Outra consequência foi o sistema de migração quase totalmente livre nos primeiros anos do longo século XX (exceto para os asiáticos que buscavam migrar para as economias da zona temperada). Por fim, o livre-comércio e a livre migração possibilitados pela dominação imperial informal da Europa ajudaram a enriquecer sobremaneira o mundo nas gerações anteriores à Primeira Guerra Mundial. Fluxos livres de capital, por meio da liberdade de investimento, lubrificaram as engrenagens.

Você podia emprestar a quem quisesse. Podia pegar emprestado de quem quisesse. Mas, antes da Primeira Guerra Mundial, entendia-se que você pelo menos tentaria pagar de volta. Certamente, as economias que receberam influxos de capital antes da Primeira Guerra Mundial se beneficiaram enormemente *caso tenham tido a mão de obra, as habilidades e os recursos organizacionais necessários para tirar proveito deles*. Para os Estados Unidos, Canadá, Austrália, Argentina e talvez outros, como a Índia, a disponibilidade de grandes quantidades de capital – em larga medida capital financiado pelos britânicos – para acelerar o desenvolvimento da indústria e da infraestrutura foi uma dádiva de Deus.

Não está claro se o livre fluxo de capital beneficiou aqueles que o exportavam. A França subsidiou a industrialização pré-Primeira Guerra Mundial da Rússia czarista na crença de que algum dia travaria outra guerra com a Alemanha (correto) e que a vitória dependia de um grande exército russo aliado, ativo, forçando a Alemanha a lutar em uma guerra de dois *fronts* (não tão correto). Antes da Primeira Guerra Mundial, comprar títulos russos tornou-se um teste de patriotismo francês. Mas, depois da guerra, não havia czar governando Moscou – havia apenas Vladimir Ilitch Lênin, que não tinha interesse em pagar os credores do czar.

Outra maneira pela qual o império informal exerce sua influência era oferecendo ao resto do mundo um exemplo a ser imitado. Esse foi mais notavelmente o caso do Império Britânico. As instituições e práticas britânicas pareciam ser – e de fato tinham sido – incrivelmente bem-sucedidas. Imitá-las, pelo menos em caráter experimental, fazia bastante sentido, quer isso significasse usar terno e gravata, traduzir versos em latim na escola, estabelecer fortes direitos de propriedade ou investir em ferrovias e portos. A maior parte disso foi usada substancialmente em outras regiões do mundo. Outras partes não. E acabou que o que se encaixava nas circunstâncias britânicas em meados do século XIX passou a se ajustar aos governos e economias da periferia com cada vez menos sucesso conforme o longo século se desenrolava.

Essa era a situação na maior parte da periferia do núcleo econômico do Atlântico Norte durante os anos do império formal e informal. O padrão, que ocorreu na Índia, Egito, China e em outros lugares, parecia comum a ponto de ser declarado matéria da providência e da natureza. Mas havia uma exceção.

Sozinho no mundo não europeu antes de 1913, o Japão conseguiu lidar com os imperialistas, prosperar, industrializar-se e juntar-se a eles.

Para entender exatamente o que aconteceu no Japão, devemos olhar para trás, pelo menos até o príncipe guerreiro daimyo do início do século XVII, Tokugawa Ieyasu, que em 1603 recebeu o título de xogum, isto é, vice-rei do sacerdote-imperador em todos os assuntos civis e militares. Seu filho Hidetaka e seu neto Iemitsu consolidaram o novo regime. De sua capital, Edo – mais tarde, Tóquio –, o xogunato Tokugawa governou o Japão por dois séculos e meio.[15]

Desde o início, o xogunato olhou com cautela para as Filipinas, ao sul. Apenas um século antes, as Filipinas haviam sido formadas por reinos independentes. E então os europeus desembarcaram. Mercadores foram seguidos por missionários. Os convertidos provaram ser uma base efetiva de apoio popular para a influência europeia. Os missionários foram seguidos por soldados. E em 1600, a Espanha governava as Filipinas.

O xogunato Tokugawa estava confiante de que poderia controlar seus potenciais rivais e súditos no Japão. Não estava confiante de que poderia resistir ao poder tecnológico, militar e religioso dos europeus. E assim o país foi fechado: o comércio ficou restrito a um número muito pequeno de navios, e estes só tinham acesso ao porto de Nagasaki. Cidadãos japoneses que voltavam do exterior eram executados; estrangeiros descobertos fora da zona restrita eram executados; e o cristianismo foi violentamente reprimido. Durante séculos o império formal lutou para entrar no Japão, e falhou.

Outro fator que diferenciava o Japão era que um em cada seis japoneses morava em cidades. Em 1868, Quioto, Osaka e Tóquio tinham juntas 2 milhões de habitantes. Metade dos homens adultos era alfabetizada: em 1868, havia mais de seiscentas livrarias em Tóquio. E a alfabetização e a urbanização lançaram as bases para a competência tecnológica.

O historiador Robert Allen conta a história do senhor de Nagasaki, Nabeshima Naomasa, e sua fundição de canhões. Seus empregados adquiriram e depois traduziram uma descrição holandesa de uma fundição. Então se puseram a copiá-la: "Em 1850, conseguiram construir uma fornalha reverberatória e três anos depois estavam produzindo canhões. Em 1854, o grupo de Nagasaki importou armas Armstrong de última geração da Grã-Bretanha e fabricou cópias. Em 1868, o Japão tinha onze fornalhas fundindo ferro".[16]

Mas a era Tokugawa chegou ao fim em 1868, com a Restauração Meiji. O governo foi dominado por uma coalizão inconstante de notáveis – principalmente, no início, os "Seis Meiji", Mori Arinori, Ōkubo Toshimichi, Saigō Takamori, Itō Hirobumi, Yamagata Aritomo e Kido Takayoshi –, que estavam interessados em absorver a tecnologia europeia, conservando a civilização japonesa e a independência.[17] A ambição era evidente. Nos slogans de quatro caracteres que os Restauradores Meiji usavam para se comunicar com o país como um todo, *Wakon yosai* (aprendizagem ocidental com espírito japonês) seria adotado no interesse de criar *Fukoku kyōhei* (um país rico com um exército forte).

Seguiu-se a rápida adoção da organização ocidental: prefeituras, empregos burocráticos, jornais, padronização da linguagem no dialeto samurai de Tóquio, um Ministério da Educação, frequência escolar obrigatória, recrutamento militar, ferrovias construídas pelo governo, abolição de barreiras alfandegárias internas para um mercado nacional, jornada fixa de trabalho para melhorar a coordenação e o calendário gregoriano, todos em voga em 1873. O governo local representativo entrou em vigor em 1879. Um parlamento bicameral (com um recém-criado pariato) e uma monarquia constitucional se estabeleceram em 1889. Em 1890, 80% das crianças em idade escolar estavam pelo menos matriculadas.

Na China, Li Hongzhang foi um dos poucos capazes de nadar contra a corrente institucional e cultural para promover a modernização e a industrialização. No Japão havia muitos desses homens. Um dos Seis Meiji era Itō Hirobumi. Em 1863, os anciãos do clã Choshu decidiram que precisavam desesperadamente aprender mais sobre a organização e a tecnologia europeias, então – ilegalmente – mandaram para fora do Japão cinco de seus promissores jovens estudantes, para viajar e estudar na Europa. Itō trabalhou por 130 dias como marinheiro no veleiro *Pegasus* antes de chegar à Inglaterra, onde estudou no University College, em Londres. Ele interrompeu seus estudos depois de apenas seis meses e voltou ao clã Choshu para argumentar veementemente contra uma política de confronto com as potências imperiais: o Japão era muito fraco, disse ele, e a lacuna organizacional e tecnológica, grande demais.

Em 1870, Itō estava nos Estados Unidos, estudando finanças e operações bancárias. No ano seguinte, voltou ao Japão, onde redigiu os regulamentos para a comutação dos impostos feudais e sua substituição por um sistema geral de tributação nacional. Em 1873, tornou-se ministro da Indústria, encarregado de fazer o máximo possível de engenharia reversa com a tecnologia europeia e construir linhas telegráficas, iluminação pública, fábricas têxteis, ferrovias, estaleiros, faróis, minas, fundições de aço, vidrarias, a Faculdade Imperial de Engenharia e muito mais.[18] Em 1881, forçou seu contemporâneo Ōkuma Shigenobu a sair do governo e, ao fazê-lo, tornou-se o primeiro-ministro informal do Japão; quatro anos depois, tornou-se o primeiro primeiro-ministro formal do Japão, sob uma Constituição que redigiu em 1850, usando como modelo a da Prússia.

Em 1895, Itō começou a Primeira Guerra Sino-Japonesa. Com onze navios de guerra construídos na Europa e dois japoneses, e com um exército treinado por um major prussiano, Jakob Meckel, o Japão venceu rapidamente. A principal base chinesa e o Forte de Dalian em Shandong – Port Arthur – caíram em um dia após um ataque frontal japonês. Coreia e Taiwan foram tomados como protetorados japoneses.

Em 1902, o Japão aliou-se à Grã-Bretanha, buscando o papel de vice-reino da Grã-Bretanha no Pacífico Norte. Três anos depois, o Japão voltou a entrar em guerra, dessa vez contra a Rússia, conflito que os japoneses venceram cabalmente, trazendo a Manchúria para sua esfera de influência.

Em 1909, Itō Hirobumi encontrou seu fim, assassinado pelo nacionalista coreano An Jung-geun. Em resposta, o Japão anexou formalmente a Coreia em 1910.

E não houve apenas os Seis Meiji. Muitos outros desempenharam papéis importantes na formação de um Japão mais moderno. Takahashi Korekiyo, por exemplo, nascido em 1854, filho ilegítimo de um artista da corte de Tokugawa, partiu em 1867 para Oakland, Califórnia, para trabalhar como operário e aprender inglês. Ele voltou e começou a ascender na burocracia (ao mesmo tempo que cruzou temporariamente o Pacífico de novo, dessa vez para o Peru, onde fracassou na mineração de prata), tornando-se vice-presidente do Banco do Japão, vendendo títulos para financiar a Guerra Russo-Japonesa de 1905, depois tornando-se presidente do Banco do Japão e então, em 1921, primeiro-ministro. A ascensão social era uma possibilidade poderosa no Japão da era da Restauração Meiji. Takahashi adquiriu conhecimento das engrenagens das finanças modernas sem ter sido inculcado no culto da ortodoxia financeira. Isso importaria mais tarde, pois, quando a Grande Depressão da década de 1930 começou, Takahashi era ministro das Finanças e foi capaz de olhar para a situação com olhos desobstruídos e colocar o Japão em um curso que lhe permitiu escapar da Grande Depressão quase ileso.[19]

Como o Japão conseguiu isso?

O historiador econômico Robert Allen acredita que as economias industriais que se desenvolveram com sucesso antes de 1900 concentraram o poder do governo na criação de quatro, e apenas quatro, pré-requisitos institucionais: ferrovias e portos, educação, bancos e impostos para proteger as indústrias onde estaria sua futura vantagem comparativa – se elas conseguissem chegar lá.

As potências imperiais proibiram o Japão da Era Meiji de impor taxas sobre importações superiores a 5%. Mas o governo japonês, então e depois, estava disposto a encontrar substituições. Não é que ele tenha "escolhido os vencedores", mas sim que ele reconheceu os vencedores – exportadores bem-sucedidos – e os subsidiou. Quando o Ministério da Indústria estabeleceu os sistemas ferroviário e telegráfico do Japão, também criou uma escola para treinar engenheiros. E recorria tanto quanto possível a fornecedores nacionais. O Japão da Era Meiji não tinha bancos de grande porte. Mas tinha alguns clãs mercantes muito ricos dispostos a entrar na indústria: Mitsui, Mitsubishi, Sumitomo, Yasuda. Por fim, os políticos militares Meiji se concentraram em preparar a trilha logística para defender o Japão e conquistar um império na era do aço e do vapor. Mesmo antes do início da industrialização têxtil de algodão, a industrialização militar estava em curso: estaleiros, arsenais e suas ligações empregavam talvez 10 mil trabalhadores no início da década de 1880.[20]

No entanto, a coisa passou perto. O Japão ficou de fora por sorte, tanto quanto por determinação. Em 1910, a manufatura ainda representava apenas um quinto do PIB do país e, na década anterior, o Japão não passava de uma civilização semi-industrial. No entanto, o país tinha conseguido algo único: tinha transferido uma quantidade significativa de tecnologia industrial para fora dos venturosos círculos do Atlântico Norte e tinha o conhecimento necessário para mantê-la funcionando e dando lucros.

IMPÉRIOS, FORMAIS E INFORMAIS, tanto aceleraram como retardaram o crescimento econômico e o desenvolvimento em todo o Sul global.

Mas, no geral, impérios fizeram mais para retardar do que para avançar. Afinal, o negócio deles não era o desenvolvimento econômico. O negócio dos impérios era... o império.

Dentro do núcleo industrial, a visão conservadora era de que os impérios eram uma ordem de Deus – ou, pelo menos, eram uma exigência moral. Passemos o microfone para Rudyard Kipling:

> Assuma o fardo do Homem Branco
> Envie os melhores de sua raça
> Vá, envie seus filhos para o exílio
> Para atender às necessidade de seus cativos
> Aguardar sob pesados arreios
> Sobre gente agitada e selvagem
> Seus recém-cativos e taciturnos povos
> Meio demônio e meio criança.[21]

Aqueles "cativos" "taciturnos" a quem você estava sendo enviado para civilizar poderiam não gostar. "Meio demônio e meio criança", esse "povo selvagem" e "recém-cativo" definitivamente não era seu igual. E o que você estava sendo enviado para fazer não era nada divertido, mas sim "exílio", "fardo" e "pesado arreio". Mas ainda assim, por algum motivo, você precisava fazê-lo.

A crença liberal esclarecida no início do século XX era de que isso fazia pouco sentido. A crença era de que os impérios então existentes não passavam de jogos de confiança e estavam nas últimas.

O economista austríaco Joseph Schumpeter achava que as pessoas estavam sendo enganadas – iludidas para torcer por vitórias para que não percebessem que a estrutura de poder político aristocrata não fazia sentido.[22] Ele achava que os aristocratas e proprietários de terras também estavam sendo enganados: enviados para morrer de disenteria, de infecções causadas por feridas, de tiro ou granada, quando poderiam, em vez disso, estar bebendo cappuccinos com chantilly no Café Central na Herrengasse 14, em Viena.

O império era o equivalente à equipe esportiva moderna, cujas vitórias eram motivo de comemoração – como a imensa festa da Noite de Mafeking, na Grã-Bretanha, iniciada com as boas notícias sobre o progresso britânico na Guerra dos Bôeres sul-africanos. A aristocracia militar adorava jogar, e o povo adorava assistir.

Schumpeter odiava isso. E ele achava que isso estava em vias de desaparecer – que, à medida que as pessoas se tornassem mais ricas e prósperas, as virtudes burguesas venceriam e o impulso pelo império morreria. Schumpeter esperava que a burla terminasse e contava com um século XX pacífico, menos aristocrático, menos imperial e menos sanguinário.

Ele estava errado.

O ativista britânico John Hobson tinha uma visão diferente sobre o motor do imperialismo – achava que o fator primário era a economia, e não a cultura e a sociologia.[23] Hobson achava que o governo gastar dinheiro, colocando as pessoas para trabalhar na construção de armas, e depois usar as armas para conquistar colônias que poderiam ser forçadas a comprar produtos de exportação era uma maneira de evitar o desemprego em massa e, assim, manter a paz política doméstica – embora de uma forma bastante abaixo do ideal.

Na visão de Hobson, a principal tarefa de um governo era manter seu povo trabalhando, próspero e feliz. E seus principais obstáculos para isso eram ciclos de negócios disruptivos, passíveis de causar desemprego em massa. O império conseguiu superar esses obstáculos de duas maneiras: primeiro, equipando os militares necessários para a manutenção do império, o que colocava as pessoas para trabalhar; e, segundo, tirando vantagem do fato de que o império é uma boa fonte de consumidores para os produtos das fábricas domésticas. Os governos europeus que buscavam ser impérios, pensava Hobson, eram menos propensos a enfrentar problemas econômicos e, portanto, mais propensos a permanecer no poder. A solução para a necessidade de se tornar um império, pensou ele, seria mais igualdade em casa. Isso se traduziria em ciclos de negócios menores, menos desemprego e menos necessidade de império.

E Hobson pensou que uma guinada política pró-democracia e pró-igualdade estava chegando, e que em sua esteira a guerra e o império perderiam seu propósito, dando lugar a uma mudança pacífica para um século XX mais igualitário, mais democrático, menos imperial e menos sanguinário.

Ele também estava errado.

O intelectual britânico Norman Angell pensava que o império e a guerra – exceto, talvez, pelas guerras de libertação nacional para dar autonomia ao povo – já eram inúteis e obsoletos.²⁴ E acreditava firmemente que não era possível que os governos fossem tão ineptos ou tão míopes a ponto de não perceber isso.

Também ele estava errado.

As mesmas forças que impulsionaram as potências europeias à criação de impérios as levaria a uma guerra industrial destrutiva e, em 1914, essas forças transformariam a Europa em um continente verdadeiramente sombrio. A história do longo século XX deu uma guinada militarista muito acentuada. A questão era: essa virada anularia todo o progresso da civilização mundial desde 1870?

5
PRIMEIRA GUERRA MUNDIAL

Talvez o livro mais triste da minha estante seja *A grande ilusão*, de Norman Angell – publicado pela primeira vez em 1909 com o título *Europe's Optical Illusion* [A ilusão de ótica da Europa]. Ele poderia muito bem ocupar um lugar de destaque no gênero "eles não perceberam o que estava por vir". O que emociona o leitor do século XXI é que sabemos muito bem o que de fato aconteceu e o desejo profundo de que muitos leitores do livro de Angell tivessem agido com base em seus conselhos, em vez de apenas se maravilharem com eles.

A ilusão que deu título ao livro de Angell era de que a guerra e a conquista territorial eram os dois principais meios de progresso moral e material: "Se a riqueza de uma nação está realmente sujeita ao confisco militar", escreveu ele em seu livro seguinte, *Peace Theories and the Balkan War* [Teorias da paz e a Guerra dos Bálcãs], então "pequenos Estados deveriam ser realmente inseguros" e "o [Estado] austríaco deveria estar em melhor situação do que o suíço". Mas não era o caso. Um exemplo era que, como Angell observou, "os títulos do governo belga estão vinte pontos acima dos alemães", apesar do tamanho muito menor da Bélgica e de seu poder militar global insignificante. "São questões simples como essas, e os fatos bastante claros que as fundamentam, que levarão a concepções mais sólidas nesse assunto [da conquista] por parte dos povos."[1]

Se concepções sólidas fossem alcançadas pela atenção a fatos simples, ele teria razão.

Angell argumentou com razão que era muito mais barato fabricar e comercializar o que você deseja do que construir poder militar e derramar o sangue de seu próprio povo para extraí-lo de outros. Usar a guerra e o império para obter um domínio maior para o rei governar não era mais, pensou Angell, uma estratégia viável para ninguém – e era, de fato, profundamente estúpido na era da guerra industrial destrutiva. E usar o império para fazer as pessoas adorarem o Deus certo da maneira correta era, pensou Angell, outro hábito que a humanidade havia superado.

Ele estava com a razão em sua crença de que a guerra não poderia mais fazer nenhum sentido econômico. Mas em sua crença de que, portanto, a humanidade a havia superado, ele estava total e desastrosamente errado.

As histórias têm protagonistas. Eles tomam a maior parte das decisões e realizam a maior parte das ações. Contar histórias lideradas por protagonistas é o modo como pensamos. Um primeiro-ministro como Otto von Bismarck – um protagonista – manobra para manter o poder. A classe trabalhadora – outro tipo de protagonista – decide dar a ele os votos de seus representantes parlamentares em troca de um plano nacional de saúde. E a Alemanha – um terceiro tipo de protagonista – opta, precocemente, por trilhar o caminho do seguro social e da social-democracia.[2] Muitas vezes isso é pura metáfora: o oceano busca subir para mais perto da Lua e assim sentimos as marés, ou o raio escolhe seguir o caminho de menor resistência ao solo. Mas achamos mais fácil pensar dessa maneira. Talvez essa seja a única forma de pensar.

Assim, em um nível, a história do longo século XX tem como protagonistas duas ideias conflitantes. Uma está mais associada a Friedrich August von Hayek – o mercado dá, o mercado tira; abençoado seja o mercado. A outra está mais associada a Karl Polanyi – o mercado é feito para o homem, não o homem para o mercado. No longo século XX em que a *economia* e suas repetidas transformações revolucionárias são dominantes, quase todos os nossos outros protagonistas em todas as nossas histórias foram profundamente moldados por ao menos uma dessas ideias, talvez as duas. Isso é tão verdadeiro para a humanidade quanto para Nikola Tesla e Bismarck, ou para a classe trabalhadora alemã. O que os principais protagonistas da sub-história fizeram das noções de

Hayek e Polanyi, como eles as contorceram e impuseram políticas à luz delas, fez a diferença.

Na maior parte do tempo, os processos e fatores da história podem parecer quase inevitáveis para nós – as ações e decisões de indivíduos específicos se compensam, e se uma oportunidade não foi aproveitada por uma pessoa em certa data, logo foi aproveitada por outra. Ou temos a sensação de que as coisas poderiam ter acontecido de maneira muito diferente, mas não conseguimos apontar um momento único em que algum indivíduo decidiu virar à direita em vez de à esquerda e, assim, fez *a* diferença. Mesmo um indivíduo tão decisivo e importante como Tesla simplesmente adiantou um – muito importante – relógio tecnológico em uma década. Herbert Hoover e Li Hongzhang e companhia são importantes como indivíduos, mas são historicamente decisivos apenas na medida em que representam milhares de pessoas, se não mais, cujas ações construíram o imperialismo, fracassaram em colocar a China no caminho de uma rápida industrialização e assim por diante. Mas há momentos em que determinados indivíduos realmente importam e em que escolha e acaso assumem o primeiro plano.

Dois capítulos atrás, mudamos nosso foco da economia para a economia política: precisávamos olhar não apenas para tecnologia, produção, organização e comércio, mas também para como pessoas governando a si próprias e a outras tentavam regular a economia para preservar ou produzir uma boa sociedade – ou ao menos uma sociedade que seria boa para elas. No capítulo anterior, mudamos nosso foco para a política imperial: precisávamos olhar não apenas para como os povos e suas elites governavam a si mesmos, mas como governavam os outros. Cada uma dessas mudanças estreitou nosso foco narrativo. A humanidade como protagonista tornou-se os Estados-nação como protagonistas, que por sua vez se tornaram os protagonistas do núcleo industrial do Atlântico Norte e do Sul periférico. Neste capítulo damos mais um passo. Passamos para onde escolha e o acaso são dominantes, para a guerra, a governança e a alta política. Neste capítulo, os indivíduos são importantes.

O mundo no início de 1914 crescia a um ritmo sem precedentes; era substancialmente pacífico e mais próspero do que nunca – com problemas, mas próspero. Era um mundo em que não era irracional ser otimista sobre a civilização humana. Após a Primeira Guerra Mundial, o mundo, especialmente a Europa, ficou diferente. Para começar, boa parte dela era entulho e cinzas. E não podemos atribuir a diferença a estruturas que evoluem de forma lógica e previsível.

Então, como podemos entender essa evolução ilógica dos eventos, essa perturbação do que nós, historiadores econômicos, queremos ver como o padrão natural do progresso humano? Acho que um bom lugar para começar é uma década antes de Angell escrever *A grande ilusão*. A partir de 1899, a Grã-Bretanha escolheu travar um combate na África do Sul, a Guerra dos Bôeres.[3]

Que foi uma escolha, fica claro pelo padrão britânico de escolher o contrário nas décadas anteriores. A partir da década de 1860, a expansão dos impérios europeus foi associada a uma disposição de entregar o poder aos locais – aos locais brancos, bem dito: Canadá em 1867, Austrália em 1901, Nova Zelândia em 1907. De fato, essa seria a escolha na África do Sul em 1910. Mas, dez anos antes, em 1900, uma escolha diferente foi feita, uma que acabou exigindo que a Grã-Bretanha enviasse mais de 250 mil soldados à África do Sul para convencer 200 mil bôeres de que eles não queriam governar a si mesmos, mas sim ser governados por Londres.

Os holandeses foram os primeiros europeus a colonizar o Sul da África, a partir de 1652. Os bôeres eram os descendentes desses colonizadores holandeses naquela região. Eles ficaram sob o governo britânico no início do século XIX e, insatisfeitos com isso, fundaram suas próprias repúblicas, a Província do Transvaal e o Estado Livre de Orange. Isso foi aceitável para os britânicos por décadas, até que deixou de ser.

O secretário colonial britânico, Joseph Chamberlain – pai do primeiro-ministro dos anos 1930, Neville Chamberlain –, pregou a anexação do Transvaal e do Estado Livre de Orange. E, em 1899, ele enviou um ultimato: direitos iguais para os cidadãos britânicos no Transvaal (com consequências para a extração de recursos) ou guerra.

O que, afinal, o império mais poderoso que o mundo já vira tinha a temer de duas pequenas repúblicas povoadas por fazendeiros não industrializados, cuja prosperidade se baseava em grande parte em seu poder de explorar os primeiros habitantes da terra, não importando a descoberta de ouro e riquezas minerais? Mais do que você imaginaria. O exército bôer atacou, sitiando guarnições britânicas em cidades chamadas Mafeking, Ladysmith e Kimberley, e derrotando colunas de auxílio britânicas em batalhas em lugares chamados Spion Kop, Vaal Kranz, Magersfontein, Stormberg e o rio Tugela. Seiscentos dos 3 mil soldados de Sir William Gatacre foram capturados em Stormberg enquanto as tropas britânicas fugiam, após receberem ordens de subir um penhasco próximo contra os bôeres entrincheirados com rifles. E 1,4 mil dos 14 mil homens de lorde Methuen foram mortos ou feridos em Magersfontein, ao atacar a linha de trincheira Bôer. Os 21 mil de Redvers Buller tiveram 1,2 mil mortos e feridos, contra cinquenta dos bôeres, em uma tentativa fracassada de cruzar o rio Tugela.

A guerra de Joseph Chamberlain não foi nem curta, nem vitoriosa.

Qualquer cálculo de custos e benefícios teria impelido o gabinete britânico a negociar a paz: era hora de se retirar, em troca das promessas dos bôeres de tratar os mineiros e garimpeiros britânicos como os brancos deveriam ser tratados.

Em vez disso, um quarto de milhão de soldados britânicos foram enviados para a África do Sul a partir de fevereiro de 1900. Era um número grande. Se os Estados Unidos decidissem comprometer o equivalente proporcional em 2021, enviariam 2 milhões de soldados. A escolha de enviar tal força deu aos britânicos uma superioridade esmagadora: uma vantagem de cinco para um, mesmo sobre o povo bôer pegando em armas em sua totalidade. Além disso, os britânicos enviaram um general competente – o marechal de campo lorde Roberts. A capital do Estado Livre de Orange, Bloemfontein, caiu em 13 de março de 1900; Joanesburgo, em 31 de maio; e a capital do Transvaal, Pretória, em 5 de junho.

Mas a guerra não acabou. Derrotados em batalha aberta, os bôeres se voltaram para a guerrilha, levantando uma insurgência contra os britânicos por um ano e meio – e a certa altura capturaram o segundo em comando britânico, lorde Methuen.

O que uma superpotência militar invasora faz quando suas tropas se deparam com uma insurgência de guerrilha em uma terra cujo idioma eles não falam? O Império Britânico inventou o moderno campo de concentração. Há guerrilheiros ativos em uma área? Reúna todos – homens, mulheres e crianças – e prenda-os atrás de arame farpado. Não os alimente bem e não gaste muito tempo se preocupando com a higiene. Em seguida, construa pequenos fortes e cercas de arame para reduzir a mobilidade dos guerrilheiros.

Cerca de 30 mil bôeres, a maioria deles crianças com menos de dezesseis anos, morreram nos campos de concentração. Quase 100 mil pessoas morreram na Guerra dos Bôeres. Além dos 30 mil civis bôeres que morreram, talvez 8 mil soldados britânicos morreram em batalha, outros 14 mil de doenças e 10 mil soldados bôeres também perderam a vida. Além disso, talvez 30 mil nativos africanos morreram – os quais, grotescamente, ninguém contabilizou à época.

Ao todo, a Grã-Bretanha mobilizou 2,5% de sua população masculina adulta para a guerra, e cerca de um em cada dez desses homens morreu.

Não teria sido melhor se tudo isso pudesse ter sido evitado? Podemos achar que sim. A maior parte da Grã-Bretanha não pensava assim.

A eleição geral britânica de 1900 foi uma grande vitória política para os conservadores belicistas, liderados por lorde Salisbury: foi chamada de "eleição cáqui" por causa dos uniformes do exército, e o termo se manteve para denotar qualquer eleição fortemente influenciada pela guerra. Um tratado de paz foi assinado em 1902, anexando as duas repúblicas bôeres ao Império Britânico. Mas em 1910, quando a África do Sul se tornou um domínio autogovernado branco, com o africâner e o inglês nomeados como línguas oficiais, ela era habitada por uma população votante tão receptiva a Westminster quanto, bem, a população da Irlanda em 1910.[4]

O que havia de errado com todos aqueles britânicos votantes? Por que as pessoas não pensavam que uma paz negociada para um domínio autônomo branco não teria sido melhor? Porque eram nacionalistas.

O que é um nacionalista? Bem, pensemos no venerado cientista social alemão e (na época) *liberal* Max Weber, por exemplo. Em sua palestra inaugural como professor na Universidade de Frieburg, em 1895, "O Estado nacional e a política econômica", Weber, um sociólogo alemão, resumiu a visão de mundo que compartilhava com muitos outros:

> Todos consideramos o caráter alemão do Leste como algo que deve ser protegido. [...] Os camponeses e diaristas alemães do Leste não estão sendo expulsos da terra em um conflito aberto por oponentes

politicamente superiores. Em vez disso, eles estão levando a pior na luta silenciosa e triste da existência econômica cotidiana, estão abandonando sua pátria em favor de uma raça que está em um nível inferior, se movendo em direção a um futuro sombrio no qual afundarão sem deixar vestígios. [...] Nossos sucessores não nos responsabilizarão perante a história pelo tipo de organização econômica que entregamos a eles, mas sim pela quantidade de espaço que conquistamos para eles no mundo.[5]

Weber era um homem caucasiano, de cabelos escuros e cabeça quadrada, que falava alemão. Ele temia muito os homens caucasianos de cabelos escuros e cabeça quadrada que falavam polonês. No transparente código do nacionalismo, esse medo o levou a escrever: "A política econômica de um Estado alemão e aquele padrão de valor adotado por um teórico econômico alemão não pode, portanto, ser outra coisa senão uma política alemã e um padrão alemão".

Sabemos aonde isso nos leva. Vamos gastar alguns capítulos nas consequências. Mas podemos e devemos avançar. Nenhum indivíduo jamais toma suas decisões no vácuo. Nenhum indivíduo jamais toma suas decisões impelido mecanicamente por óbvios incentivos ou consequências materiais. "Interesses materiais podem conduzir os trens pelos trilhos", Weber gostava de dizer, "mas as ideias são os comutadores", aqueles que acionam as alavancas que determinam quais trilhos o trem seguirá.[6] Quando um indivíduo decide que gostaria de virar à direita, e não à esquerda, em direção a alguma guerra por escolha, digamos, importa se uma grande parte dos indivíduos no entorno daquele tomador de decisão está enredada nas mesmas noções subjacentes à escolha, se é que não mesmerizada por elas. O nacionalismo era uma noção capaz não apenas de afundar crenças conflitantes, mas também pervertê-las.

Vemos isso no nível do indivíduo. Quarenta e oito anos após o discurso de Weber, o maior comando militar único de falantes de alemão de todos os tempos – o Heeresgruppe Sud de Adolf Hitler, Grupo de Exércitos Sul – estaria lutando contra formações ainda maiores do Exército Vermelho na Ucrânia em uma guerra que buscava ganhar "espaço de manobra" para o Volk alemão. Seu comandante seria um homem que, ao nascer, foi batizado Fritz Erich Georg Eduard von Lewinski.[7]

O "von" significa que se trata de um nome nobre alemão. Mas "Lewinski" (Levi-ski) não é um nome que brota do ramo germânico da árvore linguística indo-europeia. O sufixo "-ski" é eslavo: significa que aquele é um nome nobre polonês – é o análogo polonês do "von" alemão. E depois há o que está entre o "von" e o "ski": "Levi".

Não há um sobrenome mais judeu no mundo do que "Levi".

No entanto, Fritz Erich Georg Eduard trabalhou com diligência e entusiasmo para Adolf Hitler, comandando hábil e incansavelmente soldados que lutaram com fanatismo por um regime cujo foco central era matar o maior número possível de judeus (e quase tão focado em matar poloneses, russos e outros povos eslavos o bastante para ganhar "espaço de manobra" para os fazendeiros alemães). As histórias o chamam não de Von Lewinsky, mas de "Von Manstein". Isso porque ele era o quinto filho homem (de um total de dez crianças) de Helene von Sperling, sua mãe, cuja irmã Hedwig não tinha filhos. Helene então deu Fritz Erich Georg Eduard para Hedwig, e ela e seu marido Von Manstein o adotaram. Foi com esse nome que ele fez carreira nos exércitos imperial, da República de Weimar, e nazista.

Fritz Erich Georg Eduard von Manstein, nascido Von Lewinski, era um nacionalista. Para ele, assim como para Max Weber e muitos outros, a perspectiva da "luta silenciosa e sombria" nas terras fronteiriças mistas – onde algumas pessoas falavam alemão e outras com a mesma aparência falavam polonês – era inaceitável. Ele e milhões como ele acreditavam nisso a tal ponto que tanto as noções hayekianas como as polanyianas de qualquer tipo de caminho pacífico de mercado em direção à utopia se reduziam à quase invisibilidade. O caminho para ele se tornar um soldado estava bem pavimentado: os Von Lewinskys, Von Sperlings e Von Mansteins tinham cinco generais prussianos entre eles, incluindo os dois avôs de Erich. Gertrude, irmã de Helene e Hedwig, casou-se com Paul von Hindenberg, o que fez daquele marechal de campo e presidente direitista da República de Weimar tio de Erich.

Em cidades alemãs tecnologicamente avançadas, como Hamburgo e Essen, industriais e comerciantes desesperados por trabalhadores descobriram que muitos trabalhadores em potencial já estavam ocupados com empregos agrícolas na Pomerânia e na Prússia. Os industriais e comerciantes, portanto, lhes ofereceram salários mais altos e uma vida melhor caso se mudassem para os portos marítimos e para a Renânia, e muitos fizeram exatamente isso. As escolhas dos industriais e comerciantes se traduziram em escolhas para os trabalhadores agrícolas, que se traduziram em escolhas para os proprietários de terra do Leste alemão. Em vez de igualar as ofertas salariais feitas pelos barões do ferro da Renânia, mas precisando substituir seus trabalhadores agrícolas, eles pegaram trabalhadores poloneses do vale do Vístula, mais a leste. Ganha-ganha-ganha-ganha, não?

A população de língua polonesa que permaneceu no Vístula estava feliz: eles tinham fazendas maiores. A população de língua polonesa que se mudou para a Alemanha estava feliz: eles tinham salários mais altos e uma vida melhor. Os proprietários de terras de língua alemã estavam felizes: podiam vender seus grãos a um preço mais alto para o próspero Oeste alemão sem ter que igualar os salários do Oeste alemão. Os trabalhadores de língua alemã que se mudaram para o Oeste estavam felizes: tinham salários mais altos e uma vida melhor. Os barões do ferro de língua alemã e outros industriais e comerciantes estavam felizes: eles tinham uma força de trabalho expandida. Os aristocratas que dirigiam o Estado nacional alemão estavam felizes: tinham uma economia mais forte, mais receita tributária, menos pobreza e, consequentemente, um nível mais baixo de agitação democrático-igualitário-socialista.

Quem sobrou para ficar infeliz? Max Weber e todos os outros ferrenhos nacionalistas alemães.

Observe que Weber estava, na Alemanha pré-Primeira Guerra Mundial, solidamente no centro-esquerda. Ele não era socialista, mas era amigo da democracia política, da educação em massa e da prosperidade econômica, e inimigo das aristocracias parasitárias e das rígidas ordens sociais.

O assustador é que o nacionalismo alemão não era excepcional na Europa pré-Primeira Guerra Mundial. Em vez disso, se não era exatamente a norma, era quase isso. Geralmente manifesto, o nacionalismo era entendido como destino em uma disputa em que o vencedor leva mais (talvez tudo), na qual a guerra era vista não como uma catástrofe, mas como uma oportunidade: uma oportunidade de afirmação nacional, mobilização nacional e a criação de uma identidade nacional mais forte – bem como uma oportunidade de ganhar os espólios da guerra, quaisquer que fossem.

No entanto, suponha que você se recuse a cair no feitiço de algum nacionalismo particular. Suponha que você não aceite seus incentivos de afirmação, mobilização, identidade e espólios. Então fica claro que todos os políticos e militares próximos ao ápice das primeiras tomadas decisão estavam, na melhor das hipóteses, muito enganados e, na pior, criminalmente insanos. Pois tudo acabou mal. Enquanto os reis das monarquias que se uniram ao lado anglo-francês "vencedor" mantiveram seus tronos, todos os imperadores da Europa continental cujos ministros entraram na guerra perderiam os seus. Mas a ironia está nas aspas em "vencedor". Quase 10 milhões de pessoas morreram na Primeira Guerra Mundial. Se acreditarmos que a epidemia de gripe espanhola de 1918-1919 teve uma ordem de magnitude maior do que teria em outras circunstâncias, por causa dos deslocamentos, das perturbações e da fome ligados à guerra, então o número de mortos se aproxima dos 50 milhões.

Considere que os governantes da Áustria-Hungria estiveram por muito tempo preocupados com o nacionalismo sérvio, ou melhor, a extensão do nacionalismo sérvio rumo ao norte, já que os ideólogos argumentavam que sérvios, bósnios, croatas, eslovenos e outros eram realmente uma nação única – os "iugoslavos" – e que apenas o domínio estrangeiro dos turcos de Istambul e dos alemães de Viena havia impedido o surgimento anterior de uma gloriosa nação sul-eslava.

Considere que oitenta anos separam 1914, quando sérvios e croatas eram irmãos de sangue (tanto que os sérvios arriscaram uma guerra sangrenta com as grandes potências da Europa para resgatar os croatas do despotismo estrangeiro opressor), de 1994 (quando sérvios e croatas não conseguiam viver na mesma aldeia ou província sem que os líderes políticos de pelo menos um lado pedissem o extermínio e o exílio do outro). E, como aconteceu oitenta anos antes, o que os líderes pediam, seus seguidores realizavam. Lutar uma série de guerras no início do século XX para unificar sérvios e croatas, e outra série de guerras no final daquele século para "limpar etnicamente" sérvios de croatas e croatas de sérvios, parece uma das peças mais doentias que a história já pregou nos humanos, ou, mais precisamente do ponto de vista causal, que os humanos já pregaram na história.

Uma monarquia constitucional semidemocrática como a do Império Austro-Húngaro sob os Habsburgos, que, governando diversas nacionalidades, respeitava (a maioria) os costumes locais, mantinha a paz e permitia liberdade de comércio, crença e expressão (dentro de alguns limites), parece atender a muito mais do que a metade da lista de um regime desejável. Mas não para os antepassados irmãos de sangue de sua descendência genocida sérvia e croata.

No verão de 1914, um terrorista bósnio, buscando a independência da Bósnia do Império Austro-Húngaro e a união com a Sérvia, assassinou o herdeiro do trono do Império Austro-Húngaro, o arquiduque Franz Ferdinand, e sua esposa, Sophie. O terrorista havia recebido alguma ajuda da polícia secreta do Reino da Sérvia – embora quase certamente não com o conhecimento ativo do rei da Sérvia.[8]

Para o velho imperador Franz Joseph em Viena e seus conselheiros, o escandaloso assassinato de seu sobrinho (e de sua esposa) parecia exigir ação. E assumiria a forma de punir os culpados, humilhar a Sérvia e deixar claro que a Áustria era a grande potência nos Bálcãs. Esclarecer isso parecia valer um pequeno risco de uma grande guerra. Afinal, as Guerras Balcânicas do início do século XX, a Guerra Russo-Japonesa de 1905, a Guerra Franco-Prussiana de 1870, a Guerra Austro-Prussiana de 1866, a Guerra Prussiano-Austro-Dinamarquesa de 1864, a Guerra Franco-Prussiana de 1864 e a Guerra Franco-Austríaca de 1859 foram todas bastante curtas. A Guerra da Crimeia de 1853-1856 foi mais longa, mas foi limitada: nenhum dos grupos de combatentes pensou que os riscos eram altos o suficiente para valer a pena perturbar a sociedade civil. E a Guerra Civil dos Estados Unidos de 1861-1865, que matou um em cada cinco e mutilou mais um em cada cinco dos homens adultos brancos no arco dos estados costeiros, do Texas à Virgínia, não era vista como relevante.

Esse não foi o único fato significativo que não recebeu atenção.

Para o não tão velho czar de São Petersburgo, Nicolau II, e seus ministros, a prioridade mais importante era demonstrar que a Rússia czarista era a grande potência nos Bálcãs. E isso exigia que as pequenas nações de língua eslava entendessem que podiam contar com ela para protegê-las da hegemonia vienense.

Para o não tão velho imperador alemão em Berlim, Wilhelm II, e seus ministros, a possibilidade de uma vitória rápida e decisiva sobre a França e a Rússia prometia garantir à Alemanha um "lugar ao sol" preponderante entre as grandes potências da Europa. A decisão de apoiar a Áustria até o fim, em qualquer ação que ela decidisse tomar em resposta ao assassinato de Franz Ferdinand, foi quase automática. E como poderia ser de outra forma? Durante os anos 1800, a posição e o poder do Império Alemão foram radicalmente melhorados por guerras curtas e vitoriosas provocadas e administradas pelo chamado Chanceler de Ferro, Otto von Bismarck, um político alemão que ganhou aplausos estrondosos ao declarar: "Não é com discursos e debates que as grandes questões do dia serão decididas, mas com Sangue e Ferro".

Para os políticos da Terceira República francesa, uma guerra com a Alemanha precisaria ser travada um dia para recuperar a Alsácia e a Lorena, que haviam sido roubadas pela Alemanha em 1870. E era evidente tanto para os políticos como para a população que valia a pena matar um monte de gente para garantir que a cidade de Estrasburgo não se chamasse "Strassburg" e que seu prefeito falasse francês, e não alemão. Para os políticos do Império Britânico em Londres, valia a pena arriscar uma guerra para mostrar que o Império Britânico não poderia ser manipulado. Além disso, antes da Primeira Guerra Mundial, a Alemanha havia construído uma frota de batalha que a Grã-Bretanha via como uma ameaça à sua existência, e a Grã-Bretanha se viu forçada a gastar uma fortuna para superá-la. Lembre-se da piada de Winston Churchill sobre o ritmo de construção dos encouraçados britânicos *dreadnought* antes da Primeira Guerra Mundial: o governo liberal estava disposto a financiar quatro novos encouraçados por ano, os almirantes da Marinha exigiam seis, e a imprensa e a opinião pública, cujo temor da Alemanha imperial tomava o primeiro plano, empurrou-os para um acerto em oito encouraçados.

Enganaram-se todos aqueles que pensaram que a guerra seria boa, mesmo que só para eles. A dinastia dos Habsburgos, do velho imperador Franz Joseph, perderia seu trono e o império. Para esclarecer a pronúncia de "Estrasburgo", os franceses perderiam uma geração de jovens. Os britânicos também perderiam uma geração de jovens no caminho para um império pós-Primeira Guerra Mundial muito mais frágil, com o qual enfrentariam, novamente, uma Europa dominada pelos alemães. O czar russo perdeu seu trono, sua vida e seu país, e toda sua família foi massacrada. A Rússia também perdeu uma geração de jovens, assim como a chance de ter um século XX pelo menos não totalmente infeliz.

A Primeira Guerra Mundial não garantiu para a Alemanha um "lugar ao sol" preponderante entre as grandes potências da Europa. Wilhelm perdeu seu trono. Seu país perdeu sua autonomia política e militar e uma geração de jovens, e deu os primeiros passos no caminho para o Terceiro Reich de Hitler, um regime que mancharia o nome da Alemanha por milênios. E levaria mais de trinta anos até que os políticos franceses percebessem que tentar conter a Alemanha usando seu exército simplesmente não funcionava, e que talvez uma maneira melhor de tentar conter o poder alemão seria integrá-lo economicamente a uma Europa expandida.

Então, por que eles fizeram o que fizeram? Primeiro, tinha o nacionalismo. Havia também a lógica política de que vencer essa guerra tornava menos provável que você perdesse uma futura e, portanto, menos provável que sofresse as consequências.

Mas tinha mais. Havia a aristocracia. A Europa de 1914 era uma Europa de populações nacionais, de industriais e socialistas, de operários e técnicos. Mas os governos da Europa em 1914 – especialmente os ministérios da Defesa e das Relações Exteriores – eram em grande parte povoados por aristocratas, ex-aristocratas e aspirantes a aristocratas. Isso significava que as elites aristocráticas, donas de terras e militares tinham controle sobre muitas das alavancas da propaganda e do poder. Além disso, os aristocratas contavam com a ajuda de industriais e empresários ansiosos por obter benefícios econômicos, como aconteceu com o "casamento do ferro com o centeio" alemão em 1879: a imposição de tarifas sobre as importações de aço britânico (para proteger as posições dos fabricantes alemães) e sobre as importações de grãos norte-americanos (para proteger as posições dos proprietários de terras alemães).[9]

Na véspera da Primeira Guerra Mundial, essas elites se viram cada vez mais como membros de uma casta sem função social. A única coisa que o futuro lhes reservava era a erosão de sua influência e *status*, a erosão de sua riqueza relativa e a erosão de seu autorrespeito. No mundo da economia ganha-ganha-ganha, esses milhares de aristocratas e aspirantes a aristocratas inevitavelmente perderiam. Ou, para evitar esse destino, eles poderiam levar suas nações à guerra.

O poder e a propaganda foram reforçados pela ideologia. Cada nação decidiu que tinha um forte interesse em garantir que seu povo deixasse a marca mais duradoura em todas as civilizações futuras. Enquanto isso, o Iluminismo e os valores cristãos de paz, fraternidade e caridade caíam em desuso.

Os aristocratas da Europa estavam, na melhor das hipóteses, apenas semiconscientes de quanto tinham a perder quando jogaram os dados em 1914. Mas mesmo assim jogaram os dados. Reuniram o apoio da massa por meio da criação de uma poderosa câmara de eco, na qual a propaganda e a ideologia se reforçavam mutuamente. E as massas civilizadas do Ocidente, mais instruídas e mais bem alimentadas, vestidas e abrigadas do que qualquer geração anterior, uniram-se entusiasticamente a eles.

Causalidade e metáforas importam. Que as nações da Europa tenham caído como peças de dominó é um tipo de explicação, encorajando um dado conjunto de entendimentos. Porque uma borboleta bate suas asas, um tornado se forma a um continente de distância. Porque o *zeitgeist*, o desdobramento dialético da História, o dedo da Providência – a escolha é sua – derrubou uma peça de dominó, o resto caiu.

O arquiduque foi assassinado. A Sérvia rejeitou o ultimato da Áustria. A Áustria declarou guerra à Sérvia. A Alemanha procurou convencer a Áustria de que, para mostrar que falava sério, ela deveria atacar, mas então "parar em Belgrado" e negociar. A Rússia começou a se mobilizar. Nesse ponto, a Alemanha atacou a Bélgica. Era 4 de agosto de 1914. Foi assim estúpido.

O riso das armas começou quando a artilharia pesada da Alemanha começou a destruir fortes belgas e a matar soldados e civis belgas. Começar uma guerra com um ataque surpresa a um poder neutro e não envolvido, de uma forma que pode muito bem fazer a superpotência mais proeminente do mundo se juntar aos seus inimigos quando você já foi superado em produção, armas e número. Por que faria sentido para uma burocracia militar fazer uma coisa dessas?

Há muito tempo penso que uma grande parte da resposta era a "Prússia".[10] O Império Alemão às vésperas da Primeira Guerra Mundial era dominado pelo Reino da Prússia, seu componente. E a Prússia era dominada por seu exército – não era tanto um Estado com um exército, mas um exército com um Estado, foi um gracejo francês durante séculos. O exército da Prússia tinha uma tradição militar dominante de atacar primeiro, de surpresa, de uma direção inesperada. Por quê? Porque estava em uma região sem defesas naturais e cercada por potenciais adversários mais populosos e muitas vezes mais ricos. Qualquer Estado em tal situação provavelmente perderia uma guerra que não vencesse rapidamente. Portanto, para haver um Estado forte na região, este precisaria vencer as guerras rapidamente – daí o modo prussiano de guerrear. E a Prússia então, por acidente histórico após acidente histórico, tornou-se o núcleo em torno do qual a nação imperial alemã por volta de 1900 foi formada.

De fato, quase funcionou. Se a Grã-Bretanha tivesse ficado fora da guerra, os alemães provavelmente teriam conquistado Paris em agosto de 1914, após o que uma paz negociada pelos diplomatas poderia ter estado imediatamente ao alcance. Mas a Grã-Bretanha entrou na guerra, primeiro por causa de seu compromisso com a Bélgica, mas provavelmente, mais importante, para impedir a criação de uma Alemanha hegemônica no continente europeu, e que poderia então facilmente construir uma frota de batalha que deixaria a Grã-Bretanha sem opções estratégicas.[11]

E assim o gatilho foi puxado. A guerra seria travada por garotos de dezoito a 21 anos recrutados em massa na Europa, acrescidos de reservistas mais velhos que haviam recebido treinamento militar nas décadas anteriores. Esses exércitos marcharam com entusiasmo, cantando e assumindo as causas dos imperadores, aristocratas e generais como se fossem suas, e todos os lados esperavam uma guerra curta e vitoriosa.

A Primeira Guerra Mundial teria sido ruim, mas não um desastre catastrófico total e totalmente intolerável se tivesse sido uma guerra curta. Porém os combatentes iniciais estavam tão equilibrados no início que não haveria vitória rápida ou guerra curta. Foi uma longa guerra. A assistência britânica à França impediu que ela fosse ocupada no outono de 1914. A assistência alemã na frente oriental evitou que a Áustria fosse ocupada no outono de 1914. E então todos eles cavaram trincheiras. Por fim, tornou-se uma guerra total, uma guerra de atrito baseada na mobilização de recursos que se arrastou por mais de quatro anos.

Os generais exigiam comprometimentos cada vez maiores de recursos para o *front*: se as batalhas não podiam ser vencidas pela estratégia, talvez pudessem ser vencidas pelo simples peso de homens, metais e explosivos. Na Grã-Bretanha – que atingiu o mais alto grau de mobilização –, o governo dragou mais de um terço do produto interno bruto (mais o tempo dos soldados conscritos) para o esforço de guerra em 1916.

Mobilizar recursos econômicos para uma guerra total não estava nos planos de ninguém. Todos os planos militares presumiam uma guerra curta, que seria vencida ou perdida de forma decisiva em questão de meses, em uma ou duas batalhas. Quando a realidade se estabeleceu, governos e exércitos recorreram a expedientes desesperados para reabastecer suas tropas e aumentar a produção de guerra. A produção passou a ser ditada pelos representantes do maior cliente da indústria, os militares, e não pelas forças de mercado. Mas o exército não podia simplesmente pagar por aquilo que os industriais queriam cobrar. E assim o mercado precisou ser substancialmente substituído por racionamento, comando e controle.[12]

Isso era possível? Sim. Em todos os casos, os chefes dos diretórios de alocação de materiais industriais foram bem-sucedidos. Tal sucesso revelou-se surpreendentemente fácil, embora administrá-los com eficiência fosse surpreendentemente difícil. No entanto, o exemplo da economia de guerra alemã fez alguns, como Vladimir Lênin, acreditarem que uma "economia de comando" era possível. Seria possível administrar uma economia socialista não por meio do mercado, mas usando o governo como uma burocracia de comando e controle – e não apenas durante uma emergência nacional, mas como algo corriqueiro. A evidência estava no exemplo de uma guerra que tornava necessária uma mobilização total.

Havia outras e melhores lições a serem aprendidas: por exemplo, a importância do laboratório de pesquisa militar, combinado com uma burocracia que poderia explorá-lo em escala. Como os Estados Unidos provariam ao longo do século XX, os vencedores das guerras tendiam a ser aqueles com as maiores fábricas.

Uma vez frustrados os sonhos alemães de uma vitória rápida, e depois que todos foram para as suas trincheiras, a lógica do modo prussiano de guerrear – se você não vencer rapidamente, peça a paz – caiu em desuso. Prevaleceu a adesão do corpo de oficiais alemães a *Totenritt* – uma disposição para empreender uma "viagem mortal" –, de modo que a lógica foi substituída pelo cumprimento de ordens sem sentido com o máximo de capacidade possível.

Mas mesmo assim, entrincheirar-se teria sido inútil sem o gênio dos cientistas e administradores alemães. Os cientistas eram homens como Fritz Haber, ganhador do Prêmio Nobel em 1918 por sua criação do poder de extrair literalmente do ar compostos úteis de nitrogênio. (Carl Bosch, administrador da operação que escalou o processo de Haber para o tamanho industrial, recebeu seu prêmio em 1931.) Essa descoberta beneficiou enormemente aqueles que precisavam de fertilizantes para a agricultura. Também era essencial para a capacidade da Alemanha de lutar qualquer coisa além de uma guerra muito curta: sem o nitrogênio extraído do ar pelo processo Haber-Bosch, a Alemanha teria ficado sem explosivos e munições em seis meses, e quase 10 milhões de pessoas não teriam morrido. Por um lado, o processo Haber-Bosch evitou a fome em massa: a produção industrial de fertilizantes em larga escala teria sido impossível se dependesse de localizar e explorar os depósitos naturais de amônia disponíveis, muito limitados. Por outro lado, Fritz Haber às vezes é chamado de pai das armas químicas. Ele viajou de seu laboratório para a linha de trincheiras do *front* ocidental para observar seu gás cloro sendo utilizado pela primeira vez na Segunda Batalha de Ypres, em 1915.

Judeu alemão, Haber fugiu da Alemanha quando Adolf Hitler assumiu o poder em 1933. Ele morreu em janeiro de 1934 em Basel, na Suíça.

Os administradores eram pessoas como Walther Rathenau, que estabeleceu o sistema de comando e controle para priorização de materiais industriais que a Alemanha usou para manter suas cadeias de valor funcionando, pelo menos para a produção de material de guerra, depois que o bloqueio naval britânico a isolou do comércio internacional. "Sou um alemão de origem judaica. Meu povo é o povo alemão, meu lar é a Alemanha, minha fé é a fé alemã, que está acima de todas as denominações", escreveu Rathenau.[13]

Ele foi assassinado em 1922 por terroristas alemães antissemitas de direita.

Uma outra lição é cortesia do Partido Social-Democrata da Alemanha (SPD). Fundado em 1875 e imediatamente banido por Bismarck, em 1914 tinha 1 milhão de membros contribuintes. O SPD era o maior partido político do mundo e detinha 34% das cadeiras no Reichstag alemão. Foi fundado para derrubar o capitalismo e supervisionar a ascensão de uma sociedade socialista justa. Era ambíguo se esta surgiria de uma revolução, evoluiria naturalmente à medida que as contradições do capitalismo se manifestassem, ou evoluiria e depois teria de ser defendida nas ruas contra um golpe reacionário. O SPD, de fato, tinha sido fundado para promover a irmandade internacional dos trabalhadores e, com isso em mente, prometeu se opor ao militarismo em todas as suas formas.

Então, o que o SPD fez quando os ministros do imperador Wilhelm II pediram dinheiro para lutar na Primeira Guerra Mundial? Quando o SPD se reuniu em 3 de agosto de 1914, o copresidente Hugo Haase, líder da facção pacifista, ficou incrédulo. "Você quer aprovar créditos de guerra para a Alemanha do Hohenzollern [imperador] e dos Junkers prussianos [proprietários-aristocratas-oficiais-burocratas]?", Haase perguntou. "Não", disse seu copresidente, Friedrich Ebert. "Não para essa Alemanha, mas para a Alemanha do trabalho produtivo, a Alemanha da ascensão social e cultural das massas. Trata-se de salvar essa Alemanha! Não podemos abandonar a pátria em seu momento de necessidade. Trata-se de proteger mulheres e crianças." Apenas treze dos 110 deputados do SPD no Reichstag aderiram à posição de Haase na votação interna para determinar a linha do partido.[14]

Do que eles estavam protegendo mulheres e crianças? Em agosto estava claro. Eles as estavam protegendo da tirania czarista que se seguiria à vitória russa na guerra iniciada pela Alemanha ao atacar a Bélgica. Era imensa a eficiência dos inovadores laboratórios de pesquisa industrial articulados a corporações modernas em busca de economias de escala e de uma administração bem-ordenada. Mas isso podia ser descartado quando princípios e ideais lhe diziam que a sobrevivência, ou pelo menos a identidade, estava em risco. O crescimento econômico é uma métrica mensurável. O nacionalismo, nem tanto. Confrontados com os poderes das guerras escolhidas pelos nacionalistas, ideais como a utopia e os princípios do mercado sobre o homem, ou vice-versa, se dobram se não se quebrarem. No entanto, os substitutos nacionalistas realmente têm eficácia, utilidade ou valor?

Teria sido muito melhor para o povo alemão se o SPD tivesse se atido à sua postura pacifista de antes da guerra e tivesse tido sucesso em atrapalhar o esforço de guerra imperial alemão, levando a uma paz precoce. Porque a Alemanha perdeu. No final, o peso dos homens e dos metais dispostos contra a Alemanha e seus aliados contaram. Era a França, a Bélgica, a Rússia, o Reino Unido, a Itália (a partir de 1915), a Romênia e os Estados Unidos (a partir de 1917) contra os impérios Austro-Húngaro, Alemão e Otomano e a Bulgária, e, no final de 1918, o exército do Império Austro-Húngaro entrou em colapso. Os generais anunciaram que o exército alemão na França estava diante de uma derrota. Com os alimentos detidos pelo bloqueio britânico, a população alemã em casa estava à beira da fome. E a Alemanha buscou um armistício.

Se você quiser saber mais sobre o que aconteceu durante a guerra – sobre as batalhas, os líderes, as campanhas e as baixas –, é melhor ler outro livro.[15] Não tenho coragem de escrevê-lo. Houve 10 milhões de mortos, 10 milhões de mutilados e 10 milhões de feridos leves em uma população de cerca de 100 milhões de homens adultos dos principais beligerantes. A parcela esmagadora das baixas de guerra foram soldados, não civis. Um ano inteiro de toda a capacidade de produção de todas as potências beligerantes foi desperdiçado. As ordens políticas imperial-autoritárias nos impérios Russo, Otomano, Austro-Húngaro e Alemão tinham entrado em colapso. A ordem política na Itália estava à beira do colapso. A confiança de que o mundo era governado por estadistas perspicazes de forma propícia ao progresso tinha desaparecido.

De 1870 a 1914, podemos ver a história econômica global seguindo uma lógica que, se não inevitável, era pelo menos provável, ou pelo menos explicável após o fato. A sorte e a probabilidade deram à humanidade uma abertura por volta de 1870 na forma de um avanço quíntuplo: a ideologia e as políticas de um mundo aberto, novas formas de transporte, comunicações mais rápidas e – o mais importante – o início do laboratório de pesquisa e da grande corporação, que juntos mais do que dobrariam o ritmo de invenção e acelerariam sobremaneira a implantação de novas tecnologias. De 1870 a 1914, a lógica econômica avançou: os inventores tornaram-se mais especializados e prolíficos, as corporações passaram a utilizar mais tecnologia. Desenvolveu-se uma divisão internacional do trabalho, e o crescimento global continuou acelerado, ao mesmo tempo que estimulou a criação de uma periferia onde os salários eram baixos, bem como a concentração da industrialização e da riqueza no que ainda é o Norte global. A humanidade, enquanto isso, começava a escapar do dilema malthusiano, à medida que a tendência ao progresso tecnológico ganhava terreno no embate com contingentes populacionais cada vez maiores, e o trabalho deslocava-se cada vez mais da fazenda para a fábrica. De modo geral, o período viu a chegada de uma prosperidade grande o suficiente (ainda que mal distribuída) – e com ela a chance de que algum dia, não muito distante, a humanidade, pelo menos nas ricas economias do Norte global, pudesse alcançar algo que eras anteriores teriam julgado ser uma verdadeira utopia.

De 1870 a 1914, podemos ver a história político-econômica global seguindo, de modo geral, um caminho possível, se não um caminho extremamente provável ou quase necessário. Vemos o estabelecimento de um equilíbrio na criação e manutenção de uma ordem cada vez mais liberal dentro das economias e políticas do Norte global. Vemos a expansão do sufrágio, direitos crescentes, prosperidade crescente, desigualdade crescente (acompanhada de movimentos políticos para conter tais desigualdades) e uma ausência de revoluções em larga escala. Vemos a conquista do resto do mundo em impérios formais e informais à medida que a diferença de poder entre o Atlântico Norte e o resto do mundo se tornou enorme.

Tudo isso poderia ter sido diferente. Mas que os eventos de 1870 a 1914 tenham seguido o curso que seguiram não é surpreendente, dado onde o mundo estava em 1870.

Esse senso de que a história tem uma lógica estrutural ampla e quase irresistível desaparece com a Primeira Guerra Mundial. Ela não precisava acontecer – a crise bósnia de 1914 poderia ter sido contornada, ou a guerra poderia ter terminado com uma vitória rápida e decisiva para um lado ou o outro, ou governos e elites poderiam ter caído em si. Uma catástrofe como a Primeira Guerra Mundial era provável? Ou a humanidade apenas teve azar?

No fim das contas, depois de 1918 a história não voltou ao seu padrão estrutural de forças e correntes amplas em que as peculiaridades e escolhas individuais se equilibravam mutuamente. A história ainda era uma coisa maldita depois da outra. As visões, escolhas e ações dos indivíduos continuaram a importar. E não apenas dos indivíduos que se tornaram ditadores de grandes potências.

John Maynard Keynes viu a guerra como um horror anteriormente inimaginável. Ele viu sua própria participação em seu planejamento, a partir de sua mesa no Tesouro britânico, como desprezível. Keynes, retrospectivamente, ridicularizou a ingenuidade dos habitantes de classe média alta de Londres antes da Primeira Guerra Mundial, "para quem a vida oferecia, a um custo baixo e com um mínimo de problemas, conveniências, confortos e amenidades além do alcance dos monarcas mais ricos e poderosos de outras eras". Esses londrinos viam "esse estado de coisas", disse ele, "como normal, certo e permanente, exceto na direção de mais melhorias", e viam "qualquer desvio dele [...] como aberrante, escandaloso e evitável".

Ele estava, é claro, falando de si mesmo. Como já citei 45 páginas atrás, Keynes e os seus haviam visto "os projetos e as políticas do militarismo e do imperialismo, das rivalidades raciais e culturais, dos monopólios, restrições e exclusão, que viriam a agir como a serpente desse paraíso" como "pouco mais do que as diversões do jornal diário". E "eles pareciam exercer quase nenhuma influência sobre o curso normal da vida econômica e social".[16]

Eles estavam errados, e as consequências foram terríveis para o mundo. Keynes percebeu que ele era um dos que haviam estado tão cegos e tão errados. E assim, pelo resto de sua vida, assumiu a responsabilidade. Responsabilidade pelo quê? Por – não ria – salvar o mundo. O curioso é que em grande medida ele conseguiu, especialmente considerando que era um indivíduo lamurioso e isolado, e que nunca ocupou nenhum alto cargo político.[17]

6
OS LOUCOS ANOS 1920

A interrupção dos padrões de 1870-1914 ocasionada pela Primeira Guerra Mundial foi permanente? Ou formou-se uma bifurcação no possível caminho da humanidade depois que as armas pararam de gralhar em 11 de novembro de 1918? Poderia a história ter tratado a Primeira Guerra Mundial quase como se ela tivesse sido só um pesadelo? Poderia a humanidade ter buscado uma lógica ganha-ganha de progresso e prosperidade após a Primeira Guerra Mundial, como vinha fazendo antes dela – com grandes grupos de pessoas agindo individual e coletivamente, negociando, formando alianças e tomando decisões de soma positiva sobre como reconstruir, reformar e regular suas economias?

O padrão pré-Primeira Guerra Mundial não pôde ser completamente restaurado, é claro. Os imperadores se foram, vários faliram e muitos estavam mortos. Mas a humanidade não poderia, de alguma forma, voltar no tempo quatro anos e meio, ajustar as coisas e consertar as falhas para que os demônios do militarismo, do imperialismo, do anarquismo e do nacionalismo não empurrassem o mundo de imediato para uma catástrofe similarmente terrível, e em vez disso retomasse sua marcha, ou rastejo, em direção à utopia?

O período entre 1870 e 1914 foi de fato um Eldorado econômico, atingindo um nível de prosperidade mundial e uma taxa de crescimento dessa prosperidade nunca antes vistos. O avanço nas tecnologias de manipulação da natureza e organização da humanidade ocorrido na economia mundial foi proporcionalmente um salto tão grande quanto o progresso combinado de todo o período entre 1500 e 1870. E este, por sua vez, foi um salto tão grande quanto todos os avanços na tecnologia entre 1200 a.C. e 1500 d.C., desde a era do Êxodo bíblico, da Guerra de Troia e do fim da Idade do Bronze até o início da Era Imperial-Comercial.

Em 1914, as coisas nunca tinham estado melhores. E não se tratava apenas do poder de produção. O mundo na primeira metade daquele ano era muito mais bondoso e gentil do que em épocas anteriores: proporcionalmente, havia muito menos escravos e muito mais eleitores. Com os militaristas-nacionalistas assustados pela memória da matança de 1914-1918, seria de se imaginar que um consenso total em favor de um passo para trás e depois um recomeço fosse indiscutível.

Em certo sentido, a tarefa política de manter a paz geral, e de restaurar e até mesmo aprofundar a divisão internacional do trabalho, além de implementar tecnologias produtivas, deveria ter sido fácil – na esteira da Primeira Guerra Mundial, certamente nem mesmo aqueles de sanidade duvidosa desejariam passar por *aquilo* de novo. O nacionalismo provou-se um desastre. Será que seu oposto, o cosmopolitismo, um reconhecimento de que as nações compartilhavam um "lar comum" e deveriam tratar umas às outras como vizinhas, era a alternativa óbvia?[1]

Além disso, havia uma grande oportunidade: um terço da produção dos beligerantes – dois nonos da produção mundial – não precisava mais ser dedicado a explodir coisas e matar e mutilar pessoas. Em vez disso, poderia ser usado para realizar todo tipo de coisas maravilhosas. Afinal de contas, na década de 1920 o mundo tinha aproximadamente três vezes a capacidade tecnológica de 1870. Mesmo com uma população 50% maior do que a de 1870, e mesmo com uma concentração crescente de riqueza tanto dentro dos países quanto entre eles, isso significava que a maior parte da humanidade tinha algo que seus predecessores nunca tiveram: a confiança de que no próximo ano haveria comida, roupas e abrigo para que suas famílias não sofressem de fome, frio e desamparo. O sistema que em breve as pessoas veriam pelo retrovisor e chamariam de "liberalismo clássico", embora fosse tão recente a ponto de ser apenas pseudoclássico, e tão amplamente construído sobre a autoridade herdada e atribuída a ponto de ser apenas semiliberal, tinha sido bom, o melhor que o mundo vira até então.

Portanto, não valeria a pena restaurar e dar continuidade ao processo e ao sistema que, em 1920, tinham levado o mundo a um lugar melhor em termos de potencial de produtividade em relação a 1870, apesar de suas muitas e graves falhas? Ou, se precisasse ser alterado, certamente as pessoas de boa vontade poderiam ter chegado a um consenso aproximado a respeito de como fazê-lo.

Duas correntes de pensamento surgiram após a Primeira Guerra Mundial, que buscavam não apenas a alteração, mas também a transformação fundamental da ordem semiliberal pseudoclássica. Elas iriam ganhar corpo e governar, sangrenta e destrutivamente. Eram a versão de Vladimir Lênin do socialismo real e o fascismo de Benito Mussolini, ambos os quais você verá mais adiante detalhadamente.

Mas havia outros empenhados em pensar e tentando trabalhar para encontrar e implementar um sistema melhor. Permita-me divagar por um momento: se meu editor permitisse que este livro tivesse o dobro do tamanho, eu rastrearia muitas dessas correntes de pensamento e as ações que delas decorreram. Rastrearia a corrente da qual Joseph Schumpeter, nascido em 1882 a 160 quilômetros de Viena, na parte do Império Austro-Húngaro de língua predominantemente tcheca, é um marco conveniente: a sociedade precisando de mudanças para dignificar o papel do empreendedor e abrir espaço para a "destruição criativa" dos padrões econômicos e organizacionais que ele colocou em movimento para contrabalançar a galopante burocratização provocada pela escala crescente de intensidade de capital necessária para implantar avanços tecnológicos.[2] Eu rastrearia a corrente da qual Karl Popper, nascido em Viena em 1902, é um marco conveniente: a sociedade precisando fortalecer o liberalismo e a liberdade em todas as suas formas para criar uma verdadeira "sociedade aberta".[3] Eu rastrearia a corrente da qual Peter Drucker, nascido em Viena em 1909, é um marco conveniente: como a liberdade, o empreendedorismo, a cooperação e a organização nunca poderiam ser conciliados nem com o *laissez-faire* do mercado nem com o plano do socialismo real, mas, em vez disso, exigiam persuasão, na forma de *administradores* e *administração*, para conciliar pontos de vista e de fato fazer com que os humanos cooperassem em um trabalho, como dizer, semieficiente.[4]

Sobretudo, eu traçaria a corrente da qual Michael Polanyi, nascido em 1891 em Budapeste, é um marco conveniente: a sociedade precisando não apenas da instituição mercenária descentralizada do mercado, e definitivamente não precisando de um planejamento central abrangente, que nunca pode ser mais do que uma ficção, mas também precisando de instituições fiduciárias descentralizadas, focadas no avanço do conhecimento sobre teoria e prática, nas quais ganha-se *status* ensinando outros – a exemplo da ciência moderna, das comunidades de prática de engenharia, das comunidades de interpretação jurídica, do jornalismo honroso, da política baseada em evidências e outros – e nas quais as pessoas seguem regras em parte construídas e em parte emergentes para promover não apenas os interesses privados e as liberdades dos participantes, mas também o interesse público mais amplo e as liberdades públicas.[5]

Mas como não há tempo nem espaço para tudo isso, neste livro posso traçar apenas duas correntes de pensamento e ação: primeiro, a corrente que vimos antes, da qual Friedrich von Hayek (nascido em Viena em 1899) é um marco conveniente (de que a única alteração necessária era que as instituições econômicas de mercado tinham que ser purificadas e aperfeiçoadas, e apoiadas por uma ordem social e cultural antipermissiva), e a corrente que vimos antes, da qual o irmão mais velho de Michael Polanyi, Karl, nascido em Viena em 1886, é o marco conveniente (de que o mercado presume que as pessoas só têm direitos de propriedade, mas a sociedade é composta de humanos que insistem que têm mais direitos, e a sociedade reagiria – pela esquerda ou pela direita, de modo sensato ou estúpido, mas poderosamente – contra a presunção do mercado). E vou traçar como elas poderiam ser forçadas a casar uma com a outra, numa união celebrada por John Maynard Keynes. Essa, acredito, é a principal narrativa grandiosa, ou pelo menos é a minha.

O relógio poderia ter voltado para 1914 e depois começado a funcionar novamente, como se a Primeira Guerra Mundial tivesse sido apenas um pesadelo? A restauração da ordem semiliberal pseudoclássica, e um pós-1918 que se desenrolasse novamente como 1870-1914, era um caminho que a humanidade poderia ter tomado em 1919, se acaso apenas algumas decisões importantes tivessem sido diferentes?

Se houve ou não uma bifurcação e um caminho melhor que realisticamente poderia ter sido tomado, a história da era pós-Primeira Guerra Mundial nos diz que ele realmente não o foi.

Um grande motivo foi que depois de 1918 o mundo carecia de um único poder para servir como o que o historiador econômico (e meu professor) Charlie Kindleberger chamou de *hegemon*. Prosperidade geral, estabilidade financeira e crescimento rápido e equilibrado são o que os economistas chamam de *bens públicos* – todos se beneficiam deles, sem que ninguém precise tomar medidas individuais para fornecê-los. A grande maioria dos países tende a acreditar que algum outro país (ou países) cuidará do sistema como um todo. Essa crença permite que eles se concentrem em alcançar sua própria vantagem nacional. O Estado cujos cidadãos desempenham o maior papel na economia mundial – que exportam mais, consomem mais importações e emprestam e tomam emprestado mais capital – acaba desempenhando o papel principal na administração da economia internacional. Torna-se o *hegemon*, muitas vezes por incentivo de seus próprios cidadãos. Afinal, são eles que têm mais coisas em jogo na gestão bem-sucedida da economia global. Os outros Estados pegam carona com o *hegemon*. A economia mundial sempre precisa de um *hegemon*. Em 1919, no entanto, os Estados Unidos, o novo *hegemon* em potencial, relutou. Antes de 1914, a Grã-Bretanha podia desempenhar esse papel e o fez. Depois de 1919, "os britânicos não podiam e os Estados Unidos não queriam", escreveu Kindleberger. "Quando cada país passou a proteger seu interesse privado nacional, o interesse público mundial foi por água abaixo e, com ele, os interesses privados de todos."[6]

A Primeira Guerra Mundial não deixou os Estados Unidos ilesos – o país sofreu 300 mil baixas, das quais 110 mil foram mortes, metade delas em combate (a outra metade foi de gripe espanhola). Mas a Primeira Guerra Mundial não foi para os norte-americanos o choque perturbador da civilização que foi para os europeus. Nos Estados Unidos, o que as pessoas mais tarde chamariam de Belle Époque não terminou em 1914, mas continuou sob várias formas – o experimento da Lei Seca, a Era do Jazz e a especulação imobiliária na Flórida; a construção de fábricas de produção em massa; novos setores industriais de alta tecnologia, como o rádio; e os castelos no ar do mercado de ações, construídos na esperança de uma rápida revolução tecnológica. Em outras palavras, as aspirações utópicas da humanidade tornaram-se a carne – ou melhor, o aço – nos Estados Unidos da década de 1920. Assim, tendo estado entre os "caroneiros" do mundo, os Estados Unidos evitavam tornar-se hegemônicos. Em vez disso, voltaram-se para si próprios.

Em vez de assumirem o papel de líderes mundiais, seu povo e seus políticos optaram pelo isolacionismo. Embora ao fim das hostilidades o presidente Woodrow Wilson estivesse em uma posição excepcionalmente forte – tinha autoridade moral como o único beligerante a não ter entrado na guerra por vantagem territorial ou política, e tinha o único exército eficaz –, ele praticamente não fez valer a oportunidade. Em vez disso, aceitou a liderança do britânico David Lloyd George e do francês Georges Clemenceau em um grau que ultrapassou até mesmo os cálculos de Lloyd George, apavorando-o. Wilson tentou obter uma coisa do Tratado de Versalhes: a Liga das Nações, um fórum no qual acordos internacionais poderiam ser alcançados e no qual se poderia argumentar em favor de revisões e reajustes desses acordos. Mas o senador Henry Cabot Lodge, de Massachusetts, e seus pares republicanos, que governaram os Estados Unidos na década de 1920, recusaram-se a sequer pensar em comprometer o país de alguma forma com uma política externa internacionalista. A Liga seria criada sem os Estados Unidos como membro.[7]

Além de se recusarem a aderir a um órgão internacional que existia com o objetivo de estimular a comunicação entre os países, os Estados Unidos pós-Primeira Guerra Mundial elevaram os impostos e criaram novas restrições ao fluxo de imigrantes. Os aumentos não chegaram nem perto dos níveis declaradamente protecionistas do início dos anos 1800, ou mesmo dos níveis destinados a aumentar a receita e o protecionismo no final do século XIX. Mas eram grandes o suficiente para fazer os produtores de fora dos Estados Unidos hesitarem, duvidando de que pudessem contar com acesso ininterrupto ao mercado norte-americano. Não houve retorno à normalidade. Não havia como levar as locomotivas do crescimento econômico, da prosperidade e do florescimento humano de volta aos trilhos anteriores à Primeira Guerra Mundial. Embora a influência de fatores estruturais e tendências subjacentes se tenha feito sentir, foi em grande medida não para melhor.

Ao mesmo tempo, a fada da globalização se tornou má e trouxe consigo um presente envenenado.

A humanidade devia ter esperado por isso. Em maio de 1889, pessoas começaram a morrer de gripe – a gripe asiática – em Bucara, no

Usbequistão. Havia então uma ferrovia transcáspia, e assim a doença se espalhou para o mar Cáspio, e então pela rede fluvial e ferroviária do Império Russo para Moscou, Kiev e São Petersburgo, tudo em novembro. No final do ano, metade da população de Estocolmo já tinha pegado a gripe. Nos Estados Unidos, o jornal *Evening World*, de Nova York, noticiou: "Não é mortal, nem mesmo necessariamente perigosa, mas proporcionará uma grande oportunidade para os comerciantes desovarem seu excedente de bandanas". As mortes nos Estados Unidos atingiram o pico em janeiro de 1890.

A globalização continuaria a trazer pragas, e as pragas se espalhariam rapidamente por todo o mundo. Mais de 1 milhão de pessoas foram mortas pela gripe asiática de 1957-1958 e outro milhão pela gripe de Hong Kong de 1968-1970. A pandemia de covid-19, que começou em 2020, matou cerca de 4,5 milhões de pessoas até o momento em que este livro foi escrito, e a praga lenta do HIV/Aids matou até o momento cerca de 35 milhões. Mas, de longe, a praga mais mortal da história moderna continua sendo a gripe espanhola de 1918-1920, que matou talvez 50 milhões de pessoas de uma população mundial que se aproximava de 1,9 bilhão – cerca de 2,5%.[8]

Na verdade, não era uma gripe espanhola. A censura de guerra entre as potências aliadas suprimiu as notícias da gripe por medo de que fossem ruins para o moral, então os jornais se concentraram na gripe em países neutros onde tinham correspondentes, o que significava, principalmente, a Espanha, onde os pacientes incluíam o rei Afonso XIII. O maior impulso para a propagação da gripe pode muito bem ter vindo da base francesa e do hospital de Étaples, por onde passavam dezenas de milhares de soldados todos os dias. Matou não apenas os jovens e os velhos, mas também os de meia-idade e os saudáveis. Quase metade dos que morreram eram adultos entre vinte e quarenta anos. O ramo Lord da minha árvore genealógica ancestral fugiu de Boston e foi para a zona rural do Maine. Muitos de seus primos que permaneceram em Boston não sobreviveram.

À medida que a praga se alastrava, os governos europeus tentavam freneticamente voltar no tempo, para a primavera de 1914. Mas não conseguiram. A primeira razão pela qual isso não foi possível é que, embora pudesse haver consenso de que a Primeira Guerra Mundial não deveria ter acontecido, não havia consenso sobre como todos os impérios perdedores deveriam ser governados. O acordo pós-Primeira Guerra Mundial daria um mandato aos aliados vitoriosos, Grã-Bretanha e França, para assumir e governar as ex-colônias alemãs e as ex-dependências otomanas não turcas – mas a própria Turquia e os territórios dos antigos impérios Russo, Austro-Húngaro e Alemão foram deixados à sua própria sorte, o que significava "votar" com alguma combinação de armas e cédulas sobre como eles deveriam ser governados. Pois após a Primeira Guerra Mundial todos os imperadores (com exceção do rei britânico, George V, em sua persona como Kaiser-i-Hind, imperador da Índia) se foram. E com eles se foram também suas camarilhas e aristocratas dependentes.

O czar russo, Nicolau II Romanov, abdicou em março de 1917. Em meados de 1918, ele e sua família – Nicolau, Alexandra e seus cinco filhos –, junto com os agregados, foram fuzilados por Vladimir I. Lênin e seus bolcheviques. O governo semissocialista de Aleksandr Kerensky que se seguiu organizou a eleição de uma Assembleia Constituinte para redigir uma Constituição. Lênin mandou a assembleia para casa sob baioneta. Sem reivindicar legitimidade por eleição, Lênin e sua facção tiveram que enfrentar outros dentro do país que também esperavam basear seu governo nos canos das armas. A Guerra Civil Russa grassou de 1917 a 1920.[9]

O Kaiser alemão, Guilherme II, abdicou em novembro de 1918. Friedrich Ebert, líder do Partido Social-Democrata, tornou-se presidente provisório de uma república democrática. Ele o fez com o apoio do alto-comando do exército alemão porque concordou em reprimir revolucionários que queriam expropriar e nacionalizar propriedades e redistribuir riquezas. Quando os líderes socialistas alemães Karl Liebknecht e Rosa Luxemburgo pediram não apenas uma revolução política, mas uma revolução socialista, as manifestações de sua Liga Spartacus foram rapidamente reprimidas por soldados e ex-soldados. Luxemburgo e Liebknecht foram sumariamente fuzilados e jogados em um canal – sem sequer a simulação de que eles teriam tentado fugir. A ala de esquerda do Partido Social-Democrata da Alemanha rompeu com o partido, nunca perdoou e nunca esqueceu. A partir de então, seu principal adversário não eram os monarquistas, nem os plutocratas, nem a

centro-direita, nem os fascistas, mas sim o partido de Ebert, os social-
-democratas.

O imperador austro-húngaro, Karl I, também abdicou em novembro de 1918. Seu regime foi esfacelado em Estados-nação individuais, seguindo muito grosseiramente fronteiras etnolinguísticas extremamente imprecisas.

O último a cair foi Mehmed VI Va-hiddin (Revelação da Fé) do Império Otomano, sultão, sucessor de Muhammed, Comandante dos Fiéis, César de Roma e Guardião dos Dois Lugares Sagrados, o último portador da espada de Osman (1299-1324), fundador da dinastia imperial. O poder na Turquia foi assumido por Mustafa Kemal Atatürk na primavera de 1920.

Mas, mesmo entre as potências aliadas vitoriosas e politicamente estáveis, o simples recuo não funcionou. Os políticos não queriam ser afastados de seus cargos pelo voto, como incompetentes que tinham levado seu povo a um banho de sangue destrutivo e sem sentido. Então, se empenharam em dizer ao seu povo que haviam "vencido" a Primeira Guerra Mundial e que seu triunfo significava que agora estavam livres para colher os frutos da vitória.

Para os cidadãos das nações aliadas – aqueles que sobreviveram –, a perspectiva de extrair recursos das Potências Centrais derrotadas prometia tornar a vida ainda melhor do que antes da guerra, para fazer a guerra e seus sacrifícios de algum modo valerem a pena. O presidente Woodrow Wilson, no entanto, adotou um tom muito diferente, anunciando que a paz seria "uma paz sem vitória", uma paz que teria de ser "aceita em humilhação, sob coação". Alegações de vitória, ele prosseguiu, "deixariam [...] uma lembrança amarga sobre a qual repousariam os termos da paz, não permanentemente, mas apenas como sobre areia movediça". Wilson acrescentou: "Apenas uma paz entre iguais pode durar".[10] Mas ele permitiu que o ignorassem – "passado para trás" foi o termo de John Maynard Keynes para a situação – ao ser manipulado pelos primeiros-
-ministros francês e britânico, Clemenceau e Lloyd George.[11] Eles não buscavam "indenizações". Apenas exigiam que a Alemanha "reparasse" o dano causado. Mas como a Alemanha faria isso? Poderia lhe ser solicitado o envio de mercadorias para a Grã-Bretanha e a França. Mas as mercadorias que a Alemanha poderia enviar substituiriam as produções

industriais pesadas da Grã-Bretanha e da França. A Grã-Bretanha e a França não as queriam, pois aceitá-las causaria desemprego em massa, portanto essa solução não deu em nada.

Havia uma terceira razão pela qual a Europa pós-Primeira Guerra Mundial não se afastou do nacionalismo, mas, em vez disso, dobrou as apostas nele. Woodrow Wilson tinha proclamado que as fronteiras do pós-guerra deveriam ser traçadas "ao longo de linhas de lealdade e nacionalidade historicamente estabelecidas", a fim de possibilitar o desenvolvimento autônomo das nações resultantes. O problema era que os povos não estavam divididos de acordo com essas linhas. Restou a cada Estado europeu uma minoria descontente. Etnias dominantes de muitos Estados já haviam sido minorias descontentes. Viam-se agora detendo o poder e o direito de fazer o que tinha sido feito a elas.

Se os políticos das nações aliadas tivessem sido sábios e perspicazes, teriam procurado diminuir as expectativas em casa. Teriam procurado traçar uma linha firme entre os belicistas das Potências Centrais derrotadas – os imperadores, os oficiais do exército e os aristocratas guerreiros que perderam o poder – e o povo das Potências Centrais. Aqueles que haviam começado a guerra tinham sido, como disse John Maynard Keynes, "movidos por uma ilusão insana e uma autoestima imprudente" quando colocaram em movimento coisas que "derrubaram os alicerces sobre os quais todos nós vivíamos e construíamos". E com a sua derrota, os povos oprimidos podiam agora juntar-se aos Aliados e construir as suas próprias democracias.[12]

A caracterização de Keynes da "ilusão insana" vem do primeiro parágrafo de seu livro de 1919, *As consequências econômicas da paz*. Mas ele não estava descrevendo militaristas, aristocratas guerreiros ou imperadores; estava se referindo ao "povo alemão". Essa era a atitude até mesmo dos simpatizantes dos alemães entre os Aliados.

Embora Keynes culpasse "o povo alemão" pela guerra e por toda a destruição e morte que ela trouxe, ele acreditava que, apesar disso, era essencial que os Aliados esquecessem imediatamente tudo aquilo. Eles deviam, escreveu Keynes no final desse mesmo parágrafo, deixar o passado no passado. Pois se os porta-vozes das potências aliadas procurassem fazer a Alemanha pagar por qualquer componente dos danos de guerra e tentassem manter a Alemanha pobre, "os porta-vozes dos povos francês e britânico [correriam] o risco de completar a ruína", disse ele, através de uma paz que "prejudicaria ainda mais, quando poderia ter restaurado, a delicada e complicada organização, já abalada e danificada pela guerra, a única através da qual os povos europeus podem empregar-se e viver".[13]

Nisso Keynes divergia agudamente tanto da opinião popular quanto do vasto consenso das elites entre as potências aliadas vitoriosas. Ele estivera em Versalhes, entre a equipe de assessores dos líderes na Conferência de Paz de Paris, e assistira horrorizado conforme ficava claro que o objetivo era extrair o máximo possível da Alemanha. Para ele, aquilo provavelmente descarrilharia todo o projeto de reconstrução pós-Primeira Guerra Mundial.

Jan Christian Smuts, primeiro-ministro sul-africano, também esteve na conferência de Versalhes como líder de um dos domínios do Império Britânico. Ele escreveu uma carta para seu amigo M. C. Gillett sobre como foi a conferência:

> O pobre Keynes costuma sentar-se comigo à noite, depois de um bom jantar, e nós protestamos contra o mundo e o dilúvio que se aproxima. E digo a ele que este é o momento da oração Griqua (que o Senhor venha pessoalmente e não envie seu Filho, pois este não é um momento para crianças). E então nós rimos, e por trás do riso está a terrível imagem de Hoover de que 30 milhões de pessoas devem morrer a menos que haja alguma grande intervenção. Mas, novamente, pensamos que as coisas nunca são tão ruins assim, e algo aparecerá, e o pior nunca acontecerá. E de alguma forma todas essas fases do sentimento são verdadeiras e corretas em algum sentido. E nisso tudo sinto sua falta, sinto muito sua falta. Como você, Arthur e eu falaríamos sobre as coisas se estivéssemos juntos.[14]

De novo Herbert Hoover? Sim. Quando estourou a Primeira Guerra Mundial, ele logo percebeu que a fome ameaçava a Bélgica. A Grã-Bretanha estava bloqueando a Alemanha, proibindo a importação de alimentos. Os alemães tinham conquistado a Bélgica e destruído boa parte dela quando a atravessaram marchando. Os alemães, com falta de comida por causa do bloqueio, colocaram a alimentação da Bélgica como a última de suas prioridades. De alguma forma, Hoover convenceu os britânicos de que, se eles o deixassem enviar navios de grãos para a Bélgica, isso fortaleceria o vínculo belga com os Aliados sem alimentar o exército alemão. E, de alguma forma, Hoover também convenceu os alemães de que se eles permitissem a entrada de navios de grãos na Bélgica, a Alemanha poderia parar de enviar qualquer grão para a Bélgica e assim alimentar seu exército, e isso acalmaria os belgas, tornando as consequências da ocupação alemã menos terríveis. Hoover foi muito persuasivo.

Depois que a guerra acabou, Hoover continuou no negócio de combate à fome. Ele continuou em sua nova carreira – a de "Grande Humanitário".[15] E ele alertou sobre 30 milhões de mortes por fome no rescaldo da guerra se nada fosse feito em termos de alívio, e realmente moveu o céu e a terra para arrecadar dinheiro e enviar comida para a Europa, da Rússia para a França.

A solução de Hoover foi enviar alimentos. A tentativa de Keynes foi pegar na caneta para tentar mudar as mentes. Quando Keynes voltou para a Inglaterra, bombou com a publicação de *As consequências econômicas da paz*, na qual criticava políticos míopes que, segundo ele, estavam mais interessados na vitória do que na paz. Ele delineava propostas alternativas. E profetizava a desgraça: "Se visarmos deliberadamente o empobrecimento da Europa Central, a vingança, ouso prever, não arrefecerá. Nada poderá então deter por muito tempo a guerra civil final entre as forças da reação e as convulsões desesperadas da revolução, diante da qual os horrores da última guerra alemã desvanecerão, e que destruirá [...] a civilização e o progresso da nossa geração".[16]

Na verdade, se ele errou de algum modo, foi por subestimar o que estava por vir.

O problema do pós-guerra começou com a inflação. As economias de mercado seguem os sinais que os preços dão aos tomadores de decisões econômicas sobre o que seria lucrativo fazer e, se os preços estiverem corretos, o que for lucrativo também promoverá o bem-estar social. Mas se os tomadores de decisão não entenderem os preços, ou se estes estiverem sistematicamente errados, torna-se muito difícil um cálculo econômico preciso, e o crescimento é prejudicado. Não estamos, aqui, falando sobre a inflação como um aumento de preços – 1%, 2% ou 5% ao ano, em média. Isso não causa muitos problemas ou confusão. Mas

10%, 20%, 100% ou mais? Keynes comentou sobre essa mesma questão em 1924:

> Diz-se que Lênin declarou que a melhor maneira de destruir o sistema capitalista era perverter a moeda. Por um processo contínuo de inflação, os governos podem confiscar, secretamente e sem ser observados, uma parte importante da riqueza [...] de modo arbitrário [...]. Aqueles a quem o sistema traz ganhos inesperados, além de seus merecimentos e até mesmo além de suas expectativas ou desejos, tornam-se "aproveitadores", objeto do ódio da burguesia que o inflacionismo empobreceu. [...] Todas as relações permanentes entre devedores e credores, que formam o fundamento último do capitalismo, tornam-se tão completamente desordenadas que quase perdem o sentido; e o processo de obtenção de riqueza degenera em uma aposta e uma loteria. Lênin certamente estava certo. Não há meio mais sutil e seguro de derrubar a base existente da sociedade do que perverter a moeda. O processo coloca todas as forças ocultas da lei econômica do lado da destruição, e o faz de uma maneira que nem um homem em 1 milhão é capaz de diagnosticar.[17]

Então, por que um governo – exceto o de Lênin – recorreria a uma política de alta inflação?

Suponha que um governo tenha feito grandes promessas, dizendo às pessoas que elas terão uma renda que lhes permitirá comprar as coisas boas da vida, excedendo substancialmente o que o governo é capaz de financiar por meio de seus impostos ou, na verdade, o que a economia pode produzir. Como, então, encontrar a quadratura desse círculo? Um caminho é o governo tomar empréstimos por meio da emissão de títulos. Ao tomar empréstimos, pede a alguns que deixem de comprar as coisas boas da vida e, em troca, promete que terão mais poder social sobre as coisas boas – mais dinheiro – no futuro. Quando há uma lacuna entre os bens e os serviços que os cidadãos desejam que o governo pague, por um lado, e, por outro, os impostos que os ricos estão dispostos a pagar, os governos precisam preencher essa lacuna – e imprimir títulos que pagam juros e vendê-los por dinheiro é o caminho óbvio.

Se, e como, isso funcionará depende das expectativas dos indivíduos – principalmente financistas – que compram e mantêm os títulos. Quão pacientes eles seriam? Que tipo de recompensa eles exigiriam por manter e não vender os títulos? Até que ponto eles confiariam no governo? E quanto tempo duraria a confiança deles? No rescaldo da Primeira Guerra Mundial, os financistas tinham paciência limitada e exigiam retornos consideráveis. Quando esse é o ânimo dos financistas – e era no pós-Primeira Guerra Mundial –, o resultado mais provável de recorrer ao financiamento da dívida em larga escala é fornecido pelo modelo de uma equação que os economistas chamam de *teoria fiscal do nível de preços*:

Nível de preço = (Dívida nominal) × (Taxa de juros) / (Limite de serviço da dívida real)

Tomemos a França em 1919 como exemplo. Em junho de 1919, um franco francês (₣) valia US$ 0,15. Em 1919, a França tinha uma dívida nacional nominal de ₣ 200 bilhões, sobre a qual devia juros a uma taxa de 4% ao ano, de modo que os juros anuais pagos pela França sobre sua dívida nacional eram de ₣ 8 bilhões. Se o limite do serviço da dívida real da França – os recursos reais que o governo e o eleitorado francês poderiam mobilizar para pagar os juros de sua dívida – fosse igual a ₣ 8 bilhões por ano a preços médios de 1919, a equação teria se equilibrado e a França não teria sofrido inflação na década de 1920:

1,00 = (₣ 200 bilhões nominais × 4% ao ano) / (₣ 8 bilhões reais/ano)

Mas descobriu-se que os recursos reais que o governo e o eleitorado francês poderiam mobilizar para pagar os juros de sua dívida somavam apenas ₣ 3,2 bilhões (a preços médios de 1919). E os financiadores não tinham confiança suficiente para aceitar uma taxa de juros de 4% ao ano – em vez disso, exigiam 6%. Portanto, a teoria fiscal da equação do nível de preços era, em vez disso:

3,75 = (₣ 200 bilhões nominais × 6% ao ano) /
(₣ 3,2 bilhões reais/ano)

O equilíbrio exigia que o nível médio de preços na França fosse 3,75 vezes seu nível médio em 1919. E isso significaria um valor do franco francês não de ₣1 = US$ 0,15, mas de ₣1 = US$ 0,04. Adivinhe o nível em que o franco francês acabou se estabilizando em 1926? Sim: US$ 0,04. E isso significava que a França teria uma inflação média de 20% por sete anos — perversão suficiente da moeda para distorcer significativamente o planejamento econômico e impedir o crescimento real ao longo da década de 1920.

Resultados ainda piores ocorreram quando a confiança dos financiadores se desfez por completo. Esse é o limite da *hiperinflação*, em que o "vale menos" se torna "sem valor": o dinheiro impresso e os títulos vendidos pelo governo acabam não valendo nada. As primeiras hiperinflações pós-Primeira Guerra Mundial ocorreram nos Estados sucessores do antigo Império Austro-Húngaro. Após a guerra, o antigo império, que tinha sido uma única unidade econômica, se dividiu em sete países, cada um com sua própria moeda e suas próprias e altas taxas. A divisão regional do trabalho se desfez.

Antes do fim da guerra, Joseph Schumpeter, com apenas 34 anos à época, apresentou o problema resultante: "Os bens materiais necessários aos exércitos", disse ele, foram fornecidos e continuariam a ser fornecidos. "Depois da guerra, seremos deixados [...] com um 'problema monetário'." Ele usou uma analogia, dizendo que os países que estavam pagando pela guerra estariam "na posição de um empresário cuja fábrica queimou e que agora tem que registrar as perdas em seus livros contábeis".[18]

Em 1919, Joseph Schumpeter era ministro das Finanças da nova República austríaca. Para saldar a dívida, ele era a favor da aprovação imediata de um substancial imposto sobre a riqueza de todas as propriedades reais, industriais, comerciais, residenciais e financeiras. O restante do gabinete, incluindo Otto Bauer, ministro das Relações Exteriores, disse sim ao imposto sobre a riqueza. Mas eles queriam que os lucros fossem usados para a "socialização": comprar grandes empresas austríacas, torná-las mais eficientes e depois usar os lucros da maior eficiência para primeiro aumentar os salários dos trabalhadores e só depois para pagar a dívida. Schumpeter argumentou que se a socialização fosse "eficiente", não precisaria ser financiada pelo imposto sobre a riqueza. Seria o que hoje chamamos de LBO,* e LBOs eficientes se autofinanciam.

Schumpeter foi demitido. O gabinete se dissolveu em disputas. O imposto sobre a riqueza nunca foi cobrado.

Em vez disso, as impressoras de dinheiro funcionavam sem parar. Antes da Primeira Guerra Mundial, a coroa austríaca valia pouco menos de US$ 0,20. No final do verão de 1922, a coroa valia US$ 0,01. A Liga das Nações – a organização internacional estabelecida no final da Primeira Guerra Mundial – concedeu um empréstimo em moeda forte com a condição de que o governo austríaco abrisse mão do controle de sua própria moeda e finanças. O orçamento foi equilibrado por cortes severos de gastos e impostos mais altos, e a Áustria permaneceu em depressão econômica, com alto desemprego, por meia década.

Na Alemanha, os preços subiram 1 trilhão de vezes: o que custava quatro marcos do Reich em 1914 custava 4 trilhões no final de 1923. Depois da guerra, em relação à Alemanha, os financistas quase não tinham paciência e exigiam retornos exorbitantes. O problema eram as reparações que os Aliados haviam imposto à Alemanha no Tratado de Versalhes e o fato de que era um veneno eleitoral absoluto para qualquer político alemão querer elaborar um plano para realmente pagá-las. A situação alemã não foi ajudada pelo fato de que também era um veneno eleitoral para os políticos franceses ou britânicos a elaboração de um plano viável para reparações substanciais serem de fato concretizadas, pois assim eles estariam ajudando trabalhadores alemães a roubar empregos de trabalhadores britânicos e franceses, que foram então excluídos de seus próprios mercados domésticos.[19]

O problema talvez pudesse ter sido contornado. A França e a Grã-Bretanha poderiam ter comprado ações de propriedade de empresas alemãs com o dinheiro das indenizações e depois ficado satisfeitas com a renda resultante. Os líderes alemães poderiam ter induzido seus cidadãos ricos a vender suas ações de propriedade cobrando impostos mais

---

* Sigla para *leveraged buyout*, em português, compra alavancada. [N.T.]

altos. Mas isso teria exigido governos aliados dispostos a aceitar tal adiamento, bem como a transformação de demandas de curto prazo pelo pagamento de reparações em ações de propriedade de longo prazo, junto com um governo alemão forte o suficiente para cobrar os impostos. O governo alemão preferiu resistir a descobrir uma forma de pagar.

E assim a maior parte do ônus das reparações nunca foi paga. O que foi pago foi financiado por investidores norte-americanos. Fizeram empréstimos à Alemanha, que a Alemanha então reverteu e transferiu para os Aliados. Os empréstimos norte-americanos eram uma especulação sobre o sucesso do governo alemão da República de Weimar no pós-guerra. *Ex post*, não foi uma especulação sábia. O fardo das reparações alemãs foi perdoado durante a Grande Depressão.

A imposição dessas reparações, em primeiro lugar, acabou se revelando uma decisão política muito cara, pois desencadeou uma série de eventos que acabou levando à Depressão. As fragilidades que as reparações criaram não levaram diretamente à ascensão de Adolf Hitler – isso veio depois. Mas foram fundamentais para a desestabilização da República de Weimar e para seu colapso pré-Hitler, de uma democracia parlamentar para um regime de governo cesarista por decreto presidencial.

Quão grande e importante foi essa hiperinflação alemã? Em 1914, a moeda alemã valia US$ 0,25. No final de 1919, ela valia apenas US$ 0,01. Em seguida, recuperou-se um pouco, atingindo um valor de US$ 0,02 no final de 1920. Mas o governo continuou gastando e imprimindo e, no final de 1921, o marco caiu para US$ 0,33, uma taxa de inflação de 500% ao ano, 16% ao mês e 0,5% ao dia. No final de 1922, o marco valia apenas US$ 0,0025, a uma taxa de inflação de 13.000% ao ano, 50% ao mês e 1,35% ao dia.

Por algum tempo, o governo recebeu bem a inflação: era mais fácil financiar os gastos imprimindo dinheiro do que tentando arrecadar impostos. Os interesses industriais e mercantis também se beneficiaram: eles tomavam empréstimos dos bancos e os pagavam em marcos enormemente depreciados. Por um tempo, o trabalho também se beneficiou: o desemprego quase desapareceu e, nos estágios iniciais da inflação, pelo menos os salários reais e o poder de compra dos trabalhadores não caíram. Mas, em janeiro de 1923, o governo francês, para marcar pontos políticos internos, enviou seu exército para ocupar o vale do Ruhr e coletar mercadorias sob a mira de armas. O governo e o povo alemão responderam com resistência passiva. Os habitantes do Ruhr entraram em greve. E o governo alemão imprimiu ainda mais dinheiro para tentar manter a renda dos resistentes passivos. No final de 1923, o marco valia US$ 0,000000000025, em uma taxa de inflação de 9.999.999.900% ao ano, com média de 364% ao mês ou 5% ao dia.

Dos países que sofreram inflação pós-Primeira Guerra Mundial, a Alemanha foi a mais atingida, com os preços aumentando, como mencionado acima, em 1 trilhão de vezes. Mas vários outros países também viram a inflação subir para níveis devastadores. Na Rússia, os preços subiram 4 bilhões de vezes. Na Polônia, subiram 2,5 milhões de vezes. Na Áustria, os preços subiram 2 mil vezes. Na França, a inflação foi de apenas sete vezes, o que, como observamos, significava que os investidores na dívida do governo francês de 1918 podiam, em 1927, comprar apenas um sétimo do que poderiam ter comprado com seus títulos se tivessem gastado em vez de investido seu dinheiro em 1918.

Impulsionando essa enorme onda de inflação estava o foco europeu em, de alguma forma, apaziguar aqueles que haviam acabado de passar pela Primeira Guerra Mundial: os mutilados, os famintos e os que lamentavam a perda de irmãos, pais, maridos e filhos – na mente de muitos, era preciso que os tombados tivessem morrido por algo. Assim, os líderes políticos tentaram criar uma "terra adequada para heróis". Na prática, isso significou um compromisso do governo com programas de bem-estar social e infraestrutura para tornar a vida melhor, além da extensão do direito de voto à classe trabalhadora masculina e até mesmo às mulheres. Isso teve consequências. Na Grã-Bretanha, por exemplo, menos da metade dos homens adultos podia votar antes da Primeira Guerra Mundial. Na eleição de 1918, o Partido Trabalhista socialista multiplicou seus votos por sete vezes.

Seguiu-se um plano de invalidez para veteranos de guerra, seguro-desemprego (para que os soldados que retornaram não tivessem que mendigar nas ruas), gastos exorbitantes do governo (para reparar danos de guerra), mais gastos exorbitantes do governo (para compensar toda a infraestrutura e outros investimentos não feitos durante a guerra), além de gastos ainda mais exorbitantes do governo (para saldar as dívidas de guerra). Eleitores e heróis de guerra exigiam que os governos os compensassem por suas propriedades, que tinham sido destruídas ou perdido seu valor devido a deslocamentos induzidos pelo conflito. E os eleitores e heróis de guerra exigiam novamente seus direitos polanyianos. Aposentadoria, habitação pública e saúde pública entraram na agenda. Satisfazer essas demandas exigiria vastos recursos. Os governos do mundo, com suas economias nacionais, estavam todos mais pobres do que em 1914, mas o desejo de gastar era forte. A direita não ousou resistir. A esquerda não tinha mandato eleitoral suficiente para fazer os ricos pagarem. Os financistas não tinham confiança para preencher a lacuna mantendo a dívida resultante a taxas de juros baixas. O resultado foi que a teoria fiscal do nível de preços entrou em jogo – e a inflação.

De perspectiva estreita dos economistas, a inflação é simplesmente um imposto, um rearranjo e uma confusão. É um imposto sobre o dinheiro, porque ele passa a valer menos entre o momento em que você o adquire e o momento em que o gasta. É um rearranjo, pois aqueles que tomaram empréstimos os pagam em moeda depreciada, enquanto aqueles que emprestaram têm que aceitar essa depreciação. E é uma fonte de confusão, porque é difícil calcular se o que você – como empresa, família ou indivíduo – está fazendo faz sentido do ponto de vista econômico quando os números lançados em seus livros contábeis em datas diferentes correspondem a números e quantidades diferentes de poder de compra real.

Todos esses elementos da inflação, e especialmente da hiperinflação – o imposto, o rearranjo e a confusão –, são destruidores da confiança. Confiança na economia, na sociedade, nos governos. E essa destruição da confiança, segundo Keynes, estava "rapidamente tornando impossível a continuação da ordem social e econômica do século XIX. Mas [os líderes europeus] não tinham planos para substituí-la". As pessoas que não eram ricas, mas eram pilares abastados de sua comunidade, que geralmente não viam grande necessidade de se mudar para a direita política, mesmo temendo os planos redistributivos da esquerda, foram perturbadas pela erosão inflacionária das formas nominais de riqueza. Elas se sentiram enganadas, e quem detinha títulos do governo se sentiu ludibriado pelo governo. Era impossível para eles enxergar que o mercado tomava exatamente como dava – e que deveria, de fato, ser abençoado, não amaldiçoado. E não é de admirar – eles estavam vendo a abrupta revogação de seu direito polanyiano a finanças estáveis e a certo padrão de vida.

Quase todos com poder ou propriedades buscavam uma volta ao que Warren G. Harding, o presidente dos Estados Unidos, chamou de "normalidade". O que quer que tivesse se quebrado durante a Primeira Guerra Mundial precisava ser consertado. E, para muitos, isso significava consertar o padrão-ouro: o compromisso geral de meio século de todos os maiores países comerciais comprarem e venderem suas moedas por ouro a um preço fixo. No rescaldo da Primeira Guerra Mundial, os países concordaram que tinham que voltar a atrelar suas moedas ao ouro – e foi isso que acabaram fazendo.[20]

Isso agradou aos ricos porque era uma proteção contra mais inflação. Em outras palavras, qualquer tendência à inflação geraria, por fuga de capitais ou alta demanda de importações, uma fila de banqueiros no Banco Central tentando transformar moeda em ouro, desfazendo as pressões inflacionárias. Apenas a Grã-Bretanha, com o Banco da Inglaterra como condutor da ordem internacional do padrão-ouro, conseguia aumentar e diminuir as taxas de juros em casa. Parecia um bom sistema, tanto para a Grã-Bretanha quanto para o comércio mundial. Afinal, o padrão-ouro pré-Primeira Guerra Mundial tinha sustentado o meio século mais amplo e rápido em termos de crescimento econômico de qualquer era até então.

Durante a Primeira Guerra Mundial, os ministros das Finanças europeus descobriram os benefícios da inflação – de fato, dada a relutância dos governos em aumentar os impostos o bastante para combater a Grande Guerra, eles perceberam que a inflação era uma necessidade. Mas não era possível inflacionar se você mantivesse sua promessa de comprar e vender sua moeda em uma paridade fixa com o ouro. Assim, os países abandonaram o padrão-ouro durante a guerra. E, depois, os países que buscavam a normalidade tentaram voltar a ele.

Mas tentar é muito mais fácil do que conseguir. A inflação dos tempos de guerra e do pós-guerra praticamente triplicou os preços em todo o mundo. Bancos e governos garantiram que suas transações permanecessem lucrativas, mantendo uma fração aproximadamente constante de seu fluxo de pagamentos na forma de ativos de ouro – reservas de ouro. Triplique os preços e você triplica o valor nominal das transações. Triplique o valor nominal das transações e triplicará o ouro que precisa manter – a menos que esteja disposto a mudar a escala de equivalência entre barras de ouro e sua moeda.

Após as inflações e hiperinflações do período de guerra e do pós-guerra, o padrão-ouro do entreguerras estava tentando se manter com apenas um terço da proporção de ouro como reserva de posse de ativos para valores de transação que antes tinha sido necessária para um funcionamento mesmo semissuave. Simplesmente não dava para esperar que funcionasse.

Um lugar onde não funcionou foi na Grã-Bretanha. Embora a inflação durante a guerra e no pós-guerra na Grã-Bretanha fosse a menor entre todos os países, o país se viu diante de uma situação difícil: deparou-se com uma depreciação da moeda. Em vez do valor fixo de GB£ 1 = US$ 4,86 existente em julho de 1914, o mercado parecia querer estabelecer o valor da libra esterlina em pouco menos de US$ 4. Ao aconselhar as autoridades britânicas sobre como responder, os financistas lhes garantiram que o governo conquistaria uma grande confiança do mercado no longo prazo ao decretar medidas de austeridade para restaurar a paridade de GB£ 1 = US$ 4,86 pré-Primeira Guerra Mundial. O resultado, disseram os financistas, seria maior estabilidade, taxas de juros mais baixas e crescimento mais rápido. Todos os financistas pareciam confiantes e críveis.

Os políticos governantes optaram por seguir o conselho de seus financistas. Mas em uma economia em que o mercado queria que a libra fosse avaliada em US$ 3,80, as medidas de austeridade necessárias para levar adiante seu plano exigiam uma redução de 30% no valor médio de todos os salários e preços. Em outras palavras, uma deflação, que rapidamente levou ao alto desemprego, à falência conduzida pela concorrência estrangeira e a uma taxa de câmbio irrealista.

Quem decidia as coisas na Grã-Bretanha em meados da década de 1920 era o ministro das Finanças – chanceler do Tesouro – Winston Churchill. Seu secretário particular, P. J. Grigg, relata um jantar em 1924 oferecido por Churchill, no qual defensores e oponentes do retorno da libra a seu valor anterior à guerra tiveram um debate. Um dos convivas pintou um quadro sombrio, com exportações prejudicadas, desemprego, pressão substancial para baixo nos salários e ondas de greves. Esse conviva era John Maynard Keynes.

Mas John Maynard Keynes não tinha queimado suas pontes com o *establishment* britânico ao denunciar a posição de negociação do governo britânico após a guerra nos termos mais fortes possíveis? Sim e não. A essa altura, ele havia atingido uma estatura que lhe permitia pairar até mesmo sobre pontes queimadas.[21]

O livro *As consequências econômicas da paz* tornaram Keynes famoso. Nas palavras de seu biógrafo Robert Skidelsky, o economista falou "como um anjo com o conhecimento de um especialista". Keynes foi impelido por "paixão e desespero" e mostrou um domínio extraordinário não apenas da economia, mas também das palavras necessárias para tornar a economia persuasiva. Ele se tornou um poder com o qual era necessário se conciliar – ou pelo menos ouvir.

Pois, após a Primeira Guerra Mundial, Keynes sentiu-se compelido a usar todo o poder que pudesse reunir para restaurar a civilização. Antes da guerra, o mundo estava em um bom lugar: econômica, social, cultural e politicamente. Então as elites dominantes o quebraram. Agora era preciso encontrar um caminho de volta. Mas simplesmente retroceder o relógio para a paridade da taxa de câmbio de 1914, de GB£ 1 = US$ 4,86, não resolveria o problema. Os fundamentos haviam mudado profundamente. Seria necessária uma adaptação inteligente. A influência de Keynes, no entanto, embora suficiente para que ele fosse convidado por Churchill para seu jantar histórico, não foi bastante para fazer a história, ou, mais precisamente, os políticos – ou, mais precisamente ainda, Churchill – se mexer.[22]

Em 1919, os riscos econômicos de retornar à paridade pré-guerra da libra em relação ao ouro e ao dólar pareciam vagos, distantes e incertos. Os benefícios de iniciar um caminho de mais experimentações pareciam desnecessários. Os riscos políticos de adiar o retorno, de continuar a experimentação, pareciam grandes e imediatos. Os riscos políticos de retornar eram os mesmos que os riscos econômicos: vagos, distantes e incertos. A decisão tomada foi devolver a Grã-Bretanha ao padrão-ouro.[23]

A Grã-Bretanha voltou ao padrão-ouro em 1925. As indústrias britânicas, da mineração de carvão e da indústria têxtil aos fabricantes de produtos químicos e siderúrgicos, viram-se diante de sérias dificuldades competitivas. Isso resultou em desemprego nas indústrias exportadoras e em uma pressão por reduções salariais para tornar a indústria doméstica mais competitiva. Além disso, os especuladores da libra conseguiam enxergar o que o Banco da Inglaterra não conseguia: que retornar ao padrão-ouro com uma paridade supervalorizada enfraquecia a libra esterlina, criando uma vulnerabilidade. Eles começaram a tirar seu dinheiro da Grã-Bretanha. Para equilibrar seus pagamentos, o Banco da Inglaterra teve de manter as taxas de juros britânicas acima das norte-americanas. Taxas de juros mais altas deprimiram o investimento, aumentando ainda mais o desemprego.

Estourou na Grã-Bretanha um conflito social sobre a distribuição do ônus do ajuste, levando por fim a uma greve geral em 1926. Como resultado, o governo britânico começou a subsidiar suas indústrias em declínio e não competitivas. Mas essa resposta simplesmente permitiu que a economia não se ajustasse às novas circunstâncias – como ela iria crescer?

No final da década de 1920, cidadãos e eleitores da Europa Ocidental pelo menos podiam olhar para trás e ver não uma, mas duas décadas difíceis. Por causa da Primeira Guerra Mundial, a década de 1910 foi o último suspiro da era em que imperadores, aristocratas, generais, políticos e soldados seguravam as rédeas – e o resultado foi uma catástrofe humana quase completa. Então, no rescaldo da guerra, veio a década de 1920, uma em que calculadores, economistas e políticos estavam no comando. Embora suas políticas não tenham matado 10 milhões de pessoas, elas fracassaram em trazer crescimento rápido, renda estável, preços estáveis e pleno emprego.

O ISOLACIONISMO NORTE-AMERICANO na década de 1920 não se limitava a evitar enroscos diplomáticos e militares estrangeiros. A globalização comercial deu marcha a ré – e não apenas nos Estados Unidos. Até 1950, a globalização entrou em recessão e retrocedeu em todo o mundo.

Parte disso se devia a que, em tempos de desemprego, as nações resguardavam seus mercados com todo o zelo, reservando-os para sua própria produção. Parte disso se devia ao fato de que as nações e seus governantes temiam que a interdependência pudesse ser uma armadilha – uma economia interdependente demais, passível de ser atacada ou paralisada por um embargo, era vista agora como um risco político e talvez de segurança. Mais do que isso, os interesses que estavam sendo superados e empobrecidos pela globalização ganharam uma voz política maior em entes políticos cada vez mais democráticos ou demagógicos. Mas a maior parte se deve ao fato de que os próprios níveis de produtividade da manufatura doméstica saltaram com muita rapidez, sem divergir substancialmente entre os países. Se vale a pena ou não comercializar algo através dos oceanos depende (a) de quão alto é seu custo de produção em relação a quanto custa transportá-lo; e (b) de quão grandes são as lacunas proporcionais nos custos de produção e demanda por produtos em diferentes partes do mundo, lacunas essas que alimentam os ganhos potenciais do comércio.[24] O advento da produção em massa e da linha de montagem fez com que (a) encolhesse e não aumentou (b). Tudo isso significou que, quando chegou o ano de 1950, o comércio internacional estava de volta aos 9% da atividade econômica global, como em 1800. O ciclo da globalização havia sido revertido por completo.[25]

Além disso, muitos norte-americanos influentes sentiram que restringir a imigração deveria ser uma prioridade urgente.

Houve resistência à imigração livre e a fronteiras abertas muito antes da Primeira Guerra Mundial. O senador republicano Henry Cabot Lodge – um nativista, WASP e *Brahmin* de Boston* – por muito tempo bateu nesse tambor, assim como o progressista Woodrow Wilson, tentando evitar a corrupção darwinista social da raça norte-americana, com o que eles se referiam aos brancos, uma categoria que definiam de forma muito restrita.[26] Os imigrantes italianos, disse Lodge, eram, em sua maioria, pessoas boas e trabalhadoras. Mas alguns eram membros

---

* WASP é uma sigla para "White Anglo-Saxan Protestant" [Protestante branco e anglo-saxão], termo usualmente aplicado para designar a elite socioeconômica dos Estados Unidos. Os *Boston Brahmins* são WASPs de Boston, muitos deles descendentes dos primeiros colonizadores da região. [N.T.]

da Máfia, e por isso era necessário excluí-los. Os imigrantes poloneses, disse Lodge, também eram, em sua maioria, pessoas boas e trabalhadoras. Mas havia terroristas entre eles – afinal, fora um imigrante polonês e anarquista de segunda geração, Leon Czolgosz, quem assassinara o presidente McKinley. E assim era necessário excluir também os poloneses.

Os irlandeses, argumentou Lodge, também eram, em sua maioria, boas pessoas – incluindo muitos que já estavam nos Estados Unidos havia gerações, especialmente aqueles que eram eleitores em Massachusetts e que elegeram os representantes estaduais que levaram Lodge para o Senado. Mas entre os imigrantes mais recentes estavam os Molly McGuires socialistas-anarquistas e autores de atentados a bomba. Assim, não era menos necessário excluir os irlandeses.

Os anarquistas eram um perigo – e embora poucos judeus fossem anarquistas, muitos anarquistas eram judeus. E os judeus eram em geral um problema, e, especificamente, um problema político. Os democratas estavam cortejando o voto judaico – veja a indicação para a Suprema Corte de Louis Brandeis por Woodrow Wilson, um homem que Lodge declarou como desqualificado e perigosamente radical –, e isso distorceria a política norte-americana de maneiras horríveis e conspiratórias. Pessoas brancas de ascendência britânica, alemã, holandesa, francesa e escandinava eram bens para os Estados Unidos, na opinião deles. Os irlandeses estavam no limite – e foram rapidamente assimilados a "britânicos" por políticos que tinham de concorrer em distritos onde a diáspora irlandesa tinha votos substanciais. Quanto aos outros, mais causariam problemas do que trariam vantagens.

Deixando de lado a instância específica ocasional em que agiam em interesse próprio, muitos eleitores norte-americanos pensavam como Lodge – ou pior. Entre 1900 e 1930, a posição econômica e social da classe média negra norte-americana – o "Décimo Talentoso" de W. E. B. Du Bois – foi reduzida a escombros. Hollywood revigorou a Ku Klux Klan. Também foi o presidente de centro-esquerda Woodrow Wilson o responsável por segregar o serviço público federal e determinar que a administração de pessoal rebaixasse os trabalhadores negros. O presidente republicano progressista Theodore Roosevelt convidou Booker T. Washington para almoçar na Casa Branca. Seu primo, o democrata Franklin D. Roosevelt, havia assinado e transmitido durante a Primeira

Guerra Mundial a ordem segregando os banheiros do que era então o prédio do Estado, da Guerra e da Marinha no complexo da Casa Branca.[27]

E em meados da década de 1920, as restrições à imigração contra os europeus do Leste e do Sul se consolidaram. Em 1914, mais de 1,2 milhão de imigrantes chegaram aos Estados Unidos. Em meados da década de 1920, no entanto, as restrições à imigração haviam fixado o número de imigrantes permitidos a cada ano em apenas cerca de 160 mil. Além disso, havia cotas fixas para cada nação. As cotas para o Norte e o Oeste da Europa eram mais do que suficientes para a demanda. As cotas muito mais baixas para imigrantes do Sul e do Leste da Europa, decididamente não. Em 1930, havia espaço para mais 7 milhões de norte-americanos – pessoas que teriam imigrado se não fosse pelo sucesso legislativo de Henry Cabot Lodge e companhia em 1924. Mas os Estados Unidos continuaram construindo casas como se aqueles 7 milhões tivessem chegado e estivessem morando nelas. E avaliavam casas e prédios de apartamentos como se aqueles 7 milhões os estivessem comprando ou pagando aluguel.

Verdade seja dita: muitos norte-americanos não ficaram alarmados com essa virada para dentro. Os Estados Unidos da década de 1920 tinham muito a fazer, incluindo tornar-se uma economia de classe média em que havia rádios, eletrodomésticos, automóveis e subúrbios. As qualidades utópicas da Era do Jazz não foram atenuadas nem mesmo pela proibição da venda de álcool. Quase 30 milhões de veículos motorizados, um para cada cinco norte-americanos, estavam nas estradas em 1929. Linhas de montagem movidas a motores elétricos em fábricas organizadas para a conveniência dos trabalhadores fizeram dos Estados Unidos após a Primeira Guerra Mundial a sociedade mais rica que o mundo já vira. E o mundo percebeu.

Em meados do século XIX, engenheiros ingleses viram algumas regularidades na maneira como os norte-americanos pareciam fazer as coisas. As indústrias manufatureiras dos Estados Unidos fabricavam produtos mais simples e grosseiros. Usavam mão de obra muito menos qualificada. Usavam – os britânicos diriam "desperdiçavam" – muita matéria-prima. Os fabricantes norte-americanos pagavam a seus trabalhadores – até mesmo aos não qualificados – muito mais do que os britânicos. E pareciam conduzir o processo de produção contando com máquinas e organizações, e não com o cérebro e as mãos dos trabalhadores.

Esse "sistema norte-americano de manufaturas" foi ideia de Eli Whitney, um inventor-promotor famoso por inventar o descaroçador de algodão, que tornou viável o uso do algodão norte-americano de fibra curta como insumo para a fiação têxtil. Verdade seja dita: Eli Whitney era um quarto inventor, um quarto vendedor, um quarto maníaco e um quarto fraude. A ideia nascida dessa combinação era que os fabricantes dos Estados Unidos poderiam fazer as peças de seus produtos com especificações melhores e mais rígidas para torná-las *intercambiáveis* – o cano de uma arma de fogo se encaixaria no mecanismo de gatilho de outra. Foi uma ideia que Eli Whitney nunca conseguiu fazer funcionar bem, mas que se manteve bastante atraente.

A difusão das técnicas do sistema norte-americano desempenhou um papel substancial no crescimento da manufatura dos Estados Unidos no final do século XIX. Por intermédio da indústria de máquinas-ferramenta, empresas como a Singer (fabricante de máquinas de costura), a McCormick (fabricante de colheitadeiras e outras máquinas agrícolas) e a Western Wheel Works (fabricante de bicicletas) adotaram a estratégia de tentar tornar suas peças intercambiáveis, e assim economizar nos custos de manuseio, encaixe e acabamento que consumiam boa parte do tempo de trabalhadores qualificados.[28]

A economia de custos certamente chamava a atenção dos fabricantes do século XIX. Mas era preciso mais: seu objetivo também era produzir um produto de qualidade superior (embora, observe, não da mais alta qualidade) do que seria possível de outra forma, que eles poderiam vender por um preço maior.

A principal diferença entre Henry Ford e seus predecessores no uso do "sistema norte-americano" para usinagem – e entre Ford e seus concorrentes no exterior – era que o foco de Ford nem sempre era fazer um produto superior (para vender a homens ricos com motoristas), mas, sim, fazer um produto de baixo preço que ele pudesse vender para o maior número possível de pessoas.

Como? Ford minimizou seus custos construindo uma fábrica de capital intensivo que era muito boa na fabricação de automóveis, mas não na construção de qualquer outra coisa. Essa intensidade de capital trazia riscos. A produtividade e a lucratividade da fábrica da Ford dependiam de uma alta taxa de produção. Isso foi alcançado em parte ao se "mover o trabalho até os homens" por meio da linha de montagem (que se tornou outro princípio fundamental da produção em massa). Os engenheiros da Ford encontraram um método para acelerar homens lentos. O ritmo de trabalho pôde ser aumentado. O monitoramento do trabalhador pôde ser aumentado. Trabalhadores não qualificados puderam ser substituídos por trabalhadores qualificados. A tarefa de gerenciamento tornou-se muito mais simples do que jamais fora: a linha de montagem forçou o ritmo dos trabalhadores mais lentos e tornou óbvio onde estavam os gargalos. Os custos fixos indiretos foram distribuídos por volumes de produção cada vez maiores e, assim, preços cada vez mais baixos tornaram-se possíveis.[29]

Henry Ford teria ficado feliz se tivesse conseguido encontrar trabalhadores qualificados para suas linhas de montagem com baixos salários. Mas não conseguiu. O trabalho na emergente linha de montagem da Ford era brutal. Os trabalhadores que recebiam o salário-padrão para mão de obra não qualificada na fábrica da Ford em Detroit – pouco menos de US$ 2 por dia – pediam as contas num ritmo surpreendente. Em um ano, 1913, a Ford teve uma força de trabalho anual média de 13.600 pessoas, mas 50.400 pediram demissão ou foram demitidas. Os trabalhadores da Ford – acelerados, automatizados, de curto prazo, alienados e prestes a pedir demissão – pareciam o substrato óbvio para recrutamento para a Industrial Workers of the World (IWW),* e os lucros da Ford eram muito vulneráveis a greves no estilo IWW, repentinas e não autorizadas pela liderança do sindicato.

A solução de Ford foi um aumento maciço nos salários: para US$ 5 por dia para trabalhadores não qualificados, desde que suas circunstâncias familiares e comportamento o satisfizessem. Em 1915, a rotatividade anual de funcionários havia caído de 370% para 16%. Muitos homens para os quais não valia a pena trabalhar na Ford por US$ 1,75 ao dia acharam os US$ 5 mais do que suportáveis. Muitos outros faziam

---

* Em português, Trabalhadores Industriais do Mundo, sindicato norte-americano. [N.T.]

fila em frente à fábrica da Ford em busca de um posto de trabalho que lhes parecia ser uma incrível moleza (e para aqueles que não se importavam muito com o ritmo da linha de montagem, era mesmo).[30]

Nos Estados Unidos altamente desiguais e altamente estratificados das décadas de 1910 e 1920, soava radical a ideia de que um peão de fábrica, semiqualificado e bem pago, pudesse estar confortavelmente situado na metade superior da distribuição de renda. Mas era o que acontecia em Detroit. E os comentaristas sociais e os imitadores de Ford imaginaram a disseminação da produção em massa para o restante da economia, tornando Detroit a regra, e não a exceção. Por tudo isso, Ford se tornou uma celebridade e um símbolo. A extraordinária produtividade da produção em massa, como algum publicista anônimo começou a chamá-la, oferecia a perspectiva de uma viagem para a utopia pela via exclusiva da tecnologia. Entre as guerras mundiais, Henry Ford era – como Aldous Huxley o fez parecer em seu romance ambiguamente distópico *Admirável mundo novo* – uma lenda, uma figura mítica, um quase Moisés para o mundo.

Nem todos se convenceram, e alguns desconfiaram abertamente. Os bichos-papões dos alertas pessimistas de Lodge, os anarquistas e os socialistas, eram reais, mesmo que grande parte de sua influência sobre os eventos não fosse. E, por mais ambíguo que fosse, o *Admirável mundo novo* de Huxley ainda era claramente distópico. O fordismo ficcionalizado por Huxley deu origem a um mundo onde nem todos gostariam de viver ou deveriam desejar viver.

Como muitas das figuras mais proeminentes daquele longo século, Ford conseguiu se manter em alta conta no mundo, mesmo quando suas ideias se tornaram mais selvagens, rabugentas, cruéis e preconceituosas. Seu admirável mundo novo de produção em massa foi certamente um choque para todos os que pensavam, como Polanyi, que mereciam estabilidade. Mas trouxe coisas novas, visíveis, tangíveis e maravilhosas, como rádios, carros e área útil. Uma pequena instabilidade poderia então ser contornada, e parte da selvageria, rabugice e crueldade poderia ser ignorada. No todo, o futuro da produção em massa nos Estados Unidos parecia brilhante.

Cada vez mais, os tomadores de decisão dos Estados Unidos acreditavam que a chave para a empresa moderna estava na criação de enormes economias de escala que poderiam ser realizadas por uma grande organização integrada verticalmente, capaz de planejar o fluxo de matérias-primas para a fábrica e o fluxo de mercadorias acabadas para os canais de distribuição. A concretização dessas economias de escala exigia a produção mais alta possível, bem como os preços mais baixos praticáveis para garantir que a produção pudesse ser vendida. Mas corporações como a Ford estavam provando que essa fórmula era viável, ou pelo menos viável o suficiente.

Theodore N. Vail, presidente da American Telephone and Telegraph no início do século XX, distinguiu duas estratégias diferentes para gerar receita líquida: "por uma grande porcentagem de lucro em uma pequena empresa, ou uma pequena porcentagem de lucro em uma grande empresa". E nos Estados Unidos, a segunda era melhor.[31]

Os fabricantes de itens produzidos em massa, no entanto, enfrentaram um problema literalmente criado por eles próprios. Uma vez saturado o mercado, a demanda de reposição do mesmo produto caiu consideravelmente. Os produtores precisavam de consumidores que não simplesmente "substituíssem", mas "atualizassem" seus produtos. Esse era um grande problema para a Ford. Ele havia aderido à imutabilidade por razões ideológicas e também baseadas na produção. Tornou-se um problema especialmente complicado porque, no final das contas, os consumidores, ao contrário de Ford, queriam novidades. Eles estavam (e estão) dispostos a pagar um preço mais alto para ter não apenas um carro, mas um carro diferente de alguns, até mesmo da maioria, de seus vizinhos.[32]

Aldous Huxley acreditava que seria necessária uma manipulação psicológica sofisticada para persuadir as pessoas a comprar o que a produção em massa poderia produzir – e é exatamente isso que ele descreve em *Admirável mundo novo*.[33] O mundo real se provou muito mais simples: faça algo e conte às pessoas o que você fez (com algumas fotos de pessoas usando seu produto, se divertindo mais do que nunca na vida), e o público vai comprá-lo.

O que Ford rejeitava, Alfred P. Sloan, na General Motors, abraçava. Faça as entranhas dos carros iguais, de modo a aproveitar ao máximo as economias de escala, coloque as entranhas em caixas de cores diferentes e conte com a publicidade para criar diferentes auras em torno de diferentes linhas de carros. Com certeza havia alguma psicologia envolvida, mas era sofisticada? Não.

É natural ficar com um pé atrás a respeito dessa onda de diferenciação de produtos. Parece desperdício, parece enganação. No entanto, a diferenciação de produtos, a concorrência monopolista e até mesmo a publicidade são genuinamente populares. A produção em massa mais o consumo em massa é o que tornou possível a criação dos Estados Unidos como uma sociedade de classe média – uma sociedade de classe média composta cada vez mais por pessoas que vivem em casas suburbanas e usam automóveis para se deslocar e fazer compras, com máquinas de lavar, geladeiras, ferros elétricos, fogões elétricos e a gás e muito mais. Toda uma série de invenções e tecnologias que transformaram grandemente a parte da vida econômica que ocorre dentro do lar tornou-se entrelaçada com a compreensão do público sobre os direitos polanyianos.

Antes da Primeira Guerra Mundial, os Estados Unidos tinham tido o ciclo econômico mais virulento de toda a parte industrializada do mundo. Um grande colapso, seguido de depressão, ocorreu em 1873, após a falência do banco de investimentos Jay Cooke and Company, então o maior do país, quando os subsídios públicos para a Northern Pacific Railway, com os quais contava, não se materializaram. Outra grande depressão, causada por um colapso no financiamento das ferrovias, começou em 1884. Outra depressão ocorreu no início da década de 1890, quando o medo de que os Estados Unidos abandonassem o padrão-ouro afugentou do país o capital britânico e do Leste urbano – embora J. P. Morgan tenha lucrado muito ao apostar que Grover Cleveland manteria o padrão-ouro, emprestando a ele o dinheiro para que o fizesse. Depois houve o Pânico de 1901, gerado como subproduto de uma briga entre E. H. Harriman e J. P. Morgan pelo controle da Northern Pacific Railway. O Pânico de 1907 veio a seguir, e só não se tornou um evento semelhante à Grande Depressão porque J. P. Morgan decidiu fazer o que o Banco da Inglaterra vinha fazendo desde a década de 1820: apoiar bancos com problemas até a crise passar. O Banco da Inglaterra podia fazer isso imprimindo papel-moeda com curso legal. Morgan fez isso imprimindo "certificados de compensação" e dizendo a todos que, se não os aceitassem como se fossem dinheiro, ele os arruinaria depois que a crise terminasse – e ele tinha boa memória.[34]

Posteriormente, no entanto, tanto políticos como banqueiros concluíram que seria melhor que as funções de combate ao pânico próprias de um banco central não fossem realizadas no setor privado por um financista implacável e ganancioso, embora altamente competente. Os Estados Unidos não tinham nada parecido com um banco central desde que, na década de 1830, Andrew Jackson vetara a renovação da licença do Second Bank por ameaça à liberdade. Os Estados Unidos fundaram um banco central em 1913, o Federal Reserve, encarregado de manter sólido e líquido o sistema financeiro para que as engrenagens do comércio e da indústria pudessem girar azeitadas. E assim, após a Primeira Guerra Mundial, por cerca de uma década, para a maioria dos norte-americanos, o mercado deu e raramente tirou, então abençoado seja o mercado. E tudo isso sem o incômodo de assumir a responsabilidade hegemônica de estabilizar o mundo como um todo. Estabilizar os Estados Unidos bastava.

Na década de 1920, Herbert Hoover foi um grande agitador e construtor de pontes para a rápida expansão da industrialização norte-americana. Woodrow Wilson tirou Hoover de seus projetos humanitários na Bélgica e o instalou como o "czar dos alimentos" dos Estados Unidos. Em 1919, o Congresso deu a Hoover US$ 100 milhões – e ele levantou outros US$ 100 milhões – para pagar por ajuda alimentar pós-guerra. Com a mudança da administração em 1921, dos democratas novamente para os republicanos, o presidente Warren Harding fez uma concessão ao bipartidarismo, ou melhor, ao progressismo, e à ideia de um governo confiante em seu sucesso, ao nomear Hoover secretário de Comércio, cargo que ocupou de 1921 a 1928.[35]

Hoover achava que o secretário de Comércio deveria ser o consultor administrativo de todas as empresas dos Estados Unidos e a pessoa que impulsionaria os outros departamentos a cooperarem e ajudarem a indústria norte-americana. Ele promoveu a aviação. Promoveu o rádio. Dirigiu o auxílio federal em resposta à Grande Inundação do Mississippi em 1927. E concorreu e obteve a indicação presidencial republicana no verão de 1928 e, em seguida, venceu o democrata Al Smith na eleição presidencial de 1928.

No final de 1928, em seu último discurso sobre o Estado da União, o presidente Calvin Coolidge começou assim: "Jamais um Congresso dos Estados Unidos, reunido para examinar o Estado da União, encontrou uma perspectiva mais agradável que a do presente momento". Todos, declarou o presidente sainte, devem "encarar o presente com satisfação e antecipar o futuro com otimismo". E, de fato, quase todo mundo nos Estados Unidos da década de 1920 tinha bons motivos para ser otimista: os Estados Unidos pareciam estar em uma onda de inovação e invenção que estava levando o país na direção de uma maior prosperidade mais rapidamente do que qualquer geração anterior teria acreditado.[36]

As indústrias de automóveis e de outros bens de consumo duráveis, especialmente rádios, tornaram-se setores líderes. O motor elétrico e a eletricidade tornaram-se os principais indutores da produção industrial. O crescimento do setor de serviços públicos estava interligado a eles. Com a eletrificação, a demanda potencial pelos serviços prestados pelas concessionárias era imensa, de rápido crescimento e previsível. Os custos de suas plantas eram fixos. E praticamente todos os serviços públicos eram quase monopólios.

A estratégia dos serviços públicos era evidente: usar a solidez subjacente do setor como garantia para tomar dinheiro emprestado dos bancos, usar esse dinheiro para fornecer mais serviços públicos, aproveitar economias de escala de engenharia para reduzir custos, colher os lucros e garantir que eles fossem compartilhados com as pessoas certas, a fim de manter a benevolência dos reguladores em potencial com o setor. Samuel Insull, um magnata dos serviços públicos estabelecido em Chicago, tornou-se um príncipe da infraestrutura com essa estratégia, e poderia muito bem ter dominado o capitalismo norte-americano de meados do século se a inveja e a ganância dos banqueiros não os tivessem levado a retirar seu apoio a ele.

Não que não houvesse descontentamento. Nos Estados Unidos, a crescente concentração de riqueza provocou um sentimento generalizado de que algo estava errado. Explicar exatamente o quê, no entanto, era difícil, e nenhuma facção ou grupo conseguiu de fato transformar esse descontentamento em energia política. Os populistas tinham sido derrotados na década de 1890 por uma combinação de preconceito racial e um senso crescente de que a desigualdade era regional e a pobreza, rural.

E a maré progressista refluiu quando os moderados abraçaram reformas apenas moderadas. Os eleitores, enquanto isso, continuaram a eleger presidentes republicanos que estavam mais ou menos satisfeitos com o desenvolvimento econômico e social dos Estados Unidos e que acreditavam que "o negócio dos Estados Unidos são os negócios".[37]

Ainda assim, os administradores que dirigiam as empresas norte-americanas e os políticos eleitos não ignoravam o desafio progressista. Temendo o que a sindicalização ou uma mudança para a esquerda na política poderiam trazer, e preocupados com o bem-estar de seus trabalhadores, os líderes empresariais norte-americanos na década de 1920 desenvolveram o "capitalismo do bem-estar". Profissionais de serviço social contratados por empresa forneciam aconselhamento e visitavam as casas dos trabalhadores. As empresas ofereciam planos de compra de ações para ajudar os trabalhadores a pouparem, com vistas a aposentadoria, doença, acidentes e seguro de vida.[38]

Com o capitalismo de bem-estar distribuído de forma irregular, o socialismo e a social-democracia foram considerados discutíveis, desnecessários e antiamericanos. O interesse de longo prazo das empresas norte-americanas era cuidar de seus trabalhadores, um fato tão óbvio quanto o salário de US$ 5 por dia de Henry Ford e as moradias operárias da Pullman Company.

À medida que a década de 1920 avançava, os norte-americanos esqueceram as profundas recessões do período pré-Primeira Guerra Mundial e começaram a aceitar que estavam vivendo em uma "nova era", com um crescimento econômico mais rápido e prosperidade geral. O recém-criado Federal Reserve tinha as ferramentas necessárias para acalmar o ciclo de negócios. A aplicação sistemática da ciência à tecnologia em laboratórios de pesquisa gerava um fluxo cada vez mais acelerado de novas invenções. Se você olhasse seletivamente para os fatos, era um mundo admirável, novo e ambiguamente utópico. Por que as pessoas nos Estados Unidos da década de 1920 não esperariam que a prosperidade perdurasse e o crescimento econômico acelerasse?

Uma consequência dessa "nova era" aparentemente permanente foi a alta dos preços dos ativos financeiros.

Para avaliar adequadamente qualquer ativo financeiro, primeiro precisamos calcular a taxa de retorno exigida pelo mercado para ativos seguros – por exemplo, os títulos do governo mais confiável do mundo. Em segundo lugar, adicionamos um ajuste apropriado ao risco do ativo. Em terceiro, subtraímos dessa taxa de retorno ajustada a taxa à qual você espera que os pagamentos do ativo cresçam (para um título de cupom constante, essa taxa será zero; para uma ação, será a taxa esperada de crescimento dos lucros). Chame isso de "fator de rendimento ajustado". Em quarto lugar, dividimos o pagamento atual do ativo – seu pagamento de cupom de título ou pagamento de dividendos das ações – pelo fator de rendimento ajustado. Isso dá o preço pelo qual o ativo deve ser vendido. Os norte-americanos da década de 1920 que se deram ao trabalho de seguir todos os quatro passos o fizeram supondo que o preço do ativo deveria subir.

O resultado foi uma fé generalizada na "nova era" permanente de riscos baixos, taxas de juros baixas produzidas pela estabilização macroeconômica bem-sucedida, crescimento rápido produzido por novas tecnologias e confiança de que, no futuro, as depressões seriam poucas e leves. Em termos concretos, isso se traduziu em preços muito altos para os ativos financeiros, especialmente ações, e especialmente ações de empresas de alta tecnologia. Irving Fisher, economista monetário (e entusiasta da Lei Seca), arruinou para sempre sua reputação como previsor econômico ao declarar, no final de 1929, que "os preços das ações atingiram o que parece ser um platô permanentemente alto". É verdade que ele declarou isso para um mar quase universal de cabeças aquiescentes.[39]

Que o mercado de ações dos Estados Unidos descarrilhou é evidente. Uma série de anomalias nos valores do mercado de ações indica que quem comprou ações no segundo semestre de 1929 não tinha a menor indicação racional para o que estava fazendo.

Considere os fundos de investimento fechados. Um fundo de investimento fechado é uma *holding* pura. Espera-se que os investidores reúnam seus recursos e limitem seus riscos comprando ações dessa *holding*, desse fundo de investimento fechado, que então compraria e manteria para eles ações de cem ou mais empresas operacionais individuais. A teoria era que a administração do fundo seria mais capaz de escolher ações e administrar o risco do que os investidores individuais.

Na prática, isso significava que os únicos ativos de um fundo de investimento fechado eram seus ativos financeiros: as ações e os títulos que detinha. Por princípios elementares de finanças racionais, portanto, o valor fundamental de um fundo de investimento fechado era nada mais do que o valor atual das ações e títulos que compunham sua carteira. No entanto, no segundo semestre de 1929, os fundos de investimento fechados estavam sendo oferecidos a um prêmio de 40% em relação ao valor de seus ativos líquidos.[40]

De acordo com as "regras do jogo" do padrão-ouro, um país que recebe um influxo de ouro deve usá-lo para apoiar uma expansão de seu estoque monetário, o que, por sua vez, desencadeia a inflação. Essa inflação então encoraja o país a importar mais e a exportar menos para reequilibrar a balança comercial. Mas nem os Estados Unidos nem a França estavam dispostos a tolerar a inflação doméstica. Eles guardaram o ouro em seus cofres governamentais. Ambos começaram a ver suas reservas de ouro não como amortecedores, mas sim como tesouros nacionais, a serem defendidos e acumulados – e qualquer fluxo de saída era visto como uma derrota.

Em 1929, os Estados Unidos e a França detinham mais de 60% do ouro monetário mundial. O nível de preço global era o dobro do que havia sido em 1914. Fora dos Estados Unidos e da França, países comprometidos em realizar trocas comerciais o faziam com apenas uma fração do ouro do mundo. Como consequência, uma única moeda ou barra de ouro tinha de fazer mais de cinco vezes seu trabalho usual no amortecimento de choques, fornecimento de liquidez e criação de confiança.[41]

A posteriori, os economistas Friedrich von Hayek e Lionel Robbins culparam a relutância do Federal Reserve em aumentar mais cedo as taxas de juros pela Grande Depressão que começou em 1929. Eles apontaram para a decisão tomada pelo Fed no primeiro semestre de 1927 (a pedido do Reichsbank e do Banco da Inglaterra) de cortar a taxa de desconto pela qual emprestava aos bancos de 4% para 3,5%. Eles alegaram que essa mudança na taxa era claramente inflacionária, que disponibilizava dinheiro para a economia a um preço muito baixo e que, em última análise, levou ao *boom* inflacionário que conduziu à mania especulativa de 1929.[42]

Hoje sabemos que isso está errado porque temos a vantagem de saber como é uma política monetária excessivamente inflacionária: é a dos Estados Unidos entre 1965 e 1973. O final da década de 1920 não foi nada parecido com isso: os preços gerais permaneceram constantes. Os mercados de bens e produtos não mostraram sinais de muito dinheiro correndo atrás de poucos bens.

Economistas como Milton Friedman propõem um argumento mais convincente, afirmando que o Federal Reserve não foi muito expansionista, mas muito contracionista no período que antecedeu a quebra do mercado de ações de 1929. A partir de 1928, os funcionários do Federal Reserve começaram a temer que o ouro pudesse começar a sair se eles não aumentassem as taxas de juros. Também temiam que os preços das ações estivessem muito altos, que pudessem terminar em uma quebra, e que essa quebra provocasse uma depressão. Então tomaram medidas para tentar conter as saídas de ouro e a especulação no mercado de ações, tornando mais caro tomar dinheiro emprestado. Foram bem-sucedidos na primeira. Fracassaram na segunda.[43]

Ao que parece, as tentativas do Federal Reserve de impedir que a supervalorização do mercado de ações crescesse o suficiente para desencadear uma quebra foram contraproducentes. Na verdade, provocaram a quebra – e depois uma recessão – por si mesmas. A economia dos Estados Unidos entrou em uma recessão cíclica em junho de 1929. Nessa época, a economia alemã já estava em recessão havia quase um ano. A Grande Depressão tinha começado.

7
A GRANDE DEPRESSÃO

Entender a Grande Depressão começa com uma retrospectiva dos primeiros debates entre os economistas no início do século XIX. Esses economistas assistiam à emergência da economia de mercado. Temiam que as coisas não necessariamente se encaixassem à perfeição. Não estariam os agricultores impedidos de vender os produtos que cultivavam aos artesãos porque estes não conseguiriam vender os produtos que fabricavam aos comerciantes, que não poderiam ganhar dinheiro levando os produtos dos artesãos aos agricultores, já que os agricultores não comprariam nada?

O economista francês Jean-Baptiste Say escreveu em 1803 que não havia motivo para preocupação. Um "excesso generalizado" – uma "superprodução" ou "baixa demanda" em toda a economia e um consequente desemprego em massa – era incoerente. Ninguém, argumentou Say, jamais produziria qualquer coisa para vender, a menos que esperasse usar o dinheiro ganho para comprar outra coisa.[1] E assim, "por uma necessidade metafísica", como escreveu em 1829 John Stuart Mill, economista da geração subsequente, resumindo o argumento de 1803 de Say, não poderia haver desequilíbrio entre o valor agregado da produção planejada para venda, o valor agregado das vendas planejadas e o valor agregado das compras planejadas. Essa é a "Lei de Say".[2]

Mas Say enfatizou que essa igualdade só se aplicava aos totais da economia como um todo. Mercadorias individuais poderiam estar e muitas vezes estavam com excesso de demanda, com compradores insatisfeitos e rapidamente aumentando os preços que estavam dispostos a pagar – ou excesso de oferta, com vendedores baixando rapidamente os preços pelos quais haviam planejado vender. A ideia de que se poderia ter excesso de demanda por (e, portanto, altos lucros em) mercadorias escassas, ou excesso de oferta (e, portanto, perdas em) mercadorias superabundantes – isso não era um defeito, mas uma característica. O mercado fornecia incentivos para que recursos fossem transferidos a fim de eliminar rapidamente tais desequilíbrios. Mas uma deficiência de demanda em relação à produção de quase tudo? Isso, disse Say, era impossível.

Outros economistas questionaram a conclusão de Say. E se você quisesse comprar antes de vender – se o artesão quisesse comprar comida antes que o comerciante viesse comprar os tecidos? Era para isso, disse Say, que serviam os bancos e o crédito comercial: "Os comerciantes sabem muito bem como encontrar substitutos para o produto que serve como meio de troca". Karl Marx descartou isso como "bobajada infantil de um Say".[3] Uma pessoa não vendia só para comprar: ela poderia ser forçada a vender para saldar uma dívida antiga, caso o crédito recebido de algum banco lhe fosse retirado. Nesse caso, a demanda por mercadorias estaria no passado e não poderia equilibrar sua oferta no presente. Se todos estivessem tentando vender para saldar dívidas antigas, haveria de fato uma "superabundância geral". E se os cobradores de empréstimos vissem negócios entrando em falência por todo lado, provavelmente não forneceriam "substitutos para o produto que serve como meio de troca".

Say estava errado. Como o economista Thomas Robert Malthus intuíra vagamente em 1819, e como o jovem John Stuart Mill acertara na mosca em 1829, pode haver um excesso de demanda por dinheiro junto com um excesso de oferta de praticamente todo o resto.[4]

Se um fabricante tem excesso de demanda por um bem, ele pode responder aumentando seu preço. Se é um bem que você deseja, você pode responder estando disposto a pagar mais por ele. E isso, por sua vez, pode muito bem fazê-lo querer ter mais dinheiro para comprar mais desse bem e de outros semelhantes. Algo parecido acontece quando há um excesso de demanda por moeda. As pessoas com demanda por ela podem "comprar" mais dinheiro trabalhando mais e mais. Mas como o dinheiro é especial, você também pode fazer uma outra coisa. Você pode parar de gastar. E quando você para de gastar, suas contrapartes perdem os mercados, a renda e o trabalho delas.[5]

Se o dinheiro estiver com excesso de demanda e, portanto, um número crescente de bens e serviços ficar com um excesso de oferta, as fábricas serão fechadas e os trabalhadores ficarão desempregados. O fato de os acionistas ficarem sem dividendos, os credores ficarem sem pagamentos de juros e os trabalhadores ficarem sem salários só vai aumentar ainda mais a lacuna entre o potencial produtivo da oferta agregada da economia e o nível atual da demanda agregada.

Say veio a reconhecer o ponto que Marx e Mill (e outros) defenderiam após o Pânico Britânico de 1825.[6] Os bancos e comerciantes da Inglaterra concluíram no final de 1825 que tinham feito empréstimos a um excesso de contrapartes cujos investimentos não estavam se saindo bem. Então pararam de adiantar dinheiro em troca dos ganhos futuros prometidos pelos comerciantes aos clientes. Assim, escreveu Say, "o comércio se viu privado de uma só vez dos adiantamentos com os quais contava", o que acabou levando ao colapso financeiro e econômico, um verdadeiro "excesso generalizado". Dinheiro e crédito são, afinal, confiança líquida. E se não houver confiança de que sua contraparte é solvente, o dinheiro e o crédito não virão.

No entanto, há uma organização que quase sempre é considerada confiável para pagar suas dívidas. O governo aceita como pagamento de impostos o dinheiro que ele mesmo emite. Por causa disso, todos os que devem impostos estarão dispostos a vender o que têm em troca do dinheiro emitido pelo governo. Sempre que a economia congela devido à escassez de demanda e renda, o governo pode consertá-la – contanto que suas próprias finanças sejam confiáveis no longo prazo – aumentando a quantidade de dinheiro emitido nas mãos do público. As pessoas então poderão comprar. Suas compras então se tornam uma renda extra para outras pessoas. Essas outras pessoas poderão então comprar mais. E assim a economia vai se destravar – se o governo agir adequadamente para permitir que isso aconteça.

Há uma série de maneiras pelas quais o governo pode colocar poder de compra extra nas mãos do público para vencer uma depressão.

Ele pode fazer com que seus funcionários joguem dinheiro de helicópteros – uma ideia interessante proposta pela primeira vez por Milton

Friedman (foi por se referir a essa ideia que o ex-presidente do Federal Reserve dos Estados Unidos, Ben Bernanke, ganhou o apelido de "Helicopter Ben").

Pode contratar pessoas, colocá-las para trabalhar e pagá-las.

Pode simplesmente comprar coisas úteis e, assim, fornecer a demanda extra para tornar lucrativo que os empregadores contratem mais pessoas, coloquem-nas para trabalhar e as paguem.

Pode ter um braço – um banco central – que troca ativos financeiros por dinheiro.

A última dessas opções é a preferida dos governos na história recente. Em resposta ao Pânico de 1825, o Banco da Inglaterra tomou medidas importantes para aumentar o caixa – e os gastos – de bancos, empresas e indivíduos da Inglaterra.[7] Como Jeremiah Harman, então um dos diretores do Banco da Inglaterra, escreveu: "Emprestamos [dinheiro] por todos os meios possíveis e de maneiras que nunca adotamos antes; fizemos estoque de títulos, compramos letras do Tesouro, adiantamos letras do Tesouro, não apenas descontamos, mas adiantamos sobre o depósito de letras de câmbio em uma quantia imensa, em suma, por todos os meios possíveis consistentes com a segurança do Banco e não fomos condescendentes demais em alguns casos. Vendo o estado terrível em que o público se encontrava, prestamos toda a assistência ao nosso alcance".[8]

Apesar desses esforços, houve uma depressão: 16% menos algodão foi beneficiado na Inglaterra em 1826 do que em 1825. Mas a depressão foi curta: 1827 viu 30% mais algodão beneficiado do que 1826. Podia ter sido pior? Certamente. De fato, há boas razões para pensar que a crise teria sido consideravelmente pior se o Banco da Inglaterra tivesse se comportado da mesma forma que o Tesouro dos Estados Unidos e o Federal Reserve no início dos anos 1930.

À MEDIDA QUE O MUNDO mergulhava na Grande Depressão, entre 1929 e 1933, os bancos centrais *não* tomaram medidas emergenciais em larga escala para colocar dinheiro nas mãos do público. É fácil narrar o mergulho. É mais complicado, no entanto, entender por que esses bancos centrais cruzaram os braços.

A década de 1920 assistiu a um *boom* do mercado de ações nos Estados Unidos, um resultado do otimismo geral. Empresários e economistas acreditavam que o recém-nascido Federal Reserve estabilizaria a economia e que o ritmo do progresso tecnológico garantiria padrões de vida rapidamente crescentes e mercados em expansão. O Federal Reserve temia que a contínua especulação com ações produzisse um grande número de instituições financeiras superalavancadas que iriam à falência à menor queda no preço dos ativos. Tal onda de falências produziria então um enorme aumento do medo, uma grande corrida por dinheiro e o excesso de demanda por dinheiro que é o outro lado de um "excesso generalizado". O Federal Reserve decidiu que precisava conter a bolha do mercado de ações para evitar tal especulação. Foi assim que sua tentativa de evitar uma depressão no futuro provocou uma no presente.[9]

As depressões anteriores tinham sido – e as futuras seriam – muito menores do que a Grande Depressão. Nos Estados Unidos, as crises econômicas mais recentes tinham infligido danos significativamente menores: em 1894, a taxa de desemprego atingiu um pico de 12%; em 1908, 6%; e em 1921, 11%. A maior taxa de desemprego alcançada entre a Segunda Guerra Mundial e a pandemia de covid-19, em 2020, foi de 11%. Na Grande Depressão, a taxa de desemprego nos Estados Unidos atingiu um pico de 23% – e de 28% para os trabalhadores não agrícolas (no setor da agricultura familiar, o "desemprego" é mais difícil de medir). Parte da grandeza da Grande Depressão foi resultado da expansão relativa do setor não agrícola às custas do setor agrícola familiar: trabalhando com os melhores dados disponíveis, estimo que a taxa de desemprego não agrícola atingiu o pico de 14% em 1921, e, retrocedendo no tempo, de 8% em 1908, 20% em 1894 e 11% em 1884. Depressões com desemprego em larga escala são uma doença da economia não agrícola com trabalhadores e empresas, não de pequenos fazendeiros ou mesmo de artesãos independentes.

Mas mesmo levando em conta o crescente tamanho relativo dos setores industrial e não agrícola, a Grande Depressão foi de longe maior e mais longa do que quaisquer depressões anteriores ou posteriores. Outras produziram um único grande choque que tirou o trabalho das pessoas e fechou fábricas e negócios, após o que começou a recuperação, às vezes rápida e às vezes lentamente, e a confiança voltou quando as pessoas se recuperaram, o excesso de demanda por dinheiro diminuiu e as pessoas não desejavam mais acumular tanto dinheiro para emergências futuras.

A Grande Depressão foi diferente. O início da recessão, em meados de 1929, foi o primeiro choque de confiança. A quebra do mercado de ações no final de 1929 foi consequência tanto desse choque quanto do excesso de alavancagem, e foi em si um segundo grande choque de confiança que rapidamente reverberou em todo o mundo. Então, um ano depois, veio uma crise bancária nos Estados Unidos. A ideia de que o dinheiro que você vinha depositando no banco podia ficar trancado e se tornar inacessível – ou desaparecer completamente – causou uma corrida aos bancos. Depósitos bancários deixaram de ser totalmente "em dinheiro" porque era impossível ter certeza de que ele ainda estaria lá quando você precisasse dele. Assim, as pessoas exigiam mais dinheiro, dessa vez insistindo que fosse especificamente em dinheiro vivo, aumentando ainda mais o excesso de demanda por moeda. Em março de 1931 instalou-se uma segunda crise bancária. O verão e o outono de 1931 testemunharam pânicos em outros países, o que tornou a Grande Depressão mundial – e maior na Alemanha do que em qualquer outro lugar.[10]

Até o final de 1930, as pessoas continuaram clamando por dinheiro. Com o final dos loucos anos 1920 e o mercado de ações em um pronunciado mercado em baixa, a demanda por dinheiro era alta. Mas logo depois, os bancos começaram a ficar com medo e a restringir a quantidade de dinheiro que estavam dispostos a fornecer aos seus clientes. Exigiram o pagamento de empréstimos e cancelaram linhas de crédito, na tentativa de aumentar a proporção de suas próprias reservas mantidas contra os depósitos que deviam a seus clientes. E as famílias começaram a querer aumentar sua relação moeda/depósitos: guardar mais dinheiro debaixo do colchão do que no banco.

Do final de 1930 até 1933, mês a mês, esses índices reservas-depósitos e moeda-depósitos cresceram à medida que a confiança caía, e assim, mês a mês, a oferta monetária encolheu. Durante esse período, 1931 foi um ano de crises bancárias e financeiras internacionais; 1932 não viu grandes crises extras, mas também não viu recuperação, pois a situação havia se tornado tão ruim e tão sem precedentes que não houve recuperação da confiança.

O pensamento econômico antikeynesiano convencional sustentaria que qualquer depressão será curada mais rapidamente se os salários e os preços forem encorajados – ou forçados – a cair em termos nominais. A mesma quantidade de gasto em dólares comprará mais coisas e fornecerá demanda para mais pessoas trabalharem. O problema é que, quando os salários e os preços caem, as dívidas não caem com eles. Assim, uma queda nos preços – deflação – durante a Depressão causou falências – empresas incapazes de pagar suas dívidas –, o que levou a mais contrações na produção, que provocaram quedas adicionais nos preços, falências e assim por diante.

Os pânicos bancários e o colapso do sistema monetário mundial lançaram dúvidas sobre o crédito de todos e reforçaram a crença de que o início da década de 1930 era um tempo para observar e esperar. A demanda por dinheiro aumentou e o excesso de oferta de bens e serviços cresceu. E com os preços caindo 10% ao ano, os investidores tinham motivos convincentes para ficar de fora. Investir agora lhes renderia menos lucro do que se esperassem para investir no próximo ano, quando seus dólares valeriam 10% a mais. O mergulho na Depressão, com aumento do desemprego, queda na produção e nos preços, continuou durante o mandato presidencial do então recém-eleito Herbert Hoover.

Em seu ponto mais baixo, a Depressão foi uma insanidade coletiva. Os trabalhadores estavam ociosos porque as empresas não os contratavam para operar suas máquinas; as empresas não contratavam trabalhadores para trabalhar em suas máquinas porque não viam mercado para as mercadorias; e não havia mercado para mercadorias porque os trabalhadores ociosos não tinham renda para gastar. O relato de 1936 do jornalista e romancista George Orwell sobre a Grande Depressão na Grã-Bretanha, *O caminho para Wigan Pier*, fala de "várias centenas de homens arriscando a vida e várias centenas de mulheres tateando na lama por horas [...] procurando ansiosamente por pequenas lascas de carvão" em montes de escória para aquecer suas casas. Para eles, esse carvão "grátis" era "quase mais importante do que comida". Enquanto se arriscavam e tateavam, ao redor deles o maquinário que antes haviam usado para extrair em cinco minutos mais carvão do que conseguiam agora coletar em um dia permanecia ocioso.[11]

Não há uma explicação totalmente satisfatória de por que a Grande Depressão aconteceu exatamente quando aconteceu e por que houve apenas uma. Se depressões tão grandes quanto essa sempre foram uma possibilidade em uma economia capitalista desregulada, por que não houve duas, três ou mais delas nos anos anteriores à Segunda Guerra Mundial? Milton Friedman e Anna Schwartz argumentariam mais tarde que a Depressão resultou de uma incrível sequência de erros na política monetária. Mas os responsáveis por controlar a política durante o início da década de 1930 achavam que estavam seguindo as mesmas regras do padrão-ouro que seus predecessores haviam usado. Eles estavam errados? Se não estavam errados, por que *a* Grande Depressão foi a *única* Grande Depressão?

Uma série de instâncias de má sorte se uniu. Nos Estados Unidos, a decisão de barrar a imigração em 1924 significou que grande parte das construções realizadas em meados da década de 1920 foi feita para pessoas que, como se viu, não existiam – ou melhor, existiam em outros lugares. A rápida expansão dos mercados financeiros e a participação mais ampla neles os tornou mais vulneráveis do que o normal à especulação excessiva e ao pânico. A escassez de ouro monetário para atuar como amortecedor de choques, devido à decisão da França e dos Estados Unidos de trancá-lo em seus cofres, teve seu papel. A dependência do sistema monetário internacional não apenas de ouro, mas também de outros ativos – igualmente sujeitos a pânicos – também teve seu papel.

Quando comecei a escrever este livro, senti, como muitos outros, que 1929-1933 foi uma época excepcionalmente vulnerável e planejei dedicar um espaço considerável para explicar por quê. Mas, em 2008, patinamos à beira de outra Grande Depressão (que exploraremos com mais detalhes no Capítulo 17), o que deixou dolorosamente claro que os anos de 1929-1933 não foram tão singularmente vulneráveis, afinal. Em vez disso, fomos notavelmente afortunados antes de 1929 e depois de 1929.

No período que antecedeu a Grande Depressão, as elites políticas redobraram as medidas de austeridade com as quais haviam se comprometido no final da década de 1920. Diante da depressão crescente, o primeiro instinto dos governos e bancos centrais foi não fazer nada.

Empresários, economistas e políticos esperavam que a recessão de 1929-
-1930 fosse se autolimitar. Eles pensavam que trabalhadores ociosos e
capitalistas com máquinas ociosas tentariam vender mais barato para
seus colegas ainda com trabalho. Os preços cairiam. Quando os preços caíssem o suficiente, os empresários apostariam que, mesmo com a
demanda fraca, a produção seria lucrativa com os novos salários, mais
baixos. A produção seria então retomada. Foi assim que as recessões
anteriores chegaram ao fim.

Durante o declínio – que viu a taxa de desemprego subir para quase
um quarto da força de trabalho dos Estados Unidos e a produção por trabalhador cair para um nível 40% abaixo do nível de 1929 –, o governo
não tentou sustentar a demanda agregada. O Federal Reserve não usou
operações de mercado aberto para evitar que a oferta monetária caísse.
Em vez disso, o único uso sistemático significativo de operações de mercado aberto foi na outra direção. Depois que o Reino Unido abandonou
o padrão-ouro no segundo semestre de 1931, o Fed elevou as taxas de
juros para desencorajar as saídas de ouro.[12]

O Federal Reserve achava que sabia o que estava fazendo: estava deixando o setor privado lidar com a Depressão à sua maneira. E temia que
uma política monetária expansionista ou gastos fiscais e os déficits resultantes impediriam o necessário processo de reajuste do setor privado.

A abordagem do Fed, de fazer pouco ou nada, teve um grande coro
de apoiadores, entre os quais alguns dos mais eminentes economistas
da época.

Por exemplo, Joseph Schumpeter, de Harvard, argumentou que "as
depressões não são simplesmente males, que podemos tentar suprimir,
mas formas de algo que precisa ser feito, bem dizendo, o ajuste à mudança".[13] Friedrich von Hayek escreveu: "A única maneira de mobilizar de
modo permanente todos os recursos disponíveis é, portanto, deixar que
o tempo efetue uma cura permanente pelo lento processo de adaptação
da estrutura de produção".[14]

Hayek e companhia acreditavam que as empresas eram como apostas que às vezes falhavam. O melhor a ser feito em tais circunstâncias era
fechar aquelas que se revelavam apoiadas em suposições errôneas sobre
demandas futuras. A liquidação de tais investimentos e negócios liberava fatores de produção de usos não lucrativos para que pudessem ser

realocados. As depressões, afirmou Hayek, eram esse processo de liquidação e preparação para a realocação de recursos.

Schumpeter formulou a questão da seguinte maneira: "Qualquer reavivamento que é meramente devido a estímulos artificiais deixa parte do trabalho das depressões sem ser feito e acrescenta, a um resquício de desajuste não processado, novos desajustes próprios a eles, que por sua vez têm de ser liquidados, ameaçando assim os negócios com outra crise [pior] mais à frente".[15] O mercado dá, o mercado tira e, neste caso, dizemos "abençoado seja o nome do mercado" com os dentes cerrados. Com a diferença de que muitos não apenas cerraram os dentes, eles também amaldiçoaram alto e bom som.

Herbert Hoover passou de secretário de Comércio para presidente em 4 de março de 1929, três meses antes do início da recessão e meio ano antes da quebra do mercado de ações. Ele manteve Andrew Mellon como secretário de Tesouro. Mellon fora indicado por Warren G. Harding e empossado em 9 de março de 1921, cinco dias após o início do mandato de Harding. Ele permaneceu no cargo quando Harding morreu de ataque cardíaco, em 1923, e foi sucedido por Calvin Coolidge. Mellon permaneceu no cargo quando Coolidge conquistou seu mandato próprio e foi empossado em 1925. E continuou quando Hoover assumiu em 1929. Apenas Albert Gallatin – secretário de Tesouro de Jefferson, Madison e Monroe – ficou mais tempo no cargo. Política fiscal, orçamentária e monetária (pois o secretário de Tesouro era, na época, o presidente do conselho do Federal Reserve) – tudo isso estava sob a alçada de Mellon. Hoover era um engenheiro de minas especialista que, como administrador, acreditava em especialistas. E Mellon era seu especialista em como lidar com a Grande Depressão.

Na década de 1950, olhando para trás e contemplando o desastre da economia de seu país e sua própria carreira política, Hoover amaldiçoou Mellon e seus apoiadores no governo, que aconselharam a inação durante o declínio:

> Os "liquidacionistas do deixe tudo como está", liderados pelo secretário de Tesouro, Mellon, achavam que o governo deveria cruzar os braços e deixar que a crise acabasse por si mesma. O sr. Mellon tinha apenas uma fórmula: "Liquide a mão de obra, liquide os estoques,

liquide os fazendeiros, liquide os imóveis". Ele defendia que mesmo o pânico não era uma coisa totalmente ruim. Ele disse: "O pânico eliminará a podridão do sistema. Os altos custos de vida e as vidas luxuosas acabarão. As pessoas vão trabalhar mais, viver uma vida mais moral. Os valores serão ajustados e pessoas empreendedoras recolherão os destroços de pessoas menos competentes".[16]

Em suas memórias, Hoover dá a entender que queria seguir políticas mais ativas: fazer mais do que simplesmente distribuir ajuda e garantir às pessoas que a prosperidade estava, se não logo ali na esquina, nas redondezas. Hoover escreveu como se Mellon o tivesse suplantado e ele não tivesse escolha a não ser obedecer. Mas, entre Hoover e Mellon, qual deles era o chefe do Poder Executivo? E qual era só o chefe de um de seus departamentos?

Essa doutrina dominante – de que, no longo prazo, a Grande Depressão se revelaria um bom remédio para a economia e que os proponentes de políticas de estímulo eram inimigos míopes do bem-estar público – era, falando com franqueza, completamente cega, simplesmente insana. John Stuart Mill havia acertado na mosca em 1829: um excesso de demanda por moeda era o que produzia um "excesso generalizado", e se a oferta de moeda na economia fosse compatível com a demanda por moeda, não haveria depressão.[17] Bancos centrais mais ativos haviam desenvolvido um manual sobre o que fazer.[18] No entanto, ele não foi seguido.

Por quê? Talvez porque em recessões anteriores o excesso de demanda por dinheiro tenha desencadeado uma corrida por *liquidez*: pessoas desesperadas por dinheiro imediatamente se livraram de outros ativos, incluindo os títulos do governo que possuíam. À medida que caía o preço dos títulos do governo, subia a taxa de juros que eles pagavam. Os bancos centrais viam esses picos acentuados nas taxas de juros dos títulos do governo como um sinal de que a economia precisava de mais dinheiro.

Mas a Grande Depressão não foi como as recessões anteriores.

Nessa recessão, o excesso de demanda por dinheiro era tão amplo e o medo era tão grande que desencadeou uma corrida por *segurança*. Sim, as pessoas estavam desesperadas por mais dinheiro, mas também por ativos que pudessem facilmente transformar em dinheiro. Acreditando que os problemas durariam por um bom tempo, elas despejaram outros ativos no mercado – ações especulativas, ações industriais, ações de serviços públicos, títulos de todos os tipos, até mesmo ações seguras de ferrovias e coisas como a mobília de seus ancestrais e suas casas de verão. A corrida era tanto por dinheiro quanto por títulos do governo. Junto com os móveis deixados na calçada, também não houve aumento nas taxas de juros dos títulos do governo, deixando os bancos centrais inseguros sobre o que estava acontecendo.

De sua parte, os governos de todos os lugares acionaram toda sua capacidade para restaurar a competitividade e equilibrar seus orçamentos, o que na prática significava reduzir ainda mais a demanda e, por sua vez, reduzir salários e preços. Na Alemanha, o chanceler – o primeiro-ministro – Heinrich Brüning decretou um corte de 10% nos preços e um corte de 10% a 15% nos salários. Mas cada passo dado em busca da ortodoxia financeira tornava as coisas piores.

Quando você olha para a taxa de juros durante a Grande Depressão, vê uma lacuna cada vez maior entre a taxas de juros seguras dos títulos do governo e a taxa de juros que as empresas capazes de tomar empréstimos tiveram que pagar. Embora o crédito, entendido como liquidez, fosse amplo – no sentido de que tomadores de empréstimo com garantias perfeitas e não comprometidas conseguiam empréstimos a taxas de juros extremamente baixas –, a grande maioria das empresas que lutava para se manter à tona – ou seja, aquelas com garantias imperfeitas, comprometidas –, era quase impossível obter capital para financiar o investimento, porque novos investimentos em fábricas e equipamentos eram arriscados e a economia carecia desesperadamente de segurança.

O sistema bancário congelou. Deixou de cumprir sua função social de canalizar o poder de compra dos poupadores para os investidores. O investimento privado entrou em colapso; a queda do investimento produziu mais desemprego, excesso de capacidade, novas quedas de preços e mais deflação; e mais deflação tornou os investidores menos dispostos a investir e o sistema bancário ainda mais insolvente, aprofundando o congelamento.

A espiral deflacionária continuaria a deprimir a economia até que algo fosse feito para restaurar a solvência do sistema bancário de forma a quebrar a expectativa de novas quedas nos preços. Durante a Grande Depressão, poucos economistas entenderam esse processo. Nenhum deles transitava pelos corredores do poder.

Foi assim que a doutrina "liquidacionista" dominante suplantou os angustiados gritos de dissensão daqueles menos impedidos por seus tapa-olhos teóricos (bem como os gritos angustiados dos desempregados, dos famintos e dos que não tinham moradia segura, isso quando tinham alguma). Como escreveu R. G. Hawtrey, economista britânico: "Foram expressos temores inacreditáveis de inflação. Era como gritar 'fogo, fogo!' no Dilúvio de Noé".[19] A Grande Depressão foi o maior caso de catástrofe econômica autoinfligida do século XX. Como John Maynard Keynes escreveu logo no início, em 1930, o mundo era "tão capaz quanto antes de oferecer a todos um alto padrão de vida". Mas, apesar disso, a perspectiva era ameaçadora: "Hoje", disse ele, "nos envolvemos em uma confusão colossal, tendo errado no controle de uma máquina delicada, cujo funcionamento não entendemos". Keynes temia que "a crise" de 1930 pudesse "passar para uma depressão, acompanhada por uma queda no nível de preços que poderia durar anos, com danos incalculáveis à riqueza material e à estabilidade social de todos os países". Ele pediu uma expansão monetária resoluta e coordenada pelas principais economias industriais "para restaurar a confiança no mercado internacional de títulos de longo prazo [...] e restaurar [aumentar] os preços e os lucros, de modo que, no devido tempo, as engrenagens do comércio mundial voltassem a girar".[20] Foi como os avisos de Cassandra.

Mas tal ação nunca surge de comitês, ou de reuniões internacionais, a menos que tenha sido bem preparada de antemão. Ela emerge, ao contrário, das ações de um *hegemon*. É o necessário para o bom funcionamento da economia global. Antes da Primeira Guerra Mundial, todos sabiam que a Grã-Bretanha era o *hegemon* e ajustaram seu comportamento para se adequar às regras do jogo estabelecidas em Londres. Da mesma forma, após a Segunda Guerra Mundial todos sabiam que os Estados Unidos eram o *hegemon*. Os Estados Unidos tinham o poder de tomar medidas efetivas para moldar os padrões das finanças internacionais por si só, se assim o desejasse. Mas, durante o período entreguerras, não. A ação necessária não estava no horizonte.

E assim os temores de Keynes se concretizaram.

Durante a Primeira Guerra Mundial e depois, os principais beligerantes, disse ele, tinham abalado "a delicada e complicada organização [...] através da qual os povos europeus podem empregar-se e viver". Danificado pela guerra, o sistema foi destruído pela Depressão. Lembre-se do que Keynes tinha escrito: que essa destruição da confiança estava "tornando rapidamente impossível a continuação da ordem social e econômica do século XIX. Mas [os líderes europeus] não tinham planos para substituí-lo". Keynes alertou que as consequências poderiam ser terríveis: "A vingança, ouso prever, não arrefecerá". E ele estava certo. Pois uma vez começada a Grande Depressão, "nada poderá então deter por muito tempo a guerra civil final entre as forças da reação e as convulsões desesperadas da revolução, diante da qual os horrores da última guerra alemã [Primeira Guerra Mundial] desvanecerão, e que destruirá, vença quem vencer, a civilização e o progresso de nossa geração".[21] Keynes era pessimista. Da forma como as coisas se passaram, a civilização não seria "destruída", mas sim "mutilada".

Grande parte do que tornou a Grande Depressão tão dolorosa foi que, além de ter sido profunda, ela também foi longa. Houve muitas razões para isso. Deixe-me abordar três.

Uma primeira razão pela qual ela se estendeu por tanto tempo foi a relutância dos trabalhadores em correr riscos. Com tanta instabilidade, a maioria se contentava em aceitar qualquer modo de vida que achasse mais seguro. A experiência de um longo e elevado desemprego lança uma grande e pesada sombra sobre o mercado de trabalho. Empresas arriscadas, mas lucrativas, tiveram dificuldade em atrair os trabalhadores de que precisavam e, portanto, os investimentos permaneceram deprimidos.

Uma segunda razão foi a memória do padrão-ouro e a crença de que as economias precisavam voltar a ele. Essa crença dissuadiu os governos na década de 1930 de tomar muitas das medidas para aumentar a produção e o emprego que de outra forma poderiam ter adotado: o padrão-ouro estava morto em 1931, mas seu fantasma continuava a assombrar a economia mundial. Poucas dessas medidas tão necessárias foram tomadas. A única que os governos realmente adotaram foi a depreciação da moeda: estimular as exportações líquidas mudando a demanda para bens de fabricação nacional e afastando-a dos bens de fabricação estrangeira. Os analistas criticaram a depreciação da moeda como uma política de "empobrecimento do vizinho". Era mesmo. Mas foi a única ação eficaz realizada.[22]

Uma terceira razão foi que a falta de um *hegemon* para orientar uma ação coordenada nos assuntos monetários internacionais não apenas impediu a antecipação de reformas, mas também bloqueou respostas políticas globais coordenadas. As principais potências monetárias do mundo desperdiçaram suas chances de fazer algo construtivo juntas. A recuperação, onde veio, foi apenas nacional, não global.

Em geral, quanto mais cedo os países abandonaram o padrão-ouro, e quanto menos constrangidos pela ortodoxia dos hábitos do padrão--ouro, melhor se saíram. Assim, os países escandinavos que primeiro escaparam do padrão-ouro se saíram melhor. O Japão ficou em segundo lugar. A Grã-Bretanha também abandonou o padrão-ouro em 1931, mas o Japão adotou políticas expansionistas de forma mais completa. Os Estados Unidos e a Alemanha abandonaram o padrão-ouro em 1933, mas Hitler tinha mais clareza de que o sucesso exigia colocar as pessoas para trabalhar do que Roosevelt e seu New Deal, cujo expediente era tentar de tudo.

Porém todas as opiniões dos maiores e melhores bloquearam ações em direção à "reflação", ou seja, a adoção de políticas para restaurar o nível de preços e o fluxo de gastos aos níveis anteriores à Depressão de 1929. A opinião consensual dos poderosos – os "vendilhões [...] em seus altos tronos no templo de nossa civilização", como o presidente Franklin Roosevelt os chamou em seu discurso de posse de 1933 – era de que, em vez disso, era necessário "austeridade": dinheiro sólido, cortes de gastos do governo e orçamentos equilibrados.[23] Quem propunha fazer alguma coisa era denunciado pela direita como vigarista, pois, como disse o secretário particular de Churchill, P. J. Grigg, "uma economia não pode, por prestidigitação financeira do governo, viver para sempre além de suas possibilidades, só na base da esperteza".[24]

O mais incisivo, se não o mais perspicaz crítico contemporâneo de Keynes, Jacob Viner, da Universidade de Chicago, disse que tais políticas só funcionariam se o "volume de emprego, independentemente da qualidade, for considerado importante". Ele acrescentou que a economia poderia evitar a autodestruição inflacionária apenas enquanto "a imprensa mantivesse uma liderança constante" em uma corrida inevitável com "os agentes empresariais dos sindicatos".[25]

Novamente, é impossível não notar uma ressonância entre as histórias da Grande Depressão e da Grande Recessão. A "austeridade" foi eclipsada após a Segunda Guerra Mundial, mas continuou a borbulhar na clandestinidade e ressurgiria com efeitos vingativos e desastrosos em 2008. Naquele ano renasceu a alegação schumpeteriana de que o desemprego em massa é uma parte essencial do processo de crescimento econômico, e que as tentativas de impedir artificialmente que os improdutivos passem por ele apenas acumulariam mais problemas para o futuro. John Cochrane, da Universidade de Chicago, afirmou em novembro de 2009 que dava boas-vindas à perspectiva de uma recessão porque "as pessoas que estão martelando pregos em Nevada precisam encontrar outra coisa para fazer": para ele, o desemprego trazido pela recessão seria um estímulo positivo.

Keynes retruca. Embora as políticas de ativismo governamental e reflação certamente violem os cânones ortodoxos do *laissez-faire*, o sistema seria avaliado de acordo com sua capacidade de criar empregos. Ativismo e reflação eram, no entanto, "os únicos meios praticáveis de evitar a destruição das formas econômicas existentes em sua totalidade".[26]

Além disso, Keynes retrucou também, se seus críticos fossem ao menos um pouco inteligentes, teriam entendido que o capitalismo bem-sucedido precisava do apoio de um governo ativo que garantisse o pleno emprego, pois, sem isso, apenas os inovadores afortunados sobreviveriam, e só loucos tentariam se tornar inovadores. O crescimento seria, portanto, muito mais lento do que o necessário: "Se a demanda efetiva é deficiente", disse ele, o empresário está "operando com as probabilidades contra ele". A "riqueza do mundo" havia "ficado aquém da [...] poupança individual; e a diferença foi compensada pelas perdas daqueles cuja coragem e iniciativa não foram suplementadas por habilidade excepcional ou boa sorte incomum". Austeridade, ortodoxia e *laissez-faire* foram, nas condições do mundo pós-1914, erros mortais e destrutivos. E a persistência da Grande Depressão, por maiores que fossem os cortes orçamentários, mostrava que Keynes estava certo.

Somente em uma região do Atlântico Norte a Grande Depressão foi leve, curta e seguida por uma década de forte crescimento econômico: a

Escandinávia. No período entreguerras, os socialistas dos países escandinavos conquistaram votos suficientes para conquistar o poder. Em nítido contraste com seus equivalentes na Grã-Bretanha e na França (que não tinham ideia do que seria um exercício de poder político de esquerda), esses socialistas buscaram subsídios habitacionais, férias pagas e benefícios para a maternidade, expandiram o emprego no setor público, empréstimos governamentais para recém-casados e coisas do gênero – tudo viabilizado por uma política monetária que se livrou do padrão-ouro mais cedo do que outros países. Assim, os socialistas se transformaram em social-democratas: eles dispensaram o compromisso com as doutrinas apocalípticas do socialismo, dispensaram a crença de que toda propriedade privada era inerentemente má, dispensaram a crença de que apenas uma grande e repentina transformação revolucionária poderia criar uma sociedade melhor. A democracia tornou-se um objetivo em vez de uma tática.[27]

Logo atrás da Escandinávia na lista de uma Grande Depressão branda vinha o Japão, que abandonou a ortodoxia fiscal e o equilíbrio orçamentário em 1931. A Grande Depressão no Japão não foi profunda e terminou em 1932.[28] Isso em grande parte graças a Takahashi Korekiyo, não um dos "Seis Meiji", mas na fileira seguinte dos modernizadores japoneses. Em 1931, aos 72 anos, tornou-se ministro das Finanças pela terceira vez e tinha pouca tolerância com os modelos europeus de "finanças sólidas". O Japão desvalorizou sua moeda para aumentar a demanda, tornando suas indústrias de exportação hipercompetitivas e gerando um *boom* de exportações. Também embarcou em um programa maciço de fabricação de armamentos. A produção industrial no Japão em 1936 era o dobro do que havia sido em 1928. Essa política econômica se mostrou eficaz no curto prazo, mas acabou sendo uma estratégia ruim no longo prazo: o *boom* de armamentos e a perda do controle civil sobre os militares levaram o Japão a se envolver em uma guerra terrestre na Ásia e, por fim, nos seus ataques às duas superpotências mundiais, a Grã-Bretanha e os Estados Unidos.

Takahashi não viveria para ver os horrores e tragédias da Segunda Guerra Mundial. Ele foi um dos três políticos importantes assassinados em 26 de fevereiro de 1936, quando a facção militar "Caminho

Imperial" tentou tomar o poder. Ele não aumentara o orçamento militar o suficiente para agradar aos golpistas.

Em todos os outros lugares, a Grande Depressão foi um longo desastre. Foi pior na Alemanha, onde levou Adolf Hitler ao poder – seu apoio maciço veio não na década de 1920 como consequência da inflação, mas na década de 1930, como consequência do desemprego em massa.

Depois que Hitler assumiu o poder e pôs fim à adesão à ortodoxia monetária e fiscal, sua Alemanha nazista foi capaz de se recuperar. Com a Gestapo como pano de fundo e uma forte demanda do governo por obras públicas e programas militares, o desemprego caiu rapidamente na Alemanha na década de 1930.[29] Hitler parece ter se concentrado em empregos e armas, sem incrementar a capacidade industrial e aumentar a riqueza nacional. Eficácia política e capacidade militar eram as prioridades.[30]

Eficácia política nós entendemos. Mas armas? Exércitos? A Primeira Guerra Mundial não havia ensinado os alemães, e até mesmo os nazistas, e até Hitler, a não fazer *aquilo* de novo? Não, não tinha.[31]

No geral, as principais potências monetárias do mundo desperdiçavam regularmente suas chances de fazer algo construtivo e coordenado para ajudar o sistema monetário mundial a se recuperar. Em 1933, a última chance – a Conferência Econômica de Londres – se desfez em desavenças. Os franceses acreditavam que deveriam tentar manter o padrão-ouro. Os britânicos, que o haviam abandonado muito tempo atrás, não estavam dispostos a, nas palavras do economista Barry J. Eichengreen, "vincular suas políticas às de um parceiro estrangeiro [os Estados Unidos] de cujas intenções estavam incertos".[32] Reflação coordenada era a primeira estratégia óbvia. Mas nunca foi tentada. A expansão fiscal era a próxima coisa óbvia a se experimentar. Mas só o foi no final da década, quando a ameaça de guerra fez os governos perceberem que gastar dinheiro público para construir armas era mais importante do que tentar, mais uma vez, equilibrar o orçamento.[33]

Perto da lanterna na corrida pela recuperação estava a Grã-Bretanha, que foi forçada a abandonar o padrão-ouro em setembro de 1931. Mas esse abandono do padrão-ouro não foi seguido por uma reflação em larga escala. O Banco da Inglaterra fez sua parte, reduzindo sua taxa de desconto de curto prazo. O governo nacional-conservador, porém, não fez a parte dele. Em outubro, o Partido Conservador venceu a eleição geral, conquistando 78% das cadeiras na Câmara dos Comuns. A recuperação da Grã-Bretanha da Grande Depressão seria lenta e dolorosa.³⁴

A França, que manteve o padrão-ouro até 1937, teve o pior desempenho. A paridade cambial subvalorizada escolhida após sua inflação de sete vezes na década de 1920 fez da França, temporariamente, uma potência exportadora. Assim, quando a Grande Depressão começou, ela teve de início pouco efeito na França. Mas à medida que as exportações caíam, um país após o outro desvalorizava sua moeda para tentar recuperar parte da demanda externa. Cada vez mais, os países que não desvalorizaram viram suas indústrias se tornarem não competitivas, seus pagamentos deficitários e sua manutenção da conversibilidade uma fonte de desemprego doméstico, porque tinham de manter taxas de juros mais altas e aplicar mais deflação para manter um equilíbrio entre a ganância e o medo dos especuladores de câmbio. Um eleitorado fragmentado produziu governos de coalizão instáveis. Da quebra de 1929 até 1936, os primeiros-ministros franceses foram, sucessivamente, Aristide Briand, André Tardieu, Camille Chautemps, Tardieu de novo, Théodore Steeg, Pierre Laval, Tardieu mais uma vez, Édouard Herriot, Joseph Paul-Boncour, Édouard Daladier, Albert Sarraut, Chautemps novamente, Daladier novamente, Gaston Doumergue, Pierre-Étienne Flandin, Fernand Bouisson, Laval novamente, Sarraut novamente e por fim Léon Blum, o primeiro-ministro da Frente Popular que agarrou o touro pelo chifre. Finalmente a França e os outros redutos – Holanda, Suíça – abandonaram a paridade de ouro em 1936.³⁵

Blum prometeu restaurar as pensões e os salários do setor público para o ponto onde estavam antes dos cortes orçamentários. Prometeu também aumentar substancialmente o seguro-desemprego, defender o franco, equilibrar o orçamento, reduzir as despesas militares e repartir o trabalho e a riqueza por meio da redução do horário de trabalho e do apoio às greves.

Não deu certo.

Blum abandonou o padrão-ouro. Mas isso não significou uma expansão substancial da demanda agregada: a crença do governo de que *deveria* tentar equilibrar o orçamento o levou a reduzir seus programas de gastos não militares. O medo que o público investidor tinha do socialismo mais do que compensou os efeitos positivos e estimulantes de uma desvalorização tardia. A França entrou em 1938, o último ano antes do início da Segunda Guerra Mundial na Europa, com seu nível de produção industrial ainda menor do que em 1929.

O fato de a Grande Depressão ter durado bastante significou que a reação a ela moldaria a política e as sociedades dos países ainda por muito tempo. George Orwell foi um dos mais eloquentes ao expressar como o sistema que produziu a Grande Depressão fracassou com a humanidade: "O que me horrorizou e me surpreendeu foi descobrir que muitos tinham *vergonha* de estar desempregados. Eu era muito ignorante, mas não tanto a ponto de achar que, quando a perda de mercados estrangeiros empurra 2 milhões de homens para o desemprego, esses 2 milhões sejam mais culpados do que quem compra um bilhete de loteria que acaba não sendo premiado".[36]

Porém quando o desemprego não é mais enxergado como culpa dos desempregados, qualquer crença de que a insegurança do trabalho é resultado de responsabilidade pessoal também se torna vulnerável. Assim, alguém como Orwell poderia reenquadrar os mineiros de carvão não como trabalhadores não qualificados sob um sindicato predatório, mas como benfeitores que o restante de nós não havia reconhecido adequadamente:

> Praticamente tudo o que fazemos, desde tomar um sorvete até atravessar o Atlântico, desde assar um pão até escrever um romance, envolve a utilização de carvão. [...] É só porque os mineiros suam a camisa que pessoas superiores podem permanecer superiores. Você e eu e o editor do suplemento literário do *Times*, os Nancy Poets* e o arcebispo de Canterbury e o Camarada X, autor de *Marxism for Infants* [Marxismo para crianças] – todos nós realmente devemos a relativa decência de nossa vida a pobres trabalhadores sob a terra, enegrecidos até os olhos, com a garganta cheia de poeira de

---

* Orwell refere-se aqui ao poeta W. H. Auden e seu círculo próximo, com quem teve embates literários. O termo "Nancy Poets" é uma ofensa homofóbica, e mais tarde Orwell desculpou-se com Auden pelo seu uso. [N.T.]

carvão, empurrando suas pás para a frente com braços e músculos abdominais de aço.[37]

A base de Orwell para julgar um sistema social era uma combinação de honestidade, decência, prosperidade e liberdade, mas com ênfase na decência. O sistema socioeconômico tinha a obrigação moral de tratar bem esses homens. Não era decente que eles estivessem sem trabalho. E como o sistema não cumpria as obrigações que havia assumido, não merecia assumi-las.

Com a chegada da Depressão, era impossível não concluir que a Velha Ordem estava falida. E, ao falir, levou consigo a democracia representativa. Em 1939, a democracia representativa era encontrada apenas na Grã-Bretanha e seus domínios, nos Estados Unidos, na França e em um arco de pequenos países do Noroeste da Europa: Suíça, Luxemburgo, Bélgica, Holanda, Dinamarca, Noruega, Suécia e Finlândia.

NA ESCANDINÁVIA, O SUCESSO dos partidos social-democratas em navegar pela Grande Depressão os colocaria no poder pelo meio século seguinte. Em grande parte da Europa continental, a Depressão reforçou a reação – ou seja, reforçou a sensação de que Mussolini na Itália estava certo e de que o fascismo era o caminho do futuro, a melhor maneira de organizar as sociedades industriais. Assim, um dos presentes que a Grande Depressão deu ao mundo foi a vitória na Guerra Civil Espanhola do homem que se tornou um dos ditadores fascistas mais longevos do mundo, o *Generalíssimo* Francisco Franco. Um segundo presente foi o alemão Adolf Hitler. Onde não reforçou a reação, a Depressão reforçou a fidelidade à crença de que o antigo sistema estava irremediavelmente falido e que uma mudança revolucionária era necessária – talvez baseada em fantasias sobre o que acontecia naquela parte do mundo governada de modo absolutista por Josef Stálin desde o Kremlin, em Moscou.

Mais importante do que o fato de os Estados Unidos terem sido retardatários na recuperação da Grande Depressão foi que os Estados Unidos, sob o comando do centro-esquerdista Franklin Roosevelt, eleito presidente com uma vitória esmagadora no final de 1932, de fato aprenderam essa primeira e fundamental regra sobre recuperação – gaste dinheiro e compre coisas – e logo depois a aplicaram. As políticas de Roosevelt funcionaram bem o bastante para que ele obtivesse o apoio duradouro da maioria.

Foi algo de enormes consequências. Primeiro, ele estava tão disposto a quebrar as normas políticas que é o único presidente dos Estados Unidos a ter sido eleito quatro vezes. Ele governou por doze anos, e seu sucessor, Harry S. Truman, por oito. Em segundo lugar, era conservador em seu radicalismo: queria salvar o que havia de bom nos Estados Unidos jogando fora tudo o que enxergava como um obstáculo.

Antes da década de 1930, os candidatos presidenciais dos Estados Unidos simplesmente não apareciam nas convenções políticas nacionais. Eles deveriam ficar em suas casas, cuidando de seus assuntos particulares, até que os dirigentes do partido os informassem (mais ou menos uma semana após a convenção) de que haviam sido escolhidos. Deveriam imitar o político romano Cincinato, que, diz a lenda, ficou arando os campos de sua pequena fazenda até ser informado de que havia sido eleito comandante em chefe do exército romano e ditador de Roma. A ideia convencional era que o homem não buscava o cargo: o cargo buscava o homem.

Mas em 1932, Roosevelt, então governador de Nova York, quebrou a tradição e voou para Chicago – em parte, diz o historiador William Leuchtenburg, para refutar rumores de que uma vítima da pólio com pernas paralisadas era muito frágil para realizar uma campanha presidencial em grande escala. Roosevelt falou aos delegados:

> Eu comecei [...] quebrando a tradição absurda de que o candidato deve professar ignorância sobre aquilo que já aconteceu há semanas. [...]
>
> [...] Vocês me indicaram e eu sei disso, e estou aqui para agradecer a honra.
>
> [...] Fazendo isso, quebrei tradições. De agora em diante, que seja tarefa de nosso partido quebrar tradições tolas. [...]
>
> Eu prometo a vocês, prometo a mim mesmo, um New Deal [Novo Acordo] para o povo norte-americano.[38]

E, de fato, as cartas foram colocadas na mesa, embaralhadas e redistribuídas. Franklin Roosevelt falava sério a respeito de um "New Deal". Nos Estados Unidos, em contraste marcante com tantos outros países do Norte global, a Grande Depressão não deu força à reação, mas sim a uma experimentação progressista e social-democrata de longo alcance.

Isso não deixa de ser uma surpresa: por que a Grande Depressão não empurrou os Estados Unidos para a direita, para a reação, ou protofascismo, ou fascismo, como fez em tantos outros países, mas sim para a esquerda? Meu palpite é que foi pura sorte – Herbert Hoover e os republicanos estavam no poder quando a Grande Depressão começou e foram expulsos do cargo em 1932. Que Franklin Roosevelt era de centro-esquerda, e não de centro-direita, que a duração da Grande Depressão significou que as instituições foram moldadas por ela em um sentido duradouro, e que os Estados Unidos eram a superpotência mundial em ascensão, e a única grande potência não prejudicada em algum grau pela Segunda Guerra Mundial – todos esses fatores fizeram uma enorme diferença. Após a Segunda Guerra Mundial, os Estados Unidos tinham o poder e a vontade de moldar o mundo fora da Cortina de Ferro. Foi o que aconteceu. E isso significou que grande parte do mundo seria remodelado em um New Deal, e não de um modo reacionário ou fascista.

Normalmente, a política dos Estados Unidos é a do quase impasse. As eleições da década de 1930 seriam diferentes. Roosevelt obteve 59% dos votos em 1932 – uma margem de 18% sobre Herbert Hoover. O Congresso formou ampla maioria democrata em ambas as casas. Em uma extensão nunca vista desde a Guerra Civil, o presidente e seu partido possuíam uma maioria inabalável. Mas Roosevelt não tinha muita ideia do que iria fazer. Ele tinha de fato a convicção de que poderia fazer algo importante. E a certeza de que Herbert Hoover entendera quase tudo errado. O que Hoover vinha fazendo era bloquear as tentativas de iniciar obras públicas que promovessem o emprego, agir agressivamente para equilibrar o orçamento, aumentar as tarifas e manter o padrão-ouro. Roosevelt decidiu fazer o oposto. O que mais? Se você tivesse uma proposta só meio plausível, teria uma boa chance de persuadir Roosevelt a arriscá-la. Depois disso, ele daria uma olhada e então largaria e abandonaria coisas que não pareciam estar funcionando, enquanto apoiaria com entusiasmo o que funcionasse.

Portanto, o Primeiro New Deal era composto de muitas coisas: um forte programa "corporativista" de planejamento, regulamentação e cooperação conjuntos entre governo e indústria; subsídio federal por tempo indeterminado para todo o setor agrícola, com forte regulação dos preços das *commodities*; um programa de construção e operação de serviços públicos; enormes quantias de gastos com obras públicas; regulamentação federal significativa dos mercados financeiros; seguro para depósitos bancários de pequenos correntistas; alívio de hipoteca; seguro-desemprego; além de promessas de impostos mais baixos, redução de jornada de trabalho e aumento de salários.[39]

Algumas dessas medidas de fato foram muito boas: a desvalorização do dólar e o choque da Lei de Recuperação da Indústria Nacional (National Industrial Recovery Act – NIRA) de 1933 realmente quebraram as expectativas de uma futura deflação. A criação do seguro de depósito e a reforma do sistema bancário deram disposição aos poupadores para novamente confiar seu dinheiro aos bancos e iniciaram a reexpansão da oferta monetária. O corporativismo e os subsídios agrícolas mitigaram os prejuízos. Tirar o equilíbrio orçamentário da agenda ajudou. A promessa de seguro-desemprego e de alívio das hipotecas ajudou. A promessa de gasto com obras públicas ajudou. Todas essas medidas políticas evitaram que as coisas piorassem. Elas certamente tornaram as coisas um pouco melhores. E as coisas ficaram substancialmente melhores logo de cara. Mas, além da desvalorização, da expansão monetária e do fim das expectativas de deflação e da pressão por mais contração fiscal, qual foi o efeito dos "Cem Dias" de Roosevelt? Não está claro se o balanço do resto do Primeiro New Deal foi positivo ou negativo. Certamente não trouxe a recuperação completa.

Assim, Roosevelt continuou tentando. Ele lançou um Segundo New Deal.

O auxiliar de Roosevelt que teve mais influência no Segundo New Deal – pois mais uma vez Roosevelt estava em busca de ações ousadas, mesmo sem ter muita certeza da direção que deveria tomar – foi sua secretária do Trabalho, Frances Perkins. Apesar dos fardos que carregava – ser a primeira mulher a ocupar um cargo de primeiro escalão nos Estados Unidos; cuidar de seu marido bipolar e frequentemente hospitalizado, Paul Wilson; ser alvo de desconfiança tanto de sindicatos quanto de dirigentes por não estar totalmente de seus respectivos lados; e ser denunciada como comunista pela direita porque fez tudo o que pôde para atrasar e bloquear o processo de deportação de Harry Bridges, um estivador e líder sindical da Costa Oeste –, ela ocupou por doze anos o cargo e foi um dos membros do gabinete mais eficazes de todos os tempos.

A conquista mais duradoura e poderosa do Segundo New Deal foi a Lei da Seguridade Social, que fornecia assistência monetária federal para viúvas, órfãos, crianças sem pai em casa e deficientes, e que também estabeleceu um sistema quase universal de aposentadorias financiadas pelo governo federal. E se aumentar o preço do ouro não funcionou bem o bastante, talvez fortalecer o movimento sindical funcionasse: a Lei Wagner, de 1935, que estabeleceu um novo conjunto de regras para conflitos trabalhistas, fortaleceu maciçamente o movimento sindical, de modo que a sindicalização em larga escala sobreviveu por meio século após a década de 1930. No final, os programas do Segundo New Deal provavelmente fizeram pouco para curar a Grande Depressão nos Estados Unidos. Mas transformaram os Estados Unidos em uma modesta social-democracia ao estilo europeu.

A ordem instaurada pelo New Deal – com sua rejeição quase total da ideia de *laissez-faire* – foi duradoura. Verdade seja dita, o *laissez-faire* nunca foi consenso entre os economistas: era, antes, o que outras pessoas achavam que os governos aplicavam e os economistas ensinavam. Apesar disso, tinha sido uma doutrina muito poderosa – antes e durante a maior parte da Grande Depressão.

Mas depois, por um tempo, o *laissez-faire* e sua prima, a "austeridade", diminuíram bastante. A economia dos Estados Unidos se recuperou do ponto mais baixo, em 1933, sob o New Deal de Roosevelt, embora de forma incompleta. Em 1941, 82% dos lares norte-americanos tinham um rádio; 63%, geladeira; 55%, automóvel; e 49% tinham aspirador de pó. Ninguém possuía nada disso em 1914.[40]

Foi o presidente Dwight D. Eisenhower, um republicano, que na década de 1950 escreveu, numa carta a seu irmão Edgar, que o funcionamento do mercado não deveria ser aceito como de forma alguma "abençoado", que o *laissez-faire* estava (ou deveria estar) morto, e que as tentativas de o ressuscitar eram simplesmente "estúpidas":

O governo federal não pode evitar ou escapar de responsabilidades que a massa do povo acredita firmemente que devem ser assumidas por ele. [...] Se a regra da razão não for aplicada nesse esforço, perderemos tudo – até o ponto de uma possível e drástica mudança na Constituição. É isso que quero dizer com minha constante insistência na "moderação" no governo. Se algum partido político tentar abolir a seguridade social, o seguro-desemprego e eliminar as leis trabalhistas e os programas agrícolas, você nunca mais ouvirá falar desse partido em nossa história política. Há um pequeno grupo dissidente, é claro, que acredita que você pode fazer essas coisas. [...] O número deles é insignificante e eles são estúpidos.[41]

Em 1930, quando a Grande Depressão começou, John Maynard Keynes entreteve uma plateia certa noite com uma palestra sobre as "Oportunidades econômicas para nossos netos". Suponhamos que poderiam ser resolvidos os problemas de administrar a economia para manter o pleno emprego; de oferecer incentivos para descoberta, desenvolvimento e implantação tecnológica; de oferecer incentivos à poupança e ao investimento; e de manter as pessoas confiantes de que a sociedade está funcionando, no sentido de que não estaria tratando os iguais muito desigualmente e os desiguais muito igualmente. Quais seriam, então, os problemas econômicos – ou melhor, as oportunidades – para a humanidade, ou pelo menos para o Norte global, quando chegasse o ano de 2030?

A conclusão de Keynes foi que a ciência, a tecnologia e os juros compostos dariam dentro de um século uma abundância material suficiente para que "o problema econômico" se provasse não ser "o problema permanente da raça humana". Embora "a luta pela subsistência" tenha desde "sempre [...] sido o problema primário e mais urgente", uma vez que os problemas econômicos fossem resolvidos, a humanidade "seria privada de seu propósito tradicional" e, em vez disso, enfrentaria o "real e permanente [...] problema de como usar [...] a liberdade das preocupações econômicas prementes [...] para viver bem, sábia e agradavelmente".[42]

Era de fato uma visão muito esperançosa e cativante. Mesmo em meio à angústia pela chegada da Grande Depressão, Keynes viu o fim do túnel e muita luz por ali.

8
O SOCIALISMO REAL

Para a maioria dos que a viveram, a Grande Depressão reforçou uma convicção que vinha crescendo desde o choque da Primeira Guerra Mundial, ou talvez até antes – uma sensação crescente de que tanto a ordem econômica global quanto as ordens políticas de cada país tinham fracassado. Elas fracassaram em restaurar a rápida marcha ascendente da prosperidade. Fracassaram em criar uma terra digna de heróis.* Fracassaram em gerar um nível estável e elevado de emprego. E quando a Depressão chegou na metade, as ordens político-econômicas tinham claramente fracassado em defender os direitos polanyianos dos cidadãos.

Elas fracassaram miseravelmente em oferecer às pessoas um lugar seguro em uma comunidade estável. Fracassaram em dar a elas uma sensação de segurança no trabalho. Fracassaram claramente em garantir uma renda correspondente àquela que os indivíduos achavam que mereciam. As ordens político-econômicas fracassaram até mesmo em garantir os direitos que uma sociedade de mercado deveria proteger acima de tudo: que a propriedade privada dá às pessoas segurança, prosperidade e poder.

Em vez disso, o oposto é que parecia ser o caso. A Grande Depressão demonstrou que mesmo os direitos de propriedade podem ser prejudicados em uma economia disfuncional. As insurgências políticas dos

---

* Em novembro de 1918, poucos dias após o armistício da Primeira Guerra Mundial, o primeiro-ministro britânico Lloyd George fez um discurso em que prometeu que seu governo faria do Reino Unido "uma terra digna de heróis". [N.T.]

anos do pós-guerra demonstraram que mesmo os direitos de propriedade podiam ser contestados. E o advento de uma verdadeira política de massa – reforçada pelo rádio e pela imprensa sensacionalista – mostrou que a deferência às elites seguras e prósperas e o respeito pela autoridade estavam em frangalhos, junto com a formação de um consenso social. Em suma, o antigo sistema não funcionava.

O que era esse velho sistema, essa Velha Ordem – essa coisa que conquistou a explosão do crescimento econômico e a expansão da liberdade humana de 1870 a 1914? Era, na melhor das hipóteses, pseudoclássica, pois não era antiga e nem tinha sido consagrada pelo tempo, mas sim recém-inventada pelos detentores do poder sobre a sociedade antes de 1870. Estes desejavam continuar a detê-lo e reconheciam isso, como diz o príncipe Tancredi Falconeri, sobrinho do príncipe de Salina, em *O leopardo*, romance de Lampedusa: "Se queremos que as coisas continuem como estão, as coisas terão que mudar! Você entendeu?".[1]

Era apenas semiliberal, pois havia resistência contra a pressão para permitir às forças de mercado mais liberdade, e cada episódio de "liberalização" da vida econômica das amarras das regulamentações era uma luta brutal, prolongada e vencida apenas com ressalvas, caso tal mudança afetasse para pior a riqueza dos prósperos e nobres. Sim, havia pressão para julgar as pessoas com equidade, diferentes apenas quanto à profundidade de seus bolsos, mas o que isso queria dizer é que a riqueza poderia garantir a qualquer um o ingresso numa elite hierárquica de redes sociais e *status* superior.

Esse semiliberalismo pseudoclássico permaneceu um ideal para muitos na década de 1920, e para uns poucos até com a década de 1930 já bem avançada. Reverter as mudanças dos tempos da Primeira Guerra Mundial e da Grande Depressão, e retornar a essa Velha Ordem, era o desejo expresso de uma grande, ainda que declinante, coalizão política e governamental no Norte global. Até seu último dia no cargo, Herbert Hoover continuou tentando obrigar seu sucessor a equilibrar o orçamento e manter o padrão-ouro.

Mas em meados da década de 1930, o número e a confiança dos indivíduos comprometidos com a reversão haviam minguado consideravelmente. No meio da Grande Depressão, poucos acreditavam que a liberalização dos mercados poderia gerar crescimento econômico e redistribuição suficientes para impedir que os grupos mais poderosos da sociedade concluíssem que era hora de virar o tabuleiro do jogo político. Na opinião de muitos, era melhor estar do lado vencedor do que ser derrotado apoiando a tentativa de reconstruir um sistema que evidentemente não funcionava.

Quais eram as alternativas? Havia, de um lado, o fascismo – recém-nascido do cérebro de seus inventores – e, de outro, o socialismo – descendente distante da ideia de Marx, Engels e companhia. O fascismo era algo visível e tangível: por seus frutos era possível julgá-lo. O socialismo, porém, era a interpretação de um sonho. Todos concordavam que a realidade, quando implementada na prática, ficava muito aquém do que deveria ser – e do que algum dia poderia ser.

O regime de Lênin foi a primeira tomada do poder pelos discípulos modernos de Marx, que ansiavam por trazer à terra o reino dos sonhos desse autor: o socialismo real, implementado por meio de algo chamado "ditadura do proletariado". Essa primeira palavra, "ditadura", significava, para Joseph Weydemeyer, o criador da expressão – e também para Marx e Engels –, a suspensão temporária de freios e contrapesos, de impedimentos processuais e dos poderes estabelecidos para que o governo pudesse fazer as mudanças necessárias e realmente governar – com violência, quando necessário, para superar a oposição reacionária.[2] Originalmente, tinha para Lênin esse mesmo sentido de algo não permanente.[3]

Mas no interesse de quem ele governaria?

Na cabeça de Lênin, esse poder concentrado seria administrado para o proletariado. Por que não ter simplesmente uma ditadura do povo – uma democracia? Porque, acreditava Lênin, todas as classes não proletárias da sociedade tinham interesses egoístas. Permitir a elas qualquer poder político durante a ditadura pós-revolucionária inicial apenas retardaria o inevitável progresso da história. Que era em direção à utopia. E que era o verdadeiro socialismo.

Espero estar chovendo no molhado quando digo a vocês que o socialismo real viria a se tornar, nas mãos de seus discípulos, a mais assassina das ideologias totalitárias do século XX. Admitir isso agora pode – e deveria – ajudar a focar nossa atenção.

Até realmente existir, o "socialismo" pôde significar muitas coisas – outras coisas além do sistema que Lênin criou e Stálin solidificou. Na

Europa Ocidental e na América do Norte durante a Primeira Guerra Mundial, a maioria dos que se autodenominavam "socialistas" afirmava que em uma boa sociedade deveria haver um enorme espaço para a iniciativa individual, para a diversidade, para a descentralização da tomada de decisões, para valores liberais, e mesmo para propriedades privadas de tamanhos não abusivos. A verdadeira liberdade era, afinal, o cerne. Eliminar a distribuição desigual de renda que vicejava sob um capitalismo que mantinha a maior parte dos formalmente livres presos à mesma vida de trabalho penoso era o objetivo.

Na regulação de preços e na propriedade pública, a questão era de ordem empírica: privado para o que fosse privado, público onde era necessário. E a maioria das pessoas confiava na democracia representativa e em debates racionais para resolver as coisas caso a caso. Mas outros adotavam uma visão mais radical, pressionando por algo além até mesmo de uma economia de mercado reformada, bem administrada e mais branda. Foi só quando Lênin começou a exercer o poder que as pessoas passaram a descobrir as perdas e os ganhos que estariam envolvidos em um socialismo real focado em destruir o poder do mercado.

Lênin, seus seguidores e sucessores começaram com um artigo de fé geral: Karl Marx estava certo. Em tudo. Se bem interpretado.

Marx tinha zombado dos empresários racionais de seu tempo. Eles afirmavam ver a revolução com horror. Apesar disso, afirmou Marx, eles próprios eram, em certo sentido, os revolucionários mais cruéis que o mundo já vira. A classe empresarial – o que Marx chamou de *burguesia* – foi responsável pela (até então) maior de todas as revoluções, e essa revolução mudou a condição humana. Para melhor. Afinal, foi a classe de empresários e investidores, junto com a economia de mercado, que os colocou uns contra os outros, os responsáveis por acabar com a escassez, a carência e a opressão que tinham sido o destino humano até então.

Mas Marx também enxergou um perigo inescapável: inevitavelmente, o sistema econômico criado pela burguesia se tornaria o principal obstáculo à felicidade humana. Ele era capaz, pensou Marx, de criar riqueza, mas não de distribuí-la com uniformidade. Junto com a prosperidade, viria inevitavelmente uma disparidade crescente de riqueza. Os ricos ficariam mais ricos. Os pobres se tornariam mais pobres e seriam mantidos em uma pobreza ainda mais insuportável por ser desnecessária. A única solução era destruir completamente o poder do sistema de mercado de controlar as pessoas.

Não uso "inescapável" e "inevitável" para efeitos dramáticos. A inevitabilidade era para Marx e para os herdeiros de suas ideias a solução para uma falha fatal. Marx passou a vida inteira tentando tornar seu argumento simples, compreensível e à prova de ataques. Fracassou. Isto porque estava errado. Simplesmente não é verdade que as economias de mercado necessariamente produzem uma desigualdade cada vez maior e uma miséria cada vez maior na companhia de uma riqueza cada vez maior. Às vezes sim, às vezes não. E se o fazem ou não está sob o controle do governo, que tem ferramentas suficientemente poderosas para limitar e ampliar a distribuição de renda e a riqueza de acordo com seus propósitos.

Mas o pensamento utópico – e também o distópico – não lida bem com a ideia de "às vezes sim, às vezes não", de que resultados melhores ou piores dependem dos governos e de suas decisões. "Inevitável" era o remendo para a falha da incerteza contingente. Assim, Marx resolveu provar que o sistema existente garantia a distopia: "Quanto mais cresce o capital produtivo, mais se expande a divisão do trabalho e a aplicação da maquinaria. Quanto mais se expande a divisão do trabalho e a aplicação da maquinaria, mais se expande a competição entre os trabalhadores e mais se contraem os seus salários. A floresta de braços erguidos exigindo trabalho torna-se cada vez mais densa, enquanto os próprios braços se tornam cada vez mais finos".[4] Marx também estava certo de que sua visão distópica do capitalismo tardio não seria o estado final da história humana. Pois esse sombrio sistema capitalista seria derrubado por outro que nacionalizasse e socializasse os meios de produção. O governo da classe empresarial, depois de criar uma sociedade verdadeiramente próspera, "produziria [...] sobretudo [...] seus próprios coveiros".

Como seria a sociedade depois da revolução? Em vez de propriedade privada, haveria "propriedade individual baseada em [...] cooperação e a posse em comum da terra e dos meios de produção". E isso aconteceria facilmente, pois a revolução socialista exigiria simplesmente "a expropriação de alguns usurpadores pela massa do povo", que então decidiria democraticamente um plano comum de "expansão de fábricas e instrumentos de produção de propriedade pelo Estado; o cultivo de terrenos improdutivos e a melhoria do solo em geral". *Voilà*, utopia.[5]

Exceto, é claro, pelo fato de que Marx estava errado.

Essa revolução socialista pelo inevitável empobrecimento e o aumento da desigualdade simplesmente não aconteceu. Para começo de conversa, o empobrecimento não ocorreu, pelo menos na Grã-Bretanha, depois de 1850. A desigualdade aumentou até um pico em 1914 na Europa Ocidental e 1929 na América do Norte. Mas o salto ascendente no crescimento econômico após 1870 significou que as classes trabalhadoras em todo o mundo também vinham se tornando mais e mais ricas do que suas predecessoras.

Que Marx tenha errado não é de surpreender. O fato é que ele era um teórico com apenas um exemplo de industrialização no qual se basear, a Grã-Bretanha. E na Grã-Bretanha, grandes e visíveis parcelas da classe trabalhadora estavam em pior situação em 1840 do que em 1790. O desemprego tecnológico era uma coisa poderosa. A construção de fábricas tenebrosas em Lancashire tornou inúteis as habilidades de tecelagem rurais e populações empobrecidas. Houve uma janela de tempo em que parte, ou mesmo muito, das reflexões sombrias de Marx pareciam plausíveis. Em 1848, a crença de que o capitalismo de mercado necessariamente produzia uma distribuição de renda insuportável não era razoável.[6] Em 1883, quando Marx morreu, tal crença era indefensável. Em 1914, a doutrina da miséria inevitável era de fato uma *doutrina*: uma questão não da razão humana, mas apenas de pura fé transcendente.

Mas se Marx estava tão errado, por que, então, gastar tanta tinta com ele? Porque ele se tornou um profeta, e seus escritos se tornaram os textos sagrados de uma Grande Religião Mundial. É difícil (pelo menos para mim) ler Marx sem ser lembrado da Grande Voz ouvida por João, o Teólogo, inspirada pelos cogumelos mágicos da ilha de Patmos, dizendo: "Enxugarei dos olhos deles todas as lágrimas; e não haverá mais morte, nem lamentos, nem pranto, nem haverá mais dor: porque essas são coisas passadas". O socialismo depois da revolução deveria ser o Paraíso aqui e agora: a Nova Jerusalém trazida à terra.

Havia entre os adeptos de Marx um pequeno grupo de indivíduos, entre os quais Lênin, Leon Trótski e Josef Stálin. Havia outros – completando o primeiro *Politburo* da União Soviética estavam Lev Kamenev e Nikolai Krestinski –, mas é um grupo tão pequeno que é plausível imaginar o que teria acontecido se pessoas diferentes, de caráter e visão diferentes, tivessem se instalado no topo. Não foi o caso, e talvez porque esses homens não eram apenas estudiosos e jornalistas, não apenas os ineptos e esperançosos, mas também suficientemente capazes, oportunistas e implacáveis.

Lênin e seus sucessores, até 1990, levaram a sério as doutrinas do profeta Marx. E tentaram torná-las reais. Mas eles não eram deuses. Embora tenham dito: "Que haja o verdadeiro socialismo", o que criaram foi, em vez disso, o *socialismo real*. Era *socialismo* no sentido de que afirmava ter chegado tão perto quanto possível das esperanças de Marx e de outros socialistas – mas também foi concretizado na realidade, no chão, em regimes que em seu auge governaram talvez um terço da população mundial. Não era uma fantasia intelectual utópica, mas um compromisso necessário com a confusão deste mundo. O socialismo real era, afirmavam seus propagandistas e *apparatchiks*, o mais próximo da utopia que se poderia chegar.

Durante a maior parte da carreira do socialismo real, Marx provavelmente o teria olhado com consternação e talvez desdém – uma sina frequente dos profetas. Para existir de fato, o socialismo teve que se afastar significativamente das previsões (e das instruções) do profeta. Pois acontece que você não precisa apenas quebrar os ovos para fazer uma omelete, mas a omelete que você acaba fazendo – se é que vai poder ser chamada de omelete – depende bastante dos ovos que você tem à mão. E isso importa, porque a Rússia do início do século XX jamais foi o local onde os primeiros teóricos daquilo que viria a ser o socialismo real pensaram que o socialismo aconteceria. E por um bom motivo.

Em 1914, a Rússia tinha talvez metade da riqueza dos Estados Unidos e dois terços da riqueza da Alemanha e era mais desigual do que ambos: pense em US$ 4 por dia como o padrão de vida típico. A expectativa de vida ao nascer mal chegava aos trinta anos, numa época em que na Europa Ocidental era de cinquenta, e 55 nos Estados Unidos. As classes ricas e instruídas da Rússia eram dominadas por proprietários de terras aristocráticos que não tinham nenhum papel social funcional. As regras feudais de senhorio e vassalagem regiam a grande maioria das pessoas, em vez das regras da propriedade privada, do proletariado e da burguesia.

Embora compartilhando pouco da Revolução Industrial do Ocidente, a Rússia absorveu as ideias ocidentais sobre igualdade perante a lei, governos que derivassem seus justos poderes do consentimento dos governados, meritocracia e fim dos privilégios de casta. Esses ideais ingressavam na Rússia em São Petersburgo, a janela para o Ocidente e a capital portuária do mar Báltico que Pedro, o Grande, havia construído séculos antes. Incluídas nesse fluxo de ideias estavam as de Marx e Engels.

Em fevereiro de 1917, o czar caiu. Em outubro, o governo provisório foi derrubado pelo golpe de Lênin. Em dezembro, Lênin dissolveu a assembleia constituinte que redigiria uma Constituição democrática. Isso deixou o Partido Comunista da União Soviética e seu birô político no comando. E estar no comando era seu único trunfo. Como escreveu o historiador britânico Eric Hobsbawm: "Lênin reconheceu [que] [...] tudo o que tinha a seu favor era o fato de que era [...] o governo estabelecido do país. Não tinha mais nada".[7]

Seguiu-se uma brutal guerra civil, que envolvia apoiadores "brancos" do czar; autocratas locais em busca de independência efetiva; os seguidores "vermelhos" de Lênin; e outras forças fora de lugar – incluindo regimentos japoneses, uma força expedicionária norte-americana e um exército tcheco de ex-prisioneiros de guerra que por um tempo se viu efetivamente no comando da Sibéria. Por três anos, os competidores, principalmente os Brancos e Vermelhos, se engalfinharam em grande parte da Rússia.

Para permanecer nessa luta e ter alguma esperança de vencer, o governo comunista precisava recorrer às habilidades dos antigos oficiais do exército czarista. Mas poderia confiar neles? Leon Trótski, comissário de guerra, criou uma solução: recrutar os oficiais e acompanhar cada um com um comissário político ideologicamente puro que precisava assinar cada ordem e que doutrinaria os soldados para o socialismo. Esse sistema de "administração dupla" poderia ser – e foi – aplicado a tudo. Foi a origem do padrão de administração que seria comum por toda a sociedade soviética: o partido vigia os tecnocratas para garantir sua obediência (pelo menos às fórmulas do governo comunista). E se os tecnocratas não se comportarem, o Gulag os espera.[8]

O primeiro imperativo que o regime de Lênin enfrentou foi a sobrevivência. Mas o primeiro imperativo que o regime *pensou* enfrentar foi a eliminação do capitalismo por meio da nacionalização da propriedade privada e da remoção dos empresários da administração. Como, porém, dirigir a indústria e a vida econômica na ausência dos proprietários de negócios – na ausência de pessoas cujas rendas e posição social dependem diretamente da prosperidade de empresas individuais e que têm os incentivos e o poder para tentar criar e conservar partes individuais da economia produtivas e funcionando? A resposta de Lênin foi organizar a economia como um exército: de cima para baixo, planejada, hierárquica, com subgerentes promovidos, demitidos ou fuzilados, dependendo de quão bem eles cumpriam as missões que o alto-comando econômico lhes atribuía.

Foi no cenário desesperador da Guerra Civil Russa que Lênin tentou o "comunismo de guerra", um esforço para igualar o grau de mobilização militar da economia que, acreditava ele, a Alemanha da Primeira Guerra Mundial tinha alcançado.

Lênin ficara impressionado com o que viu na economia de guerra alemã dirigida centralmente. Julgou que a guerra mostrara que o capitalismo tinha "amadurecido plenamente para a transição para o socialismo". Se a Alemanha pôde "dirigir a vida econômica de 66 milhões de pessoas a partir de uma única instituição central", então as "massas sem propriedade" poderiam fazer algo semelhante se fossem "dirigidas pelos trabalhadores com consciência de classe": "Expropriar os bancos e, contando com as massas, realizar em seu interesse a mesma coisa" que a máquina de guerra alemã estava fazendo.[9] Mas como isso funcionou, exatamente? Como administrar uma economia sem propriedade privada e sem uma economia de mercado?

A economia de guerra alemã da Primeira Guerra Mundial, dirigida por Walther Rathenau e companhia na Seção de Matérias-primas do Ministério da Guerra, começou com o governo vendendo títulos ou imprimindo dinheiro e comprando coisas necessárias para o esforço de guerra a qualquer preço que o mercado impusesse. Isso agradou aos produtores: eles tiveram lucros.

À medida que os preços subiam e as preocupações com os encargos de financiamento da dívida cresciam, o governo alemão começou a impor controles de preços: pagaremos a você o que pagamos no mês passado, e não mais. Mas então os materiais que o governo queria comprar começaram a ser desviados para a economia civil. O governo alemão impôs, então, um racionamento. Proibiu o uso de materiais "estratégicos" em produtos não militares ou não prioritários e começou a monitorar os balanços de materiais. Analistas comparavam as capacidades de produção com os usos, com o fluxo de dinheiro para compras se tornando simplesmente um dispositivo contábil, e então as autoridades de planejamento decidiam para quais usos militares certos materiais seriam destinados.

Na Alemanha, os materiais de guerra, em especial munições e particular explosivos – o que significava compostos de nitrogênio –, foram os primeiros a ficar sob a égide do planejamento governamental. Os gêneros alimentícios vieram na sequência. As despesas de guerra subiram de um sexto da renda nacional para dois terços. Não tardou para o governo não apenas gerenciar o movimento das principais matérias-primas para as fábricas e através delas, e depois para o *front* na forma de produtos acabados, mas também ordenar que as fábricas fossem expandidas e construídas para fornecer maior produção de guerra.

Foi assim que a Alemanha da Primeira Guerra Mundial se tornou uma inspiração para o comunismo de guerra na União Soviética.

O comunismo de guerra na União Soviética começou com a nacionalização das indústrias pelo governo; em seguida, houve a ordem de que as indústrias nacionalizadas fossem abastecidas com matérias-primas a preços fixos; e então começou-se a racionar o uso de materiais escassos para projetos não prioritários. Com isso, a economia planificada da União Soviética foi lançada. Algumas mercadorias-chave eram controladas por balanços de materiais a partir do centro, demandas eram emitidas para gerentes de fábrica a partir do centro, e os gerentes de fábrica então tinham que se virar – implorar, pedir emprestado, trocar, comprar e roubar os recursos que excediam aqueles direcionados a eles para cumprir o máximo possível do plano. Era altamente ineficiente.

Também era altamente corrupto. Mas concentrou a atenção na produção daquelas mercadorias às quais o centro decisório dava a mais alta prioridade e às quais, por meio de balanços de materiais, dedicava os recursos principais.

O comunismo de guerra foi um desastre agrícola – o primeiro de muitos. A redistribuição de terra do tipo faça-você-mesmo que os camponeses realizaram (e o Partido Bolchevique abençoou) foi muito popular. Mas o governo precisava de alimentos para cidades e vilas e, como se viu, os camponeses que viviam no campo estavam muito menos interessados em entregar grãos em troca de luxos urbanos do que os ruralistas pertencentes à nobreza, agora depostos ou mortos. O governo tentou requisitar alimentos. Os camponeses esconderam os grãos. Trabalhadores urbanos famintos voltaram para as fazendas da família de seus parentes, onde poderiam se alimentar. As fábricas urbanas penaram com os restantes trabalhadores subalimentados.

Ele pode ter sido ineficiente, corrupto e até desastroso, mas o comunismo de guerra conseguiu produzir e controlar recursos suficientes – e o Exército Vermelho liderado por Leon Trótski conseguiu encontrar armas suficientes e vencer batalhas suficientes – para que os bolcheviques vencessem a Guerra Civil Russa.

Indivíduos em locais específicos de tomada de decisão mostraram-se influentes.

Lênin e os comunistas venceram a Guerra Civil em parte por causa da habilidade de Trótski em organizar o Exército Vermelho; em parte porque, embora os camponeses odiassem os vermelhos (que confiscavam seus grãos), eles odiavam ainda mais os brancos (que trariam de volta os latifundiários); e em parte por causa da habilidade de Félix Dzerjinski em organizar a polícia secreta. Por fim, os comunistas venceram porque durante a Guerra Civil seu partido adotou uma crueldade que seria exercida não apenas contra a sociedade em geral, mas também contra ativistas dentro do próprio partido. Uma "economia de comando" acabou exigindo um "ente político de comando".

Lênin era singularmente adequado para concretizar esse *éthos* de crueldade. O escritor Maksim Gorki relatou ter ouvido Lênin dizer que gostava da música de Beethoven, especialmente da sonata *Appassionata*: "Gostaria de ouvi-la todos os dias. [...] Que coisas maravilhosas os seres humanos podem fazer!". No entanto, a música "dá vontade de dizer coisas bonitas e estúpidas e acariciar a cabeça de pessoas capazes de criar tamanha beleza enquanto vivem neste vil inferno. E agora não se deve acariciar a cabeça de ninguém: você pode acabar com uma mordida na mão. É preciso bater na cabeça deles, sem piedade, embora nosso ideal seja não usar a força contra ninguém. Hmm, hmm, nosso dever é infernalmente difícil".[10]

Talvez 10 milhões dos 165 milhões de pessoas no Império Russo morreram durante a Guerra Civil Russa: cerca de 1 milhão de soldados vermelhos, 2 milhões de brancos e 7 milhões de civis. Essas baixas se somavam aos talvez 7 milhões de mortos da gripe espanhola, 2 milhões de mortos da Primeira Guerra Mundial e 100 mil mortos da Guerra Russo-Polonesa. Em 1921, os níveis de prosperidade na Rússia tinham caído dois terços, a produção industrial tinha caído quatro quintos e a expectativa de vida tinha caído para vinte anos. Além disso, uma grande parte do que havia sido a margem ocidental do império czarista havia se separado. Parte significativa dos generais e oficiais czaristas estavam mortos ou no exílio. E qualquer centro democrático liberal ou social-democrata havia sido expurgado, tanto pelos brancos quanto pelos vermelhos. A maior parte do império czarista de antes da Primeira Guerra Mundial era agora de Lênin, tornando-se a União das Repúblicas Socialistas Soviéticas, ou URSS.

O grupo relativamente pequeno de agitadores socialistas que se reuniu sob a bandeira de Lênin antes da revolução e adquiriu experiência durante os anos de guerra civil agora se via com o problema de governar um país e construir uma utopia por meio do socialismo real.

Eles começaram a tarefa com a expectativa baseada na fé de que teriam ajuda. Por terem ouvido das ciências marxista-engelsianas do materialismo histórico e dialético que assim seria, Lênin e seus camaradas esperavam confiantemente que sua revolução na Rússia seria seguida por outras revoluções comunistas semelhantes nos países industrializados mais avançados da Europa Ocidental. Assim que esses países se tornassem comunistas, eles acreditavam, forneceriam ajuda à Rússia agrária e pobre, e assim possibilitariam que Lênin permanecesse no poder, guiando seu país a um estágio de desenvolvimento industrial em que o socialismo poderia funcionar da maneira que Marx tinha prometido. Lênin depositou suas esperanças no país mais industrializado da Europa, com o maior e mais ativo partido político socialista: a Alemanha.

Uma república comunista ocupou brevemente o poder na Hungria. Outra ocupou brevemente o poder na Baviera, no Sul da Alemanha. Mas, no final, a Revolução Russa foi a única que resistiu. O socialismo real em fins da Primeira Guerra Mundial encontrava-se sob a liderança de Vladimir Lênin e confinado a um país – embora um país muito grande – no qual poucos jamais imaginaram que qualquer forma de socialismo pudesse ser tentada.

Inicialmente, a tentativa exigia abandonar o comunismo de guerra e entrar na "Nova Política Econômica", que exigia permitir que os preços subissem e caíssem, que as pessoas comprassem, vendessem e enriquecessem, permitir que os gerentes das fábricas do governo auferissem lucros (ou fossem demitidos), e que uma classe de comerciantes e intermediários crescesse, como o que Keynes chamou de "foras da lei tolerados". Era uma conveniência. Capitalismo, mas sujeito ao controle do Estado; empresas estatais socializadas, mas dirigidas com base no lucro. E embora a coleira raramente fosse puxada, ela permaneceria ali.

Parte da conveniência deveu-se ao fato de que o governo soviético centralizado tinha alcance limitado. Mesmo em meados da década de 1930, os planejadores só conseguiam rastrear os balanços de materiais de cerca de cem *commodities*, cujos movimentos eram de fato planejados centralmente. Em todo o país, os produtores dessas *commodities* que não cumpriam suas metas de acordo com o plano sofriam sanções. Alternativamente, as *commodities* eram trocadas entre empresas e enviadas aos usuários mediante transações-padrão de mercado à vista ou via *blat*: conexões com um ou dois pés na corrupção. Quem você conhecia importava.

Quando a *blat*, as trocas de mercado ou o planejamento central fracassavam em conseguir as matérias-primas de que uma empresa precisava, havia outra opção: os *tolkachi*, ou agentes de troca. Estes descobririam quem possuía os bens de que você precisava, quanto valiam e quais você conseguiria adquirir considerando o que você tinha para negociar.[11]

Se isso soa um tanto familiar é porque deveria mesmo.

Um segredo oculto dos negócios capitalistas é que, na maioria das empresas, a organização interna é muito parecida com os cálculos toscos de balanço de materiais dos planejadores soviéticos. Dentro da empresa, as *commodities* e o tempo não são alocados por meio de nenhum tipo de processo de acesso ao mercado. Os indivíduos querem cumprir a missão da organização, agradar seus chefes para ganhar uma promoção, ou pelo menos não ser demitidos, e ajudar os outros.

Eles trocam favores, formal ou informalmente. Observam que metas e referências específicas são de alta prioridade e que os chefes ficarão descontentes se elas não forem cumpridas. Usam engenharia social e habilidades de convencimento. Pedem permissão para terceirizar, ou tiram do próprio bolso despesas ocasionais. Mercado, escambo, *blat* e planejamento – este último entendido como os propósitos primários da organização e a fidelidade das pessoas a ela – sempre governam, embora em proporções diferentes.

A principal diferença, talvez, é que uma empresa-padrão de negócios está inserida em uma economia de mercado muito maior e, portanto, sempre enfrenta a decisão de fazer ou comprar: esse recurso pode ser adquirido com mais eficiência de outro lugar dentro da empresa, por meio de engenharia social, convencimento ou *blat*, ou é melhor buscar autoridade orçamentária para comprá-lo de fora? Essa decisão de fazer ou comprar é um fator poderoso que mantém alertas e mais eficientes as empresas nas economias de mercado capitalista. E nas economias de mercado capitalista, as empresas proprietárias de fábricas estão cercadas por nuvens de intermediários. Na União Soviética, as amplas interfaces de mercado de fábricas individuais e as nuvens de intermediários estavam ausentes. Como consequência, sua economia era terrivelmente perdulária.

Embora perdulário, o controle do balanço de material é um expediente que praticamente todas as sociedades adotam durante a guerra. Então, atingir um pequeno número de alvos específicos para a produção torna-se a mais alta prioridade. Em tempos de mobilização total, comando e controle parece ser o melhor que podemos fazer. Mas desejamos uma sociedade em que todos os tempos sejam de mobilização total?

Lênin viveu apenas meia década após sua revolução. Em maio de 1922, ele sofreu um derrame, mas em julho já estava de pé e trabalhando. Em dezembro, sofreu um segundo derrame, e em março de 1923, um terceiro, que afetou temporariamente sua capacidade de falar. Em janeiro de 1924, ele entrou em coma e morreu. Mas teve tempo de pensar sobre sua sucessão – que comitê ou indivíduo deveria segui-lo na condução da ditadura do proletariado.

Durante sua doença, no que hoje é chamado de "Testamento de Lênin", ele escreveu o que pensava de seus prováveis sucessores.[12]

Josef Stálin, disse ele, tinha "autoridade ilimitada sobre o pessoal [...] que ele pode não ser capaz de usar sempre com cautela suficiente".

Leon Trótski era "pessoalmente talvez o homem mais capaz", mas tinha "uma autoconfiança excessiva" e tinha "mostrado preocupação excessiva com o lado puramente administrativo".

Félix Dzerjinski, Sergo Ordjonikidze e Josef Stálin tinham demonstrado um "grande chauvinismo russo".

As "visões teóricas" de Nikolai Bukharin, disse ele, "podem ser classificadas como totalmente marxistas apenas com [...] grande reserva, pois há nele algo escolástico" – isto é, medieval e obscurantista.

Georgi Piatakov "demonstr[ou] zelo demais pela administração e pelo lado administrativo do trabalho para se confiar nele em um assunto político sério".

E acrescentou um pós-escrito, dizendo que Stálin era "grosseiro demais", o que seria "intolerável em um secretário-geral". Alguns, escreveu ele, até haviam tentado descobrir uma maneira de remover Stálin de seu cargo atual como secretário-geral do Partido Comunista em favor de alguém "mais tolerante, mais leal, mais educado e mais atencioso com os camaradas, menos caprichoso etc.". Esse "detalhe", disse Lênin, era de "importância decisiva".

Lênin tinha nomeado Stálin como secretário-geral após a Guerra Civil. O cargo era visto, tanto por Lênin quanto por seu círculo íntimo, como um trabalho chato, simples, um trabalho para alguém com uma boa ética profissional e que estivesse comprometido com o partido, mas fora isso sem grandes dons. O controle de pessoal de Stálin era uma arma mais poderosa do que Lênin ou os outros tinham imaginado.

Uma das falhas de Lênin foi a insuficiência dos alertas que ele rascunhou no fim da vida. No final, Lênin fracassou em usar seu prestígio para nomear um sucessor. Ele se recusou a estabelecer mecanismos pelos quais a vontade do povo, ou mesmo do proletariado industrial, pudesse ser verificada. Fracassou em atender a esse "detalhe", que de fato se revelaria de "importância decisiva".

Assim, o partido escolheria o sucessor de Lênin. E quem era o partido? O partido era feito de pessoas. E quem tinha escolhido as pessoas? Stálin. Campanhas de recrutamento tinham elevado o número de membros do partido para 1 milhão. Era o secretário-geral – Stálin – quem nomeava os secretários dos comitês locais. Os secretários locais indicavam os responsáveis por selecionar os novos membros e escolher os delegados para os congressos do Partido Comunista – que então faziam o que o patrono de seu patrono sugeria.

E o patrono de seu patrono era Stálin.

Após a morte de Lênin e um interregno de três anos, o partido entrou na linha e, em 1927, aceitou Josef Stálin no volante.

Antes de considerar seu caráter e as consequências de suas decisões, vamos fazer uma breve pausa para considerar o estado da União Soviética naqueles anos. Em 1927, a União Soviética tinha voltado para onde estava em 1914 – em termos de expectativa de vida, população, produção industrial e padrões de vida. O imperativo de sobrevivência tinha sido cumprido. E não havia mais o peso morto da aristocracia czarista consumindo recursos, pensando e se comportando feudalmente. Enquanto os sucessores de Lênin pudessem evitar destruir o país com seus próprios erros e enquanto pudessem continuar encorajando as pessoas a julgar sua gestão das coisas tendo como base a guerra e o caos, seria difícil para eles cair em desgraça.

Recuperada, a União Soviética com certeza permanecia sujeita a ameaças existenciais. Os ocupantes dos escalões superiores do governo soviético temiam enormemente que as potências capitalistas do núcleo industrial decidissem derrubar seu regime. Em algum dia próximo, pensavam eles, o regime socialista real poderia ter que travar mais uma guerra para sobreviver. Eles lembraram que já tinha travado duas: uma guerra civil, na qual a Grã-Bretanha e o Japão pelo menos pensaram em fazer um esforço sério para apoiar seus inimigos; e uma guerra contra a Polônia, a oeste. Estavam desesperadamente cientes das fraquezas econômicas e políticas da União Soviética. Para enfrentar ameaças externas, os líderes soviéticos tinham a ideologia, um pequeno grupo de partidários impiedosos e uma burocracia que meio que dirigia uma economia recuperada ao nível de 1914. O que não tinham era tempo.

E não estavam errados.

Mais uma vez, chovo no molhado ao contar que em 22 de junho de 1941 a Alemanha nazista de Adolf Hitler atacou a União Soviética. Seus objetivos eram duplos: primeiro, exterminar o bolchevismo judaico como ideia, movimento político e regime; e, em segundo lugar, arrebanhar reservas, escravizar ou exterminar a maior parte dos habitantes da União Soviética. A terra que ocupavam era necessária para criar fazendas maiores para os agricultores alemães e mais "espaço vital" – *Lebensraum* – para a nação alemã.[13]

Poderia ter havido outro caminho. Não estava predeterminado que a União Soviética se transformaria em um campo de prisioneiros dominado pelo terror. Mas a recusa de Lênin em planejar a sucessão ou criar mecanismos para qualquer forma de política normal dentro do Partido Comunista significava que a Rússia provavelmente retrocederia a um padrão político antigo. Significava que a Rússia soviética provavelmente adquiriria um czar. E em uma época de turbulência e problemas, um czar provavelmente se comportaria como o Pavoroso Ivan IV da dinastia Rurik – o epíteto "o Terrível" não dá conta. O czar que eles conseguiram foi o Pavoroso Josef Stálin, nascido Ioseb Jughashvili: um psicopata paranoico e um dos principais candidatos a maior assassino em massa da história da humanidade.

Stálin voltara-se para a política revolucionária depois de ser expulso de um seminário ortodoxo. Foi exilado na Sibéria por quatro vezes. Todas as quatro vezes escapou e voltou para a Geórgia. Para alguns, isso soava suspeito. Como ele escapava tão facilmente? E por que não tinha medo de voltar ao seu antigo reduto? Trótski e outros mais tarde viriam a afirmar que Stálin tinha passado seu tempo antes da Primeira Guerra Mundial como um agente provocador que espionava os comunistas para a Okhrana, a polícia política secreta do czar.

Não importa. Em 1912, Lênin precisava de alguém para agitar as periferias do império e escolheu Stálin. Stálin foi o primeiro grande bolchevique a retornar à então capital – São Petersburgo, ou Petrogrado – após a queda do czar em 1917. Lênin deu a Stálin o cargo de editor do jornal do partido, o *Pravda*. Durante a Guerra Civil, ele foi responsável por tentar cimentar a revolução entre as mesmas minorias étnicas que tinha agitado no início daquela década. Como secretário-geral do partido, Stálin determinava quem entraria para o partido, o que significava quem e o que seria o partido. Após a Segunda Guerra Mundial, o dramaturgo da Alemanha Oriental Bertolt Brecht observou que o ideal de seus líderes do socialismo real seria se eles pudessem "dissolver o povo e eleger outro". No que diz respeito aos membros do partido, esse ideal era a realidade de Stálin.[14] Não é surpresa que Stálin tenha vencido, embora tenha feito muitos inimigos no processo. Tampouco chega a surpreender que uma personalidade paranoica como Stálin, com muitos inimigos, inclusive poderosos, tenha dado os próximos passos que deu.

Dzerjinski morreu de ataque cardíaco em 1926, antes de Stálin consolidar o poder. Stálin fuzilou todos os outros que Lênin mencionara em seu testamento, exceto Leon Trótski e, talvez, Sergo Ordjonikidze. Trótski foi exilado e então morto pela polícia secreta soviética na Cidade do México em 1940 – com um picador de gelo. Talvez Ordjonikidze tenha conseguido atirar em si mesmo antes da polícia secreta. Não sabemos. Mas, em resumo, Stálin silenciou e depois executou todos os seus ex-colegas. E promoveu ao segundo escalão do poder pessoas que eram totalmente dependentes dele e que serviam – e conservavam a vida – de acordo com os caprichos dele.

Os bolcheviques pensavam que eram vistos pelas potências não socialistas como uma ameaça existencial. E todos os bolcheviques concordavam que, para sobreviver, a Rússia precisava se industrializar rapidamente. Mas como eles persuadiriam os camponeses a aumentar a produção agrícola sem ter bens de consumo manufaturados para trocar pelos grãos deles?

Marx havia interpretado a história econômica da Grã-Bretanha como uma "acumulação primitiva". Os senhores de terras haviam usado o sistema político para roubar a terra do campesinato e arrochar seu padrão de vida. Isso forçou alguns dos camponeses a migrar para as cidades, onde se tornaram uma classe trabalhadora urbana desvalida. Lá, fabricantes e proprietários de meios de produção usaram o sistema político para forçá-los a construir e trabalhar em fábricas.

Para Marx, esse resultado terrível era uma das coisas que faziam do capitalismo um obstáculo ao desenvolvimento e ao florescimento humanos. Os bolcheviques pegaram a crítica de Marx à modernização britânica e fizeram dela seu modelo de negócios. Não apenas Stálin, mas Trótski, Ievguêni Preobrajenski e outros da elite concluíram que a rápida industrialização só seria possível se os comunistas governantes primeiro travassem uma guerra econômica contra os camponeses da Rússia. Eles arrochariam seu padrão de vida o máximo possível para alimentar e povoar as crescentes cidades industriais. Manteriam os salários urbanos altos o suficiente para fornecer um fluxo constante de migrantes para empregos na cidade, mas não mais altos que isso. Essa estratégia foi a primeira do que acabaria se tornando uma série de Planos Quinquenais.

A "fome de bens" que essa política gerou mudou a produção urbana de bens de consumo para bens de capital, e da indústria leve para a indústria pesada – provocando por fim uma "fome de grãos". O resultado foi uma "crise das tesouras": enquanto os preços dos bens industriais fabricados nas cidades continuava a subir para cumprir as metas de investimento do governo, os preços dos produtos agrícolas caíam, e, no gráfico, a diferença cada vez maior parecia uma tesoura. Camponeses incapazes de comprar manufaturas (e cada vez mais desinteressados em fazê-lo) também não conseguiam vender produtos agrícolas. As cidades penavam para ser alimentadas, ameaçando o Plano Quinquenal e a capacidade da Rússia de se industrializar, o que os bolcheviques acreditavam que determinaria sua capacidade de sobrevivência.

Stálin afirmou que a crise das tesouras havia sido causada por algumas maçãs podres: os *kulaks*, camponeses ricos que, ele achava, estavam retendo seus grãos para extorquir preços injustamente altos. Os *kulaks*, disse ele, eram o problema.

Sem *kulaks*, sem problemas.

O governo determinou que teria de fazer alguma coisa a respeito desses camponeses – aqueles que, acreditavam eles, estavam produzindo um excedente de produtos agrícolas e, no entanto, não estavam dispostos a entregá-lo ao partido. A solução? Confiscar suas terras e animais e forçá-los a trabalhar em fazendas coletivas junto com outros camponeses. Mas arrochar o padrão de vida deles, para que fosse um pouco pior que o dos outros. Os outros camponeses ficariam felizes, pensou o partido: apenas os *kulaks* ficariam aborrecidos – e sua resistência poderia ser controlada. A partir daí, todo o excedente agrícola poderia ser levado para as cidades, sem a necessidade de abastecer o campo com bens de consumo.

O governo estava errado.

Cerca de 94% dos 25 milhões de camponeses da União Soviética foram reunidos em fazendas estatais e coletivas, com uma média de cerca de cinquenta camponeses por fazenda. Muitos camponeses foram fuzilados; outros morreram de fome. Durante a década de 1930, milhões foram exilados nos campos de trabalhos forçados na Sibéria. Talvez 15 milhões tenham morrido. A produção agrícola caiu um terço. O número de animais de criação na União Soviética caiu pela metade.[15]

Houve algum benefício com essa política? É improvável. Os alimentos para as cidades poderiam ter sido obtidos – mais alimentos em melhores condições – dedicando uma parcela da produção industrial urbana a bens de consumo que os agricultores considerariam úteis e comprariam. A servidão não é uma maneira muito eficiente de extrair comida do campo – especialmente se os camponeses, percebendo a chegada da servidão, matam seus animais e os comem antes que os burocratas do governo cheguem para levá-los. Teria sido muito mais eficiente manter vivos os milhões de indivíduos mortos (foram 2 milhões? Cinco milhões? Quinze milhões?) e engajá-los na troca de produtos agrícolas por produtos de consumo.

O fato de que havia uma maneira melhor de conseguir resultados não significa que os bolcheviques não os obtiveram. Durante o primeiro e o segundo planos quinquenais, os estatísticos soviéticos afirmaram que a produção industrial – que, em 1928, tinha ficado 11% acima do nível de 1913 – era cerca de 181% maior em 1933 e cerca de 558% maior em 1938. A indústria pesada tinha maior prioridade: carvão, aço, produtos químicos e eletricidade. Os bens de consumo viriam depois, se é que viriam.

Os planos consistiam em uma série de objetivos selecionados – terminar essa barragem, construir tantos altos-fornos, abrir tantas minas de carvão – a ser alcançados a qualquer custo. O objetivo era desenvolver a metalurgia pesada. A tarefa era adquirir – comprando no exterior ou fabricando em casa – a tecnologia que a indústria pesada norte-americana empregava. Nesse espírito, uma "cidade de aço" seria construída nos Urais, em Magnitogorsk, e abastecida com carvão da fronteira chinesa. Sem Magnitogorsk, é difícil ver como Stálin poderia ter vencido a Segunda Guerra Mundial, pois as fábricas do Oeste da Rússia estiveram sob ocupação alemã de julho de 1941 até o final de 1943. Da mesma forma, represas, fábricas de automóveis e fábricas de tratores (ou tanques) foram todas construídas bem a leste de Moscou. O fato de haver muito menos pessoas a leste de Moscou era um problema solucionável.

Como Stálin conseguiria trabalhadores para as novas fábricas industriais pesadas – especialmente se não podia lhes pagar muito? A resposta foi pelo recrutamento da população. Passaportes internos destruíram sua liberdade de movimento. O acesso à moradia e às cadernetas de racionamento dependia de você manter seu emprego (e satisfazer seu empregador). Satisfazer seu empregador também ajudava a proteger sua vida. Pois sempre havia a ameaça de exílio em um campo de concentração siberiano ou de uma bala no pescoço para aqueles cujos chefes os acusavam de "sabotagem". No início da campanha de industrialização, houve julgamentos espetaculares de engenheiros acusados de ser "destruidores de planos".

O arrocho do padrão de vida rural produziu ainda mais um êxodo em massa: por mais insalubre e mal paga que fosse a vida nas cidades, para um homem adulto, ser semisservo na fazenda coletiva era ainda pior. Mais de 25 milhões de pessoas se mudaram para as cidades e fábricas durante a década de 1930. E funcionou, à sua maneira. A União Soviética ultrapassaria a Alemanha e a Grã-Bretanha na produção de armas de guerra durante a Segunda Guerra Mundial – e muitas delas eram de qualidade aceitável. Aceitável, no entanto, definido com um sarrafo bem baixo. O tanque soviético T-34C foi projetado para durar seis meses e apenas 24 horas de combate intenso.

As alegações de um crescimento de quase sete vezes na produção industrial de 1913 a 1940 foram significativamente exageradas. Talvez a produção industrial em 1940 fosse (medida usando técnicas-padrão) 3,5 vezes a de 1913. Segundo as melhores estimativas de um estudioso, o produto nacional real soviético cresceu cerca de 4,5% ao ano, em média, de 1928 a 1958, um número impressionante. Mas a contagem de corpos foi imensa.

Operários fabris eram baleados ou exilados em campos de trabalho forçado por não cumprirem as metas de produção atribuídas a partir de cima. Intelectuais eram fuzilados ou exilados em campos de trabalhos forçados por serem insuficientemente pró-Stálin ou por não se manterem atualizados. Ser a favor das políticas que Stálin defendera no ano anterior, mas não no ano atual, também podia levar à morte.

Ativistas comunistas, burocratas e funcionários da polícia secreta não se saíam melhor. Mais de 5 milhões de funcionários do governo e membros do partido foram mortos ou exilados no Grande Expurgo da década de 1930. É uma ironia histórica sombria que o lugar mais perigoso para se estar na União Soviética na década de 1930 fosse entre os altos quadros do Partido Comunista. Dos 1,8 mil delegados do 17º Congresso do partido em 1934, menos de um em cada dez se tornou delegado no 18º Congresso em 1939. O restante estava morto, na prisão ou no exílio na Sibéria. Os generais mais proeminentes do Exército Vermelho também foram fuzilados. Mais da metade do Partido Comunista do início da Segunda Guerra Mundial era formado por indivíduos recrutados no final da década de 1930, e todos tinham plena consciência de que deviam seus empregos – e seu *status* na sociedade soviética – a Stálin, aos protegidos de Stálin e aos protegidos dos protegidos de Stálin.

Por causa da má qualidade dos registros, realmente não sabemos a conta final dos corpos. Temos mais conhecimento sobre quantas vacas e ovelhas morreram na década de 1930 do que sobre quantos oponentes de Stálin, inimigos imaginários e espectadores foram mortos. Sabemos que os campos de concentração siberianos foram preenchidos aos milhões, repetidas vezes. O "Arquipélago Gulag" cresceu até abranger milhões, com a deportação dos *kulaks* durante a coletivização da agricultura. Foi preenchido novamente pelos expurgos do final dos anos 1930. E depois de novo, com poloneses, lituanos, estonianos, letões e moldavos, quando a União Soviética anexou esses territórios às vésperas da Segunda Guerra Mundial. Soldados sendo disciplinados, críticos da liderança de Stálin durante a guerra e membros de grupos étnicos considerados pró-alemães foram deportados durante a Segunda Guerra Mundial. Após a guerra, talvez 4 milhões de soldados soviéticos que foram capturados pelos alemães e sobreviveram a Hitler foram enviados para o Gulag. Lá, apodreceram e morreram.

9
FASCISMO E NAZISMO

O romancista russo Alexander Soljenítsin escreveu:

> As autojustificativas de Macbeth eram débeis. [...] Iago era um cordeirinho. [...] A imaginação e a força espiritual dos vilões de Shakespeare detinham-se perto de uma dúzia de cadáveres. Porque eles não tinham *ideologia*. Ideologia – é isso que dá à maldade a justificativa há muito procurada e ao vilão a necessária firmeza e determinação. Essa é a teoria social que ajuda a fazer com que seus atos pareçam bons em vez de maus aos seus próprios olhos e aos dos outros, de modo que ele não ouça censuras e maldições, mas receba elogios e honras. [...] Graças à ideologia, o século XX estava fadado a experimentar a maldade numa escala calculada em milhões. Isso não pode ser negado, nem ignorado, nem suprimido.[1]

Seus exemplos incluíam a Inquisição, que justificava seus crimes "invocando o cristianismo"; os conquistadores, que fizeram o mesmo invocando "a grandeza da Terra Natal"; e depois os "colonizadores, pela civilização; os nazistas, pela raça"; e os jacobinos, os mais radicais dos revolucionários franceses, "pela igualdade, fraternidade e felicidade das gerações futuras". Enxergar um futuro utópico em sua mente e pensar que ele está quase ao seu alcance, e que suas ações, mesmo que severas, mesmo que cruéis e brutais, podem trazê-lo para mais perto, para fora do reino da fantasia, como uma realidade aqui na terra – essa é a maldição da ideologia.

A história econômica não é imune à ideologia. Em grande parte, isso ocorre porque os historiadores econômicos não são imunes à ideologia. Números e indicadores podem dar suporte a muitas histórias interpretativas. Mas, como Soljenítsin apontou, há limites. Assassinatos intencionais na escala de dezenas de milhões não podem ser negados, ignorados ou suprimidos. Fracassos econômicos de proporções catastróficas que resultam em dezenas de milhões de mortos, por, digamos, fome, não podem ser negados, ignorados ou suprimidos. As décadas de ideologias grotescas de meados do longo século XX resultam numa leitura difícil, mas necessária. Elas atravessam a ideologia política e econômica – embora, coisa que sempre me choca, sem a matar. E no período entre as guerras mundiais, três grandes ideologias se confrontaram, exigindo reelaborações fundamentais da economia e da sociedade.

Conhecemos uma das três ideologias avassaladoras e totalizantes do século XX – de longe a mais branda delas – mesmo antes da Primeira Guerra Mundial: o mercado dá, o mercado tira; abençoado seja o nome do mercado. E assim grandes alterações foram necessárias para purificar a ordem pré-Primeira Guerra Mundial para que ela pudesse ter força. A ideologia repousa nessa palavra "abençoado". O cruzamento dessa palavra com o darwinismo social provou-se particularmente pernicioso. As palavras do mestre da siderurgia e filantropo norte-americano Andrew Carnegie são reveladoras: "O preço que a sociedade paga pela lei da concorrência [...] também é muito alto", reconheceu. Mas, acrescentou, "não podemos evitá-lo; [...] e embora a lei às vezes seja dura para o indivíduo, é melhor para a raça, porque garante a sobrevivência do mais apto".[2] Mesmo o mal que a economia do *laissez-faire* produzia tinha de ser visto como bom.

Conhecemos a segunda das ideologias no capítulo anterior: o socialismo real de Lênin e Stálin. Também era uma ideologia que prescrevia um imenso esforço para reconfigurar a *economia* – neste caso, para eliminar o mercado como um sistema, pois, segundo a ideologia, essa que era a raiz de todo mal futuro, na medida em que impedia que a abundância material da industrialização fosse usada para construir uma utopia que realmente existiria, e em breve.

Que o socialismo real de Lênin e Stálin iria acumular a maior contagem de corpos de qualquer ideologia certamente não era óbvio no início do século XX. Tampouco era óbvio no final da Primeira Guerra Mundial. E ainda não era óbvio durante os anos que antecederam o início da Segunda Guerra Mundial.

Muitos indivíduos reflexivos, observadores e apaixonados teriam, sem hesitação, colocado seu dinheiro no terceiro jóquei: o fascismo. E tinham boas razões para isso. De fato, parecia ser a ideologia mais terrível e destrutiva. Na verdade, se todos os outros – pragmáticos, socialistas, adoradores do mercado, liberais verdadeiros – não tivessem se reunido para detê-lo, ele teria vencido aquela corrida do terror. Em comparação à refeição completa que o fascismo desejava servir ao mundo, os cerca de 50 milhões de mortos pelos movimentos fascistas não passam de um aperitivo.

E o fascismo também era, em sua raiz, uma ideologia que prescrevia grandes esforços para reconfigurar a *economia*. A economia pré-fascista organizou as pessoas em classes. Criou uma política de negociação e conflito entre grupos de interesse. Mas, dizia o fascismo, o necessário era um povo nacional unificado e uma política de solidariedade e propósito comum. A economia de mercado, com patrões ricos negociando com grupos organizados de trabalhadores, não seria capaz de produzir essa unidade. Além disso, a economia mundial precisava de uma redistribuição dos recursos globais. O grande problema não era que havia *classes* proletárias – pobres, trabalhadoras, sobrecarregadas –, mas sim que havia *nações* proletárias – pobres em recursos, colônias e terras. Um dos principais propósitos de um líder fascista era fazer a economia mundial funcionar para o benefício do povo de sua nação – e não para alguma elite global transnacional de "cosmopolitas sem raízes".

Até o início da Segunda Guerra Mundial na Europa, Benito Mussolini, da Itália, foi o líder do fascismo mundial. Ele começou como editor de um jornal socialista italiano: o *Avanti!*. Tinha agitado os trabalhadores italianos na Suíça para iniciarem uma greve geral. Foi preso e deportado. Tinha sido um agitador do socialismo nas regiões alpinas de língua italiana do Império Austro-Húngaro. Tinha protestado contra a aventura imperial da Itália na conquista da Líbia. Na véspera da

Primeira Guerra Mundial, ele tinha se tornado um dos jornalistas políticos socialistas mais proeminentes da Itália.[3]

Em 29 de julho de 1914, um dia após o Império Austro-Húngaro declarar guerra à Sérvia, enquanto os exércitos se mobilizavam para a Primeira Guerra Mundial, os líderes socialistas da Europa também se mobilizaram. Eles foram a Bruxelas para uma reunião mundial da Segunda Internacional. Nas reuniões anteriores, em 1912 e 1907, todos haviam concordado com o seguinte: a classe trabalhadora não conhecia fronteiras; uma ameaça de guerra deveria ser enfrentada com uma greve geral; os trabalhadores largariam suas ferramentas, parariam as máquinas, parariam os trens literalmente nos trilhos e forçariam as fábricas de munições de guerra a fechar suas portas – então os diplomatas poderiam fazer seu trabalho e manter a paz.

Mas naquele dia, em Bruxelas, o líder socialista austríaco Victor Adler anunciou que os trabalhadores de Viena estavam nas ruas não se manifestando pela paz, mas cantando pela guerra. Havia muito tempo a máxima de Adler era que "é melhor estar errado com as classes trabalhadoras do que certo contra elas".[4] Os socialistas austríacos apoiariam seu *kaiser*. Na França, o presidente do Conselho de Ministros, René Viviani, era socialista. Viviani pediu aos trabalhadores franceses que defendessem seu país contra aqueles que o socialismo decretava ser seus principais camaradas. Apenas um punhado de líderes socialistas em nações beligerantes se opôs à guerra: Hugo Haase, Rosa Luxemburgo e Karl Liebknecht, da Alemanha, e Vladimir Lênin, da Rússia.

Os socialistas da Itália não estavam sujeitos a esse dilema. Não tiveram que escolher entre seus princípios pacifistas e um governo incitando a guerra pelo bem da nação. Em 1882, a Itália havia formado uma aliança militar *defensiva* com a Alemanha e a Áustria. O governo italiano anunciou que Alemanha e Áustria não eram defensores, mas agressores. Consequentemente, a Itália permaneceria neutra. Os socialistas italianos aplaudiram o governo.

Mussolini, no entanto, ficou profundamente abalado com o que aconteceu em Bruxelas e com o que viu nos países ao seu redor. A Segunda Internacional tinha enfrentado as forças do nacionalismo e entrado em colapso. "Não vejo partidos, apenas alemães", declarou o *kaiser* alemão Guilherme II. E, naquele momento, ele estava certo.

Quando a pressão chegou, a classe trabalhadora internacional se dissolveu e, em vez disso, o que se cristalizou foram nações nas quais as divisões de classe perderam importância. Qual seria o significado disso?

Os socialistas italianos que Mussolini conhecia e gostava se debandaram para o lado do nacionalismo. Começaram a clamar para entrar na guerra do lado dos Aliados, com o objetivo de conquistar as regiões de língua italiana da Áustria. "Cardi, Corridoni, la Rygier", Mussolini os chamou pelo nome. "Apologistas da guerra! É um contágio que não poupa ninguém! Mas quero manter a muralha até o fim."[5] Mais ainda, Mussolini queria ser o líder de um movimento de massas. Ele não era nenhum George Orwell, que considerava um dever ir contra a multidão quando ela estava errada, mesmo quando "para ver o que está diante do nariz é preciso uma luta constante".[6]

E assim, no terceiro mês da guerra, Mussolini desistiu da muralha. Se os trabalhadores italianos que ele queria liderar eram primeiro nacionalistas e só depois socialistas, ele se juntaria a eles. No final do outono de 1914, Mussolini tinha aprendido uma lição com o colapso da Segunda Internacional e o entusiasmo em massa das classes trabalhadoras pela guerra. A classe tinha se despedaçado sob uma pressão moderada e, portanto, não podia carregar o peso necessário para um movimento de massa forte e durável. Em contraste, a etnonação poderia muito bem ser forte o bastante.

Benito Mussolini estava convencido da inadequação psicológica do socialismo marxista. Este não inspirava nada sequer parecido com o enorme entusiasmo nacionalista que ele viu durante a guerra. Os líderes do socialismo pareciam incapazes de reconhecer plenamente o fato de que a solidariedade estava associada à comunidade nacional de cada um – não à classe internacional ou à humanidade em geral.

Ser socialista parecia inconsistente com liderar um movimento *nacionalista* de massa, e esse parecia ser o único tipo de movimento que poderia existir. Então Mussolini começou seu próprio jornal, *Il Popolo d'Italia*, pedindo intervenção do lado da França e da Grã-Bretanha. Seus ex-companheiros o denunciaram, sugerindo que ele teria sido subornado pelo serviço de inteligência francês. (É provável que não tenha sido antes de sua mudança; mas quase com certeza foi depois – para os franceses, exatamente o que eles estavam apoiando importava menos do que o fato de estarem apoiando um nascente movimento italiano que queria que a Itália entrasse na guerra como aliada da França.) Em 24 de novembro de 1914, Mussolini foi expulso do Partido Socialista Italiano. As pontes foram queimadas. Ele se tornou um ex-socialista e líder de um movimento que seria diferente e mais forte.

Mas o que seria esse movimento?

Originalmente, Mussolini tinha apenas um termo guarda-chuva, a palavra "fascismo". Originalmente, tinha apenas uma observação: que enquanto era difícil mobilizar as classes trabalhadoras para lutas internas em grande parte pautadas na economia, na forma de protestos, manifestações, greves e votos por respeito e o fim da pobreza, era fácil mobilizá-las para uma guerra sangrenta e destrutiva para recuperar, ou melhor, reivindicar o Alto Adige, o Trentino, o Friuli, Údine e a cidade de Trieste. Apelos a uma etnonação enraizada no sangue e na terra levaram as massas a agir de maneiras que apelos a ideais abstratos, princípios morais e solidariedade universalista não tinham conseguido. Mussolini, portanto, foi progredindo nessa sua doutrina. E muitos o seguiram desde então.[7]

No cerne do fascismo enquanto *movimento* estava o desprezo pelos limites, especialmente aqueles impostos por argumentos baseados na razão; uma crença de que a realidade pode ser alterada pela vontade; e uma exaltação da afirmação violenta dessa vontade como argumento final – na verdade, o único tipo de argumento que importava. No cerne do fascismo enquanto *ideologia* estava uma crítica: o capitalismo industrial semiliberal e o governo parlamentarista tiveram sua chance e fracassaram. O fracasso se manifestou de várias maneiras, mas todas interligadas. A ideologia era secundária, porém não era importante. Por que alguém deveria escolher submeter sua vontade à de algum líder fascista? A ideologia tinha que ressoar neles para que isso acontecesse. Vejamos, então, os fracassos que o fascismo atribuiu à pseudoclássica ordem semiliberal que os políticos do *establishment* estavam tentando reconstruir após a Primeira Guerra Mundial. E não se engane: os fracassos foram reais.

O primeiro foi um fracasso macroeconômico: o capitalismo semiliberal tinha fracassado em garantir um alto nível de emprego e um rápido crescimento econômico.

O segundo foi um fracasso distributivo: ou o capitalismo semiliberal tornou os ricos mais ricos, enquanto todos os outros permaneceram pobres, ou fracassou em preservar um diferencial de renda adequado entre a classe média baixa mais instruída e respeitável e o proletariado industrial não qualificado. Não tinha como o capitalismo semiliberal ganhar essa disputa. Dependendo de qual aspecto da distribuição de renda fosse destacado, ou o capitalismo industrial produziu uma distribuição de renda muito desigual (os ricos ficam mais ricos, o resto fica pobre) ou não desigual o suficiente (classes médias baixas respeitadas desabam para se juntar ao proletariado não qualificado). Que a acusação de não-desigual-o-suficiente carregasse uma distinção etno-racial-religiosa implícita ou explícita – igualdade demais com judeus, poloneses, eslavos ou qualquer outra minoria – emprestou-lhe uma capacidade ainda maior de inspirar as massas nacionais.

O terceiro foi um fracasso moral: a economia de mercado reduziu todas as relações humanas – ou, pelo menos, muitas relações humanas – a transações de mercado sem intimidade – faça isso por mim e eu lhe pagarei. Mas as pessoas não se sentem confortáveis em lidar umas com as outras como nada além de máquinas para transformar dinheiro em mercadorias úteis ou vice-versa, mão de obra em dinheiro. Disputas e trocas de presentes têm mais ressonância psicológica. É mais satisfatório receber (ou dar) de presente, ou receber como prêmio, do que comprar exatamente a mesma coisa. É mais gratificante receber aplausos genuínos pelo seu desempenho do que pagar uma claque. É mais inspirador seguir um líder do que ser pago para se juntar a uma multidão. Ao ignorar e tentar suprimir essas dimensões – ao exigir que tudo passe por um *nexo monetário* –, a sociedade de mercado desumaniza grande parte da vida.

Em quarto lugar, houve um fracasso no reconhecimento da solidariedade: a ordem semiliberal pseudoclássica fracassou em reconhecer que todos (isto é, todos os cidadãos unidos por determinada cultura e contidos em determinadas fronteiras geográficas) estavam juntos nisso – que os habitantes de uma nação étnica tinham interesses comuns que eram muito mais poderosos do que o interesse de qualquer indivíduo considerado isoladamente. Assim, a política econômica precisava ser feita de modo "sindicalista" ou "corporativista". Isso significava que o Estado precisaria mediar entre empregadores e sindicatos, e teria de chamar a atenção de ambos quando necessário para garantir que empregadores e sindicatos fizessem a coisa certa. Não as forças de mercado, mas a regulamentação do governo determinaria o preço do trabalho e a quantidade de empregos, pois estes eram importantes demais para que a saúde da sociedade fosse determinada pela distribuição de propriedade e pelo funcionamento do mercado.

O quinto fracasso foi governamental: não apenas a economia semiliberal era falha, mas também o governo semiliberal. Os parlamentos eram incompetentes. Tolos. Eram compostos de servidores sem iniciativa, distribuidores corruptos de favores a interesses especiais ou campeões ideológicos que não se concentravam no interesse público, mas no que fazia sua própria e estreita fatia de apoiadores se sentir bem. O que o país precisava era de um líder forte, que dissesse o que pensava e fizesse o que fosse necessário sem dar atenção a normas ou sutilezas.

Muitas dessas deficiências, pretensas ou reais, resultaram num descontentamento de morno a fervente. Dar forma e direção a esse descontentamento ajudou a definir os dois primeiros pilares da plataforma do fascismo.

A afirmação nacionalista tornou-se o primeiro pilar de Mussolini. Ele exigia que a Itália fosse "respeitada". Exigia que a fronteira italiana fosse movida para o Norte, para os Alpes, e para o Leste, para o que se tornaria a Iugoslávia. Movida quanto? O mais longe possível. O antissocialismo tornou-se seu segundo pilar: isto é, recrutar grupos de jovens delinquentes e mandá-los para as ruas para espancar socialistas e bagunçar organizações da classe trabalhadora.

O "corporativismo", ou a substituição da anarquia do mercado por alguma forma de planejamento administrado pelo governo, pelo menos de níveis salariais e rendas, tornou-se seu terceiro pilar. O fascismo abraçaria a dignidade do trabalho e das profissões, e não valorizaria todas as formas de trabalho e todos os trabalhadores apenas de acordo com o que o mercado quisesse pagar a eles.

E para fazer as pessoas se sentarem direito e se comportarem – isto é, subordinar seus interesses de classe aos seus interesses étnico-nacionais – era necessário um líder forte: Mussolini. Isso foi menos pilar do que precondição. As pessoas não tinham interesses que os políticos existiam para satisfazer. Em vez disso, precisavam ser lideradas e receber um senso de propósito nacional, ouvindo de seu líder quais eram os interesses delas. Os governantes não deveriam ouvir e obedecer, mas falar e comandar.

Essa coisa chamada "fascismo" era real ou apenas um engodo? Talvez fosse só um embuste. Um movimento político normal baseia-se em grupos de interesse que enxergam seu bem-estar como parte de uma boa sociedade, que têm uma visão de como o mundo funciona sugestiva de certas políticas promotoras desse bem-estar e que então tentam formar coalizões para implementar essas políticas. O fascismo certamente não era um movimento político normal.

Para tomar o poder, Mussolini precisava se apresentar como o profeta de uma nova ideologia; precisava de uma doutrina com a qual ocultar seu despotismo pessoal; e precisava manter seus oponentes divididos e desequilibrados. O fascismo era oportunista, e o princípio da liderança podia disfarçar as contradições. Por esse ponto de vista, o fascismo sempre foi um engodo comandado por vigaristas. O objetivo do vigarista que promovia o fascismo era se tornar um líder para ganhar *status*, riqueza e poder. Para fazer isso, Mussolini precisava encontrar pessoas que quisessem ser lideradas. E então precisaria empreender uma delicada negociação psicológica com elas para descobrir para onde queriam ser levadas. Só então ele poderia fasciná-las e então enfiar a mão em seus bolsos.

É tentador declarar que o maior truque que Mussolini fez foi convencer o mundo, ou pelo menos grande parte da Itália, de que ele e o fascismo eram o verdadeiro negócio. Inquestionavelmente, ele conseguiu por um tempo. Inicialmente, os políticos eleitos da Itália tentaram alternadamente suprimir e aliar-se ao fascismo. Em 1922, depois de obter alguns sucessos eleitorais, Mussolini ameaçou tornar a Itália ingovernável por meio de violência política em larga escala – a menos que fosse nomeado primeiro-ministro. O rei o nomeou primeiro-ministro. A partir daí, ele se tornou ditador da Itália: *Il Duce*, ou "O Líder". Por meio de assassinatos, prisões e negociatas políticas, permaneceu no topo da Itália até que os exércitos aliados ocidentais da Grã-Bretanha e dos Estados Unidos bateram à sua porta, em 1943.

Mas embora seja certamente verdade que o "fascismo" era desorganizado, autocontraditório, confuso e vago, a maioria dos movimentos políticos incorpora essas características. Ao formar uma coalizão ou um partido, o objetivo é manter amizades e alianças pela diluição das diferenças e evitando-se a clareza conceitual. Ambos tendem a criar divisões entre os seguidores.

A alegação do fascismo de que era algo real repousa em outro fato incontestável: no século XX, ele teve adeptos demais para ser apenas um engodo ilusório, mesmo que a maioria dos fascistas na maior parte das vezes fosse mais clara sobre o que eles eram contra do que a favor. Conto seis elementos normalmente encontrados em regimes que se autodenominaram "fascistas": uma liderança que comanda em vez de representar; uma comunidade unificada à base de laços de sangue e solo (e rejeitando e degradando aqueles que não são da comunidade); coordenação e propaganda; apoio a pelo menos algumas hierarquias tradicionais; ódio de socialistas e liberais; e – quase sempre – ódio aos "cosmopolitas desenraizados", que, em sua visão de mundo antissemita, significava judeus e pessoas que agiam como judeus, de uma forma ou de outra.

O fascismo também era frequentemente considerado a única coisa que prestava. Isso com certeza é verdade se você não aprova a democracia liberal, ou se teme o socialismo e acredita que a democracia liberal levará inevitavelmente a ele, assim que a classe trabalhadora perceber sua força eleitoral. Para muitos depois da Primeira Guerra Mundial, parecia claro que restaurar a Velha Ordem era impossível. Para muitos antissocialistas, portanto, o fascismo parecia ser a única escolha que restava. A monarquia estava fora de questão. Uma aristocracia de berço e posição também. Uma teocracia também. A plutocracia teve dificuldades em manter uma base de massa. O fascismo era a solução. E muitas pessoas estavam (e estão) dispostas a endossá-lo e apoiá-lo.

De fato, alguém vivendo entre as guerras mundiais e que olhasse para os governos europeus e latino-americanos poderia facilmente se convencer de que o fascismo era a onda do futuro. Por quase toda parte, a democracia retrocedia, incapaz de dar respostas aos problemas econômicos da Grande Depressão ou de resolver conflitos sociais. Às vésperas da Segunda Guerra Mundial, as democracias no mundo eram poucas e distantes: Grã-Bretanha e seus domínios (Austrália, Nova Zelândia, Canadá e talvez África do Sul), Estados Unidos (se você fosse branco), Irlanda, França, Países Baixos (Bélgica, Holanda e Luxemburgo) e

Escandinávia (Finlândia, Suécia, Noruega e Dinamarca). E só. Em todos os outros lugares havia governos autoritários, não democráticos ou antidemocráticos de esquerda ou direita.

NA ALEMANHA APÓS A PRIMEIRA Guerra Mundial, os apoiadores do Partido Socialista Alemão eram chamados de *Sozis* – as duas primeiras sílabas de *Sozialist*. Por alguma razão, os bávaros urbanos zombavam de pessoas chamadas Ignatz. O nome era um substituto para o que em português seria um "jeca": alguém caipira, tolo e desajeitado. Havia um apelido diminutivo para Ignatz: Nazi. Foi por isso que, na Baviera da década de 1920, os inimigos políticos de Adolf Hitler e de seu Partido Nacional-Socialista dos Trabalhadores Alemães começaram a chamá-los de uma mistura desses termos, "nazis". O nome pegou.

Depois que Adolf Hitler assumiu o poder em 1933 e o consolidou em 1934, ele se tornou, com razão, popular.[8] A Alemanha se recuperou da Grande Depressão com relativa rapidez depois que Hitler assumiu o poder e rompeu a adesão à ortodoxia monetária e fiscal. Com a Gestapo nos bastidores para reprimir a agitação por salários mais altos, melhores condições de trabalho ou direito à greve, e com uma forte demanda do governo por obras públicas e programas militares, o desemprego caiu durante a década de 1930. A Grande Depressão na Alemanha tinha sido a mais profunda do mundo, com exceção dos Estados Unidos. A recuperação na Alemanha foi a mais rápida, com exceção do Japão e da Escandinávia.

Hitler no poder em tempos de paz parece ter se concentrado em aumentar o emprego e construir armas, não em aumentar a capacidade industrial e a riqueza nacional. Construir rodovias nacionais, sim – mas construí-las não para fortalecer conexões entre cidades ou para escoar recursos para a indústria, mas construindo primeiro onde elas seriam vistas pelo maior número possível de pessoas. Eficácia política e capacidade militar eram as prioridades.

Eficácia política nós entendemos: o movimento nazista era ainda minoritário. Mesmo no auge, só conseguiu maioria no Reichstag, o parlamento alemão, expulsando os deputados socialistas e comunistas da sala. E, mesmo assim, esse restolho de legislatura só se dispôs a aprovar a concessão de poderes emergenciais e ditatoriais a Hitler após o pânico que se seguiu ao "misterioso" incêndio do prédio do Reichstag. Em parte por causa de sua minoria-maioria, Hitler e seu partido viam como prioridade a construção de um apoio político maior e mais forte – daí os empregos e ao menos a aparência de um governo que estava construindo grandes projetos de infraestrutura.

Mas armas? Exército? Como entender sua priorização? Pode-se encomendar uma guerra mundial por engano. Mas por que, em nome de tudo que é mais sagrado, alguém encomendaria duas?

Hitler discordava. Na verdade, ele tinha gostado bastante da Primeira Guerra Mundial.

As experiências de Hitler durante a Primeira Guerra Mundial, se somadas, não parecem resultar naquilo que uma pessoa normal chamaria de uma "boa guerra". Mas ele achava que sim.[9]

Ele se alistou – sem treinamento – no Exército da Baviera em agosto de 1914, depois de ter sido rejeitado por sua pátria austríaca como inapto para o serviço militar. Em outubro, ingressou no 16º Regimento de Reserva da Baviera, ou Regimento List (em homenagem a seu primeiro comandante), parte de nove novas divisões de infantaria em sua maioria não treinadas, que foram lançadas imediatamente em combate em caráter de emergência. O 16º foi enviado para a Primeira Batalha de Ypres, onde os alemães enfrentaram os britânicos, e aquela foi a primeira surra sofrida pelo 16º Regimento de Reserva da Baviera.

Os alemães chamavam isso de *Kindermord*, a morte infantil. Trata-se de uma referência explícita ao massacre bíblico dos bebês inocentes de Belém pelo rei Herodes, da Judeia, após o nascimento de Cristo. Talvez a analogia seja adequada: ao todo, 40 mil dos 90 mil alemães foram mortos ou feridos em vinte dias. Ao final da batalha, dos 250 homens da companhia original de Hitler, apenas 42 estavam vivos, fora do hospital e aptos a se apresentar para novas tarefas.

O Regimento List, como tantos outros durante a Primeira Guerra Mundial, seguiu um padrão previsível: inexperientes, eles foram enviados para a batalha, onde foram massacrados, uma boa porcentagem foi para o lixo, uma porcentagem modesta foi reagrupada, e repete-se o processo. O Regimento List foi sacrificado repetidas vezes, nas Batalhas do Somme (1916), Fromelles (1916), Arras (1917) e Passchendaele

(1917). As baixas foram terríveis – na casa das centenas de milhares em cada batalha. Em 1916, Hitler foi ferido na coxa por um projétil que explodiu na entrada de seu abrigo. Ele ficou internado por dois meses. Foi então enviado para a reserva atrás da linha de fogo, em Munique. Não aguentou. Com seus camaradas sob fogo, ele implorou para ser chamado de volta ao *front*. Seu desejo foi concedido. Em outubro de 1918, um ataque de gás britânico o deixou (temporariamente) cego e mudo. Ele passou os últimos 25 dias da guerra no hospital.

No entanto, essas experiências não o fizeram se voltar contra a guerra.

Hitler foi então desmobilizado e deixado à deriva. Não obstante sua dedicação, sua conduta não foi suficiente para que o Estado-Maior o visse como um daqueles soldados que gostaria de manter no exército em tempos de paz. Mas o major Karl Mayr, da Divisão de Inteligência do exército, o pegou como agente secreto em meados de 1919. Mayr o enviou para espionar os socialistas. Um pequeno grupo socialista espionado por ele foi o Partido dos Trabalhadores Alemães, de Anton Drexler. Drexler considerou Hitler "um homenzinho absurdo". Mas também ficou impressionado com a oratória dele. Drexler o convidou para se juntar ao seu partido em setembro de 1919.

O partido de Drexler tornou-se o Partido Nazista cinco meses depois, quando "Nacional" e "Socialista" foram adicionados à frente de seu nome, "Nacional" com o apoio entusiástico de Hitler e "Socialista" apesar de sua objeção. A ideia parece ter sido a de que uma mudança completa de nome poderia atrair alemães em busca de uma reunião socialista para frequentar. Como os nazistas estavam, a exemplo dos socialistas, recrutando membros entre os grupos para os quais o sistema não estava funcionando, tais frequentadores talvez decidissem ficar. Depois, ficou tarde demais para mudar o nome do partido. E àquela altura ele havia se tornado sobretudo e em primeiro lugar o partido de Hitler, não mais importando o nome.

Um fragmento, embora altamente revelador, do que o partido de Hitler defendia pode ser vislumbrado em como foram tratados os homens que deram a Hitler seu primeiro empurrão para o poder.

Em 1921, Hitler acabaria expulsando da liderança nazista Anton Drexler, o homem que o convidara para o partido e que depois fora seu mentor. Drexler renunciou do partido em 1923. Em *Minha luta*, publicado em 1925, anos depois de Drexler ter feito tudo o que podia por seu pupilo, Hitler descreveu Drexler como "um simples trabalhador, como orador não muito talentoso, ademais não é um soldado". Acrescentou que Drexler era "fraco e incerto"; "não era um líder de verdade"; e "não foi feito para ser fanático o suficiente para trazer o movimento no [coração]" ou "para usar meios brutais para superar a oposição a uma nova ideia".[10] Drexler morreu de causas naturais na cidade bávara de Munique em 1942. Ele escapou com relativa facilidade.

O homem que recrutou Hitler para espionar o partido de Drexler, Karl Mayr, começou na direita alemã e moveu-se firmemente para a esquerda. Em 1925, ele se juntou ao Partido Socialista, onde liderou alguns dos paramilitares valentões, socialistas de esquerda. Em 1933, depois que Hitler assumiu o poder ditatorial, Mayr fugiu para a França. Quando os nazistas conquistaram a França em 1940, estava na lista da Gestapo. Foi enviado primeiro para Sachsenhausen e depois para o campo de concentração de Buchenwald. Lá foi assassinado em 9 de fevereiro de 1945.

A maior parte do que o nazismo representava pode ser compreendida pelo apreço mortalmente sério de Adolf Hitler pelo trabalho do economista Thomas Robert Malthus, da virada do século XIX.

Já se passaram alguns capítulos desde a última vez que cruzamos com Malthus, o pessimista que sombriamente previu que as populações humanas ultrapassariam seu suprimento de alimentos. Quando pessoas e comida se desequilibram – muito da primeira e pouco da segunda –, argumentou Malthus, a natureza ou a humanidade providenciam um corretivo. Ele viria na forma de guerra, fome, doença e morte (uma ou todas); ou "contenção moral" (uma alternativa melhor). Isso seria evidenciado por casamentos tardios e sexo pouco frequente, apoiados numa forte fé religiosa, práticas que, Malthus acreditava, permitiriam uma pequena lacuna entre o limite da fome e padrões de vida medianos.

A partir desses capítulos anteriores, conhecemos Malthus como alguém cujas doutrinas ofereciam uma boa descrição da vida antes do tempo dele, mas eram um guia ruim para a história subsequente. Ao olhar para trás, a lição que ele tirou foi menos uma lição do que uma armadilha, e, aliás, uma armadilha inevitável: o crescimento populacional, controlado por alimentos insuficientes, produziria pobreza. Mas na história pós-Malthus, a racionalização e a rotinização da descoberta científica, da inovação tecnológica e a implantação em larga escala baniram o demônio malthusiano.

Hitler, no entanto, tirou lições diferentes de Malthus. A armadilha malthusiana, com mais do que uma pitada de darwinismo social, era, segundo ele, útil para pensar sobre política externa. "A Alemanha", escreveu ele em *Minha luta*, "tem um aumento anual da população de quase 900 mil almas. A dificuldade de alimentar esse exército de novos cidadãos deve crescer ano após ano e, por fim, terminar em catástrofe."[11]

Hitler via quatro opções. Uma delas era o controle de natalidade para reduzir o crescimento populacional. Mas Hitler enxergava qualquer controle no número de alemães como um enfraquecimento da raça. A segunda era aumentar a produtividade agrícola, mas para ele esse era um esforço fadado ao fracasso pela mesma razão de Malthus: retornos decrescentes. Uma terceira era comprar alimentos do exterior "produzindo para as necessidades estrangeiras por meio da indústria e do comércio". Hitler considerava essa opção "insalubre". Além disso, ele a achava irreal: a Grã-Bretanha nunca permitiria que a Alemanha se tornasse a potência industrial e mercantil dominante sem lutar, e se pudesse empunhar a arma da fome novamente – como fez com o bloqueio durante a Primeira Guerra Mundial –, a Grã-Bretanha venceria.

O que sobrou? A quarta via: expansão territorial. Hitler então escreveu:

> Devemos [...], fria e objetivamente, adotar o ponto de vista de que certamente não pode ser a intenção dos Céus dar a um povo cinquenta vezes mais terra e solo neste mundo do que a outro. [...] [Nós] não devemos deixar que as fronteiras políticas obscureçam para nós as fronteiras da justiça interna. [...] A lei da autopreservação entra em vigor; e o que é recusado por meios amigáveis cabe ao punho tomar. [...] Se terra fosse desejada na Europa, ela poderia ser obtida em grande medida apenas às custas da Rússia, e isso significava que o novo Reich deveria novamente se colocar na marcha pela estrada dos antigos cavaleiros teutônicos, para obter, pela espada alemã, solo para o arado alemão e o pão diário para a nação.[12]

Erguendo-se sobre imprecisões históricas e justificativas místicas, Hitler concluiu que a Alemanha deveria continuar aquela busca bárbara e sangrenta: "Retomamos de onde paramos seiscentos anos atrás. Detemos o movimento alemão sem fim para o sul e o oeste e voltamos nosso olhar para a terra ao leste. Finalmente rompemos com a política colonial e comercial do período pré-guerra e passamos para a política do solo do futuro".[13]

Mas como a Alemanha poderia se expandir para o leste? Aqui ele tinha certeza de que o destino (ou os Céus, ou a justiça cósmica, ou as leis da autopreservação) já tinha intervindo em favor da Alemanha. "Ao entregar a Rússia ao bolchevismo, roubou da nação russa" o "núcleo germânico de seus estratos dirigentes superiores". Esse grupo, disse ele, fora "substituído pelo judeu [bolchevique]". Aproveitando-se de milhares de anos de ódio, medo e repugnância antissemitas, agora envoltos em um darwinismo social que soava científico, Hitler declarou que era "impossível para o judeu manter para sempre o poderoso Império [Russo]". Portanto, "o império gigante no Leste está pronto para entrar em colapso".

Tudo o que a Alemanha precisava fazer era garantir que tivesse um exército grande o suficiente para estar preparada quando o colapso viesse. Esteja preparado, mas também seja impaciente. Como Hitler disse em junho de 1941, quando enviou os exércitos nazistas para a Rússia: "Você só precisa chutar a porta e toda a estrutura podre desabará".

Agora vemos as quatro suposições urdidas no centro do nazismo. Primeiro, uma forte dose de antissemitismo alemão. Em segundo lugar, uma crença na nação alemã e na raça alemã "ariana" como uma entidade com um destino especial e heroico. Terceiro, a compreensão de que a guerra era o teste final da força e do valor nacionais e da raça. E, quarto, a ideia de que a conquista, que exigia explicitamente o extermínio ou a remoção de populações, era necessária para criar mais "espaço vital" para os alemães, especialmente para os agricultores do país, que supervisionariam grandes campos com a produção agrícola necessária para alimentar os alemães.

Três presunções eram essenciais para essa urdidura central: primeiro, o princípio da liderança. Não se tratava apenas da crença de que um líder inspirado era essencial para uma boa ordem política; tratava-se, antes, de um desdém ativo – até ódio – por qualquer obstáculo às ambições daquele líder, incluindo, especialmente, as instituições parlamentares, que Hitler acreditava estarem envolvidas em práticas de negociação ineficazes e vergonhosas em nome de grupos de interesse. Em segundo lugar, o uso do terror para obter obediência. E terceiro, o desejo de garantir que toda a sociedade, desde seus cidadãos até suas organizações, servisse à causa nacional.

Esse é o nazismo. Enquanto o socialismo real da União Soviética começou com expectativas utópicas, apenas para acabar atolado no pântano dos horrores distópicos, o nazismo começou com expectativas distópicas, ansioso por inevitáveis disputas violentas entre raças e nações – e realizou plenamente o almejado horror distópico.

Hitler testou sua ideologia de dominação racial ariana baseada na economia malthusiana, o nazismo, em 15 de março de 1939, quando fez uma aposta ao ordenar que os tanques alemães entrassem (sem oposição) em Praga, anexando assim a Tchecoslováquia. Levou-a ainda mais a sério em 1º de setembro de 1939, quando ordenou que os tanques alemães cruzassem a fronteira polonesa, dessa vez encontrando resistência, mas esmagando facilmente o exército polonês (em menos de três semanas) e dando início à fase europeia da Segunda Guerra Mundial. Em 22 de junho de 1941, ele então perseguiu sua nova ideologia com seriedade existencial, quando os tanques alemães avançaram (com oposição) ao longo da fronteira soviética, e a Alemanha – ainda envolvida em uma guerra brutal com o Império Britânico – também conquistou a União Soviética. Afinal, todo o objetivo da política externa de Hitler era dirigir-se para o Leste, a fim de ganhar pela espada o pão para a nação alemã e o solo para o arado alemão. Ao fazê-lo, procurou exterminar, expulsar ou escravizar todos os povos eslavos na fronteira oriental da Alemanha.

E ele assumiu a lógica urdida pelo nazismo com seriedade genocida ao implementar, com milhões de cúmplices, a Solução Final para o "Problema Judaico".[14]

Talvez 50 milhões de pessoas tenham morrido por causa das guerras de Hitler. Mas se os nazistas tivessem vencido a guerra – conquistado a Europa até os Urais e preenchido a terra com propriedades de fazendeiros de etnia alemã –, esse número teria mais do que triplicado. E depois, o que os nazistas vitoriosos, enlouquecidos pela raça, teriam feito na África? E na Ásia, a leste e ao sul dos Urais?

É uma questão para a qual a história e a ideologia dão uma resposta.

Cometi um erro ao misturar fascistas com nazistas?

Afinal, muitas pessoas aplaudiram (e algumas ainda aplaudem) os fascistas.

O filósofo político Leo Strauss, nascido na Alemanha em 1899 de pais judeus alemães, emigrou para Paris em 1932 e para os Estados Unidos em 1937, onde se tornou professor da Universidade de Chicago. Professor de alguns e querido de muitos na direita política intelectual da América, declarou orgulhosamente em 1933 que, embora os nazistas os estivessem aplicando mal, ele continuava a acreditar nos princípios "fascistas, autoritários e imperiais".[15]

Ludwig von Mises, economista queridinho da extrema direita, nascido de pais judeus na Áustria-Hungria, onde hoje é a Ucrânia, escreveu sobre o fascismo em 1927: "O fascismo e movimentos semelhantes visando ao estabelecimento de ditaduras estão cheios das melhores intenções [...] [e] a intervenção deles, por enquanto, salvou a civilização europeia. Assim, o mérito que o fascismo conquistou para si viverá eternamente na história".[16] É verdade que no mesmo trabalho ele qualificou o fascismo como um arranjo "improvisado de emergência"; alertou que "enxergá-lo como algo mais seria um erro fatal"; e denunciou-o por "sua fé irrestrita no poder decisivo da violência" – pois, para ele, ideias, e não punhos e porretes, eram necessárias para derrotar decisivamente o socialismo escocês. Em 1940, o judeu Mises também emigrou para os Estados Unidos (antes para a Suíça, em 1934), reconhecendo que os punhos superam as intenções.

No início da década de 1980, o queridinho libertário Friedrich von Hayek escreveu uma carta a Margaret Thatcher sugerindo que os britânicos seguissem mais de perto os métodos do fascista Augusto Pinochet, cujo golpe de 1973, durante a Guerra Fria, derrubando e assassinando o presidente Salvador Allende, foi muito aplaudido por Hayek como um resgate do Chile do caminho da servidão. Percebe-se a grande simpatia dele nas palavras educadas da resposta de Thatcher. Ela escreveu:

"Algumas das medidas adotadas no Chile são bastante inaceitáveis. [...] Alcançaremos nossas reformas à nossa própria maneira e em nosso próprio tempo".[17] Todos esses — exceto Thatcher — pelo menos flertaram com uma aliança tática e temporária e uma fidelidade ao fascismo, e alguns deles fizeram muito mais: acreditaram que a democracia representativa não poderia reunir forças para resistir ao socialismo real e que essa desastrosa ameaça à civilização exigia medidas e alianças desesperadas como resposta.

Ao ver os fascistas da história, conforme surgiam em todos os continentes e ao longo de décadas, como parte da mesma espécie de Hitler e sua companhia de loucos genocidas, estou ilegitimamente invalidando seus pontos de vista? Com certeza é verdade que, se os fascistas são todos da mesma espécie, muitos eram versões bem mais mansas do que os nazistas. A maioria das doutrinas econômicas fascistas era amplamente negativa: elas não eram socialistas e não acreditavam que a plataforma marxista de nacionalização da indústria e de expropriação da classe capitalista fosse a maneira certa de administrar uma economia. Mas também não aderiram às doutrinas de Hitler sobre o "espaço vital nacional". Eram menos antissemitas e menos assassinas que os nazistas.

Mas outros fascistas eram do mesmo gênero ideológico dos nazistas. Eles se reconheciam. Não foi por acaso que Hitler escreveu sobre sua "mais profunda admiração pelo grande homem ao sul dos Alpes", Benito Mussolini, o fundador do fascismo.[18] Também não foi por acaso que Mussolini se aliou a Hitler durante a Segunda Guerra Mundial, ou que tanto Hitler quanto Mussolini enviaram ajuda aos rebeldes monarquistas de Francisco Franco da Guerra Civil Espanhola, no final dos anos 1930. Não mais acidental, em todo caso, que o fato de que nazistas fugindo da Europa após o colapso do Terceiro Reich de Hitler foram bem recebidos na Argentina de Juan Perón.

Cometi um erro ao não agrupar os fascistas com os socialistas reais? Afinal, que distância há entre o fascista e o socialista real?

Um número preocupante de pessoas, começando pelo próprio Mussolini, parece ter transitado de um para o outro. Isso sugere não um espectro político esquerda-direita, mas sim uma ferradura, ou mesmo um círculo de cores. O vermelho e o azul estão tão distantes em termos de comprimento de onda visual quanto possível. No entanto, se você pegar tinta magenta e adicionar um pouco de ciano, terá azul; se pegar o magenta e adicionar um pouco de amarelo, terá o vermelho. George Orwell é famoso por ter perguntado: "Mas não somos todos socialistas?".[19] Ele estava em Barcelona, era 1937, e os socialistas apoiados pelos stalinistas estavam exterminando a facção marxista espanhola à qual ele havia se juntado quando chegou à cidade (o Partido dos Trabalhadores da Unificação Marxista). Enquanto isso, os fascistas de Franco esperavam do lado de fora da cidade.

Havia diferenças políticas importantes.

Como Hermann Rauschning disse ter ouvido de Hitler: "Por que precisamos nos preocupar em socializar bancos e fábricas? Nós socializamos os seres humanos!".[20] Ou seja, o socialismo real se concentra primeiro no controle sobre as instituições e fluxos de mercadorias e apenas secundariamente no controle sobre o que as pessoas pensam, dizem e fazem – mas nós nos concentramos primeiro no que as pessoas pensam, dizem e fazem. Quão profunda era essa diferença, de fato? E enquanto a desigualdade de *status* era importante para os socialistas reais, a desigualdade material e o luxo da classe dominante eram... um embaraço. Em contraste, para os fascistas, se a desigualdade material e o luxo da classe dominante o incomodavam, isso só mostrava seu desalinhamento com o programa.

Mas isso constitui uma diferença de espécie, ou apenas uma variação dentro de uma espécie adequadamente chamada de "totalitária"?

Vamos trazer como referência o historiador socialista britânico Eric Hobsbawm – um comunista de carteirinha de antes da Segunda Guerra Mundial até 1956, tornando-se a partir de então mais moderado –, que fez alguns comentários em seus livros que me parecem reveladores. O primeiro está em sua obra de 1994, *A era dos extremos*, uma história do que ele chamou de curto século XX, ou o período desde o início da Primeira Guerra Mundial, em 1914, até a queda da União Soviética, em 1991. Hobsbawm, escrevendo já em idade adiantada, ainda acreditava que aderir a um "partido comunista alinhado a Moscou" era, para aqueles que desejavam uma revolução global, "a coisa certa": "O 'novo tipo de partido' de Lênin [...] deu até mesmo a organizações pequenas uma eficácia desproporcional, porque o partido conseguia incitar uma devoção extraordinária e o autossacrifício de seus membros, mais do que disciplina militar e coesão, e uma concentração total na execução das decisões partidárias a todo custo", escreveu ele. "Isso impressionou profundamente até observadores hostis."[21]

Existe ao menos um fio de cabelo de diferença entre a adoração dos fascistas a um líder heroico e a crença de Hobsbawm de que a obediência impensada ao ditador de Moscou (seja lá quem for) que assassinou quase todos os seus pares – era louvável e profundamente impressionante? Aceitar que ser um seguidor significava devoção e autossacrifício a todo custo teria com certeza ganhado a aprovação de Mussolini e Hitler. "Isso é um golpe fascista" foram talvez as últimas palavras do colega de Stálin, o bolchevique Grigori Zinoviev, quando os capangas de Stálin atiraram nele.[22]

Antes do século XX, a *ideologia* – diferentemente da religião – não matava pessoas aos milhões e dezenas de milhões. O que estava em jogo não parecia valer a pena. Tal entusiasmo pelo assassinato em massa aguardaria uma combinação entre militarismo aristocrático, socialismo real e fascismo. Assim, foi só no século XX que aspirações utópicas sobre como a economia deveria ser organizada levaram nações e movimentos globais a construir distopias na tentativa de se aproximar do futuro utópico. E então deram meia-volta e justificaram a distopia: concessões devem ser feitas, e é impossível ficar melhor que isso.

Minha opinião é que muita energia mental e histórica foi gasta analisando diferenças entre movimentos que são justamente classificados como distópicos, e até mesmo totalitários, em aspiração. O tempo gasto nessa tarefa é um tempo perdido, dadas as suas semelhanças – se não na doutrina formal, pelo menos nos modos de operação. Os guardas de Auschwitz, Majdanek, Treblinka, Dachau e o resto eram muito parecidos com os do Arquipélago Gulag.

Em vez disso, a energia mental e histórica deve se focar onde esses movimentos tiraram sua energia. Por que o mundo foi incapaz de oferecer às pessoas uma sociedade na qual pudessem viver uma vida boa? Por que uma reconfiguração total foi necessária? Karl Polanyi enxergava o fascismo e o socialismo como reações contra a incapacidade ou a falta de vontade da sociedade de mercado de satisfazer os direitos polanyianos das pessoas. Não pôde lhes garantir uma comunidade confortável na qual viver porque o uso da terra tinha que passar por um teste de rentabilidade. Não pôde lhes oferecer um rendimento compatível com o que mereciam porque o salário pago à sua profissão tinha de passar por um teste de rentabilidade. E não pôde lhes oferecer um emprego estável porque o financiamento para apoiar qualquer cadeia de valor em que estivessem inseridas também precisava passar por um teste de rentabilidade. Todas essas falhas deram energia à ideia de que precisava haver uma reconfiguração fundamental da economia e da sociedade que respeitasse os direitos polanyianos das pessoas. E a esperança de milhões era que o fascismo e o socialismo real fizessem isso.

Em vez disso, ambos acabaram por apagar, de forma brutal e absoluta, os direitos e a vida das pessoas aos milhões. Então por que as pessoas foram tão ingênuas? Em 1919, a socialista alemã Rosa Luxemburgo pôde enxergar o caminho que Lênin havia tomado e o chamou de "uma brutalização da vida pública: tentativas de assassinato, fuzilamento de reféns etc.".[23] O liberal alemão Max Weber, escrevendo em 1918, também pôde prever o que se tornaria o experimento sociológico de Lênin, dizendo que ele terminaria em "um laboratório com montes de cadáveres humanos".[24] Da mesma forma, o diplomata britânico Eric Phipps escreveu em 1935 que, se a Grã-Bretanha levasse o *Minha luta* de Hitler a sério e ao pé da letra, "seríamos logicamente obrigados a adotar a política de uma guerra 'preventiva'".[25]

Os perigos de uma virada fascista eram claros. A improbabilidade de conseguir sequer se rastejar em direção a uma boa sociedade deveria ter sido óbvia.

A fé utópica é uma droga infernal.

10
SEGUNDA GUERRA MUNDIAL

Durante a década de 1930, enquanto a maioria dos outros países continuava estagnada na Grande Depressão, a Alemanha se recuperava rapidamente. Mas a ideologia nazista deixou claro que uma recuperação alimentada por gastos pacíficos não era o objetivo do regime de Hitler.

Em março de 1935, Hitler anunciou que a Alemanha estava quebrando os grilhões do Tratado de Versalhes e se rearmando.[1] Os aliados vitoriosos da Primeira Guerra Mundial enfrentaram com isso um complicado problema de política externa. O isolacionista Estados Unidos não estava interessado em enviar soldados e guarnições para a Europa. Os eleitorados britânico e francês definitivamente não queriam uma reprise da Primeira Guerra Mundial. E o programa de rearmamento e autoafirmação nacional de Hitler exigia que a Grã-Bretanha e a França fizessem uma escolha.

A disputa diplomática da década de 1930 foi desigual, e não porque a Grã-Bretanha e a França estivessem bem armadas e menos afetadas pela Grande Depressão, enquanto a Alemanha estava desarmada e profundamente deprimida. A disputa foi desigual porque a Grã-Bretanha e a França não queriam chegar perto da guerra e tinham certeza de que ninguém mais queria, pois poderiam cair em outra tão horrível quanto a anterior. A disputa foi desigual porque Hitler não compartilhava essa opinião. Nem a estrutura de poder alemã a compartilhava.

As políticas da Grã-Bretanha e da França podem ser corretamente chamadas de estratégias de *apaziguamento*: dê a Hitler vitórias diplomáticas.

Drible-o. Faça-o investir em pequenos sucessos para que honre os compromissos que assumiu para consegui-los. Como o embaixador britânico Eric Phipps escreveu em seu diário em 1935, se eles pudessem "amarrá-lo [...] com uma assinatura em um acordo", talvez ele "o honrasse": "Um acordo apenas parcialmente aceitável para a Grã-Bretanha e a França e não muito desagradável para a Itália pode impedir por um tempo qualquer outro tiro alemão entre os patos internacionais", escreveu ele. "Então os anos poderão passar, e até mesmo Hitler vai envelhecer."[2]

Se essa era a estratégia, não funcionou.

Quando Hitler iniciou sua campanha diplomática, ele tinha uma poderosa gama de argumentos do seu lado. O Tratado de Versalhes, que pôs fim à Primeira Guerra Mundial, restringiu o exército alemão a 100 mil soldados. Mas as outras nações não reduziram seus próprios exércitos. A Alemanha seria a única grande potência a temer uma invasão da Dinamarca ou da Iugoslávia? Isso não era justo. E a resposta de que a Alemanha nazista era uma nação pária – governada por uma ditadura cruel e opressiva – não era uma afirmação que fizesse sentido na linguagem da diplomacia europeia. A ideia de que o que um governo devidamente reconhecido fazia dentro de suas fronteiras não interessava aos outros governos do mundo estava profundamente arraigada.

O que fazia sentido na linguagem da diplomacia europeia era a linguagem: a linguagem falada pela maioria das pessoas em uma aldeia. O Tratado de Versalhes e os outros aspectos do acordo pós-Primeira Guerra Mundial tentaram, imperfeitamente, mas tanto quanto possível, redesenhar as fronteiras nacionais de acordo com linhas linguísticas. Com exceção das fronteiras da Alemanha. Os falantes de alemão eram governados não apenas por Berlim, mas também por Roma, Viena, Budapeste, Praga, Varsóvia, Vilnius, Paris e até Bucareste.

Enquanto Hitler limitou seus objetivos de política externa a remover as restrições aos armamentos alemães que tornavam a Alemanha uma nação menos do que igual e a tentar "resolver" os problemas das minorias nacionais redesenhando as fronteiras para corresponder mais estreitamente às linhas linguísticas, foi difícil para a Grã-Bretanha, França e outros dizerem não.

Afinal, a Grã-Bretanha e a França queriam invadir a Alemanha, depor Hitler e estabelecer um governo fantoche instável destinado a inflamar ainda mais o nacionalismo alemão? Bem, sim, queriam, mas praticamente só Winston Churchill teve a perspicácia de reconhecer que tal passo era a opção menos ruim.[3] E ele era considerado um desmiolado: errado por se recusar a fazer concessões aos indianos que buscavam o autogoverno; errado, em 1925, por sua agressiva adoção da deflação enquanto ministro das Finanças da Grã-Bretanha; errado por apoiar o rei Eduardo VII em seu desejo de se casar com Wallis Warfield Spencer Simpson, duas vezes divorciada e alpinista social; e (foi dito) errado por seus planos de vencer a Primeira Guerra Mundial não na França e na Bélgica, mas na Turquia.[4] Por que alguém pensaria que ele estava certo ao espalhar o medo de uma ameaça alemã?

No meio da Grande Depressão, os líderes políticos franceses e britânicos acreditavam que tinham problemas maiores do que fazer cumprir cada vírgula do Tratado de Versalhes. E alguns desejavam ativamente ver a Alemanha se juntar à comunidade das nações da Europa Ocidental. Com a Alemanha efetivamente desarmada, havia um vácuo de poder entre a fronteira da União Soviética e o rio Reno. A Polônia e a União Soviética travaram uma guerra no início dos anos 1920, quando o Exército Vermelho se aproximou de Varsóvia antes de ser rechaçado. Homens sábios disseram que um forte exército alemão poderia servir como um amortecedor contra a Rússia comunista. Na década de 1930, enquanto o Exército, a Marinha e a Força Aérea alemães cresciam comprovadamente além dos limites do tratado, a Grã-Bretanha e a França não fizeram nada de efetivo.

Hitler quebrou ainda outra cláusula do Tratado de Versalhes em março de 1936: moveu forças militares simbólicas para a Renânia, a província da Alemanha a oeste do Reno que havia sido desmilitarizada depois de 1918. A Grã-Bretanha e a França enfrentaram a mesma escolha novamente. E mais uma vez pareceu inútil agir. Nenhum outro país europeu tinha zonas desmilitarizadas dentro de suas fronteiras. Exigir que a Alemanha mantivesse uma zona desmilitarizada parecia adequado apenas para inflamar o nacionalismo alemão. E, mais uma vez, fazer cumprir essa cláusula presumivelmente exigiria uma invasão da Alemanha, a deposição de Hitler e a instalação de um governo fantoche.

Hitler anexou a Áustria em março de 1938. A Áustria era habitada predominantemente por alemães étnicos, todos falantes do alemão. Ao anexar a Áustria, declarou Hitler, ele estava simplesmente reunindo o povo alemão em sua própria nação e revertendo um erro político cometido no final do século XIX, quando os alemães austríacos foram excluídos das fronteiras políticas da Alemanha. Se os Aliados tivessem aplicado aos alemães os mesmos princípios de autodeterminação nacional que aplicaram a si mesmos e ao restante da Europa, não haveria erro a corrigir. E, provando seu argumento, os exércitos da Alemanha marcharam para a Áustria sem oposição e foram recebidos, pelo menos em alguns lugares, com entusiasmo.

Após a anexação da Áustria, Hitler voltou sua atenção para uma segunda fronteira anômala da Europa pós-Primeira Guerra Mundial: a "Região dos Sudetos". As fronteiras norte e oeste da Tchecoslováquia seguiam as fronteiras do reino medieval da Boêmia e incluíam uma região montanhosa, onde estavam localizadas todas as defesas da fronteira tcheca. Também era densamente povoada por falantes do alemão. Uma porcentagem deles se dizia oprimida e exigia a anexação pela Alemanha, que financiava sua campanha de denúncias.

O governo britânico tinha o compromisso de defender a França; o governo francês tinha o compromisso de defender a integridade territorial da Tchecoslováquia; a Tchecoslováquia não desejava entregar seus territórios montanhosos – e suas defesas de fronteira. E, no entanto, os governos britânico e francês não desejavam entrar em guerra para impedir que o povo dos Sudetos se tornasse parte da Alemanha. Os conselheiros militares das democracias ocidentais temiam que uma Segunda Guerra Mundial trouxesse os horrores das trincheiras da Primeira Guerra Mundial para os civis localizados longe do *front*.

E eles estavam certos.

Para evitar a guerra, em 29-30 de setembro de 1938, o primeiro-ministro britânico, Neville Chamberlain, e o primeiro-ministro francês, Édouard Daladier, foram a Munique e chegaram a um acordo com Hitler: Hitler anexaria os Sudetos e prometeria respeitar a independência do restante da Tchecoslováquia, e a Grã-Bretanha e a França garantiriam a independência da Tchecoslováquia. Os representantes tchecos sequer foram autorizados a entrar na sala onde ocorreram as negociações.[5]

Uma multidão aplaudiu Chamberlain em seu retorno à Grã-Bretanha. A guerra tinha sido evitada. Arruinando sua reputação para sempre,

Chamberlain declarou que tinha assegurado "a paz com honra. Acredito que seja a paz para o nosso tempo".⁶ Churchill – rejeitado pelos outros membros conservadores da Câmara dos Comuns britânica – tinha uma visão muito diferente: "Acho que teremos de escolher nas próximas semanas entre a guerra e a vergonha, e tenho poucas dúvidas sobre qual será a decisão", escreveu ele ao ex-primeiro-ministro David Lloyd George antes da visita de Chamberlain a Munique.⁷

Em 15 de março de 1939, Hitler anexou toda a Tchecoslováquia, depois de ter patrocinado um movimento secessionista na parte "Eslováquia" do país. A Grã-Bretanha e a França não tomaram nenhuma atitude. Chamberlain declarou: "O efeito dessa declaração [de independência pelo movimento secessionista patrocinado por Hitler] pôs fim mediante perturbação interna ao Estado cujas fronteiras nos propusemos a garantir [em Munique]. O governo de Sua Majestade não pode, portanto, manter-se vinculado por mais tempo a essa obrigação".⁸

Mas, dois dias depois, Chamberlain retrocedeu. Não em relação à Tchecoslováquia, mas em relação ao apaziguamento.

Chamberlain e companhia estenderam as garantias de segurança à Polônia e à Romênia. Os ataques alemães à Polônia ou à Romênia, afirmou ele publicamente, provocariam declarações de guerra contra a Alemanha por parte da Grã-Bretanha e da França. Chamberlain parecia acreditar que esse compromisso impediria novas aventuras de Hitler.

Mas por que impediria? Como as tropas e navios de guerra britânicos poderiam ajudar a Polônia em uma guerra com uma nação, a Alemanha nazista, localizada entre os dois? Hitler concluiu que britânicos e franceses estavam blefando. E ele queria se preparar para o ataque ao leste para fazer com as populações eslavas da Rússia europeia o que os Estados Unidos tinham feito com os povos nativos da América do Norte. Assim como aconteceu nos Estados Unidos, a esperança de Hitler era que a Alemanha se tornasse dona de um enorme celeiro, nesse caso a Ucrânia, que, depois de uma história de muito sofrimento, seria povoada por alemães étnicos administrando grandes fazendas mecanizadas.

Na primavera de 1939, Hitler novamente exigiu o redesenho das fronteiras, dessa vez para reclamar os alemães etnolinguísticos presos em um "corredor polonês" que dividia a Alemanha e a província da Prússia Oriental.

Se os formuladores de políticas diplomáticas britânicas e francesas fossem realistas pragmáticos, eles teriam dado de ombros: Hitler quer ir para o Leste? Deixe-o ir para o Leste. Teriam concluído que um Hitler travando uma série de guerras a leste provavelmente não lhes causaria problemas, pelo menos por um tempo. E se Hitler em algum momento virasse para o Oeste, então seria hora de lidar com ele.

Mas não foi isso que fizeram. Eles deram garantias à Polônia e à Romênia. Dobraram a aposta na dissuasão.

Chamberlain e lorde Halifax, seu ministro das Relações Exteriores, parecem ter pensado pouco no que aconteceria se a dissuasão falhasse. Eles sabiam que não queriam a guerra. Tinham certeza de que Hitler sentia o mesmo. O que significava que Hitler também devia estar blefando, certo? Ninguém queria uma repetição da Primeira Guerra Mundial, correto?

De um lado estavam participantes dispostos a chegar perto da guerra, mas que ainda mantinham a crença de que ninguém a desejava. Eles achavam já ter dado a Hitler vitórias diplomáticas suficientes. Traçar uma linha impediria que uma guerra realmente começasse. Do outro lado, havia participantes confiantes de que a guerra era inevitável, preferível ao *status quo* e necessária para garantir o "espaço vital" manifestamente destinado. Além disso, os políticos britânicos e franceses haviam desistido mesmo com cartas fortes. Por que então não desistiriam com cartas fracas? Nenhum dos dois estava em posição de ajudar militarmente a Polônia.

Se não desistissem, no entanto, a Alemanha poderia enfrentar uma guerra em sua fronteira ocidental, e foi por esse motivo que Hitler se interessou por uma aliança – temporária – com Stálin e a União Soviética.

Ao longo dos anos, mesmo enquanto perseguia uma "Frente Popular" e "segurança coletiva" entre os Estados não fascistas para combater o fascismo em meados da década de 1930, Stálin havia sondado Hitler. Hitler não estava interessado. Interessou-se por um acordo com Stálin apenas em 1939, quando reconheceu como a neutralidade soviética seria útil para sua conquista da Polônia. Ou pelo menos metade dela, por enquanto. Ele e Stálin concordaram em dividir a Polônia ao meio, no rio Bug. Além disso, a União Soviética recebeu sinal verde da Alemanha para anexar as três repúblicas bálticas da Lituânia, Letônia e Estônia.

Stálin cometeu o maior dos erros de cálculo. O pacto permitia a Hitler travar três guerras consecutivas em uma frente – uma contra a Polônia, uma contra a Grã-Bretanha e a França e outra contra a União Soviética. Apenas por um triz a União Soviética sobreviveu até os Estados Unidos entrarem na guerra. As fábricas e o apoio logístico dos Estados Unidos mantiveram o Exército Vermelho soviético alimentado, abastecido, funcional e em movimento, e o Exército e a Força Aérea dos Estados Unidos possibilitaram que uma força anglo-americana reentrasse nos principais teatros da guerra. Muito melhor para a União Soviética seria ter lutado contra a Alemanha em 1939 com poderosos aliados britânicos e franceses colocando exércitos no continente do que enfrentar a atenção total da Alemanha em 1941, 1942 e na primeira metade de 1943.

É sempre difícil entender Stálin, ou, na verdade, qualquer coisa sobre a União Soviética governada por Stálin. "Um enigma envolto em um mistério dentro de um enigma", Churchill a chamou.[9] É possível, no entanto, adivinhar qual era o pensamento dentro do palácio-fortaleza do Kremlin, em Moscou:

P: *O que é Hitler, camarada?*
R: Hitler é uma ferramenta dos capitalistas, camarada.
P: *Por que Hitler desejaria travar uma guerra contra a União Soviética, camarada?*
R: Para ter acesso barato às nossas matérias-primas, camarada, de modo que seus grandes financiadores capitalistas consigam lucros maiores.
P: *O que acontece se oferecermos a ele o máximo que pudermos de nossas matérias-primas, a um preço incrivelmente barato, camarada?*
R: Então ele não tentará nos invadir, camarada. Não terá nenhuma razão para isso.
P: *O que aconteceria depois, camarada?*
R: O que sempre acontece no estágio mais alto do capitalismo, camarada. As grandes potências capitalistas tornam-se imperialistas e travam guerras terríveis pelos mercados.
P: *Correto. E depois que a guerra acabar?*
R: Faremos o que fizemos no final da Primeira Guerra Mundial, camarada. Invadiremos e expandiremos o campo socialista.

P: *Portanto, camarada, nosso objetivo é...?*
R: Apaziguar Hitler, fornecendo-lhe toda a matéria-prima que ele deseja. E então esperar pelo nosso momento, camarada.

Talvez Stálin tenha antecipado erroneamente uma repetição da Primeira Guerra Mundial: uma guerra de trincheiras que levaria a um impasse prolongado na fronteira franco-alemã, durante a qual outra geração de jovens seria massacrada, outro conjunto de países burgueses se esgotaria e outro grupo de países se tornaria maduro para uma revolução comunista liderada por Moscou. O que é certo é que Stálin não reconheceu o perigo de uma aliança com Hitler, mesmo que temporária.

De um lado, os participantes estavam convencidos de que as nações capitalistas estavam condenadas a competir violentamente entre si e fracassar, acelerando a chegada de um paraíso proletário; do outro lado, os participantes estavam convencidos de que uma conspiração judaico-bolchevique era uma ameaça existencial entre eles e a terra destinada a se tornar seu celeiro.

Em setembro de 1939, Hitler e Stálin moveram seus exércitos e dividiram a Polônia.

E descobriu-se que a Grã-Bretanha e a França não estavam blefando.

Elas cumpriram seus compromissos. Hitler e o exército nazista atacaram os poloneses na madrugada de 1º de setembro. Naquela tarde, o primeiro-ministro britânico, Neville Chamberlain, convidou seu principal crítico, Winston Churchill, para ingressar no Gabinete de Guerra. E então ignorou Churchill por dois dias inteiros. Acho que ninguém vivo conhece o processo de tomada de decisão, mas cinquenta horas depois do ataque nazista – às nove horas do dia 3 de setembro –, o governo britânico exigiu que o exército alemão se retirasse da Polônia. E às onze horas a Grã-Bretanha declarou guerra. A França fez o mesmo. Mas suas forças não estavam prontas e estavam longe da Polônia, que em um mês foi conquistada por Hitler e Stálin.

E embora não estivessem blefando, também não estavam exatamente se preparando. Grã-Bretanha e França não tinham planos de travar uma guerra contra a Alemanha. E não desenvolveram nenhum.

E assim, durante oito meses após a queda da Polônia, a calma reinou no *front* ocidental.

É lugar-comum condenar Chamberlain e Daladier e os outros políticos que governaram a Grã-Bretanha e a França na década de 1930 por suas ações e omissões. Eles não destruíram Hitler quando ele estava fraco. Não prepararam seus países para lutar contra Hitler quando ele se fortaleceu. Nem mesmo construíram uma grande aliança, convocando os Estados Unidos e a União Soviética em uma coalizão antifascista. O fato de todas as evidências sugerirem que os tomadores de decisão desses países não desejavam se empenhar tanto não apaga o fracasso de sequer terem se preocupado em tentar.

Mas há outro ponto de vista. Apenas um país com fronteira terrestre com a Alemanha nazista, a França de Daladier, declarou guerra a ela. Todos os outros esperaram até que Hitler declarasse guerra a eles – ou, com mais frequência, que só os atacasse. No caso da Rússia de Stálin, o ataque foi precedido pela assinatura soviética – e em grande parte pela adesão – de um pacto de não agressão. Na década de 1930, somente um outro país, embora sem uma fronteira terrestre com a Alemanha nazista, declarou guerra a ela. Foi a Grã-Bretanha de Chamberlain. É verdade que os britânicos declararam guerra apenas quando não viram outra opção e pensaram (corretamente) que sua sobrevivência política estava em jogo. E eles não tinham ideia de como lutar a guerra que declararam. Mas estavam dispostos a colocar seu império e seu povo em perigo na tentativa de acabar com a maior tirania que o mundo já vira. Reflita por um momento sobre a virtude limitada que Édouard Daladier e Neville Chamberlain demonstraram: foi maior do que a de qualquer outra pessoa.

Essa virtude não foi recompensada.

Em seis semanas, a partir de 10 de maio de 1940, a França caiu.[10] Os nazistas então forçaram a rendição da França e expulsaram o exército britânico do continente pelo porto de Dunquerque, onde este largou todo o seu equipamento para trás. Para a surpresa de todos, no entanto, a Grã-Bretanha – a essa altura liderada por Winston Churchill – não negociou a paz. Continuou lutando, desafiando Hitler a tentar uma invasão pelo canal da Mancha. Hitler não tentou. Em 1940, enviou frotas de bombardeiros diurnos e depois frotas de bombardeiros noturnos. Financiou agressivamente o programa de construção de foguetes de Wernher von Braun, produzindo em 1944 a série "V" de armas de terror e vingança em 1944.[11]

Mas após a queda da França, ele voltou seus exércitos para o Leste, como sempre pretendeu fazer. Em 22 de junho de 1941, Hitler lançou o exército nazista contra a União Soviética. Mas ele não tinha mobilizado completamente a economia e a sociedade para uma guerra total. Hitler atacou com o que tinha em mãos.

O primeiro instinto de Stálin foi dizer a suas tropas para não atirar de volta, por medo de "provocar" os nazistas. Como resultado, a Força Aérea soviética foi destruída no solo no primeiro dia da guerra. E os exércitos soviéticos na fronteira morreram (ou foram feitos prisioneiros) ali mesmo. Os erros de Stálin custaram caro.

Stálin expurgou e reexpurgou o exército de qualquer um que ele via como uma possível ameaça. Construiu um sistema no qual era um perigo para a carreira, e muitas vezes uma ameaça à vida, ser o portador de notícias decepcionantes. Quando os nazistas atacaram, o Exército Vermelho se posicionou a partir das defesas que construíra antes de 1939. Ainda não tinham sido implantadas por completo as defesas para a fronteira após a divisão da Polônia. Assim, a URSS perdeu um exército inteiro, tão grande e bem equipado (mas não tão bem treinado ou competente) quanto aquele com o qual os nazistas atacaram entre o final de junho e o início de agosto de 1941 em batalhas no entorno de Riga, Brest-Litovsk, Lvov e em outros lugares perto da fronteira.

Em agosto de 1941, no entanto, os nazistas desconectaram-se de suas linhas de abastecimento e interromperam o avanço. Stálin e o alto-comando da URSS (o *Stavka*) avaliaram mal a situação e perderam um segundo exército, tão grande e tão bem equipado (mas não tão bem treinado ou competente) quanto aquele com o qual os nazistas atacaram entre o final de agosto e o início de outubro nas batalhas no entorno de Smolensk e Kiev, enquanto tentavam avançar em contra-ataques, recusando-se a recuar. Assim, nos quatro meses após a invasão nazista da Rússia, quase 4 milhões de soldados soviéticos foram capturados. E os nazistas atacaram novamente. Em 7 de dezembro de 1941, coincidindo com a entrada dos Estados Unidos na Segunda Guerra Mundial, os exércitos nazistas estavam nos portões das cidades de Leningrado, Moscou, Carcóvia e Rostov, uma média de quase mil quilômetros a leste da fronteira nazista-soviética de 1941.

Mas a URSS tinha um terceiro exército, tão grande quanto, porém dessa vez não tão bem equipado quanto aquele com o qual os nazistas atacaram. Esse exército manteve-se de pé, contra-atacou e travou as batalhas do outono e inverno de 1941-1942.[12]

Quando os Estados Unidos entraram na Segunda Guerra Mundial – ou melhor, quando foram empurrados para ela (pois, lembre-se, nenhum país, exceto a França de Daladier e a Grã-Bretanha de Chamberlain, deliberadamente entrou na guerra contra Hitler), em 7 de dezembro de 1941, pelo *Kido Butai* da Marinha do Império Japonês, sua força de seis grandes porta-aviões e seu ataque a Pearl Harbor, na ilha havaiana de Oahu –, a Guerra no Pacífico já estava em seu quinto ano. Ela começara com a invasão da China pelo Japão em 1937.

É difícil imaginar a Segunda Guerra Mundial na Europa sem a Primeira Guerra Mundial. É assim no nível macro: a devastação econômica, política e humana da Primeira Guerra Mundial rasgou o tecido da estabilidade e da prosperidade europeias. Também é assim no nível micro: o curso normal dos eventos humanos em tempo de paz nunca teria dado a um Stálin e a um Hitler as oportunidades que eles aproveitaram. O mesmo aconteceu do outro lado do globo. A Primeira Guerra Mundial e a Grande Depressão deram poderosos incentivos ao Japão em sua virada para o imperialismo.

A Primeira Guerra Mundial foi um poderoso estímulo indireto à industrialização japonesa. Durante as hostilidades, cessaram as exportações da Europa para a Ásia. Onde os países da Ásia comprariam as manufaturas que antes recebiam da Europa? O Império Japonês, em crescimento e se industrializando, era uma fonte óbvia. A produção industrial e as exportações de manufaturados do Japão quase quadruplicaram durante a Primeira Guerra Mundial. A forte demanda por produtos japoneses provocou inflação: os preços mais que dobraram durante o conflito europeu.

Depois da guerra, as economias europeias voltaram a exportar para a Ásia, e as recém-expandidas indústrias japonesas enfrentaram uma forte concorrência. A economia japonesa também foi gravemente afetada pelo desastroso terremoto de Tóquio de 1923, que vitimou entre 50 mil e 100 mil pessoas. Mas, apesar de tudo isso, a industrialização japonesa continuou. Na década de 1920, a manufatura ultrapassou a agricultura em produtos de valor agregado.

A manufatura japonesa originalmente dependia – a exemplo da manufatura em outros países – de mulheres jovens e solteiras. Do ponto de vista dos empregadores, o principal problema dessa força de trabalho era sua relativa falta de experiência e alta rotatividade. Assim, durante a primeira metade do século XX, os fabricantes japoneses trabalharam para equilibrar sua mão de obra de curto prazo formada por trabalhadoras solteiras com um quadro de longo prazo formado por trabalhadores experientes do sexo masculino.

O que evoluiu foi o que hoje é chamado de "sistema de emprego permanente". Os trabalhadores japoneses do sexo masculino eram recrutados ao deixar a escola, ou como aprendizes, e recebiam a promessa de emprego vitalício, com aumentos salariais, assistência médica e benefícios previdenciários, em troca de serviço leal à empresa. É possível que esse sistema de emprego permanente tenha florescido no Japão por se ajustar bem à sociedade japonesa. Também é possível que, ao evitar recessões profundas, a economia japonesa tenha evitado condições que pudessem dar às empresas manufatureiras motivos para demitir trabalhadores.

Têxteis de algodão, fabricação de móveis, vestuário e um setor industrial pesado relativamente pequeno eram o coração da economia japonesa na década de 1930. Esse moderno setor manufatureiro era dominado pelos *zaibatsu*: associações de empresas que trocavam executivos, cooperavam, possuíam ações umas das outras e dependiam dos mesmos bancos e seguradoras para financiamento. A forma de capitalismo financeiro do Japão parecia em grande parte imitar a da Alemanha.

A Grande Depressão chegou ao Japão em 1930, de forma atenuada. Suas exportações, principalmente de seda, caíram drasticamente. A adesão ao padrão-ouro aplicou uma pressão que deflacionou a economia japonesa. O Japão respondeu abandonando o padrão-ouro e expandindo os gastos do governo – especialmente os gastos militares. A Grande

Depressão tocou, mas não atordoou a economia japonesa. Mais importante, talvez, a Grande Depressão revelou que as potências imperialistas europeias estavam em crise.

Assim, em 1931, o governo japonês se voltou para o expansionismo. A extensão da influência japonesa na Manchúria foi seguida por uma declaração de "independência" da região como o Estado-cliente japonês de Manchukuo. A expansão foi seguida por um rearmamento. Este foi seguido por um ataque em grande escala à China em 1937. As encomendas do governo de materiais de guerra e bens de capital para a construção de infraestrutura na Manchúria deram um forte impulso à produção industrial japonesa. O Japão abraçou uma economia de guerra a partir de 1937, construindo navios de guerra, aviões, motores, rádios, tanques e metralhadoras.

Mas, para continuar sua guerra contra a China, o Japão precisava de petróleo, que teria de vir dos Estados Unidos ou do que viria a ser a Indonésia (à época, Índias Orientais Holandesas). O presidente Franklin Roosevelt estava ansioso para exercer toda pressão que pudesse para conter a expansão do Império Japonês. Assim, em 25 de julho de 1941, um dia após o exército japonês ocupar a metade sul da Indochina, Roosevelt ordenou que todos os ativos financeiros japoneses conhecidos nos Estados Unidos fossem congelados.

O governo japonês conseguiu licenças burocráticas para comprar petróleo nos Estados Unidos e despachá-lo para o Japão. Mas como pagar por ele? Seus ativos estavam bloqueados pelo congelamento. Pedidos do governo japonês pela liberação de fundos para pagar o petróleo chegaram ao escritório de Dean Acheson, secretário-assistente de Estado, mas sem reposta. Burocracia? Política? E se política, de quem? Não está claro se Roosevelt ou os departamentos do Exército e da Marinha foram informados antes de 7 de dezembro que o congelamento de ativos tinha de fato se transformado em um embargo de petróleo – que se estendeu também ao petróleo do que hoje é a Indonésia, já que as autoridades coloniais holandesas insistiam em ser pagas em dólares.

Assim, os Estados Unidos, com seu congelamento de ativos, basicamente embargaram as exportações de petróleo para o Japão – todo petróleo, não apenas o dos Estados Unidos. Sem importação de petróleo, a máquina militar do Japão não conseguiria funcionar. O embargo oferecia ao Japão a escolha entre aceitar as exigências dos Estados Unidos ou iniciar uma guerra para, no mínimo, tomar os campos de petróleo das Índias Orientais Holandesas. Era algo previsível, e deveria ter sido previsto, e então recebido uma resposta. Esta deveria ter sido um nível de alerta muito mais alto no Pacífico do que o de fato adotado pelo Exército e pela Marinha dos Estados Unidos.

Diante de uma escolha que seus líderes interpretaram como nenhuma, os militares japoneses decidiram atacar primeiro, e com força. Em 7 de dezembro de 1941, começaram os ataques às forças e possessões britânicas, holandesas e norte-americanas no Pacífico. O mais famoso foi o ataque japonês a Pearl Harbor, afundando os navios de guerra da Frota do Pacífico dos Estados Unidos. Mas o mais prejudicial foi o ataque à base aérea norte-americana de Clark Field, nas Filipinas, que destruiu a força de bombardeiros B-17 que poderia ter bloqueado as invasões marítimas japonesas.

Se não fosse pelo ataque do Império Japonês a Pearl Harbor, seguido imediatamente pela declaração de guerra de Adolf Hitler contra os Estados Unidos, é muito difícil ver como os Estados Unidos teriam entrado na Segunda Guerra Mundial. A opinião pública nos Estados Unidos no final de 1941 era favorável a dar à Grã-Bretanha e aos soviéticos armas suficientes para lutar contra Hitler até o último homem, mas manter os meninos norte-americanos fora da briga. Se essa opinião tivesse continuado a ter precedência na política dos Estados Unidos, a história poderia ter sido, de fato, muito diferente.

A gama de beligerantes da Segunda Guerra Mundial se expandia e se contraía. Na Europa, a guerra começou com a França, a Grã-Bretanha e a Polônia contra a Alemanha nazista. A Alemanha nazista e a Rússia soviética conquistaram a Polônia no final de setembro de 1939. Os soviéticos atacaram a Finlândia, que no inverno e na primavera de 1940 os combateram até um acordo e a paz. A primavera de 1940 também viu a Alemanha atacar e ocupar a Noruega, a Dinamarca, a Bélgica, a Holanda, Luxemburgo e a França, com a Itália se juntando ao lado alemão. No verão de 1940, apenas a Grã-Bretanha lutava contra a Alemanha nazista. No final de 1940 e início de 1941, a Grã-Bretanha conseguiu a Grécia e a Iugoslávia como aliadas. Mas esses países foram conquistados pela Alemanha nazista na primavera de 1941. No verão de

1941, a Alemanha nazista atacou a Rússia soviética. E em 7 de dezembro de 1941, a Marinha japonesa atacou uma ampla gama de territórios norte-americanos, britânicos e holandeses no Pacífico. A Alemanha nazista declarou guerra aos Estados Unidos um dia depois. (Mas, curiosamente, o Japão permaneceu em paz com a Rússia soviética.) A essa altura, a guerra era verdadeiramente global.

Foi uma "guerra total". Em seu auge, cerca de 40% do produto interno bruto dos Estados Unidos estava sendo destinado à guerra. Cerca de 60% do PIB britânico foi destinado à guerra. Cerca de 60 milhões –10 milhões para mais ou para menos – de pessoas morreram no conflito, durante e como resultado dele.

Como podemos entender a Segunda Guerra Mundial?

Considere apenas as mortes.

Quando a Segunda Guerra Mundial terminou, talvez 45 milhões de pessoas na Europa e 15 milhões na Ásia haviam sido mortas pela violência ou pela fome. Mais da metade desse número era de habitantes da União Soviética. Mas mesmo a oeste da fronteira soviética pós-Segunda Guerra Mundial, talvez uma em cada vinte pessoas foi morta. Na Europa Central, esse número ficou próximo de uma a cada doze. Durante a Primeira Guerra Mundial, a maioria esmagadora das vítimas fatais foi de soldados. Durante a Segunda Guerra Mundial, bem menos da metade dos mortos era de soldados. Os números brutos não fazem justiça, mas demonstram o argumento com a seguinte contagem de mortes:

- Judeus europeus: 6 milhões (70%, um terço deles poloneses)
- Polônia: 6 milhões (16%, um terço deles judeus)
- União Soviética: 26 milhões (13%)
- Alemanha: 8 milhões (10%)
- Japão: 2,7 milhões (4%)
- China: 10 milhões (2%)
- França: 600 mil (1%)
- Itália: 500 mil (1%)
- Grã-Bretanha: 400 mil (1%)
- Estados Unidos: 400 mil (0,3%)

Para ajudar a explicar o curso da guerra, podemos primeiro analisá-la tática e operacionalmente. Considere as três primeiras grandes campanhas – a polonesa de setembro de 1939, a francesa de maio e junho de 1940 e os primeiros seis meses da russa, de 22 de junho até o final de 1941.

Na campanha polonesa de 1939, os nazistas perderam 40 mil soldados, entre mortos e feridos. Os poloneses perderam 200 mil, entre mortos e feridos. Cerca de 1 milhão de poloneses foram feitos prisioneiros. Na campanha francesa de 1940, os nazistas perderam 160 mil soldados, entre mortos e feridos. Os Aliados perderam 360 mil soldados, entre mortos e feridos. E os Aliados também tiveram 2 milhões de soldados feitos prisioneiros. Nos primeiros seis meses da campanha russa de 1941, os nazistas perderam 1 milhão de soldados, entre mortos e feridos. Os russos perderam 4 milhões de soldados, entre mortos e feridos. E os russos tiveram 4 milhões de soldados feitos prisioneiros.

Os nazistas eram simplesmente melhores de guerra, taticamente, do que qualquer um de seus inimigos. Eles entendiam de bombardeios rasantes, de colunas de tanques, bem como de ataques de surpresa e de flanco. O exército alemão entreguerras, que os nazistas expandiram, tinha apenas 100 mil soldados. Mas esses 100 mil soldados aprenderam e desenvolveram suas especialidades com um grau assustador de superioridade tática. Esta é a primeira lição da Segunda Guerra Mundial: lute contra os nazistas e espere ser taticamente superado. Espere perder entre duas e cinco vezes mais soldados no campo de batalha do que os exércitos nazistas. Isso era verdade para todos no início da guerra, e ainda era verdade quando a guerra já estava notavelmente adiantada – embora os Aliados tenham aprendido a lição.

Além disso, os oponentes dos nazistas foram operacionalmente superados. Daí a segunda lição da Segunda Guerra Mundial: lute contra os nazistas e espere periodicamente encontrar grandes grupos de seus soldados superados, cercados, isolados, sem suprimentos, fugindo em pânico e forçados a se render em grande número. O último desses episódios ocorreu em dezembro de 1944, menos de cinco meses antes do colapso do regime nazista, quando o Quinto Exército Panzer nazista cercou quase toda a 106ª Divisão de Infantaria do Exército dos Estados Unidos nas montanhas nevadas da floresta de Ardennes, na fronteira belga-alemã, obrigando-a a se render.

Simplificando, a superioridade tática e operacional é imensamente importante.

Considere novamente a campanha francesa de 1940. Os franceses esperavam que os nazistas atacassem através da Bélgica, ao norte da floresta de Ardennes. Em vez disso, os nazistas fizeram seu ataque principal através da própria floresta de Ardennes, contra o fraco Nono Exército francês – fraco porque o comando francês pensou que a floresta, a pobre rede de estradas e o rio Meuse seriam defesas adicionais suficientes.

Três dias após o início da batalha de 1940, ficou claro que um grande ataque nazista estava chegando pelas Ardennes, e os franceses começaram a responder. De acordo com *Strange Victory*, de Ernest May, eles o fizeram de forma robusta. Ele relatou que, às quinze horas do dia 12 de maio, o general francês Charles Huntziger ordenou "fortes reforços para repelir um possível ataque alemão". Aqueles que May chamou de "três dos elementos mais fortes da reserva geral" juntaram-se ao Segundo Exército de Huntziger: o Terceiro Blindado, a Terceira Infantaria Motorizada e a 14ª Divisão de Infantaria. "A divisão de infantaria era uma unidade de primeira", escreveu May.[13]

Em 15 de maio, essas três divisões foram novamente reforçadas: a Primeira Divisão Blindada francesa foi transferida da planície belga para o setor do Nono Exército, ao sul; formações de infantaria receberam ordens para se reunirem atrás do Nono Exército de maneira a formar um novo Sexto Exército; e a Segunda Divisão Blindada também recebeu ordens para se reunir atrás do Nono Exército. Charles de Gaulle, colocado no comando da recém-formada Quarta Divisão Blindada, recebeu ordens de atacar o flanco sul do incipiente avanço nazista alemão.

Então, o que aconteceu com todas essas forças – quatro divisões blindadas pesadas, com talvez oitocentos tanques ao todo, mais uma grande parte das dezesseis divisões de infantaria que estavam na reserva estratégica francesa? Antes de ler a resposta, considere que os franceses tinham tantos tanques em suas quatro divisões blindadas quanto os nazistas nas sete divisões *panzer* que estavam no ataque principal deles.

Aí vai o que aconteceu.

A Primeira Divisão Blindada francesa simplesmente ficou sem combustível.

Enquanto esperava os caminhões de combustível reabastecerem seus tanques, a Sétima Divisão Panzer do general Erwin Rommel apareceu na estrada. Aproveitando a oportunidade, Rommel atacou e destruiu a Primeira Divisão Blindada francesa. Por falta de combustível, foi eliminada do jogo como unidade de combate.

A Segunda Divisão Blindada francesa foi ineficaz porque suas áreas de montagem foram invadidas pelos nazistas antes mesmo do começo da batalha. De acordo com *The Collapse of the Third Republic*, de William L. Shirer, "ordens para a [Segunda Divisão Blindada] se mover [...] só chegaram ao meio-dia de 13 de maio", e "os trens com os tanques e artilharia não puderam partir até a tarde do dia 14". Então "os veículos sobre rodas com as provisões deram de cara com os *panzers*" e tiveram de recuar, por "falta de elementos de combate". No momento em que os tanques e a artilharia com lagartas estavam prontos, "entre Saint Quentin e Hirson", eles estavam "irremediavelmente dispersos em um grande triângulo".[14]

Huntziger ordenou que a Terceira Divisão Blindada francesa recuasse para o sul, julgando que sua principal tarefa deveria ser proteger o flanco esquerdo contra um ataque, no caso de os nazistas virarem para o sul após cruzar o rio Meuse. As formações de infantaria do Sexto Exército francês, como a Segunda Divisão Blindada francesa, foram dominadas pela Sexta Divisão Panzer do general Georg-Hans Reinhardt em 15 e 16 de maio, enquanto tentavam se organizar.

Em 16 de maio, como disse Shirer, as três divisões blindadas pesadas da França, "todas as quais em 10 de maio estavam paradas [...] a oitenta quilômetros do Meuse, em Sedan e Mézières, que eles poderiam ter alcançado por estrada durante a noite, foram desperdiçadas. [...] Nenhuma delas foi devidamente empregada". Estavam agora fora de ação.

Quando os nazistas atacaram em 10 de maio, os franceses tinham apenas três divisões blindadas. Em 11 de maio, o alto-comando francês ordenou que um irritante e arrogante coronel, Charles de Gaulle, formasse e assumisse o comando da Quarta Divisão Blindada. Em 17 de maio, ele liderou as tropas à mão em um ataque que pelo menos causou às pontas de lança nazistas algumas horas de incerteza. A Quarta Divisão Blindada de De Gaulle fez seu peso ser sentido no campo de batalha. Mas, como observou Shirer, essa divisão "estava abaixo da força e sem treinamento divisional".[15] Quando a França caiu, De Gaulle não se rendeu, e em vez disso declarou ser ele próprio o líder da França – a França Livre: "A chama da resistência não deve ser extinta e não será extinta".[16] De alguma forma, ele conseguiu mantê-la, e os "franceses livres", com armas norte-americanas, lutaram com os Aliados até 1945.

Os franceses fracassaram nas táticas – uma comparação das baixas no campo de batalha deixa isso claro. Os franceses fracassaram na estratégia – opondo-se ao principal ataque nazista com o fraco Nono Exército, deixando as formações mais fortes ao norte, onde elas eram vulneráveis a um cerco. E os franceses fracassaram nas operações.

Em 10 de maio, Churchill deixou seu cargo de primeiro lorde do Almirantado, beijou as mãos do rei e assumiu o cargo de primeiro lorde do Tesouro, substituindo Chamberlain como líder do Império Britânico. Cinco dias depois, recebeu um telefonema do primeiro-ministro francês, Paul Reynaud: "Fomos derrotados. Estamos derrotados. Perdemos a batalha. A estrada para Paris está aberta. Estamos derrotados".

Em 16 de maio, Churchill cruzou o canal da Mancha. O voo para o aeroporto de Paris levou pouco mais de uma hora. Ficou imediatamente claro que a situação era terrível, muito pior do que ele havia entendido antes de embarcar no voo. O general francês Maurice Gamelin explicou-a em termos simples e severos, que Churchill registrou em suas memórias:

> Ao norte e ao sul de Sedan, em uma frente de oitenta a 95 quilômetros, os alemães haviam invadido. O exército francês diante deles foi destruído ou disperso. Um ataque pesado de veículos blindados avançava a uma velocidade inédita. [...] Atrás dos blindados, disse ele, oito ou dez divisões alemãs, todas motorizadas, avançavam, abrindo flancos para si mesmas enquanto avançavam contra os dois exércitos franceses desconectados de cada lado.[17]

Os alemães, afirmou o general Gamelin, eram esperados em Paris em alguns dias. Perplexo, Churchill perguntou, em inglês claro e francês pobre, sobre a reserva estratégica do exército francês:

O general Gamelin virou-se para mim e, com um aceno de cabeça e um dar de ombros, disse "*Aucune*" [Nenhuma]. [...] Fiquei estupefato. O que deveríamos pensar do grande exército francês e de seus chefes mais altos? [...] Pode-se ter, deve-se sempre ter, uma massa de divisões que marche em contra-ataque veemente no momento em que a primeira fúria da ofensiva esgota sua força. [...] Confesso que foi uma das maiores surpresas que tive na vida. [...] Logo perguntei ao general Gamelin quando e onde ele pretendia atacar. [...] Sua resposta foi "inferioridade de números, inferioridade de equipamento, inferioridade de método" – e então um desolado dar de ombros.[18]

Churchill estava errado: os franceses tinham sim uma reserva estratégica. Ela tinha sido utilizada e destruída em uma semana. Falhas sistêmicas nas táticas, estratégias e operações a tornaram ineficaz em combate, condenando a França.

Antes de chamarmos o exército francês de 1940 de fracotes comedores de queijo, lembremos do que aconteceu com a 106ª Divisão de Infantaria dos Estados Unidos quando o Terceiro Reich de Hitler estava já nas últimas. O mesmo aconteceu com o Segundo Corpo de Exército dos Estados Unidos, do major-general Lloyd Fredendall, no Passo de Kasserine, na Tunísia, no primeiro encontro entre as forças norte-americanas com o exército nazista atacando. Todos – poloneses, holandeses, belgas, franceses, iugoslavos, gregos, britânicos, norte-americanos e russos – que enfrentaram os nazistas fracassaram mais ou menos igualmente, tanto tática quanto operacionalmente, pelo menos nos primeiros encontros, e em um número não pequeno de encontros seguintes.

A superioridade tática e operacional dos exércitos nazistas era um poderoso multiplicador de forças. Felizmente para o mundo e para os Aliados, ela foi compensada por déficits estratégicos igualmente grandes. Considere o ponto alto da conquista nazista na Europa, novembro de 1942. Os nazistas tinham treze de suas formações de exército de campo na Rússia, entre o mar Báltico a noroeste e os mares Negro e Cáspio ao sul e sudeste. Oito delas estavam espalhadas em uma linha que se estendia do que era então Leningrado, no mar Báltico, ao sul-sudeste, até a cidade de Voronej, no Dom, o meio dos três grandes rios do Sul da Rússia europeia, a três quintos do caminho entre o mar Báltico (no qual se situava Leningrado) e o mar Cáspio. Então havia uma lacuna. Depois, havia dois exércitos onde os rios Dom e Volga quase se tocavam, a meio caminho entre Voronej e o Cáspio. Ali ficava a cidade então chamada Stalingrado. E havia mais três exércitos muito mais a sudeste, nas montanhas do Cáucaso.

Por que aqueles cinco exércitos no Sudeste – os dois que estavam reduzindo a escombros a cidade de Stalingrado e os três no Cáucaso – ficaram tão longe do resto? O que estavam fazendo? E qual era a distância entre eles e o resto do exército da Alemanha nazista? A resposta para os três mais ao sul é que eles estavam tentando conquistar os campos de petróleo do Cáucaso. Hitler e sua equipe estavam convencidos de que a Alemanha nazista não poderia continuar a guerra a menos que controlasse mais campos de petróleo além dos romenos em torno de Ploesti.

Acontece que estavam errados. Os subordinados estavam mentindo para os superiores sobre quanto combustível tinham e quanto estavam usando. Um dos defeitos do planejamento central de comando e controle é que você fica cada vez mais dependente da honestidade dos subordinados, que são cada vez mais encorajados a pender para o lado da especulação conservadora, em vez de ser repreendidos por não planejar adequadamente. Em todo caso, Hitler estava convencido de que tudo deveria ser arriscado para conquistar os campos de petróleo.

Os dois exércitos, o Sexto Exército alemão e o Quarto Exército Panzer alemão, perto das margens dos rios Dom e Volga, estavam guardando o flanco esquerdo dos três exércitos comprometidos com o Cáucaso. Ambos também estavam gastando homens, materiais e um tempo precioso tentando capturar os destroços bombardeados que um dia foram a cidade de Stalingrado.

Não está claro o motivo – exceto pelo fato de a cidade ter recebido o nome do ditador russo soviético. A captura de Stalingrado e das margens do rio Volga onde ela se situava não forneceria melhor proteção de flanco para os exércitos mais ao sul do que uma posição em Kalach, no rio Dom. E o Sexto Exército e o Quarto Exército Panzer deveriam estar preocupados com seus próprios flancos, pois entre eles e Voronej havia apenas os soldados mal treinados e mal equipados da Itália e dos aliados pouco entusiasmados da Alemanha nos Bálcãs.

A URSS evitou perder a terceira parcela do Exército Vermelho – aquela que lutou no final do outono e inverno de 1941-1942, mais reforços – no verão e no outono de 1942. Eles foram atacados. Tinham recuado – involuntariamente – diante da ofensiva nazista. No entanto, evitaram a destruição por meio de cercos em massa e rendições, como os de 1941. E, enquanto isso, raspando o fundo do tacho de mão de obra – e contando com uma combinação de suprimentos do programa Lend-Lease e das fábricas de armamentos que a equipe de Aleksei Kossygin evacuou antes do avanço nazista, deixando-as em segurança no Leste[19] –, eles construíram uma quarta parcela de seu exército para lançar ofensivas de inverno.

Os soviéticos tentaram duas grandes ofensivas no inverno de 1942-1943. A Operação Marte foi dirigida contra o centro da linha nazista, perto de Moscou. Foi um fracasso, com grandes baixas. A Operação Urano foi dirigida contra os longos flancos nazistas expostos perto de Stalingrado. Foi um sucesso total e esmagador, realizando um grande cerco e uma grande rendição ao capturar todo o Sexto Exército alemão (e também grandes porções do Quarto Exército Panzer) e forçar uma retirada precipitada do exército nazista mais ao sul, para longe dos campos de petróleo e de volta para a Alemanha. Foi uma vitória notável, possível apenas pelos extraordinários lapsos estratégicos que ordenaram que as forças nazistas da frente oriental se dispersassem de suas posições no final de 1942.

Assim, o Exército Vermelho poderia ter aproveitado a última chance para os Aliados conseguirem uma vitória na Segunda Guerra Mundial que não exigia a redução da Alemanha a um deserto radioativo. Se a Operação Urano em Stalingrado tivesse fracassado, a exemplo da Operação Marte diante de Moscou, e se a quarta parcela do Exército Vermelho tivesse, como suas três predecessoras, também se tornado ineficaz nos meses após seu lançamento, Stálin teria sido capaz de preparar uma quinta parcela? Ou teria sido o fim da União Soviética?

Enquanto os Aliados podiam se dar ao luxo de lapsos estratégicos, no sentido de bancar a contagem dos corpos e continuar na luta, os nazistas não podiam. Não enquanto travavam uma guerra total em várias frentes em todo um continente (e, em graus variados, em diversos oceanos do planeta). Considere o número de soldados alemães mortos ou desaparecidos mês a mês do início de 1941 até o final de 1944. Desde o início das operações no teatro russo, em junho de 1941, com pausas ocasionais, os nazistas perderam, mortos ou desaparecidos, cerca de 50 mil soldados por mês. No início da guerra, a Alemanha nazista tinha uma população de etnia alemã de cerca de 60 milhões, com talvez 15 milhões de homens em idade militar. Metade deles poderia ser mobilizada. A outra metade era necessária para o trabalho de guerra, embora esses homens pudessem ter sido transferidos para várias frentes se os nazistas estivessem dispostos a ir contra sua ideologia e mobilizar mulheres em larga escala, coisa que eles não estavam. Com uma força militar potencial máxima de apenas 7,5 milhões, perder continuamente 50 mil por mês é um dreno feroz.

Vem então um pico de 250 mil, entre dezembro de 1942 e fevereiro de 1943. Essa perda em massa de homens causou a rendição do Sexto Exército em Stalingrado. Seguiu-se um pico menor no final da primavera, causando a rendição do grupo do exército nazista na Tunísia. Um ano depois, no verão de 1944, houve um pico de 1 milhão de soldados durante o colapso e a rendição do Grupo de Exércitos Centro sob o impacto da Operação Bagration, ofensiva da Rússia soviética.

Uma estratégia nazista melhor, que não minasse a vantagem tática e operacional da Alemanha, teria prolongado a guerra. Ela talvez tivesse permitido à Alemanha vencê-la: uma Alemanha que escolhesse seus inimigos sequencialmente e lutasse contra cada um até derrotá-los teria sido muito mais perigosa do que uma que atacasse a Rússia soviética enquanto ainda travava uma guerra com a Grã-Bretanha e que então declarasse guerra aos Estados Unidos em 8 de dezembro de 1941.

Mas mesmo assim a Alemanha provavelmente não teria vencido a guerra. Até a melhor estratégia, aliada às vantagens operacionais e táticas da Alemanha, dificilmente compensaria os diferenciais logísticos e de produtividade. Eles eram apenas grandes demais.

Defina a produção de guerra dos Estados Unidos em 1944 igual a cem. Por essa métrica, em 1940 a produção da Grã-Bretanha era de sete e a da Alemanha nazista e do Japão, de onze. Em 1942, todos os Aliados juntos estavam produzindo 92, e a Alemanha e o Japão, dezesseis. E em 1944, esses números eram de 150 a 24.

A partir de 1942, quando a guerra ficou verdadeiramente global, a derrota de Hitler se tornou quase inevitável. Até mesmo a Grã-Bretanha estava se igualando à Alemanha nazista e à Europa ocupada pelos nazistas na produção de guerra. Acrescente os Estados Unidos e a União Soviética, e a Alemanha nazista foi superada em produção em mais de oito para um. A Alemanha nazista e o Japão juntos foram superados em mais de seis para um.

Uma vantagem tático-operacional de três para um em baixas não ajuda quando você está em desvantagem numérica de oito para um em tanques e aeronaves e de dez para um em potencial de mão de obra militar. A partir do outono de 1942, um grande número de batalhas importantes ocorreu contra a Alemanha nazista e o Japão imperial: a Batalha de Midway, a noroeste do Havaí. A Batalha de Guadalcanal. A Batalha de El Alamein, no Egito. A longa Batalha do Atlântico. E, acima de tudo, a Batalha de Stalingrado e a Operação Urano. No final de tudo isso, ficou muito claro quem venceria a guerra se os nazistas decidissem continuar lutando. A ideologia ditava que eles deveriam, então eles continuaram. Não era o fim, disse Churchill em novembro de 1942. Não era nem mesmo, disse Churchill, o começo do fim. Mas era o fim do começo. Ele estava certo.

Na primavera de 1945, forças norte-americanas, britânicas e russas se encontraram nos escombros que haviam sido a Alemanha. Em seu *bunker* em Berlim, Adolf Hitler cometeu suicídio quando os russos se aproximaram de seu posto de comando. E mesmo que os exércitos dessas nações não tivessem se mostrado vitoriosos no campo de batalha, havia o Projeto Manhattan e a bomba atômica. O Japão, atingido por bombas atômicas e incendiárias, bloqueado e ameaçado de invasão, rendeu-se no verão de 1945.

A ciência poderia ter oferecido aos nazistas uma saída de emergência? Não. Quando Hitler assumiu o poder, a Alemanha tinha os melhores físicos atômicos do mundo. Mas o que eles faziam foi descartado como "ciência judaica". Os mais afortunados conseguiram fugir para o exílio, alguns para os Estados Unidos e Inglaterra, onde emprestaram seu conhecimento para derrotar os nazistas.

Os nazistas não tinham bombas atômicas; nem sabiam como construí-las. Em contrapartida, a partir de agosto de 1945, os Estados Unidos tinham o poder de transformar cidades, começando por duas no primeiro mês, em desertos radioativos. E os Estados Unidos teriam usado esse poder até que a rendição incondicional fosse oferecida. Sabemos disso porque foi o que aconteceu.

A Segunda Guerra Mundial foi, em uma palavra totalmente insuficiente, horrorosa. Estudiosos diversos observaram que era tudo evitável. Se os governos britânico e francês estivessem dispostos a usar a força para remover Hitler quando ele ocupou a Renânia, em 1936, ou quando ameaçou a Tchecoslováquia, em 1938, não teria havido Segunda Guerra Mundial na Europa. Se Stálin tivesse se aliado à Grã-Bretanha e à França e declarado guerra à Alemanha nazista quando Hitler invadiu a Polônia, em 1939, com toda a probabilidade Hitler teria sido esmagado muito antes, e a Segunda Guerra Mundial na Europa teria terminado no final de 1941.

Talvez. Tal especulação se volta mais para indivíduos do que para os fatos subjacentes, sejam eles ideológicos ou econômicos.

Ou suponha que Franklin D. Roosevelt tivesse decidido, na primavera de 1941, que, com a Europa em chamas, não seria sensato tentar embargar o petróleo necessário para fins militares com o objetivo de pressionar o Japão a se retirar da China. Talvez os Estados Unidos e o Japão tivessem permanecido em paz até 1945, as províncias costeiras da China seriam colônias ocupadas pelos japoneses, a anarquia reinaria no interior da China e os militares japoneses teriam gozado de grande prestígio por estabelecer essa coprosperidade.

Se alguém além de Winston Churchill tivesse se tornado primeiro-ministro britânico em 1940 – se Neville Chamberlain tivesse permanecido ou lorde Halifax tivesse assumido o cargo –, então o governo britânico quase certamente teria negociado, à parte, uma paz com a Alemanha nazista em 1940. Quando a Alemanha nazista atacou a Rússia soviética em 1941, ela o teria feito com toda a força. É bem possível que o regime de Stálin entrasse em colapso, e a Rússia europeia até os Urais (e talvez além) poderia ter se tornado um território alemão nazista, uma colônia ou um Estado fantoche.

Em qualquer universo possível, é improvável que Hitler se abstivesse de atacar a Rússia. A necessidade de fazê-lo estava enraizada demais em sua visão de mundo ideológica. É apenas um pouco mais plausível pensar que Hitler poderia não ter declarado guerra aos Estados Unidos em 1941.

Só que Roosevelt, Churchill, Stálin, Hitler e o imperador Hirohito, eram quem eram, e isso fez diferença – talvez *a* diferença.

Sabemos que a maioria das formas alternativas que a Segunda Guerra Mundial poderia ter seguido teria trocado um período pós-guerra com um império comunista do mal, centrado em Moscou e dominante na Europa Oriental, por um período pós-guerra com um império nazista do mal, centrado em Berlim e dominante em toda a Europa, ou talvez na Eurásia. Não é uma vantagem.

O que o mundo enfrentou depois que as rendições foram aceitas foi muito diferente dessas alternativas: uma Alemanha derrotada e arruinada; uma Rússia vitoriosa e arruinada; um Japão derrotado, arruinado e, em alguns lugares, radioativo; várias rotas de destruição cruzando a Europa; um Império Britânico vitorioso, mas exaurido; e os Estados Unidos vitoriosos, territorialmente incólumes, economicamente dominantes e agora confiantes. O mundo era, portanto, muito diferente do que se poderia prever em 1933 ou mesmo em 1938.

11
A GUERRA FRIA ENTRE SISTEMAS HOSTIS, MAS COEXISTENTES

Militarismo e imperialismo, rivalidades raciais e culturais – estes tinham feito o papel de serpente na era pré-1914, durante a Belle Époque, um tempo de prosperidade progressista e em grande parte pacífica. Após a Segunda Guerra Mundial, essas serpentes ainda estavam por aí, rastejando, e logo tomaram a forma de um enorme pesadelo: a Guerra Fria Estados Unidos-URSS.

No entanto, paradoxalmente, a Guerra Fria não bloqueou e nem mesmo prejudicou o progresso humano rumo à prosperidade e à utopia. Em vez disso, parece mais provável que a Guerra Fria o tenha acelerado.

O motivo para isso não é óbvio. De fato, em várias ocasiões a Guerra Fria desviou para um resultado decididamente pior. Ela bambeou em direção a limites variados, incluindo *o* limite. A Guerra Fria floresceu violentamente em algumas ocasiões. Gastou vastos recursos no desenvolvimento de meios de aniquilação e extinção. Poderia ter terminado muito mal.[1]

Mas também impediu que outras fontes de conflito atrapalhassem o crescimento e o progresso.

O caráter surreal da Guerra Fria é capturado com nitidez no fato de que, em certo sentido, Nikita Serguêievitch Khruschov, um dos capangas mais sanguinários de Stálin durante as décadas de 1930 e 1940, e que governou a União Soviética de 1956 a 1964, poderia ser declarado um de seus *vencedores*. Em 1959, ele escreveu sobre competição e a necessidade de coexistência pacífica, temas centrais das rivalidades Estados Unidos-União Soviética:

> A coexistência pacífica não significa apenas viver lado a lado [...] com a constante ameaça de [uma guerra] estourar no futuro. A coexistência pacífica pode e deve evoluir para uma competição pacífica com o objetivo de satisfazer as necessidades do homem da melhor maneira possível. [...] Experimentemos na prática qual sistema é melhor, vamos competir sem guerra. Isso é muito melhor do que competir para ver quem produzirá mais armas e quem esmagará quem. Defendemos e sempre defenderemos a competição que ajudará a elevar o bem-estar das pessoas a um nível mais alto. [...] Podemos discutir, podemos discordar uns dos outros. O principal é manter as posições de luta ideológica, sem recorrer às armas para provar que se tem razão. [...] Em última análise, esse sistema será vitorioso globalmente, o que oferecerá às nações maiores oportunidades para melhorar sua vida material e espiritual.[2]

Khruschov – que também parece ter dito que a Rússia soviética iria "enterrar" os Estados capitalistas do mundo – teria ficado surpreso que, em 1990, estava claro até mesmo para seus sucessores no Kremlin que o socialismo real era um beco sem saída para a humanidade.[3] Não é que os Estados capitalistas tenham conseguido enterrar os Estados socialistas; não conseguiram. Embora a Guerra Fria tenha esquentado brevemente – por exemplo, na Coreia e no Vietnã –, ela foi impedida de se tornar uma conflagração global. Além disso, a Guerra Fria terminou mais ou menos como Khruschov esperava: com um sistema oferecendo oportunidades claramente mais amplas para melhorar a vida material e espiritual.

Não era para ter havido uma Guerra Fria.[4] As potências aliadas – elas se autodenominavam Nações Unidas – tinham cooperado para destruir a maior e mais perigosa tirania que o mundo já vira. Por que não puderam continuar cooperando para construir um mundo melhor? O mundo pós-Segunda Guerra Mundial era um ótimo lugar para novas organizações cooperativas globais. A principal delas foi a ampliação dessa aliança das Nações Unidas dos tempos da guerra na forma da ONU – a

Organização das Nações Unidas –, com seu Conselho de Segurança, sua Assembleia Geral e todas as suas ramificações.

Novamente, não deveria ter havido uma Guerra Fria. A teoria marxista-leninista era muito clara sobre o que aconteceria se a Segunda Guerra Mundial fosse seguida por uma paz genuína. O capitalismo, na visão de Lênin, precisava do imperialismo.[5] O imperialismo produzia a militarização, com sua enorme demanda por armas e colônias, que ofereciam mercados cativos. Estes eram essenciais para preservar o emprego quase pleno e, assim, evitar as catastróficas crises econômicas – como a Grande Depressão – que, de outra forma, produziriam a revolução comunista. Mas o imperialismo também produzia a guerra. Assim, o capitalismo protelava a revolução decorrente da catástrofe econômica cortejando a revolução decorrente da catástrofe político-militar. E, na opinião de Lênin, essa protelação não poderia durar muito.

No modo de ver dos sucessores de Lênin, as potências capitalistas-imperialistas tinham conseguido atrasar a revolução desde o final da década de 1890 através do imperialismo e do militarismo, mas depois caíram na catástrofe da Primeira Guerra Mundial. E isso levou Lênin ao poder na Rússia e à criação do primeiro país socialista real: a URSS. A revolução tinha avançado muito por causa (e no rescaldo) da Primeira Guerra Mundial.

Após a Primeira Guerra Mundial, acreditavam os sucessores de Lênin, os capitalistas tinham concluído que as instituições representativas não eram mais compatíveis com a continuação do seu domínio, então passaram a apoiar os fascistas: Mussolini na Itália, Hitler na Alemanha, Franco na Espanha, Philippe Pétain na França, Hideki Tojo no Japão. Isso não eliminou a necessidade do imperialismo e do militarismo, mas, com efeito, a aguçou. A segunda grande guerra imperialista, a Segunda Guerra Mundial, foi pior que a primeira.

Stálin e seus subordinados enxergaram, depois da consolidação pós-Segunda Guerra Mundial, que havia cinco tarefas que eles precisavam realizar.

Primeiro, tinham que fortalecer a URSS militarmente para defender os territórios do socialismo real, porque os capitalistas militaristas-fascistas poderiam muito bem tentar mais uma vez destruir o socialismo mundial por meios militares. Essa era uma medida razoável, dado que havia generais norte-americanos – sendo George Patton o mais proeminente entre eles – que queriam começar a Terceira Guerra Mundial um dia após o fim da Segunda, e o ex-presidente Hoover achava que os Estados Unidos possivelmente tinham lutado do lado errado na Segunda Guerra Mundial. Embora Hoover lamentasse profundamente que a guerra tivesse avançado o desenvolvimento de armas de poder insuportável, um presidente que pensasse como ele poderia muito bem usar essas armas. Do ponto de vista soviético, mais guerras em um futuro não tão distante eram uma preocupação legítima.

Segundo, pensavam Stálin e seus seguidores, era necessário estender a ordem socialista real a novos territórios.

Em terceiro lugar, a URSS tinha que avançar economicamente, de modo a realizar a promessa do socialismo e demonstrar ao mundo capitalista como a vida poderia ser boa.

Quarto, deveriam estar prontos para ajudar os movimentos socialistas nos países capitalistas quando eles decidissem que estavam fortes o suficiente para tentar uma revolução.

Quinto, eles deviam ficar na moita.

Eles pensavam que, se cumprissem essas tarefas, então – e sua fé os deixava seguros disso – a lógica do capitalismo imperialista-militarista faria o resto do trabalho. As potências capitalistas se enfrentariam novamente, em outra guerra mundial catastrófica. E desde que o bloco do socialismo real pudesse manter a cabeça baixa e sobreviver, ele se expandiria de novo no rescaldo. Esta era a estratégia da União Soviética: defender, reconstruir e esperar, pois a história estava do lado dela. Travar uma guerra fria não fazia parte do plano.

Deixando de lado generais como Patton e ex-presidentes como Hoover, também havia pouco apetite para confrontos no Ocidente. As correntes isolacionistas nos Estados Unidos não estavam tão fortes quanto tinham sido após a Primeira Guerra Mundial, mas eram fortes. A Europa Ocidental estava exaurida. Em vez de desejar reverter o socialismo real, a Grã-Bretanha procurava encontrar um papel para seu império diminuído (e cada vez menor). O general George Patton, nos Estados Unidos, podia pensar em pegar os tanques do seu Terceiro Exército e pilotar até Moscou, mas isso estava fora de cogitação para qualquer político são (e a maioria dos outros) no Atlântico Norte. Depois de quatro anos de derramamento de sangue e sacrifícios (isto é, para os norte-americanos – foi mais tempo para as populações da Europa e da Ásia), a perspectiva de enviar mais milhões para morrer no *front* cheirava mal.

O cheiro foi detectado até mesmo por Josef Stálin. Stálin tinha de fato um gosto muito forte por arrebatar brutalmente territórios quando achava que eles poderiam ser tomados a custos baixos – começando com a supressão dos mencheviques da Geórgia, no final da Guerra Civil Russa. Mas depois da Segunda Guerra Mundial, ele controlou seu apetite. Stálin não impôs um governo socialista na Finlândia, permitindo que ela permanecesse democrática desde que desarmada e sem se juntar a alianças potencialmente antissoviéticas – e enquanto seu governo estivesse crivado de agentes soviéticos. Cortou o apoio ao Partido Comunista da Grécia – em sua maior parte. Aconselhou Mao Zedong na China a se juntar a uma coalizão com Chiang Kai-shek e esperar. Marx prometera e profetizara que as contradições *internas* do capitalismo o destruiriam. Portanto, não havia necessidade de ação imediata e, de fato, agir antes do tempo adequado poderia ser contraproducente.

Lembre-se: a memória da Grande Depressão era muito recente. Não eram só os comunistas que pensavam que os países dependentes do mercado provavelmente cairiam em um período de subemprego e estagnação. Uma opinião nada incomum era a de que a história revelaria dramaticamente a superioridade do planejamento central. O sentimento, como escreveu o economista marxista Paul Sweezy em 1942, era de que "o setor socialista do mundo [depois da Segunda Guerra Mundial] se estabilizaria rapidamente e avançaria para padrões de vida mais elevados, enquanto o setor imperialista se debateria em dificuldades".[6] Da mesma forma, o historiador britânico A. J. P. Taylor falou em 1945 sobre como "ninguém na Europa acredita no estilo de vida norte-americano – isto é, na iniciativa privada; ou melhor, os que nele acreditam são um grupo derrotado, que parece não ter mais futuro".[7]

Mas Stálin não resistiu a enfiar a mão nessa cumbuca. Em 1948, ele tomou a Tchecoslováquia em um golpe de Estado. Além disso, Mao Zedong ignorou as advertências de Josef Stálin, derrotou Chiang Kai-shek e perseguiu a ele e ao seu Kuomintang até Taiwan. Sem dúvida, Stálin ouviu boatos de que estava sendo excessivamente cauteloso, talvez de que tivesse perdido a coragem por causa dos choques da Segunda

Guerra Mundial. A oeste do que viria a ser a Cortina de Ferro, o socialismo real era visto com preocupação, desdém e hostilidade. Os quadros haviam sido dizimados no início da Segunda Guerra Mundial pela partida de todos aqueles que não conseguiam aceitar o Pacto Hitler-Stálin. Quanto mais pessoas de fora conseguiam examiná-lo de perto, menos atraente se tornava o socialismo real. Além disso, ele se deparou novamente com a serra do nacionalismo. Em vez de qualquer credo universalizante que unisse o proletariado independentemente das fronteiras, tornou-se cada vez mais claro que a fidelidade ao socialismo real exigia submissão ou a absorção pela última encarnação do Império Russo. Esperar que as contradições do capitalismo surgissem não parecia estar funcionando, pelo menos não rapidamente.

E assim, em vez de consolidar-se, a União Soviética pós-Segunda Guerra Mundial começou a marchar rumo a uma maior expansão. E os Estados Unidos se sentiram compelidos a responder. A administração Truman, que assumiu o poder em 1945, após a morte de Franklin Roosevelt, acreditava – como muitos membros do Congresso – que a retirada dos Estados Unidos do envolvimento internacional após a Primeira Guerra Mundial tinha sido um dos principais gatilhos da Segunda Guerra Mundial. Tanto o governo Truman quanto o Congresso queriam cometer erros diferentes, seus próprios erros, em vez de repetir os do passado.

Na visão de Washington, a Europa Ocidental poderia muito bem cair nos braços do socialismo real. No rescaldo da Segunda Guerra Mundial, não estava claro que a Europa Ocidental utilizaria mecanismos de mercado para coordenar a atividade econômica em qualquer grau significativo. A crença no mercado tinha sido severamente abalada pela Grande Depressão. Os controles e planos de guerra, embora implementados como medidas extraordinárias para tempos extraordinários, criaram um hábito governamental de controle e regulamentação. Seduzidos pelas taxas de crescimento econômico muito altas reportadas pela União Soviética de Stálin e impressionados com seu esforço de guerra, muitos esperavam que economias de planejamento centralizado se reconstruíssem e crescessem mais rapidamente do que as economias de mercado.

Se a economia política europeia tivesse tomado um rumo diferente, a recuperação europeia pós-Segunda Guerra Mundial poderia ter estagnado. Os governos poderiam ter tardado a desmantelar os controles de alocação em tempo de guerra, restringindo, assim, severamente o mecanismo de mercado. A Europa após a Segunda Guerra Mundial estava em pior situação econômica do que após a Primeira Guerra Mundial. Parecia provável outro episódio de caos financeiro e político, como o que assolara o continente após a Primeira Guerra Mundial. Os políticos estavam predispostos à intervenção e à regulamentação: não importava quão prejudicial o "fracasso do governo" pudesse ser para a economia, era impossível que fosse pior do que o "fracasso do mercado" durante a Depressão.

Pode-se imaginar um cenário alternativo no qual os governos europeus mantiveram e expandiram os controles dos tempos de guerra para se proteger contra mudanças substanciais na distribuição de renda. Nesse caso, o final da década de 1940 e o início da de 1950 poderiam ter testemunhado a criação, na Europa Ocidental, de burocracias alocativas para racionar as escassas divisas estrangeiras. Poderia ter testemunhado a imposição de controles de preços nas exportações para manter parte da produção nacional no país, a fim de proteger o padrão de vida das classes trabalhadoras urbanas – como aconteceu em vários países da América Latina, que quase estagnaram nas duas décadas após a Segunda Guerra Mundial. Considere a Argentina, por exemplo. Em 1913, Buenos Aires estava entre as vinte maiores cidades do mundo em telefones *per capita*. Em 1929, a Argentina era talvez a quarta em densidade de veículos motorizados *per capita*, com aproximadamente o mesmo número de veículos por pessoa que a França ou a Alemanha. No entanto, após a Segunda Guerra Mundial, ela caiu rapidamente das fileiras do Primeiro Mundo para o Terceiro, com uma política não mais venenosa do que a da Europa Ocidental tinha sido antes da Segunda Guerra Mundial. Da perspectiva de 1947, a economia política da Europa Ocidental levaria a pensar que ela era pelo menos tão vulnerável quanto a Argentina.[8]

De fato, em 1946-1947, os funcionários do Departamento de Estado dos Estados Unidos se perguntavam se a Europa poderia estar morrendo – como um soldado que sangra até a morte após ser ferido em combate. Os memorandos do Departamento de Estado apresentavam a visão apocalíptica de um colapso total na Europa da divisão do trabalho – entre cidade e campo, indústria e agricultura, e entre as diferentes indústrias. A guerra tinha dado à Europa mais experiência do que à Argentina em planejamento econômico e racionamento. As classes trabalhadoras urbanas militantes que pediam a redistribuição da riqueza deram aos comunistas votos suficientes para torná-los plausivelmente parte de uma coalizão política governante permanente na França e na Itália. O nacionalismo econômico foi alimentado por uma década e meia de depressão, autarquia e guerra. Os partidos políticos europeus foram brutalmente divididos de acordo com classes econômicas por duas gerações.

Certamente, depois da Primeira Guerra Mundial, o crescimento da Europa Ocidental foi ruim – ainda pior do que o argentino após a Segunda Guerra Mundial. A recuperação da produção de carvão após a Primeira Guerra Mundial foi errática e, na verdade, declinou entre 1920 e 1921, caindo para 72% do nível de 1913. Essa queda foi resultado da deflação imposta à economia europeia pelos bancos centrais, que buscavam a restauração das paridades do padrão-ouro pré-Primeira Guerra Mundial. A produção de carvão caiu novamente em 1923-1924, quando o exército francês ocupou o vale do Ruhr, na Alemanha, porque as reparações não estavam sendo entregues com rapidez suficiente. E a produção de carvão caiu mais uma vez em 1925-1926, quando a pressão da austeridade pela redução dos salários sobre os produtores de carvão da Grã-Bretanha desencadeou primeiro uma greve de carvoeiros e depois uma breve greve geral.

A Europa pós-Primeira Guerra Mundial tinha visto a recuperação da produção ser repetidamente interrompida por "guerras de atrito" políticas e econômicas entre diferentes classes e interesses. Assim, após a Segunda Guerra Mundial, os líderes políticos europeus concentraram-se intensamente na questão de como essas dificuldades poderiam ser evitadas e o compromisso político poderia ser alcançado. De fato, se tais dificuldades tivessem se provado inevitáveis, parecia provável que a Europa Ocidental votaria para se juntar ao império de Stálin.

No entanto, a Europa evitou essas armadilhas. Em 1949, a renda nacional *per capita* na Grã-Bretanha, França e Alemanha tinha se recuperado a um átimo dos níveis pré-guerra. Em 1951, seis anos após a guerra, quando chegou ao fim o Plano Marshall (liderado pelos Estados

Unidos para oferecer ajuda externa à Europa), a renda nacional *per capita* estava mais de 10% acima dos níveis pré-guerra. Medidas pelo padrão reconhecidamente imperfeito das estimativas do produto nacional, as três principais economias da Europa Ocidental alcançaram um grau de recuperação que a Europa pós-Primeira Guerra Mundial não tinha alcançado nos onze anos entre a Primeira Guerra Mundial e a Grande Depressão.

As economias mistas da Europa Ocidental construíram sistemas substanciais de redistribuição. Mas construíram esses sistemas em cima – e não como substitutos – das alocações de mercado de bens de consumo e de produção e dos fatores de produção. Embora tenha havido apoio para a restauração de uma economia de mercado na Europa Ocidental, ele ficou de ser universal. Os controles de guerra eram vistos como políticas excepcionais para tempos excepcionais, mas não estava claro o que deveria substituí-los. Os ministros comunistas e alguns socialistas se opuseram a um retorno ao mercado. Não ficou claro quando, ou mesmo se, a transição ocorreria. Ainda assim, ela ocorreu.

A Europa pós-Segunda Guerra Mundial estava muito longe do *laissez-faire*. Era substancial a propriedade governamental de serviços públicos e da indústria pesada. Era grande a redistribuição governamental de renda. A magnitude das "redes de segurança" e dos programas de seguridade fornecidos pelos Estados de bem-estar social pós-Segunda Guerra Mundial estava muito além de qualquer coisa que se pensava ser possível antes da Primeira Guerra Mundial. Mas esses grandes Estados de bem-estar social foram acompanhados por estabilidade financeira e por uma dependência substancial sobre os processos de mercado para alocações e trocas.

Por que as coisas correram tão bem para a Europa Ocidental depois da Segunda Guerra Mundial?

É fácil concluir que o sucesso da Europa Ocidental veio graças às administrações norte-americanas de Franklin D. Roosevelt e Harry S. Truman. Amarrado dentro dos Estados Unidos por um Congresso às vezes recalcitrante, entre 1945 e 1952 o ramo executivo dos Estados Unidos viu-se estranhamente com mais poder fora do país. Primeiro, dirigiu as ocupações do Japão e da maior parte da Alemanha Ocidental. Também estendeu uma ampla gama de ferramentas assistenciais

– socorro direto, ofertas de apoio militar contra a potencial expansão soviética, empréstimos em grande escala e acesso aos mercados dos Estados Unidos – aos países da Europa Ocidental, e esses programas moldaram seu pós-Segunda Guerra Mundial de maneiras que deram confiança ao governo dos Estados Unidos.

Dois anos depois do fim da guerra, tornou-se método dos Estados Unidos fortalecer política, econômica e militarmente a Europa Ocidental. A Doutrina Truman inaugurou a política de "contenção" da União Soviética. Estava incluída uma declaração de que a contenção exigia medidas para regenerar rapidamente a prosperidade econômica na Europa Ocidental. E como escreveu o colunista Richard Strout: "Uma forma de combater o comunismo é dar à Europa Ocidental um prato cheio".[9]

Flanqueando a oposição isolacionista e antigastos, o governo Truman implementou via Congresso a Doutrina Truman, o Plano Marshall e depois a Organização do Tratado do Atlântico Norte (OTAN) para a defesa da Europa. Para isso, empregou todas as armas à sua disposição, incluindo a reputação do secretário de Estado George C. Marshall como o arquiteto da vitória militar na Segunda Guerra Mundial, temores conservadores de uma maior extensão do império de Stálin e uma aliança política com Arthur Vandenberg, influente senador republicano de Michigan.

Por que o plano não recebeu o nome do presidente dos Estados Unidos, Truman, mas de seu secretário de Estado, Marshall? Foi Truman quem melhor explicou: "Dá para imaginar as chances de aprovação [do plano], em um ano eleitoral e em um Congresso [de maioria] republicana, se seu nome fosse Truman e não Marshall?".[10]

O Plano Marshall foi um grande compromisso plurianual. De 1948 a 1951, os Estados Unidos contribuíram com US$ 13,2 bilhões para a recuperação europeia. Desse total, US$ 3,2 bilhões foram para o Reino Unido, US$ 2,7 bilhões para a França, US$ 1,5 bilhão para a Itália e US$ 1,4 bilhão para as zonas ocupadas pelo Ocidente na Alemanha, que se tornariam a *Bundesrepublik* pós-Segunda Guerra Mundial. Pense em 1% da renda nacional dos Estados Unidos ao longo dos anos em que o programa vigorou. Pense em 3% da renda nacional da Europa Ocidental.

Os dólares do Plano Marshall afetaram o nível de investimento: os países que receberam grandes quantias de ajuda do Plano Marshall investiram mais. Barry Eichengreen e Marc Uzan calcularam que, de cada dólar de ajuda do Plano Marshall, cerca de US$ 0,65 foram para o aumento do consumo e US$ 0,35 para o aumento do investimento. Os retornos dos novos investimentos foram altos: US$ 1 extra de investimento elevava o produto nacional em US$ 0,50 no ano seguinte. Outra maneira pela qual a ajuda do Plano Marshall estimulou o crescimento foi relaxando as restrições cambiais. Os fundos do Plano Marshall eram moeda forte em um mundo com escassez de dólares. Depois da guerra, carvão, algodão, petróleo e outros materiais estavam em falta.[11]

Mas esses efeitos diretos eram dinheiro pequeno. Plausivelmente, a ajuda do Plano Marshall aumentou o investimento em apenas 1% do PIB. Mesmo que se concentrasse em aliviar os gargalos mais apertados, dificilmente se pode pensar que tal compromisso ao longo de três anos tenha aumentado o potencial produtivo da Europa Ocidental em mais de 1%. No entanto, o crescimento da Europa Ocidental após a Segunda Guerra Mundial excedeu as expectativas em pelo menos dez vezes, e por três décadas consecutivas.

É mais provável que os efeitos político-econômicos tenham dominado, pois após a Segunda Guerra Mundial os Estados Unidos assumiram com entusiasmo seu papel de *hegemon*. Aqui a teoria dos jogos importa: simplesmente ter um *hegemon* reconhecido tornou algumas coisas possíveis, tornou outras mais possíveis e ampliou ainda outras que foram realizadas porque todos entenderam como se coordenar e agiram de acordo. A ajuda do Plano Marshall foi precondicionada a uma estabilização financeira bem-sucedida. Cada destinatário teve de assinar um pacto bilateral com os Estados Unidos. Os países tinham que aceitar equilibrar os orçamentos governamentais, restaurar a estabilidade financeira interna e estabilizar as taxas de câmbio em níveis realistas.

A estabilização financeira exigia orçamentos equilibrados. Orçamentos equilibrados exigiam uma resolução bem-sucedida de conflitos distributivos. Aqui o Plano Marshall forneceu um incentivo muito forte. Deu aos países europeus um conjunto de recursos que poderiam ser usados para amortecer as perdas de riqueza sofridas na reestruturação — e para apaziguar as expectativas frustradas de grupos de trabalhadores, capitalistas e donos de terras que pensavam não estar recebendo um pedaço adequado do bolo. Com uma mão, os administradores do Plano Marshall pressionavam os governos europeus e grupos de interesse a se comprometer e a liberalizar suas economias em um molde mais "norte-americano". Com a outra, ofereciam recursos.

Os recursos não dispensaram a necessidade de sacrifícios. Mas aumentaram o tamanho do bolo disponível para divisão entre os grupos de interesse.

E havia outras instituições também, além da Administração de Cooperação Econômica do Plano Marshall, pressionando em uma direção de soma positiva. Em meados da década de 1950, a Europa Ocidental criou sua própria Comunidade Europeia de Carvão e Aço para o livre-comércio dessas *commodities*, uma iniciativa que se transformou na atual União Europeia. Os Estados Unidos, dominantes, apostaram pesadamente no comércio internacional como facilitador da paz internacional, bem como da prosperidade doméstica. Na Conferência de Bretton Woods, em 1944, Harry Dexter White, funcionário do Departamento do Tesouro dos Estados Unidos, e John Maynard Keynes, da Grã-Bretanha, desenharam um sistema para tentar fazer com que o aumento da globalização funcionasse para sempre. Haveria um Banco Mundial – um Banco Internacional para Reconstrução e Desenvolvimento – para financiar, por meio de empréstimos (em condições não usurárias), a reconstrução daquelas partes do mundo que tinham sido arruinadas pela guerra e para desenvolver aquelas que ainda não tinham aproveitado as oportunidades produtivas das máquinas modernas e das tecnologias industriais. Também haveria um Fundo Monetário Internacional (FMI) para administrar os valores das moedas e o fluxo líquido de recursos financeiros através das fronteiras, de modo a ajudar os países a redefinir os termos em que negociavam, e para ser o vilão que instasse, e talvez obrigasse, os países a cumprir suas obrigações e a reorientar a administração de suas economias para conseguir cumpri-las. O fato de a Europa Ocidental e os Estados Unidos terem sido unidos em uma aliança pela Guerra Fria deu vida e energia a essas instituições. Além disso, o Norte global pós-Segunda Guerra Mundial teve muita sorte com seus estadistas.

Também deveria haver uma Organização Mundial de Comércio (OMC) para negociar reduções mutuamente benéficas nas tarifas para níveis baixos, ou zero, e para arbitrar disputas comerciais. Mas embora a administração Truman tivesse conseguido aprovar as Nações Unidas, o Banco Mundial e o FMI no Congresso, ela decidiu no final de 1950 que a OMC era um esforço pesado demais até para ser submetido ao Congresso, dado que o governo precisaria do Congresso para financiar a Guerra da Coreia e construir a estrutura militar de longo prazo da Guerra Fria. Também em 1950, cessou a cooperação internacional benevolente e de mãos abertas, e os pedidos de ajuda financeira na longa luta crepuscular entre o mundo livre e o comunismo global estavam em voga. Em vez de uma organização com algum poder de fogo para impor suas opiniões, deveria haver um acordo – um Acordo Geral sobre Tarifas e Comércio (AGTC) – sob a égide do qual várias rodadas multilaterais de reduções tarifárias seriam gradualmente negociadas ao longo de décadas.

E assim uma parte considerável do crédito pela bem-sucedida reconstrução pós-Segunda Guerra Mundial da Europa pertence a esses atos de estadismo cooperativo internacional: o Plano Marshall e outras iniciativas que aceleraram o crescimento da Europa Ocidental ao alterar o ambiente em que as diretrizes políticas e econômicas eram criadas. A era do Plano Marshall viu a criação da "economia mista" social-democrata: a restauração da liberdade de preços e da estabilidade da taxa de câmbio, confiança nas forças de mercado dentro do contexto de um grande Estado de seguridade social, alguma propriedade pública de indústrias e serviços públicos e uma grande parte de gestão da demanda pública.

Havia um fator adicional muito importante para a social-democracia pós-Segunda Guerra Mundial. Tornou-se muito real a ameaça totalitária da União Soviética de Stálin por meio da Cortina de Ferro. Muitos observadores, como o historiador A. J. P. Taylor, simplesmente não acreditavam "no modo de vida norte-americano – isto é, na iniciativa privada". Mas, olhando de perto, o socialismo real era algo em que eles conseguiam acreditar ainda menos. Os padrões de vida mais elevados no bloco oriental socialista real não apareceram. A Grande Depressão não voltou à Europa Ocidental. Os europeus ocidentais passaram a temer uma tomada soviética. Eles queriam a presença dos Estados Unidos na Europa para impedir tal agressão. Assim, criaram a aliança do Atlântico Norte e estavam dispostos a seguir a condução norte-americana, arrastando os Estados Unidos para a liderança, se necessário. O que os Estados Unidos quisessem, eles estavam ansiosos para entregar.

Conta-se que, quando perguntaram ao estadista belga Paul-Henri Spaak se não seria uma boa ideia erigir um monte de estátuas para os fundadores da União Europeia, ele respondeu: "Que ideia maravilhosa! Deveríamos erguer uma estátua de quinze metros de altura em frente ao Berlaymont [Palácio de Bruxelas]! De Josef Stálin!".[12] Foi o grupo de forças soviéticas na Alemanha e a presença dos tanques do Exército Vermelho no Passo de Fulda que mais atraiu a atenção de todos para o quanto eles queriam que a OTAN, a Comunidade do Carvão e do Aço, a Comunidade Econômica Europeia, e então a União Europeia fossem bem-sucedidas.

EM 1948, O GOVERNO DOS ESTADOS UNIDOS tinha traçado planos para travar uma verdadeira guerra fria: planos para aumentar os gastos com defesa para 10% da renda nacional e implantar forças norte-americanas em todo o globo. Mas esses planos permaneceram fantasias para contingências inimagináveis – até a Guerra da Coreia.

Em 1950, Kim Il-Sung, o homem forte que Stálin instalara na Coreia do Norte no final da Segunda Guerra Mundial, implorou-lhe tanques e apoio para tomar o Sul. Dividida no paralelo 38, uma linha um tanto arbitrária de latitude, a Coreia foi dividida entre o Norte, supervisionado pelos soviéticos, e o Sul, supervisionado pelos Estados Unidos.

Mas quando Kim Il-Sung apresentou seu pedido a Stálin, não havia guarnições norte-americanas no Sul. No início de 1950, Dean Acheson – então secretário de Estado do presidente Truman – anunciou que os dias das "velhas relações entre o Leste e o Oeste chegaram ao fim". "Na pior das hipóteses", disse ele, foram dias de "exploração", e "na melhor das hipóteses [...] paternalismo". Agora essas relações tinham chegado ao fim, e os Estados Unidos tinham um "perímetro de defesa" no Pacífico que ia das "Aleutas ao Japão, e depois [...] para Ryukyus [ao sul do Japão]" e, por fim, para as Filipinas. A defesa fora desse perímetro era para "todo o mundo civilizado sob a Carta das Nações Unidas". Para os Estados Unidos, garantir que viria em auxílio de qualquer país fora dessa área seria "dificilmente sensato". Além disso, concluíram os estrategistas dos Estados Unidos, mesmo dentro do perímetro de defesa no Pacífico fazia mais sentido exercer o poder dos Estados Unidos por ar e mar do que por terra.[13]

Além disso, os Estados Unidos eram a favor da descolonização – tirar os britânicos da Índia, os holandeses da Indonésia e outras potências globais dos territórios que vinham mantendo por anos. Embora os Estados Unidos estivessem felizes em fornecer apoio logístico aos franceses, que travavam uma guerra contra o comunista Vietminh no Sudeste Asiático, eles queriam que os franceses prometessem a independência em vez de mais domínio colonial como objetivo.

O discurso de Acheson, no entanto, não mencionava especificamente a Coreia e nem dizia como ela se encaixaria no perímetro de defesa do Pacífico. Essa omissão fez pender a balança na mente de Stálin? Pode ser. Em junho de 1950, Stálin soltou a coleira do cão de guerra que eram Kim Il-Sung e seu exército, treinado e armado pelos soviéticos. A Guerra da Coreia começou. Os Estados Unidos surpreenderam Kim Il-Sung, Stálin, Mao e a si mesmos ao reunir as Nações Unidas para enviar um exército. Esse exército era composto em grande parte de tropas norte-americanas, mas formalmente era uma força das Nações Unidas, e sua missão era defender a ordem que tinha sido estabelecida na zona de ocupação controlada pelos Estados Unidos, que viria a se tornar a Coreia do Sul – e talvez, também, criar uma única Coreia unificada.

Os combates ocorreram em toda a península coreana, desde perto do rio Yalu, no Norte, até o porto de Pusan, no Sul. Sul e norte-coreanos lutaram em terra; os norte-americanos lutaram em terra, no mar e no ar; os chineses lutaram em terra; os russos lutaram no ar (350 de seus aviões foram abatidos). Em três anos, algo entre 1 milhão e 2 milhões de civis coreanos morreram, 5% a 10% da população, e talvez 400 mil sul-coreanos foram sequestrados de suas casas e levados para a Coreia do Norte. Os militares mortos e desaparecidos totalizaram cerca de 500 mil chineses, 300 mil norte-coreanos, 150 mil sul-coreanos, 50 mil norte-americanos e 4,4 mil outros que lutaram para defender a Coreia do Sul. A Força Aérea dos Estados Unidos lançou meio milhão de toneladas de bombas durante a guerra, o equivalente a dezoito quilos para cada norte-coreano vivo à época.

Os Estados Unidos não usaram suas armas nucleares. Foi uma guerra, porém limitada. O comandante do teatro de operações dos Estados Unidos, o general Douglas MacArthur, solicitou seu uso no final de 1950, quando o Exército de Libertação do Povo Chinês forçou o exército das Nações Unidas a recuar, de perto do rio Yalu para o sul de Seul. O Pentágono e o presidente Harry Truman recusaram.

As armas não nucleares provaram-se suficientes, e a partir de março de 1951 a frente de batalha se estabilizou perto do paralelo 38, a divisão original entre o Norte e o Sul. O Pentágono e Truman começaram a buscar um cessar-fogo e um retorno ao *status quo* anterior – sem definir nem vencedor nem vencido.

Em 5 de março de 1953, enquanto a guerra se arrastava, Josef Stálin morreu de derrame. Os herdeiros de Stálin decidiram que a Guerra da Coreia era inútil e deveria terminar. Os negociadores de Mao aceitaram a regra para prisioneiros de guerra das Nações Unidas: a repatriação não seria forçada. Como consequência, 10 mil dos 15 mil prisioneiros de guerra chineses decidiram não retornar à China; 5 mil dos 70 mil prisioneiros de guerra norte-coreanos decidiram não retornar à Coreia do Norte; e 327 prisioneiros de guerra sul-coreanos decidiram ficar na Coreia do Norte, assim como 21 norte-americanos e um britânico. (Desses 22, dezoito acabariam retornando ao Bloco Ocidental.)[14]

E assim começou o estado de coisas que continuaria por décadas, mesmo após o final do longo século XX – com a Coreia do Norte ainda sob o governo autocrático da dinastia Kim, responsável por uma das piores fomes do período pós-Segunda Guerra Mundial, e com a Coreia do Sul independente – uma rica potência industrial e uma democracia.

Mas a Guerra da Coreia não foi importante só para a Coreia. Foi uma daquelas asas de borboleta que mudam o mundo, pois colocou os Estados Unidos e seu aparato de segurança nacional em um novo caminho, definido por gastar cinco vezes o nível anterior com o orçamento militar anual e estabelecer um alcance verdadeiramente global. Em poucas palavras, após a Guerra da Coreia, os Estados Unidos assumiram um novo papel.

Para começar, a Alemanha parecia análoga à Coreia – um país dividido pelo que se pretendia ser uma fronteira de ocupação militar temporária do pós-guerra.

Os sucessores de Stálin eram em grande parte desconhecidos. A única coisa certa sobre eles era que tinham prosperado – o que muitas vezes significava terem conseguido sobreviver – sob Stálin e que se mostraram dispostos a atirar em alguns dos seus na luta que se seguiu à morte de Stálin.

Assim, em meados da década de 1950, havia um exército norte-americano completo na Alemanha Ocidental, esperando que os sucessores de Stálin tentassem na Alemanha o que Stálin, Mao e Kim Il-Sung tinham tentado na Coreia: a reunificação pela força de um país que fora dividido pelo armistício que pôs fim à Segunda Guerra Mundial.

O que antes de junho de 1950 eram fantasias de funcionários e planejadores da segurança nacional tornou-se realidade: eles conseguiram aumentar os gastos com segurança nacional dos Estados Unidos para até 10% da renda nacional. As armas, em grande medida, não eram usadas. Mas o fato de que o governo as estava comprando tornava praticamente impossível o retorno de qualquer coisa como a Grande Depressão. Fornecia um piso forte para a demanda e o emprego nos Estados Unidos – pois o governo comprava, e aqueles de quem ele comprava colocavam pessoas para trabalhar e tinham receita para adquirir outras coisas e, assim, colocar ainda mais pessoas para trabalhar.

Esse gasto foi em grande parte destinado a permitir que os Estados Unidos projetassem seu poderio militar da Guerra Fria muito além de suas fronteiras. O país enviou tropas e estabeleceu bases militares permanentes em todos os continentes, exceto na Antártida. Cerca de três quartos de 1% do produto nacional dos Estados Unidos em meados da década de 1950 eram "transações militares líquidas" – gastos no exterior pelos militares dos Estados Unidos que não geravam entrada de dólares. Na Europa, o aumento nas transações militares líquidas dos Estados Unidos contribuiu muito para compensar o declínio do Plano Marshall. Em suma, a OTAN forneceu mais do que tropas de choque para impedir uma invasão soviética. Também forneceu mais uma fonte segura de demanda para a produção europeia durante os *booms* da Europa nas décadas de 1950 e 1960.

O que nos leva ao armamento nuclear.

A partir de 1956, a política formal da União Soviética era "coexistência pacífica". Os russos continuariam, é claro, a apoiar revoltas justas contra o colonialismo e o capitalismo. Mas uma guerra entre as superpotências? Fora de questão. Os Estados Unidos e a URSS coexistiriam. A prioridade seria manter a calma e demonstrar as vantagens do socialismo real – o que levaria ao triunfo no final, é claro.

A partir de 1954, a política dos Estados Unidos passou a ser de "retaliação maciça". Em um discurso naquele ano, o secretário de Estado Allen Dulles deixou claro que a estratégia seria "conter o forte poder terrestre do mundo comunista": "O jeito de impedir a agressão", disse ele, era "a comunidade livre estar disposta e capaz de responder vigorosamente em locais e com os meios de sua própria escolha".[15] Claramente, essa política não tirava da mesa uma resposta com armas nucleares a uma provocação convencional, nem restringia a retaliação e a dissuasão ao teatro específico do conflito.

Cada lado via o outro como uma ameaça existencial em potencial, o que levou os dois lados a se tornarem ameaças existenciais de fato.

As forças nucleares que os planejadores dos Estados Unidos consideravam talvez inadequadas para deter um ataque nuclear russo ou uma invasão de força convencional na Europa Ocidental pareciam aos planejadores russos perigosamente próximas de um nível de força que poderia devastar a União Soviética e apoiar uma ocupação convencional do território russo. Eles se lembraram do incêndio de Moscou pelos tártaros da Crimeia em 1571, da ocupação de Moscou pelos poloneses em 1610, da invasão dos suecos em 1709, da ocupação de Moscou pelos franceses em 1812, da Paz de Brest-Litovsk, ditada pelos alemães em 1918 e da invasão de Hitler em 1941.

Mas a palavra-chave no discurso de Dulles em 1954, que detalhava a estratégia norte-americana de resistência maciça, era "conter": a política dos Estados Unidos, e de fato a política da aliança da OTAN, para a Guerra Fria era de *contenção*. Como disse o diplomata norte-americano George Kennan, a estratégia certa era "manter a linha e esperar o melhor". Como "a ideologia convence os governantes da Rússia de que a verdade está do lado deles e, portanto, eles podem se dar ao luxo de esperar", continuou ele, "a pressão soviética" poderia ser "contida pela aplicação hábil e vigilante de contraforça em uma série de pontos geográficos e políticos que mudariam constantemente".

E havia mais: "A questão das relações soviético-norte-americanas é, em essência, um teste do valor geral dos Estados Unidos como uma nação entre nações", escreveu Kennan:

> Um observador atento das relações russo-norte-americanas não encontrará motivos para reclamar no desafio do Kremlin à sociedade norte-americana. Experimentará, antes, certa gratidão a uma Providência que, ao oferecer ao povo norte-americano esse desafio implacável, fez com que toda a sua segurança como nação dependesse de sua união e aceitação das responsabilidades de liderança moral e política que a história claramente pretendia que eles suportassem.[16]

Era o excepcionalismo norte-americano com "E" maiúsculo, em máxima potência. Se ao menos os Estados Unidos pudessem, acreditava Kennan, ser verdadeiramente uma cidade sobre uma colina – se ao menos pudessem, como John Winthrop pregara em 1630, "seguir o conselho de Miqueias, fazer justiça, amar a misericórdia, andar humildemente com nosso Deus", de modo que "ele nos fará um louvor e uma glória que os homens dirão sobre as plantações seguintes, 'que o Senhor faça como a da Nova Inglaterra'" –, se ao menos pudessem se comportar dessa maneira, então os Estados Unidos e a aliança da OTAN não teriam nada a temer da Guerra Fria.

Os norte-americanos que dirigiam a política externa concordavam de forma esmagadora. Mesmo assim, pairava a ameaça do totalitarismo. Era verdade que uma das maiores potências totalitárias tinha sido aniquilada – a Alemanha nazista. Mas outra versão, ainda que menor – os sistemas de Stálin e Mao do socialismo real –, estava crescendo. As nações que ela abarcava eram materialmente fracas e pobres. Mas eram populosas. E seus governos, contando mentiras implausíveis, tinham uma capacidade perturbadora de fazer as pessoas endossarem e lutarem por sua causa.

No entanto, para a maioria dos líderes políticos dos Estados Unidos e suas equipes militares e diplomáticas, não havia motivos para pânico. A dissuasão controlaria a ameaça nuclear. O Kremlin era administrado por *apparatchiks* inexpressivos que gostavam de seu padrão de vida e posição. A petrificação burocrática era o destino do socialismo real, desde que ele pudesse ser contido e superado. E eles estavam certos em pensar assim.

O líder soviético Nikita Khruschov também não via motivos para pânico, e todos os motivos para esperar pelo veredito da história. "Quer você goste ou não, a história está do nosso lado", disse ele em 1956.[17] De maneira mais ameaçadora, ele acrescentou: "Vamos enterrar vocês". Mas essa tradução talvez precise de mais explicações. Em russo, "Мы вас похороним" provavelmente significava algo como "Vamos durar mais que vocês". Mais tarde, Khruschov esclareceu o que queria dizer: "Certa vez, eu disse: 'Vamos enterrá-los' e tive problemas com isso. É claro, não vamos enterrá-los com uma pá. Sua própria classe trabalhadora vai enterrá-los". A Rússia tinha perdido 27 milhões de pessoas na Segunda Guerra Mundial – incluindo aqueles que morreram de fome. Ninguém na Rússia queria a Terceira Guerra Mundial.

E assim o mundo entrou em um equilíbrio estável, um tanto próximo da utopia, embora fosse necessário algum esforço para enxergá-la.

Havia razões para Khruschov ter confiança, razões derivadas não da excelência dos mecanismos de planejamento central do socialismo real, mas das deficiências das economias de mercado. Afinal, as economias de mercado podem dar horrivelmente errado, e dão mesmo. Os mercados executam com eficiência implacável suas tarefas atribuídas implicitamente. A chave para gerenciar sistemas de mercados é determinar quais instruções o mercado está recebendo implicitamente e como alterar essas instruções. Uma economia de mercado só pode produzir bons resultados se definir adequadamente o bem-estar geral – se ponderar o bem-estar material e a utilidade de cada indivíduo de maneira apropriada, à medida que faz somas e compensações. E o problema é que o valor que uma economia de mercado dá a um indivíduo depende da riqueza desse indivíduo.

Suponha que cada duplicação do consumo material adicione uma quantia igual à utilidade individual – que o primeiro dólar de renda seja mais valioso que o segundo, o segundo mais valioso que o terceiro e assim por diante. Então as fórmulas e teoremas dos economistas teóricos assumem uma forma particularmente simples: o mercado maximiza o bem-estar geral se e somente se o bem-estar geral pondera o bem-estar de cada pessoa pelo valor de mercado de sua riqueza. Com uma distribuição desigual, uma economia de mercado gerará resultados extraordinariamente cruéis. Se minha riqueza consistir inteiramente em minha capacidade de trabalhar com minhas mãos no campo de outra pessoa, e se as chuvas não vierem, de modo que minha capacidade de trabalhar com minhas mãos não tenha valor de mercado produtivo, então o mercado me deixará morrer de fome – como aconteceu com milhões de pessoas em Bengala em 1942 e 1943.

O mercado poderia falhar.

E o planejamento central poderia ter sucesso. Afinal, a economia soviética provara ser muito eficaz na construção dos tanques mais econômicos da Segunda Guerra Mundial, o T-34C e o T-34/85. A produção norte-americana de tanques era mais eficiente. Mas a economia de planejamento central mobilizou mais recursos. E desde que haja apenas um objetivo preponderante a ser alcançado, ou uns poucos, as ineficiências de planos excessivamente entusiasmados e rígidos são de importância secundária.

Uma economia planejada centralmente tem mais facilidade em persuadir aqueles que, de outra forma, desviariam recursos do investimento para o consumo a não os desviar. Economistas norte-americanos nas décadas de 1950 e 1960 especularam sobre um futuro em que a maior parcela da renda nacional da URSS dedicada ao investimento daria a ela, no longo prazo, uma intensidade de capital muito maior. A produção adicional dessa intensidade de capital poderia então superar as ineficiências do planejamento central e fornecer aos cidadãos soviéticos um alto padrão de vida material, apesar da ineficiência planejada.

E nunca houve nenhuma razão muito boa para acreditar que as economias de mercado eram, por qualquer necessidade teórica, superiores na descoberta, desenvolvimento e implantação de tecnologia. O lançamento do Sputnik, o primeiro satélite, pela União Soviética, foi um alerta especialmente alto para qualquer um que não tivesse ouvido o chamado de Kennan – para que os Estados Unidos lutassem a Guerra Fria se transformando em sua melhor versão – como um desafio sério, que exigia um esforço sério.

Essa "não utopia" era estável? O mundo pós-Segunda Guerra Mundial ficou sob a sombra da guerra nuclear. Os estrategistas de armas nucleares adotaram estratégias "MAD", que pareciam ser não apenas uma sigla para "destruição mútua garantida", mas também um sinônimo preciso de "insano".*

E o mundo não estava livre de outras serpentes no jardim – outras formas de militarismo e imperialismo, de rivalidades nacionais, culturais e econômicas.

Por exemplo, na mesma carta em que o sucessor de Truman, o presidente Dwight Eisenhower, admoestava seu irmão Edgar por imaginar que seu governo poderia, ou deveria, reverter o New Deal, ele se gabava de como, sob sua administração, a CIA tinha liderado o golpe que consolidou Mohammed Reza Pahlavi como xá e ditador no Irã, impedindo assim que os Estados ricos em petróleo do Oriente Médio se tornassem comunistas. Eisenhower tinha certeza de que o governo Truman teria permitido exatamente isso – assim, ele acreditava ter removido em grande parte a maior "ameaça que nos últimos anos pairou sobre o mundo livre".[18] Mas nenhuma pessoa racional enxergava Mohammad Mosaddegh, o primeiro-ministro iraniano, como um pequeno Stálin, ou mesmo um Lênin.

Duas décadas depois, os que acreditavam racionalmente na coexistência pacífica teriam observado com interesse o presidente chileno eleito, Salvador Allende, embora talvez não com entusiasmo. Se suas tentativas de administrar uma transição pacífica para uma forma mais atraente de socialismo real falhassem em produzir prosperidade e liberdade, seria um aviso útil para outras nações como algo que seria melhor não fazer. Se Allende fosse bem-sucedido, poderia ser um modelo a ser usado por outros países para se aprimorarem. Mas essa não era a lógica dos *cold warriors*, os soldados da Guerra Fria: eles buscaram o golpe militar do general Augusto Pinochet, transformado em ditador, junto com execuções em massa, e os ideólogos de direita proclamavam a necessidade de Pinochet assumir um papel análogo ao do legislador grego mítico e clássico Licurgo, de Esparta. Do outro lado da Cortina

---

* MAD, sigla em inglês para "*mutual assured destruction*" [destruição mútua garantida], também significa "louco, insano". [N.T.]

de Ferro, quem acreditava racionalmente na coexistência pacífica teria saudado as tentativas de Alexander Dubček, da Tchecoslováquia, de construir um "socialismo com rosto humano", mas, em vez disso, a reação de Leonid Brejnev no Kremlin foi enviar os tanques: o socialismo real não tinha e não poderia ter um rosto humano.

Ainda assim, para algumas outras nações colonizadas durante a primeira geração pós-Segunda Guerra Mundial, a Guerra Fria talvez fosse uma bênção. Antes da independência, elas podiam pressionar pela descolonização argumentando que, se ela fosse adiada, os russos e os chineses usariam as queixas justas dos colonizados para construir um apoio para insurgências, o que acarretaria a entrada dessa nação no bloco comunista. Após a independência, eles poderiam se declarar "não alinhados", seguindo o movimento que começou na Conferência de Bandung, na Indonésia, liderado pelo homem forte indonésio Sukarno e pelo primeiro-ministro indiano Jawaharlal Nehru. As nações não alinhadas poderiam então pedir propostas de apoio de ambos os lados na Guerra Fria. Quanto mais importante o Estado não alinhado fosse para os oponentes da Guerra Fria, mais ambos os lados estariam dispostos a gastar para apoiar um governo não alinhado que estivesse tentando decidir qual seria seu sistema político e econômico, ou pelo menos a quem prestaria lealdade.

Claro, quanto mais quente a Guerra Fria se tornava, mais provável era que um governo ou um movimento popular tentando seguir seu próprio curso fosse detido pela corrente de estrangulamento de uma das superpotências e que pessoas morressem. A Iugoslávia e a Finlândia conseguiram seguir seus próprios caminhos – mas o Exército Vermelho interveio para impor a linha partidária e a disciplina na Alemanha Oriental, em 1953, na Hungria, em 1956, na Tchecoslováquia, em 1968, e no Afeganistão, em 1978. Os Estados Unidos patrocinaram golpes ou enviaram tropas para derrubar governos no Irã e na Guatemala, em 1954, em Cuba, em 1961, no Chile, em 1973, na República Dominicana e na Nicarágua, em 1981, e em Granada, em 1983. E houve os casos em que a Guerra Fria ficou genuinamente quente: Coreia (5 milhões de mortos), Vietnã (2,5 milhões de mortos), Etiópia (1,5 milhão de mortos), Angola (500 mil mortos) e mais.

Também houve governos que atacaram suas próprias sociedades: algo entre 100 mil e 500 mil de indonésios, de uma população de 100 milhões, foram assassinados em 1965, "o ano de viver perigosamente". O líder indonésio Suharto usou uma tentativa de golpe comunista como pretexto para afastar o homem forte anterior, Sukarno, e então massacrar todos os indonésios que alguém disse que poderiam ser comunistas. Entre 1975 e 1979, o Khmer Vermelho matou talvez 2 milhões dos 8 milhões de habitantes do Camboja, sem razão alguma – e ainda assim a China e os Estados Unidos apoiaram o Khmer Vermelho contra o governo cambojano que os vietnamitas instalaram em 1979. Houve mais – muitos mais – casos desse tipo.

Por piores que fossem essas carnificinas em grande escala, sempre havia o potencial para resultados ainda mais desastrosos, e vez por outra a estabilidade dessa "não utopia" oscilava em direção ao Armagedom.

Por exemplo, a humanidade ficou à beira de uma guerra termonuclear durante a crise dos mísseis cubanos de outubro de 1962. Nikita Khruschov ficou um tanto surpreso com a reação belicosa do presidente dos Estados Unidos, John F. Kennedy, à instalação em Cuba de mísseis como os que os Estados Unidos já tinham implantado na Turquia, próximo da fronteira com a Rússia. No final, os Estados Unidos prometeram não derrubar pela força o ditador comunista cubano, Fidel Castro, e a Rússia retirou seus mísseis de Cuba. Mais discretamente, os Estados Unidos retiraram seus mísseis da Turquia.

Caiu no folclore histórico político norte-americano que, na hora dos vamos ver, a Rússia piscou. Talvez. Mas também deve ser notado que a Rússia foi a parte razoável, que se dispôs a "passar vergonha", pois ambos os lados concordaram em manter em segredo a retirada dos Estados Unidos da Turquia. Muitas histórias grosseiramente enganosas foram escritas nas duas décadas seguintes com base nesses relatos de má-fé – algumas por membros da administração Kennedy – antes que o segredo fosse revelado.

Houve outras oscilações.

Em 1960, o nascer da lua foi confundido por um radar da OTAN com um ataque nuclear – e os Estados Unidos ficaram em alerta máximo, embora naquele momento Khruschov estivesse em Nova York, nas Nações Unidas. Em 1967, o Comando de Defesa Aeroespacial da América do Norte (NORAD) interpretou uma explosão solar como uma interferência de um radar soviético, e por isso quase lançou seus bombardeiros. Em 1979, o carregamento de um cenário de treinamento em um computador operacional levou o NORAD a ligar para a Casa Branca, alegando que a URSS tinha lançado 250 mísseis contra os Estados Unidos e que o presidente tinha apenas entre três e sete minutos para decidir se retaliaria ou não. Em 1983, Stanislav Petrov, um tenente-coronel da União Soviética, recusou-se a classificar um avistamento de míssil do sistema de alerta precoce como um ataque, descartando-o (corretamente) como um erro e evitando, assim, um erro pior.

Naquele mesmo ano, a Força Aérea soviética confundiu um avião coreano fora de curso, que transportava cem pessoas, com um dos aviões espiões RC-135 dos Estados Unidos, que rotineiramente violavam o espaço aéreo russo, e o derrubaram. Em 1988, o cruzador *Vincennes* da Marinha dos Estados Unidos – na época em águas territoriais iranianas sem a permissão do Irã – abateu um avião iraniano que transportava 290 pessoas.

Às vezes, a Guerra Fria deu ruim. Às vezes, deu muito ruim. E às vezes ameaçou dar muito, muito ruim mesmo.

É salutar admitir que a Guerra Fria poderia ter terminado de outra forma. Poderia ter terminado de forma horrível. Poderia ter terminado com uma vitória do Bloco do Leste, ou uma animosidade mais permanente, que ainda poderia estar acontecendo. Por que não foi assim? As pessoas podem fazer a diferença e fizeram. Quem mais fez diferença, penso eu, foram aqueles que impediram que a Guerra Fria esquentasse, aqueles que persuadiram os muitos que queriam continuar lutando de que ela tinha acabado e aqueles mais que trabalharam para aprimorar ao máximo a aliança social-democrata ocidental.

Subjacente, afinal, havia uma competição mortalmente séria. Dois sistemas diziam ter em mente o melhor interesse de seu povo, talvez até o melhor interesse deles mesmos. E em 1990 era inequívoco que um desses dois era melhor, ou talvez apenas menos ruim. Mas não se orgulhe: de muitas maneiras, é menos verdade que o "Ocidente" provou categoricamente que seu sistema é o melhor e mais verdade que provou categoricamente que seu sistema não é pior. Não mais utópico, e sim menos distópico. Pois, àquela altura, a União Soviética tinha estabelecido um padrão bastante baixo para julgar o melhor e o pior.

12
INÍCIOS FALSOS (E VERDADEIROS) DO DESENVOLVIMENTO ECONÔMICO NO SUL GLOBAL

Por muitas e muitas páginas, nosso foco foi o Norte global. É justo. Em sua maior parte, a região liderou o mundo na dança causal da história econômica. E a luta pelos sistemas foi – sendo a China um aparte muito importante – realizada dentro e perto do Norte global. Mas agora é hora de traçar um panorama do que estava acontecendo enquanto isso nas partes mais pobres, menos industrializadas e desindustrializadas do mundo, abordando a era entre a queda da dinastia Qing da China, em 1911, e o fim da Guerra Fria, em 1990.

Como alertou o economista W. Arthur Lewis em 1978, a história do Sul global é tão variada que é possível encontrar nela pelo menos um exemplo de qualquer posição interpretativa que se queira afirmar.[1] Para os meus propósitos, isso significa reconhecer que é aí que as grandes narrativas correm o risco de encalhar, de novo e de novo e de novo. Ainda assim, defendo sua virtude – isto é, a capacidade de as grandes narrativas nos ajudarem a pensar –, e é com esse espírito que empreendo esta narrativa grandiosa. Os cinco temas – história econômica, cornucópia tecnológica, má administração governamental, globalização mundial e tirania intensiva – permanecem os mesmos em minha análise do Sul global, como eram para o Norte global. E é com isso em mente que admito de forma aberta, com estremecimento acadêmico, que meu plano para este capítulo é apresentar brevemente uma visão geral e, em seguida, dar um *zoom* em casos específicos.

Em 1870, quando o longo século XX começou, a indústria britânica estava na vanguarda do progresso econômico e tecnológico, e a renda real *per capita* da nação tinha atingido talvez US$ 6 mil por ano. No entanto, isso já era pelo menos o dobro do encontrado em qualquer lugar fora da afortunada área da Grã-Bretanha (no círculo centrado em Dover), de suas colônias ultramarinas e dos Estados Unidos, sua ex-colônia. Fora desse Norte global nascente, nossas estimativas costumam mostrar níveis de renda *per capita* anuais com uma amplitude de até cinco vezes, variando de US$ 600 nas partes mais pobres da África a US$ 3 mil nas economias europeias prestes a ingressar no Norte global. A curva é fortemente ponderada em direção à extremidade inferior, porque a China e a Índia estavam então na fase descendente do ciclo malthusiano. O nível médio de renda anual *per capita* apenas no Sul global era talvez de US$ 1,3 mil.

Em 1911, o mundo tinha crescido – em grande parte em conjunto. As rendas do Sul global tinham agora uma amplitude de quase seis vezes, variando de US$ 700 a US$ 4 mil – com a Rússia na liderança, alimentada pelo capital de empréstimos franceses para construir suas ferrovias. O centro de gravidade do Sul global tinha avançado para talvez US$ 1,5 mil. Não é um crescimento ruim comparado a eras anteriores. Mas a fronteira tecnológica do Norte global estava crescendo em um ritmo muito mais acelerado.

Então, ao longo dos anos em que o Norte global sofreu – Guerra Mundial, Grande Depressão, Guerra Mundial, Guerra Fria –, o Sul global divergiu ainda mais substancialmente, ficando mais para trás. À medida que o fim da Guerra Fria se aproximava, em 1990, os Estados Unidos (que àquela altura tinha substituído a Grã-Bretanha como a vanguarda do progresso tecnológico e econômico) atingiram um nível médio de renda *per capita* de US$ 35 mil. Isso ainda era o dobro do limite superior da faixa de renda média no Sul global, que agora se estendia de US$ 600 até US$ 17 mil, um fator de cerca de 28. E o centro de gravidade do Sul global estava em talvez US$ 2,5 mil, em grande parte porque a China e a Índia ainda eram desesperadamente pobres. Muitas economias do Sul global conseguiram tirar alguma vantagem das tecnologias do Norte global em sua produção doméstica. Outras se beneficiaram substancialmente de mercados mais ricos e melhores para suas exportações. Mas os resultados foram surpreendentemente divergentes das expectativas de economistas neoclássicos, neoliberais e neoliberais adjacentes como eu, que sustentam que a descoberta é – ou deveria ser – mais difícil do que o desenvolvimento, que o desenvolvimento é mais difícil do que a implementanção e que, portanto, a economia mundial deveria "convergir" ao longo do tempo. Entre 1911 e 1990 isso não aconteceu. O oposto aconteceu: a economia mundial *divergiu* em um grau impressionante.[2]

Como entender isso? O historiador econômico Robert Allen tinha um *checklist* de pontos que os países precisavam trabalhar para embarcar na escada rolante da prosperidade que foi o crescimento econômico pós-1870. Incluía ter um governo estável e promotor do mercado; construir ferrovias, canais e portos; autorizar bancos de comércio e investimento; estabelecer sistemas de educação de massa; e impor tarifas alfandegárias para proteger as indústrias e as comunidades de prática de engenharia que as sustentam, e nas quais reside sua vantagem comparativa de longo prazo. Então, além disso, precisava haver um "Grande Empurrão" para colocar em movimento todos os círculos virtuosos do desenvolvimento econômico.[3]

Para a maioria das economias do Sul global, isso simplesmente não aconteceu. Elas não alcançaram os velocistas mais rápidos do crescimento e desenvolvimento econômico, e nem conseguiram manter o mesmo passo que eles. O motivo? Os colonizadores pré-Segunda Guerra Mundial não fizeram quase nada para preparar as nações colonizadas da Ásia e da África para uma prosperidade independente. Antes da Segunda Guerra Mundial, esses colonizadores tinham pouco interesse em dar um Grande Empurrão para alavancar as economias e ajudar as populações de seus súditos coloniais. Para agravar seus problemas, os trabalhadores das nações colonizadas da Ásia e da África enfrentaram forte concorrência dos trabalhadores da Índia e da China, que recebiam salários extremamente baixos, o que prejudicou sua capacidade de construir o tipo de classe média que poderia ter impulsionado a demanda e estimulado a indústria.

Padrões semelhantes ocorreram em outras partes do Sul global. Considere a América Latina, que havia conquistado a independência da Espanha e de Portugal no início do século XIX. México, Colômbia,

Peru, Brasil e outros sofreram, de modo generalizado, com o que se poderia chamar de "colonialistas internos": uma elite fundiária privilegiada pela propriedade privada e descendente ibérica que temia um proletariado educado, amava manufaturas estrangeiras e tinha sistemas jurídicos derivados da Península Ibérica que não combinavam bem com as necessidades do comércio e da indústria.[4]

Após a Segunda Guerra Mundial, os agora dominantes Estados Unidos não abençoariam os envelhecidos impérios coloniais. Os "ventos da mudança" trariam a independência para a Ásia e a África.[5] E, em uma das mais amargas ironias da colonização, a falsa alegação de uma missão civilizadora que havia justificado os impérios foi descartada bem quando agir de acordo com ela teria de fato feito uma grande diferença. Depois de gerações provendo aos colonizadores, os ex-colonizados precisavam de ajuda. No entanto, nos escritórios dos colonizadores em suas terras natais havia pouco apetite para atender às necessidades de reconstrução e financiamento. Em vez disso, Grã-Bretanha, França e outros se retiraram pouco a pouco.

Nações recentemente descolonizadas tentaram seguir o plano que os sábios do Norte global traçaram para elas. Muitas delas começaram com burocracias e estruturas de governo típicas do Norte industrial: instituições parlamentares representativas, judiciários independentes, leis estabelecendo a liberdade de expressão e de reunião e uma burocracia formalmente apolítica no serviço público. O objetivo era alcançar uma típica política democrática liberal. O poder se alternaria entre os partidos um pouco à esquerda e um pouco à direita de algum sóbrio centro eleitoral mediano. E, presumia-se, a prosperidade econômica seria uma consequência.

Mas não seria assim. Essas nações ex-colonizadas podiam construir ferrovias, canais e portos. Podiam criar bancos para comércio e investimento. Podiam estabelecer sistemas educacionais e impor taxas para alimentar as indústrias modernas e as comunidades de prática de engenharia nas quais reside sua vantagem comparativa de longo prazo. Mas dar esses passos não as colocou automaticamente na escada rolante para a prosperidade. Algo mais, o Grande Empurrão, era necessário.

Em boa parte do Sul global, as consequências políticas da descolonização acabaram sendo uma decepção de longo prazo. A tão esperada política democrática liberal tornou-se uma rara exceção, e não a norma. Isso foi um problema para o desenvolvimento econômico porque grande parte do *checklist* da prosperidade baseava-se na política parlamentar ao estilo de Westminster, judiciários independentes e coisas do gênero – mas isso se enraizou rara e superficialmente. A exceção importante foi a Índia.[6] Nos outros lugares, surgiram regimes que derivavam sua autoridade não da competição eleitoral entre diferentes grupos, mas do exército e da polícia, cuja autoridade vinha da supressão da dissidência com níveis variados de brutalidade, ou – no melhor dos casos – de apego populista a um carismático líder reformador que simbolizava a nação. Em grande parte do Terceiro Mundo recém-descolonizado, a democracia política entrou em colapso com uma velocidade desanimadora. Um dos primeiros líderes políticos democraticamente eleitos em um país africano descolonizado a ser vítima – a ser assassinado por membros de seu próprio exército – foi o primeiro primeiro-ministro da Nigéria independente, Abubakar Tafawa Balewa.

Os desanimados provavelmente estavam delirando em seu otimismo. Não havia nenhuma razão histórica para supor que a democracia representativa e a liberdade progressista seriam duráveis no Sul global ou, aliás, no Norte global. De fato, a história recente sugeria que o oposto era verdadeiro. Afinal, o país de Goethe e Schiller não conseguiu mantê-las. A "mãe dos parlamentos" no Palácio de Westminster, na Grã-Bretanha, levou séculos para desenvolver seus procedimentos, ganhar seus poderes e abrir caminho para uma aproximação viável da democracia representativa. E a fase de democratização da grande Revolução Francesa durou menos de quatro anos. Por que alguém deveria esperar que fosse diferente em outro lugar?

Ainda assim, mesmo que os países recentemente descolonizados tenham sido malsucedidos na implementação da democracia política e da liberdade, parecia inevitável que eles colheriam alguns benefícios econômicos. Afinal, o depósito de tecnologias industriais desenvolvidas desde o início da Revolução Industrial estava agora aberto a todos. As formas de conhecimento e tecnologias que tornaram o Norte global tão rico eram bens públicos. Os benefícios do acesso a esse depósito eram enormes e tinham o potencial de multiplicar em muitas vezes a riqueza de todos os grupos e classes sociais – proprietários e não proprietários, tanto os politicamente poderosos como os politicamente impotentes. É lógico que todas as economias em desenvolvimento deveriam ter experimentado não apenas um crescimento substancial em padrões de vida absolutos e níveis de produtividade nos anos seguintes à sua independência, mas também deveriam ter fechado parte da lacuna de prosperidade *vis-à-vis* aos líderes industriais mundiais.

O Sul global cresceu, em geral. Mas não alcançou o Norte. A América Latina perdeu uma década de desenvolvimento nos anos 1980. No início da década de 2020, Chile e Panamá eram os únicos países latino-americanos que estavam em melhor situação do que a China, enquanto México, Costa Rica e Brasil estavam praticamente iguais ao país asiático. Na África, apenas Botsuana. Na Ásia, apenas o Japão, os Quatro Tigres (Coreia do Sul, Taiwan, Hong Kong e Cingapura), Malásia e Tailândia. A lacuna entre a China e o Norte global ainda é de um fator de cerca de 3,5 para 1. Nem tudo foi decepcionante: o progresso na educação e na saúde foi rápido e extremamente animador. Mas não escondeu o crescimento decepcionante da produção material.

E a África ficou muito, muito para trás: África do Sul, Quênia, Zâmbia, Gana e Nigéria – todos aqueles em relação aos quais, na década de 1960, havia grandes expectativas de desenvolvimento econômico – ficaram muito aquém de suas promessas. Talvez o mais desencorajador, durante a geração após a independência, tenha sido a queda na produção e exportação de safras que vinham sendo a base das exportações africanas. Como o estudioso Robert Bates escreveu já no início da década de 1980, "o óleo de palma na Nigéria, o amendoim no Senegal, o algodão em Uganda e o cacau em Gana já estiveram entre as indústrias mais prósperas da África. Mas, nos últimos anos, os agricultores dessas culturas produziram menos, exportaram menos e ganharam menos". O único continente no qual os agricultores ainda constituíam uma pluralidade da força de trabalho gastava uma parcela cada vez maior de suas receitas de exportação em alimentos importados.[7]

Em 1950, mais da metade da população mundial ainda vivia na pobreza extrema: com o padrão de vida dos nossos típicos ancestrais pré-industriais. Em 1990, esse número caiu para um quarto. Em 2010, seria inferior a 12%. E em 1950, a maior parte dessa pobreza extrema estava espalhada pelo Sul global. A partir daí, ela se concentraria na

África, onde, em 2010, residiriam cerca de três quintos dos extremamente pobres do mundo. Essa concentração foi uma surpresa: havia poucos sinais nos últimos tempos coloniais, aqueles da exportação de óleo de palma, amendoim, algodão e cacau – os dias em que a Zâmbia era mais industrializada e quase tão rica quanto Portugal –, de que a África ao sul do Saara ficaria cada vez mais para trás, e não apenas atrás do Norte global, mas também do resto do Sul global. Entre 1950 e 2000, o Egito e os outros países do Norte da África cresceram, junto com o mundo, cerca de 2% ao ano em renda média. Mas – para escolher três países ao sul do Saara – Etiópia, Gana e Zâmbia cresceram apenas 0,3% ao ano.

Pensadores como Nathan Nunn examinaram esses dados e concluíram que esse atraso tinha algo a ver com o tráfico maciço de escravos que afligira a África nos anos anteriores.[8] Houve outros movimentos escravistas massivos: os exércitos e cidadãos de elite da Grécia e da Roma clássicas roubaram 30 milhões de pessoas ao longo de um milênio, movendo-as pela região do Mediterrâneo. Os vikings roubaram talvez 1 milhão – transportando escravos da Rússia para a Europa Ocidental ou para o Egeu, e transportando irlandeses e britânicos para a Rússia. No milênio anterior a 1800, talvez 1,5 milhão de europeus foram sequestrados e levados como escravos para o Norte da África. Entre 1400 e 1800, cerca de 3 milhões de pessoas foram escravizadas no que hoje é o Sul da Rússia e da Ucrânia e vendidas ao sul do mar Negro.

Mas o tráfico de escravos africanos foi maior, segundo grande parte das estimativas: 13 milhões foram transportados através do Atlântico no período que vai de 1600 a 1850; 5 milhões foram transportados através do oceano Índico entre 1000 e 1900; 3 milhões foram transportados para o Norte através do Saara, de 1200 a 1900, e um número desconhecido foi levado no comércio interno de escravos africanos – que não parou com o fim do comércio transoceânico: mesmo se a Europa e o Oriente Médio não comprassem mais escravos, eles poderiam ser postos para trabalhar em plantações cujos frutos seriam comprados por essas regiões. Compare esses números com uma população na África em 1700 de talvez 60 milhões, e talvez de 360 milhões de pessoas nascidas na África e sobrevivendo até os cinco anos de idade ao longo do período que vai de 1500 a 1800.

Ser submetido durante um milênio à caça de escravos como parte importante da vida criou uma cultura duradoura de desconfiança social. Em uma economia de mercado que funciona bem, você começa quase todos os encontros que tem com um estranho pensando que essa pessoa pode se tornar uma contraparte em alguma forma de troca econômica, social ou cultural em que todos saem ganhando. Não é isso que acontece se você acha que há alguma chance, por mais ínfima que seja, de o estranho ser na verdade um batedor para pessoas armadas na próxima colina, que vão tentar escravizá-lo e talvez matá-lo, ou, no processo, matar a sua família. Esse pano de fundo de presunção de desconfiança não importou muito enquanto o comércio e a infraestrutura comercial dos colonizadores controlaram a atividade econômica. Mas depois que os colonizadores partiram, a desconfiança assumiu o primeiro plano e levou as pessoas a pegar em armas com mais rapidez e frequência do que o fariam em uma sociedade mais confiante.

Lembra de Abubakar Tafawa Balewa, o primeiro-ministro nigeriano assassinado? Ele nasceu em 1912, no Norte da colônia britânica da Nigéria, e foi enviado para um internato no Katsina College. Lá, era o aluno número 145, a ser inserido na burocracia imperial como professor de inglês. Ele se saiu muito bem. Em 1941 já era diretor. Em 1944, foi enviado para a University College de Londres, onde seria treinado para se tornar inspetor escolar da administração colonial.

Mas antes, quando tinha 22 anos, em 1934, um oficial colonial chamado Rupert East tinha encomendado cinco romances, para ser escritos em Hausa, em uma tentativa de difundir a alfabetização. East queria construir uma "literatura indígena" que fosse mais ou menos secular – que não fosse "puramente religiosa ou escrita com forte motivação religiosa". Abubakar Tafawa Balewa contribuiu e escolheu escrever sobre a escravidão.

Em seu pequeno romance *Shaihu Umar* (O velho Umar), os alunos do protagonista o distraem de ensinar-lhes o Alcorão perguntando como ele se tornou um professor. A história que se segue é de sua escravidão e suas consequências: caça de escravos em grande escala, sequestros, adoções por traficantes de escravos sem filhos e mais sequestros. O protagonista por fim reencontra sua mãe (também ela tinha sido sequestrada e escravizada, e pelos guardas que contratara) em Trípoli. Ela vê que ele é piedoso e próspero e morre imediatamente. O clima do livro é de que "as pessoas na verdade fazem coisas terríveis por dinheiro" e que "o mundo é uma guerra hobbesiana de todos contra todos, mas se você ler o Alcorão muito bem, provavelmente irá prosperar – talvez".[9]

Balewa usou seu cargo de inspetor escolar itinerante para entrar na política da Nigéria na década de 1940. Ele foi um dos fundadores do Congresso do Povo do Norte. Em 1952, tornou-se ministro de Obras da Nigéria colonial. Em 1957, era primeiro-ministro. Em 1960, tornou-se primeiro-ministro de uma Nigéria independente e soberana. Foi reeleito em 1964. E então, em janeiro de 1966, foi assassinado no golpe militar liderado pelos Jovens Majores – Chukwuma Kaduna Nzeogwu e companhia –, cujas tropas massacraram políticos experientes e seus generais e suas esposas, e depois foram eles próprios suprimidos por um contragolpe liderado por Johnson Aguiyi-Ironsi, comandante do exército.

Aguiyi-Ironsi foi assassinado seis meses depois, em julho, em um contracontragolpe liderado por Yakuba Gowon. Um ano mais tarde, o povo Igbo declarou a república independente de Biafra, que foi suprimida após uma guerra de três anos que causou cerca de 4 milhões de mortes (de uma população de cerca de 55 milhões), a absoluta maioria deles Igbos mortos de inanição. Yakuba Gowon foi derrubado por Murtala Muhammed em julho de 1975. E Murtala foi então assassinado em fevereiro de 1976. Um retorno ao governo civil em 1979 durou apenas até 1983, quando o golpe militar seguinte ocorreu na Nigéria.

O SUL GLOBAL ERA MAIS RICO na década de 1990 do que em 1911? Sim, muito mais rico. O mundo estava mais integrado em termos de comércio, tecnologia e comunicação? Sim, em graus impressionantes. Mas o mundo era mais desigual? Sim, e muito.

Quem, ou o quê, é o culpado?

Há alguns palpites. As baixas taxas de poupança e o alto custo do investimento de capital significavam que era baixo o rendimento de determinado esforço de poupança no Sul global. Como os países pobres são, por definição, aqueles em que a mão de obra é barata e as máquinas são caras, e ainda mais quando os governos dificultavam a compra de máquinas produzidas no exterior, os preços da maioria dos produtos manufaturados permaneceram altos. Uma transição demográfica incompleta para a baixa fecundidade (porque o medo da pobreza se traduz em mais filhos, na esperança de que alguns deles cuidem dos idosos) significava altas taxas de crescimento populacional, o que queria dizer, por sua vez, que o investimento ia para equipar uma força de trabalho crescente com todas as ferramentas básicas de que precisavam, em vez de ir para as ferramentas de alta qualidade que tornariam produtiva uma força de trabalho em encolhimento. Tudo isso trouxe uma falta geral de educação e empreendedorismo.

Ciclos viciosos abundavam e eram facilmente desencadeados. Os ciclos virtuosos eram raros e difíceis de se iniciar. O crescimento econômico foi retardado pelo que o economista Michael Kremer chamou de "teoria do O-ring":* quanto mais moderna e potencialmente produtiva a divisão do trabalho e a cadeia de valor, mais quase tudo tinha que dar certo para que as coisas funcionassem. E se tudo não desse certo, quantidades substanciais de capital, recursos e mão de obra ficariam ociosas.

Mas o que desencadeou os ciclos viciosos que abriram e depois alargaram o fosso entre o Norte global e o Sul global?

Uma resposta curta e excessivamente simples é que a culpa é dos governos – especificamente, das instituições governamentais que eram "extrativistas" em vez de "desenvolvimentistas", no jargão hoje em voga dos economistas do crescimento. Estamos falando aqui de cleptocracia: governo não por um mandatário (monarquia), ou pelos autoproclamados melhores (aristocracia), ou pelo povo (democracia), ou pelos ricos (plutocracia) – mas, ao contrário, governo por ladrões.

Apesar disso, a cleptocracia não é novidade. Talvez a maior desvantagem da invenção da agricultura tenha sido a necessidade de você estar por perto para fazer a colheita de seus campos. Isso significava que você não podia fugir quando brutamontes armados com lanças vinham exigir a maior parte das suas colheitas. E quando essa prática se generalizou, as pessoas começaram a vender lanças para os bandidos, e os bandidos

---

* Kremer batizou sua teoria a partir do desastre com o ônibus espacial *Challenger*, em 1986 – um sistema incrivelmente complexo como essa espaçonave explodiu durante o lançamento, matando todos os seus tripulantes, devido a uma falha em um simples anel de vedação de borracha, chamado "O-ring". [N.T.]

começaram a se organizar hierarquicamente: chamamos as pessoas no topo da hierarquia dos brutamontes de "reis". Assim, culpar os governos do Sul global é ignorar a história. A maioria dos governos, na maioria das vezes, na maioria dos lugares, seguiu políticas que mostram pouco interesse em promover aumentos sustentados na produtividade.

Afinal, a primeira prioridade dos governos deve ser evitar tumultos por comida na capital. Os regimes governam pacificamente em parte porque controlam os centros visíveis de soberania: aqueles prédios na capital de onde os membros da burocracia esperam receber suas ordens e os locais de transmissão de rádio e televisão, localizados centralmente, por meio dos quais os governantes falam com suas nações. Se um tumulto urbano ocupa o palácio do presidente, os ministérios ou as estações de televisão, o governo está em sério perigo. Em contrapartida, pão, circo e uma força policial bem suprida e complacente mantêm os tumultos sob controle. A segunda prioridade dos governos é manter o exército bem alimentado, bem pago e equipado com muitas novas armas com as quais brincar. Os governantes só podem governar enquanto o exército os tolerar. A terceira prioridade é manter os burocratas e os agentes políticos contentes, e qualquer oposição em potencial quieta ou desorganizada.

Para governantes inseguros, perseguir esses objetivos quase sempre tem precedência sobre a política. Todos os governantes acreditam que são as melhores pessoas para o trabalho. Seus rivais são, na melhor das hipóteses, incompetentes, provavelmente mal-intencionados e corruptos e, na pior das hipóteses, amorais e destrutivos. Na visão desses governantes inseguros, nada de bom será alcançado para o país ou para o povo a menos que eles mantenham o controle do poder. Somente depois que a cadeira do palácio estiver garantida é que ocorrerão os debates sobre a política de desenvolvimento. Mas a busca por um controle seguro do poder quase sempre consome todo o tempo, energia e recursos dos governantes. O tempo de vida do governo médio costuma ser curto demais para que qualquer historiador crítico razoável espere que ele se concentre no desenvolvimento econômico de longo prazo.

E, como escreveu Nicolau Maquiavel em seu pequeno livro sobre novos príncipes no início do século XVI, as coisas são ainda piores com um novo regime, cuja primeira tarefa é bajular apoiadores, os quais dificilmente permanecerão apoiadores a menos que se beneficiem.[10] Então, a tarefa número um na construção de um Estado é tomar o controle dos benefícios, tangíveis ou não, e redirecioná-los para os apoiadores mais influentes. E esse processo de tomada e redirecionamento segue uma lógica diferente – muito diferente – daquela de canalizar recursos para produzir um rápido crescimento econômico.

Quando nos perguntamos sobre a vasta desigualdade entre o Norte global e o Sul global, talvez a questão mais premente não seja quem é o culpado, ou mesmo o que é o culpado. É mais pragmático: o que precisa acontecer para que o crescimento aconteça? Por razões egoístas e altruístas, a maioria dos governantes seria benevolente se achasse que poderia ser. Acreditar que eles podem ser benevolentes requer estabilidade e segurança, e o aumento da prosperidade pode ser uma poderosa fonte de maior estabilidade e segurança.

Mas por que os empreendedores em potencial – aqueles que mais se beneficiariam com as políticas pró-desenvolvimento e cujos empreendimentos beneficiariam então muitos outros – não trabalham para derrubar um regime dominante antidesenvolvimentista? O cientista político Robert Bates fez essa pergunta a um produtor de cacau em Gana. Bates estava tentando entender por que os agricultores não lutavam por uma redução na enorme diferença entre o preço (muito baixo) que o governo pagava pelo cacau e o preço (mais alto) pelo qual o governo vendia o cacau no mercado mundial. O fazendeiro "foi até seu cofre", relatou Bates, "e apresentou um pacote de documentos: licenças para seus veículos, autorizações de importação de peças sobressalentes, títulos de propriedade e benfeitorias, e os atos constitutivos que o isentavam de uma grande parte de seu imposto de renda. 'Se eu tentasse organizar uma resistência às políticas do governo sobre os preços agrícolas', disse ele, exibindo esses documentos, 'seria chamado de inimigo do Estado e perderia tudo isso'".[11]

Não se trata sempre (ou só) de um acidente de "regulamentação excessiva". Do ponto de vista do desenvolvimento econômico, potenciais futuros entrantes nas indústrias produzem o maior benefício social. No entanto, como ainda não têm vendas ou clientes, também não dispõem de recursos para fazer *lobby* junto a atores influentes. Portanto, na perspectiva de quem está e deseja permanecer no poder, restringir os futuros entrantes nas indústrias é uma forma de fazer um favor às empresas existentes a um custo político baixíssimo. Uma vez que a taxa de câmbio sobrevalorizada torna a moeda estrangeira um bem escasso, a concorrência de fabricantes do exterior também pode ser facilmente estrangulada em setores selecionados como um favor para os principais negócios já existentes.

Há tanta coisa além disso que vem impulsionando a lacuna entre o Norte global e o Sul global que as respostas às perguntas de atribuição de responsabilidade – "por quê?" e "o quê?" – só podem ser insatisfatórias: estreita é a porta e estreito é o caminho que conduz à prosperidade no Sul global. Para a pergunta "quem?" existe uma resposta mais direta: o Norte global, coletivamente, tinha riqueza e poder para tomar medidas para organizar as coisas de forma mais favorável para o Sul global, e não o fez.

O desenvolvimento econômico bem-sucedido depende de um governo forte, mas limitado. Forte no sentido de que suas decisões sobre direitos de propriedade sejam obedecidas, que seus funcionários obedeçam às instruções vindas do centro e a infraestrutura pela qual ele paga seja construída. E limitado no sentido de que ele pode fazer relativamente pouco para ajudar ou prejudicar essa ou aquela empresa, e de que o poder político não se torna o único caminho eficaz para riqueza e *status*.

Os excertos seguintes contam partes de algumas poucas histórias, bem poucas.

UM DOS CASOS MAIS TRISTES no Sul global durante o período de 1911 a 1990 é a Argentina. Em um sentido muito forte, a Argentina nem deveria ser um membro do Sul global hoje. Em 1913, Buenos Aires estava entre as vinte maiores cidades do mundo em probabilidade de um morador típico ter um telefone. Em 1929, a Argentina estava entre as cinco maiores economias do mundo em probabilidade de um cidadão típico possuir um automóvel. Dos países que eram seus pares na década de 1930, a maioria foi invadida ou apanhada pela turbulência da Segunda Guerra Mundial. A política argentina na década de 1930 era turbulenta, com fortes correntes antidemocráticas. Mas não era pior do que a política em quase qualquer outro lugar, e melhor do que a da maioria dos outros lugares. Estreita é a porta.

Os líderes da Argentina responderam às convulsões sociais e econômicas adotando novas políticas, destinadas a estimular a demanda e redistribuir a riqueza. Ao mesmo tempo, tornaram-se mais desconfiados do comércio e do capital estrangeiros e mais inclinados a usar controles em vez de preços como mecanismos para alocar bens.[12] O que se seguiu foram surtos de crescimento que terminaram em caos monetário e profunda depressão. A política era desagradável – "desagradável" não no sentido de pessoas presas, mas no sentido de pessoas simplesmente "desaparecidas", e "desaparecidas" no sentido de algumas delas serem assassinadas ao serem atiradas de helicópteros.[13]

Esse era o ambiente duradouro no qual os líderes carismáticos podiam obter apoio político de massa. Um deles, no final da Segunda Guerra Mundial, foi Juan Perón. As políticas de Perón foram amplamente populares: seu governo aumentou os impostos, criou conselhos de comercialização agrícola, apoiou sindicatos e regulamentou o comércio internacional. Perón procurou gerar crescimento rápido e pleno emprego por meio de gastos do governo; ele queria subverter os termos de troca contra exportadores, oligarcas agrícolas, estrangeiros e empresários; e queria redistribuir a riqueza para os trabalhadores urbanos, seus defensores mais ardentes. Afinal, a Argentina era um país rico: podia se dar ao luxo de tratar bem sua classe trabalhadora urbana.

O programa de Perón produziu quase meia década de rápido crescimento. Então as exportações caíram drasticamente. O ciclo econômico internacional tem altos e baixos, e atingiu fortemente a Argentina com uma queda na demanda por suas exportações. As reduções nos preços dos exportáveis rurais fizeram-se então sentir na redução da oferta. A produção agrícola caiu devido aos baixos preços oferecidos pelo governo pelos produtos agrícolas. O consumo interno aumentou. O setor rural se viu carente de fertilizantes e tratores. Na primeira metade da década de 1950, o valor real das exportações argentinas caiu para apenas 60% dos níveis já baixos que tinham atingido durante a Depressão e apenas 40% dos níveis da década de 1920. E porque Perón tinha subvertido drasticamente os termos de troca contra a agricultura e os produtos exportáveis, quando a rede de comércio mundial foi restabelecida na década de 1950, a Argentina não estava mais fortemente conectada a ela.

A consequente escassez de divisas estrangeiras apresentou a Perón opções pouco atraentes. Primeiro, ele poderia tentar equilibrar os pagamentos externos desvalorizando o peso para trazer as importações e exportações de volta ao equilíbrio no longo prazo (e, no curto prazo, tomando empréstimos do exterior). Mas a desvalorização efetiva implicaria a elevação do preço real dos bens importados e, portanto, a redução do padrão de vida dos trabalhadores urbanos que compunham sua base política. O empréstimo estrangeiro teria significado uma traição à sua forte posição nacionalista. Em segundo lugar, ele poderia contrair a economia, aumentando o desemprego e reduzindo o consumo, e expandir os incentivos à produção para exportação, aliviando os controles sobre os preços agrícolas. Mas, mais uma vez, isso exigiria uma reversão das mudanças distributivas que tinham sido seu objetivo central.

A opção restante era controlar e racionar as importações via comando do governo. Não surpreendentemente, Perón e seus assessores acreditavam que uma corrida para o crescimento e uma redução da dependência da economia mundial seria boa para a Argentina. Não foi. Não foi boa nem mesmo para Perón, que acabou deposto pelo exército (embora ele tenha mantido grande popularidade e tenha retornado como presidente nos anos anteriores à sua morte, em 1974). Os governos subsequentes não reverteram totalmente essas medidas, pois as forças políticas que Perón tinha mobilizado ainda precisavam ser apaziguadas. A Argentina pós-Segunda Guerra Mundial viu as divisas estrangeiras serem alocadas pelo governo central a fim de, em primeiro lugar, manter as fábricas existentes funcionando e, em segundo, manter o consumo interno alto. Sua terceira e última prioridade foi a importação de bens de capital para investimento e expansão de capacidade.

Uma maneira de pensar sobre a Argentina do início do pós-Segunda Guerra Mundial é que sua economia mista era mal orientada: o governo alocava bens, especialmente importados, entre usos alternativos; o mercado controlado redistribuía a renda. Nem o setor privado nem o público estavam familiarizados com sua vantagem comparativa. Como resultado, o início da década de 1950 viu um enorme aumento no preço dos bens de capital. Cada ponto percentual do produto total economizado levava a menos de meio ponto percentual de investimento. Incapaz de investir em escala, a economia argentina ficou para trás em relação aos países da Europa Ocidental. À medida que a economia ia ficando para trás, crescia o descontentamento e o governo oscilava entre políticos que prometiam demais e generais assassinos e incompetentes.

Mas teria sido o caminho de crescimento lento da Argentina não uma exceção, mas o curso natural? Será que a Europa deveria enxergar a Argentina com o espírito de "Só não paramos lá pela graça dos Estados Unidos e do Plano Marshall"? Com os Estados Unidos não internacionalistas, não tão interessados em combater a Guerra Fria, em reestruturar a Europa Ocidental em geral, ou em um programa de apoio sustentado como o Plano Marshall, a Europa Ocidental poderia ter seguido uma trajetória pós-Segunda Guerra Mundial semelhante à da Argentina?[14]

Em contrapartida, grande parte do Sul global estaria justificada em perguntar: e quanto a nós? Na presença de um esforço de ajuda externa do Norte global na escala do Plano Marshall, os mesmos círculos virtuosos que ergueram a Europa Ocidental também poderiam ter dado vida à periferia da economia global?

A EXTREMA DIFICULDADE DE conseguir qualquer avanço substancial para alcançar o Norte global é reforçada pelo caso de Reza Shah Pahlavi e a Revolução Iraniana.[15] Da década de 1950 até a de 1970, o Irã e Reza Shah eram os queridinhos de muitos que pensavam estar jogando o Grande Jogo da política internacional: Reza Shah era fortemente anticomunista e antirrusso, e não via a hora de "modernizar" o Irã. Ela ouvia os especialistas do Norte global, particularmente no que diz respeito à importância da reforma agrária e dos engenheiros; e embora gastasse parte de suas receitas do petróleo em luxos e mais ainda nas Forças Armadas, canalizou uma parte ainda mais substancial de volta para a economia do Irã.

Sim, antes de 1979, o governo imperial iraniano era, falando francamente, uma tirania. Sim, tinha uma polícia secreta feroz e justificadamente temida. Mas o que precipitou a Revolução Iraniana e levou à derrubada do xá não foi tanto a oposição à força policial ou militar. A ideologia religiosa desempenhou um papel, mas não tão grande quanto muitos presumiram: depois dela, a maioria dos iranianos ficou bastante surpresa com a revolução ideológico-religiosa fundamentalista que eles tinham ajudado a fazer. As causas da revolução tiveram muito mais a ver com a riqueza e a pobreza criadas pelas transformações econômicas baseadas no petróleo e na reforma agrária implementada, para quem essa riqueza fluiu, sobre quem a pobreza foi infligida e os obstáculos ao desenvolvimento econômico bem-sucedido que se seguiu a essas tensões.

Em 1973, os preços mundiais do petróleo triplicaram e, com a receita da bonança, Reza Shah esperava em uma geração transformar o Irã em um país industrial. Isso significava, primeiro, reforma agrária: distribuir terras para transformar arrendatários e meeiros em fazendeiros independentes, compensando os proprietários com as receitas do petróleo do governo. Mas o rápido crescimento populacional e o desejo de não ofender *demais* os proprietários ricos significavam que os lotes distribuídos eram pequenos. Ao mesmo tempo, o *boom* das exportações de petróleo e o aumento dos preços dessa *commodity* aumentaram a taxa de câmbio do Irã por uma ampla margem, e, com uma taxa de câmbio supervalorizada, tornou-se lucrativo importar alimentos. Assim, os camponeses recém-proprietários viram-se com pequenos lotes, vendendo suas colheitas por preços em declínio.

Eles deveriam ter se tornado baluartes do regime, gratos a ele pela distribuição de terras. Em vez disso, condenaram o que consideravam uma vida inadequada em lotes pequenos demais, ou se mudaram para as cidades. Enquanto muitos iranianos viram sua renda crescer rapidamente nos anos que antecederam 1979, isso não aconteceu com muitos outros. Karl Polanyi não teria ficado surpreso com o fato de que estes últimos – aqueles para quem as coisas não tinham funcionado como esperavam – estivessem mais zangados do que aqueles que se beneficiaram com os ganhos inesperados, que ficaram satisfeitos com as mudanças que a "Revolução Branca" de Reza Shah tinha causado. O que é certo, porém, é que poucos nas ruas estavam dispostos a se manifestar ou a lutar por ela ou por ele.

Além disso, à medida que o mundo se tornava menor graças aos avanços nos transportes e nas comunicações, o povo do Irã podia enxergar melhor o que estava acontecendo em outros países. Por exemplo, russos, britânicos e norte-americanos ricos e arrogantes apareciam e caminhavam por suas ruas e corredores de poder e influência. Os iranianos tinham se acostumado a se ver no centro de uma civilização islâmica que se destacava entre as civilizações mundiais. Agora estavam expostos a lembretes diários de que esse não era mais o caso. Como as pessoas entenderiam esse mundo?

A resposta de Reza Shah Pahlavi foi tentar transformar os iranianos em europeus – em outras palavras, seguir um caminho autoritário de desenvolvimento liderado pelo Estado, reminiscente da Alemanha imperial pré-Primeira Guerra Mundial. Mas isso deixava pouco espaço para o islã. E o Estado resultante se revelou altamente corrupto. As reformas de Reza Shah rapidamente se mostraram problemáticas. Passos para emancipar as mulheres eram impopulares entre os tradicionalistas influentes. E embora o xá estivesse realmente comprometido em transformar o Irã em um país alfabetizado, educado e tecnologicamente competente, as medidas para fortalecer a educação tiveram a consequência não intencional de produzir um grande corpo de estudantes e intelectuais atraídos pela política revolucionária.

Do exílio, o aiatolá Ruhollah Khomeini – um ex-oponente da reforma agrária, que pensava ser anti-islâmico expropriar os proprietários de terras e libertar os camponeses da servidão por dívidas – acendeu o pavio, conclamando o clero islâmico e o povo a tomar o poder do déspota e realizar uma revolução islâmica. Iniciou-se um ciclo de quarenta dias de manifestações, durante as quais jovens ativistas religiosos foram baleados pela polícia, desencadeando outra manifestação de luto por suas mortes.

Em janeiro de 1979, Reza Shah Pahlavi fugiu para o exílio.

Depois disso, a economia do Irã estagnou. Primeiro, uma catastrófica guerra de uma década com o Iraque – não iniciada pelos aiatolás do Irã, mas continuada por eles, pois acreditavam que Deus estava do seu lado, que sua causa era justa e que eles não poderiam deixar de prevalecer – absorveu recursos tremendos. E o novo governo religioso dominante tinha pouco interesse no desenvolvimento econômico: seus líderes estavam interessados no paraíso no céu, não na utopia aqui na terra. O povo iraniano não tinha feito a Revolução Islâmica para baixar o preço das melancias – foi o que teria dito o aiatolá Khomeini ao descartar as preocupações daqueles seus conselheiros que queriam políticas para trazer prosperidade material ao Irã.

Se todos esses obstáculos para um crescimento rápido e bem-sucedido não bastassem, havia também as armadilhas produzidas pela *ideologia*: aqueles que buscam criar uma utopia em um tempo relativamente curto por meio de uma transformação social completa. A atração por tal transformação levou muitos governos descolonizados recém-independentes nas décadas de 1950 e 1960 a seguirem o conselho de intelectuais da esquerda do Norte global – o que acabou levando a dificuldades prolongadas.

Isso era natural: a esquerda tinha sido, para seu grande crédito, anticolonial, enquanto o centro e a direita, antes da Segunda Guerra Mundial e até hoje, têm sido imperialistas. Isso teve uma influência muito grande na política de desenvolvimento do Sul global na primeira geração pós-Segunda Guerra Mundial. Marx ansiava por uma utopia de liberdade de expressão, governos democráticos com voz política igual para todos, grande liberdade de escolha profissional e residencial e imensa riqueza material. Os governos socialistas reais aos quais a esquerda política se encontrava associada, os produtos da revolução bolchevique, tinham relativamente pouco de qualquer um desses itens. Intelectuais de esquerda no Norte global continuaram encontrando desculpas para descartar esses itens, um por um. E os governos do Sul global se viram sendo informados de que a ausência deles era uma virtude: sem liberdade de expressão? Não dá para mobilizar a população para alcançar o propósito do desenvolvimento nacional se grasnados contraditórios confundem o povo, não é mesmo?

As liberdades fundamentais da sociedade ocidental sempre foram prometidas em abstrato. Haveria liberdade de expressão, governo com igual voz política, liberdade para escolher seu trabalho e sua residência e grande riqueza – algum dia. Mas esses compromissos eram facilmente adiados pelas exigências do momento. Era preciso desfazer-se dos últimos vestígios das velhas ordens coloniais. Em primeiro lugar, havia a necessidade de estabilidade. Havia a necessidade de um comando autoritário para a mobilização nacional. E os atrasos tornaram-se permanentes. A era da transição não tinha fim. Havia emergências constantes.

Até que um eleitorado socialista educado e informado pudesse ser criado, um partido centralizado era necessário em seu lugar. Foi – erroneamente – pensado por muitos nas nações recentemente descolonizadas, e por aqueles que lhes desejavam bem, que colocar as instituições representativas no topo de qualquer lista dos critérios de uma boa sociedade equivaleria implicitamente a atacar a descolonização e defender a ordem colonial tardia. A construção da nação exigia unidade e, em novas nações, essa unidade poderia ser frágil. Se políticos e jornais pudessem assoviar ideias diferentes e criticar o governo, isso atrapalharia essa frágil unidade. Então a defesa das liberdades econômicas privadas desapareceria: todos os recursos da sociedade precisavam ser mobilizados de acordo com um único plano de rápida industrialização. Ovos seriam quebrados. E com o passar do tempo, o hábito de quebrá-los por capricho cresceu. Mas nenhuma omelete apareceu.

Vemos essa dinâmica de forma mais marcante, poderosa e destrutiva em ação nos anos após a Segunda Guerra Mundial nos regimes socialistas reais da Ásia, liderados pela China maoísta.

Em 1949, o Partido Comunista Chinês (PCC) de Mao Zedong venceu inesperadamente a Guerra Civil Chinesa. Seu plano era simples: chegar a uma aldeia, fuzilar os proprietários de terras, distribuir a terra. Os camponeses seriam então mais ricos do que jamais haviam imaginado – e apoiariam o PCC. A vitória do PCC não parece então inevitável, mas compreensível: a promessa de libertação da extrema pobreza material e da tirania dos proprietários de terras era atraente, e, em seus primeiros anos, a República Popular da China cumpriu essa promessa.

Em meados da década de 1950, no entanto, uma espiral descendente tinha começado. Mao e companhia estavam dispostos a ouvir os conselhos de seus camaradas soviéticos. E foi assim que, tal como Stálin tinha reforçado os camponeses russos ao coletivizar a agricultura, Mao fez o mesmo. Quando Stálin reprimiu brutalmente a dissidência e a discussão dentro e fora do partido, Mao rapidamente fez o mesmo. No entanto, quando Stálin fez da industrialização pesada uma prioridade, contratando consultores técnicos de fora e copiando planos de fábricas norte-americanas e alemãs, Mao tomou um caminho ligeiramente diferente. Mais desconfiado dos estrangeiros e menos paciente, decretou que haveria um "Grande Salto Adiante". Para aprimorar os recursos industriais e humanos subdesenvolvidos da China, o partido substituiria o fator "material" por um "espiritual". O que os "especialistas" tecnocráticos diziam que não poderia ser feito, alegando limitações materiais, os revolucionários "vermelhos" fariam por força de convicção. A China industrializaria vila por vila, sem importações de bens de capital estrangeiros ou o conselho de engenheiros estrangeiros.[16]

Claro que foi um desastre. Comandar – a partir do centro – que os camponeses saiam e construam altos-fornos no quintal para produzir aço é garantir pouco aço e menos grãos. Pior ainda, quando o comando vem diretamente do ditador, você com certeza não vai descobrir a verdade. Como foi o próprio Mao quem estabeleceu essa política, todo mundo dizia a ele que o Grande Salto Adiante estava ocorrendo magnificamente. Na realidade, talvez 40 milhões de pessoas tenham morrido durante a fome que se seguiu.

Esse foi, note-se, um desastre ainda pior do que o desastre-padrão que o socialismo real acabou sendo. Se você caminhasse ao longo da borda da Cortina de Ferro e depois da Cortina de Bambu, de Leningrado a Odessa, ao longo do Cáucaso e depois de Yunnan até o mar do Japão – ou se você olhasse da Cuba socialista através do Caribe até a Costa Rica ou o México –, veria que aqueles países onde os exércitos de Stálin, Mao, Kim Il-Sung, Ho Chi Minh ou (arrepio) Pol Pot marcharam estavam, em média, apenas um quinto tão bem, quando 1990 chegou e as cortinas foram levantadas, quanto os países que tinham se mantido um pouco além do alcance daqueles exércitos. Mas a China maoista, nas agonias do Grande Salto Adiante, estava pior do que a média.

À medida que a extensão do desastre se tornou conhecida, os principais tenentes de Mao moveram-se lenta e cautelosamente contra ele. Em dezembro de 1958, Mao foi substituído por Liu Shaoqi como chefe de Estado, com Deng Xiaoping como mão direita de Liu. Em uma conferência em julho de 1959, Peng Dehuai, ministro da Defesa, criticou as políticas de Mao, e Mao ameaçou dividir o partido. A maioria dos membros do partido permaneceu "leal" a Mao. Peng Dehuai foi condenado e demitido do partido e do governo. Mas Mao Zedong também foi jogado para escanteio: o quase consenso de seus deputados, e dos deputados deles, era que o papel de Mao deveria ser, a partir de então, cerimonial e simbólico. Mao não concordou.

No entanto, demorou seis anos até que Mao pudesse organizar um contra-ataque. Acabou por conseguir usar o seu poder como símbolo do regime, sobretudo junto aos quadros inferiores e dos jovens, para regressar ao comando. Sua contraofensiva política foi um chamado para "bombardear o quartel-general" – isto é, destruir qualquer membro da liderança do Partido Comunista de cuja lealdade ou compromisso revolucionário ele duvidasse, empreender uma Revolução Cultural.[17] Liu Shaoqi, agora o segundo membro do Comitê Permanente do Politburo, foi morto. Deng Xiaoping foi expurgado do partido e perdeu seu posto de liderança pela heresia de afirmar que era mais importante ser competente do que ser politicamente correto – "Um bom gato não é um gato preto ou branco, um bom gato é um gato que pega ratos" (Mao temia que Deng quisesse que as pessoas ouvissem não "preto", mas "vermelho" – revolucionário – e "branco" – contrarrevolucionário). Talvez Deng Xiaoping tenha escapado com vida por pura sorte. Os Guardas Vermelhos de Mao jogaram o filho de Deng Xiaoping, Deng Pufang, pela janela, quebrando sua coluna e causando paraplegia permanente. Durante a Revolução Cultural, as universidades foram fechadas para que os currículos pudessem ser revisados, de modo a refletir melhor a ideologia de Mao Zedong. Engenheiros foram enviados ao campo para aprender a realizar trabalhos agrícolas. Tecnocratas de todos os tipos foram demitidos de seus empregos por razões semelhantes. A Revolução Cultural seguiu uma ideologia fortemente anti-intelectual. Mao ligou em seguida suas próprias ferramentas, expurgando os ideólogos intelectuais de esquerda. Em 1971, o novo membro de segundo escalão do Comitê Permanente do Politburo do Partido Comunista Chinês, Lin Biao, fugiu antes que Mao pudesse expurgá-lo, morrendo em um acidente de avião.

A Revolução Cultural de Mao, assim como seu Grande Salto Adiante, continuou até sua morte, em 1976. Não sabemos seu custo humano – talvez até 1,5 ou 2 milhões de pessoas foram mortas, e talvez dezenas de milhões de outras tenham sido expurgadas e/ou presas. Também podemos estimar que em 1970 – após a primeira fase da Revolução Cultural – o nível de prosperidade material da China era talvez metade do da Índia, tendo se tornado o equivalente aproximado do nível atual de bem-estar material nos países mais pobres do planeta. No final, Deng Xiaoping voltou de seu expurgo e exílio para assumir as rédeas. Era a única pessoa capaz de governar com credibilidade tanto entre os quadros burocráticos quanto entre os militares, pois muitos deles ainda o conheciam bem.[18] Só então ele foi novamente expurgado. E, dessa vez, seu único escudo contra a ira da Gangue dos Quatro, a facção política maoista que implementou suas políticas, eram seus aliados militares ou o próprio Mao, antes da derrubada deles após a morte de Mao.

Apenas duas coisas acabaram salvando a China e sua economia. A primeira foi dupla: o fracasso dos exércitos de Mao em conquistar Taiwan e, em 1949, sua relutância em iniciar uma briga com a Grã-Bretanha para atacar Hong Kong. Posteriormente, Taiwan e Hong Kong forneceram à China os empreendedores e o financiamento para o desenvolvimento industrial de que precisava para crescer depois de 1978. O segundo foi Deng Xiaoping. Quando foi expurgado em 1966, Deng certamente não era um defensor de um retorno à economia de mercado – na verdade, não era de forma alguma o que os Guardas Vermelhos de Mao o chamaram: "a pessoa número dois em autoridade tomando o caminho capitalista". Mas ele certamente foi a pessoa número um em autoridade tomando o caminho capitalista após sua ascensão à supremacia, em 1978. E isso faria uma enorme diferença. Uma vez no poder, ele deu o bastão a Hu Yaobang, Zhao Ziyang, Xi Zhongzun e outros reformadores para que eles encontrassem um caminho a seguir de modo a restaurar e desenvolver a economia da China. E assim o governo da China encontrou seu caminho após a morte de Mao. Mao afirmou que tinha feito a China se levantar, mas isso era falso. Foi Deng quem fez o trabalho.

DE UMA PERSPECTIVA CÍNICA, talvez a questão mais interessante sobre as economias emergentes não é por que elas constantemente sofrem estagnação ou experimentam declínios vertiginosos, mas por que às vezes experimentam um crescimento rápido. Na América Latina, Chile, México, Sul do Brasil e Panamá; a Argélia na África saariana e Botsuana na África subsaariana; e Hong Kong, Malásia, Cingapura,

Coreia do Sul, Taiwan, Tailândia e agora, é claro, a China pós-Mao na Ásia fizeram progressos impressionantes para tapar a lacuna de prosperidade material relativa em relação ao Norte global no pós-Segunda Guerra Mundial. Como conseguiram fazer isso? Quais principais fatores separam os episódios bem-sucedidos dos malsucedidos no desenvolvimento econômico?

Portanto, agora nos voltamos para uma direção mais esperançosa e positiva. Houve dois grupos de países que conseguiram alcançar as normas do Norte global nos anos posteriores a 1950. O primeiro compreendia os países que eram os membros originais da Organização para Cooperação e Desenvolvimento Econômico (OCDE), agora considerada um clube de países ricos, mas não tanto no início – os países-membros eram em grande parte beneficiários do Plano Marshall e os domínios de colonização britânica, além do Japão e dos Estados Unidos. O outro grupo compreendia os países leste-asiáticos da orla do Pacífico. É neles que focaremos agora nossa atenção.

A velocidade da recuperação do Japão depois de 1950 surpreendeu muita gente.[19] Imediatamente após a Segunda Guerra Mundial, não estava claro se sua economia superaria com sucesso o choque da derrota. Com as fábricas arrasadas, sem petróleo e sem ferro, começando do zero e tendo que comprar do exterior quase todos os insumos necessários para a civilização industrial, exceto arroz e carvão, quais eram as chances do Japão? As coisas mudaram quando a Guerra da Coreia, iniciada em 1950, fez da indústria japonesa um recurso valioso para o conflito premente, o que, por sua vez, tornou o sucesso econômico japonês um importante objetivo da Guerra Fria. Virou uma pedra angular da política dos Estados Unidos que o Japão se tornasse um aliado próspero, democrático e inabalável na problemática região do Leste Asiático. Em 1955, a economia japonesa estava tão forte quanto em 7 de dezembro de 1941. E o crescimento a partir de então foi o mais rápido que o mundo já tinha visto.

De 1960 a 1973, a economia japonesa cresceu a uma taxa média de 10% ao ano, quadruplicando a economia em um curto período e elevando o PIB *per capita* do equivalente a 25% da economia dos Estados Unidos para 57%. No período seguinte, de 1973 a 1990, o PIB do país cresceu a uma taxa média de 4,5% ao ano, dobrando a economia novamente e elevando o PIB *per capita* japonês ao equivalente a 78% da economia dos Estados Unidos.

Como o Japão alcançou um período tão impressionante de crescimento sustentado? Uma parte significativa do plano foi uma política de forte protecionismo doméstico por meio de uma intricada rede de barreiras econômicas e sociais não tarifárias. Os economistas geralmente se opõem ao protecionismo porque ele prejudica os consumidores (aumentando os preços) enquanto beneficia os produtores (que não fizeram nada de produtivo para merecer isso). Uma economia de protecionismo produz empresas que são boas em conseguir o que querem do capital, mas ineficientes e muitas vezes ruins no desenvolvimento de novas tecnologias. É verdade que o protecionismo do Japão tinha alguns desses elementos – mas a proteção japonesa foi, ao que parecia, uma política inteligente. Ao longo do tempo, parece que os produtores ganharam o suficiente para compensar as perdas estáticas. Pagando a mais, eles ficaram ricos.

Depois disso, os observadores do Norte global racionalizaram a continuidade da política. O Japão, eles pensavam, era muito especial: tinha entrado na era moderna com um governo forte e funcional, uma elite que rapidamente viu a necessidade de se ocidentalizar, uma população crescendo a uma taxa modesta o suficiente para não correr o risco de passar fome, um profundo respeito pelo comércio e pela indústria e um entusiasmo pela educação de massa. Mas o Japão parecia ser o único país do Leste Asiático onde todas essas condições estavam presentes. A transformação social empreendida durante a Restauração Meiji, em meados do século XIX, não tinha paralelo em nenhum outro lugar numa região que o Norte global enxergava como culturalmente estática, burocrática e hierarquicamente estagnada.

Em 1945, a maioria dos observadores externos via o Leste Asiático, com exceção do Japão, da mesma forma que os observadores hoje enxergam a África: como a parte do globo com os maiores desafios de desenvolvimento e com maior probabilidade de permanecer pobre. O resto da região parecia enfrentar probabilidades incrivelmente desfavoráveis. Portanto, o rápido crescimento econômico da orla do Pacífico na segunda metade do longo século XX foi nada menos que milagroso. Muitos países tentaram desenvolver suas economias rapidamente sob a égide de um "Estado desenvolvimentista". No entanto, na maioria das vezes, esses esforços falharam.

Por que os países do Leste Asiático eram diferentes? Uma razão é que outros "Estados desenvolvimentistas", incluindo os da América Latina e, até certo ponto, os do bloco soviético, foram projetados, acima de tudo, para alcançar a independência e a autossuficiência. Eles isolaram suas economias dos preços do mercado mundial e, de fato, dos preços em geral. O Leste Asiático partiu da suposição de que teria de exportar – e em grande escala –, já que seus recursos eram escassos.

O objetivo não era forjar um novo caminho econômico; era simplesmente recuperar o atraso. O Norte global acreditava possuir a receita secreta para administrar uma economia tecnológica de ponta, eficiente, crescente e inovadora, mas não há razão *a priori* para pensar que a organização econômica mais adequada para inventar o futuro industrial deva ser a mesma que se mostrou mais adequada para alcançar um alvo conhecido.

O rei da Inglaterra não convocou uma reunião de barões, bispos, banqueiros e alguns mecânicos e disse: "Vamos fazer uma Revolução Industrial". Mas foi basicamente isso que o Japão fez no início do longo século XX com suas reformas sob a Restauração Meiji. Essa estratégia deu certo. E o Japão então serviu de modelo para como suas ex-colônias, Coreia do Sul e Taiwan, deveriam tentar recuperar o atraso sob seus ditadores (Park Chung-Hee e Chiang Kai-shek, respectivamente), que então serviram de modelos para Malásia, Tailândia e outros. O veredito é muito claro: para o desenvolvimento de recuperação, seja qual for o "modelo de desenvolvimento da orla do Pacífico", ele funciona.

O que define esse modelo? Primeiro, comércio, mas comércio administrado. Subvalorize a taxa de câmbio, para que você possa exportar manufaturas que não estão, pelo menos inicialmente, dentro dos padrões de qualidade do Norte global. E então canalize os subsídios para as empresas que exportaram com sucesso – aquelas para as quais os consumidores de classe média do Norte global concedem os prêmios. Essas mesmas empresas japonesas que foram protegidas contra importações do exterior foram, nos mercados internacionais, forçadas a aprimorar suas habilidades competitivas e igualar-se aos padrões internacionais de inovação, qualidade e preço. Capital barato e muito paciente ajudou.

E quando chegou a década de 1980, estava claro que o protecionismo tinha produzido resultados incríveis. De fato, algo notável estava acontecendo com a Kawasaki e a Nippon, no aço; Toyota, Nissan e Honda, nos automóveis; mais à frente a Bridgestone, nos pneus; a Komatsu, nos equipamentos de construção; e Toshiba, Matsushita (Panasonic) e Nikon, Fujitsu, Sharp, Sony e Canon em eletrônica.

Na América Latina, uma taxa de câmbio sobrevalorizada faria com que grande parte da riqueza da sociedade fosse gasta na compra de luxos estrangeiros, já que a classe alta preferia viver bem a canalizar seus recursos para o desenvolvimento nacional. Nesses casos, a estratégia que os líderes latino-americanos escolheram foi usar altas tarifas e barreiras não tarifárias para restringir as importações de bens intermediários e máquinas de capital, com alto custo para a produção e para o desenvolvimento econômico.

Mas voltando ao Japão: adicione uma alta taxa de poupança, sustentada ano após ano, proveniente de uma distribuição igualitária de renda pós-reforma agrária e canais – como um sistema de poupança postal, em que os correios em todo o país eram usados como bancos com a capacidade de aceitar depósitos, fazer empréstimos e fornecer uma variedade de outros serviços financeiros – que facilitassem poupar dinheiro, em um ambiente em que as pessoas podiam ter certeza de que suas economias não desapareceriam. Garanta que os vendedores de máquinas para as empresas que pegaram empréstimos desses bancos cobrem preços baixos – de modo que os compradores não tenham que pagar preços altos aos produtores de máquinas nacionais, ou preços mais altos ainda aos afortunados, e politicamente bem relacionados, o suficiente para conseguir licenças de importação escassas e, portanto, máquinas estrangeiras para vender. Mexa na estrutura de preços da economia para que as máquinas que incorporam o conhecimento tecnológico moderno sejam baratas e os bens de consumo luxuosos e de fabricação estrangeira sejam caros.

Tomar essas medidas significaria, é claro, pesados impostos ocultos sobre o trabalho e, especialmente, sobre o trabalho qualificado. Também significaria repressão financeira em relação ao que teriam sido os preços do "livre mercado": espremer os retornos para os poupadores e transferi-los para as empresas industriais que acessaram as poupanças e para aqueles que acabaram possuindo-as. E significaria excedentes de exportação por meio de taxas de câmbio subvalorizadas – subsídios relativos aos preços smithianos para estrangeiros que comprassem as exportações – na esperança de que os ganhos de capital humano e organizacional, por meio do aprendizado prático com a produção bem-sucedida de produtos de exportação, superassem o custo dos subsídios implícitos.

A lição da história em toda a orla do Pacífico é que desde que as exportações rendam dólares suficientes para as empresas domésticas obterem acesso às máquinas produzidas e às tecnologias inventadas no Norte global, e desde que as máquinas fiquem com empresas eficientes e eficazes, essa fórmula permite que um país avance.

E é por isso que é importante que os subsídios sejam direcionados para empresas que exportam com sucesso – que passem em um teste de eficiência de mercado, embora um teste de eficiência de mercado aplicado não em alguma economia doméstica de livre mercado, mas entre as classes médias compradoras de produtos importados nos países do Norte global.

Em última análise, o modelo de desenvolvimento do Leste Asiático baseia-se em outras nações – bem, nos Estados Unidos da América... – serem capazes de absorver exportações e gerar déficits comerciais porque estão operando em um modelo diferente, de economia aberta. Os Estados Unidos poderiam ter absorvido as exportações de todos, se todos tivessem tentado isso? Não. O modelo só poderia ter funcionado para um pequeno punhado de países.

No entanto, funcionou. Considere a Coreia do Sul, que agora abriga um dos dois mais eficientes complexos fabris de construção de microprocessadores de alta tecnologia do mundo, a Samsung. Como observado acima, ninguém que olhasse para a Coreia do Sul na década de 1950 poderia prever que ela se tornaria uma das economias de crescimento mais rápido do mundo. Na época, ela acabara de ser devastada por uma guerra amarga, durante a qual sua capital e principal centro industrial, Seul, mudou de mãos quatro vezes. Sua taxa de poupança era baixa. Suas exportações eram baixas. Mais da metade de suas importações no final dos anos 1950 foram pagas pela assistência dos Estados Unidos, seja na forma de ajuda externa ou gastos para apoiar a presença militar dos Estados Unidos na Coreia do Sul.

O governo do presidente Syngman Rhee, em 1948-1960, procurou controlar o fluxo de relações exteriores e importações. Ele supervalorizou a moeda da Coreia (de modo a cobrar dos Estados Unidos o máximo possível pelo apoio às suas Forças Armadas), impôs altas tarifas e implementou rigorosas restrições quantitativas à importação. O resultado foi um crescimento lento e errático e uma dependência contínua dos Estados Unidos. Com a tomada do governo por Park Chung-Hee em 1961, tudo mudou. Park foi brutal (embora não tão extraordinariamente pelos padrões do século XX), mas notavelmente eficaz. A mudança da estratégia de desenvolvimento da Coreia, de uma substituição de importações para uma de industrialização voltada para a exportação, foi muito rápida. As consequências foram surpreendentes. As exportações cresceram, passando de 3% para 40% do PIB. A taxa de crescimento da renda *per capita* foi em média superior a 7% do PIB nas três décadas posteriores a 1960.

Mesmo onde o crescimento rápido parecia estar nadando contra a maré político-econômica regional, ele foi possível. O caso exemplar é Botsuana, com uma renda anual real *per capita* estimada em US$ 900 em 1960 e US$ 14 mil em 2010. Na época, tinha o maior Índice de Desenvolvimento Humano da África subsaariana, apesar de não ter litoral, de ser gravemente afetada pelo HIV/aids, e apesar de estar em uma vizinhança com um desempenho muito ruim em termos de crescimento econômico.[20] A renda *per capita* de sua vizinha, a Zâmbia, passou de US$ 2,8 mil em 1960 para US$ 3,5 mil em 2010, de três vezes a de Botsuana para um quarto. No país, foram de muita ajuda um sistema judicial independente e não corrupto, a ausência de tarifas sobre a importação de maquinário (para encorajar a transferência de tecnologia), um sistema bancário que incentiva a poupança e uma política de reinvestimento das receitas do governo em investimentos em infraestrutura. O mesmo aconteceu com a sorte e a habilidade dos chefes Tsuana no final do século XIX em conseguir guiar o Império Britânico a governar com mão muito leve, o que facilitou bastante a construção do Estado pós-independência. E o fato de que a população de Botsuana era cerca de 80% Tsuana, assim como o líder do movimento de independência e o primeiro presidente do Botsuana independente (1966-1980), Seretse Khama, *kgosi* ("rei" ou "chefe") dos Ngwato, uma das oito principais chefias Tsuana. Sem mencionar que Botsuana negociou uma participação acionária de 50% na subsidiária de mineração De Beers do país, além de uma participação acionária de 15% na corporação De Beers como um todo. Se Botsuana conseguiu, qualquer país, em qualquer lugar, poderia ter conseguido.

REMEMORANDO O *CHECKLIST* DE ROBERT ALLEN para um desenvolvimento bem-sucedido: promova mercados; construa ferrovias, canais e portos; autorize bancos; eduque crianças; eduque engenheiros; imponha tarifas sobre *commodities*; e fomente a criação de comunidades de prática de engenharia. Por fim, uma vez reunidas todas essas condições, dê, a partir de algum lugar, um Grande Empurrão, para criar expectativas de que haverá crescimento. A orla do Pacífico acrescentou seus próprios temperos especiais – mas, mesmo assim, a lacuna fundamental entre a orla do Pacífico e o restante do Sul global deveu-se à implementação bem-sucedida do óbvio. Carl von Clausewitz escreveu, notoriamente, sobre a guerra: "Tudo é muito simples na guerra, mas a coisa mais simples é difícil. Essas dificuldades se acumulam e produzem um atrito que nenhum homem pode imaginar exatamente sem tê-lo visto".[21] O mesmo se aplicava ao desenvolvimento econômico em quase todo o Sul global.

Além disso, a lógica da política é a de favores prestados, riqueza redistribuída, influência exercida e impostos arrecadados. Isso é muito diferente da lógica do crescimento econômico. Um Estado que ainda está emergindo e se estabelecendo não pode ser parteiro do desenvolvimento econômico com sucesso. Somente um Estado que é limitado na quantidade de dano que pode causar à economia, ou um Estado que é seguro o suficiente, independente o suficiente e comprometido o suficiente com o rápido crescimento econômico, pode evitar essas armadilhas da sobrevivência política. Portanto, o que é necessário é ou um governo rigorosamente limitado – incapaz de redistribuir recursos para clientes favorecidos porque sua economia está muito integrada à economia global e regida por suas normas, leis e tratados –, ou um Estado desenvolvimentista funcional. Ou desenvolvimento liderado pelo mercado internacional no estilo "neoliberal" ou governança e crescimento no estilo da orla do Pacífico. E tentar o último é muito arriscado. Como o economista Lant Pritchett gosta de dizer: "Há poucas coisas no mundo piores do que desenvolvimento conduzido pelo Estado sendo conduzido por um Estado antidesenvolvimentista".[22]

É isso que muitos Estados asiáticos e africanos pós-independência e muitos Estados latino-americanos pós-Segunda Guerra Mundial acabaram se revelando.

Então, suponha que uma economia do Sul global não queira correr o risco de tentar, e fracassar, seguir o modelo da orla do Pacífico. Existe outra abordagem que poderia seguir? E se simplesmente não for possível criar uma burocracia governamental cujo primeiro objetivo seja o desenvolvimento?

Para muitos, o que permanece como a única opção viável – e este é um conselho desesperado – é o "neoliberalismo". O que isso significa na prática é menos claro do que o que significa em consequências desejadas: o objetivo, pelo menos, é isolar a economia do governo (semipredatório), de modo que as tentativas do governo de pender a distribuição de renda em favor dos politicamente poderosos são relativamente ineficazes e, portanto, causam pouco dano. A partir da década de 1980, as esperanças de desenvolvimento de fato mudaram na direção desse "neoliberalismo". Como parecia que as intervenções do Estado eram mais destrutivas do que construtivas, as pessoas que se consideravam sábias acharam melhor tentar limitar o envolvimento do Estado no processo de desenvolvimento. Em vez disso, eles aconselharam, confie no mercado mundial como fonte de demanda e nos requisitos de integração ao mercado mundial como fonte de governança suficientemente boa.

Essas pressões, considerando o período pós-Segunda Guerra Mundial como um todo, pelo menos, foram fortes o suficiente para contrabalançar a tendência natural dos países pobres de aprender rapidamente sobre tecnologia e alcançar os ricos. Não há nenhuma razão clara para que essas pressões diminuam. Os otimistas esperam que o histórico de fracasso econômico proporcionado por grande parte da experiência do Terceiro Mundo na geração passada leve à criação de pressões intelectuais por reformas robustas o suficiente para superar o viés da estagnação. E se as ideias são realmente as forças decisivas que fazem a história no longo prazo, talvez os otimistas estejam certos.

Se os otimistas estiverem errados, estaremos todos em apuros. O manejo bem-sucedido do aquecimento global e outros problemas ambientais futuros, e a estabilização bem-sucedida de longo prazo das populações humanas, dependem da industrialização bem-sucedida no Sul global e sua consequente – e rápida – passagem pela transição demográfica, especialmente na África subsaariana e em grande parte do mundo islâmico, onde ela está atualmente semiestagnada. O "neoliberalismo" no Sul global tem sido, portanto, a estratégia dos otimistas pessimistas. Tendo se tornado pessimistas sobre a capacidade dos Estados em desenvolvimento de obter segurança, estabilidade e independência suficientes para buscar o crescimento econômico, eles esperam com otimismo que as evidências de fracasso econômico gerem ideias, eleitorados e pressões que irão reformar os Estados na direção do crescimento econômico. Pessimismo no curto prazo, mas otimismo no longo.

13
INCLUSÃO

Como vimos, nos anos anteriores ao início do longo século XX – aproximadamente entre 1800 e 1870 –, novos desenvolvimentos em tecnologia e organização pareciam estar abrindo as portas para um mundo melhor, no qual a armadilha malthusiana não mantivesse mais a humanidade desesperadamente pobre. No início do longo século XX, a humanidade começou a adentrar aquela porta, pelo caminho que leva à utopia. Mas nos anos seguintes, aproximadamente entre 1914 e 1949, a utopia do outro lado da porta mostrou-se fugidia, enquanto a humanidade enfrentava uma guerra mundial, uma grande depressão e outra guerra mundial. Houve também guerras civis e revolucionárias – e a última delas, a da China, que só terminou em 1949, trouxe consigo uma fome que vitimou entre 50 milhões e 100 milhões de pessoas em todo o país. Tecnologia e organização, em vez de atuar como forças para libertar e enriquecer, foram cada vez mais usadas para matar e oprimir.

Se olharmos apenas para os desafios ideológicos, os mecanismos políticos e os dilemas de crescimento e distribuição durante esse período, não teríamos encontrado muita base para otimismo no rescaldo da Segunda Guerra Mundial.

E, no entanto, após a Segunda Guerra Mundial, o mundo, ou pelo menos o Norte global, recolheu suas coisas e caminhou – ou melhor, correu – em direção à verdadeira utopia. Os altos impostos para combater as guerras tinham recaído pesadamente sobre os ricos, que também viram sua riqueza substancialmente reduzida pela Grande Depressão.

Nos Estados Unidos, uma enorme demanda por trabalhadores para a economia de guerra elevou os salários – e também os comprimiu. Os salários dos "não qualificados" subiram mais do que os dos "qualificados", tanto porque o Conselho de Trabalho de Guerra assim o decretou quanto porque aqueles que dirigiam as fábricas estavam sob imensa pressão para fazer suas tarefas, e acabou que não foi tão difícil ensinar habilidades quando realmente necessário. E no rescaldo da Segunda Guerra Mundial, sindicatos fortes em todos os lugares tornaram economicamente arriscado para os chefes reivindicarem, ou conselhos aprovarem, pacotes de remuneração extraordinários para altos executivos. O crescimento foi mais rápido do que nunca, o desemprego era baixo, os rendimentos não eram distribuídos de forma muito desigual – pelo menos se você fosse um cara branco nascido nos Estados Unidos ou em algum outro país do Norte global – e o ciclo econômico de expansão e recessão foi muito moderado. Para os brancos do Norte global, era o mais próximo que se havia chegado da utopia material, e ela se aproximava mais e mais rápido.

Mas, ainda assim, isso só era verdade para os brancos. E para todos os outros? Na maioria dos lugares, para a maioria das pessoas, é verdade que as coisas estavam melhores do que nos tempos de seus ascendentes. Como escreveu o romancista nigeriano Chinua Achebe, colocando-se no lugar de seus ancestrais Igbos colonizados: "O homem branco tinha mesmo trazido uma religião lunática, mas também construiu uma loja e pela primeira vez o óleo de palma e os grãos se tornaram coisas de grande valor, e muito dinheiro fluiu para Umofia".[1] Mas perto da utopia? Não muito. E, no entanto, embora ainda existissem enormes lacunas entre os brancos que eram cidadãos plenos do Norte global e os outros que não eram, a deriva estava na direção certa: as coisas realmente melhoraram um pouco para os que não eram.

W. Arthur Lewis nasceu em Santa Lúcia, ilha governada pelos britânicos, em 1915. Ele foi um aluno talentoso, que concluiu o ensino médio aos catorze anos. Queria ser engenheiro, mas, como escreveu mais tarde, "isso parecia inútil, pois nem o governo nem as firmas brancas contratariam um engenheiro negro".[2] Ele decidiu cursar administração de empresas e ganhou uma bolsa de estudos que lhe permitiu se tornar o primeiro aluno de ascendência africana na London School of Economics, em 1933. Os economistas da LSE reconheceram seu imenso talento. Em 1953, foi promovido a professor titular na Universidade de Manchester e foi considerado talvez o principal economista de desenvolvimento do mundo. Em 1959, foi nomeado vice-chanceler da University of the West Indies e voltou para as Américas. Mas Lewis não via de forma nenhuma seu sucesso como algo que validaria o sistema. Ele foi um defensor ferrenho das reparações e sempre procurou trazer a questão do "subdesenvolvimento" para o primeiro plano. O subdesenvolvimento, disse ele, não era uma falta de mudança econômica, mas sim uma forma de mudança econômica – imposta ao Sul global pela forma como a economia de mercado se globalizou.[3]

Por muito, muito tempo, remontando à história da humanidade, uma pessoa só poderia ter poder social se fosse homem e, mesmo assim, só se fosse especial – da tribo certa, da casta certa, da classe certa, da linhagem ou ordem social certa, ou tendo propriedades ou educação suficientes. Era assim que as pessoas esperavam que fosse ser para sempre – a menos que, como Aristóteles teorizou, os humanos obtivessem as tecnologias fantasiosas da Idade de Ouro, com o que ele queria dizer algo semelhante à utopia. Citando Aristóteles, "os trabalhadores chefes não iriam querer serviçais, nem os senhores iriam querer escravos", quando "cada instrumento pudesse realizar seu próprio trabalho obedecendo ou antecipando a vontade de outros, como as estátuas [de ferro] de Dédalo, ou os carros de três rodas de Hefesto".[4] Até então, a pressão demográfica malthusiana, somada a um ritmo anêmico de invenção, manteriam a produtividade baixa. Se alguns tivessem tempo livre para, como disse John Adams, estudar filosofia, pintura, poesia e música, outros – a maioria – teriam de ser degradados e privados de poder social, e boa parte do que produzissem seria tirado deles.

A desigualdade brutal não significava que o *status* seria fixo ao longo das gerações. Durante grande parte da história da Era Agrária, em muitos lugares, esse *status* foi maleável: você ou seu pai podiam mudá-lo – se você ou ele tivesse sorte. O centurião para, vira-se para o tribuno e diz: "Este homem é cidadão romano", e a surra que são Paulo está prestes a receber é imediatamente suspensa – não importa que ele tenha cidadania porque seu pai fez algum favor, ou subornou, a um magistrado romano, e que nenhum de seus ancestrais jamais tenha visto Roma.

Com o passar do tempo e o avanço da Era Imperial-Comercial, a Europa optou cada vez mais pela violência: o tráfico atlântico de escravos cresceu e talvez 17 milhões de pessoas foram sequestradas da África e trazidas para as Américas para serem escravizadas e, principalmente, para trabalharem até a morte ou quase morte. Pensa-se que a expectativa de vida de um escravo negro no Caribe antes de 1800 era talvez de sete anos a partir de quando chegasse e fosse posto para trabalhar. A culpa cresceu na Europa: isso seria um crime – um crime muito lucrativo –, a menos que houvesse algum motivo para que os africanos *merecessem* ser escravizados. W. E. B. Du Bois lamentou essa história em seu ensaio "The souls of white folk" [As almas dos brancos], de 1910:

> A descoberta da branquitude pessoal entre os povos do mundo é uma coisa muito moderna. [...] Mesmo as almas mais doces do mundo dominante quando conversam comigo [...] estão continuamente tocando acima de suas palavras reais um *obliggato* de melodia e tom que diz:
> "Pobre coisinha não branca! Não chore, nem fique com raiva. Eu sei muito bem que a maldição de Deus pesa sobre você. Por quê? Isso não cabe a mim dizer, mas seja corajoso! Faça seu trabalho em sua esfera humilde, orando ao bom Deus que no céu, onde tudo é amor, você possa, um dia, nascer – branco!"[5]

Por uma questão de genética, a esmagadora maioria dos genes da raça humana passou por um gargalo muito estreito cerca de 75 mil anos atrás, tanto que a esmagadora maioria de nós recebe a esmagadora maioria de nossos genes de alguns milhares de ascendentes então vivos.[6] Eles são todos os nossos bisavôs (multiplique essa palavra por 3 mil). Faça as contas e descubra que o número de "entradas" em cada uma de nossas árvores genealógicas, dividido pelo número de ancestrais vivos naquela época, começa em 153.778.990.270 e continua com outros 888 dígitos, aproximadamente $1,5 \times 10^{99}$. A típica pessoa viva há 75 mil anos e que está entre nossos ancestrais coletivos – que tem algum descendente vivo hoje – preenche, portanto, não apenas mais entradas naquela geração de cada uma de nossas árvores genealógicas ancestrais do que há partículas no universo, mas mais do que as partículas de 1 bilhão de bilhões de universos. O que significa que, se um ser humano de 75 mil anos atrás tem descendentes vivos hoje, são enormes as chances de que todos nós descendamos desse indivíduo, e descendamos através de miríades de miríades de miríades de linhagens. Assim, todos os humanos são primos próximos: acredita-se que haja mais variação genética em um bando típico de babuínos do que em toda a raça humana.

Sim, os humanos coevoluíram com a cultura e a geografia. Aqueles de nós cujos ancestrais se mudaram para longe do equador são descendentes apenas daqueles entre os migrantes que desenvolveram mutações que comprometeram seus genes de produção de melanina para que luz solar suficiente pudesse passar pelas camadas externas da pele, de modo a transformar o colesterol em vitamina D. Parece que a tolerância à lactose evoluiu seis vezes nos últimos 6 mil anos. Sim, desejamos agora que quaisquer efeitos fundadores que produziram a doença de Tay-Sachs nunca tivessem ocorrido.

Alguns acreditam que existem diferenças genéticas importantes entre as divisões de grupos sociológicos que traçamos entre grupos de nossos primos muito próximos – e que essas diferenças explicam outras diferenças sociais, políticas, culturais e, sim, resultados econômicos entre gêneros e etnias. Como o economista de direita Thomas Sowell apontou há muito tempo, sem sucesso, nos corredores da Hoover Institution, os anglo-saxões "progressistas" em 1900 pensavam que era extremamente importante restringir a imigração de modo a impedir os judeus de mente fraca da Europa Oriental de irem para os Estados Unidos.[7]

Para muitos, é cansativo, na verdade degradante, ter que despender esforços para refutar afirmações de que, por exemplo, negros norte-americanos que vivem em relativa pobreza hoje enfrentam essas circunstâncias porque, como grupo, herdaram genes para a estupidez. Via de regra, aqueles que estão "apenas fazendo perguntas" não as estão fazendo porque desejam aprender sobre herança, genética populacional e transmissão intergeracional da desigualdade. Perversamente, qualquer esforço para refutar tais afirmações tende a desencadear uma reação do tipo "onde há fumaça, há fogo", em vez de expor o vazio da ideia. É um problema difícil conduzir um discurso público racional em um século XXI no qual canais de comunicação como o Facebook e o Twitter são geridos por pessoas cujo modelo de negócios é assustar e ultrajar seus leitores a fim de grudá-los a uma tela para que se possa então vender a eles curas falsas para diabetes e criptomoedas.[8]

Talvez essas visões sejam tão persistentes porque têm raízes profundas na história dos Estados Unidos. Abraham Lincoln – um político e estadista muito mais comprometido com a dignidade do trabalho e com a igualdade da humanidade do que a maioria – falou sobre o assunto em um discurso de campanha de 1858: "Não tenho motivos para introduzir igualdade política e social entre brancos e negros. Há uma diferença física entre os dois que, a meu ver, provavelmente proibirá para sempre que vivam juntos em perfeita igualdade, e na medida em que se torna uma necessidade que haja uma diferença, eu, assim como o juiz Douglas, sou a favor de que a raça a que pertenço tenha a posição superior".[9]

Do ponto de vista da história econômica, isso significou que, após a Segunda Guerra Mundial, quando o Norte global correu em direção à utopia, os homens brancos receberam uma vasta vantagem em relação a todos os outros homens e mulheres. Mas, para Lincoln, as afirmações enfáticas de que pretendia proteger a supremacia branca foram, no contexto, mais um pigarro concessivo antecipatório do que uma linha divisória. Foram a preparação para um "mas". O significado central de seu discurso veio depois do "mas". Na visão de Lincoln, os negros norte-americanos mereciam – e, mais importante, tinham direitos inalienáveis a – um arranjo muito melhor do que estavam recebendo: "Não há razão no mundo para que o negro não tenha direito a todos os direitos naturais enumerados na Declaração de Independência, direito à vida, à liberdade e à busca da felicidade. [...] No direito de comer o pão, sem a licença de ninguém, que sua própria mão ganha, ele é meu igual e igual ao juiz Douglas, e igual a todos os homens vivos".[10] O registro então mostra que, da plateia branca de cidadãos de Illinois buscando entretenimento e informações sobre a corrida ao Senado de seu estado naquela tarde de sábado de verão, veio um "Grande Aplauso".

Lincoln estava dizendo que, quaisquer que sejam as desigualdades que possam existir na sociedade, o direito de você fazer de outra pessoa seu escravo não é uma delas. Você só tinha direito de comer o que ganhava com o trabalho de suas mãos. Isso fazia parte de seus direitos à vida, à liberdade e à busca da felicidade. Impedir que outros tomassem o pão que você ganhou era o objetivo do governo. Além disso, qualquer governo desse tipo era legítimo apenas por meio do seu consentimento.

Essa era a teoria. Mas, como Martin Luther King Jr. mais tarde afirmaria em seu famoso discurso "Eu tenho um sonho", de 1963, os escritores da Declaração de Independência e da Constituição dos Estados Unidos assinaram uma "nota promissória" para os negros norte-americanos que ainda não tinha sido paga naquela época e continua sem ser paga hoje.[11] Pense nisso: atualmente, metade dos estados dos Estados Unidos tem leis eleitorais elaboradas para diminuir o poder de voto dos negros e tornar desproporcionalmente oneroso e inconveniente para eles exercer seu direito de voto. E, não, não se pode criar uma sociedade que mantenha os negros pobres e decretar políticas que os façam preferir votar em candidatos democratas para depois alegar que não há hostilidade racial no impacto díspar da supressão de votos.[12]

No entanto, a Proclamação de Emancipação de Lincoln foi um golpe poderoso, que tornou visível um avanço enorme em direção ao que hoje chamamos de "inclusão". E durante o longo século XX, as coisas pelo menos começaram a mudar. À medida que o século avançava, ser homem e pertencer à tribo certa, à casta certa, à linhagem certa ou ser membro da ordem social certa tornou-se cada vez menos essencial para o poder social.

Mas ter propriedade e educação (e ambas nas quantidades e dos tipos certos) permaneceu crucial. O local de nascimento de uma pessoa continuou a ser decisivo na definição de quais seriam suas oportunidades. Em outras palavras, ao longo do longo século XX, a "inclusão" continuou a ser mais meta do que realidade.

No movimento social em direção à inclusão durante o longo século XX, os Estados Unidos foram mais uma vez, em grau substancial, a fornalha onde o futuro estava sendo forjado. Não que os Estados Unidos se saíssem melhor do que outros países. Mas a combinação de seu poder hegemônico global e a maior lacuna entre suas aspirações e sua realidade gerou muita energia de alta-tensão. Ou assim tinha sido desde que os Estados Unidos decidiram que seriam definidos pela declaração de Thomas Jefferson – que "todos os homens são criados iguais" e "dotados [...] de certos direitos inalienáveis" – e não pela de Roger B. Taney – que os negros eram "tão inferiores que não tinham direitos que o homem branco fosse obrigado a respeitar".[13]

No final da Segunda Guerra Mundial, tudo indicava que uma combinação de discriminação *de jure* e *de facto* contra os negros norte-americanos continuaria indefinidamente a impedi-los de ter educação, sair da pobreza e acumular riqueza. O economista e sociólogo Gunnar Myrdal intitulou seu livro de 1944 sobre raça e os Estados Unidos *An American Dilemma* [Um dilema norte-americano] — o dilema sendo a inconsistência entre um "credo norte-americano" de igualdade de oportunidades e a posição real dos negros nos Estados Unidos. Não parecia haver razão para que o país não pudesse conviver indefinidamente com esse dilema.

O Partido Republicano manteve um compromisso vestigial com a ascensão negra como parte de sua crença no "trabalho livre". Mas a aspiração norte-americana à igualdade conseguiu coexistir por mais um século com a discriminação oficial sancionada pelo Estado e a privação do direito de voto após a Proclamação de Emancipação. No Sul, a privação do direito de voto para os negros era uma política estabelecida, extremamente popular entre os brancos. Oito negros do Sul serviram no Congresso entre 1875 e 1877, mas depois não haveria representantes negros de 1901 a 1973, quando Barbara Jordan, do Texas, e Andrew Young, da Geórgia, foram empossados.

Até o início da primeira Grande Migração na década de 1910, havia poucos negros na população do Norte para que a eleição de um representante negro fosse provável e, portanto, não havia nenhum. Mesmo depois de a migração começar, havia poucos congressistas negros do Norte. De fato, o primeiro congressista negro do Norte só tomou posse em 1929, quando um republicano, Oscar Stanton De Priest, foi eleito por um distrito de Southside Chicago majoritariamente negro. Um segundo congressista negro, Adam Clayton Powell Jr., do Harlem, assumiu o cargo em 1945. Depois veio Charles Diggs, de Michigan, em 1955, Robert Nix, da Pensilvânia, em 1959, Augustus Hawkins, da Califórnia, em 1963, e John Conyers, de Michigan, em 1965. Em suma, havia apenas quatro congressistas negros, todos democratas, no último

Congresso antes da aprovação da histórica Lei dos Direitos de Voto de 1965, que finalmente conferiu aos eleitores negros um conjunto significativo de proteções.

E apesar disso, hoje, quase metade dos estados têm restrições de voto destinadas a reduzir a parcela de votos negros. A maioria dos juízes da Suprema Corte dos Estados Unidos finge acreditar que se trata de restrições partidárias impostas pelos legisladores do Partido Republicano para lhes dar uma vantagem sobre o Partido Democrata na próxima eleição, em vez de restrições racistas para manter homens e mulheres negros reprimidos. Mas, considerando a feia realidade da história política norte-americana mesmo nas últimas décadas do longo século XX, isso não é tão surpreendente; afinal, foi uma época em que um porta-estandarte do Partido Republicano (Ronald Reagan) se referia aos diplomatas da Tanzânia como "macacos daqueles países africanos" e um porta-estandarte da política econômica (George Stigler, da Universidade de Chicago) condenou Martin Luther King Jr. e outros líderes dos direitos civis por sua "insolência crescente".[14] Além disso, há uma pergunta que os juízes da Suprema Corte indicados pelos republicanos não fazem: se um partido político faz de tudo para atrair fanáticos, é então não fanático tentar suprimir os votos daqueles que são repelidos por essa estratégia política?

O que um partido político que busca ampliar e reforçar hierarquias e diferenciais de riqueza e renda pode fazer em uma democracia?[15] Ele precisa conseguir pelo menos alguma maioria potencial com motivos para votar nele. Tal partido pode alegar que é superior em gerar crescimento econômico: que, embora ele lhe dê uma fatia menor do bolo econômico, o bolo será maior mais do que o suficiente para compensar. Às vezes, essa abordagem pode levar a uma boa governança, especialmente no contexto de um sistema bipartidário em que o poder se alterna à medida que os eleitores medianos oscilam entre as prioridades de proporcionar um crescimento mais rápido e proporcionar uma distribuição mais justa e menos insegurança. Mas, no final das contas, vai exigir mais do que apenas dizer que as políticas conservadoras farão o bolo econômico crescer mais rápido – vai exigir que essa promessa seja mesmo cumprida.

Se não der certo, o partido pode tentar tornar menos visíveis as clivagens econômicas e as desigualdades de riqueza. Isso requer tornar outras questões mais salientes: em outras palavras, destacar clivagens políticas não econômicas e explorá-las. Ele pode jogar a carta do nacionalismo: a nação está em perigo, sob ameaça, e como a defesa é mais importante do que a opulência, você não pode se dar ao luxo de votar nos interesses da sua lancheira. Ou pode encontrar algum inimigo não externo, mas interno, contra o qual a maioria do eleitorado possa se unir. E desde a fundação dos Estados Unidos, os partidos políticos descobriram que uma maneira mais eficaz de implantar essa estratégia tem sido declarar uma guerra retórica (e muitas vezes mortalmente real) contra sua população negra. Observe que nem sempre são os republicanos – foram, até a década de 1940, os democratas. Naquela época, com relação ao credo norte-americano de igualdade de oportunidades, os democratas tinham vantagem na parte da igualdade *entre os homens brancos*, e os republicanos, na parte das oportunidades. Mas grande parte de fazer os homens brancos se sentirem iguais uns aos outros era fazê-los se sentirem superiores aos homens negros.[16] E, assim, grande parte do apelo da propaganda democrata no momento "progressista" dos Estados Unidos era sua supremacia branca.

O estrago causado durante a Era Progressista pela reversão das liberdades para os negros norte-americanos é frequentemente subestimado. A Emancipação foi seguida pela Reconstrução, que foi então revertida, e depois esse equilíbrio político-econômico-social foi ainda mais desmantelado pelas leis segregacionistas Jim Crow, que devastaram a então ascendente classe média negra.

Em 1940, o trabalhador negro médio nos Estados Unidos tinha três anos a menos de educação do que o trabalhador branco médio. Uma maioria substancial de norte-americanos brancos aprovava a discriminação – no trabalho, na moradia, na educação e no voto. Os homens negros estavam concentrados na mão de obra agrícola não qualificada, principalmente no Sul, de baixa produtividade e baixa renda; as mulheres negras estavam concentradas na agricultura não qualificada e no serviço doméstico. Ambas eram ocupações extremamente mal remuneradas: homens e mulheres negros ganhavam um salário semanal médio de cerca de 45% do de seus colegas brancos. Homens negros recém-formados na universidade ganhavam cerca de US$ 280 por semana (em dólares de hoje); graduados brancos do ensino médio ganhavam cerca de US$ 560 por semana. Em 1940, cerca de 48% das famílias brancas estavam abaixo da "linha de pobreza" de hoje, de acordo com estatísticas oficiais; enquanto isso, cerca de 81% das famílias negras viviam na pobreza.

Essas disparidades, junto com uma ampla variedade de outros fatores, convergiram para manter homens e mulheres negros subalternos. Nas últimas décadas do longo século XX, muita coisa tinha mudado. Praticamente todos os brancos defendiam em âmbito público o princípio da igualdade de oportunidades de emprego para negros norte-americanos. O nível educacional por raça era quase idêntico para aqueles que concluíram a escola no final dos anos 1980 e 1990. Os salários semanais médios dos homens negros eram dois terços dos salários dos brancos; os salários semanais médios das mulheres negras eram mais de 95% dos salários das mulheres brancas.

É impossível não creditar a mudança à liderança capaz e ao uso hábil da força moral por parte da comunidade negra. Os líderes dos direitos civis partiram para o jogo desfalcados, mas, com imensa habilidade e paciência, alcançaram um sucesso extraordinário no longo prazo. Eles estão entre os maiores heróis do longo século XX.

Três fatores em particular desempenharam um papel importante nos ganhos obtidos entre 1940 e 1970: o fim da discriminação formal, legal e sancionada pelo Estado; a migração de negros norte-americanos do Sul rural para o Norte urbano durante a Segunda Grande Migração; e a mudança associada de empregos agrícolas de baixa qualificação e baixos salários para setores industriais e de serviços. O período foi acompanhado por grandes aumentos nos níveis educacionais alcançados pelos negros norte-americanos e altas taxas de emprego e crescimento da produtividade no restante da economia. Um quarto fator muito significativo surgiu em 1964, quando a Lei dos Direitos Civis tornou ilegal a discriminação no emprego. Há todos os motivos para pensar que sem ela o avanço econômico dos negros norte-americanos teria sido consideravelmente mais lento.

Se o período de 1940 a 1970 foi de avanço relativo substancial, o quadro depois de 1970 foi mais misturado. No final da década de 1980, pelo menos um em cada cinco homens negros com idade entre 25 e 54 anos nos Estados Unidos declarava não ter tido nenhum rendimento anual. E ainda hoje, a renda familiar *per capita* real dos negros norte-americanos é apenas cerca de 60% da dos brancos: quase exatamente o que era no final da década de 1960. A maioria dos norte-americanos brancos acredita que não há mais racismo pessoal – que a animosidade branca contra os negros era uma coisa das gerações anteriores. E, no entanto, o que mantém as rendas relativas dos negros tão baixas, se não o racismo? Muito desse racismo, de fato, agora é reconhecido como "estrutural": as fricções, instituições e legados do passado em sua forma atual de riqueza e acesso à rede social desempenhando as funções que a hostilidade racial pessoal costumava desempenhar.

O mais importante para impedir o progresso em direção à igualdade econômica para os negros, na minha opinião, era um fator geral, que englobava toda a economia: o crescimento da desigualdade de renda à medida que as demandas relativas dos empregadores por trabalhadores menos qualificados e menos educados diminuíam. Também foram importantes as mudanças na estrutura familiar: aumento do número de divórcios, aumento de nascimentos fora do casamento e o consequente aumento de lares monoparentais (quase inevitavelmente chefiados por mulheres). Nas últimas décadas do século XX, a taxa de pobreza para famílias negras biparentais com filhos era de 12,5%. A taxa de pobreza para famílias negras monoparentais com filhos era de 40%. E nada menos que metade das crianças negras passava pelo menos metade de sua infância abaixo da linha da pobreza.

A explicação da direita para o declínio no número de famílias negras biparentais – a explicação fornecida por tipos como Charles Murray[17] e George Gilder[18] – foi que pagamentos mais generosos de assistência social desencadearam um colapso ao desincentivar o trabalho e remover o benefício material de manter casais adultos juntos. O trabalho seminal a partir do qual Murray, Gilder e pensadores semelhantes construíram sua interpretação foi um documento de meados da década de 1960 escrito por um formulador de políticas do governo Johnson, Daniel Patrick Moynihan. Mas *The Negro Family: The Case for National Action* [A família negra: argumentos para uma ação nacional], de Moynihan, foi moldado em parte por sua própria tendência de olhar para dentro em vez de para fora, por memórias de sua própria dinâmica familiar irlandesa-norte-americana sob pressão material. Era mais seu psicodrama pessoal do que uma análise das circunstâncias enfrentadas pelas famílias negras. Ele viu de fato paralelos poderosos entre sua própria experiência e o que imaginou ser a experiência de crianças negras crescendo em circunstâncias difíceis – paralelos que sentiu que exigiam um compromisso nacional, de modo que no futuro dos Estados Unidos nenhuma criança teria que crescer como ele, andando com gangues em Hell's Kitchen, Manhattan, ou como ele viu tantas crianças negras crescendo na década de 1960.[19]

De fato, é difícil escapar da conclusão de que Murray e Gilder simplesmente não fizeram as contas direito. Os pagamentos de vale-alimentação e assistência social para uma mãe com três filhos aumentaram em um terço entre 1960 e 1970, mas depois diminuíram. Em meados da década de 1990, os pagamentos de assistência social eram mais baixos em termos ajustados pela inflação do que em 1960; os salários reais eram cerca de um terço mais altos – cerca de 50% mais altos para os homens negros. Manter uma família biparental era, em termos materiais, uma opção muito mais vantajosa na década de 1990, em comparação com se separar e receber benefícios sociais, do que havia sido nas décadas de 1950 e 1960.

Uma explicação melhor é que as famílias negras foram pegas no refluxo de mudanças mais amplas em toda a sociedade – mas estavam especialmente vulneráveis a elas. A maré da inclusão pode ter trazido consigo um declínio da importância da *raça*, mas o futuro pós-1980 traria uma crescente importância da *classe* na chegada de uma Segunda Era Dourada, além de uma explosão de renda e desigualdade, mesmo entre caras brancos. Até certo ponto, para os negros norte-americanos, os ganhos em inclusão social, além de poucos, chegavam pelo menos meia geração atrasados.

Retornemos, por um momento, ao período imediatamente posterior à Segunda Guerra Mundial. Mais uma vez, o crescimento foi mais rápido do que nunca, o desemprego foi baixo, os rendimentos não foram distribuídos de forma muito desigual – pelo menos se você fosse um cara branco no Norte global –, e o ciclo de altos e baixos dos negócios foi muito moderado. Uma época mais próxima da utopia material para os brancos do que nunca e se aproximando dela cada vez mais rápido. Mas e as mulheres?

O Sócrates de Platão, na *República*, postulou que haveria mulheres entre os guardiões da cidade ideal, pois as almas de homens e mulheres eram fundamentalmente as mesmas. Escrevendo uma geração depois disso, por volta de 340 a.C., seu aluno Aristóteles discordou – ele achava que havia diferenças significativas:

> Embora possa haver exceções à ordem da natureza, o macho é por natureza mais apto para o comando do que a fêmea, da mesma forma que o mais velho e adulto é superior ao mais jovem e mais imaturo. [...] A relação do macho com a fêmea é desse tipo, mas aí a desigualdade é permanente. [...] O escravo não tem nenhuma faculdade deliberativa; a mulher tem, mas sem autoridade. [...] A coragem e a justiça de um homem e de uma mulher não são, como sustentava Sócrates, as mesmas; a coragem de um homem se mostra em comandar, e a de uma mulher, em obedecer.[20]

Precisamos olhar para o quadro maior. Não é óbvio o motivo de a supremacia masculina ter se estabelecido tão firmemente milênios atrás, na Era Agrária. Sim, era da maior importância ter descendentes que sobrevivessem, para que alguém cuidasse de você na velhice. Sim, para maximizar suas chances de ter descendentes vivos para cuidar deles, era importante para homens e mulheres ter muitos filhos. Assim, a mulher típica passava vinte anos comendo por dois: grávida ou amamentando. E, sim, comer por dois é um enorme dreno de energia, especialmente em populações próximas do nível de subsistência (e as populações da Era Agrária estavam próximas do nível de subsistência). Sim, a amamentação exigia que as mulheres permanecessem fisicamente perto de seus filhos, e isso ajudou a forçar uma concentração do trabalho feminino em atividades que facilitavam essa proximidade: jardinagem e outras formas de trabalho dentro e perto da residência, especialmente têxteis.

Mas, mesmo considerando tudo isso, os homens obtiveram sim benefícios tangíveis ao oprimir mais as mulheres, muito mais do que se poderia argumentar serem as limitações impostas pela necessidade na forma da biologia dos mamíferos sob condições malthusianas

– especialmente caso fosse possível convencer as mulheres de que elas mereciam aquilo: "À mulher ele disse: 'Multiplicarei grandemente a tua dor e a tua concepção; em dor darás à luz filhos; e teu desejo será para teu marido; e ele te dominará'".

Mas por quanto tempo esse alto patriarcado tem sido uma peça importante da cultura humana não é algo que sabemos. Há pelo menos alguns sinais em nossos genes de uma grande mudança há cerca de 5 mil anos: uma queda repentina na população masculina "efetiva" da humanidade – ou seja, o número de homens que viviam naquela época e têm descendentes agora. Não houve tal queda na população feminina "efetiva" da humanidade. Cerca de 5 mil anos atrás, embora quase todas as mulheres que sobreviviam após a menarca tinham filhos, uma proporção substancial de homens que sobreviviam após a puberdade não teve.[21] Quanta pressão social foi necessária para que a regra se tornasse mais ou menos o compartilhamento de maridos pelas mulheres, ou para que aceitassem um muito mais velho, e para que uma proporção substancial de homens permanecesse solteiros? Quais instituições aplicaram essa pressão e como? Cerca de 3 mil anos atrás, a situação se reequilibrou: o um para um nas casas tornou-se novamente dominante. A origem do alto patriarcado foi responsável por esse reequilíbrio? É isso que vemos na afirmação de Aristóteles de que "a coragem de um homem se mostra em comandar, e a de uma mulher, em obedecer"? (Observe que Aristóteles mantém essa convicção apesar do forte desacordo de Sócrates – e Platão –, para quem as almas dos homens e das mulheres eram fundamentalmente as mesmas.) Ou estava presente nas sociedades humanas antes?

Se eu fosse mulher, enxergaria a notável mudança na posição das mulheres como algo central na história? Enxergaria a mudança de uma experiência típica daqueles tempos antigos – de oito ou mais gestações, vinte anos comendo por dois e uma chance de um em sete de morrer no parto – para a experiência moderna de uma ou duas gestações – junto com uma chance muito reduzida de morrer no parto, dependendo de onde você mora – como uma das maiores mudanças? A ascensão do feminismo é a maior novidade do longo século XX? Será que os historiadores daqui a mil anos a enxergarão como mais importante do que – embora interligada com – o fim da pobreza malthusiana?

Vamos voltar no tempo por um momento. Em 1900, nos Estados Unidos, a quantidade de trabalhadores homens remunerados superava a de trabalhadoras remuneradas por uma margem de cerca de quatro para um. O desequilíbrio talvez não fosse tão alto – os procedimentos do censo subestimavam o número de mulheres cuja produção era de fato vendida no mercado, e as medidas dos economistas têm tradicionalmente subestimado a produção doméstica. Apesar disso, a diferença era impressionante. No final do século, entretanto, a força de trabalho assalariada era quase metade feminina.[22]

Em 1900, a maior parte das trabalhadoras no segmento da força de trabalho formalmente remunerada, contado pelo censo, era solteira. Cerca de 43,5% das mulheres solteiras de quinze anos ou mais faziam parte da força de trabalho oficialmente contabilizada – 41,5% das brancas e 60,5% das não brancas. Em contraste, apenas 3,2% das mulheres brancas casadas (e 26% das não brancas casadas, para uma média nacional de 5,6%) participavam da força de trabalho. Em 1920, apenas 4% das mulheres brancas casadas com cerca de trinta anos trabalhavam; em 1980, quase 60% das mulheres brancas casadas com cerca de trinta anos trabalhavam. A participação na força de trabalho de mulheres não brancas casadas de cerca de trinta anos aumentou menos, mas de uma base mais alta e para um nível maior: de aproximadamente 33% em 1920 para 72% em 1980.

Porém isso nos dá uma imagem incompleta. Considere, por exemplo, a diferença entre mulheres nascidas por volta de 1920 e aquelas nascidas por volta de 1960. O segmento anterior atingiu a idade adulta por volta de 1940 e tinha sessenta anos em 1980. A taxa de participação na força de trabalho daquelas que eram casadas aumentou de aproximadamente 15% quando tinham vinte anos para aproximadamente 45% quando tinham cinquenta anos. As mulheres nascidas quarenta anos depois, por volta de 1960, já tinham uma taxa de participação de trabalho de 60% (entre as casadas) quando tinham vinte anos – e tudo indica que a participação das mulheres casadas na força de trabalho aumenta com a idade.

No entanto, embora encorajador, o grande aumento da participação feminina na força de trabalho ao longo do século XX não foi acompanhado por uma rápida queda da disparidade salarial entre trabalhadores masculinos e femininos. Embora várias fontes reportem aumentos substanciais nos salários femininos em relação aos masculinos ao longo do século XIX, e alguns ganhos contínuos até 1930, durante a maior parte do século XX os salários femininos permaneceram aproximadamente 60% dos salários masculinos.

Uma das razões pelas quais os ganhos relativos femininos não aumentaram em meados do século XX é a rapidez com que as mulheres passaram a compor a força de trabalho. Essa rápida expansão na participação da força de trabalho significava que, em qualquer dado momento, uma parcela relativamente baixa da força de trabalho feminina tinha um alto nível de experiência. E como as empresas pagam mais por trabalhadores experientes – tanto porque trabalhadores experientes são mais produtivos quanto porque a promessa de aumentos salariais regulares ao longo de uma carreira bem estabelecida pode servir como uma forma poderosa de motivar os funcionários –, essa relativa falta de experiência manteve as mulheres com salários relativos baixos.

Um segundo fator que manteve baixos os rendimentos femininos relativos foi a persistência da segregação ocupacional por sexo. Entre 1900 e 1960, cerca de dois terços da força de trabalho feminina precisariam ter mudado de ocupação para resultar na mesma distribuição entre ocupações que a força de trabalho masculina. A segregação ocupacional caiu um pouco desde o final da década de 1960, mas ainda é verdade que as mulheres estão concentradas em ocupações relativamente mal remuneradas.

Um terceiro fator que mantém baixos os ganhos relativos das mulheres tem sido a impossibilidade de obter as qualificações que os empregadores valorizam. As mulheres no início do século XX tinham poucas oportunidades de educação formal. Também não tinham, em sua maioria, oportunidades de adquirir habilidades economicamente valiosas por meio de educação informal e do treinamento no trabalho. Em geral, as mulheres eram empregadas apenas em tarefas que eram aprendidas com relativa facilidade e rapidez, e nas quais os benefícios da experiência sobre a produtividade eram parcos. A economista Claudia Goldin estimou que, se compensarmos os três fatores, veremos que a lacuna entre o que mulheres e homens com experiência e educação semelhantes recebiam no início do século XXI era pequena.

Hoje, a disparidade salarial é menos atribuível às diferenças de experiência, educação e outras características relevantes de trabalho de mulheres e homens do que ao que aparentemente é apenas discriminação salarial: pagar menos às mulheres do que aos homens porque elas são mulheres. Goldin atribuiu o surgimento dessa discriminação salarial ao desenvolvimento da grande empresa moderna, com seu departamento de recursos humanos. Antes do desenvolvimento da grande empresa burocrática, o mercado oferecia às mulheres uma substancial proteção contra a discriminação. Com muitos pequenos empregadores, se uma empresa começasse a discriminar – pagar menos às mulheres do que aos homens pelo mesmo trabalho –, as mulheres tinham a oportunidade de partir para algum outro empregador menos discriminatório.

Como escreveu Goldin, assim que as empresas estabeleceram departamentos de RH com políticas centralizadas, elas descobriram que muitas mulheres não ficavam no trabalho por tempo suficiente para aproveitar os aumentos salariais regulares que vêm com um desempenho eficiente e uma forte lealdade para com a empresa. Então por que recompensar a mulher atípica, que permanecia no trabalho, com esses aumentos? Isso não quer dizer que toda discriminação salarial esteja a serviço da maximização do lucro das empresas. O preconceito puro certamente desempenhou um papel – preconceito por parte dos trabalhadores, empregadores e clientes do sexo masculino. Trabalhadores do sexo masculino, por exemplo, temendo a concorrência, tentaram barrar as mulheres de suas profissões.

Da perspectiva de hoje, o mais surpreendente sobre a transformação do papel da mulher na economia é o tempo que levou. Isso apesar do fato de que, após a Segunda Guerra Mundial, a taxa de natalidade tinha caído; tinha surgido um grande setor varejista e administrativo, no qual a força física era completamente irrelevante; e a educação feminina tinha se consolidado. Persistiam as barreiras ao trabalho das mulheres, como empregos que pressupunham que as trabalhadoras precisariam trabalhar em período integral; discriminação generalizada; atitudes sociais que julgavam certas ocupações inadequadas para mulheres; e políticas de pessoal que restringiam ou mesmo proibiam o emprego de mulheres casadas.

No longo prazo, o governo federal dos Estados Unidos precisou atuar para erodir o quadro de restrições e costumes que impedia a expansão do papel econômico das mulheres. A ação veio na forma da Lei dos

Direitos Civis de 1964, que proibia a discriminação no emprego com base em raça, cor, religião, nacionalidade ou *sexo*. Quando o presidente do Comitê de Regras da Câmara, Howard Smith (um democrata da Virgínia), propôs a emenda que acrescentava "sexo" à lista de categorias protegidas, ele não estava falando muito sério, e não foram os democratas progressistas que a aprovaram, mas sim os democratas e republicanos do Sul, por um placar de 168 a 133. Os tribunais decidiram que não se poderia querer que a parte da proibição que falava em "sexo" ficasse em pé de igualdade com as outras, e não exigiram que possíveis discriminações fossem examinadas tão estritamente quanto nos casos em que raça, cor ou religião estavam em questão. Apesar disso, estavam sujeitas a mais escrutínio do que "toma, acabamos de pensar nesse motivo". Assim, o ambiente legal importava.[23] E dessa forma Claudia Goldin pôde concluir seu livro sobre a disparidade de gênero apontando para a possibilidade da morte, em um futuro próximo, da discriminação de gênero. Encorajada pela "convergência entre homens e mulheres na porcentagem de formandos na faculdade", ela escreveu que "podemos prever o futuro observando as experiências dos jovens de hoje, e essas experiências nos dão amplo terreno para otimismo".[24]

Mas certamente, mesmo na Era Agrária, uma mudança para uma sociedade com menos supremacia masculina teria sido uma mudança de soma positiva. As mulheres, na condição de participantes iguais na sociedade em vez de apenas bens móveis – classificadas só um nível acima dos escravos e do gado –, poderiam ter feito e contribuído muito mais do que foram capazes de fazer e contribuir sob as condições de supremacia masculina então existentes. Economistas otimistas como eu têm uma forte tendência a acreditar que as pessoas, quando em grupos, se tornam mais inclusivas, encontram maneiras de compartilhar, se tornam, coletivamente, mais produtivas e, então, distribuem os frutos dessa produtividade para tornar sua ordem social mais sustentável. A produtividade depende da divisão do trabalho. E se você convida mais pessoas para sua tenda, sua divisão de trabalho pode ser mais refinada e, portanto, mais produtiva. Mas aparentemente não era assim que as pessoas enxergavam as coisas na Era Agrária, ou por muitos anos depois.

Os alicerces da supremacia masculina realmente começaram a se desgastar antes de 1870. Mas foi durante o longo século XX que esses alicerces se dissolveram mais completamente. As reduções na mortalidade infantil, o avanço da idade média de casamento e o aumento dos custos da criação dos filhos contribuíram para a diminuição da fertilidade. O número de anos que a mulher típica passava comendo por dois caiu de vinte para quatro, pois um melhor saneamento, uma nutrição muito melhor e mais conhecimento sobre doenças tornaram muitas gravidezes menos necessárias para deixar descendentes vivos, e a tecnologia de controle de natalidade tornou mais fácil planejar famílias. E, depois de explodir na Era Industrial, a taxa de crescimento populacional no núcleo industrial diminuiu drasticamente. A explosão populacional acabou sendo uma coisa relativamente curta. A humanidade parece estar se movendo rapidamente em direção ao crescimento populacional zero no longo prazo.

O caminho do avanço tecnológico doméstico também beneficiou a mulher típica durante o longo século XX: lava-louças, secadoras, aspiradores de pó, produtos de limpeza melhores, outros aparelhos elétricos e a gás natural, e especialmente máquinas de lavar roupas – tudo isso facilitou muito as tarefas de manter a casa limpa, organizada e funcionando. Cuidar de uma casa de alta fertilidade no século XIX era muito mais do que um emprego em tempo integral. Fazer isso no final do século XX pode ter se tornado mais um emprego de meio período. Assim, grande parte do trabalho feminino, que antes estava vinculado ao trabalho doméstico em tempo integral, agora podia ser redirecionado para outros fins. E, como Betty Friedan escreveu no início dos anos 1960, as mulheres que buscavam algo como *status* igualitário só poderiam encontrá-lo se achassem "identidade [...] no trabalho [...] pelo qual, geralmente, nossa sociedade paga".[25] Enquanto as mulheres ficaram confinadas a ocupações domésticas separadas, que o mercado não recompensava com dinheiro, foi fácil para os homens depreciar e minimizar seu trabalho.

Embora seja inegavelmente verdadeiro que a explosão de riqueza iniciada em 1870 foi um multiplicador das tiranias brutais e bárbaras desse século, duas tiranias mais duradouras – o racismo e o sexismo – cederam, lenta, relutante e parcialmente. Por um lado, esse progresso, mesmo que sua velocidade fosse deliberada, elevou o nível de quão rápido a humanidade deveria caminhar em direção à utopia e quanto de uma desaceleração no progresso geraria fortes apelos por mudança. Por outro lado, o *status* na sociedade é, se não de soma zero, próximo disso. Como aqueles cujos privilégios de gênero, etnia e casta estavam sendo corroídos pela maré da inclusão se reconciliariam com aquela *dérogeance*?* A resposta, para a primeira geração pós-Segunda Guerra Mundial no Norte global, veio através de um aumento de renda, de oportunidades e de mobilidade ascendente rápido e sem precedentes.

---

* Entre pessoas de ascendência nobre, *dérogeance* é um sentimento de que as ações e ocupações de um ou mais de seus pares vilipendiam a nobiliarquia – entre essas ações e ocupações está o envolvimento no comércio e varejo. [N.T.]

14
TRINTA GLORIOSOS ANOS DE SOCIAL-DEMOCRACIA

A história não se repete, mas, estranhamente, ela rima. Em 1870, o então 1,3 bilhão de pessoas na Terra tinha uma renda média de cerca de US$ 1,3 mil dólares anuais, em valores de hoje. Em 1938, a população tinha talvez dobrado em relação a 1870, e a renda média tinha crescido um pouco mais de 2,5 vezes. As coisas estavam muito melhores. Antes de 1870, o mundo estava em dificuldades. Lembre-se do pessimismo de John Stuart Mill, sem falar no de Karl Marx, sobre como eram poucos os ganhos potenciais do avanço tecnológico que chegavam à sociedade. Antes de 1938, o mundo passou por dificuldades na Primeira Guerra Mundial e depois, de novo, com a Grande Depressão, e essas dificuldades estavam prestes a aumentar. O mundo estava prestes a cair na imensa destruição da Segunda Guerra Mundial, junto com seus mais de 50 milhões de mortes, uma interrupção devastadora do lento progresso ascendente. No entanto, o período 1870-1914 também trouxe consigo uma era extraordinária de prosperidade, um Eldorado econômico nunca visto, e o período 1938-1973 – pois a mobilização da Segunda Guerra Mundial trouxe um poderoso surto de crescimento para os países que tiveram a sorte de não ser campos de batalha, principalmente os Estados Unidos – traria consigo outra era igualmente gloriosa.

Assim, de 1938 a 1973, a economia mundial saltou adiante mais uma vez – e mais uma vez em um ritmo sem precedentes. E o núcleo do Norte global, os países que agora chamamos de G-7 (Estados Unidos, Canadá, Japão, Grã-Bretanha, França, Alemanha e Itália) avançaram:

não no ritmo de 0,7% ao ano de 1913-1938, ou mesmo no ritmo de 1,42% ao ano de 1870-1913, mas – apesar de toda a destruição provocada pela Segunda Guerra Mundial – a um ritmo médio de 3% ao ano. Isso significa que a riqueza material desses países estava crescendo rápido o suficiente para dobrar a cada 23 anos – no espaço de menos de uma geração. Em 1973, portanto, o G-7 estava três vezes mais abastado em termos materiais do que em 1938.

O mais pobre deles, o Japão, foi o que cresceu mais rapidamente: a uma taxa inédita de 4,7% ao ano – apesar dos extensos danos sofridos durante a guerra, incluindo as bombas atômicas que incineraram duas cidades japonesas em 1945. Canadá e Itália cresceram a taxas superiores a 3% ao ano. E os países do G-7 não estavam sozinhos: México, Espanha e muitos outros alcançaram taxas de crescimento semelhantes.

Os franceses chamam esse período de Trinta Anos Gloriosos: os *Trente Glorieuses*.[1] Ninguém esperava tanta sorte de uma só vez. Ainda é para se maravilhar – se você for um economista político.

Se você for um economista neoclássico, no entanto, vai dar de ombros. A economia de mercado entregou, como deveria, pleno emprego, infraestrutura adequada e proteção de contratos e propriedade privada. A ciência moderna também cumpriu suas promessas, na forma de uma série de avanços tecnológicos fundamentais. Além disso, havia um grande acúmulo de descobertas prévias que não tinham sido desenvolvidas e implementadas durante o caos da Grande Depressão. Portanto, era lucrativo para as empresas fornecer fundos generosos a seus laboratórios de pesquisa industrial e, em seguida, implementar as inovações dos laboratórios em escala. Ao fazê-lo, as empresas foram capazes de ampliar seu conhecimento e captar trabalhadores anteriormente não treinados e não qualificados de fazendas e oficinas de artesanato para linhas de montagem "fordistas".[2] Essa era, para nós, economistas neoclássicos, a maneira natural e normal como as coisas funcionavam, ou deveriam funcionar, na Era do Crescimento Econômico Moderno. Não importa que tenha sido incomum o progresso econômico seguir esse curso natural no longo século XX, para dizer o mínimo.

Era a visão positiva de Friedrich von Hayek sobre o poder do mercado ganhando vida e poder. O mercado dá, e dá e dá ainda mais. Houve quem questionasse as conclusões de Hayek. O economista

Herbert Simon gostava de apontar que o que Hayek chamava de "economia de mercado" não era um verde campo de trocas de mercado, no qual havia pontos vermelhos dispersos de pequenas empresas individuais, mas sim áreas vermelhas de firmes organizações de comando e controle conectadas por linhas verdes de troca de mercado. Martin Weitzman, economista de Harvard, gostava de apontar que não havia nenhuma razão teórica profunda pela qual fornecer por meio de uma meta de preço as informações de que as empresas precisavam – produza se puder fazê-lo a um custo unitário totalmente amortizado de menos de US$ X – fosse mais eficiente do que por meio de uma meta de quantidade – produza Y unidades.[3] Mas Ronald Coase, colega de Hayek na Universidade de Chicago, apontou que uma das grandes forças da economia de mercado era permitir que as empresas decidissem se usariam um sistema burocrático de comando e controle ou um sistema baseado em custos de transação (de compra e venda) para tomar decisões: o fato de as empresas poderem *escolher* era fundamental.[4] Além disso, há o fato de que as empresas sempre estiveram sujeitas à disciplina do mercado, com aquelas que perdem dinheiro encolhendo e desaparecendo de um modo que não acontecia com as burocracias estatais que também perdiam dinheiro.[5]

Mas antes que a palavra de Friedrich von Hayek pudesse se tornar carne e habitar em nós, havia três pré-requisitos. Primeiro, Hayek precisaria ser divorciado de teorias e filosofias como as da romancista Ayn Rand. Um mercado funcional exigia *competição* – não monopólios comandados por visionários tecnológicos e organizacionais.[6]

Em segundo lugar, Hayek precisava ser abençoado pelas ideias de John Maynard Keynes. A economia de mercado só poderia funcionar adequadamente – só poderia direcionar recursos para os "melhores" usos – se os gastos tornassem a empresa lucrativa.

John Maynard Keynes escrevera em 1936, com mais do que uma pitada de sarcasmo, que, "para um especialista em assuntos públicos do século XIX ou [...] [um] financista norte-americano contemporâneo", suas propostas de "ampliação das funções do governo" necessárias para ajustar "a propensão a consumir e a indução a investir" poderiam parecer "uma terrível invasão" na liberdade. Mas, na verdade, eram "a condição do bom funcionamento da iniciativa individual". E "se a demanda efetiva é deficiente", acrescentou, um empresário estaria "operando com as probabilidades contra ele. O jogo de azar do qual participa contém muitos zeros, de modo que os jogadores como um todo perderão". Somente "habilidades excepcionais ou sorte incomum" permitiriam que o empreendedorismo e a iniciativa fossem recompensados e o crescimento econômico continuasse. Mas com as políticas de Keynes em vigor, "a demanda efetiva [seria] adequada, [e uma] habilidade e boa sorte médias seriam suficientes". Nos Trinta Anos Gloriosos, sábios líderes empresariais reconheceram que Keynes e suas políticas de pleno emprego não eram seus inimigos, mas seus melhores amigos.[7]

Terceiro, Friedrich von Hayek teria de se casar com Karl Polanyi. Uma das pedras angulares da visão de mundo de Hayek era que a economia de mercado era a única maneira de gerar crescimento e prosperidade, mas que nunca poderia, e nunca deveria, ser solicitada a produzir equidade e justiça social. Equidade e justiça social exigiam a distribuição de coisas boas para pessoas que agiam bem e as mereciam. A economia de mercado distribuía coisas para pessoas sortudas o suficiente para controlar os recursos que produziam coisas pelas quais os ricos tinham um sério desejo.

Na visão de mundo de Polanyi, as pessoas e as comunidades acreditavam fortemente que tinham o direito de exigir certas coisas – entre elas padrões estáveis de uso da terra que consideram justos, níveis de renda compatíveis com seu esforço e mérito e a capacidade de manter seus empregos, ou pelo menos encontrar novos sem muitos problemas. Mas a economia de mercado só forneceria esses itens essenciais se elas passassem por um teste de lucratividade máxima. Algumas violações dos direitos polanyianos poderiam receber vista grossa se o crescimento econômico fosse rápido o suficiente: não estou recebendo a fatia do bolo que mereço, mas pelo menos estou recebendo uma fatia maior do que minha mãe e meu pai receberam. O dividendo fiscal que o governo recebia das crescentes receitas fiscais poderia, em uma época de rápido crescimento econômico, permitir que o governo fizesse algo para proteger e conceder também os direitos polanyianos. Um governo social-democrata precisava habilitar a economia de mercado para que ela gerasse crescimento e prosperidade. Mas também precisava controlar o mercado e impedir que a "economia de mercado" se transformasse em uma "sociedade de mercado" que as pessoas pudessem rejeitar, uma sociedade em que o emprego não fosse estável, a renda não fosse compatível com o que as pessoas mereciam e as comunidades fossem continuamente revolvidas e transformadas pelas flutuações do mercado.

Era um número de equilibrismo. Em certo sentido, o número de equilibrismo ficou ainda mais complexo devido à rapidez da maré em direção à maior inclusão. Por um lado, a maré se estendeu não apenas a gênero, raça e etnia, mas também à classe: não fazia mais muito sentido para os homens da classe trabalhadora que estivessem em um lugar subalterno por um bom motivo. Por outro lado, eles se viram perdendo parte da deferência que os outros tinham por ele e que consideravam devida, e que tinha suavizado a aparente descida da pirâmide de classes. Esses dois fatores ampliaram as chances de que eles enxergassem violações dessa ordem esperada – do que viam como o que mereciam – grandes o suficiente para se tornarem apelos à ação.

Mas o rápido crescimento na renda e a percepção de oportunidades para eles e seus filhos compensaram grande parte da ruptura de quaisquer padrões da Velha Ordem que os sustentavam naquilo que enxergavam como seu lugar adequado na sociedade, o lugar que pensavam merecer. Assim, o Norte global conseguiu manter o equilíbrio durante os anos 1960 e parte dos 1970. E, em 1975, a capacidade tecnológica empregada pela humanidade era nove vezes maior do que em 1870. A explosão populacional significou que havia então 4 bilhões de pessoas, em comparação com 1,3 bilhão em 1870. Mas essa explosão populacional e a pressão que ela exercia sobre a base de recursos significavam que a produtividade material era apenas cinco vezes maior do que em 1870 – e em 1975 estava surpreendentemente mal distribuída entre os países, e também desigualmente (embora bastante menos do que em 1870-1930) distribuída dentro dos países.

As coisas tinham dado certo. A Grande Depressão, pelo menos nos Estados Unidos, convenceu muitos de que esses divórcios e casamentos tinham de acontecer. A oligarquia da Era Dourada dos barões desonestos tinha fracassado e, de fato, causado a Grande Depressão – não estava muito claro de que maneira, mas, como disse Franklin Roosevelt, havia um quase consenso de que os oligarcas e os financistas plutocratas precisavam ser derrubados "de seus altos assentos no templo de nossa civilização".[8] A competição precisava governar. A Grande Depressão também convenceu o setor privado de que ele precisava da ajuda de um governo ativo para administrar a economia a fim de pelo menos chegar perto do pleno emprego. Mais importante, a Depressão pode ter convencido a classe média de que ela tinha poderosos interesses em comum com a classe trabalhadora – e, a partir de então, ambas exigiriam dos políticos seguridade social e pleno emprego. Somando-se a tudo isso, a ameaça totalitária da União Soviética de Stálin desempenhou um enorme papel em convencer a nascente Aliança do Atlântico Norte a seguir a liderança dos Estados Unidos tanto na política de segurança quanto na reestruturação político-econômica. E esses eram tópicos sobre os quais os Estados Unidos tinham ideias fortes.

Entre as duas guerras mundiais, os governos dos países ricos foram seriamente prejudicados por suas doutrinas de ortodoxia e austeridade, por sua insistência no puro *laissez-faire*, pela ideia de que o governo deveria simplesmente deixar a economia em paz. Essa doutrina começou como uma arma para desmantelar o mercantilismo aristocrático, e depois se transformou em uma arma para combater impostos progressivos, programas de seguridade social e o "socialismo" de modo mais geral.

Podemos observar a mudança radical nas ideias que possibilitaram isso examinando Milton Friedman, economista de direita norte-americano que se enxergava como – e se vendia como – o apóstolo do *laissez-faire*. Os direitistas, tentando manter-se firmes em sua crença de que o mercado não pode falhar – podia apenas ser levado a falhar –, alegaram que a Grande Depressão foi causada pela interferência do governo na ordem natural. Economistas como Lionel Robbins, Joseph Schumpeter e Friedrich von Hayek afirmaram que os bancos centrais tinham estabelecido taxas de juros baixas demais no período que antecedeu 1929. Outros afirmaram que os bancos centrais estabeleceram taxas de juros altas demais. Tanto faz. No que estavam de acordo era que os bancos centrais do mundo tinham fracassado em seguir uma política monetária adequadamente "neutra" e, portanto, tinham desestabilizado o que, se deixado sozinho, teria sido um sistema de mercado estável. Milton Friedman era o principal advogado dessa ideia.

Mas se aprofunde na tese de Friedman de que a Grande Depressão foi um fracasso do *governo*, e não do *mercado*, e as coisas ficam interessantes. Pois como seria possível dizer se as taxas de juros estavam altas demais, baixas demais ou corretas, quando "corretas" era um parâmetro que variava, ele mesmo, a cada tremor do mercado? De acordo com Friedman, taxas de juros altas demais levariam a um alto desemprego. Taxas de juros baixas demais levariam a uma inflação alta. Taxas de juros corretas – aquelas que correspondiam a uma política monetária "neutra" – manteriam a macroeconomia equilibrada e a economia crescendo suavemente. Assim, a teoria se tornava tautologia.[9]

É um insulto ao espírito do astrônomo Cláudio Ptolomeu, que teve alguns *insights* brilhantes, chamar esse exercício de ptolomaico: isto é, salvar o fenômeno redefinindo termos e adicionando complicações, em vez de admitir que você está olhando para as coisas de cabeça para baixo a fim de preservar seus compromissos intelectuais. Mas isso, vindo de Friedman, era verdadeiramente ptolomaico. Remova a camuflagem, e a mensagem subjacente é a de Keynes: o governo precisa intervir numa escala tão grande quanto for necessário para moldar o fluxo de gastos de toda a economia e mantê-lo estável e, tendo feito com sucesso, proteger a economia contra depressões, preservando ao mesmo tempo os benefícios do sistema de mercado, assim como a liberdade econômica humana e a liberdade política e intelectual.

A única diferença substantiva entre Keynes e Friedman era que Friedman pensava que os bancos centrais poderiam fazer tudo isso sozinhos, por meio da política monetária, mantendo as taxas de juros propriamente "neutras". Keynes achava que seria necessário mais: o governo provavelmente precisaria que seus próprios gastos e incentivos fiscais encorajassem as empresas a investir e as famílias a poupar. Mas só os incentivos não seriam suficientes: "Imagino", escreveu ele, "que uma socialização algo abrangente do investimento se revelará o único meio de assegurar uma aproximação ao pleno emprego, embora isso não precise excluir todos os tipos de concessões e de dispositivos pelos quais a autoridade pública irá cooperar com a iniciativa privada".[10]

E a grande maioria das pessoas concordou com ele. A magnitude do desemprego durante a Grande Depressão tinha mudado as crenças de políticos, industriais e banqueiros sobre os principais objetivos da política econômica. Antes da Depressão, uma moeda e uma taxa de câmbio estáveis eram fundamentais. Mais tarde, porém, até os banqueiros reconheceram que um alto nível geral de emprego era mais importante do que evitar a inflação: a falência universal e o desemprego em massa não eram ruins apenas para os trabalhadores, mas também para os investidores e os banqueiros.

Assim, empreendedores, donos e administradores de indústrias e até banqueiros perceberam que ganhavam, e não perdiam, ao se comprometer com a manutenção de altos níveis de emprego. Alto nível de emprego significava alta capacidade de utilização. Em vez de ver mercados de trabalho apertados corroendo os lucros devido ao aumento dos salários, os proprietários viam a alta demanda distribuir os custos fixos por mais mercadorias e, assim, aumentar a lucratividade.

Nos Estados Unidos, a consolidação da ordem social-democrata keynesiana de economia mista foi simples. O país sempre estivera comprometido com uma economia de mercado. No entanto, também sempre estivera comprometido com um governo funcional e pragmático. No início do século XX, tinha havido um movimento progressista que estabeleceu planos para a gestão da economia de mercado no interesse de um crescimento equitativo. E os Estados Unidos eram os beneficiários do feliz acidente de o partido de direita ocupar o poder até 1932 e, portanto, assumir a maior parte da culpa pela Depressão. Tudo isso junto tornou o caminho relativamente suave. Roosevelt assumiu as rédeas e, em 1945, quando morreu, Truman as assumiu de novo. O eleitorado ratificou a ordem do New Deal dando a Truman um mandato completo em 1948. E em 1953, o novo presidente republicano, Dwight Eisenhower, enxergava como sua tarefa não a reversão dos programas de seus predecessores democratas, mas sim conter a expansão crescente do que ele chamava, murmurando, de "coletivismo".

A Lei do Emprego de 1946 declarou que era "política e responsabilidade contínua" do governo federal "coordenar e utilizar todos os seus planos, funções e recursos [...] para fomentar e promover a livre-iniciativa empresarial e o bem-estar geral; condições sob as quais haverá emprego útil garantido para aqueles capazes, dispostos e procurando trabalhar; e promover o máximo emprego, produção e poder de compra".[11] Leis que estabelecem metas podem servir e servem como marcadores de mudanças de opinião, percepções e objetivos. A maior mudança na política marcada pela Lei do Emprego foi a prática pós-Segunda

Guerra Mundial de permitir que os estabilizadores fiscais automáticos do governo funcionassem.

Já mencionamos a carta de Eisenhower a seu irmão Edgar na década de 1950, na qual ele argumentava que o *laissez-faire* estava morto e que as tentativas de ressuscitá-lo eram simplesmente "estúpidas". Milton Friedman e Eisenhower enxergaram a mesma janela de escape que John Maynard Keynes tinha enxergado, e estavam tão ansiosos quanto ele para abri-la e se esgueirar por ela. De fato, os programas de governo que Eisenhower apontou em sua carta, e seus análogos em outros países industriais avançados, têm sido notavelmente bem-sucedidos em unir coalizões políticas. Como disse Eisenhower: "Se algum partido político tentar abolir a seguridade social, o seguro-desemprego e eliminar as leis trabalhistas e os programas agrícolas, nunca mais se ouvirá falar desse partido em nossa história política".[12] Em outras palavras, os eleitores desconfiavam de políticos que procuravam reduzir esses programas e tendiam a achar os impostos destinados a apoiar programas de seguridade social menos desagradáveis do que os outros impostos. Fora dos Estados Unidos, os partidos de centro-direita raramente fizeram qualquer tentativa séria de se posicionar contra a social-democracia.

A visão de Eisenhower era um consenso, não no sentido de que a esmagadora maioria concordasse com ela do fundo do coração, mas no sentido de que a esmagadora maioria acreditava que seria imprudente pedir um retorno aos Estados Unidos de Calvin Coolidge ou Herbert Hoover.

O resultado foi um Estado grande. Os gastos federais sob Eisenhower foram de 18% do PIB – o dobro do que havia sido em tempos de paz, mesmo no auge do New Deal. E os gastos dos governos estaduais e locais elevaram os gastos totais do governo para mais de 30%. Antes do New Deal de 1931, os gastos federais eram de apenas 3,5% do PIB, e nada menos que a metade de todos os funcionários federais trabalhava nos Correios. Em 1962, o governo federal empregava diretamente cerca de 5.354.000 trabalhadores. E isso em uma nação de cerca de 180 milhões de pessoas. Em 2010, esse número tinha caído para 4.443.000 – com uma população de mais de 300 milhões. Esse fluxo muito grande de dinheiro do governo, imune aos caprichos do ciclo econômico, permitiu uma iniciativa privada vigorosa e lucrativa. E altos impostos, e não altos empréstimos, pagaram pelo Estado grande: de 1950 a 1970, os déficits federais foram em média inferiores a 1% do PIB.

Embora não tenha havido uma grande reorganização de classe e riqueza, a renda mediana aumentou continuamente, criando uma forte classe média. Antes, carros, casas, eletrodomésticos e boas escolas estavam reservados para os 10% mais ricos – mas em 1970 tinham se tornaram propriedade, ou pelo menos estavam ao alcance, da maioria.

Os esforços do governo federal para promover a construção e a aquisição de casas, tornando o financiamento hipotecário mais flexível, na verdade começaram com Herbert Hoover, que em agosto de 1932 assinou a Lei Federal de Empréstimos para Casas para fornecer crédito governamental para hipotecas. Ele deu início ao que viria a ser a abordagem dos Estados Unidos para a promoção e assistência do governo para habitação. Em vez de fornecer moradia diretamente (o que se tornou a norma na Europa), o governo ofereceria apoio substancial para o financiamento do desenvolvimento privado e da propriedade de casas. A Home Owners' Loan Corporation [Corporação de Empréstimo para a Propriedade de Casas], criada na mesma época, financiou mais de 1 milhão de hipotecas entre agosto de 1933 e agosto de 1935 e estabeleceu aqueles que se tornariam os mecanismos duradouros do financiamento hipotecário dos Estados Unidos: prazos longos, taxas fixas, parcelas baixas e amortizações – respaldados por uma garantia do governo, necessária para persuadir os bancos de que era um bom negócio emprestar a uma taxa fixa por trinta anos a mutuários que sempre tinham a opção de pagar o empréstimo a qualquer momento.

Casas unifamiliares em lotes de cerca de quatrocentos ou oitocentos metros quadrados significavam automóveis. Em escala, o modelo mais antigo – subúrbios conectados aos centros urbanos por bondes ou trens suburbanos – não funcionaria. O que tomou seu lugar foram os estupendos e onipresentes sistemas circulatórios das rodovias de acesso limitado. A Lei Nacional de Rodovias Interestaduais e de Defesa, de 1956, exigia quase 70 mil quilômetros de rodovias de alta velocidade, com o governo federal pagando 90% dos custos. O dinheiro do transporte foi ainda mais maciçamente transferido para os subúrbios (e para longe das necessidades das cidades) do que o seguro da Federal Housing Administration [Administração Federal de Habitação]:

apenas cerca de 1% do financiamento federal do transporte foi para o transporte público. E dois terços dos quilômetros de faixas de rodagem foram construídos dentro dos limites das áreas metropolitanas: o Sistema de Rodovias Interestaduais deveria ter sido chamado de Sistema de Rodovias Suburbanas.

De fato, a migração para os subúrbios trouxe consigo um novo tipo de democratização embutida, uma homogeneização dos padrões de consumo. Todos os escalões das famílias norte-americanas, exceto os mais baixos – e os mais negros –, encontraram seu lugar e sentiram-no como sendo o mesmo lugar: os Estados Unidos de classe média. Essas famílias diziam isso repetidamente aos pesquisadores. Os cientistas sociais tinham dificuldade em entender como e por que três quartos dos norte-americanos persistiam em dizer que eram de classe média. Os norte-americanos brancos de classe média não: eles marcharam alegremente, ou melhor, dirigiram, para tomar posse de suas novas casas suburbanas. O desenvolvimento suburbano foi uma forma extrema de segregação por classe e, é claro, por raça. Mas a divisão não era tão importante. Ainda havia apenas uma nação – os Estados Unidos de classe média –, mesmo que alguns ganhassem mais do que outros.

Em 1944, com o fim da guerra à vista, o governo se preocupava com como os 16 milhões de soldados voltando para casa encontrariam empregos. Foi aprovada a Lei dos Soldados, fornecendo, no lugar do tradicional bônus para veteranos, um generoso programa de apoio para soldados que desejassem ir para a faculdade – isso os manteria fora da força de trabalho por um tempo –, além de um importante programa de assistência a hipotecas para os soldados que retornavam, com o valioso extra de, possivelmente, estarem isentos do pagamento de entrada.

O consenso pós-Grande Depressão e pós-guerra que estava se formando nos Estados Unidos também incluía um lugar para os sindicatos: eles seriam uma parte essencial do casamento entre Hayek e Polanyi. Em 1919, a filiação sindical nos Estados Unidos era de cerca de 5 milhões. O número de membros caiu para talvez 3 milhões na época da posse de FDR, em 1933, passou para 9 milhões no final de 1941 e aproveitou o apertado mercado de trabalho da Segunda Guerra Mundial para passar para cerca de 17 milhões ou mais quando Eisenhower foi empossado, em 1953.

De 1933 a 1937, organizar os sindicatos ficou mais fácil – apesar do alto desemprego – por causa da sólida oscilação do sistema político em favor dos democratas, cada vez mais progressistas. O governo federal não era mais uma força antissindical, mas pró-sindical. A Lei Wagner deu aos trabalhadores o direito de se envolver em negociações coletivas. Um Conselho Nacional de Relações Trabalhistas monitorou e limitou bastante a capacidade de empregadores antissindicais de punir os organizadores e membros sindicais. Empregadores em grandes indústrias de produção em massa aprenderam a valorizar a mediação entre patrões e empregados que os sindicatos podiam oferecer. E os trabalhadores aprenderam a valorizar os salários acima do mercado que os sindicatos podiam negociar.

Junto com a ascensão da década de 1930 e o fortalecimento institucional do movimento sindical veio a grande compressão dos salários e vencimentos dos Estados Unidos. No final dos anos 1920 e 1930, os 10% mais ricos, o 1% mais rico e o 0,01% mais rico da população dos Estados Unidos detinham 45%, 20% e 3% da riqueza do país, respectivamente. Na década de 1950, essas participações caíram para cerca de 35%, 12% e 1%. (Em 2010, elas tinham voltado a subir, passando para 50%, 20% e 5%.)[13] Até certo ponto, isso ocorreu porque a educação venceu sua corrida contra a tecnologia, tornando temporariamente os trabalhadores "não qualificados", em geral mal pagos, escassos – e, portanto, valorizados. Até certo ponto, também, foi assim porque o fechamento da imigração teve efeitos semelhantes na oferta de trabalhadores com inglês ruim (ou inexistente). Mas o fato de essa "grande compressão" ser encontrada em todas as economias do Atlântico Norte sugere que os fatores político-econômicos desempenharam um papel maior do que os fatores de oferta e demanda. Os sindicatos também contribuíram para comprimir a distribuição salarial. E as leis de salário mínimo e outros regulamentos também tiveram um papel. Por fim, havia o sistema tributário fortemente progressivo instituído para combater a Segunda Guerra Mundial – que desencorajava os ricos a se esforçarem demais para enriquecer às custas dos outros. Se um CEO recompensasse a si mesmo com uma parcela muito maior dos lucros totais da empresa e incitasse a ira do sindicato, talvez sua tentativa deixasse de valer a pena.

Walter Reuther nasceu em 1907 em Wheeling, West Virginia. Seus pais eram imigrantes alemães socialistas.[14] Seu pai o levou para visitar Eugene V. Debs, o socialista-pacifista preso durante a Primeira Guerra Mundial. E ele aprendeu a "filosofia do sindicalismo" e ouviu sobre "as lutas, esperanças e aspirações dos trabalhadores" todos os dias que passou na casa de seus pais. Aos dezonove anos, deixou Wheeling para se tornar mecânico na Ford Motor Company em Detroit, fabricando as ferramentas que os trabalhadores da linha de montagem usariam. Em 1932, foi demitido da Ford por organizar um comício para Norman Thomas, o candidato do Partido Socialista à presidência. Passou de 1932 a 1935 viajando pelo mundo. Durante esse tempo, treinou trabalhadores russos em Gorky – Nijni Novgorod – para operar as máquinas da linha de produção do Modelo T que Ford tinha vendido para Stálin quando substituiu o Modelo T pelo Modelo A, em 1927. De volta a Detroit, ingressou no United Auto Workers (UAW) e, em dezembro de 1936, iniciou uma greve na Kelsey-Hayes, fornecedora de freios da Ford. Milhares de simpatizantes bloquearam as tentativas da administração de mover as máquinas para outro lugar para que pudessem reiniciar a produção com fura-greves.

O democrata Frank Murphy acabara de derrotar por pouco o republicano Frank Fitzgerald para o cargo de governador de Michigan. Numa década anterior, a polícia – ou, como na greve da Pullman, quarenta anos antes, o exército – teria aparecido para fazer valer os direitos de propriedade dos donos e gerentes. Não em 1936. Depois de dez dias, sob pressão muito forte da Ford, que precisava daqueles freios, a Kelsey-Hayes cedeu. O número de membros da UAW local passou de duzentos, no começo de dezembro de 1936, para 35 mil no fim de 1937. Em 1937, Reuther e seus irmãos iniciaram uma greve na General Motors, então a maior corporação do mundo, em seu centro de produção em Flint, Michigan. Os trabalhadores em greve ganharam o controle da única fábrica que fazia motores para a marca mais vendida da GM, a Chevrolet. Dessa vez, o novo governador, Murphy, enviou a polícia, mas não para expulsar os grevistas; em vez disso, eles foram instruídos a "manter a paz".

Em 1946, Reuther era diretor da UAW, seguindo a estratégia de usar o poder do sindicato não apenas para conseguir salários mais altos e melhores condições de trabalho para seus membros, mas para "lutar pelo bem-estar do público em geral [...] como um instrumento de mudança social". A UAW era uma; as montadoras eram muitas – as três grandes, GM, Ford e Chrysler, e várias fabricantes menores que encolheram com o tempo. A tática de Reuther era, a cada ano, ameaçar fazer greve em uma das três e então cumprir a ameaça: a empresa atingida perderia dinheiro enquanto estivesse fechada, e os membros da UAW que trabalhavam para outras empresas apoiariam os grevistas, mas as outras empresas não bloqueariam trabalhadores nem apoiariam seu concorrente atingido com dinheiro. Após quatro anos pós-Segunda Guerra Mundial de ameaças anuais de greve, em 1950 o CEO da GM, Charlie Wilson, propôs um contrato para cinco anos sem greve. Reuther negociou não apenas salários mais altos, mas também assistência médica e programas de aposentadoria financiados pela empresa, além de aumentos para o custo de vida. Era o "Tratado de Detroit". Ele significou que os trabalhadores agora tinham não apenas uma renda justa, mas também a estabilidade necessária para pensar em comprar uma casa não geminada, mudar-se para os subúrbios e se locomover nos carros que construíam: os níveis superiores da classe trabalhadora eram agora de classe média.

Em 1970, Reuther morreu, junto com sua esposa, May, e quatro outras pessoas, quando o avião em que estavam caiu por causa de um nevoeiro na aproximação final do Aeroporto Regional de Pellston, em Michigan. O altímetro do avião tinha peças faltantes e incorretas, algumas das quais foram instaladas de cabeça para baixo. Reuther já tinha sobrevivido a pelo menos duas tentativas de assassinato.

O terceiro componente do consenso keynesiano do pós-guerra nos Estados Unidos era o Estado de bem-estar, ou de seguridade social. Mas o Estado de seguridade social dos Estados Unidos acabou sendo significativamente menos generoso do que a típica iteração europeia. Do ponto de vista da Europa Ocidental, a versão dos Estados Unidos era anêmica. Mesmo a conservadora Margaret Thatcher achava a ausência de assistência médica estatal horrorizante e até bárbara. E, de modo geral, os programas de seguridade social norte-americanos, baseados na capacidade financeira dos recipientes, fizeram menos para nivelar o terreno do que programas europeus semelhantes. Os esforços dos Estados Unidos para dar poder de compra adicional aos pobres da primeira geração pós-Segunda Guerra Mundial incluíram iniciativas como vale-alimentação para subsidiar a dieta, dinheiro para mães solteiras e uma pequena e racionada quantidade de habitações públicas de baixa qualidade.

Ao mesmo tempo, em um sentido mais amplo, a social-democracia nos Estados Unidos englobava uma vasta gama de iniciativas e organizações, que incluía, entre muitas outras, o Sistema de Rodovias Interestaduais, a construção de aeroportos, o controle de tráfego aéreo, a Guarda Costeira dos Estados Unidos, o Serviço Nacional de Parques e apoio do governo para pesquisa e desenvolvimento por meio de agências como o Instituto Nacional de Padrões e Tecnologia, a Administração Nacional Oceânica e Atmosférica e os Institutos Nacionais de Saúde. Também incluía a ação antitruste do Departamento de Justiça e da Comissão Federal do Comércio, os reguladores financeiros da Comissão de Valores Mobiliários, o Escritório do Controlador da Moeda, o Federal Reserve e a Corporação Garantidora de Benefícios Previdenciários. E compreendia uma promessa do governo federal de proteger os pequenos depositantes bancários contra falências bancárias, e os grandes banqueiros – instituições financeiras sistemicamente importantes – contra colapso, bem como a Seguridade Social e todos os seus primos – Renda Complementar de Seguridade, Head Start (programa de auxílio a crianças em situação de vulnerabilidade social), e Earned Income Tax Credit (créditos no imposto de renda). Nenhum desses programas seria visto como um uso adequado do governo pelos simpatizantes do libertarianismo, nem mesmo pelo mais aguado deles.

O fato de a Grande Depressão ter sido um enorme impulso para a guinada à esquerda dos Estados Unidos, de um sistema *laissez-faire* para uma economia "mista" mais gerenciada, essa economia "mista" teve um impacto na forma do Estado de bem-estar pós-Segunda Guerra Mundial. Na Europa, a economia mista tinha uma tendência um tanto igualitária: tentava nivelar a distribuição de renda e proteger os cidadãos contra o mercado. Nos Estados Unidos, os principais programas de bem-estar social eram vendidos como "seguros" nos quais os indivíduos, em média, recebiam de acordo com o que pagavam. Não eram ferramentas para alterar a distribuição de renda. A Segurança Social fazia pagamentos proporcionais às contribuições anteriores. A estrutura pró-trabalho da Lei Wagner era mais útil para os trabalhadores relativamente mais qualificados e bem pagos, com vínculos de trabalho seguros, os quais poderiam usar o mecanismo legal para conseguir uma participação nos lucros de suas empresas. E o grau de progressividade no imposto de renda sempre foi limitado.

Os objetivos da social-democracia eram notavelmente diferentes do alto objetivo socialista de tornar responsabilidade do Estado prover necessidades como comida e abrigo enquanto direitos de cidadania, ou de camaradagem, em vez de coisas que tinham de ser conquistadas com o suor do rosto. Em vez disso, a social-democracia concentrava-se em fornecer apoio em dinheiro e impostos progressivos para redistribuir a renda em uma direção mais igualitária. Enquanto o sistema de provisão pública do alto socialismo podia muitas vezes ser ineficiente, um sistema que simplesmente distribuía renda de maneira mais igualitária evitava o desperdício, sustentando financeiramente apenas os necessitados e aproveitando as eficiências mágicas do mercado para objetivos sociais.

Em algo como um casamento forçado, Hayek e Polanyi mantiveram desajeitadamente a casa sob a social-democracia por décadas – desde que o país fosse abençoado com o pleno emprego de Keynes – de forma mais inclusiva do que antes e com uma cordialidade suficiente, embora cautelosa.

NÃO ERA ÓBVIO QUE A EUROPA Ocidental se tornaria mais social-democrata do que os Estados Unidos no período pós-Segunda Guerra Mundial. Em geral, sua política interna tinha se voltado para a direita durante a Grande Depressão. E, por gerações, seu compromisso tanto com a democracia política quanto com as instituições de mercado foi mais fraco que o dos Estados Unidos. No entanto, de alguma forma, no total, a rede de segurança social da Europa Ocidental e as políticas do Estado de bem-estar excederam drasticamente as dos Estados Unidos.

E, como observamos nos capítulos anteriores, o compromisso da Europa Ocidental com a social-democracia valeu a pena: as economias da região cresceram nas décadas de 1950 e 1960. O que a Europa pós-Segunda Guerra Mundial realizou em seis anos superou o que a Europa pós-Primeira Guerra Mundial fez em dezesseis. A taxa de crescimento do PIB da Europa Ocidental, que tinha oscilado entre 2% e 2,5% ao ano desde o início do longo século XX, acelerou para surpreendentes 4,8% ao ano entre 1953 e 1973. O *boom* elevou a produção *per capita* a níveis sem precedentes – e, tanto na França quanto na Alemanha Ocidental, em 1955 a produtividade do trabalho tinha ultrapassado suas tendências pré-1913.[15]

Parte do que impulsionou o rápido crescimento da Europa foi sua taxa de investimento excepcionalmente alta, quase duas vezes maior do que na última década antes da Primeira Guerra Mundial.

Outra parte do que impulsionou o crescimento foi o mercado de trabalho europeu, que alcançou uma notável combinação de pleno emprego e muito pouca pressão ascendente sobre salários acima dos ganhos de produtividade.

Como explicou o historiador econômico Charles Kindleberger, essa estabilidade no mercado de trabalho foi causada por ofertas elásticas de mão de obra subempregada, vinda dos setores rurais dos países avançados e da periferia sul e leste da Europa. Ofertas elásticas de mão de obra disciplinaram os sindicatos, que de outra forma poderiam ter pressionado agressivamente por salários insustentáveis. Mas a situação certamente também foi resultado da sombra lançada pelo passado recente. A memória do alto desemprego e dos conflitos entreguerras serviu para moderar o conflito no mercado de trabalho. Os conservadores lembravam que as tentativas de reverter os Estados de bem-estar entreguerras levaram à polarização e à falta de estabilidade – e, em última análise, prepararam o terreno para o fascismo. Os esquerdistas, por sua vez, se lembravam do outro lado da mesma história. Ambos podiam refletir sobre a estagnação do período entreguerras e culpar o impasse político. Para todos, a melhor estratégia parecia ser primeiro pressionar por melhorias de produtividade e então adiar as redistribuições.[16]

Conforme a primeira geração pós-Segunda Guerra Mundial dava lugar à segunda, e conforme as indústrias do núcleo industrial se tornavam cada vez mais mecanizadas, elas deveriam ter se tornado cada vez mais vulneráveis à competição estrangeira de países com salários mais baixos. Se Henry Ford conseguiu redesenhar a produção para que os trabalhadores não qualificados da linha de montagem fizessem o que os artesãos qualificados costumavam fazer, o que impedia Ford – ou qualquer outra pessoa – de redesenhar a produção para que ela pudesse ser realizada por trabalhadores de baixa renda fora da região do Atlântico Norte?

De fato, as indústrias começaram a migrar do núcleo industrial rico para a periferia pobre. Mas na primeira ou nas duas primeiras gerações pós-Segunda Guerra Mundial, isso aconteceu lentamente. Um dos motivos foi o risco adicional de instabilidade política: os investidores tendem a ter receio de aplicar o seu dinheiro em locais onde é fácil imaginar perturbações políticas significativas. Além disso, havia vantagens substanciais para uma empresa em manter a produção no núcleo industrial, perto de outras máquinas e outras fábricas de produtos similares. Isso significava acesso a uma rede elétrica confiável e proximidade com os especialistas necessários para consertar as muitas coisas que poderiam dar errado com máquinas complexas.

Esses fatores eram de uma ordem de grandeza mais importante para as indústrias em fluxo tecnológico do que para as indústrias centradas em uma tecnologia estabelecida e relativamente imutável. As empresas tendem a escolher locais próximos às empresas que fabricam suas máquinas em grande parte por causa das vantagens significativas decorrentes do intercâmbio e do *feedback* de usuários e produtores – *feedback* especialmente valioso se os projetos ainda estiverem em andamento. Fazer isso também significava ser capaz de tirar proveito de uma força de trabalho bem treinada, familiarizada com o maquinário e capaz de se adaptar ao uso de máquinas ligeiramente diferentes de maneiras um pouco diferentes. À medida que as indústrias atingiam maturidade tecnológica, seus processos de produção tendiam a se estabelecer em padrões estáticos, e seus modelos de negócios tornavam-se aqueles em que as vendas eram feitas com base no preço mais baixo. Era quando tinham esse nível de maturidade que indústrias e empresas tendiam a migrar para a periferia da economia mundial.

Como a social-democracia era democracia, as pessoas podiam escolher nas urnas quanto de desigualdade de renda e riqueza estavam dispostas a aceitar. Podiam votar por impostos mais ou menos progressivos. Podiam optar por expandir ou contrair o conjunto de bens públicos e semipúblicos e de benefícios oferecidos a todos os cidadãos. Podiam ampliar ou contrair os benefícios oferecidos aos pobres. Mas, fundamentalmente, a social-democracia como sistema foi construída sobre a premissa de que a redistribuição universal era desejável porque todos os cidadãos queriam estar seguros contra o risco de pobreza. Os incentivos para maximizar a produção também eram bons. No entanto, o truque era a questão de como equilibrar seguro contra risco e incentivos à produção, uma questão tanto de julgamento como de política. Onde quer que deitasse raízes, a social-democracia lutava por programas que davam vazão a pequenas quantias de renda redistribuída, ao mesmo tempo que buscavam o maior bem para o maior número de pessoas.

Por essas razões, a social-democracia era uma força poderosa. Mas havia um problema. Que acabaria, talvez, provocando o fim da social-democracia e a ascensão do que ficou conhecido como "neoliberalismo": persistia, nas sombras, uma memória da crença de que a economia de mercado não era serva da sociedade, mas sua mestra – que as tentativas social-democratas de reivindicar os direitos polanyianos imporiam um fardo esmagador, que prejudicaria severamente o crescimento econômico de longo prazo e não produziria justiça social porque a provisão universalista de benefícios tornaria iguais pessoas que não deveriam ser iguais.

Talvez houvesse, no fundo, uma aversão humana quase inata até mesmo aos arranjos redistributivos semicentralizados que tiram de alguns e dão para outros. Humanos, ao menos como nós, enxergam a sociedade como uma rede de relações recíprocas de troca de bens. Como princípio geral, concordamos que todos nos saímos muito melhor quando fazemos coisas uns pelos outros, em vez de exigir que os indivíduos façam tudo sozinhos. Nem sempre queremos ser o receptor: isso nos faz sentir pequenos e inadequados. Nem sempre queremos ser o doador: isso nos faz sentir explorados e prejudicados. E por uma questão de princípio e prática, tendemos a reprovar toda vez que nos damos conta de uma situação em que outra pessoa parece estar seguindo uma estratégia de vida de sempre ser o receptor.[17]

Além disso, não há consenso sobre o que significa ser um "doador" ou um "receptor". As mães que criam filhos sem um parceiro estão realizando o trabalho árduo e incrivelmente valioso de criar a próxima geração, cujos impostos financiarão nossos pagamentos da Previdência Social? Ou são as "vida-fácil", explorando um sistema porque é mais cômodo, como seus críticos declaram com confiança, do que conseguir e se manter em um emprego? Um agiota é um doador quando ele perdoa metade dos juros que você deve, mas retém a quantia principal e a outra metade dos juros?

A lógica da social-democracia é que somos todos iguais enquanto cidadãos, e os iguais não devem ser tratados de forma desigual sem uma boa causa. Em uma economia de mercado, a boa causa que justifica a desigualdade é que precisamos incentivar o crescimento econômico recompensando a habilidade, a diligência e a visão, mesmo que isso inevitavelmente envolva também recompensar a boa sorte.

Mas o que acontece quando alguns cidadãos pensam que – por causa de nascimento, educação, cor da pele, afiliação religiosa ou alguma outra característica – são mais iguais do que os outros? E o que dizer daqueles que, no caso de programas que dependem da capacidade financeira dos contemplados, parecem estar recebendo não porque tiveram azar, mas simplesmente porque nunca contribuíram?

Esses dilemas podem ser ignorados enquanto o nível de emprego permanece alto e o crescimento, forte. Mas quando o crescimento desacelera e o emprego torna-se menos certo, o medo de que os "vagabundos" estejam se aproveitando ganha cada vez mais força. E esse medo de vagabundos foi uma parte significativa do que levou à queda da social--democracia e à virada para o neoliberalismo.

Ao mesmo tempo que as social-democracias lutavam para tratar seus cidadãos de forma igualitária por meio de programas redistributivos, elas embarcaram em outra empreitada, mais estranha. Em todo o mundo, tanto em áreas industrializadas como em desenvolvimento, os governos social-democratas – mesmo os mais anticomunistas entre eles – colocaram na cabeça que deveriam administrar e operar empresas.

Considere o caso do governo da Grã-Bretanha sob o primeiro-ministro Clement Attlee, sucessor imediato de Winston Churchill após a Segunda Guerra Mundial. No final da década de 1940, o governo de Attlee nacionalizou o Banco da Inglaterra, as ferrovias, as companhias aéreas, as companhias telefônicas, a mineração de carvão, a geração de energia elétrica, o transporte rodoviário de longa distância, o ferro, o aço e o fornecimento de gás natural. Oficialmente, a política de gestão não mudou depois que as indústrias foram nacionalizadas: a lucratividade comercial continuou sendo o objetivo oficial (embora fosse perseguido com menos vigor, especialmente quando a busca pela lucratividade pudesse envolver, digamos, o fechamento de plantas e fábricas).

Em retrospecto, a insistência social-democrata na produção governamental de bens e serviços é intrigante. Os governos não estavam apenas exigindo, nem distribuindo, nem regulando preços e qualidade. Eles estavam envolvidos na *produção*. Em todo o mundo, a crença de que grandes porções da indústria deveriam ser de propriedade e administração públicas dominou na metade do século XX. Mesmo hoje, no século XXI, ainda existem imensas empresas estatais e administradas pelo Estado: ferrovias, hospitais, escolas, instalações de geração de energia, siderúrgicas, fábricas de produtos químicos, minas de carvão e outras.

Nenhuma delas jamais fez parte da competência central dos governos. Organizações como hospitais e ferrovias devem ser administradas de olho na eficiência: produzir o máximo com os recursos disponíveis. Mas a lógica que molda a forma como os governos operam é diferente: é a lógica dos ajustes feitos à luz de interesses conflitantes. Como resultado, as empresas administradas pelo governo – sejam as minas de carvão da Grã-Bretanha, os monopólios de telecomunicações da Europa Ocidental ou os monopólios de produção de petróleo das nações em desenvolvimento – tendem a ser ineficientes e perdulárias.

Algumas das organizações e indústrias que estavam sendo nacionalizadas eram aquelas para as quais não se queria "eficiência" acima de tudo. Há momentos em que queremos incentivos "*soft*", suaves, em vez de "*hard*", concretos: uma clínica de saúde paga por seguradoras não deveria substituir soluções antibióticas por água colorida para diminuir seus custos. Uma empresa que administra uma rede de distribuição de eletricidade não deve economizar na manutenção para aumentar seus lucros correntes.

Mas os casos em que os incentivos "suaves" são desejáveis não são muitos: apenas quando os consumidores são maus juízes de qualidade, ou quando são incapazes de mudar para fornecedores alternativos. Em quase todos os outros lugares, os incentivos materiais concretos que motivam empresas com fins lucrativos são mais apropriados.

Então, por que os Estados social-democratas, todos em graus variados, fazem isso? Parece haver três razões principais.

A primeira foi um temor desmedido de monopólios. Os líderes desses governos acreditavam que as economias de escala levariam, em última análise, ao domínio de uma única empresa na maioria dos setores, que então exploraria o público impiedosamente, a menos que fosse de propriedade do Estado. O segundo era o temor da corrupção concomitante, ou o temor de que os chefes do monopólio simplesmente subornassem os reguladores. E terceiro, o impulso para a nacionalização foi motivado por um ressurgimento da crença marxista clássica de que o mercado era inerentemente explorador – e que tal exploração poderia ser evitada com a eliminação da propriedade privada dos meios de produção.

Hoje, todas essas crenças parecem ingênuas. Se o mercado é inerentemente corrompido pela exploração, o que pensar das hierarquias burocráticas? Sim, o monopólio deve ser temido. Sim, existem graves problemas em um mundo em que grande parte da vida econômica depende de retornos crescentes de escala para o monopólio controlador. Mas um monopólio administrado publicamente ainda é um monopólio. Em última análise, os esforços das social-democracias para operar os "pontos de comando" de suas economias terminaram em decepção, o que prejudicou o apoio político de longo prazo ao projeto da social-democracia.

Esse problema, porém, era pequeno se comparado aos danos que seriam causados pelas crises inflacionárias dos anos 1970 nos Estados Unidos. Durante grande parte daquela década, a taxa de inflação nos Estados Unidos oscilou entre 5% e 10% ao ano, um ritmo sem precedentes, com o desemprego atingindo níveis também dolorosos e insustentáveis. Como isso aconteceu?

Na década de 1960, a administração do presidente Lyndon Johnson não estava disposta a aceitar um piso ou mesmo uma média de cerca de 5% ou mais de desemprego, e então estabeleceu como objetivo reduzir esse número. Como disse Walter Heller, conselheiro econômico de Johnson, "o governo deve intervir para fornecer a estabilidade essencial [da economia] com altos níveis de emprego e crescimento que o mecanismo de mercado, se deixado por sua própria conta, não consegue oferecer". A tarefa não era mais apenas evitar depressões, mas atingir *altos níveis* de emprego – e crescimento.

Essa nova e ambiciosa missão levantou uma questão importante: seria possível manter o equilíbrio entre oferta e demanda enquanto se baixava a taxa de desemprego para menos de 5%? Em outras palavras, a taxa de desemprego poderia permanecer assim baixa sem acelerar a inflação? Em 1969, a resposta era razoavelmente clara: não.

O crescimento médio dos salários nominais não agrícolas nos Estados Unidos tinha flutuado em torno ou abaixo de 4% ao ano entre o fim da Guerra da Coreia e meados da década de 1960. Em 1968, tinha saltado para mais de 6%. Além disso, meia década de inflação em lenta ascensão levou as pessoas a começarem a prestar atenção ao que estava acontecendo. As pessoas tomam todo tipo de decisão com base em suas expectativas sobre qual será o nível de preços do próximo ano: decisões sobre sua demanda, em termos de quanto dinheiro poupar e que preços e salários cobrar. Um excesso episódico de oferta de dinheiro pode causar inflação *inesperada*. Mas quando as pessoas olham para a última meia década e veem que houve um excesso de oferta de dinheiro durante esse período, elas vão esperar inflação nos anos seguintes. Isso pode se tornar duplamente ruim. O nível de preços vai saltar, em parte como esperado e em parte como inesperado. E a taxa de inflação total – a esperada mais a inesperada – vai disparar para cima.

O forte aumento da inflação surpreendeu o governo Johnson. O macroeconomista Robert Gordon mais tarde relembrou a estrutura analítica antes confiável e que eles vinham usando, dizendo que ela "desabou com uma velocidade incrível depois de 1967". Ele e seus colegas economistas, que tinham acabado de receber seus diplomas de pós-graduação e iniciado seus primeiros empregos, estavam "perfeitamente cientes do momento dessa virada da maré, [...] e quase de imediato perceberam que sua educação na pós-graduação era incapaz de explicar a evolução da economia".[18]

Conselheiros econômicos de Johnson e, antes dele, do presidente John F. Kennedy tinham argumentado que uma redução substancial no desemprego só poderia ser alcançada com um aumento moderado da inflação. Mas as expectativas de inflação ficaram "desancoradas". Preços e salários não foram definidos de acordo com uma expectativa de estabilidade de preços, ou mesmo com um lento aumento da inflação, mas sim com a inflação do ano anterior, que se tornou o novo normal. Ao longo dos quatro anos de 1965 a 1969, o Federal Reserve acomodou o desejo do presidente Johnson de reduzir o desemprego, expandindo a oferta monetária para manter as taxas de juros baixas, e então os gastos da Guerra do Vietnã, desequilibrados por impostos mais altos, superaqueceram ainda mais a economia. Em 1969, os Estados Unidos não tinham uma inflação de 2%, mas de 5% ao ano.

O presidente Richard Nixon assumiu o cargo em 1969, e os economistas do novo governo republicano planejavam aliviar a inflação com apenas um pequeno aumento no desemprego, reduzindo os gastos do governo e encorajando o Federal Reserve a aumentar as taxas de juros. O plano funcionou apenas pela metade: o desemprego realmente aumentou – de 3,5% para quase 6% entre 1969 e 1971 –, mas a inflação mal se mexeu.

Esse resultado foi um grande mistério. Até esse ponto, parecia que a economia dos Estados Unidos deslizava para a frente e para trás ao longo de uma estável "curva de Phillips" de inflação e desemprego (em homenagem ao economista A. William Phillips). Os governos democráticos tendiam a passar mais tempo na extremidade esquerda da curva, com desemprego relativamente baixo. Os governos republicanos tendiam a passar mais tempo do lado direito, com inflação relativamente baixa e desemprego mais alto. Mas seja pelos padrões absolutos ou pelos padrões históricos, tanto a inflação quanto o desemprego eram baixos. Os economistas de Nixon pretendiam mover a economia da esquerda para a direita da curva, mas agora descobriam que ela não estava obedecendo.

Suas tentativas de combater a inflação aumentando marginalmente o desemprego não funcionavam mais porque ninguém acreditava que o governo teria coragem de persistir nesses esforços por muito tempo. Os trabalhadores da indústria automobilística, por exemplo, acreditavam que o governo não permitiria o desemprego generalizado na indústria automobilística – e interviria para ajudar, aumentando a demanda nominal e dando às pessoas liquidez suficiente para comprar carros caso as vendas da indústria começassem a cair. Isso deixou a United Auto

Workers sem qualquer incentivo para moderar suas demandas salariais – e os fabricantes de automóveis sem qualquer incentivo para resistir a essas demandas: eles poderiam simplesmente repassar o aumento dos custos aos consumidores.

Esse resultado inesperado de seus esforços deixou os economistas de Nixon em uma situação difícil. Uma "solução" possível era criar uma recessão verdadeiramente massiva: deixar dolorosamente claro que, mesmo que a inflação subisse a níveis muito dolorosos, o governo não se acomodaria e manteria o desemprego alto até que a inflação caísse. Nenhum presidente pensaria nessa possibilidade. Mas foi, no final das contas, o caminho que os Estados Unidos seguiram, porém em grande parte por acidente e depois de muitos paliativos.

Confrontado com uma taxa de desemprego de 6%, uma taxa de inflação de 5% e um coro barulhento de reclamações de que administrara mal a economia, Nixon percebeu os ventos políticos se voltando contra ele. Arthur Burns, ex-conselheiro do presidente, recém-empossado como presidente do Federal Reserve, previu sombriamente que seria necessária uma grande recessão para reduzir as expectativas inflacionárias por meio de mecanismos de mercado, e que a adoção de tal plano o tiraria do cargo. O Congresso, ele supôs, votaria esmagadoramente para demitir um presidente do Federal Reserve que criasse uma recessão tão grande. Para Nixon, a situação política era dolorosamente familiar: em 1960, como vice-presidente concorrendo à presidência, ele e o então assessor de Eisenhower Arthur Burns imploraram a seu chefe, o presidente Eisenhower, que não deixasse o desemprego aumentar durante a eleição de 1960. Eisenhower recusou, e Nixon perdeu por pouco a eleição de 1960 para Kennedy.[19]

Dessa vez, Nixon optou por uma versão de "terapia de choque": suspender o sistema de câmbio fixo, mas flexível, implantado durante os acordos de Bretton Woods (a suspensão acabaria se tornando permanente), impor controles de preços e salários para reduzir a inflação e fazer com que Arthur Burns, seu presidente do Federal Reserve, entendesse que, com a aproximação das eleições de 1972, o desemprego precisava estar mais baixo e em declínio. Os cálculos políticos de Nixon, no entanto, não foram os únicos culpados pela alta da inflação. Muitos economistas, incluindo o conselheiro de Johnson, Walter Heller, acreditavam que as políticas de Nixon não eram suficientemente estimulantes e inflacionárias.

Na prática, a oferta de dinheiro superou em muito a demanda e, quando os controles de preços de Nixon foram suspensos, a inflação acelerou cada vez mais.

Em retrospecto, podemos nos perguntar se havia alguma maneira de Nixon ter reduzido a inflação de volta a uma taxa "normal" de cerca de 3%, ou pelo menos tê-la contido em menos de 6%. Em um nível técnico, é claro, havia. Foi mais ou menos na mesma época que a Alemanha Ocidental se tornou a primeira economia a empreender uma "desinflação". O pico da inflação alemã ocorreu em 1971: depois disso, o Bundesbank adotou políticas que não tendiam a acomodar choques de oferta ou outras pressões ascendentes sobre a inflação. No início da década de 1980, a inflação da Alemanha Ocidental era invisível. O Japão iniciou um esforço semelhante de desinflação em meados da década de 1970, enquanto a Grã-Bretanha e a França esperaram até mais tarde para iniciar suas desinflações. O último ano de inflação de dois dígitos na França foi 1980; o da Grã-Bretanha foi 1981.[20]

Dados esses exemplos, não havia obstáculos "técnicos" para tornar o surto de inflação moderada que os Estados Unidos experimentaram no final dos anos 1960 uma anomalia revertida rapidamente. Mas Arthur Burns não ousou.

Burns não tinha confiança de que poderia reduzir a inflação sem elevar o desemprego a níveis inaceitáveis. Em 1959, como presidente da American Economic Association [Associação de Economia dos Estados Unidos], ele fez um discurso anual que chamou de "Progress Towards Economic Stability" [Progresso Rumo à Estabilidade Econômica].[21] Passou a maior parte de seu discurso detalhando como os estabilizadores automáticos e a política monetária baseada em um melhor entendimento do funcionamento do sistema bancário tinham tornado extremamente improváveis episódios como a Grande Depressão. No final de sua palestra, falou sobre o que enxergava como um problema não resolvido criado pelo progresso em direção à estabilidade econômica: "um futuro de inflação secular". Os trabalhadores hesitaram em exigir aumentos salariais superiores ao crescimento da produtividade durante os *booms*, quando tinham poder de mercado para tal, porque temiam as consequências de serem caros demais para seus empregadores nas depressões que viriam. Mas e se não houvesse depressões por vir?

Então, depois de 1972, vieram os choques do petróleo. Primeiro, os preços mundiais do petróleo triplicaram em resposta à Guerra do Yom Kippur, de 1973, e triplicaram novamente após a Revolução Iraniana de 1979, quando a Organização dos Países Exportadores de Petróleo (OPEP) percebeu o tamanho do seu poder de mercado.

É possível que a primeira triplicação tenha sido um resultado não lamentado da política externa dos Estados Unidos. No início dos anos 1970, o principal conselheiro de política externa de Nixon, Henry Kissinger, queria fortalecer o xá do Irã como um possível contrapeso à influência soviética no Oriente Médio. Com o preço do petróleo triplicado, o xá ficou de fato imensamente fortalecido – ao preço de enormes prejuízos econômicos para o Ocidente industrial e para o resto do mundo em desenvolvimento, que viu sua conta de petróleo multiplicar-se muitas vezes. É certo que as repercussões econômicas do aumento do preço do petróleo surpreenderam o governo Nixon – Kissinger sempre achou as questões econômicas chatas e sem importância, apesar de a força militar e diplomática dos Estados Unidos depender delas. É bastante provável que o governo tenha considerado o aumento dos preços do petróleo como algo que não merecia preocupação, e que certamente não merecia o trabalho que daria para combatê-lo – afinal, ele tinha fortalecido o xá. Poucos tinham qualquer noção do dano econômico que ele poderia causar, e esses poucos não foram ouvidos pelo governo dos Estados Unidos.

Como o petróleo era o principal insumo energético na economia mundial, o choque desses aumentos de preços reverberou em todo o mundo e acabaria levando a uma inflação anual de dois dígitos no final dos anos 1970.

O primeiro dos picos de inflação, aquele desencadeado pelos aumentos do preço do petróleo na Guerra do Yom Kippur, levou a economia mundial a uma das mais profundas recessões do período pós-Segunda Guerra Mundial, deixando a economia dos Estados Unidos com uma inflação alta que acabaria por levar a outra recessão, em 1980-1982, a mais profunda da era pós-Segunda Guerra Mundial. Cada aumento da inflação foi precedido ou coincidiu com um aumento acentuado do desemprego. E durante o final da década de 1960 e a década de 1970, cada ciclo foi maior que o anterior: em 1971, o desemprego atingiu um pico de cerca de 6%; em 1975, cerca de 8,5%; e em 1982-1983, quase 11%.

Quando a recessão de 1975 atingiu seu pior ponto, as pessoas estavam prontas para tentar algo novo. Naquele ano, o senador Hubert Humphrey (democrata, de Minnesota), um ex-candidato presidencial, corredigiu um projeto de lei com o deputado Augustus Hawkins (democrata, da Califórnia) que exigiria que o governo reduzisse o desemprego para 3% em quatro anos e oferecesse emprego para qualquer um que o desejasse com o mesmo "salário vigente" pago pelos projetos de construção do governo. Em sua versão na Câmara, o projeto também concedeu aos indivíduos o direito de abrir processo contra o governo caso não tivessem o emprego. No início de 1976, os analistas achavam que o projeto de lei tinha grande probabilidade de ser aprovado, mas que o presidente Gerald Ford, um republicano, provavelmente o vetaria. De fato, muitos assumiram que a principal intenção de Humphrey e Hawkins era fazer Ford vetar o projeto de lei, criando assim um tema para seu adversário, Jimmy Carter, explorar na campanha durante a eleição seguinte, em 1976.

O que aconteceu de fato foi que o projeto de lei Humphrey-Hawkins foi diluído, diluído e diluído novamente, até que se tornou essencialmente um conjunto de declarações de que o Federal Reserve deveria tentar fazer coisas boas – completamente inofensivo na formulação de diretrizes reais. No final das contas, Jimmy Carter prevaleceu na eleição de 1976. E o efeito de longo prazo mais importante do projeto de lei Humphrey-Hawkins foi, talvez, dificultar no final da década de 1970 a proposição de políticas para reduzir a inflação. Qualquer medida que arriscasse pelo menos um aumento temporário no desemprego era considerada inviável.

No final da década de 1970, a inflação parecia estar fora de controle.

Do ponto de vista de um economista, um episódio inflacionário como o que aconteceu nos Estados Unidos na década de 1970 pode parecer pouco importante. Os preços sobem. Mas os salários e os lucros também sobem. Em outras palavras, os economistas podem argumentar que a inflação é uma redistribuição de soma zero. Alguns perdem, mas outros ganham a mesma coisa que alguns perderam. Sem nenhuma razão sólida para pensar que os perdedores são de alguma forma mais merecedores do que os ganhadores, os economistas podem perguntar: por que alguém, incluindo os economistas, deveria se importar tanto?

Essa visão é profundamente equivocada. Para entender por que, só precisamos retornar à avaliação de John Maynard Keynes sobre as consequências da inflação durante e após a Primeira Guerra Mundial: "Não há meio mais sutil e seguro de derrubar a base existente da sociedade do que perverter a moeda. O processo coloca todas as forças ocultas da lei econômica do lado da destruição, e o faz de uma maneira que nem um homem em 1 milhão é capaz de diagnosticar". Keynes estava falando de inflação alta: o suficiente para pegar "todas as relações permanentes entre devedores e credores, que formam o fundamento último do capitalismo", e torná-las "completamente desordenadas" – e a inflação da década de 1970, embora severa, não foi nada do tipo.[22]

Mas imiscuído nessa passagem está outro efeito da inflação: geralmente é possível fingir que há uma lógica na distribuição de riqueza – que por trás da prosperidade de uma pessoa existe alguma base racional, seja o trabalho árduo, a habilidade e a visão dessa pessoa, ou o trabalho árduo, a habilidade e a visão de algum ancestral seu. A inflação – mesmo a inflação moderada – acaba com esse disfarce. Não há base racional. Em vez disso, "aqueles a quem o sistema traz ganhos inesperados [...] tornam-se aproveitadores", escreveu Keynes, e "o processo de obtenção de riqueza degenera em uma aposta e uma loteria".[23]

E, obviamente, um governo que gera uma inflação como essa não é competente. No final da década de 1970, tudo o que os críticos da social-democracia precisavam fazer era apontar para a inflação e perguntar: um sistema político-econômico funcionando bem teria produzido isso? E a resposta era não.

15
A VIRADA NEOLIBERAL

A história não se repete, mas, estranhamente, ela rima. O período de 1945 a 1975 foi um eldorado econômico que rimou com os anos anteriores de eldorado econômico, 1870-1914. E o colapso pós-1975 dessa segunda era de ouro tinha algumas rimas com o fracasso em reparar a primeira era de ouro após o fim da Primeira Guerra Mundial.

O período após a Guerra Civil dos Estados Unidos, 1870-1914, o primeiro eldorado econômico, foi uma era de um trote, ou mesmo uma corrida, ao longo do caminho em direção à utopia em um ritmo nunca antes visto em nenhuma época histórica. Para a maioria pobre, ele reduziu consideravelmente as pressões da necessidade e da carência material. Para os ricos, trouxe uma quase utopia de abundância material: em 1914, a vida oferecia, "a um custo baixo e com um mínimo de problemas, conveniências, confortos e amenidades além do alcance dos monarcas mais ricos e poderosos de outras eras". Além disso, era grande a confiança da civilização a partir de 1914. Para os bem-pensantes, qualquer ideia de que esse sistema econômico progressivo, de prosperidade crescente, pudesse entrar em colapso era, como disse Keynes, "aberrante [e] escandaloso".[1] Apesar disso, veio a Primeira Guerra Mundial – e os fracassos da administração econômica em restaurar a estabilidade, a confiança no sistema e a taxa de prosperidade que avançava rapidamente antes da guerra. E assim as coisas desmoronaram. O centro não resistiu.

Aqui preciso fazer um alerta: o tempo desde o início da virada neoliberal se sobrepõe à minha carreira. Nele, desempenhei, de forma bastante diminuta, os papéis de intelectual, analista, líder de pensamento, tecnocrata, funcionário e Cassandra. Estive profunda e emocionalmente envolvido o tempo todo, enquanto trabalhava na promoção de políticas para o bem e para o mal, e enquanto meu envolvimento alternativamente aguçava e turvava meu discernimento. Deste ponto em diante, este livro se torna, em parte, uma discussão que estou tendo com meus eus mais jovens e com várias vozes em minha cabeça. O ideal do historiador é enxergar e entender, não advogar e julgar. É o que tento ao lidar com o pós-1980, mas não acho que tenha sucesso total.

Após a Segunda Guerra Mundial, ou, para ser mais preciso, 1938--1973 na América do Norte e 1945-1973 na Europa Ocidental, veio outro eldorado econômico, uma era de trote, ou mesmo uma corrida, em direção à utopia em um ritmo nunca antes visto em qualquer era histórica – incluindo 1870-1914. Para a maioria pobre, trouxe alívio das pressões da extrema necessidade e acesso a quantidades consideráveis de, pelo menos, as conveniências mais básicas da vida. Para os ricos, proporcionou uma abundância material não apenas inaudita, mas além da imaginação dos monarcas mais ricos e poderosos de outras épocas. A social-democracia estava dando certo. A destruição criativa podia acabar com o seu emprego, mas haveria outro tão bom ou melhor por causa do pleno emprego. E graças ao rápido crescimento da produtividade, sua renda certamente seria maior que a da pessoa típica com as suas qualidades e posição em qualquer geração anterior. E se você não gostasse do que seu bairro era ou estava se tornando, bastava comprar um carro e mudar para os subúrbios sem atrapalhar as outras partes da sua vida – pelo menos se você fosse um cara branco com uma família no Norte global.

Ainda assim, a confiança da civilização em 1973 era grande, apesar dos temores de que a Guerra Fria esquentasse. Para os bem-pensantes, qualquer ideia de que esse sistema econômico progressivo de prosperidade crescente pudesse entrar em colapso era, mais uma vez, aberrante e escandalosa. No Norte global, em média, as pessoas em 1973 possuíam entre duas e quatro vezes a abundância material que seus pais tinham tido na geração anterior. Nos Estados Unidos, especialmente, a conversa era sobre como lidar com o estado final visto em "Economic Possibilities for Our Grandchildren" [Possibilidades econômicas para nossos netos] de Keynes – a civilização da abundância material, na qual o problema da humanidade não seria como produzir o suficiente para escapar do reino da necessidade e ter algumas conveniências úteis, mas sim "como usar [...] a liberdade das preocupações econômicas prementes [...] para viver bem, sábia e agradavelmente"[2] – cinquenta anos antes de quando Keynes previu que isso poderia acontecer. Chaminés e fumaça não eram mais vistas como arautos benquistos da prosperidade, mas como aborrecimentos que precisavam ser eliminados para que pudéssemos ter ar puro. Era a época do livro *O renascer da América* e da expansão da consciência humana. Era a época de questionar as virtudes burguesas do trabalho árduo e regular e da economia em busca de abundância material e, em vez disso, *"turn on, tune in, drop out"*.*

E se as coisas não exatamente desmoronaram, o centro na realidade não resistiu. Houve um forte afastamento neoliberal da ordem anterior – a social-democracia – de 1945-1973. Em 1979, a energia cultural e política estava na direita. A social-democracia era amplamente vista como fracassada e superada. Uma correção de curso era necessária.

Por quê? A meu ver, a causa maior foi o extraordinário ritmo de crescimento da prosperidade durante os Trinta Anos Gloriosos, que subiu o sarrafo para que uma ordem político-econômica gerasse ampla aceitação. As pessoas no Norte global agora esperavam ver a renda distribuída de forma relativamente igualitária (pelo menos para os caras brancos), dobrando a cada geração, e esperavam que a incerteza econômica fosse muito baixa, principalmente com relação a preços e emprego – exceto para o lado positivo. E as pessoas, por algum motivo, agora exigiam que o crescimento de suas rendas fosse pelo menos tão rápido quanto esperavam e que fosse estável, ou então buscariam reformas.

Karl Polanyi morreu em 1964, em Toronto.[3] Se ele tivesse sido mais escutado, poderia ter alertado os bem-pensantes que, nos anos de rápido crescimento, discursaram sobre como uma administração bem-sucedida tinha trazido o fim de amargas lutas ideológicas. As pessoas, ele teria dito – e disse mesmo –, querem que seus direitos sejam respeitados. Embora

---

*   Mote da contracultura norte-americana, a expressão significa algo como "se ligue, sintonize-se e caia fora". Seu autor foi o psicólogo Timothy Leary, defensor do uso de drogas psicodélicas como o LSD. [N.T.]

entregar uma prosperidade crescente ano após ano possa substituir o respeito até certo ponto, é só até certo ponto. E a distribuição igualitária era uma espada com pelo menos dois gumes. As pessoas procuram *ganhar*, ou sentir que ganharam, o que recebem – e não que o recebem pela *graça* de alguém, pois isso não é respeitoso. Além disso, muitas pessoas não querem que aqueles que estão em uma posição inferior à delas sejam tratados como seus iguais, e podem até ver isso como a maior de todas as violações de seus direitos sociais polanyianos.

À medida que as gerações se acostumaram com um crescimento muito rápido, a quantidade de prosperidade crescente necessária para acalmar as preocupações geradas pela destruição criativa do capitalismo de mercado também aumentou. O sarrafo subiu. Os entes políticos e as economias do final dos anos 1970 esbarraram no sarrafo. E então as pessoas olharam em volta, procurando ideias sobre como reformar.

Diga o que quiser sobre Benito Mussolini, Vladimir Lênin e outros que propuseram todos os tipos de ideias sobre como reformar depois e, de fato, antes da Primeira Guerra Mundial, pelo menos eles foram intelectualmente criativos. Muito criativos. Mas as coisas que estavam expostas nas vitrines dos mercados de ideias no Norte global no final dos anos 1970 estavam bastante gastas. À esquerda, havia alegações de que o que estava acontecendo por trás das Cortinas de Ferro e Bambu na Rússia de Brejnev e na China imediatamente pós-Mao era de fato glorioso, e não apenas glorioso – mas bem-sucedido![4] À direita, havia alegações de que tudo estava de fato prestes a dar certo quando Hoover fora derrotado em 1932, e que todo o New Deal e toda a social-democracia foram grandes erros.

Ainda assim, o final da década de 1970 viu a geração chegando a um quase consenso de que a economia política do Norte global precisava, no mínimo, de uma reforma substancial: que algo da vitrine necessitava ser comprado.

Um fator muito poderoso que contribuiu para esse consenso foi que, depois de 1973, na Europa, nos Estados Unidos e no Japão, houve uma desaceleração muito acentuada na taxa de crescimento da produtividade e da renda real.[5] Parte disso foi consequência da decisão de passar de uma economia que poluía mais para uma economia que tentava iniciar o processo de despoluição do meio ambiente. A limpeza, no entanto, levaria décadas para fazer uma diferença real na vida das pessoas. A energia desviada da tarefa de produzir mais para a tarefa de produzir de um modo mais limpo logo se manifestaria em aumentos salariais e lucros mais baixos. E parte disso foi consequência dos choques do preço do petróleo em 1973 e 1979 – a energia que tinha sido dedicada a aumentar a produtividade do trabalho agora era dedicada a descobrir como produzir de maneira mais eficiente em termos de energia e como produzir de maneira flexível, que pudesse lidar com preços relativos de energia mais altos ou mais baixos. Parte disso também se deveu ao esgotamento do estoque de ideias úteis não implantadas que tinham sido descobertas e parcialmente desenvolvidas. Especialmente na Europa Ocidental e no Japão, os dias fáceis de "recuperar o atraso" pós-Segunda Guerra Mundial terminaram. À medida que a geração *baby boom* do pós-guerra entrava na força de trabalho, torná-la totalmente produtiva se provou uma tarefa difícil, e o fracasso em realizá-la totalmente foi uma fonte de dificuldades.[6] Mas é difícil avaliar quanto cada uma dessas fontes contribuiu para a desaceleração. É algo que permanece um mistério até hoje. O importante era que a promessa social-democrata de uma prosperidade cada vez maior não foi cumprida na década de 1970.

A irritação com um crescimento econômico marcadamente desacelerado foi amplificada pela inflação. Não, admitidamente, a inflação que se multiplicou por dois ou por sete no período pós-Primeira Guerra Mundial. Em vez disso, 5% a 10% ao ano. A desaceleração da produtividade significava que, se os salários nominais continuassem subindo no ritmo anterior, os preços teriam de subir mais rapidamente. A década iniciada em 1966, em que houve, quase todos os anos, choques de alta surpreendentes na taxa de crescimento dos preços monetários na média, convenceu empresas, sindicatos, trabalhadores e consumidores de que (a) era preciso prestar atenção à inflação, e (b) era provável que ela fosse a mesma ou um pouco maior do que a do ano anterior – então você precisava (c) incorporar no seu planejamento a expectativa de que, ao longo do ano seguinte, seu salário e o das outras pessoas, seus preços e os das outras pessoas, aumentariam pelo menos tanto quanto no ano anterior, e provavelmente mais. Isso então produziu a *estagflação*. Se a inflação permanecesse constante, então o emprego teria que cair abaixo do pleno emprego para pressionar os trabalhadores a aceitarem aumentos salariais menores do que esperavam. Se a economia estivesse em pleno emprego, então a taxa de inflação teria que subir aos poucos.

A Organização dos Países Exportadores de Petróleo (OPEP) impôs um embargo de petróleo contra os Estados Unidos e a Holanda na esteira da Guerra do Yom Kippur, em 1973, e isso desorganizou o mercado de petróleo. A OPEP acordou para o seu poder de mercado, e ao manter os altos preços do petróleo levou a economia mundial a uma grande recessão.[7] Ademais, preços de petróleo mais altos pressionaram a economia mundial a mudar de direção, passando de um foco no aumento da produtividade do trabalho para um foco na conservação de energia. Isso significava o desaparecimento – permanente – da renda e do emprego de muitas pessoas, e que os futuros empregos de muitas outras não seriam criados. E significou uma aceleração da inflação, que já vinha ocorrendo antes de 1973.

A triplicação dos preços mundiais do petróleo passou pela economia como uma onda, que então refletiu e passou pela economia repetidas vezes – não um aumento único no nível de preços, mas uma elevação permanente da taxa de inflação. O aumento da taxa de inflação de 1965 a 1973 predispôs as pessoas a considerar a inflação do ano anterior como um sinal de qual seria a inflação do ano seguinte.[8] E ninguém em posição de fazer uma política anti-inflacionária se preocupava o suficiente em deter a inflação, dado o provável alto custo de fazê-lo em termos de fábricas ociosas e trabalhadores desempregados. Outros objetivos tinham precedência: resolver a crise energética, manter uma economia de alta pressão ou garantir que a atual recessão não piorasse.

Essa inflação era um aborrecimento com o qual os governos achavam terrivelmente difícil lidar. A única forma de contrabalançar essas expectativas era assustar os trabalhadores e as empresas: tornar a demanda por mão de obra fraca o suficiente para que os trabalhadores não ousassem exigir aumentos salariais de acordo com a inflação esperada, por medo de perder o emprego, e fazer com que os gastos na economia como um todo fossem baixos o suficiente para que as empresas também não ousassem aumentar os preços de acordo com a inflação esperada. Manter a inflação constante exigia uma economia fraca, de baixo lucro e alto desemprego.

Uma inflação de 5% a 10% ao ano não é a inflação de 1 trilhão de vezes da Alemanha de Weimar. E uma desaceleração do crescimento da produtividade não é uma parada do crescimento da produtividade. De 1973 a 2010, a produtividade dos trabalhadores no Norte global cresceu a uma taxa média de 1,6% ao ano. Trata-se de uma queda significativa em relação à taxa de 3% mantida entre 1938 e 1973. Mas, de uma perspectiva histórica de longo prazo, ainda é muito: 1,6% ao ano é essencialmente o mesmo que a taxa de crescimento da produtividade no período de 1870-1914, aquele eldorado econômico original ao qual os economistas depois de 1918 queriam desesperadamente retornar.

Mas após as expectativas terem aumentado tanto por causa da prosperidade de 1945-1973, 1,6% não parecia tão impressionante. Além disso, o crescimento pós-1973 foi acompanhado pelo aumento da desigualdade. No topo, o ritmo médio de crescimento da renda real continuou sendo o de 1945-1973, 3% ao ano, ou até mais. Para as classes média e trabalhadora do Norte global, que pagavam por um crescimento firme e continuado para a classe média alta e pela explosão da riqueza plutocrata, isso significou salários ajustados pela inflação que cresciam apenas 0,5% a 1% ao ano. Além disso, havia os efeitos da inclusão: se você fosse da etnia e gênero "certos" em 1973, qualquer vantagem que conseguisse com sua posição na pirâmide seria esvaziada quando negros e mulheres levantassem a cabeça. E com pelo menos alguma diminuição das disparidades de renda de raça, etnia e gênero, os ganhos dos homens brancos, especialmente para aqueles com educação relativamente baixa, tiveram que, em média, ficar atrás da média da classe média baixa e trabalhadora de 0,5% a 1% ao ano.

A inflação criando pelo menos a aparência de grande instabilidade na renda, choques do petróleo produzindo as primeiras recessões econômicas perceptíveis desde a Segunda Guerra Mundial, turbulência sociológica e estagnação da renda – tudo isso torna provável alguma mudança. Ainda assim, a virada neoliberal, realizada em pouco mais de meia década nos anos 1970, foi notavelmente rápida.

Nos Estados Unidos, a Guerra do Vietnã não ajudou. O presidente Richard Nixon e Henry Kissinger bloquearam o fim da guerra no final de 1968, prometendo ao presidente sul-vietnamita Nguyễn Văn Thiệu que conseguiriam para ele um acordo melhor e uma chance melhor de sobrevivência política no longo prazo do que a administração de Lyndon Johnson estava oferecendo.[9] Eles mentiram. Depois de mais

1,5 milhão de vietnamitas e 30 mil norte-americanos mortos após 1968, o Vietnã do Norte conquistou o Vietnã do Sul em meados de 1975 – e prontamente iniciou uma campanha de limpeza étnica contra os vietnamitas de ascendência chinesa. O descontentamento doméstico com a guerra foi, para Nixon, uma vantagem política: sua estratégia sempre fora amplificar as divisões da guerra cultural, na crença de que, se ele conseguisse dividir o país em dois, a metade maior o apoiaria.

No entanto, mesmo com toda a inflação, com a desaceleração da produtividade e com a guerra pantanosa na Ásia e os crimes de Nixon, as coisas ainda estavam muito boas em termos de taxa de crescimento econômico e indícios de progresso social, pelo menos em comparação com o que aconteceu entre as guerras mundiais, ou mesmo em qualquer década entre 1870 e 1914. Por que, então, a década de 1970 viu um movimento tão poderoso contra a ordem político-econômica social-democrata, que desde a Segunda Guerra Mundial tinha sido bem-sucedida em seu número de equilibrismo? É verdade que o número de mortos norte-americanos na Guerra do Vietnã foi alto. Mas a inflação, exceto pelo nível de desemprego um tanto elevado, que acabou sendo necessário para evitar que ele aumentasse ainda mais, era uma redistribuição de soma zero, com os ganhadores igualando os perdedores. A desaceleração da produtividade foi uma decepção, mas ainda manteve os salários crescendo mais rápido do que em qualquer época anterior da história da humanidade.

Os economistas que minimizavam o lado negativo da inflação deveriam ter ouvido Karl Polanyi com mais atenção. As pessoas não procuram apenas ter boas coisas materialmente; elas gostam de fingir que há uma lógica na distribuição das coisas boas, e especialmente na distribuição para elas em particular – que sua prosperidade tem alguma base racional e merecida. A inflação – mesmo a moderada da década de 1970 – acabou com o disfarce.

Havia, aos olhos da direita, outros problemas com a social-democracia. Os governos social-democratas estavam simplesmente tentando fazer coisas demais. Muito do que eles estavam tentando era tecnocraticamente estúpido e fadado ao fracasso, e muitos dos defeitos aparentes que estavam tentando consertar na verdade não eram defeitos, mas coisas realmente necessárias para incentivar um comportamento bom e adequado. O futuro principal economista de Reagan (e meu brilhante, carismático e soberbo professor), Martin Feldstein, afirmou que as políticas expansionistas "adotadas na esperança de reduzir [...] o desemprego" produziram inflação: "Os benefícios de aposentadoria foram aumentados sem considerar o impacto subsequente no investimento e na poupança. Regulamentações foram impostas para proteger a saúde e a seguridade sem avaliar a redução da produtividade", escreveu. Além disso, "os benefícios de desemprego iriam encorajar demissões" e o bem-estar "enfraqueceria as estruturas familiares".[10]

Marty, dedicado a se esforçar ao máximo para entender corretamente os dados empíricos, e devotado ao debate intelectual e acadêmico honesto, acreditava em tudo isso no âmago de seu ser. Nós já vimos isso antes. É a convicção de que a autoridade e a ordem são de extrema importância e que a "permissividade" é fatal. É a opinião de que, novamente nas palavras de P. J. Grigg, secretário particular de Churchill, a economia e a política não podem perpetuamente "viver para sempre além de suas possibilidades, só na base da esperteza". É a ideia de que a economia de mercado tem uma lógica própria e faz o que faz por razões que estão além da débil compreensão mortal, e que precisam ser respeitadas, caso contrário as coisas desandam. É a crença de que acreditar que você é capaz de reorganizar e governar o mercado é *húbris*, e que ela trará *Nêmesis*.

No entanto, a análise de Marty também não era completamente falsa. Por que, na Grã-Bretanha, a política educacional social-democrata acabou dando aos filhos de médicos, advogados e proprietários de terras o direito de ir a Oxford de graça? Por que as social-democracias que nacionalizaram "os altos-comandos" de suas economias usaram esse poder não para acelerar o progresso tecnológico e manter o emprego alto, mas sim para sustentar indústrias cada vez mais obsoletas? Quando julgados por uma lógica tecnocrática de eficiência, todos os arranjos politicamente populares vão se revelar deficientes em algum grau. É a amplitude do descontentamento e a rapidez de seu ressurgimento após uma década que, em comparação com a Grande Recessão de 2008, ou a praga da covid-19 de 2020-2022, não parece ter sido um choque tão grande – é *isso* que me parece interessante. Uma triplicação dos padrões de vida do Norte global entre 1938 e 1973 não fez a utopia se concretizar. O crescimento foi interrompido e retardado. E em menos de uma década, tudo isso parecia indicar que a social-democracia precisava ser substituída.

Uma pedra de toque, novamente, é o historiador britânico de esquerda Eric Hobsbawm. Hobsbawm entendeu o final dos anos 1970 e o subsequente descontentamento com a ordem social-democrata como justificados, escrevendo: "Havia bons motivos para parte da desilusão com as indústrias estatais e a administração pública". Ele denunciou a "rigidez, ineficiência e desperdício econômico, tantas vezes protegidos pelas políticas governamentais da Era de Ouro". E declarou que "havia um espaço considerável para aplicar, com resultados benéficos, o agente de limpeza neoliberal ao casco incrustado de tantos bons navios de 'Economia Mista'". Ele continuou com o argumento, dizendo que o thatcherismo neoliberal tinha sido necessário e que havia quase um consenso sobre isso: "Mesmo a esquerda britânica acabaria admitindo que alguns dos choques brutais impostos à economia britânica pela sra. Thatcher provavelmente foram necessários".[11]

Hobsbawm foi um comunista vitalício. Até o fim de seus dias, ele continuaria a sustentar teimosamente, enquanto bebia chá com seus respeitosos entrevistadores, que as carreiras assassinas de Lênin e Stálin (mas talvez não de Mao?) tinham valido a pena, porque realmente poderiam, se as coisas tivessem acontecido de maneira diferente, ter destrancado o portão e aberto o caminho para uma verdadeira utopia.[12] No entanto, ele também frequentava com entusiasmo a Igreja da Dispensação Thatcherista, onde ouviu e depois pregou ele mesmo a lição: o mercado dá, o mercado tira; abençoado seja o nome do mercado.

Então, o que o Norte global compraria no mercado de ideias como seu programa de reforma? À esquerda, havia muito pouco. O socialismo real provara-se um fracasso, e mesmo assim muita energia na esquerda ainda era dedicada a minimizar seus fracassos. À direita, havia ideias de verdade. Não importa que, para os que se preocupam com a história, elas se parecessem bastante com as reformas de antes de 1930. Afinal, muitas das ideias do New Deal foram reaproveitadas da Era Progressista da primeira década de 1900. As ideias da direita eram apoiadas por muito dinheiro. A memória da Grande Depressão, e dos fracassos da austeridade na Grande Depressão, era coisa antiga e apagada. Mais uma vez, ouviram-se os brados por uma ortodoxia financeira sólida e por austeridade – até mesmo pelo padrão-ouro. Mais uma vez, foi apresentada a resposta-padrão – que tudo que deu errado era, de alguma forma, culpa de um governo superpoderoso. Afinal, para os verdadeiros crentes, era uma necessidade metafísica que a intervenção do governo tivesse causado a profundidade da Grande Depressão e sua duração tão longa. O mercado não poderia fracassar: só se poderia fazê-lo fracassar.

A memória evanescente da Grande Depressão levou ao desbotamento da crença da classe média – ou antes do reconhecimento – de que ela, assim como a classe trabalhadora, precisava de seguro social. Em um ambiente de estabilidade e crescimento econômico, os bem-sucedidos não apenas prosperavam materialmente, mas também podiam se convencer de que prosperavam moralmente, pois eram os autores de sua própria prosperidade – e o governo existia apenas para tributá-los injustamente e depois dar o dinheiro que seria deles por direito para os mais pobres, para os desviantes que careciam de sua indústria e seu valor moral.

A partir desse ponto, a crítica de direita se espalhou para abarcar muito mais do que uma economia vacilante. Pois a ala direita também abraçou uma crítica cultural, voltada diretamente para os próprios avanços na igualdade racial e de gênero esboçados acima. A social-democracia, declararam os conservadores em uma reação às ideias polanyianas, era falha porque tratava igualmente os desiguais. Lembre-se de George Stigler, professor de economia da Universidade de Chicago e Prêmio Nobel, que escreveu em 1962 – antes da Lei dos Direitos Civis, antes da Lei dos Direitos ao Voto, antes das ações afirmativas –, em seu ensaio "O problema do negro", que, do modo como ele enxergava o assunto, os negros *mereciam* ser pobres, desgostados e tratados com desrespeito: "O problema é que, em média", escreveu Stigler, "lhe falta um desejo de melhorar a si mesmo e lhe falta uma disposição de se disciplinar para esse fim". E embora o preconceito pudesse ser parte do problema, "o menino negro", como Stigler colocou, "é excluído de mais ocupações por sua própria inferioridade como trabalhador": "Faltando-lhe educação, faltando-lhe uma tenacidade de propósito, faltando-lhe uma disposição para trabalhar duro, ele não será o objeto da competição dos empregadores". E a "família negra", disse ele, era, "em média, um grupo frouxo e moralmente negligente", e trazia para as vizinhanças "um rápido aumento do crime e do vandalismo". "Nenhum estatuto, nenhum sermão, nenhuma manifestação", concluiu ele, "obteria para o negro a simpatia e o respeito que as virtudes sóbrias recomendam."[13]

A social-democracia estabeleceu como referência tratar todos como iguais. Os negros, sabendo que a sociedade norte-americana tinha dado calote na nota promissória que eles tinham recebido, fizeram manifestações, protestando que os Estados Unidos tinham lhes passado um cheque sem fundos. E essas manifestações, "crescendo em tamanho e insolência", como Stigler as caracterizou, eram um sinal de que as coisas estavam dando errado. A social-democracia era, para Stigler e companhia, economicamente ineficiente. Mas também era, aos olhos deles, profundamente injusta em sua distribuição universalista de benefícios. A palavra "insolência" de fato entrega o jogo.

A instabilidade geopolítica e geoeconômica vem e vai. A memória da Grande Depressão estava fadada a desaparecer. Poderia a social-democracia ter se segurado se a taxa de inflação da década de 1970 não tivesse servido como um índice conveniente da incompetência dos governos "keynesianos" e social-democratas, e como um ponto focal para apelos a um retorno a políticas mais "ortodoxas"? Ou a lógica mais profunda do drama moral – segundo a qual os social-democratas keynesianos tinham tentado criar prosperidade do nada, e então tinham sido punidos – ia acabar dominando, algum dia, de alguma maneira? Essa versão do drama moral de fato se tornou geralmente aceita nos corredores da influência e do poder. Poderia a social-democracia ter sobrevivido, se reagrupado e seguido em frente? Aqui, de novo, está um lugar onde grande parte do curso da história poderia, ou não, ter evoluído de maneira diferente se um número relativamente pequeno de grupos influentes de pessoas tivesse pensamentos diferentes. Mas ao longo desse ramo da função de onda quântica do universo, pelo menos, o mundo deu uma guinada neoliberal.

O PRESIDENTE DO FED, ARTHUR BURNS, tinha sido sempre muito relutante em usar ferramentas de política monetária restritiva para reduzir a inflação, por causa do risco de induzir uma recessão.[14] Quando

Jimmy Carter substituiu Burns por G. William Miller, Miller também hesitou; ele não estava interessado em causar (e provavelmente ser culpado por) uma recessão significativa. A inflação continuou. Assim estavam as coisas em 1979. Então Jimmy Carter se viu desapontado com o estado de seu governo, bem como o da economia. Ele decidiu, de repente, demitir cinco membros do gabinete, incluindo seu secretário do Tesouro, Michael Blumenthal.

Os assessores de Carter lhe disseram que ele não poderia simplesmente demitir o secretário do Tesouro sem nomear um substituto – daria a impressão de que estava presidindo uma Casa Branca desorganizada. Mas Carter *estava* presidindo uma Casa Branca desorganizada. Não havia nenhum substituto óbvio à mão. Para acalmar seus assessores e a imprensa, Carter decidiu transferir G. William Miller do Fed para o Tesouro.

Os assessores de Carter então lhe disseram que ele não poderia simplesmente deixar uma vaga como a de presidente do Fed sem um substituto – daria a impressão de que estava presidindo uma Casa Branca desorganizada. Mas Carter *estava* presidindo uma Casa Branca desorganizada. Não havia nenhum substituto óbvio à mão. Então Carter chamou o funcionário mais graduado do Departamento do Tesouro e do Federal Reserve – o presidente do Federal Reserve de Nova York, Paul Volcker – e o nomeou presidente do Federal Reserve.[15]

Tanto quanto posso determinar, não houve mais do que uma investigação superficial sobre quais seriam as preferências políticas de Volcker.

Uma coisa logo ficou clara, porém: Volcker acreditava que ele tinha agora autorização para combater a inflação, mesmo ao custo de induzir uma recessão significativa. E ele estava pronto para usar essa autorização para controlar a inflação. Aumentando as taxas de juros o bastante e mantendo-as altas por tempo suficiente, ele esperava convencer a economia de que as coisas tinham mudado e que a inflação ficaria indefinidamente abaixo de 5% ao ano. Em 1982, a taxa de desemprego atingiu 11%. Os Estados Unidos e o mundo, pela primeira vez desde a Grande Depressão, experimentavam uma crise econômica para a qual a palavra "recessão" parece uma descrição excessivamente branda.

Muitos analistas diriam que valeu a pena pagar os custos da desinflação de Volcker no início dos anos 1980. Depois de 1984, os Estados

Unidos ostentavam uma economia com preços relativamente estáveis e – até 2009 – desemprego relativamente moderado; sem o empurrão de Volcker, a inflação provavelmente teria continuado a subir lentamente ao longo da década de 1980, de pouco menos de 10% para talvez até 20% ao ano. Outros insistem que certamente havia uma maneira melhor. Talvez a inflação pudesse ter sido controlada melhor se o governo, as empresas e os trabalhadores tivessem conseguido fechar um acordo para conter o crescimento nominal dos salários. Ou talvez se o Federal Reserve tivesse feito um trabalho melhor ao comunicar suas expectativas e metas. Talvez o "gradualismo", em vez da "terapia de choque", tivesse funcionado. Ou o "gradualismo" é inerentemente desprovido de credibilidade e ineficaz, e o choque de uma distinta "mudança de regime" necessário para restabelecer as expectativas?[16]

Para os de direita, não há dúvida de que a desinflação de Volcker era necessária – na verdade, estava era muito atrasada. Uma das acusações que os direitistas fizeram à social-democracia foi que ela levava as pessoas a esperar que a vida fosse fácil, que haveria pleno emprego, que os empregos seriam abundantes. Isso, por sua vez, encorajava os trabalhadores a serem insuficientemente deferentes e a exigir salários muito altos, estimulando a inflação, que mantinha os lucros baixos demais para justificar investimentos. E como prometia recompensar até mesmo aqueles que não tinham agradado os empregadores anteriores com empregos, isso minava a virtude pública.

O governo e o Federal Reserve precisavam impor disciplina concentrando-se na estabilidade de preços, insistiam os direitistas, e depois deixar a taxa de desemprego ir para onde fosse necessário. O governo não poderia ser um "Estado babá", oferecendo a todos uma mamadeira quando choravam. A política monetária precisava ser entregue a formuladores de políticas fortemente anti-inflacionárias – como Jimmy Carter já tinha feito, meio ou totalmente de forma involuntária, ao entregar o Federal Reserve a Paul Volcker. E se o Fed fosse forte e disciplinado o bastante, argumentavam os conservadores, a inflação poderia ser contida só com um pequeno e temporário aumento do desemprego. E, declarado e implícito, sem derrubar as hierarquias culturais conservadoras.

Mas não foi só nos Estados Unidos. As reivindicações sindicais e as greves na Grã-Bretanha – especialmente as do setor público

– convenceram o centro do eleitorado de que o poder sindical precisava ser contido e de que apenas os conservadores teriam a determinação necessária. Os governos trabalhistas simplesmente não estavam funcionando. Os conservadores de Margaret Thatcher prometeram restaurar a ordem e a disciplina, e também prometeram que produziriam pleno emprego e baixa inflação, e fariam a Grã-Bretanha funcionar novamente. Na França, o recém-empossado presidente socialista François Mitterrand mudou rapidamente e abraçou a virada neoliberal para o controle da inflação e a austeridade ortodoxa. As políticas de desinflação de Volcker nos Estados Unidos aumentaram o desemprego em todo o Atlântico Norte, colocando o projeto da social-democracia em uma posição ainda mais difícil, já que muitas sociais-democracias agora não conseguiam nem mesmo manter seus próprios compromissos com o pleno emprego.

Tais foram as circunstâncias em que Ronald Reagan e Margaret Thatcher chegaram ao poder. Eles permaneceriam no topo das instituições políticas de seus respectivos países durante grande parte da década de 1980, e suas sombras dominariam o pensamento da direita política – e do centro e da centro-esquerda – em seus países por muito mais tempo.

No entanto, o curioso é que as políticas domésticas de Reagan e Thatcher foram – julgadas de qualquer perspectiva racional – malsucedidas. Houve uma lacuna maior do que o normal entre suas promessas e suas realizações. Eles buscaram aumentar o emprego e os salários removendo regulamentações debilitantes. Procuraram acabar com a inflação estabilizando a moeda. Buscaram fortalecer o investimento, o empreendedorismo e o crescimento cortando impostos – especialmente para os ricos. E buscaram reduzir o tamanho do governo usando seus cortes de impostos para forçar uma dieta nos gastos estatais.

O mundo poderia ser um lugar em que todas essas fossem, em geral, boas ideias, que teriam promovido a prosperidade geral.

Muitos políticos e estrategistas previram que as políticas de Reagan e Thatcher seriam extremamente populares e bem-sucedidas. Cortes de impostos agradariam os eleitores. Eles também enfraqueceriam substancialmente a oposição a cortes subsequentes de gastos: qualquer proposta para manter os gastos incluiria necessariamente grandes déficits orçamentários. Além disso, os cortes de impostos teriam o benefício adicional de inclinar a distribuição de renda em favor dos ricos, corrigindo os excessos da social-democracia ao reverter seu tratamento igualitário dos desiguais. Os cortes de impostos garantiriam que a indústria fosse recompensada e a preguiça fosse punida. A lógica de Stigler et al. seria apaziguada.

No entanto, as boas coisas previstas não aconteceram – exceto o fim da inflação, imposta por Paul Volcker a um alto custo sobre pessoas que perderam seus empregos e empobreceram.[17] E exceto pelos grandes cortes de impostos para os ricos, que iniciaram o processo de desestabilizar a distribuição de renda de tal forma que levou à nossa Segunda Era Dourada. A recuperação rumo ao pleno emprego foi inexpressiva, tanto na Europa Ocidental quanto nos Estados Unidos. De fato, o desemprego permaneceu assustadoramente alto na Europa Ocidental. O rápido crescimento salarial não foi retomado. O governo não encolheu – em vez disso, lidou com receitas fiscais mais baixas incorrendo em déficits orçamentários. O investimento, o empreendedorismo e o crescimento não aceleraram, em parte porque os grandes déficits orçamentários absorveram o financiamento que, de outra forma, poderia ter aumentado o estoque de capital. Como consequência do grande apetite do governo por financiamento, o valor do dólar tornou-se excessivamente alto e desordenado, e assim o mercado enviou um falso sinal de "encolhimento e fechamento" para a manufatura do Meio-Oeste norte-americano.[18] A lacuna entre promessa e realização era maior nos Estados Unidos. Thatcher alcançou seu objetivo de conter o movimento sindical britânico. E ela tinha prometido menos do que Reagan.

A administração Reagan também planejou um reforço militar maciço – uma expansão, não uma contração, do tamanho do governo. Como conciliar maiores gastos com impostos mais baixos e orçamentos equilibrados? As elites políticas garantiram umas às outras que seu candidato diria um monte de bobagens antes da eleição, mas que ele e seus principais assessores entendiam a questão importante. Os cortes de impostos seriam seguidos por um ataque implacável contra programas como subsídios agrícolas, empréstimos estudantis, isenção de impostos para a renda paga pela Previdência Social, subsídios aos projetos de água do Sudoeste e assim por diante. As "reivindicações fracas" pelo dinheiro do governo federal receberiam suas justas recompensas. Mas aqueles que tinham reivindicações fracas em um nível tecnocrático, e ainda se beneficiavam de subsídios do governo, o faziam porque tinham o poder político e eram bons em exercê-lo.

Para reduzir a angústia, Reagan e seus aliados defendiam cada vez mais a ideia de que nenhum corte de gastos seria necessário: desregulamentar a economia, junto com os cortes de impostos, estimularia o crescimento econômico o bastante para reverter rapidamente os déficits. Seria "manhã nos Estados Unidos".

Ninguém com uma compreensão quantitativa do orçamento do governo e seu padrão de mudança jamais teve a intenção de que essa história fosse levada a sério. Mas a administração mais ampla viu com bons olhos sua disseminação. De fato, os cortes de impostos, a expansão do orçamento militar e a confusão sobre os cortes de gastos deixaram os Estados Unidos com grandes déficits orçamentários ao longo da década de 1980. Nas décadas anteriores, houve um ano, ou talvez dois, de grandes déficits orçamentários, e apenas durante recessões profundas. Mas a década de 1980 viu grandes déficits orçamentários persistirem durante anos de prosperidade e baixo desemprego também. Foi um resultado amargo para aqueles que trabalharam duro para eleger uma administração republicana porque pensavam que os democratas empobreceriam o futuro dos Estados Unidos ao adotar políticas míopes e anticrescimento.

Depois que a economia dos Estados Unidos recuperou o nível de pleno emprego em meados da década de 1980, os déficits de Reagan desviaram cerca de 4% da renda nacional do investimento para gastos de consumo: em vez de fluir dos bolsos dos poupadores, através dos bancos, para empresas que comprariam e instalariam máquinas, o financiamento fluiu dos bolsos dos poupadores, através dos bancos, para o governo, onde financiou os cortes de impostos para os ricos, para que os ricos pudessem gastar esse dinheiro inesperado no consumo de luxo. Déficits tão grandes e inéditos em uma economia de quase pleno emprego teriam, por si só, infligido um impacto negativo de 0,4% ao ano sobre a produtividade e o crescimento da renda. Além disso, havia o dano indireto substancial causado ao crescimento econômico dos Estados Unidos pelo ciclo de déficit de Reagan. Durante mais da metade da década de 1980, o dólar norte-americano esteve substancialmente supervalorizado, conforme o déficit orçamentário norte-americano sugava capital de fora e elevava a taxa de câmbio. Quando os custos de uma indústria nacional são maiores do que os preços pelos quais as empresas estrangeiras conseguem vender, o mercado está enviando à indústria doméstica um sinal de que deve encolher: os estrangeiros estão produzindo com mais eficiência relativa e os recursos usados na indústria doméstica poderiam ser mais bem utilizados em algum outro setor, onde os produtores domésticos têm mais vantagem comparativa. Esse foi o sinal que o sistema de mercado enviou a todas as indústrias manufatureiras dos Estados Unidos na década de 1980: que elas deveriam reduzir o investimento e encolher. Nesse caso, foi um sinal falso – enviado não pela interpretação do mercado sobre a lógica da vantagem comparativa, mas pela extraordinária demanda de curto prazo do governo dos Estados Unidos por empréstimos em dinheiro. Mesmo assim, as empresas responderam. Os setores norte-americanos produtores de bens comercializáveis encolheram. E parte do terreno perdido jamais seria recuperado. Os cortes de impostos de Reagan castigaram a manufatura no Meio-Oeste, iniciando a criação do que hoje é conhecido como "Cinturão da Ferrugem".

Assim, a virada neoliberal, na forma que assumiu durante o governo Reagan, não acabou com a desaceleração do crescimento da produtividade, mas a reforçou. Além disso, o tamanho do governo em relação à economia não melhorou. A qualidade tecnocrática da regulação pública não foi aumentada. O principal efeito foi colocar a distribuição de renda em uma acentuada tendência de aumento da desigualdade.

A raiz do problema era que o mundo simplesmente não parecia funcionar como tinham previsto aqueles que defendiam a virada neoliberal.

Em 1979, um ano antes da eleição de Reagan, Milton e Rose Friedman escreveram seu livro clássico, *Liberdade para escolher*, no qual defendiam seu tipo de libertarianismo de Estado pequeno. No livro, eles faziam três afirmações factuais poderosas – afirmações que pareciam verdadeiras, ou talvez verdadeiras, na época, mas que agora sabemos ser claramente falsas. E sua defesa do libertarianismo de Estado pequeno baseava-se em grande parte nessas afirmações.[19]

A primeira afirmação era que as dificuldades macroeconômicas são causadas pelos governos, não pela instabilidade dos mercados privados, porque a política macroeconômica necessária para produzir estabilidade com inflação baixa e emprego tão pleno quanto possível é simples e facilmente alcançada por um governo competente, que conheça seus limites. É só porque os governos tentam fazer coisas demais que experimentamos flutuações difíceis. A segunda afirmação era que as externalidades (como a poluição) eram relativamente pequenas e mais bem tratadas por meio de leis contratuais e de responsabilidade civil do que por meio de regulamentação governamental. Sua terceira e mais importante afirmação era que, na ausência de discriminação imposta pelo governo, a economia de mercado produziria uma distribuição de renda suficientemente igualitária. A igualdade dos iguais seria alcançada e a igualdade dos desiguais seria evitada. Cortar a rede de segurança e eliminar todas as barreiras legais à igualdade de oportunidades, argumentaram os Friedman, levaria a um resultado mais equitativo do que a abordagem social-democrata de trapacear com impostos e subsídios.

Infelizmente, cada uma dessas afirmações acabou se mostrando errada, um fato que não ficaria claro para (quase) todos até que a Grande Recessão começou, depois de 2007.

A história que contei até agora é a de um sistema de governo social-democrata que teve azar na década de 1970. Uma combinação dessa má sorte, falhas inerentes e as altas expectativas de prosperidade estabelecidas durante os Trinta Anos Gloriosos fizeram com que esse sistema perdesse apoio. Isso deu aos direitistas uma abertura. Mas foi realmente acaso e contingência? Ou haveria razões estruturais pelas quais o número de equilibrismo social-democrata se tornaria cada vez mais difícil de manter à medida que a memória social da Grande Depressão terminasse e a percepção da ameaça socialista real à burguesia do Norte global diminuísse em intensidade?

As políticas neoliberais, uma vez promulgadas, não foram mais bem-sucedidas do que as social-democratas tinham sido – exceto na redução da inflação. O rápido crescimento não foi retomado. De fato, a renda média declinou sob Reagan e Thatcher, à medida que o escasso crescimento da produtividade da época era canalizado para os bolsos dos ricos e uma Segunda Era Dourada se aproximava. No final da década de 1980, ficou claro que o projeto neoliberal de reversão da social-democracia não tinha superado o sarrafo das altas expectativas estabelecidas pelos Trinta Anos Gloriosos, assim como a própria social-democracia tinha fracassado.

Mas o fracasso do projeto neoliberal em fortalecer o crescimento da renda na década de 1980 não levou a mais apelos por uma nova revolução na política e na economia política. De alguma forma, o projeto neoliberal tornou-se senso comum – tanto que nas décadas seguintes ganhou o apoio da centro-esquerda. Não foi Ronald Reagan, mas Bill Clinton, quem anunciou, em um de seus discursos sobre o Estado da União, que "a era do Estado grande acabou".[20] Não foi Margareth Thatcher, mas Barack Obama, quem pediu austeridade quando a taxa de desemprego superava os 9%: "Famílias em todo o país estão apertando o cinto e tomando decisões difíceis", disse ele. "O governo federal deveria fazer o mesmo."[21] Foi Bill Clinton quem assumiu como seu maior compromisso na previdência social "acabar com a seguridade como a conhecemos".[22] Foi o primeiro-ministro Tony Blair, do Partido Trabalhista, que validou a forte alergia de Margaret Thatcher à cultura política centrada no sindicalismo do trabalhismo britânico.[23] Nos Estados Unidos, democratas e republicanos hesitavam sobre a forma que a privatização parcial da Seguridade Social tomaria – um plano privado seria um complemento ou uma exclusão?[24] Ambos os lados pediram que o mercado, e não o governo, orientasse o desenvolvimento industrial. O investimento público dos Estados Unidos caiu de 7% para 3% da renda nacional. Em vez de expandir o papel do governo por meio de aumentos em larga escala no financiamento de Pesquisa & Desenvolvimento (P&D) no *back-end* e garantias de aquisição no *front-end*, confiou-se que a desregulamentação financeira criaria capital de risco e outros *pools* de investimento privado para financiar revoluções tecnológicas. Não mandatos de controle de poluição, mas métodos de comercialização de direitos para poluir. Não programas de seguridade, mas – teoricamente, já que a implementação sempre deixou a desejar – programas educacionais para eliminar a necessidade de seguridade. Fazer mais seria retornar às antiquadas iniciativas de planejamento de comando e controle social-democratas que supostamente já tinham demonstrado seu fracasso.

Mas a social-democracia funcionou nas décadas de 1960 e 1970. E – exceto em relação ao controle da inflação – o neoliberalismo não foi melhor na geração de crescimento na década de 1980, e foi muito pior na geração de crescimento equitativo, do que a social-democracia na década de 1970. Qual a razão?

Os neoliberais de centro e de esquerda entendiam-se como defensores da consecução de fins social-democratas por meios mais eficientes, orientados para o mercado. Os mercados – como Friedrich von Hayek enfatizou com razão ao longo de sua carreira – fazem *brainstormings* e depois a implementação das soluções que a economia de mercado estabelece para si mesma via cooperação coletiva, e a tarefa que a economia de mercado estabelece para si mesma é produzir coisas que são consideradas valiosas. Os neoliberais de esquerda se entendiam como defensores dessa cooperação coletiva como uma isca, onde ela seria mais eficaz.

Além disso, ainda havia o Estado Grande, mesmo que Bill Clinton tivesse dado uma piscadela retórica para homens brancos da classe trabalhadora que se sentiam de alguma forma feridos pela inclusão ao afirmar que a era do Estado Grande tinha acabado. Houve poderosas intervenções governamentais e políticas que parecem ter sido poderosas impulsionadoras do crescimento: a educação (especialmente o Ensino Médio feminino) acelerou a transição demográfica; políticas facilitaram que produtores nacionais adquirissem tecnologia industrial básica (incorporada ou não em bens de capital); simplicidade e transparência administrativa; infraestrutura de transporte e comunicação – todas elas coisas que tornavam o governo eficaz e que somente o governo poderia fazer. Contar com o mercado e redimensionar um governo eficiente poderia, esperavam os neoliberais de esquerda, restaurar o rápido crescimento econômico e atrair uma coalizão durável para um governo de centro. Então a atenção poderia se voltar para a tentativa de reverter a crescente percepção de que tratar as pessoas com igualdade e generosidade era injusto, porque algumas pessoas sem mérito recebiam coisas que não mereciam.

O neoliberalismo de direita era muito mais arisco. Uma inclinação muito mais acentuada na distribuição de renda e riqueza não era um defeito, mas uma característica. O 0,01% mais rico – os criadores de empregos, os empreendedores – merecia receber não 1%, mas 5% da renda nacional.[25] Eles mereciam ter poder social, na forma de destaque dado às suas preferências no semiutilitarismo do mercado, sobre a condução do tempo e do esforço dos seres humanos que lhes davam não de cem a mil vezes, mas de quinhentas a 250 mil vezes a renda média nacional.[26] E tributá-los mesmo depois de mortos não era apenas imprudente, mas imoral: era roubo. Essa forma revigorada e restaurada de semiliberalismo pseudoclássico foi seriamente apoiada por uma rede financiada por plutocratas de *think tanks* e grupos de interesse "astroturf".* ("Não me diga que você está falando pelo povo", ouvi o secretário do Tesouro Lloyd Bentsen dizer uma vez. "Tenho idade suficiente para saber a diferença entre militância de base e astroturf.") A alegação central dessa rede era que a social-democracia tinha sido um grande erro, e que se os governos do mundo se livrassem dela, poderíamos nos mover rapidamente para uma utopia. Os produtivos não teriam que carregar os "vida-fácil" nas costas, e os "vida-fácil" entrariam em forma – e se não entrassem, sofreriam as consequências, e bem feito para eles!

O fato de que na verdade isso não parecia funcionar não era um grande obstáculo para a crença.

Do meu ponto de vista, esse padrão de fracasso empírico seguido da aposta ideológica redobrada me fazia lembrar do que nos é dito sobre a política religiosa no Reino de Judá, centrado em Jerusalém, no final da era do Primeiro Templo. O reino de Israel ao norte já tinha sido conquistado pelos assírios, suas cidades arrasadas, sua elite levada à submissão em Nínive. Os reis de Judá em Jerusalém buscaram alianças estrangeiras, principalmente com a única outra grande potência da vizinhança interessada em resistir à Assíria, o Egito. Os profetas disseram: Não! Não confie em suas próprias espadas, e especialmente não nas de aliados estrangeiros que adoram deuses estranhos e falsos! Confie em YHWH! Seu braço forte irá protegê-lo! E quando os exércitos voltaram derrotados, os profetas disseram: Seu problema é que você não impôs a adoração de YHWH com força suficiente! Você permitiu que as mulheres dançassem nas ruas fazendo loas para a Rainha do Céu! Adore YHWH com mais fervor![27]

E, para dizer a verdade, a virada neoliberal teve muito sucesso em restaurar a taxa de crescimento – e mais do que restaurar –, a renda e a

---

* "Astroturf" é a prática de incorporar disfarçadamente no discurso de um grupo de interesse o discurso de seus patrocinadores ocultos, como grupos políticos ou corporações. [N.T.]

riqueza dos que estão no topo. Os ricos tinham os maiores megafones e alardearam o fato de que suas rendas estavam crescendo rapidamente. E os de baixo, que votaram em candidatos e políticos que tomaram o volante e fizeram a virada neoliberal? Eles foram informados de que, se fossem suficientemente dignos, o mercado sem amarras daria a eles também, e eles mais do que meio acreditaram.

A ERA DA VIRADA NEOLIBERAL realmente entregou uma das coisas que seus vendedores tinham prometido: uma parcela crescente de ricos na distribuição da renda nacional.

Já observamos que a verdadeira classe alta dos Estados Unidos, o 0,01% superior das famílias, passou de cem para quinhentas vezes a média em termos de renda. O 0,99% seguinte, o restante do 1% superior, passou de oito para dezessete vezes a média. Os 4% seguintes, o restante dos 5% superiores, passaram de 3,25 para 4,25 vezes a média. Os próximos 5%, o resto dos 10% superiores, patinaram em sua parcela de renda. E todos os nichos mais abaixo viram cair suas participações na renda nacional.

Essas são as rendas associadas aos segmentos classificados na distribuição de renda, não as rendas de indivíduos ou domicílios. E à medida que as pessoas envelhecem, sua renda aumenta. E a torta, *per capita*, era maior em 2010 do que em 1979. Em termos reais *per capita*, a média de renda nos Estados Unidos foi quase o dobro em 2010 do que em 1979. E muitas outras coisas de valor de uso substancial estavam disponíveis em 2010 por um preço muito barato. Isso importava. Como regra geral, um bem físico padrão – um liquidificador, digamos – vendido no mercado tem um valor de uso médio para os consumidores de talvez o dobro de seu valor de mercado: metade da riqueza da produção e distribuição de um bem físico vem dos recursos, naturais e humanos, usados na produção – ou seja, seu custo de produção – e metade é o excedente do consumidor, que tem a ver com quanto os consumidores estão dispostos a pagar pelo produto, o que se baseia em fornecer o bem para o usuário certo, no lugar certo, na hora certa. Para mercadorias não físicas da era da informação, a proporção pode muito bem ser maior – talvez cinco para um, talvez mais.

A crescente desigualdade requer ressalvas. Por exemplo, 55% dos lares norte-americanos tinham ar-condicionado em 1979, subindo para 90% em 2010. As máquinas de lavar aumentaram de 70% para 80%, e as secadoras, de 50% para 80%. Cinco por cento dos lares norte-americanos tinham fornos de micro-ondas em 1979 e 92% os tinham em 2010. Computadores ou *tablets* passaram de 0% para 70%, telefones celulares para mais de 95% e *smartphones* para mais de 75%.[28] O trabalhador norte-americano e as classes médias eram mais ricas em 2010 do que suas contrapartes em 1979. Na era neoliberal, os Estados Unidos não mais aumentavam rapidamente o nível educacional alcançado pelos jovens, não mais investiam agressivamente em infraestrutura pública e não mais impediam o governo de drenar parcialmente a reserva de poupança que, de outra forma, teria fluído para financiar o investimento privado. O crescimento da produtividade foi de apenas metade da taxa dos Trinta Anos Gloriosos. O crescimento equitativo não estava mais sendo alcançado. Mas ainda houve crescimento – e crescimento nas rendas típicas em um ritmo que quase se igualou ao de 1870-1914 e que as pessoas de 1913-1938 teriam chorado ao ver.

Ainda assim, muitas coisas que as pessoas tinham considerado, e consideram, como indícios de *status* de classe média – de terem vencido na vida –, como um deslocamento fácil; uma casa em um bom bairro; a capacidade de colocar seus filhos no que eles acham que é uma boa faculdade, *e então conseguir pagar*; plano de saúde patrocinado pelo empregador e bom o suficiente para não os levar à falência e permitir que percam suas casas para pagar por um ataque cardíaco – isso parecia mais difícil de se conseguir nos Estados Unidos de 2010 do que tinha sido, pelo menos na memória, lá em 1979. Além disso, havia o *status* relativo de uma pessoa. Um norte-americano de classe média bem-sucedido na era da social-democracia podia conhecer o CEO da American Motors e futuro governador de Michigan e secretário de Habitação e Desenvolvimento Urbano, George Romney, e saber que ele morava em uma casa normal – embora relativamente grande – em Bloomfield Hills, Michigan, e dirigia um carro compacto, um Rambler American (reconhecidamente, porque a American Motors o fabricava). Um norte-americano de classe média bem-sucedido na era do neoliberalismo conheceria o CEO da Bain e futuro governador de Massachusetts e senador dos Estados Unidos, Mitt Romney, e saberia que ele tinha sete casas, algumas delas mansões, espalhadas pelo país e, bem, não sei que modelos de carros ele dirigia, mas me disseram que a casa em La Jolla, Califórnia, perto da praia, tem um elevador para carros. Mesmo quando as pessoas têm mais riqueza material à sua disposição em termos absolutos do que seus pais, um abismo proporcional tão grande, e que continua em rápido crescimento, pode fazer com que se sintam pequenas.

O economista francês Thomas Piketty popularizou uma compreensão das diferenças marcantes entre como a economia havia funcionado no Norte global antes da Primeira Guerra Mundial e como funcionava após a Segunda Guerra Mundial.[29] Na Primeira Era Dourada, antes da Primeira Guerra Mundial, a riqueza era predominantemente herdada, os ricos dominavam a política e a desigualdade econômica (bem como de raça e gênero) era extrema. Após a agitação da Segunda Guerra Mundial, tudo mudou. O crescimento da renda acelerou, a riqueza era predominantemente conquistada (justa ou injustamente), a política passou a ser dominada pela classe média e a desigualdade econômica era modesta (mesmo que a igualdade racial e de gênero permanecesse muito distante). O Norte global parecia ter entrado em uma nova era.

E então as coisas andaram para trás.

O ponto central de Piketty era que não deveríamos ter ficado surpresos. Em uma economia capitalista, é normal que uma grande proporção da riqueza seja herdada. É normal que sua distribuição seja altamente desigual. É normal que uma elite plutocrática, uma vez formada, use seu poder político para moldar a economia a seu favor. E é normal que isso dificulte o crescimento econômico. Afinal, um crescimento rápido como o que ocorreu entre 1945 e 1973 requer destruição criativa; e, como é a riqueza dos plutocratas que está sendo destruída, é improvável que eles a encorajem.

Por que, então, a era neoliberal durou? O neoliberalismo tinha apontado que a social-democracia não estava mais proporcionando o rápido progresso em direção à utopia que proporcionara na primeira geração pós-Segunda Guerra Mundial. Ele prometeu se sair melhor. No entanto, isso não aconteceu – exceto por conter o movimento sindical na Grã-Bretanha e proporcionar ganhos de renda para os ricos por meio de cortes de impostos, bem como pelos efeitos colaterais da estagnação salarial, que foram realmente impressionantes em magnitude. Por que o descontentamento com o fracasso do neoliberalismo não causou outra volta na roda político-econômica social-organizacional?

Acredito que durou porque Ronald Reagan venceu a Guerra Fria. Ou melhor, acredito que foi porque, logo após o fim da presidência de Ronald Reagan, a Guerra Fria chegou ao fim e ele recebeu crédito por isso. E o fracasso manifesto das ideias na vitrine das possibilidades não estava sendo vendido exclusivamente pela direita.

Olhando para trás a partir de hoje, ou da década de 1990, ou mesmo do final da década de 1970, para o fenômeno do socialismo real, talvez a característica mais marcante seja o quão inevitável foi sua decadência e declínio. O sociólogo alemão Max Weber não precisou ver o que aconteceu de 1917 a 1991 para entender como seria a história do regime bolchevique instalado por Lênin e seus camaradas. Ele olhou para trás, para antes de 1917, para a história anterior, para episódios em que o empreendedorismo e as empresas foram substituídos pela burocracia, e escreveu que onde quer que "a burocracia ganhasse vantagem, como na China e no Egito, ela não desaparecia": não seria um Estado marxista "definhando", mas sim a hipertrofia de um Estado que emite comandos.

A ativista e filósofa moral germano-polonesa Rosa Luxemburgo, escrevendo em 1918, foi ainda mais perspicaz (e pessimista):

> Sem eleições gerais, sem liberdade irrestrita de imprensa e reunião, sem livre luta de opinião, a vida se extingue em todas as instituições públicas. [...] Só a burocracia permanece. [...] Algumas dezenas de líderes partidários de energia inesgotável e experiência ilimitada dirigem e governam. [...] Uma elite da classe trabalhadora é convidada de tempos em tempos para reuniões onde eles devem aplaudir os discursos dos líderes e aprovar as resoluções propostas por unanimidade – [é] no fundo, então, um assunto de camarilha. [...] Tais condições devem inevitavelmente causar uma brutalização da vida pública: tentativas de assassinato, fuzilamento de reféns etc.[30]

Tanto Weber quanto Luxemburgo, entretanto, achavam que a burocracia seria eficiente, ainda que antiempresarial. Weber pensava que o socialismo real seria arregimentado e organizado. Luxemburgo pensava que seria brutal e ditatorial. Nenhum dos dois previu o desperdício, as filas de pão, a irracionalidade da organização econômica e a centralidade da corrupção, da influência e das redes: o *blat*. Nenhum dos dois previu que, quando a Cortina de Ferro caísse, no final da década de 1980, os países onde os exércitos de Stálin (ou Ho Chi Minh, ou Kim Il-Sung, ou Fidel Castro) marcharam seriam, em termos materiais, apenas um quinto tão prósperos quanto os países vizinhos que eles não tinham conquistado.

Muitos fora da URSS – por exemplo, o economista marxista Paul Sweezy – previram com confiança que o socialismo leninista e o planejamento governamental trariam uma alocação mais eficiente das forças produtivas e uma taxa de crescimento econômico mais rápida do que qualquer outro sistema possível. Mesmo muitos que temiam o potencial destrutivo do socialismo leninista concordavam que a URSS e seus satélites provavelmente avançariam na produção total e *per capita*. Paul Samuelson – definitivamente um não leninista – escreveu o principal livro de economia norte-americano pós-Segunda Guerra Mundial. Até o final da década de 1960, suas previsões mostravam que a economia da URSS superaria a economia dos Estados Unidos em produção *per capita* bem antes de 2000. Que a União Soviética pudesse chegar a uma produção superior e à igualdade, se não à prosperidade, ainda que permanecesse inferior em liberdade e escolha, parecia uma possibilidade mesmo na década de 1960.

No entanto, tudo isso acabou se revelando um equívoco. No final das contas, quando caiu a Cortina de Ferro, a União Soviética e seus satélites eram realmente pobres. A ineficiência grosseira na alocação de bens de consumo acabou sendo gerada por forças que também produziram ineficiência grosseira na alocação de investimentos, e então as terras que deveriam estar repletas de fábricas automatizadas estavam vazias. A União Soviética teve alguns sucessos. Em 1960, já tinha atingido, de modo geral, o nível do Norte global em saúde, educação e expectativa de vida. Na década de 1970, parecia ter criado um exército pelo menos tão forte quanto o dos Estados Unidos – mas o fez dedicando 40% de sua renda nacional, em vez dos 8% dos Estados Unidos, para construí-lo.

E os fracassos econômicos foram enormes. O aumento da produção foi limitado, principalmente, ao aço, maquinaria e equipamento militar. A coletivização da agricultura acabou em ruína: não sabemos quantos morreram. Achamos que algo na casa dos sete dígitos. Talvez oito dígitos. E a taxa de crescimento soviética não foi impressionantemente alta quando comparada ao contexto mundial.

O falecido Yegor Gaidar, economista e político soviético, gostava de contar a história do fracasso da industrialização soviética através das lentes dos grãos e do petróleo. Segundo ele, o proeminente economista comunista Nikolai Bukharin e o oficial soviético Aleksei Rykov "basicamente disseram a Stálin: 'Em um país camponês, é impossível extrair grãos à força. Haverá uma guerra civil'. Stálin respondeu: 'Mesmo assim, é o que farei'". Nos anos 1950, Nikita Khrushchov estava lidando com as consequências do setor agricultor atrasado e servil que Stálin havia criado. Em 1950, ele escreveu: "Nos últimos quinze anos, não aumentamos a coleta de grãos. Enquanto isso, estamos experimentando um aumento radical da população urbana. Como podemos resolver essa questão?". Ele por fim decidiu investir recursos no problema e empreendeu projetos de grande escala para colocar mais terras para o cultivo de grãos. No final, o plano falhou. Em 1963, a URSS informou a seus aliados que não poderia mais lhes enviar grãos, e então começou a comprar grãos no mercado mundial.[31]

Pode ser que o colapso da economia e do modelo soviéticos tenha sido adiado por uma década devido ao fato de os preços reais do petróleo terem mais do que triplicado durante a década de 1970. De acordo com Gaidar, o começo do fim veio quando a Arábia Saudita decidiu, no final de 1985, retomar a extração de petróleo em sua capacidade máxima e derrubar o preço do petróleo, em grande parte para conter as ambições dos teocratas do Irã. Isso colocou a União Soviética na posição extremamente difícil de ser incapaz de ganhar o suficiente para comprar grãos para alimentar sua enorme população. Segundo a avaliação que Gaidar fez da situação, os soviéticos ficaram sem outra opção e, em 1986, começaram a tomar empréstimos para cobrir a diferença. Mas em 1989, quando um esforço soviético "para criar um consórcio de trezentos bancos para fornecer um grande empréstimo" entrou em colapso, eles foram forçados "a iniciar negociações diretamente com os governos ocidentais sobre os chamados créditos politicamente motivados".

Essa foi a revelação final da falência industrial da União Soviética: em uma época de baixos preços do petróleo, o regime só conseguia alimentar seu povo barganhando concessões políticas em troca de empréstimos para comprar trigo do exterior.

Ronald Reagan e sua equipe decidiram ampliar a Guerra Fria na América Latina, contratando soldados da ditadura fascista argentina para serem os quadros centrais do que eles esperavam que se tornasse uma insurgência guerrilheira de direita contra o governo "sandinista" de esquerda da Nicarágua. Os generais argentinos, em sua junta, pensaram – foram altos funcionários do governo Reagan, como a embaixadora da ONU Jeane Kirkpatrick, que disseram isso a eles? – que, em troca, os Estados Unidos permaneceriam neutros se houvesse algum conflito entre Argentina e Grã-Bretanha a respeito das Ilhas Malvinas, que ficam a cerca de quinhentos quilômetros da costa da Argentina e que a Grã-Bretanha colonizara séculos antes. Assim, buscando fortalecer sua posição política interna por meio de uma guerra curta e vitoriosa, os generais argentinos conquistaram as Malvinas. Margaret Thatcher enviou a Marinha britânica – com amplo apoio logístico norte-americano – para retomá-las. Foi a escada para sua reeleição como primeira-ministra em 1983. Em vez de uma experiência fracassada de quatro anos, o neoliberalismo assim consolidou a virada neoliberal na Grã-Bretanha.

Nos Estados Unidos, a economia ressuscitou a tempo de garantir a reeleição de Ronald Reagan em 1984 – além disso, ele era excelente em ser um presidente do tipo chefe de Estado, mesmo que bastante ruim e pouco qualificado como presidente do tipo analista político. Sua esposa, Nancy, o convenceu a ver Mikhail Gorbachev como um amigo em potencial em seu segundo mandato. E foi o fim da Guerra Fria o vento que soprou as velas do neoliberalismo nos Estados Unidos.

Em 1980, as esperanças e reivindicações no início da virada neoliberal tinham sido de que, no Norte global, o ritmo de crescimento econômico da era de ouro pós-Segunda Guerra Mundial poderia ser restaurado por governos e sociedades que se voltassem (pelo menos em parte) para servir os imperativos do mercado, em vez do hábito social-democrata de administrar, suplementar e controlar a economia de mercado. Essas esperanças e reivindicações foram frustradas. O crescimento continuou, mas em um ritmo muito mais lento do que durante 1938-1973 – embora em um ritmo ligeiramente mais rápido do que em 1870-1914, e um ritmo muito mais rápido do que em 1914-1938.

A distribuição havia mudado. A inclusão, especialmente para as mulheres, mas também, até certo ponto, para as minorias, significou que a renda dos homens brancos deixou de acompanhar a média. Mais importante, no entanto, foi que a virada neoliberal cumpriu seu objetivo explícito de transferir renda e riqueza para o topo da distribuição. A alegação era de que incentivar dessa maneira os ricos e os super-ricos os induziria a trabalhar mais e a liberar ondas de energia empreendedora. Essa alegação provou-se falsa. Mas a renda e a riqueza foram transferidas para cima mesmo assim.

Isso era perturbador para a etnomaioria masculina estabelecida da classe trabalhadora e das classes médias. Depois de 1980, eles notaram que o crescimento de sua renda real era pequeno e, pelo menos na cabeça deles, neutralizada pelo fato de não terem mais o respeito de mulheres, minorias e estrangeiros – ou dos plutocratas que cresciam em riqueza e importância na imagem mental que eles faziam do mundo. Essa tinha sido a expectativa deles, era o que consideravam correto. De alguma forma, as coisas foram armadas contra eles. Os ricos ficavam mais ricos, os indignos e as minorias pobres recebiam esmolas. Homens brancos trabalhadores que mereciam mais coisas boas (de acordo com essa visão) não as recebiam. Assim, uma massa crítica do eleitorado passou a desconfiar do sistema – um sistema que não parecia estar lhes proporcionando uma vida melhor entre 2000 e 2009 do que seus predecessores tinham visto trinta anos antes – e dos governantes do sistema.

Quando veio a Grande Recessão, e quando a recuperação da Grande Recessão foi demorada e hesitante, o governo e o sistema político mal pareciam se importar. Uma razão era que os ricos dominavam o discurso público. E para os ricos não havia crise. Mas todos os outros – cerca de 90% da população dos Estados Unidos – continuaram a perder terreno. E para eles, a economia desde 2007 se mostrou extremamente decepcionante. Eles buscam uma explicação, algo para mudar, e, muitas vezes, alguém para culpar. E estão certos nisso.

16

REGLOBALIZAÇÃO, TECNOLOGIA DA INFORMAÇÃO E HIPERGLOBALIZAÇÃO

O mundo começou a dar uma virada neoliberal na década de 1970. A virada estava quase completa em 2000. Em suas várias formas, o neoliberalismo tinha ascendido e passado a fornecer as presunções e práticas-padrão de governança da economia política mundial.

Essa ascensão é um quebra-cabeça. A virada neoliberal falhou em proporcionar maior investimento, maior empreendedorismo, crescimento mais rápido da produtividade ou a restauração dos salários da classe média e crescimento da renda. As novas políticas geraram renda e desigualdade de riqueza massivamente maiores. Qual foi o apelo dela? A ordem neoliberal resistiu porque assumiu o crédito pela vitória na Guerra Fria, porque garantiu que os indignos não receberiam nada que não merecessem e porque os poderosos usavam seus megafones para dizer alto e bom som aos outros que eles mereciam o crédito por tudo o que alegavam que as políticas neoliberais tinham alcançado. E assim as cartas foram jogadas.

Quatro forças em particular levaram as coisas a acontecer da maneira como aconteceram. A primeira foi a *reglobalização* pós-Segunda Guerra Mundial: a reversão do retrocesso da globalização de 1870-1914 que ocorreu no período de 1914-1950. A segunda foi uma grande mudança na tecnologia: a partir de meados da década de 1950, o contêiner de aço conquistou o mundo. A terceira foi outra grande mudança na tecnologia: os quase etéreos zeros e uns da tecnologia da informação conquistaram o mundo. A quarta consistia nas próprias políticas neoliberais e como elas interagiam com as outras três. Juntas, essas quatro forças transformaram a *reglobalização* em *hiperglobalização*.

Já deve ter ficado óbvio que a história deste capítulo não é simples. Para torná-la ainda mais complexa, a história da reglobalização, da tecnologia da informação e da hiperglobalização na era em que o mundo deu a virada neoliberal tem dois fios condutores. Um segue as consequências da reglobalização, a ascensão da tecnologia da informação e, em seguida, a hiperglobalização para o Sul global. O outro enfoca as consequências para o Norte global. E o resultado final que você obterá – foi ótimo, bom ou outra coisa? – depende muito de seu santo padroeiro ser Hayek ou Polanyi.

Os países do Sul global que conseguiram usar as ideias neoliberais para tornar suas próprias sociedades menos corruptas (e que escaparam de ser esmagadas por qualquer consequência adversa não intencional das políticas neoliberais do Norte global) descobriram-se capazes de usar o mercado mundial global (em vez de serem usados por ele). Pela primeira vez desde 1870, essas economias não eram mais forçadas a divergir da trajetória do Norte global, tornando-se relativamente mais pobres ao mesmo tempo que se tornavam absolutamente mais ricas. A partir de 1990, em traços muito amplos, o Sul global começou a testemunhar um crescimento real da renda mais rápido do que o Norte global.[1] E assim parecia que o funcionamento do mercado poderia de fato beneficiar a humanidade.

Para os países do Norte global, houve ganhos com o aumento do comércio mundial e a disseminação da tecnologia da informação. Mas esses ganhos acabaram concentrados entre os ocupantes do topo das sociedades do Norte global, enriquecendo ainda mais os ricos. Ter um emprego sindicalizado em uma fábrica na mesma região da sede da empresa não significava mais que você tinha uma parte saudável dessa riqueza concentrada. A reglobalização e a hiperglobalização, mais a infotecnologia no contexto da virada neoliberal, significavam que chefes e engenheiros agora percebiam que podiam colocar suas fábricas em outros lugares do mundo. O fluxo de informações extremamente acelerado significava que eles não precisavam mais dirigir até a fábrica para ver o que estava acontecendo, gerenciá-la e aprimorá-la. Elegias pelos direitos polanyianos soaram em regiões do Norte global, que pela primeira vez experimentaram a desindustrialização que o Sul global vinha experimentando desde antes de 1870.

Mas os elegíacos interioranos eram apenas um pedaço do Norte global: uma estampa de quadrados em uma colcha de retalhos mais complicada. A chegada à massa crítica da infotecnologia no início da década de 1990 significou que o Norte global alcançou um crescimento de produtividade equivalente ao dos Trinta Anos Gloriosos por uma década e meia. E, embora as engrenagens da Segunda Era Dourada impedissem que o crescimento da produtividade chegasse aos salários, também significou que a violação das expectativas das pessoas e dos direitos polanyianos eram igualmente parte da colcha de retalhos – aqui, mas não ali, e nunca em igual medida. Um dos resultados foram profundas mudanças nos fundamentos de como as decisões político-econômicas eram tomadas.

Já corria 2007, e os neoliberais no topo conseguiam parabenizar a si mesmos, acreditando que as coisas estavam indo razoavelmente bem e que continuariam assim.[2] O crescimento da produtividade parecia ter voltado, e, eles disseram a si mesmos, quando a distribuição de renda se estabilizasse, amplas ondas de crescimento recomeçariam e bolsões de descontentamento populista diminuiriam. No topo, novamente, parecia que o funcionamento do mercado seria mesmo capaz de beneficiar a humanidade.

Mas essa crença deixou de enxergar muito do que realmente estava acontecendo por trás das cortinas. Depois de 2007, a crise financeira e a Grande Recessão, assuntos do capítulo seguinte, foram um desastre completo. Para este capítulo, entretanto, é útil saber que esses desastres abririam as cortinas para revelar que a húbris neoliberal trouxe Nêmesis à tona.

A REGLOBALIZAÇÃO PÓS-SEGUNDA Guerra Mundial foi a história rimando com o padrão pós-1870: o estabelecimento de uma ordem econômica internacional sob um *hegemon* mais uma revolução da tecnologia de transporte, novamente promovendo a globalização em ritmo acelerado. Mas, depois de 1870, a Grã-Bretanha como *hegemon* seguiu sozinha, estabelecendo um padrão em esplêndido isolamento, ao qual outros tiveram de se acomodar. Os Estados Unidos, após a Segunda Guerra Mundial, construíram instituições, e então a era pós-Segunda Guerra Mundial tornou-se um grande momento para novas organizações cooperativas globais. No âmbito político, é claro, havia a ONU, com seu Conselho de Segurança, sua Assembleia Geral e todos os seus ramos.

No âmbito econômico, haveria mais três organizações. Ou pelo menos esse era o plano – apenas duas e meia acabaram vendo a luz do dia. Os recém-dominantes Estados Unidos apostaram que o comércio internacional logo se tornaria um facilitador da paz internacional e da prosperidade doméstica. A Europa Ocidental juntou-se a essa aposta, principalmente com a criação, em meados da década de 1950, da Comunidade Europeia do Carvão e do Aço para o livre-comércio dessas *commodities*, uma iniciativa que cresceu e se transformou na atual União Europeia. E na Conferência de Bretton Woods de 1944, Harry Dexter White, dos Estados Unidos, e John Maynard Keynes, da Grã-Bretanha, criaram um sistema para tentar fazer com que o aumento da globalização funcionasse para o bem.

As três organizações planejadas para promover a cooperação econômica global foram o Banco Mundial, o Fundo Monetário Internacional (FMI) e – aquela que não conseguiu vir à luz – a Organização Internacional do Comércio (OIT). O Banco Mundial começou como o assim chamado Banco Internacional para Reconstrução e Desenvolvimento, criado com o duplo propósito de financiar a reconstrução após a destruição da guerra e desenvolver as partes do mundo que ainda não tinham aproveitado as oportunidades produtivas de tecnologia industrial. O FMI foi criado para administrar os valores das moedas e o fluxo líquido de recursos financeiros através das fronteiras, para dar respaldo aos países que precisassem redefinir os termos em que negociavam e para coagir certos países a cumprir suas obrigações econômicas. E a OMC planejada negociaria reduções mutuamente benéficas em tarifas e arbitraria disputas comerciais.

Mas enquanto a administração Truman conseguiu que a ONU, o Banco Mundial e o FMI fossem aprovados no Congresso dos Estados Unidos, ela decidiu no final de 1950 que ratificar a OMC seria uma organização internacional demais. Era, decidiu o governo, pedir demais ao Congresso. Àquela altura, as marés tinham mudado contra o *éthos* da cooperação internacional de mão aberta que dominara os anos imediatos do pós-guerra; começava a longa luta crepuscular entre o mundo livre e o comunismo global, conhecida como Guerra Fria. A queda da OMC foi um resultado disso. E assim, em vez de uma organização com poder para impor resoluções para disputas comerciais, haveria um acordo – um Acordo Geral sobre Tarifas e Comércio (GATT), sob a égide do qual várias rodadas de reduções tarifárias multilaterais seriam negociadas por décadas. Assim, mesmo no início desse impulso de reglobalização, havia contracorrentes, das quais esta era a principal: enquanto a OMC teria exigido que países, setores e classes engolissem o que quer que o mercado lhes propusesse em resposta a reduções tarifárias automáticas, o GATT exigia que uma coalizão política doméstica fosse formada em cada país signatário antes que uma rodada de redução de tarifas do GATT pudesse ser concluída e entrar em vigor.

Tais coalizões foram reunidas.¹ Oito rodadas de reduções tarifárias foram negociadas e implementadas entre 1947 e 1994: Genebra (concluída em 1947), Annecy (1949), Torquay (1950-1951), Genebra II (1956), Genebra III (1962, mais comumente chamada Rodada Dillon, dado ter sido proposta por C. Douglas Dillon quando este era subsecretário de Estado do presidente republicano Eisenhower e concluída por ele quando secretário do Tesouro do presidente democrata Kennedy), a Rodada Kennedy (em memória) (1967), Tóquio (1979) e Uruguai (1994). Na década de 1990, cada rodada levava quase uma década para ser negociada, com quase uma década de conclusão entre as rodadas.

Mas isso era apenas parte da história. Melhorias na produção interna ultrapassaram as melhorias de produtividade no transporte de longa distância entre 1914 e 1950. Então os ritmos se inverteram, com revoluções no transporte marítimo, a mais impressionante das quais foi o advento da conteinerização.[3]

O contêiner de carga tem aproximadamente seis ou doze metros de comprimento, 2,6 ou 2,9 metros de altura e 2,5 metros de largura. Transporta até 29 toneladas em seus 56,5 metros cúbicos de espaço disponível recomendado – mercadorias no valor de aproximadamente US$ 500 mil (ou mais) a preços de varejo. Pode ser transportado em um mês para qualquer lugar do mundo onde existam portos, ferrovias, locomotivas, vagões-plataforma, tratores e estradas adequados. Pode ser usado para transportar mercadorias não frágeis e não perecíveis de qualquer fábrica moderna com uma doca de carregamento para qualquer depósito moderno, em qualquer lugar do mundo, por talvez 1% do valor de varejo das mercadorias. Antes de 1960, os custos de embarque transoceânico internacional para a maioria das *commodities* podiam facilmente chegar a 15% do valor de varejo. Na década de 1950, a cidade de San Francisco tinha 800 mil habitantes, e 50 mil deles eram estivadores, pelo menos em meio período. Em 1980, havia menos de um quinto disso.

Quando minha família comprou uma máquina de lavar de fabricação alemã em um armazém em San Leandro, Califórnia, ao sul da cidade de Oakland (estamos em Berkeley, ao norte), foi oito vezes mais caro levar a máquina do depósito para o nosso porão do que da fábrica onde foi fabricada, em Schorndorf, até o depósito.

E assim a reglobalização prosseguiu durante os Trinta Anos Gloriosos após a Segunda Guerra Mundial. Grande parte da força de expansão veio do âmbito político-econômico, especialmente porque os Estados Unidos passaram a ver o acesso a seus mercados como uma ferramenta importante na luta contra a Guerra Fria. E então o círculo comercial virtuoso se estabeleceu: o crescimento da produtividade aumentou cada vez mais a demanda por bens e, assim, a capacidade expandida foi acompanhada de uma demanda também expandida. Em 1975, o comércio mundial como parcela da atividade econômica global estava de volta ao seu pico de 1914, 25% – cerca de um oitavo do que uma região típica gastava em bens e serviços ia para bens e serviços importados, e cerca de um oitavo das receitas de uma região típica provinham da exportação de bens e serviços.

Esse círculo virtuoso foi, de longe, mais forte no Norte global. O fato de 1800-1914 ter concentrado a indústria e o conhecimento sobre a indústria nos distritos industriais do Norte global teve consequências, uma vez que a criação de ideias se baseia no estoque delas. A industrialização prévia do Norte global acelerou o crescimento global do Norte, enquanto a desindustrialização prévia do Sul global conteve o crescimento global do Sul. A geração de novas ideias, afinal, depende da densidade e magnitude do estoque de ideias já implantadas em uso na região. Os distritos industriais do Norte global impulsionaram, assim, o crescimento. Esse círculo virtuoso era muito menos evidente no Sul global, que, vale lembrar, tinha sido relativamente desindustrializado pela onda anterior de globalização.

Sem distritos manufatureiros vibrantes e comunidades profundas e densas de prática de engenharia própria, como o Sul global poderia se beneficiar dessa reglobalização? A única maneira era entrincheirar-se ainda mais em sua posição na divisão mundial do trabalho. Isso significava tirar vantagem dos valiosos recursos que possuía, como minerais e produtos agrícolas tropicais, cujos preços relativos continuaram a cair. E assim, embora o Sul global tenha enriquecido durante a década de reglobalização pós-Segunda Guerra Mundial, isso ocorreu mais lentamente, e a diferença relativa de renda continuou a crescer até pelo menos 1990.

Em poucas palavras, na primeira geração pós-Segunda Guerra Mundial, era possível entender quem se beneficiou com a reglobalização falando da "curva carrancuda".* No início, no lado esquerdo, a curva carrancuda é baixa: há relativamente pouca riqueza a ser obtida com o fornecimento de matérias-primas, pois uma oferta elástica e uma demanda inelástica significam que os fabricantes de produtos primários, que como um grupo trabalham duro para aumentar sua produtividade, podem fazer pouco mais do que reduzir os preços à medida que a produtividade aumenta; e, portanto, há relativamente pouca riqueza a ser obtida em *design*, pois os concorrentes podem rapidamente fazer engenharia reversa em algo que já existe. Há, no entanto, uma grande quantidade de riqueza a ser adquirida no meio, onde a curva carrancuda é alta. Lá, o *know-how* e as habilidades dos distritos industriais do Norte global trouxeram as enormes eficiências da produção em massa de meados e final do século XX. E há relativamente pouca riqueza a ser obtida no final, o lado direito, onde a curva carrancuda é mais uma vez baixa: comercialização e distribuição – combinar mercadorias com as necessidades específicas dos indivíduos ou, pelo menos, convencê-los de que vale a pena pagar a você para fazer isso – também não é onde está a maior parte da ação.

---

* No inglês, "*frown curve*".

Mas a história da reglobalização via economia política e conteinerização é apenas o primeiro terço da história deste capítulo. Na década de 1980 houve outra grande mudança tecnológica, reunindo uma força que teria poderosas influências no comércio mundial e muito além: a tecnologia da informação. Houve uma verdadeira revolução no custo do transporte não de mercadorias, mas de *bits*, não de objetos materiais, mas de *informação*. A internet global de comunicação e dados – e os enormes cabos submarinos e subterrâneos de fibra ótica, além dos transmissores, receptores e satélites de transmissão de banda estreita e larga, nos quais ela viaja – transformaram o mundo novamente, começando na década de 1990.

Não escrevi muito neste livro sobre exatamente como novas tecnologias avançaram os poderes coletivos humanos sobre a natureza, sobre como elas nos permitiram nos organizar de novas maneiras e o que elas eram e o que fizeram. Simplesmente escrevi sobre sua taxa de crescimento: por exemplo, os 2% ao ano em crescimento de ideias após 1870. Focar no que elas eram e no que faziam teria resultado um livro muito diferente, que precisaria mais de um engenheiro e menos de um economista político. Apresso-me a acrescentar que esse livro diferente, executado com competência, seria uma grande obra sobre coisas de importância vital, talvez avassaladora. *Prometeu desacorrentado*, de meu falecido professor David Landes, realizou essa tarefa para a Europa de 1750 a 1965 e continua sendo um clássico. E Robert Gordon escreveu um novo clássico na mesma linha, cobrindo os Estados Unidos desde 1870.[4]

Mas aqui e agora, penso, é apropriado trazer alguns recursos dessas tecnologias para o centro do palco. Considere a ideia de General Purpose Technologies [Tecnologias de Uso Geral], ou GPTs: aquelas tecnologias em que os avanços mudam, se não tudo, quase tudo, pois se ramificam de setor em setor.[5] A energia a vapor no início do século XIX foi a primeira. Em meados do século XIX, as primeiras máquinas-ferramentas – incorporando em seu projeto e construção muito conhecimento tecnológico sobre como moldar materiais – foram as próximas. Então, depois de 1870, vieram as telecomunicações, a ciência dos materiais, a química orgânica, os motores de combustão interna, a linha de montagem, as gerações subsequentes de máquinas-ferramenta e a eletricidade – tecnologias cujo florescimento constitui a "uma grande onda" de avanço tecnológico de Robert Gordon, que ele enxerga como tendo transformado o Norte global no período de 1870-1980 e depois refluído. A partir da década de 1950 e atingindo massa crítica na década de 1990, surgiu outra GPT: a microeletrônica. Os elétrons agora foram postos para dançar não a serviço do fornecimento de energia, mas sim para auxiliar e amplificar o cálculo – e a comunicação. E descobriu-se que microeletrônicos como microcontroladores permitiriam a construção de materiais que poderiam funcionar muito melhor e que eram mais baratos e mais leves do que depender de matéria bruta, organizada mecanicamente.[6]

Pegue os componentes de quartzo da areia comum. Purifique-os e liquefaça-os, aquecendo-os a mais de 1.700 °C. Adicione carbono para retirar os átomos de oxigênio do quartzo, deixando para trás silício líquido puro derretido. Resfrie o silício e, logo antes de ele solidificar, coloque uma pedrinha de cristal dentro dele. Em seguida, puxe para cima o cristal e o silício circundante que se liga a ele.

Se você fez isso direito, terá um cilindro de silício monocristalino. Corte finamente em "pastilhas". Essas pastilhas de puro cristal de silício não conduzem eletricidade. Por que não? Porque, dos catorze elétrons de um átomo de silício, dez não podem se mover para integrarem uma corrente elétrica porque estão presos ao núcleo, no que os químicos chamam de "orbitais" 1 e 2sp. ("Orbital" é um termo impróprio: não é verdade que eles "orbitam". Há mais de um século, Niels Bohr achou que eles orbitavam, mas ele não compreendeu direito. Erwin Schrödinger o corrigiu.) Somente os quatro elétrons mais externos, nas orbitais 3sp, podem ser energizados e então se mover para se tornar correntes elétricas. Mas no silício puro eles nunca conseguem fazer isso porque estão presos entre o núcleo de seu átomo e os núcleos de seus quatro vizinhos no cristal. A energia necessária para tirá-los dos orbitais 3sp e colocá-los nos orbitais da "banda de condução" quebraria o cristal.

Porém suponha que você substituísse alguns dos átomos de silício no cristal – um em cada 10 mil átomos é mais do que suficiente – por átomos de fósforo, que não têm catorze, mas quinze elétrons cada. Catorze dos elétrons de cada átomo de fósforo agirão como os elétrons do átomo de silício: presos no lugar, fortemente ligados em seus orbitais 1s e 2sp ao seu núcleo doméstico, e os quatro externos ligados em seu orbital 3sp tanto ao núcleo doméstico quanto aos quatro núcleos vizinhos. Mas o 15º elétron não consegue se encaixar. Ele encontra um estado orbital de energia mais alta, no qual está apenas frouxamente ligado a um dos núcleos. Pode se mover em resposta a pequenos gradientes no campo elétrico local, e se move. E assim a região do seu cristal de silício que você "turbinou" com fósforo se torna um condutor de eletricidade. Mas se você fizesse algo que puxasse esses 15ºˢ elétrons para algum outro lugar, essa região também se tornaria um isolante não condutor, como o resto do cristal. Uma região turbinada de um cristal de silício é, portanto, como o botão liga/desliga na sua parede que controla a luz do teto. Aplicando ou removendo pequenas tensões de corrente elétrica e pressão eletromagnética, podemos ligar e desligar esse interruptor como quisermos e, assim, deixar a corrente fluir ou não.

Neste momento, nos fabricantes de semicondutores da Taiwan Semiconductor Manufacturing Company (TSMC), as máquinas que ela comprou (da ASML Holding, na Holanda, e da Applied Materials, no Vale do Silício) e instalou e programou estão fabricando 13 bilhões de tais interruptores semicondutores de estado sólido, com caminhos de corrente e controle presos a uma pastilha que se tornará um *chip* de silício cristalino com cerca de um centímetro de largura e um centímetro de altura. Os materiais de comercialização da TSMC indicam que o menor dos produtos tem apenas 25 átomos de silício de largura. (Normalmente, são cerca de dez vezes maiores.) Se os 13 bilhões de interruptores desse pequeno fragmento de rocha cristalina feito de areia forem produzidos corretamente, e ele passar nos testes que exigem que seus caminhos de corrente liguem e desliguem com precisão e sincronia 3,2 bilhões de vezes por segundo, esse *chip* vai acabar no coração de uma máquina como aquela conectada ao teclado no qual foram digitadas estas palavras. Será um microprocessador Apple M1, um circuito de integração em larga escala (VLSI, sigla para *very large scale integration*) feito desses minúsculos interruptores de cristal de silício turbinado, que chamamos de *transistores*.

William Shockley, John Bardeen e Walter Brattain são os três responsáveis pela construção do primeiro transistor, em 1947, nos Bell

Telephone Laboratories. Dawon Kahng e Mohamed Atalla receberam o crédito pela construção do primeiro transistor de efeito de campo semicondutor de óxido metálico. O grupo de Jay Last, com base nas ideias de Robert Noyce e Jean Hoerni, da Fairchild Semiconductor, construiu o primeiro circuito integrado operacional de estado sólido composto por mais de um transistor. Em 1964, a General Microelectronics fabricava e vendia um circuito integrado de 120 transistores. Os elementos de comutação eletrônica de tubo de vácuo anteriores tinham dez centímetros de comprimento. Os transistores em 1964 estavam agrupados com um milímetro de distância: eram cem vezes menores, permitindo que 10 mil vezes mais poder de computação fosse compactado no mesmo espaço, com um consumo de energia várias ordens de magnitude menor.

Gordon Moore, que também trabalhava na Fairchild Semiconductor, observou em 1965 que o número de transistores microeletrônicos de estado sólido em circuitos integrados tinha crescido de um para cem nos sete anos desde 1958. Ele fez uma previsão ousada e altamente especulativa de que podíamos esperar um futuro de "equipamentos abarrotados de componentes", projetando que em 1975 – apenas dez anos depois – um *chip* de silício de cem milímetros quadrados conteria 65 mil componentes. Isso permitiria "técnicas eletrônicas mais amplamente disponíveis em toda a sociedade, desempenhando muitas funções que hoje são feitas inadequadamente por outras técnicas, ou que nem sequer são feitas", disse Moore. Ele previu "computadores domésticos – ou pelo menos terminais conectados a um computador central, controles automáticos para automóveis e comunicações portáteis pessoais". Disse que haveria "circuitos integrados em filtros digitais [para] separar canais em equipamentos complexos" e previu avanços em circuitos telefônicos e processamento de dados. "Os computadores serão mais poderosos e serão organizados de maneiras completamente diferentes", concluiu.[7]

Em 1971, os fabricantes de semicondutores de circuitos integrados tinham chegado a um processo mais refinado para inscrever padrões no cristal. O primeiro microprocessador, o Intel 4004, reunia 20 mil transistores em um milímetro quadrado – as pastilhas ficavam a duzentos mícrons, duzentos milionésimos de metro, umas das outras. Em

2016, a espessura típica da pastilha mais a distância de separação tinha caído para duzentos nanômetros, duzentos bilionésimos de metro. (E em 2021, haveria um encolhimento adicional, de mais da metade, e a espessura da pastilha mais a distância de separação seria de apenas noventa nanômetros – 450 átomos de silício – de largura.) Em 1979, executar um MIPS – 1 milhão de instruções por segundo – exigia um watt de potência. Em 2015, um watt conseguia conduzir mais de 1 milhão de MIPS. À medida que os componentes se tornaram menores, eles ficaram mais rápidos. Diminua o tamanho do recurso pela metade e você poderá executá-lo duas vezes mais rápido – até certo ponto. Antes de 1986, a velocidade do microprocessador quadruplicava a cada sete anos. Então, com o advento da simplicidade de conjuntos de instruções reduzidos, vieram dezessete anos em que cada quadruplicação da velocidade levava três anos, em vez de sete. Então, depois de 2003, o tempo de quadruplicação voltou para sete anos, até que novas melhorias de velocidade atingiram um limite por volta de 2013.

Mas o empacotamento de transistores cada vez menores em *chips* VLSI continuou através do que só posso chamar de Mágica Profunda, embora em um ritmo mais lento do que com a "Lei de Moore" original. Leio que o ASML TWINSCAN NXE:3400C usa luz ultravioleta com um comprimento de onda de 13,5 nanômetros e penso: com seu laser, essa máquina se mantém alinhada e consegue esculpir 20 milhões de linhas em cristais de silício de trezentos milímetros sem errar no posicionamento de qualquer uma dessas linhas em até um trigésimo milésimo de um fio de cabelo humano. E não consigo entender como isso pode ser feito, de forma regular e confiável, por um custo variável de apenas US$ 50 por microprocessador.[8]

Em seu ritmo mais acelerado durante a revolução da tecnologia da informação, a Intel, fabricante e projetista de microprocessadores no centro da economia da inovação, fazia tique-taque – a cada tique, uma melhoria dos detalhes da microarquitetura de seus microprocessadores, de modo que os programas pudessem ser executados mais rapidamente; a cada taque, um aprimoramento da resolução fina de sua fabricação, de modo que pudesse tornar as pastilhas, e, portanto, todo o microprocessador, menor – e completando um ciclo completo em menos de três anos. Com os microprocessadores dobrando de velocidade a cada dois anos e com o setor de tecnologia da informação tirando o máximo possível de proveito deles, o crescimento da produtividade em toda a economia depois de 1995 aumentou novamente – chegando perto de seu ritmo durante a Idade de Ouro imediatamente após a Segunda Guerra Mundial –, até a chegada das perturbações da Grande Recessão, no final de 2007. A riqueza criada foi amplamente disseminada e difundida entre os usuários, que ganharam capacidades notáveis para aprender, comunicar e se divertir a um preço surpreendentemente baixo, e entre os tecnopríncipes do Vale do Silício e seus assistentes. Houve perturbações econômicas: os perdedores. Em 1960, havia meio milhão de mulheres nos Estados Unidos trabalhando nas centrais das companhias telefônicas e em balcões de recepção. Há menos de 2 mil hoje. Mas, na maioria das vezes, e no nível doméstico, a chegada da tecnologia da informação a uma massa crítica mudou as tarefas que precisavam ser realizadas para compor as profissões, em vez de destruí-las.

À medida que a infotecnologia se espalhou pela economia, a natureza do trabalho mudou. Nós, macacos das planícies da África Oriental, há muito tempo temos costas e coxas fortes para mover objetos pesados, dedos ágeis para fazer trabalhos finos, bocas e ouvidos para nos comunicarmos e cérebros para pensar e manipular símbolos. Começando com a domesticação do cavalo e continuando com a máquina a vapor, o lugar das costas e coxas no trabalho humano tinha sido bastante reduzido em 1870, mas ainda havia muita manipulação fina a ser feita. Com o advento da eletricidade e suas máquinas, os dedos humanos também começaram a ser substituídos por máquinas, mas ainda havia uma enorme quantidade de projetos complexos a serem realizados, junto com *brainstorming* e contabilidade e informação de rotina, todos esses trabalhos a ser feitos por cérebros, bocas e ouvidos. Cada máquina exigia um microcontrolador, e o cérebro humano era de longe o melhor disponível. Assim, até então, a tecnologia tinha complementado o trabalho em vez de substituí-lo: mais máquinas e mais tecnologia da informação tornaram os seres humanos mais valiosos e mais produtivos, em vez de menos. Mas, para muitos, o novo trabalho parecia menos com o tipo de coisa que um mestre artesão de alto *status* talvez fizesse e mais com as tarefas exigidas de um serviçal – quer do cliente, quer da própria máquina, de aparência cada vez mais autônoma.

Na escala internacional, na década de 1990, quando a infotecnologia atingiu massa crítica, a tecnologia da informação mais a reglobalização em curso transformaram-se em hiperglobalização.[9]

O economista Richard Baldwin mediu o pulso do que chama de "segunda desagregação": a da comunicação intrafirma. Com o advento da internet, não era mais necessário que a sofisticada divisão industrial do trabalho de uma empresa fosse concentrada geograficamente. Você não precisava mais andar ou dirigir até os escritórios e fábricas de seus fornecedores para mostrar-lhes por que o que eles tinham não era exatamente o que você precisava. Você podia, primeiro, na década de 1980, fazer um desenho e enviar um fax. Então, na década de 1990, podia enviar um e-mail. No final dos anos 2000, podia enviar arquivos de dados de vários *megabytes* para todo o mundo.

E para aqueles – muitos – casos em que palavras no papel ou palavras e imagens na tela não eram suficientes? Depois de 1990, cada vez mais, você podia embarcar em um jato noturno transoceânico sem escalas. Diz-se que a Apple tinha cinquenta assentos de primeira classe por dia entre San Francisco e a China nos meses anteriores à chegada da covid-19. E para aqueles casos em que os limites da divisão do trabalho não eram tanto a comunicação do conhecimento, mas o estabelecimento da confiança e de seus limites, que só acontece face a face, olho no olho? O voo transoceânico funcionava também.

Assim, depois de 1990, a manufatura, que tinha se concentrado cada vez mais no Norte global desde 1800, começou a se espalhar para longe do Norte global a uma velocidade tremenda. Comunicações não apenas melhores – mas revolucionária e superlativamente melhores – tornaram possível espalhar o que antes eram concentrações regionais de empresas em cadeias de valor de abrangência global. As diferenças salariais extraordinárias que um século de divergência econômica tinha criado entre o Norte e o Sul globais tornaram tudo isso imensamente lucrativo. No espaço de uma geração, com a expansão da produção em cadeias de valor que abrangem todo o mundo, grande parte da manufatura global tornou-se tanto de alta tecnologia como de baixos salários.

Como disse Baldwin, a lógica da produção global depois de 1990 foi cada vez mais conduzida pela "curva sorridente": baixa no meio, alta no começo e no fim. Grande valor era ganho no início, fornecendo matérias-primas e recursos e, mais importante, *design industrial*. Pouco valor era agregado no meio pela fabricação e montagem cada vez mais rotinizadas. E grande valor era agregado no final pelo *marketing, branding* e distribuição – fornecendo informações (e desinformações) aos consumidores sobre o que eles talvez quisessem da enorme variedade de tipos e qualidades de bens que podiam ser produzidos a partir da expansão da capacidade das fábricas. E era, novamente, uma colcha de retalhos. Coisas muito boas aconteceram em certos lugares. Outros lugares, próximos em cultura, alianças políticas e atitudes, foram deixados para trás – ou as indústrias que eles utilizavam para nichos relativamente de alto valor e alta renda na divisão mundial de coisas boas empacotaram as coisas e se mudaram, ou elas sequer chegaram a ser montadas.

Embora eu tenha dito que esse processo de "segunda desagregação" transferiu a manufatura para o Sul global, não foi bem isso que aconteceu. A manufatura global de alta tecnologia foi para a Coreia, tanto que a Coreia agora é um membro pleno do Norte global, ao lado do Japão e também de Taiwan. Ela foi, acima de tudo, para partes da China – mas mais especificamente para as megacidades do Delta do Rio das Pérolas, Xangai e Pequim, e secundariamente para as costas, mas não para o interior. Também foi para a Índia – mas em grande parte para Maharashtra e Karnataka, não para Uttar Pradesh. Foi para a Indonésia, a Tailândia e a Malásia, e agora está indo para o Vietnã. Foi para a Polônia, ao lado da potência manufatureira da Alemanha, cujas empresas encontraram enormes benefícios em expandir suas cadeias de valor para fazer uso da mão de obra a baixos salários encontrada no vizinho. Foi para o México, mas muito menos do que esperavam aqueles de nós que tinham grandes esperanças de um Tratado Norte-Americano de Livre-Comércio (NAFTA) no início dos anos 1990. Para outros lugares? Em geral, não. É uma colcha de retalhos. A oportunidade de ocupar um lugar importante nas redes globais de produção da cadeia de valor abriu-se apenas para alguns no Sul global. As empresas tiveram que convidar produtores locais para se juntarem às suas redes de valor. E embora o conhecimento possa ser transmitido pela internet, a confiança ainda requer interação face a face. Pode ter sido o voo a jato transoceânico sem escalas e as cadeias hoteleiras internacionais o elo fundamental nessa segunda desagregação.

As disputas em andamento sobre quem e quanto se beneficiaria produziram ganhos enormes para o mundo. Mais de 80% da população mundial vivia com menos de US$ 2 por dia em 1870. Essa fração caiu para 72% em 1914, 64% em 1950 e 40% em 1984. Essa fração extrema caiu para 9% em 2010 – em grande parte por causa dos efeitos colaterais da hiperglobalização.

Mas metade da população mundial ainda vivia com menos de US$ 6 por dia. Não é como se o mundo inteiro fosse plano. Sem a infraestrutura necessária para contêineres, veículos de transporte e empilhadeiras, você continua longe do sistema de comércio global que transporta máquinas de lavar de fabricação alemã de alta qualidade das fábricas da Vestfália para os armazéns da Califórnia por apenas um centavo a libra, e longe da rede de comércio global. Se a sua eletricidade não é confiável, de modo que você não tem como saber se vai conseguir bombear diesel para um caminhão; se o volume da sua produção for pequeno demais para preencher 56 metros cúbicos de espaço; se o dinheiro para consertar suas estradas foi desviado; se seus tribunais funcionam tão mal que poucos estrangeiros estão confiantes de que o que você diz ser deles realmente é deles; se ninguém ainda percebeu o que seus trabalhadores conseguem produzir; se seus empreendedores são incapazes de construir organizações numa escala à altura dos contêineres sem atrair extorsionários politicamente bem relacionados – então você não está ligado à rede. Conectar-se à rede de comércio global é uma imensa oportunidade, mas requer que tudo, ou quase tudo – infraestrutura, escala, administração pública, governança e conhecimento estrangeiro de suas capacidades de produção –, esteja funcionando corretamente. E para participar plenamente da hiperglobalização, uma região precisa das conexões aéreas internacionais e dos hotéis exigidos pelas empresas que orquestram cadeias de valor distribuídas globalmente para incorporá-las.

Ainda assim, em 2010, a capacidade tecnológica implantada no mundo era mais de vinte vezes maior do que em 1870 e mais do que o dobro do que havia sido em 1975. Sim, a explosão populacional tinha continuado – o mundo estava em um caminho que poderia levar a uma população estável entre 9 bilhões e 10 bilhões depois de 2050 –, mas em muitos lugares as forças que retardam o crescimento populacional ainda não eram tão visíveis. E, sim, a explosão populacional significava que os recursos eram escassos: assim, a produtividade média não era vinte, mas nove vezes maior do que em 1870. E, sim, a criação foi acompanhada por muita destruição criativa, e muitas pessoas sentiram que o mercado tinha tirado delas, ou que não lhes havia dado sua parte justa, enquanto dava uma superabundância, imerecidamente, para outros.

Este último, especialmente. Embora a hiperglobalização possa ter significado a chegada de grande parte da produção manufatureira a partes do Sul global, também significou a saída de uma grande parcela da produção manufatureira do Norte global. Isso não significa que a produção manufatureira no Norte global caiu – com o aumento da produção total, uma parcela menor do total ainda era um valor absoluto maior. Mas significou que a parcela de empregos na manufatura no Norte global declinou – de forma relativamente lenta no início, mas mais vertiginosamente à medida que o final do século XX se aproximou.

Nas décadas posteriores a 1970, foram principalmente os chamados empregos industriais menos qualificados que diminuíram como parcela do emprego no Norte global. Junto com esse encolhimento, a demanda geral por trabalhadores menos qualificados – bem representados por aqueles sem educação superior – também diminuiu. Essa queda se manifestou de formas diferentes em diferentes partes do Norte global. Na Europa Ocidental, manifestou-se como um aumento no desemprego (especialmente entre os homens), enquanto nos Estados Unidos se manifestou como uma queda nos salários reais dos trabalhadores "menos qualificados" (de novo, especialmente entre os homens).

Tanto a esquerda quanto a direita reagiram a esses desenvolvimentos alegando que eram principalmente o resultado da hiperglobalização – especialmente o aumento das importações de economias em desenvolvimento. E, no entanto, não podia ser isso. Considere, por exemplo, os Estados Unidos no período de 1970 a 1990, quando o argumento de que as importações estavam custando bons empregos aos norte-americanos se tornou influente pela primeira vez. Ao longo dessas duas décadas, as importações aumentaram de cerca de 6% do PIB para 12%. Mas o salário médio relativo de um país que vende produtos importados para os Estados Unidos aumentou de 60% para 80% do nível norte-americano. Cada importação típica, portanto, vinha de um país onde a disparidade de renda relativa era apenas metade do que havia sido, e assim a pressão sobre os Estados Unidos pelo fato de que as importações vinham de países com salários mais baixos continuou praticamente a mesma.

Sim, os níveis de emprego de certas regiões foram dizimados pela concorrência de outros lugares. Mas isso acontecia desde 1870 e antes – era a destruição criativa da crescente economia de mercado em ação. Aqueles na mira de "o mercado tira" viram essa instabilidade como uma violação de seus direitos polanyianos. Mas para cada perdedor havia um ganhador, e – pelo menos antes de 1980 – isso não trouxe nenhuma discrepância de classe pronunciada no Norte global.

Considere a carreira de meu avô, William Walcott Lord, que nasceu na Nova Inglaterra no início do século XX. Quando a Lord Brothers Leather Company, em Brockton, Massachusetts, enfrentou uma falência iminente durante a Grande Depressão em 1933, ele e seus irmãos se mudaram para South Paris, Maine, onde os salários eram mais baixos. Os trabalhadores de Brockton estavam desempregados e tinham poucas perspectivas de encontrar um trabalho novo, dada a destruição generalizada de empregos operários relativamente bem pagos em fábricas em todo o Sul da Nova Inglaterra. Mas na estatística agregada, sua perda foi compensada por uma bonança para os trabalhadores rurais de South Paris, que deixaram de trabalhar como escravos numa agricultura de quase subsistência para manter empregos aparentemente estáveis em uma fábrica de calçados (até que a fábrica de calçados se tornou antieconômica em 1946, com a concorrência da Carolina do Norte e da Carolina do Sul e o fim do *boom* da Segunda Guerra Mundial).

Tendemos a pensar no período pós-Segunda Guerra Mundial como uma época de relativa estabilidade, mas, na verdade, um grande número de empregos na indústria e na construção estava se movimentando dessa forma – não desaparecendo, mas movendo-se em massa de uma região para outra. Em 1943, 38% da força de trabalho não agrícola dos Estados Unidos estava na manufatura, devido à alta demanda por bombas e tanques à época. Após a guerra, esse número caiu para cerca de 30%. Se os Estados Unidos tivessem sido uma potência industrial normal do pós-guerra, como a Alemanha ou o Japão, a inovação tecnológica teria continuado a reduzi-lo ao longo de 1950-1990, para cerca de 17% em 1990. Mas a decisão de Ronald Reagan de incorrer em grandes déficits orçamentários e transformar os Estados Unidos de um país que economizava mais do que investia em um que investia mais do que economizava levou esse número a cair ainda mais, para 13% em 1990.

Então, na parte final do longo século XX, de 1990 a 2010, o salário relativo de países de onde vinha a importação média não petrolífera para os Estados Unidos caiu drasticamente. Isso foi impulsionado em grande parte pela China, que contribuía com uma parcela cada vez maior das importações de manufaturados, mesmo que seus salários permanecessem extremamente baixos. No entanto, o ritmo de declínio no emprego industrial dos Estados Unidos não acelerou. E a parcela de empregos considerados adequados para operários – na manufatura, construção, distribuição e transporte – manteve-se estável. Os consumidores norte-americanos compravam manufaturas chinesas, e uma linha de montagem antes em Dayton, Ohio, mudava-se para Shenzhen. Mas havia trabalhos de distribuição transportando as mercadorias de Long Beach até seu destino final. E os dólares ganhos pelos fabricantes chineses foram reciclados pelo sistema financeiro da China e investidos nos Estados Unidos, onde financiaram a construção de moradias. Os empregos para operários na linha de montagem encolheram em números relativos. Os empregos para operários na distribuição e na construção aumentaram em números relativos.

Enquanto isso, o rápido aumento da produtividade da manufatura e a gestão macroeconômica incompetente reduziram ainda mais a parcela dos empregos para operários. O principal efeito da hiperglobalização foi causar não um declínio nos empregos para operários, mas um giro da roda de um tipo de trabalho operário para outro – da produção da linha de montagem para a distribuição, dirigindo caminhões e movimentando paletes, e também, por um tempo, para a construção. E apesar disso foi a hiperglobalização que entrou na esfera pública como a principal causa do sofrimento econômico dos operários nas economias mais ricas do mundo.

Por que foi assim?

Dani Rodrik, economista da Universidade de Harvard, observou que, à medida que as barreiras comerciais diminuem, diminuem também os benefícios do aumento do comércio: ou seja, mais e mais comércio é necessário para gerar uma recompensa cada vez menor para os participantes. O volume de comércio torna-se assim muito grande em relação aos ganhos líquidos – e à medida que os empregos se movem em um ritmo mais rápido, mesmo que estejam sendo substituídos, ainda há um número maior de pessoas apanhadas na confusão. Não é difícil ver por que elas talvez culpem a globalização por sua situação. Além disso, alguns grupos demográficos têm sido particularmente suscetíveis. A mudança do emprego nos Estados Unidos, da linha de montagem para a construção, serviços e cuidados diversos teve muito pouco impacto na distribuição geral da renda. Mas teve um grande efeito na distribuição por gênero: os empregos que sumiram eram predominantemente masculinos, e os que surgiram, não. Além disso, os empregos que estavam fechando – seja por causa do comércio, tecnologia, mudança regional ou outra coisa – eram aqueles que historicamente tinham sido bons caminhos para a mobilidade ascendente daqueles com menos educação, caminhos dos quais as minorias, especialmente os negros, haviam sido excluídas pela segregação anterior. Para aqueles grupos cujos empregos estavam sendo fechados, ou que viam portas sendo fechadas em caminhos usados pelas gerações anteriores para a ascensão social, não é de admirar que a globalização parecesse uma explicação plausível para seu infortúnio.[10]

Além disso, a ascensão econômica da China coincidiu com um período em que os Estados Unidos e outros países industrializados lutavam para alcançar o pleno emprego. Reajustes econômicos bem-sucedidos não acontecem quando falências forçam a mão de obra e o capital a saírem de indústrias de baixa produtividade e baixa demanda, mas sim quando os *booms* puxam a mão de obra e o capital para indústrias de alta produtividade e alta demanda. O fato de o "choque da China" ter atingido uma economia instável tornou muito mais provável que fosse substancialmente destrutivo.

Então, se a hiperglobalização não empobreceu os trabalhadores das principais economias industriais, o que ela fez? A questão pode ser mais bem trabalhada se pensarmos na Belle Époque anterior à Primeira Guerra Mundial. Na Grã-Bretanha anterior a essa época, indústria após indústria viu sua participação nas exportações diminuir à medida que aumentava a concorrência dos produtores alemães e norte-americanos.

Meus bisavós lavradores de trigo em Illinois, produto cujos preços dependiam da demanda europeia por grãos, teriam ficado surpresos ao saber que não faziam parte de uma economia integrada.

Então, qual é a diferença? Os fluxos financeiros são mais fortes ou mais importantes hoje? Provavelmente não. O comércio é mais forte e mais importante? Talvez: o comércio mundial como parcela do produto mundial é um pouco maior. Mas o conteúdo líquido dos fatores incorporados no comércio, em porcentagem do produto mundial, parece menor, e isso é presumivelmente o que mais importa para o efeito do comércio sobre, digamos, os salários dos trabalhadores não qualificados. O comércio é apenas uma troca: o que você produzia antes em casa, agora você importa e paga produzindo outra coisa. O comércio afeta os salários porque essa mudança na produção de "o que você produzia antes" para "outra coisa" muda o equilíbrio entre oferta e demanda para diferentes tipos de trabalhadores com diferentes habilidades. Mas se os trabalhadores que produziram o "o que [...] antes" têm as mesmas habilidades que os trabalhadores que agora produzem "outra coisa", é difícil enxergar de onde poderia vir um grande efeito sobre os salários médios.

A migração laboral internacional tornou-se um fator mais importante? Certamente não: entre 1850 e 1920, uma em cada dez pessoas no mundo mudou-se de um continente para outro. Os fluxos da população mundial pós-Segunda Guerra Mundial, pós-1973 ou mesmo pós-1990 representam uma parcela muito menor da população mundial do que nos velhos tempos.

Então, o que está diferente? Por que a "globalização" se tornou uma capa vermelha tão poderosa para incitar a raiva no final do longo século XX?

Uma possibilidade que eu defendo: antes da Belle Époque, o que poderia ser transferido através das fronteiras nacionais era praticamente limitado a *commodities* e valores mobiliários. Só se conseguia transferir algo de fato se fosse possível embalá-lo em uma caixa ou envelope e enviá-lo pelo mar (ou pelas linhas telegráficas). As transações internacionais que exigiam mais na forma de vínculos transfronteiriços eram muito difíceis de realizar. Pense nas primeiras tentativas da Ford Motor Company após a Primeira Guerra Mundial de transferir a produtividade de sua linha de montagem para a Grã-Bretanha; das tentativas britânicas e japonesas de usar máquinas têxteis fabricadas em Lancashire para obter alta produtividade em fábricas na Índia ou na China; ou das tentativas malucas dos investidores britânicos – que nunca imaginaram com que facilidade Jay Gould seria capaz de subornar os tribunais de Nova York – de extrair títulos e dividendos da Erie Railroad que suas debêntures e certificados de ações diziam "ser de sua propriedade". Mercadorias e pagamentos fluíam através das fronteiras. O controle era exercido dentro dos países pelos seus próprios cidadãos.

Mas, na hiperglobalização, aumentou enormemente a amplitude dos vínculos transnacionais, em especial pessoas em outros países controlando o que acontece no seu. Naquela época, não dava para exercer efetivamente o controle corporativo além das fronteiras nacionais. Agora dá. Naquela época, não dava para transferir formas de organização para alcançar a produtividade do país de origem em operações de produção estrangeiras. Agora dá. Naquela época, não dava para integrar o desenho e a especificação em um país com a produção em outro. Agora dá. Nesse ambiente, corporações transnacionais ou multinacionais serão boas candidatas a culpadas.

E com a chegada da Grande Recessão após 2007, haveria uma grande demanda por alguém para culpar.

17
A GRANDE RECESSÃO E A RECUPERAÇÃO ANÊMICA

Na primavera de 2007, os bem-pensantes, pelo menos nos Estados Unidos, não reconheciam que o longo século XX de excepcionalismo norte-americano – na verdade, de domínio do Atlântico Norte – já tinha terminado.

O coração da economia da inovação, a projetista e fabricante de microprocessadores Intel, ainda estava fazendo seu tique-taque, com os microprocessadores que eram o centro do setor de informação dobrando em velocidade e poder computacional a cada três anos, e com o setor de tecnologia da informação aproveitando isso ao máximo. O crescimento da produtividade em toda a economia ao longo da década anterior estava próximo do ritmo da Idade de Ouro pós-Segunda Guerra Mundial.[1] Inflação e recessões profundas o bastante para ser um grande distúrbio tinham sido vistas pela última vez 25 anos antes: essa era a "Grande Moderação" do ciclo econômico.[2] Além disso, a virada neoliberal parecia ter gerado benefícios no Sul global: o crescimento da região tinha sido o mais rápido de todos os tempos.

Sim, houve uma geração de renda crescente e desigualdade de riqueza. Mas os eleitores não pareciam se importar muito. Cortes de impostos, cuja maior parte foi para os ricos, foram realizados com mais frequência do que revertidos. Os partidos de centro-esquerda acreditavam que tinham de fazer concessões à direita para ser eleitoralmente competitivos. Os partidos de direita, em geral, não achavam que tinham de fazer concessões à esquerda. A infelicidade com a virada neoliberal não se manifestava em maiorias sólidas e duradouras favoráveis aos partidos que queriam suavizar – ou, muito menos provável, reverter –, pelo menos algumas partes dela. E os partidos de centro-esquerda no Atlântico Norte continuaram em conflito: ideias e interesses cantavam o canto da sereia de que o neoliberalismo de esquerda poderia funcionar, que os mecanismos de mercado poderiam ser usados para atingir fins social-democratas e que uma taxa de crescimento econômico revigorada tornaria mais fácil a ascensão política necessária para reverter a chegada da Segunda Era Dourada.

Os bem-pensantes deveriam ter pensado melhor. Os suportes estruturais profundos estavam quebrando. Em 1993, o então deputado norte-americano Newt Gingrich (republicano da Geórgia) e o barão da imprensa Rupert Murdoch começaram o processo de construção, em todo o mundo, via mala-direta, televisão a cabo e, finalmente, internet, de uma base de direita facilmente ludibriada, que abriria livremente seus bolsos porque era fácil convencê-la de que os adversários políticos de centro-esquerda não estavam apenas errados, mas que também eram perversos e imorais – administrando esquemas de pedofilia em salões de pizzarias.[3] A centro-esquerda continuou esperando por uma abertura política: seus líderes seguiam dizendo que não viam vermelho (ala direita) e azul (ala esquerda), mas roxo.[4] Porém a direita disse não: se diminuíssem o tom, os olhos da sua base não ficariam mais tão grudados nas telas, consumindo anúncios, e seus bolsos não estariam mais tão acessíveis.

Em 2003, chegou ao fim a era em que os Estados Unidos eram o líder de confiança da "aliança ocidental" do Norte global. No final da década de 1980, após o fim da Guerra Fria, a administração George H. W. Bush tinha assegurado às nações do mundo que a supremacia militar dos Estados Unidos era benigna, porque as Forças Armadas norte-americanas seriam mobilizadas apenas em apoio de uma maioria esmagadora de votos do povo de um país ou de acordo com a vontade do Conselho de Segurança da ONU. A administração Clinton mudou isso para "de acordo com a vontade da aliança da OTAN"; e então o governo de George W. Bush mudou para "mais ou menos ao acaso, de acordo com informações falsas e interpretadas erroneamente, contra países que não possuem armas nucleares". O mundo tomou nota.

Em 2007, chegou ao fim a era em que os avanços da alta tecnologia deram ao crescimento da produtividade do Norte global um impulso materialmente significativo. O tique-taque esbarrou em uma barreira tecnológica até então insuperável: antes de 2007, reduzir um componente à metade de seu tamanho dobraria sua velocidade sem gerar muito calor para ser dissipado; depois de 2007, essa "escala de Dennard" começou a falir devido ao aumento dos vazamentos de corrente em tamanhos extremamente pequenos.

Além disso, o foco mudou do fornecimento de informações para a captação de atenção – e uma captação de atenção de maneiras que jogavam com as fraquezas e preconceitos psicológicos humanos. A economia de *commodities* tinha servido aos interesses dos ricos, aumentando assim sua utilidade, uma meta que ao menos poderia ser aprovada por um filósofo utilitarista. O mercado da economia da atenção ameaçou simplesmente atrair a atenção deles de maneiras que talvez não aumentassem sequer sua utilidade.

Houve também uma sequência de crises financeiras – México em 1994, Leste Asiático em 1997-1998, Argentina em 1998-2002 – que não foram bem administradas, nem no período que as antecedeu, nem durante. O Japão estava atolado, se não na depressão, pelo menos na estagnação, com gastos totais inadequados por quinze anos. No entanto, entre os formuladores de políticas, o sentimento dominante era de que a regulamentação financeira não deveria ser apertada para evitar um excesso de alavancagem e bolhas que pudessem desencadear crises e depressão – ela deveria é ser afrouxada. A administração Clinton recusou-se a regular os mercados de derivativos quando eles eram pequenos, alegando que a experimentação de modelos de negócios e tipos de ativos era necessária nas finanças, a fim de descobrir maneiras de tornar os investidores como um grupo mais confortáveis com seus riscos.

Quando os mercados de derivativos se tornaram grandes e incompreensíveis na década de 2000, o governo de George W. Bush dobrou a aposta na desregulamentação. E o Federal Reserve – com a honrosa exceção de Ned Gramlich, um sábio membro do Conselho de Governadores – concordou. Afinal, o Fed tinha impedido que qualquer depressão séria ocorresse após o *crash* da Bolsa de Valores de 1987, após o *crash* da sobrealavancagem do S&L em 1990 e após a crise financeira mexicana de 1994, a crise do Leste Asiático de 1997, as falências do Estado russo e dos fundos de *hedge* da Long-Term Capital Management em 1998, o *crash* das pontocom em 2000 e os ataques terroristas de 2001.

Certamente tudo isso deu confiança de que o Federal Reserve poderia lidar com quaisquer choques que o setor financeiro lançasse sobre ele. Em um mundo que ainda tinha uma lacuna muito grande entre retornos médios de ativos seguros e ativos arriscados, não valeria a pena encorajar a experimentação financeira, explorar quais mecanismos poderiam induzir uma maior assunção de risco por parte dos investidores, mesmo que isso levasse a alguns excessos financeiros temerários?[5]

"Só quando a maré baixa", o investidor de longo prazo Warren Buffett sempre gosta de dizer, "é que você descobre quem estava nadando nu".[6] A confiança dos bancos centrais de que eles conseguiriam administrar quaisquer problemas que surgissem, e o entusiasmo dos governos de direita pela não regulamentação financeira, significaram que um choque relativamente pequeno no sistema financeiro global chegou terrivelmente perto de provocar uma repetição da Grande Depressão nos anos posteriores a 2007, resultando em meia década perdida no que diz respeito ao progresso econômico do Norte global.

Em 2007, poucos dos campeões no Norte global esperavam qualquer risco sério de uma grande crise financeira e ameaça de depressão. A última *no Norte global* ocorrera na própria Grande Depressão. Desde a década de 1930, a memória das perdas financeiras impediu os financiadores e investidores de tomar empréstimos e alavancar em uma escala que tornaria os sistemas vulneráveis a uma cadeia de falências – e, portanto, a um pânico em massa seguido por uma corrida para vender a preços de liquidação todos os ativos financeiros repentinamente considerados arriscados. Até que se aposentassem aqueles que se lembravam da Grande Depressão (ou cujos mentores imediatos se lembravam), a coleira do sistema financeiro não seria solta.

Como resultado, as crises econômicas foram de fato muito raras no Norte global nos anos após a Segunda Guerra Mundial. Os governos que priorizaram o pleno emprego mantiveram as recessões modestas, de modo a evitar as perdas que poderiam desencadear as falências iniciais que potencialmente desencadeariam essa espiral descendente. Uma das duas recessões substanciais do pós-guerra no Norte global, a de 1974--1975, foi causada pela guerra, por um Oriente Médio tumultuado e por interrupções no mercado de petróleo. A segunda recessão substancial no Norte global, a de 1979 a 1982, foi deliberadamente autoinfligida: o preço pago pelo Fed de Volcker para quebrar a espiral inflacionária de preços que tinha surgido na década de 1970.

Sim, a Europa Ocidental teve uma taxa de desemprego teimosamente alta por décadas depois de 1982, mas, no julgamento do consenso neoliberal, era porque a Europa Ocidental ainda era muito social-democrata para o sistema de mercado funcionar adequadamente.[7] E, sim, o Japão caiu em uma crise deflacionária permanente depois de 1990, mas havia muito tempo o consenso era de que o Japão era um caso especial: um problema autoinfligido, e lições mais gerais não deveriam ser tiradas dele.[8] O governo dos Estados Unidos e o público permaneceram confiantes de que a virada neoliberal tinha sido a decisão certa, que os alicerces da prosperidade eram sólidos e que os riscos eram baixos e podiam ser facilmente administrados. E em 2007 não havia inflação, nem guerra no Oriente Médio de grande escala capaz de desencadear uma escassez prolongada de oferta. E, de qualquer forma, o domínio de petróleo do Oriente Médio no setor energético da economia tinha sido bastante atenuado.

Havia Cassandras. Em 2005, na conferência anual do sistema do Federal Reserve em Wyoming, realizada à sombra das montanhas Grand Tetons, o economista e futuro governador do Reserve Bank da Índia, Raghuram Rajan, apresentou um documento alertando não tanto para uma crise em cadeia de falências ou depressão potencial, mas uma "incerteza" no sentido proposto por Frank Knight, economista da Universidade de Chicago.[9] O sistema financeiro tinha se tornado tão opaco que ninguém sabia quais eram os riscos sistêmicos e ninguém conseguia sequer calcular probabilidades razoáveis. Todos que comentaram o artigo de Rajan disseram que tinham gostado de lê-lo. Quase todos (houve uma exceção, o economista e ex-vice-presidente do Fed Alan Blinder) também submeteram Rajan a um "ataque incessante". Rajan, eles disseram, estava sendo covarde. As coisas estavam no mínimo tão robustas e sólidas como sempre. Não só não havia necessidade de se preocupar, como a preocupação de Rajan era de se lamentar.

Eles estavam, é claro, grotescamente errados. O surgimento e o rápido crescimento dos derivativos financeiros significavam que ninguém seria capaz agora de dizer onde acabariam parando quaisquer perdas que fluíssem para o sistema financeiro. Isso significava que, se surgisse uma crise, todos teriam de olhar para todas as suas contrapartes com grande desconfiança, como instituições que poderiam ser insolventes. Era o equivalente a pintar o para-brisa de um carro de preto. E assim a economia mundial se chocou contra a parede, com aqueles ao volante esperando com atraso que os *airbags* fossem acionados e se mostrassem adequados.

Axel Weber, que em meados dos anos 2000 esteve à frente do banco central da Alemanha, o Deutsche Bundesbank, contou uma história triste em 2013.[10] Havia um banco, o Deutsche Bank, que por quase 150 anos foi um dos maiores bancos comerciais, com amplo escopo de interesses empresariais. Como "Deutsche Bundesbank" soava como "Deutsche Bank", acabou por acidente em um painel ao lado de vários CEOs de grandes bancos comerciais. No painel, eles falaram sobre as coisas maravilhosamente lucrativas que estavam fazendo com derivativos: comprando hipotecas, reunindo-as, dividindo os fluxos financeiros delas em partes que julgavam arriscadas e partes que julgavam seguras e depois vendendo-as – as partes arriscadas para investidores dispostos a correr riscos em troca de um retorno maior, as partes seguras para aqueles dispostos a sacrificar o retorno pela segurança. Lucro! Eles tranquilizaram o público: sim, essa estratégia funcionaria apenas enquanto sua modelagem financeira fosse boa o suficiente para realmente determinar quais parcelas dos fluxos financeiros eram arriscadas e quais eram seguras. Mas os acionistas dos bancos comerciais não deveriam se preocupar: eles vendiam *todos* os instrumentos financeiros derivativos que criavam.

Então, no painel, Axel Weber se levantou e disse que, como o banco central alemão era um de seus reguladores, ele podia enxergar que, embora os vinte maiores bancos comerciais fossem os maiores criadores, vendedores e fornecedores de produtos de securitização, também eram os maiores compradores. Ele lhes disse: "Como sistema, [vocês] não se diversificaram". Cada banco individual não foi exposto ao risco de que seus próprios modelos financeiros estivessem errados. Afinal, eles tinham vendido todos os instrumentos financeiros que criaram com seus modelos. O risco de que os modelos estivessem errados recaía, portanto, sobre os compradores. Mas alguns desses – muitos – ativos estavam sendo comprados por outros grandes bancos. Cada um deles tinha dedicado algum escrutínio a seus próprios modelos. Mas cada um deles não dedicou escrutínio nenhum aos modelos dos bancos cujos títulos criados estavam comprando, pois os ativos que estavam comprando eram classificados como AAA.

Eles não foram preparados, burocraticamente, para se perguntar: essas coisas que estamos comprando são realmente AAA de altíssima qualidade? Sabemos que, quando criamos títulos derivativos, fazemos alguma maquiagem para obter o selo de aprovação AAA.

O setor bancário, disse Axel Weber, "não sabia na época que, enquanto seu departamento de tesouraria informava que tinha comprado todos esses produtos [de alto rendimento], seu departamento de crédito informava que havia liquidado todo o risco".[11] De fato, Bob Rubin – que ocupou o cargo de chefe do Citigroup em novembro de 2007, bem a tempo de assumir o comando quando as coisas foram por água abaixo – confessou naquele mês que julho fora a primeira vez que ele ouviu falar de uma característica dos títulos criados pelo Citigroup, denominada "*liquidity put*", que acabaria custando ao Citigroup talvez US$ 20 bilhões.[12]

Agora vem a parte triste: Axel Weber disse que enxergava isso como uma questão potencialmente importante para CEOs de bancos e acionistas que não entendiam quão arriscadas as carteiras de ativos dos bancos realmente eram. No entanto, ele não enxergava isso como um problema seu como banqueiro central, como uma fonte potencial de risco sistêmico, ou como um problema que poderia dar origem a uma depressão séria. Era um cálculo razoável. É razoável supor que, se a Grande Recessão tivesse sido evitada, as perdas totais inesperadas daqueles que detinham títulos derivativos garantidos por hipotecas teriam sido de apenas US$ 500 bilhões. Em uma economia mundial com US$ 80 trilhões em ativos, isso não deveria ser grande coisa. O *crash* das pontocom em 2000 trouxe consigo US$ 4 trilhões em perdas, mas não levou a economia financeira para perto de uma crise séria. Além disso, Weber compartilhava da grande confiança de que os bancos centrais poderiam lidar com quaisquer choques que o sistema financeiro pudesse lançar sobre eles. Lembre-se de que, durante o mandato de dezoito anos de Alan Greenspan como presidente do Federal Reserve (1987-2005), o sistema financeiro dos Estados Unidos evitou uma grave depressão, apesar de uma série de cinco grandes crises financeiras. E por trás de tudo estava o confiante consenso neoliberal de que os mercados eram mais espertos do que os governos: que o mercado tinha sabedoria e vontade, e sabia o que estava fazendo.

Tudo isso era *húbris*, autoconfiança presunçosa. E gerou Nêmesis, ou justiça distributiva. Mas como o primeiro é muito divertido e o último desagradável, poucos tiveram paciência para se debruçar sobre as melhores lições. Depois de 2009, os tecnocratas neoliberais não conseguiam explicar por que tinham sido tão otimistas. As evidências de uma crise iminente era visível. Houve crises no México em 1994-1995, no Leste Asiático em 1997-1998, na Rússia em 1998 e depois no Brasil, Turquia e Argentina. Todos eles sabiam que uma crise em cadeia de falências poderia ter um resultado catastrófico – que os países atingidos por crises financeiras sofriam não apenas uma depressão de curto prazo, mas também uma acentuada desaceleração no crescimento, às vezes de longo prazo. Desequilíbrios globais em contas-correntes, taxas de juros extraordinariamente baixas e preços de ativos semelhantes a bolhas – eles estavam lá para ser enxergados.[13] E, no entanto, na esteira da virada neoliberal, os mercados financeiros foram menos regulados do que nunca. O principal temor sempre foi que um governo excessivamente intrusivo pudesse atrapalhar o mercado.

Após a crise, muitos argumentaram que tanto a Grande Recessão quanto a bolha imobiliária de meados dos anos 2000 que a precederam foram inevitáveis – ou, em certo sentido, necessárias. "Devíamos ter uma recessão. As pessoas que passam a vida martelando pregos em Nevada precisam de outra coisa para fazer", disse John Cochrane, economista da Universidade de Chicago, em novembro de 2008.[14] Ele era apenas um dos muitos economistas profissionais que precisavam ter estado mais preparados, mas que aderiram a esta linha hayekiana: não haveria uma grande depressão a menos que a economia de alguma forma precisasse gerar uma; então, quando eles viram uma depressão chegando, procuraram qual era a necessidade. O caso parecia muito plausível, pois caía no modelo de *húbris* e *Nêmesis*. Os preços das moradias estavam muito altos, a construção de moradias tinha sido muito rápida e o estoque delas tinha crescido excessivamente. A construção de moradias precisava ser drasticamente reduzida. Os trabalhadores do setor da construção ficariam desempregados, mas também teriam um incentivo para encontrar outros empregos em setores onde seu trabalho seria socialmente útil.

Na verdade, Cochrane estava 100% errado. Em novembro de 2008, em nenhum sentido o emprego na construção "precisava" diminuir. Ele tinha conseguido fazer o ajuste de sua bolha de 2005 de volta a níveis normais e até subnormais em 2006 e 2007 sem uma recessão. Em novembro de 2008, o emprego na construção em todo o país – e em Nevada – estava bem abaixo de seu percentual normal e média da força de trabalho dos Estados Unidos. Em vez de ter que ser empurrado para o desemprego, o ajuste já tinha ocorrido, por meio de trabalhadores sendo atraídos para a exportação e investimento na manufatura – sem recessão.

Simplesmente não é necessário uma recessão para que o ajuste estrutural ocorra. De fato, é difícil ver como empurrar as pessoas de ocupações de baixa produtividade para a produtividade zero do desemprego pode ser um "ajuste" construtivo quando existe à disposição a alternativa de que a alta demanda tire-as de ocupações de baixa produtividade para ocupações de alta produtividade.

Mas é muito forte a atração de "o mercado dá, o mercado tira; bendito seja o nome do mercado". As economias precisam, às vezes, de ajustes estruturais para reequilibrar os trabalhadores para onde estará a demanda futura. Há, às vezes, grandes depressões. Portanto, disseram Hayek e Schumpeter – e muitos outros também, de Andrew Mellon, Herbert Hoover, John Cochrane, Eugene Fama a até mesmo Karl Marx –, grandes depressões são esse ajuste.

A história era muito tentadora. E contar a história dessa maneira empurrava a culpa dos responsáveis pela economia mundial de 2005 para outros formuladores de políticas anteriores que não estavam mais em cena. Então, eles andaram para trás na cadeia de argumentos: por que o estoque de imóveis estava alto demais? Porque a construção tinha sido muito rápida. Por que a construção foi tão rápida? Porque os preços da habitação eram muito altos. Por que os preços eram muito altos?

Por causa de taxas de juros muito baixas e financiamento muito disponível. Por que as taxas de juros eram tão baixas e o financiamento tão prontamente disponível? Essa pergunta tinha várias respostas diferentes.

Após o estouro da bolha pontocom em 2000, os investidores ficaram com menos lugares produtivos para colocar suas economias. Ao mesmo tempo, os países industrializados da Ásia estavam obtendo grandes superávits comerciais com o Atlântico Norte e acumulando grandes estoques de moeda, com os quais esperavam comprar ativos (em especial títulos) nas economias do Atlântico Norte (principalmente os Estados Unidos). Para a China, especialmente, isso se tornou uma estratégia de desenvolvimento: manter o pleno emprego em Xangai, emprestando (indiretamente) aos consumidores norte-americanos o renminbi de que precisam para manter o nível de suas compras. O resultado foi o que o futuro presidente do Federal Reserve Ben Bernanke chamou de "excesso de poupança global", ou um excesso de demanda por veículos de poupança em todo o mundo.[15]

Esse excesso ameaçou transformar a pequena recessão econômica global de 2000-2002 em uma grande recessão. Para evitar isso, o número de títulos emitidos por empresas precisava ser aumentado para atender à demanda mundial por veículos de poupança. Globalmente, os bancos centrais responderam ao excesso de poupança inundando o mundo com liquidez – comprando títulos em troca de dinheiro e prometendo continuar com essas políticas de dinheiro fácil no futuro. A intenção era reduzir as taxas de juros e, portanto, o custo do capital para as empresas, motivando-as a ampliar suas operações e construir capacidade futura. Até certo ponto, isso funcionou: o investimento corporativo aumentou. Mas houve consequências não intencionais e graves: taxas de juros mais baixas geraram um *boom* de hipotecas e de engenharia financeira, que gerou um *boom* imobiliário, que devolveu os Estados Unidos e outras economias do Norte global ao pleno emprego.[16]

Os preços das casas, no entanto, subiram muito mais do que deveriam, dado quão baixas eram as taxas de hipoteca. Para entender o porquê, precisamos entender as mudanças drásticas feitas no financiamento hipotecário e na engenharia financeira durante os anos 2000. A essa altura, a ladainha é familiar: o antigo modelo bancário, no qual os bancos retinham os empréstimos que concediam, foi substituído pela prática de originar e distribuir. Os originadores de hipotecas – empresas que em muitos casos não tinham negócios bancários tradicionais – faziam empréstimos para a compra de casas e depois rapidamente os vendiam para outras empresas. Essas empresas, então, reformulavam os empréstimos, agrupando-os e vendendo ações desses *pools*. As agências de classificação estavam então dispostas a conceder seu selo de aprovação, a classificação AAA, aos mais sêniores desses títulos, aqueles que tinham o primeiro direito sobre juros e amortização do principal.

Nos Estados Unidos, os preços das moradias dispararlam 75% entre 1997 e 2005, mas a bolha não se limitou aos Estados Unidos. Em toda a região do Atlântico Norte, os preços dos imóveis dispararam, mais do que dobrando na Grã-Bretanha e quase dobrando na Espanha. Todos ignoraram os riscos, e a bolha continuou a inflar. E quando ela furou, grande parte daqueles papéis AAA valiam menos de 25 centavos por dólar.

Todos concordavam que havia lições a ser tiradas disso tudo, mas para especificar exatamente quais eram essas lições, era preciso identificar os problemas subjacentes corretamente... e havia muito menos concordância sobre isso.

Para alguns, o problema era o excesso de regulamentação: o Federal Reserve e outras agências governamentais vinham forçando os bancos a emprestar a compradores financeiramente inseguros e indignos – leia-se, minorias – por causa de coisas como a Lei de Reinvestimento Comunitário. Era uma interferência ímpia no mercado, os últimos resquícios da social-democracia governamental, interferindo para dar a minorias preguiçosas e improdutivas *coisas boas que elas não mereciam*, o que quebrou o sistema e causou a catástrofe. O detalhe é que nunca houve um fragmento de evidência apoiando esse argumento. Mas isso não importava para seus defensores: eles tinham fé de que o mercado não poderia falhar a menos que fosse pervertido pela social-democracia, e fé é garantia e certeza sobre coisas que não vemos.

Outros, em linhas semelhantes, mas menos racistas, achavam que o problema era que, para começo de conversa, o governo dos Estados Unidos simplesmente não deveria subsidiar empréstimos imobiliários. Para isso, havia uma justificativa convincente, mas a avaliação geral ainda era falha. Programas que forneciam subsídios a financiadores e tomadores de empréstimos hipotecários, como a Federal National Mortgage Association (FNMA, ou "Fannie Mae"), levaram de fato a um aumento dos preços. Mas durante a década de 2000, a Fannie Mae não desempenhou nenhum papel no salto adicional dos preços, pois sua pressão sobre os preços estava presente no início e não aumentou durante o *boom* imobiliário. Os empréstimos que permitiram aos compradores adquirir casas a preços cada vez mais altos eram feitos principalmente por credores hipotecários privados, como a infame e falida Countrywide, não pela Fannie Mae ou qualquer outra empresa patrocinada pelo governo norte-americano.

Outra teoria era que o problema teria sido a insistência do Federal Reserve em manter as taxas de juros tão baixas. O Federal Reserve de fato reduziu a taxa *overnight* sobre empréstimos entre bancos de 6,5% ao ano em 2000 para 1% ao ano em 2003. Mas o Banco Central Europeu (BCE) reduziu as taxas de juros apenas pela metade das do Federal Reserve. Então, de acordo com essa teoria, esperaríamos que a Europa tivesse experimentado uma bolha menor. Apesar disso, as bolhas imobiliárias da Europa eram maiores do que as dos Estados Unidos. Ignorando esse fato inconveniente, muitos argumentaram que o Federal Reserve deveria ter começado a aumentar as taxas de juros na primavera de 2002, um ano antes do pico da taxa de desemprego no início dos anos 2000, em vez de esperar até o ano seguinte. Mas manter as taxas de juros 2,5% abaixo do caminho ideal por dois anos só elevou os valores imobiliários garantidos em 5% – muito pouco para gerar qualquer quantidade significativa de superconstrução ou ter qualquer papel significativo no aumento nos preços das moradias.

Uma explicação final do que motivou a bolha imobiliária foi que não era regulamentação demais, mas de menos. As exigências de pagamento inicial e os padrões pelos quais compradores de casas dignos de crédito eram selecionados foram transformados em piada. Essa é uma avaliação justa, mas requer uma ressalva: ela não explica o momento em que se pulou do barco, em 2008. Em 2005, a preocupação do *establishment* com a estabilidade financeira mudou do enorme déficit comercial dos Estados Unidos com a Ásia para seus crescentes mercados imobiliários, que inconfundivelmente se tornou uma bolha. Poderia um mercado obviamente superaquecido ser resfriado sem levar os Estados Unidos e seus principais parceiros comerciais ao redor do mundo a uma crise econômica?

A resposta foi que poderia, e foi.

Grave isto, pois é importante: toda a premissa de que a Grande Recessão foi, de alguma forma, um ajuste necessário após o *boom* imobiliário está errada. Os preços das moradias começaram a cair no início de 2005. No final de 2007, a migração em massa de trabalhadores para o setor habitacional foi revertida, e a construção de moradias caiu para abaixo de sua participação média na atividade econômica total. Se Cochrane tivesse dito que havia pessoas demais martelando pregos em Nevada no final de 2005, ele estaria correto – embora a alegação de que uma recessão era "necessária" ainda fosse falsa. Mas em 2008, a alegação de que havia pessoas demais martelando pregos em Nevada era simplesmente e completamente falsa – e isso era óbvio para qualquer um que olhasse para as contagens da Secretaria de Estatísticas do Trabalho dos Estados Unidos de trabalhadores empregados na construção. Pois no início de 2008 a economia dos Estados Unidos já tinha encontrado outras coisas para ocupar todos os trabalhadores extras da construção, e uma recessão não era necessária para se conseguir isso. Em uma economia adequadamente dinâmica, a realocação de trabalhadores de setores em declínio para setores em crescimento ocorre por causa de incentivos e não necessariamente envolve benefícios de desemprego: os trabalhadores ficam felizes em deixar seus empregos atuais e mudar para setores em crescimento se esses setores puderem oferecer salários mais altos.

A ideia de que a Grande Recessão era inevitável, ou em certo sentido necessária, ou mesmo sábia, dado o *boom* imobiliário, se encaixa em nossas expectativas narrativas de transgressão e retribuição, de *húbris* e *Nêmesis*. E houve *húbris*. E houve *Nêmesis*. Há algo de exculpação na fé em um mercado que dá, recebe e é abençoado de qualquer maneira. O que é dado e o que é tirado nunca é culpa do seus acólitos. E foi para aqueles com a mais pura fé em um mercado hayekiano que a Grande Recessão foi declarada inevitável, ou em certo sentido necessária, ou mesmo sábia. Para eles, o *boom* imobiliário se encaixa em uma expectativa narrativa de transgressão e retribuição, de *húbris* e *Nêmesis*.

Mas ela não tomou essa forma.

Entender a forma que Nêmesis assumiu no Norte global depois de 2007 exige paciência. É insuficiente o caminho simples e curto da fé irrepreensível em um mercado mais sábio do que todos. A compreensão requer um lembrete das causas profundas das recessões e depressões com alto índice de desemprego. Torna-se então possível ver por que o tipo particular de recessão em cadeia de falências que foi a Grande Recessão de 2007-2009 pegou todo mundo de surpresa.

Lembre-se do que era a vanguarda da teoria macroeconômica em 1829, quando John Stuart Mill apontou que um "excesso geralizado" – um excesso de oferta de mercadorias e trabalhadores, não em um setor, mas praticamente em toda a economia – surgia sempre que havia um excesso de demanda por qualquer coisa que servisse a essa economia como *moeda*. Ou seja, ativos que todos estavam confiantes de que manteriam seu valor e que eram "líquidos", no sentido de que as pessoas estariam ansiosas para aceitá-los como pagamento de mercadorias ou para saldar dívidas.[17]

O dinheiro em uma economia é muito especial, já que serve como meio de pagamento. Se você tem uma demanda por qualquer outra coisa, você satisfaz essa demanda saindo e comprando mais. Mas se tem uma demanda por dinheiro, pode vender coisas (por dinheiro, naturalmente) ou pode parar de comprar coisas. Se você mantiver sua entrada de caixa igual e reduzir sua saída de caixa, suas entradas de caixa normais se acumularão. Sua demanda por dinheiro será satisfeita. Simples.[18]

Esse princípio está na raiz de recessões e depressões com alto nível de desemprego. Essa forma de satisfazer sua demanda por dinheiro comprando menos funciona para indivíduos, mas não tem como funcionar para toda a economia. Afinal, as entradas de caixa de uma pessoa são as saídas de caixa de outra. Quando todos tentam empurrar sua saída de caixa abaixo de sua entrada de caixa, a entrada de caixa de cada indivíduo cai junto com sua saída. O excesso de demanda por dinheiro permanece. Tudo o que acontece é que a soma total das rendas na economia é menor, e assim as pessoas compram menos coisas e menos pessoas ficam empregadas.

Esse excesso de demanda por dinheiro pode acontecer de três maneiras diferentes.

A primeira eu chamo de *depressão monetarista*. Um bom exemplo são os Estados Unidos em 1982. O Federal Reserve de Paul Volcker procurou reduzir a inflação diminuindo o fluxo total de gastos na economia. Para isso, vendeu títulos a bancos e investidores, exigindo como pagamento que os bancos reduzissem os seus saldos nas contas do Federal Reserve. Isso deixou os bancos com menos caixa do que gostariam de ter em suas contas de reserva. Para recuperar esses saldos, eles reduziram seus gastos, o que significou conceder menos empréstimos às empresas. Por causa disso, menos empresas foram abertas ou expandidas – e, por fim, o desemprego chegou a 11% quando me formei na faculdade, no verão de 1982.

Pode-se dizer quando a economia está em uma depressão monetarista porque as taxas de juros que os títulos pagam são altas. É assim que isso acontece: quando muitos atores da economia estão tentando aumentar seus saldos líquidos de caixa vendendo títulos, os preços dos títulos caem. Para induzir as compras, as taxas de juros que os títulos pagam são altas. Considere que, de meados de 1979 ao fim de 1981, a taxa de juros dos títulos do Tesouro norte-americano (dez anos) aumentou de 8,8% ao ano para 15,8% ao ano. Era o Federal Reserve colocando em movimento a desinflação de Volcker e sua depressão monetarista associada.

A cura para uma depressão monetarista é simples: fazer com que o banco central aumente o estoque monetário da economia. Quando o Federal Reserve de Volcker decidiu que os gastos tinham caído o suficiente para controlar a inflação, ele recomprou títulos em troca de dinheiro. *Voilà*. O excesso de demanda por dinheiro na economia evaporou quase da noite para o dia e, entre 1983 e 1985, a economia se recuperou com um crescimento muito rápido na produção e no emprego.

Um segundo cenário que desencadeia uma demanda excessiva por dinheiro é o que chamo de *depressão keynesiana*. As pessoas em geral dividem suas saídas de caixa em três fluxos: dinheiro gasto em bens e serviços, dinheiro para pagar impostos e dinheiro para comprar investimentos. Uma maneira de as pessoas investirem seu dinheiro é em ações emitidas por empresas, que levantam o dinheiro que uma empresa usa para financiar o crescimento. Mas suponha que as empresas fiquem com medo e deprimidas, e decidam não emitir ações para expandir suas operações. Então, o preço dos outros veículos de investimento financeiro que a economia está criando vai aumentar e a taxa de lucro oferecida por eles vai cair – eles se tornarão muito parecidos com dinheiro, exceto pelo fato de que também serão arriscados se a empresa que os apoia definhar e falir.

Em tais circunstâncias, as pessoas costumam decidir que preferem manter o dinheiro extra em vez de fazer investimentos caros e duvidosos. Essas decisões, por sua vez, vão levar a um excesso de demanda por dinheiro em toda a economia. Com ela vem o "excesso generalizado" de mercadorias, fábricas ociosas e o alto desemprego de uma depressão. O estado de depressão da economia mundial durante a pandemia de coronavírus de 2020-2022 – não o apagão inicial do pânico, mas depois – foi uma depressão keynesiana. As pessoas estavam dispostas a pagar por investimento financeiro e, portanto, os preços dos títulos e das ações eram altos e os rendimentos dos títulos e das ações eram baixos. Mas as empresas estavam esperando a pandemia passar antes de começar a se expandir novamente. E assim as pessoas exigiram excesso de dinheiro para manter como um substituto para investimentos financeiros normais.

Um banco central não pode curar uma depressão keynesiana aumentando o estoque de moeda. A maneira como um banco central aumenta o estoque de dinheiro é comprando títulos. Mas, com isso, dá às empresas dinheiro para manter enquanto retira outros veículos de investimento financeiro do balanço do setor privado. Um neutraliza o outro: a escassez de veículos de investimento financeiro totais – o caixa mais outros – permanece. A cura para uma depressão keynesiana é o governo incentivar a expansão das empresas e, assim, criar os veículos de investimento financeiro que faltam à economia, ou vender seus próprios títulos e depois devolver o dinheiro ao setor privado gastando-o para atender a demanda por veículos de investimento financeiro. Esta última opção se traduz em um déficit maior do que o normal, pois o governo precisa gastar o dinheiro que ganhou para mantê-lo circulando na economia.

Mas o que aconteceu em 2007-2009 não foi nem uma depressão monetarista nem uma depressão keynesiana. Foi, antes, o que chamo de *depressão minskyista*, em homenagem a Hyman Minsky, economista de St. Louis.[19]

Nesse tipo de crise, o que falta – o que há demanda em excesso – são *reservas seguras de valor*: ativos que são dinheiro ou podem ser rapidamente transformados em dinheiro com pouco ou nenhum desconto em relação ao seu valor de face. *Segurança* é a palavra-chave.[20] Ao longo de 2007-2009, não faltava ao mundo meios de pagamento em dinheiro ou veículos de investimento financeiro. Você podia comprar veículos de poupança arriscados – dívida privada que não tinha classificação AAA e ações de empresas que enfrentavam algum risco de mercado e crescimento – por uma barbada absoluta. E os bancos centrais, em suas tentativas de conter a desaceleração iminente, trabalharam duro para tornar o mundo absolutamente inundado de dinheiro. Mas, entre 2007 e 2009, muitos ativos "seguros" que tinham sido emitidos por bancos de investimento com classificação AAA acabaram não sendo tão seguros. E as pessoas se esforçaram para vendê-los e, em vez disso, transformar seus portfólios em dinheiro.

De onde veio essa escassez de ativos seguros? Ela surgiu no segundo semestre de 2007. Um número excessivo de financistas tinha apostado pesadamente em um *boom* contínuo nos preços das moradias, alavancando-se precariamente. Assim, a crise imobiliária criou uma crise de confiança em grande parte do sistema financeiro mundial e acabou paralisando partes cruciais dele. Sinais de tensão já tinham começado a aparecer no final do verão de 2007. O Federal Reserve reagiu, aprontando-se para fornecer liquidez a taxas normais de mercado para instituições que se sentissem momentaneamente constrangidas. Mas mostrou pouca vontade de tomar medidas mais amplas – para aliviar substancialmente as condições monetárias ou começar a agir como um emprestador de último recurso. Temia encorajar mais empréstimos imprudentes no futuro.

No final de 2007, o vice-presidente do Federal Reserve, Donald Kohn, estava nervoso. "Não devemos manter a economia refém para ensinar uma lição a um pequeno segmento da população", alertou.[21] Mas sua visão era minoritária na época e assim permaneceu até que fosse tarde demais. E é por isso que a Grande Recessão de 2007-2009 foi uma grande surpresa.

Em março de 2008, eu mesmo concluí que o problema era administrável.[22] Talvez 5 milhões de casas construídas no deserto entre Los

Angeles e Albuquerque nunca devessem ter sido construídas. Em média, cada uma carregava US$ 100 mil em dívidas hipotecárias que nunca seriam pagas e que alguém teria que engolir. Então, imaginei, haveria uma perda financeira de US$ 500 bilhões com a crise imobiliária, com a qual os detentores de títulos financeiros teriam de arcar de uma forma ou de outra. Mas o *crash* das pontocom envolveu uma perda financeira ainda maior – e só aumentou o desemprego em cerca de 1,5%. A crise imobiliária, concluí, dificilmente teria grandes efeitos sobre a economia. Mas o raciocínio do mercado foi diferente.

Da forma como grande parte dos endinheirados que movem os mercados financeiros enxergaram as coisas, havia US$ 500 bilhões em perdas conhecidas em algum lugar. Mas talvez isso fosse apenas a ponta de um *iceberg*. Talvez os profissionais treinados que nos disseram que era seguro possuir parcelas de milhões de casas entre Los Angeles e Albuquerque tivessem mentido ou estivessem profundamente mal informados. O desejo dos investidores de se desfazer de ativos de risco – a qualquer preço – e comprar outros mais seguros – a qualquer preço – tornou-se um imperativo.

O desejo por parte do Fed e do Tesouro de impedir que Wall Street lucrasse com a crise guiou suas decisões em setembro de 2008. Antes, os acionistas tinham sido severamente punidos quando suas empresas foram consideradas grandes demais para falir – basicamente, os acionistas de Bear Stearns, AIG, Fannie Mae e Freddie Mac tiveram toda a sua riqueza confiscada. Mas isso não foi verdade para os detentores de títulos e as contrapartes, que foram pagos integralmente.

O Fed e o Tesouro temiam que uma lição ruim estivesse sendo ensinada. Desensinar essa lição exigia, em algum momento, permitir que um banco quebrasse. Afinal, a *húbris* precisava de sua retribuição. E então eles decidiram deixar o banco de investimentos Lehman Brothers entrar em colapso, em uma falência descontrolada sem supervisão ou garantias. Em retrospecto, esse foi o maior erro.

O mundo desabou. Investidores descartaram ativos que consideravam seguros apenas para descobrir uma quantidade extremamente limitada de ativos realmente seguros. Um pânico de vendas se instalou à medida que os investidores buscavam urgentemente evitar ser os únicos a manter ativos de risco invendáveis. O resultado foi que as perdas financeiras foram multiplicadas por quarenta: o que teria sido uma destruição de riqueza de US$ 500 bilhões se tornou a destruição de algo entre US$ 60 trilhões e US$ 80 trilhões. Durante o inverno de 2008-2009, os custos dos empréstimos para quase todos, exceto os governos, dispararam, e a economia mundial parecia perigosamente perto de um colapso total.

Como você cura essa escassez de ativos seguros?

O que não vai funcionar é o banco central expandir a oferta de dinheiro por meio de suas chamadas operações de mercado aberto – em outras palavras, comprar títulos por dinheiro. Sim, isso fornece dinheiro, um ativo seguro, mas tirando da mesa outro ativo seguro, os títulos do governo de curto prazo. O resultado seria uma escassez contínua de ativos seguros. O que também não vai funcionar é incentivar a expansão das empresas por meio da emissão de ações. Não há uma falta de ativos de risco para manter, apenas falta de ativos seguros. Ações não atendem o requisito.

Há, no entanto, uma série de coisas que podem ser feitas. Na verdade, existe um manual-padrão desde que o jornalista britânico Walter Bagehot, editor da *The Economist*, escreveu seu livro sobre crises financeiras, *Lombard Street*, na década de 1870. Vamos chamá-lo de cartilha de Bagehot-Minsky.[23] Em uma depressão minskyista, como a que se seguiu ao colapso do Lehman Brothers, a melhor aposta do governo é combater imediatamente a escassez de ativos seguros *emprestando livremente* com garantias que são *boas em tempos normais*, mas fazer isso com uma *taxa de penalidade*. A parte "emprestar livremente" significa criar ativos seguros suficientes para que eles não sejam mais escassos. A parte "bom em tempos normais" significa tentar distinguir instituições que estão com problemas e enfrentam a falência apenas por causa da crise financeira daquelas que estão permanentemente insolventes e precisam ser colocadas em concordata. A parte da "taxa de penalidade" significa desencorajar os financiadores oportunistas de explorar a situação.

Várias coisas que poderiam ser feitas foram tentadas em 2007-2009. Os bancos centrais retiraram o risco do balanço do setor privado e o colocaram em seu próprio, comprando ativos de risco de longo prazo em troca de dinheiro, aumentando assim a oferta de ativos seguros. Essa *flexibilização quantitativa* foi uma boa ideia, mas os bancos centrais levaram um susto com o preço na etiqueta. Eles se recusaram a gastar o que era necessário e, portanto, esse esforço foi só marginalmente eficaz. Os governos também aumentaram a oferta de ativos seguros incorrendo em déficits maiores, emitindo títulos e usando o poder de compra resultante para colocar as pessoas diretamente no mercado de trabalho. Essa estratégia foi em geral eficaz, mas funcionou apenas nos casos em que as dívidas do governo foram percebidas como ativos seguros.

Os governos também ofereceram garantias de empréstimos e trocas de ativos, transformando veículos de poupança inseguros em seguros – de longe o método mais barato e eficaz de combater uma depressão minskyista. No entanto, para fazer isso de forma eficaz, os governos precisavam de experiência em precificar essas garantias e *swaps*. Muito caros, e ninguém os compraria e a economia entraria em colapso. Muito baratos, e os investidores levariam o governo – e o público – à bancarrota. Além disso, essas garantias de empréstimos e trocas de ativos tratam igualmente os desiguais: aqueles que foram financeiramente imprudentes e têm alguma responsabilidade pela crise são socorridos com aqueles cuja única culpa foi ter sido pego no inesperado turbilhão financeiro.

A aposta mais segura para os governos teria sido aumentar as compras e deixar o déficit de curto prazo ir para onde tivesse de ir para preservar o pleno emprego. Foi o que a China fez, iniciando suas maciças políticas de estímulo fiscal e de criação de empregos em meados de 2008. Só o governo da China compreendeu que a principal tarefa era fazer o que fosse necessário para manter o fluxo de gastos na economia alto o suficiente para evitar desemprego. E só a China evitou a Grande Recessão. A prova? A China continuou a crescer. Os Estados Unidos e a Europa, não.

A jogada mais imprudente seria supor que as coisas não iriam piorar. No entanto, foi isso que os governos do Norte global e seus bancos centrais fizeram. Os gastos e o emprego entraram em colapso. A taxa de desemprego nos Estados Unidos acabaria subindo para um pico de 10% no final de 2009, e só começaria a se recuperar em 2012. Na verdade, o desemprego nos Estados Unidos poderia ter subido muito mais. De acordo com os economistas Alan Blinder e Mark Zandi, se o governo tivesse seguido as políticas drásticas defendidas pelos republicanos durante os primeiros anos do governo Obama, o desemprego teria subido para 16%, aproximadamente a meio caminho entre o pico real e o pico da taxa de desemprego na Grande Depressão.[24]

Em setembro de 2008, eu estava confiante de que os governos do mundo conseguiriam evitar que a economia mundial caísse em uma profunda e longa depressão. Em março de 2009, ficou claro que eu estava errado e que eles tinham fracassado. O problema não era que os economistas baseados na realidade não tinham certeza sobre o que fazer e como aplicar o manual de Bagehot-Minsky – o problema era que reunir a coalizão política para fazer isso era considerado impossível. Dito de outra forma, os governos e os políticos descobriram que não havia vontade política de distribuir *Nêmesis* em medida útil à *húbris*, de forma a fornecer um benefício líquido para a economia em recuperação. E muitos governos, em vez de tomar medidas drásticas e imediatas, decidiram simplesmente esperar para ver o que aconteceria.

Na opinião de Blinder e Zandi – e na minha –, a sopa de letrinhas de intervenções do Federal Reserve para garantir empréstimos, expandir a oferta monetária e eliminar o risco do balanço do setor privado foi bastante eficaz. O TARP, o TALF, o HAMP e as políticas de *quantitative-easing* do Federal Reserve, e os gastos extras por meio do ARRA – e todas as outras intervenções do governo – alcançaram, juntos, seis dos dez pontos percentuais de redução do desemprego, em relação ao ponto no qual ele teria estado, se as coisas tivessem sido diferentes, que o governo deveria ter realizado quando a crise estourou.[25] Isso corresponde a três quintos do trabalho – e um copo três quintos cheio não está vazio. Por outro lado, o copo permaneceu dois quintos vazio. E as previsões em 2011 de que a restauração do pleno emprego levaria muito tempo se mostraram precisas. Não houve recuperação rápida. De fato, nos primeiros quatro anos da recuperação, a capacidade dos trabalhadores de encontrar empregos melhorou pouco.

Lembre-se da cartilha de Bagehot-Minsky: *empreste livremente* a uma *taxa de penalidade* sobre garantias que são *boas em tempos normais*. Os formuladores de políticas realmente atuaram com vigor. As instituições financeiras foram socorridas às custas dos contribuintes. As garantias foram estendidas para restaurar a confiança – a Irlanda, por exemplo, deu o passo extraordinário de garantir todas as dívidas bancárias irlandesas. Bancos centrais e agências governamentais intervieram como "emprestadores de último recurso", fornecendo crédito quando os bancos podiam ou não queriam. Essas medidas foram bem-sucedidas em conter o pânico – no final do primeiro semestre de 2009, a maioria das medidas de estresse financeiro tinha regredido para níveis mais ou menos normais, e a economia mundial encerrou sua queda vertiginosa. Mas essa tinha sido apenas a parte "emprestar livremente". Os governos negligenciaram a implementação da parte "bom em tempos normais" da cartilha de Bagehot-Minsky. Nem mesmo o Citigroup, que é grande demais para falir, foi colocado em concordata. Pior ainda, os governos ignoraram por completo a parte da "taxa de penalidade": banqueiros e investidores, mesmo ou talvez em especial aqueles cujas ações haviam criado os riscos sistêmicos que causaram a crise, lucraram generosamente.

Os resgates financeiros são sempre injustos, porque recompensam aqueles que fizeram apostas ruins em ativos de risco. Mas a alternativa seria uma política que destruísse a rede financeira – e, portanto, uma política que acabasse com o dinamismo da economia real. Uma queda nos preços de ativos financeiros de risco envia uma mensagem: encerre atividades arriscadas e não empreenda novas atividades que possam ser arriscadas. Essa é uma receita para uma depressão profunda e prolongada. Os problemas políticos que surgem dos resgates financeiros podem ser contornados. As consequências de uma depressão maior, não. Assim, operações de resgate financeiro que beneficiem mesmo quem não merece podem ser aceitas se forem vistas como beneficiando a todos. Em 2007-2009, por exemplo, ensinar alguns milhares de financistas irresponsáveis a não especular demais foi muito menos importante do que garantir os empregos de milhões de norte-americanos e dezenas de milhões de pessoas em todo o mundo.

Quando, em 1996, o candidato à vice-presidência Jack Kemp atacou o vice-presidente Al Gore pela decisão do governo Clinton de socorrer o governo irresponsável do México durante a crise financeira de 1994-1995, Gore respondeu que tinha cobrado do México uma taxa de penalidade e, portanto, os Estados Unidos ganharam US$ 1,5 bilhão no negócio.[26] Em 1997-1998, o secretário do Tesouro de Clinton, Robert Rubin, e o diretor-gerente do FMI, Michel Camdessus, foram atacados por destinar dinheiro público para resgatar bancos de Nova York que tinham feito empréstimos a países irresponsáveis do Leste Asiático. Eles responderam que tinham "recuperado" os bancos, em vez de resgatá-los, exigindo que desembolsassem dinheiro adicional para apoiar a economia da Coreia do Sul, e que todos se beneficiaram enormemente porque uma recessão global fora evitada. Em 2009, no entanto, o governo dos Estados Unidos não podia dizer nada disso. O que ficou claro, porém, foi que os banqueiros continuaram a receber bônus mesmo enquanto a economia real continuava a perder empregos.

Pode ter havido uma razão para isso. Talvez os formuladores de políticas tenham reconhecido que formar uma coalizão política nos Estados Unidos ou na Europa Ocidental para fazer o que a China estava fazendo – fazer o governo tomar empréstimos e gastar na escala necessária para preservar ou promover um rápido retorno ao pleno emprego – não iria acontecer. Dada essa realidade, os formuladores de políticas teriam percebido que a única maneira de gerar gastos e investimentos suficientes para impulsionar uma recuperação rápida era restaurar a confiança de empresas e investidores. E decapitar bancos e depor executivos, colocando os bancos em liquidação judicial e confiscando bônus, teria o efeito contrário.

Mas acho que a explicação mais provável é que os formuladores de políticas simplesmente não entenderam a situação – e nem entenderam o manual de Bagehot-Minsky.

De qualquer forma, a situação era escandalosa: os banqueiros estavam sendo socorridos enquanto o desemprego atingia 10% e um grande número de pessoas enfrentava execuções hipotecárias. Se os formuladores de políticas tivessem se concentrado mais na parte da "taxa de penalidade" do manual de Bagehot-Minsky, eles poderiam pelo menos ter moderado essa percepção de injustiça – e potencialmente construído uma base política maior para ações futuras. Mas não o fizeram e, portanto, havia muito pouca confiança por parte do público de que os governos tomariam as medidas necessárias para estimular a recuperação.

Mas essa não foi a única razão pela qual o tão alardeado esforço para restaurar a "confiança" de financiadores e investidores fracassou em produzir uma grande recuperação após 2009. A economia do Norte global ainda estava paralisada por dívidas arriscadas demais.

No nível macro, a história da década pós-2008 é quase sempre entendida como uma falha de análise e de comunicação econômica. Nós, economistas, supostamente falhamos em transmitir aos políticos e burocratas o que precisava ser feito porque não tínhamos analisado a situação completa e adequadamente em tempo real. Mas muitos de nós entenderam.

Por exemplo, considere a Grécia: quando a crise da dívida grega eclodiu em 2010, pareceu-me que as lições da história eram tão óbvias que o caminho para uma resolução seria fácil. A lógica era clara. Se a Grécia não fosse membro da zona do euro, sua melhor opção seria entrar em *default*, reestruturar sua dívida e depreciar sua moeda. Mas como a União Europeia não queria que a Grécia saísse da zona do euro (o que teria sido um grande revés para a Europa como projeto político), fazia sentido que oferecesse à Grécia ajuda suficiente, perdão de dívidas e assistência com pagamentos para compensar quaisquer vantagens que ela poderia obter com a saída da união monetária. Mas isso não aconteceu. Em vez disso, os credores da Grécia inesperadamente escolheram puxar as rédeas. Como resultado, a Grécia provavelmente está muito pior hoje do que estaria se tivesse abandonado o euro em 2010. A Islândia, que foi atingida por uma crise financeira em 2008, fornece um contraexemplo. Enquanto a Grécia permaneceu atolada na depressão, a Islândia – não pertencente à zona do euro – recuperou-se, e rapidamente.

Também nos Estados Unidos, os formuladores de políticas tiraram o pé do acelerador no início dos anos 2010. Historiadores futuros acharão menos compreensível ainda a relutância dos governos naquele momento em tomar empréstimos e gastar. A partir de meados dos anos 2000, teve início uma era que o economista Larry Summers chamou de "estagnação secular": uma época de taxas de juros muito baixas em títulos seguros, impulsionadas por uma falta de capacidade de assumir riscos e pela fome de ativos seguros por parte de investidores privados inseguros.[27] Enquanto essas circunstâncias persistissem, os governos poderiam realmente tomar empréstimos de graça. Até agora, a maioria dos economistas concorda que, em tais situações, os governos devem aproveitar e tomar empréstimos. Sempre achei difícil acreditar – e ainda acho – que alguém pudesse ou possa se opor a isso.[28]

Ainda assim, no início de 2010, em seu Discurso sobre o Estado da União, o presidente Barack Obama disse que "assim como as famílias e as empresas tiveram que ser cautelosas com os gastos, o governo também deve apertar o cinto". E pediu um congelamento dos gastos federais, deixando claro que iria persegui-lo a todo custo: "Se tiver que impor esse congelamento por veto, eu o farei". Assistindo, minha primeira reação foi pensar que fazer uma ameaça de veto contra seus dois principais aliados, a presidente da Câmara, Nancy Pelosi, e o líder da maioria no Senado, Harry Reid, era uma maneira singular de construir cortesia intrapartidária,[29] uma forma inédita de manter uma coalizão governamental em funcionamento. Num átimo, a discussão política mudou de "O que devemos fazer?" para "Eu sou o chefe!". Aqui chegamos ao limite dos meus horizontes mentais como neoliberal, como tecnocrata e como economista neoclássico *mainstream*. A economia global estava sofrendo de uma séria convulsão epiléptica, com demanda fraca e alto desemprego. Nós conhecíamos a cura. No entanto, parecíamos determinados a infligir mais sofrimento ao paciente.

Os ex-funcionários de política econômica de Obama dizem que ele foi o político mais racional e mais bem-comportado do Norte global na primeira metade da década de 2010. E eles estão certos. Mesmo assim, é perturbador que o discurso de Obama – proferido quando a taxa de desemprego nos Estados Unidos ainda era de 9,7% – tenha ido tão fortemente contra a observação de John Maynard Keynes em 1937 de que "o *boom*, não a recessão, é o momento certo para a austeridade no Tesouro".[30] A aritmética sempre me pareceu clara. A partir de 2009, o governo dos Estados Unidos poderia tomar empréstimos por trinta anos a uma taxa de juros real de 1% ao ano – ou menos. Diante disso, US$ 500 bilhões adicionais em gastos com infraestrutura renderiam enormes benefícios ao governo e ao país – sem nenhum custo. Os investidores estariam efetivamente dispostos a pagar aos Estados Unidos para ser o guardião de sua riqueza porque estavam desesperados para manter ativos seguros. No entanto, Obama parecia completamente desinteressado.

Ele não estava sozinho. No verão de 2011, o presidente do Federal Reserve, Ben Bernanke, fez uma avaliação otimista: "Esperamos que uma recuperação moderada continue e, de fato, se fortaleça", proclamou, porque "as famílias também fizeram algum progresso na recuperação de seus balanços – economizando mais, tomando menos empréstimos e reduzindo seus encargos com pagamentos de juros e dívidas". Além disso, a deflação nos preços das mercadorias "ajudaria a aumentar o poder de compra das famílias". E, talvez o mais promissor de tudo, continuou ele, "os fundamentos do crescimento dos Estados Unidos não parecem ter sido permanentemente alterados pelos choques dos últimos quatro anos".[31] Mas, naquele exato momento, os cortes orçamentários estaduais e locais haviam desacelerado o ritmo de investimento em capital humano e infraestrutura, reduzindo a trajetória de crescimento de longo prazo do país em um terceiro ponto percentual, além dos dois que ele já tinha sofrido.

Após a Grande Depressão da década de 1930, a vasta onda de investimentos em capacidade industrial durante a Segunda Guerra Mundial compensou o déficit da década perdida. Como resultado, a Depressão não prejudicou o crescimento futuro. Em 2008-2010, não houve nenhum conjunto análogo de holofotes posicionados para iluminar a sombra lançada. Pelo contrário, a sombra aumentava a cada dia de recuperação estagnada. E enquanto Franklin Roosevelt tinha inspirado a confiança de que o pleno emprego seria rapidamente recuperado, porque mantê-lo era a maior prioridade do governo, no início da década de 2010 o público estava legitimamente cético em relação ao compromisso do governo de recuperar o pleno emprego. O resultado foi uma década meio perdida de crescimento econômico nos Estados Unidos, quando se leva em conta a magnitude da recessão e a lentidão da recuperação, e em boa parte da Europa Ocidental, uma década inteira perdida.

Compare isso com a China, onde certamente não era o caso de "bendito seja o mercado", independentemente do que ele acabasse fazendo. A China em 2007 e depois não sabia se o mercado tinha sido feito para o homem, mas sabia que o mercado tinha sido feito com o propósito de servir aos objetivos do Partido Comunista Chinês. Um desses objetivos era manter o pleno emprego. E assim o pleno emprego foi mantido. "Cidades-fantasmas" foram construídas e muitas pessoas foram colocadas para trabalhar na construção de uma infraestrutura que se decomporia e se degradaria antes que alguém pudesse usá-la? Sim. Foram construídas estruturas financeiras instáveis que não seriam totalmente aceitas pelos bancos sem a pressão do governo? Sim. Mas esses foram custos triviais em comparação com o dano evitado pela manutenção do pleno emprego e do crescimento durante o que foi, em outros lugares, a Grande Recessão. Durante a Grande Recessão, a China ganhou de cinco a dez anos extras em sua corrida para alcançar o Norte global.

Podemos começar a teorizar explicações para tal irracionalidade. Alguns economistas altamente capazes e competentes, como Carmen M. Reinhart e Kenneth Rogoff, enxergaram os perigos da crise financeira, mas exageraram muito os riscos dos gastos públicos para aumentar o emprego em seu rescaldo.[32] Outros economistas altamente capazes e competentes, incluindo o presidente do Federal Reserve, Ben Bernanke, entenderam a importância de manter as taxas de juros baixas, mas superestimaram a eficácia de ferramentas adicionais de política monetária, como o *quantitative easing*.[33] Ainda outros, talvez menos capazes e competentes, como eu, entenderam que políticas monetárias expansionistas não seriam suficientes, mas, como tínhamos olhado para os desequilíbrios globais da maneira errada, deixamos de perceber qual era a principal fonte de risco – a desregulamentação financeira dos Estados Unidos – e nos vimos ainda tentando nos inteirar da situação para dar conselhos precisos sobre políticas em tempo real.[34]

Em retrospectiva, os erros de julgamento e as falhas de comunicação dos tecnocratas parecem-me uma grande parte de como os eventos puderam se desenrolar de forma tão desastrosa – se nós, economistas, tivéssemos falado antes sobre o que sabíamos a respeito de depressões e sua cura, se tivéssemos sido mais convincentes sobre as questões em que estávamos certos e se tivéssemos sido melhores em reconhecer onde estávamos errados, a situação hoje poderia ser consideravelmente melhor. Adam Tooze, historiador da Universidade de Columbia, vê pouca utilidade para tal narrativa de contingência de ação em grupo. Para ele, a calamidade da década pós-2008 foi resultado de profundas correntes históricas. A desregulamentação financeira e os cortes de impostos para os ricos tornaram-se ídolos da direita – ainda mais do que já eram.[35] As consequências da guerra imprudente contra o Iraque, durante o governo de George W. Bush, efetivamente minaram a credibilidade dos Estados Unidos para liderar o Atlântico Norte durante os anos de crise. E o

Partido Republicano começou a sofrer seu colapso nervoso, que o faria finalmente abraçar uma estrela de *reality show* brutal e racista.

No entanto, onde Tooze enxerga marés e estruturas, eu enxergo contingência e má sorte. Penso na Grande Depressão: no Japão, na rápida desvalorização e reflação de Takahashi Korekiyo; na Alemanha, no sucesso econômico da reflação (que acabou sendo absolutamente catastrófica porque consolidou o poder do regime nazista de Adolf Hitler); e, nos Estados Unidos, no New Deal de FDR. Todos tinham cartas muito mais fracas do que as de Barack Obama e seu governo nos Estados Unidos e seus equivalentes na Europa em 2009. Todos tinham desculpas muito melhores para não pescar o essencial da situação. Todos reagiram melhor.

Há um contraste marcante entre os dois presidentes dos Estados Unidos, Roosevelt e Obama, que reforça minha convicção de que foi sorte contingente e escolha, e não necessidade estrutural. Obama conseguiu enxergar o que estava por vir. Na verdade, ele fez um alerta contra o que estava por vir. Em 2004, quando ainda era uma estrela em ascensão no Partido Democrata, Obama alertou que não construir uma "América de centro" que apoiasse as classes média e trabalhadora levaria ao nativismo e ao colapso político. Na Grande Depressão, Roosevelt sabia o que fazer para enfrentar problemas dessa magnitude. "O país precisa [...] de experimentos ousados e persistentes", disse ele em 1932, no auge da Grande Depressão. "É senso comum pegar um método e experimentá-lo; se fracassar, admita francamente e tente outro. Mas, acima de tudo, tente alguma coisa."[36] Obama não estava disposto a seguir os passos de Roosevelt.

Se o governo Obama tivesse sido mais agressivo, as coisas teriam sido muito diferentes? Economistas não conseguiram convencer os detentores do poder do que precisava ser feito porque os detentores do poder estavam operando num contexto de colapso político e perderam a credibilidade dos norte-americanos. Com a elaboração de políticas sujeitas à influência maligna de uma plutocracia em ascensão, os economistas que clamavam por "experimentos ousados e persistentes" nadavam contra a maré – embora teorias econômicas bem fundamentadas justificassem precisamente esse curso de ação.

Mas ninguém esperava muito de Roosevelt, que na década de 1920 era considerado um intelectual de segunda classe que tinha conseguido dar um passo maior que a perna por causa da riqueza de sua família e da reputação de seu tio Teddy.[37]

Os formuladores de políticas do Fed ainda insistem que fizeram o melhor que puderam, considerando os ventos fiscais contrários na época. Os formuladores de políticas do governo Obama se cumprimentam com tapinhas nas costas por terem evitado uma segunda Grande Depressão e dizem que fizeram o melhor que puderam, dada a recalcitrante maioria republicana na Câmara dos Deputados que chegou ao poder após as eleições de meio de mandato de 2010 e que prontamente fechou a torneira do estímulo fiscal. E, de alguma forma, esses funcionários de Obama dão um jeito de não mencionar que seu chefe já a tinha fechado com sua conversa de como "o governo também deve apertar o cinto".[38]

Economistas de direita, por sua vez, ainda se ocupam em argumentar que as políticas fiscais do governo Obama e as políticas monetárias do presidente do Fed, Ben Bernanke, foram perigosamente inflacionárias. Se formos acreditar neles, devemos nos considerar sortudos por termos escapado de um destino economicamente desastroso como a hiperinflação do Zimbábue.[39]

Na década de 2050, quando os historiadores econômicos compararem a "Grande Recessão" iniciada em 2007 com a Grande Depressão iniciada em 1929, certamente tecerão loas aos formuladores de políticas do início do século XXI por terem evitado que a segunda se tornasse uma repetição da primeira. Por outro lado, esses futuros historiadores ficarão profundamente intrigados com nossa incapacidade de lembrar as lições de 1933. As políticas enérgicas da era do New Deal lançaram as bases para o crescimento rápido e equitativo do longo *boom* do pós-guerra. Diante de tal precedente, como pudemos deixar de ver os benefícios de uma postura mais agressiva?

A partir de 1980, os neoliberais de esquerda, quando estavam no volante, fizeram a virada neoliberal acreditando que as políticas de utilização de incentivos de mercado eram muitas vezes um caminho bem melhor para os fins social-democratas do que o comando e controle do alto escalão. Afinal de contas, os mercados – quando adequadamente administrados para preservar a concorrência e corrigir as externalidades de Pigou – eram extraordinariamente eficazes na criação de soluções via cooperação coletiva, e, portanto, usavam a inteligência de toda a humanidade como uma inteligência antológica. E a confiança excessiva no comando e controle seria altamente ineficiente, e você não podia pedir aos eleitores que fossem generosos com aqueles a quem a economia de mercado não deu oportunidade, a menos que o crescimento fosse rápido. A partir de 1980, os neoliberais de direita, quando estavam no volante, também fizeram a virada neoliberal, acreditando que o aparente sucesso da social-democracia com o rápido crescimento de 1945 a 1973 tinha sido emprestado do passado e do futuro, e que apenas uma submissão renovada à lógica do mercado poderia produzir novamente um crescimento rápido. E se esse crescimento de livre mercado produzisse uma distribuição de renda e riqueza muito desigual? Então isso seria bom, porque era o merecido.

Em 2007, os neoliberais dogmáticos ainda podiam minimizar a situação. A hiperglobalização e o neoliberalismo pareciam ter sido melhores do que a era anterior de muito desenvolvimento liderado por Estados antidesenvolvimentistas no Sul global. A alta desigualdade de renda e riqueza da Segunda Era Dourada podia ser vendida como uma característica, e não um defeito, para aqueles que desejavam comprá-la. A revolução da tecnologia da informação – e uma futura revolução biotecnológica visível – podia ser vendida como um retorno permanente ao ritmo de crescimento da era de ouro. A Grande Moderação do ciclo econômico – inflação baixa sem choques periódicos de alto desemprego – procurou provar a excelência e a competência dos tecnocratas neoliberais. E os eleitores, se não satisfeitos, não estavam dispostos a dar maioria a políticos com posições muito à esquerda ou à direita do centro neoliberal.

Em 2016, estava claro que 2007-2010 não tinha sido um simples tiro pela culatra, após o qual o movimento para a frente voltou ao normal. Estava claro até mesmo que as coisas tinham desmoronado já antes de 2007: simplesmente, as pessoas não tinham notado. A analogia que vem à mente é dos antigos desenhos animados do Papa-Léguas, nos quais seu infeliz e indefeso arqui-inimigo, Wile E. Coyote, muitas vezes cai de penhascos, mas permanece suspenso no ar até olhar para baixo e perceber sua situação – só então ele despenca no desfiladeiro.

No final do Capítulo 2, observei que o crescimento da renda *per capita* dos Estados Unidos foi de apenas 0,6% ao ano na década de

2006 a 2016, em contraste com 2,1% ao ano (impulsionados pela tecnologia da informação, embora distribuídos de forma desigual) ao longo de 1976-2006, e 3,4% ao ano durante 1946-1976. Na Europa Ocidental, a queda em 2006-2016 foi ainda pior: 0,6% ao ano na Grã-Bretanha, 0,3% ao ano na França, −0,9% ao ano na Itália e 1,1% ao ano na Alemanha.

O que quer que você tenha pensado sobre o neoliberalismo em 2007, o fato de ele ter criado um clima intelectual e de formulação de políticas que produziu essa resposta massivamente insatisfatória a um choque macroeconômico relativamente pequeno, que trouxe primeiro a Grande Recessão e depois uma recuperação anêmica, pesava muito forte no lado negativo na balança. E esse fraco desempenho teve como preço um fortalecimento e uma intensificação da desigualdade de renda e riqueza.

As pessoas perceberam. Mas isso não produziu, entre os eleitorados do Norte global, maiorias sólidas e duradouras para os políticos à esquerda do neoliberalismo de esquerda, que queriam suavizar e possivelmente reverter pelo menos partes da virada neoliberal. Em vez disso, os eleitores começaram a procurar cada vez mais alguém para culpar e algum líder que puniria quem quer que fosse o bode expiatório. Além disso, os Estados Unidos não estavam mais liderando. A política da oposição tinha se transformado em uma agenda em que a tarefa número um era tornar o presidente do partido de oposição um fracasso. "O que você, nos Estados Unidos, vai fazer para consertar seu sistema falido?", me perguntou em 2015 Min Zhu, quadro sênior do Partido Comunista Chinês e vice-diretor administrativo do FMI. Não consegui responder.

Como observei no início do Capítulo 15, o tempo desde o começo da virada neoliberal se sobrepõe à minha carreira e, portanto, as lembranças do meu envolvimento pessoal alternadamente aguçam e obscurecem meu discernimento. Tenho dificuldade em acreditar que posso sequer me aproximar do ideal do historiador de contar as narrativas *wie es eigentlich gewesen* – como elas essencialmente aconteceram – ou ver as coisas *sine ira et studio* – sem raiva ou viés –, enxergando e compreendendo em vez de defender e julgar.[40]

Minha aposta, no entanto, é que eu pessoalmente não posso deixar de superestimar o grau em que a má sorte e as más escolhas de indivíduos poderosos e cruciais produziram o estado lamentável em que o Norte global se encontrava em 2010.

Mas eu acho mesmo que má sorte e más escolhas – tentativas de fraudar cédulas nas urnas eletrônicas da Flórida em 2000, George H. W. Bush dando a um George W. Bush incrivelmente desqualificado seu Rolodex e seu total apoio, e tudo o mais que se seguiu –, mais as fraquezas e erros do neoliberalismo, são o que quebrou o sistema de 2000 a 2007. Agora acho que as coisas estavam tão rachadas em 2007 que a quebra do sistema em 2010 era provável, se não inevitável. Com habilidade e sorte, as coisas poderiam ter sido coladas novamente? Nos Estados Unidos, o governo Obama, os líderes do Partido Republicano e o povo norte-americano não estavam à altura, como mostrou 2016. Na Europa Ocidental as coisas foram piores.

Outros, porém, não enxergam contingência, mas necessidade. Eles não enxergam escolha, mas estrutura naquilo que chamo de final do longo século XX. Eles concordam que os anos após 2000 viram o fim da era em que o que chamamos de Norte global, e especialmente os Estados Unidos, foram – mais para o bem do que para o mal – as fornalhas onde o futuro estava sendo forjado.

E também acho que o julgamento dos futuros historiadores provavelmente estará de acordo com o deles, e não com o meu.

CONCLUSÃO

AINDA ESTAMOS NO LONGO CAMINHO PARA A UTOPIA?

Em 1870, uma grande mudança aconteceu com a humanidade. Com o surgimento do laboratório de pesquisa industrial, da corporação moderna e de transportes e comunicações marítimos e terrestres verdadeiramente baratos, passamos de um mundo em que os padrões econômicos formavam um pano de fundo semiestável de pobreza absoluta para um mundo em que a economia estava em constante revolução, adentrando estados de prosperidade crescente por meio da descoberta, desenvolvimento e implantação de novas tecnologias. Esse processo schumpeteriano de destruição criativa dobrou o potencial produtivo da humanidade a cada geração. E nos anos que se seguiram, os alicerces e pilares da sociedade foram repetidamente abalados e fraturados. Séculos longos como o de 1870 a 2010 são, obviamente, feitos de muitos momentos. Os momentos importantes do século XX foram postos em movimento por essa destruição criativa, com os consequentes abalos e fraturas. Aqui estão dois momentos que considero importantes. Ambos, aproximadamente, de um ponto médio do longo século XX.

O primeiro momento ocorreu em 1930, quando John Maynard Keynes fez seu discurso "Economic Possibilities for Our Grandchildren" (citado no Capítulo 7), no qual concluiu que os problemas econômicos não eram o "problema [mais] permanente" da humanidade, mas que, uma vez resolvidos nossos problemas econômicos, a dificuldade real seria "como usar [...] [a] liberdade das preocupações econômicas prementes [...] [e] viver bem, sábia e agradavelmente". Abordarei o significado desses comentários mais adiante nesta conclusão.

O segundo momento importante foi quase contemporâneo ao primeiro. Foi quando Franklin Delano Roosevelt assumiu o governo dos Estados Unidos, quebrou o impasse na política norte-americana e começou a experimentar maneiras de resolver o problema econômico da Grande Depressão.

No dia seguinte à sua posse, em março de 1933, FDR proibiu a exportação de ouro e declarou feriado bancário. Em quatro dias, a Câmara e o Senado se reuniram, e a Câmara aprovou por unanimidade o primeiro projeto de lei de Roosevelt, um projeto de reforma bancária chamado Lei de Emergência Bancária (Emergency Banking Act), que providenciou a reabertura de bancos solventes, bem como a reorganização de outros bancos, e deu a Roosevelt controle total sobre os movimentos do ouro. O segundo projeto de lei que Roosevelt apresentou ao Congresso também foi aprovado imediatamente. Era a Lei da Economia (Economy Act), cortando gastos federais e aproximando o orçamento do equilíbrio. A terceira foi a Lei da Receita da Cerveja e do Vinho (Beer and Wine Renevue Act), precursora do fim da Lei Seca – a revogação da emenda constitucional que proibia a venda de álcool. Em 29 de março, ele pediu ao Congresso que regulasse os mercados financeiros. Em 30 de março, o Congresso estabeleceu Corporação de Conservação Civil (Civilian Conservation Corps) de Roosevelt. Em 19 de abril, Roosevelt retirou os Estados Unidos do padrão-ouro. Em 12 de maio, o Congresso aprovou a Lei de Ajuste Agrícola (Agricultural Adjustment Act) de Roosevelt. Em 18 de maio, Roosevelt assinou a Lei da Autoridade do Vale do Tennessee (Tennessee Valley Authority Act), criando a primeira grande corporação de serviços públicos de propriedade do governo nos Estados Unidos. Também em 18 de maio, ele apresentou ao Congresso a peça central de seus primeiros cem dias: a Lei de Recuperação da Indústria Nacional (National Industrial Recovery Act – NIRA). Todas as facções dentro da administração recém-constituída ganharam alguma coisa na legislação: as empresas ganharam a capacidade de conluio – para redigir "códigos de conduta" que facilitariam a manutenção de preços relativamente altos e o "planejamento" para equiparar a capacidade à demanda. Os planejadores de tendência socialista tiveram satisfeita a exigência de que o governo – por meio da Administração da Recuperação Nacional (National Recovery Administration – NRA) – aprovasse os planos elaborados pela indústria. Os trabalhadores conquistaram o direito à negociação coletiva e de ter salários mínimos e jornadas máximas incorporados aos planos setoriais. Os responsáveis pelos gastos ganharam cerca de US$ 3,3 bilhões em obras públicas.

Assim, o primeiro New Deal envolveu um forte programa "corporativista" de planejamento conjunto governo-indústria, regulamentação colusiva e cooperação; forte regulamentação dos preços das *commodities* para o setor agrícola e outros benefícios federais permanentes; um programa de construção e operação de serviços públicos; enormes quantias de outros gastos com obras públicas; regulamentação federal significativa dos mercados financeiros; seguro para depósitos bancários de pequenos depositantes, além de alívio de hipoteca e subsídio de desemprego; um compromisso de reduzir as horas de trabalho e aumentar os salários (que resultou na Lei Nacional de Relações Trabalhistas [National Labor Relations Act], de 1935, ou Lei Wagner); e uma promessa de redução de tarifas (cumprida na Lei de Taxas Recíprocas [Reciprocal Tariff Act], de 1935).

O NIRA, mais a desvalorização do dólar, de fato quebrou as expectativas de deflação futura. A criação do seguro de depósito e a reforma do sistema bancário de fato tornaram os poupadores dispostos a confiar de novo seu dinheiro aos bancos e iniciaram a reexpansão da oferta monetária. O corporativismo e os subsídios agrícolas de fato distribuíram a dor. Tirar o equilíbrio orçamentário da pauta ajudou. A promessa de auxílio-desemprego e alívio das hipotecas ajudou. A promessa de gastos com obras públicas ajudou. Todos esses movimentos políticos impediram que as coisas piorassem. Eles com certeza tornaram as coisas um pouco melhores imediatamente, e substancialmente melhores logo depois.

Mas, além da desvalorização, da expansão monetária, do fim das expectativas de deflação e do fim das pressões por mais contração fiscal, qual foi o efeito do restante dos "primeiros cem dias" de Roosevelt? Não está claro se o balanço do resto desse período é positivo ou negativo. Uma política completa de inflação monetária e déficits fiscais gigantescos que poderia ter tirado o país da Grande Depressão rapidamente – que tirou a Alemanha de Hitler da Grande Depressão rapidamente – não foi realmente tentada. Os consumidores reclamavam de que a Administração da Recuperação Nacional aumentou os preços. Os trabalhadores reclamavam de que ela lhes dava voz insuficiente. Os empresários reclamavam de que o governo lhes dizia o que fazer. Os progressistas reclamavam que a NRA criou monopólios. Os gastadores temiam que o conluio entre as empresas aumentasse os preços, reduzisse a produção e aumentasse o desemprego. Hoover e sua turma declararam que se FDR tivesse apenas continuado a fazer o que Hoover vinha fazendo, as coisas teriam melhorado antes.

Em face de tais críticas, Roosevelt continuou tentando coisas diferentes. Se o "corporativismo" empresarial-trabalhista-governo não funcionasse – e fosse bloqueado pela Suprema Corte, majoritariamente indicada pelos republicanos – talvez uma rede de seguridade funcionasse. A realização mais duradoura e poderosa do New Deal se revelaria a Lei da Seguridade Social (o Social Security Act), de 1935, que fornecia assistência financeira federal para viúvas, órfãos, filhos sem pai em casa e deficientes, e estabeleceu um sistema quase universal de aposentadorias financiadas pelo governo federal. Se aumentar o preço do ouro em dólares não funcionasse bem o suficiente, talvez fortalecer o movimento sindical funcionaria: a Lei Wagner estabeleceu um novo conjunto de regras para conflitos trabalhistas e de gestão e fortaleceu o movimento sindical, abrindo caminho para uma onda de sindicalização nos Estados Unidos que sobreviveu por meio século. Grandes obras públicas e programas de emprego público restauraram parte da autoestima dos trabalhadores e transferiram dinheiro para famílias sem empregos no setor privado – mas ao preço provável de algum atraso na recuperação, já que empresas e trabalhadores viram impostos mais altos.

Outras políticas foram tentadas: a política antitruste e a quebra de monopólios de serviços públicos. Um imposto de renda mais progressivo. Uma aceitação hesitante de gastos deficitários – não apenas como um mal temporário inevitável, mas como um bem. Quando a década chegou ao fim, as preocupações de Roosevelt se voltaram necessariamente para a guerra que se aproximava na Europa e para a invasão japonesa da China. O dr. New Deal foi substituído pelo dr. Vencer a Guerra. No final, os programas do Segundo New Deal provavelmente fizeram pouco para curar a Grande Depressão nos Estados Unidos.[1] Mas eles transformaram os Estados Unidos em uma modesta social-democracia de estilo europeu.

Muita coisa relevante se seguiu. Que Franklin Roosevelt era de centro-esquerda e não de centro-direita, que a duração da Grande Depressão significou que as instituições foram moldadas por ela em um sentido duradouro e que os Estados Unidos eram a superpotência mundial em ascensão e a única grande potência não prejudicada em algum grau pela Segunda Guerra Mundial – todos esses fatores fizeram uma enorme diferença. Após a Segunda Guerra Mundial, os Estados Unidos tinham o poder e a vontade de moldar o mundo fora da Cortina de Ferro. Foi o que aconteceu. E isso significava que o mundo seria remodelado ao estilo do New Deal, e não de um modo reacionário ou fascista.

Keynes e Roosevelt são lembretes úteis de que o fato de os indivíduos agirem de maneiras particulares em momentos precisos, não apenas pensando seus pensamentos, mas encontrando oportunidades de tornar esses pensamentos influentes, é profundamente importante. Mesmo em narrativas grandiosas.

Muitos – principalmente o historiador comunista britânico Eric Hobsbawm[2] – tomam o golpe bolchevique de Lênin e a subsequente construção do socialismo real como o eixo sobre o qual gira a história do século XX. Sob essa interpretação, o fio condutor da história do século XX cobre o período de 1917-1990 e reconta a luta tríplice do capitalismo liberal quase democrático, do fascismo e do socialismo real. Talvez essa história seja um épico: os mocinhos vencem. Mas para Hobsbawm, essa história é trágica: o socialismo real era a última esperança da humanidade; embora prejudicado pelas circunstâncias de seu nascimento, o socialismo real ainda cresceu forte o suficiente para resgatar o mundo do fascismo, mas depois decaiu, e sua dissolução interrompeu o verdadeiro caminho para uma utopia socialista. Resumindo, os caras ruins – mas não os piores – vencem.

Eu não compartilho essa visão.

Em certo sentido, sou mais otimista. Para mim, a expansão da tecnologia e da organização e o desenvolvimento de melhores maneiras de administrar as economias modernas são coisas mais importantes para focar do que lutas de facções dentro do Kremlin pós-1917. Mas, como quase todos no mundo hoje estão cientes, a luta pela liberdade e prosperidade humanas não foi vencida de forma decisiva e permanente.

Assim, vejo a história do longo século XX principalmente como a história de quatro coisas: crescimento impulsionado pela tecnologia, globalização, uma América excepcional e confiança de que a humanidade poderia pelo menos rastejar para a utopia enquanto os governos resolviam problemas político-econômicos. E mesmo esse rastejo seria feito a taxas desequilibradas, desiguais e injustas, dependendo do tom de pele e do sexo. Ainda assim, duas vezes naquele longo século, 1870--1914 e 1945-1975, algo que qualquer geração anterior teria chamado de uma quase utopia se aproximou, e rapidamente. Mas esses episódios de Eldorados econômicos que duraram uma geração não perduraram. Indivíduos, ideias e oportunidades ajudam a explicar o porquê.

Antes de 1870, apenas os otimistas selvagens tinham alguma confiança de que a humanidade poderia encontrar um caminho para a utopia – e, mesmo para eles, o caminho era uma estrada acidentada que exigia grandes transformações da sociedade e da psicologia humanas.

Um desses utópicos foi Karl Marx. Ele e seu colaborador próximo, Friedrich Engels, escrevendo em 1848, teorizaram que estavam no meio do que chamaram de *época burguesa* – uma época em que a propriedade privada e as trocas de mercado serviam como princípios organizadores fundamentais na sociedade humana, criando poderosos incentivos para pesquisa científica e desenvolvimento de engenharia e estímulo ao investimento empresarial para implantar maravilhas da tecnologia que ampliariam a produtividade humana além da imaginação. Marx e Engels enxergaram os fenômenos inter-relacionados que definiram essa época burguesa tanto como o Redentor quanto como Satã. Eram o Redentor na medida em que criaram a possibilidade de uma sociedade rica na qual as pessoas poderiam, cooperativamente, fazer o que quisessem para viver vidas plenas. Mas, ao mesmo tempo, suas obras satânicas empobreceram ainda mais a esmagadora maioria da humanidade, e acabariam por forçá-la a um estado de escravidão mais amargo do que antes. Para Marx, o caminho para a utopia exigia a descida da humanidade a um inferno industrial, pois somente isso poderia desencadear a descida do céu de uma Nova Jerusalém, na forma de uma revolução comunista e da derrubada total da ordem existente de sociedade. Mas acreditar que esse caminho estava perto e que a humanidade certamente o percorreria – isso exigia grande confiança de que as coisas esperadas tinham substância sólida e que as coisas que não se enxergavam estavam realmente por ali.[3]

Outro relativo otimista, John Stuart Mill, antecipou uma utopia mais modesta, que exigiria menos derrubadas. Mill acreditava fervorosamente na liberdade, na iniciativa individual, na ciência e na tecnologia – mas também temia profundamente o dilema malthusiano. As invenções da ciência e a implantação da tecnologia criariam fortunas para os ricos e expandiriam o número de confortos da classe média, mas a grande maioria da humanidade permaneceria na classe trabalhadora e continuaria a viver vidas de trabalho penoso e grilhões. Mill enxergava apenas uma saída: o governo teria de controlar a fertilidade humana por meio do controle de natalidade obrigatório.[4] Então tudo poderia ficar bem.

Mas os otimismos um tanto estranhos de Marx e Mill os tornavam atípicos em sua época, não porque seus otimismos fossem estranhos, mas porque eram otimistas. Em 1870, havia grandes razões para duvidar que a igualdade social, a liberdade individual, a democracia política e a prosperidade geral, muito menos abundante, estavam no futuro da humanidade. Os Estados Unidos tinham sobrevivido por pouco a uma sangrenta guerra civil que matou 750 mil homens, 1/12 de sua população masculina branca adulta. Os padrões de vida típicos ainda eram de profunda pobreza. A maioria das pessoas era raquítica, pelos nossos padrões, e muitas vezes faminta e analfabeta.

Marx e Mill enxergaram as tendências de sua época com mais clareza do que outros? Ou eles simplesmente tiveram sorte em ver algo da magnitude da riqueza material futura e as possibilidades que a riqueza material pode trazer para a humanidade? A humanidade estava sacudindo o portão antes de 1870. E em 1870 algumas mudanças importantes quebraram a tranca. O surgimento do laboratório de pesquisa industrial, da corporação moderna e da globalização abriu, pela primeira vez na história da humanidade, a oportunidade de resolver nossos problemas de carência material. Além disso, naquele momento, a humanidade teve a sorte de ter uma economia de mercado prestes a ser global. Como observou o gênio Friedrich von Hayek, a economia de mercado obtém – incentiva e coordena – via cooperação coletiva soluções para os problemas que ela mesma coloca para si. Depois de 1870, ela poderia resolver o problema de fornecer àqueles com controle sobre recursos valiosos de propriedade uma abundância das necessidades, das conveniências e luxos que desejavam e acreditavam necessitar.

Assim, a trilha para a abundância material humana e para a utopia tornou-se visível e transitável – dava até para correr nela. E todo o resto deveria ter se seguido a isso. Muito se seguiu. Em 1914, o pessimismo predominante de 1870 parecia antiquado, se não completamente errado. Para o mundo, os anos transcorridos desde então tinham sido verdadeiramente um episódio extraordinário no progresso econômico da humanidade. E havia todos os motivos para pensar que ele continuaria: parecia que podíamos esperar uma utopia genuína de abundância, um futuro em que novas descobertas científicas seriam desenvolvidas nos laboratórios de pesquisa industrial do mundo e depois seriam disseminadas na economia globalizada pelas corporações modernas.

Mas então veio a Primeira Guerra Mundial. E depois ficou claro que o que os otimistas consideravam aberrante e escandaloso era a regra, e que grandes problemas não podiam ser evitados. As pessoas não estavam satisfeitas com o que a economia de mercado lhes oferecia. Os governos se mostraram incapazes de administrar as economias para preservar a estabilidade e garantir o crescimento ano a ano. Às vezes, populações jogavam fora a democracia a favor de demagogos autoritários. Outras vezes, os ricos e os principais militares do mundo decidiam que valia a pena tentar a dominação. A tecnologia e a organização possibilitaram tiranias de magnitudes inéditas, e as disparidades econômicas – entre e dentro dos países – cresceram cada vez mais. A transição demográfica para uma baixa fertilidade e um baixo crescimento populacional foi rápida, mas não o suficiente para evitar a explosão populacional do século XX, com suas tensões adicionais e transformações na ordem social.

Ao longo desse processo, o Sul global foi ficando cada vez mais para trás – crescendo, em média, mas não alcançando o Norte, já que década após década a região se via com menos manufaturas e, portanto, com uma comunidade científica e de engenharia cada vez menor, em termos relativos, sobre a qual construir o estoque de conhecimento produtivo de sua economia. Fora de dois círculos encantados – o grupo de beneficiários da ajuda do Plano Marshall e os países da orla do Pacífico, na Ásia – o Sul global nem começou a se corrigir, no sentido de começar a crescer mais rápido que o Norte global – portanto, nem deu o primeiro passo para recuperar o atraso, e foi ficando ainda mais para trás – até mais de uma década após a virada neoliberal de 1979. Aqueles que se saíram pior tiveram o azar de ser enfeitiçados por Lênin e, assim, seguiram o caminho socialista real de 1917 a 1990.

O Norte global teve a sorte de reencontrar, após a Segunda Guerra Mundial, o que pensava ser o caminho para a utopia. O ritmo de crescimento econômico durante os Trinta Anos Gloriosos que se seguiram deixou, no final da década de 1970, as pessoas tontas de sucesso: esperando mais e tremendamente aborrecidas com o que, em retrospecto, parecem ter sido obstáculos relativamente pequenos. Mas o mero crescimento rápido não satisfazia aqueles de temperamento de direita, que sentiam que uma prosperidade compartilhada igualmente era injusta e degradante. E o mero crescimento rápido também não satisfazia os de temperamento esquerdista, pois eles sentiam que os problemas que o mercado resolvia, mesmo ajustado e gerido pelos social-democratas, não produziam nem uma versão parcial da utopia que buscavam. E assim o mundo deu sua guinada neoliberal. Mas as prescrições da política neoliberal não produziram um rastejo em direção à utopia mais rápido em algum aspecto.

De 1870 a 2010 foram 140 anos. Quem, em 1870, pobre como era a humanidade, pensaria que em 2010 o mundo teria a capacidade de fornecer a cada pessoa mais recursos materiais do que se poderia imaginar em 1870? E quem diria que a humanidade não conseguiria utilizá-los para construir algo próximo de uma verdadeira utopia?

Lembre-se de que, no início deste livro e do longo século XX, Edward Bellamy pensou que o poder de conectar-se a qualquer uma das quatro orquestras ao vivo e colocá-la no viva-voz nos levaria ao "limite da felicidade humana". Havia apenas uma pessoa na Grã-Bretanha no início dos anos 1600 que podia assistir a um espetáculo teatral sobre bruxas sem sair de casa: o rei James I – e isso apenas se Shakespeare e companhia tivessem *Macbeth* no repertório. Havia uma coisa que Nathan Mayer Rothschild, o homem mais rico da primeira metade do século XIX, queria em 1836: uma dose de antibióticos, para não morrer antes dos sessenta anos de um abscesso infectado. Hoje podemos não apenas produzir os tipos de coisas que foram produzidas em 1870 com esforço humano notavelmente menor, mas também produzir com mais facilidade conveniências (que agora consideramos necessidades), ex-luxos (que agora consideramos conveniências) e coisas que anteriormente não poderiam ser produzidas por preço nenhum. Dizer que somos mais de dez vezes mais ricos do que nossos predecessores de 1870 realmente captura essa mudança radical de maneira satisfatória?

No entanto, descobrimos em 2010 que não havíamos corrido até o fim da trilha utópica. Além disso, para nós o fim da trilha utópica não era mais visível, mesmo que pensássemos que sim.

Conduzindo tudo isso, sempre em segundo plano e muitas vezes em primeiro plano, estavam os laboratórios de pesquisa industrial, descobrindo e desenvolvendo coisas, as grandes corporações as desenvolvendo e as implementando, e a economia de mercado globalizada coordenando tudo. Mas, em alguns aspectos, a economia de mercado era mais um problema do que uma solução. Ela reconhecia apenas direitos de propriedade, e as pessoas queriam direitos polanyianos: direitos a uma comunidade que lhes desse apoio, a uma renda que lhes desse os recursos que mereciam e à estabilidade econômica que lhes desse um trabalho consistente. E apesar de todo o progresso econômico alcançado durante o longo século XX, sua história nos ensina que a riqueza material é de uso limitado na construção da utopia. É um pré-requisito essencial, mas está longe de ser suficiente. E é aqui que o comentário de Keynes sobre o problema mais permanente ser como "viver bem, sábia e agradavelmente" surge mais uma vez. Seu discurso foi um momento importante, porque expressou perfeitamente aquela que viria a se mostrar a dificuldade essencial.

Das quatro liberdades que Franklin Roosevelt achava que deveriam ser direitos inatos de todas as pessoas – liberdade de expressão, liberdade de culto, liberdade de privação e liberdade de medo[5] – apenas a liberdade de privação é assegurada pela riqueza material. As demais ainda precisam ser asseguradas por outros meios. O que o mercado recebe e o que o mercado dá pode, e muitas vezes é, ofuscado por esperanças e temores decorrentes de outros desejos e necessidades.

O casamento forçado entre Friedrich von Hayek e Karl Polanyi, abençoado por John Maynard Keynes, que ajudou a erguer a social-democracia desenvolvimentista do Atlântico Norte pós-Segunda Guerra Mundial, foi o melhor que conseguimos até agora. Mas falhou em seu próprio teste de sustentabilidade, em parte porque uma única geração de rápido crescimento elevou o sarrafo, e em parte porque os direitos polanyianos exigiam estabilidade, o tratamento igual para iguais e o tratamento desigual daqueles que eram vistos como desiguais, de modos que nem a economia de mercado hayekiana-schumpeteriana de destruição criativa nem a sociedade social-democrata polanyiana de direitos de seguridade social igualitários e universais jamais poderiam oferecer.

Nas décadas por volta de 2000, houve quatro acontecimentos que, juntos, encerraram o período do longo século XX e que, juntos, podem marcar o fim do tempo da humanidade rastejando para a utopia. A primeira ocorreu em 1990, quando as indústrias altamente inovadoras e produtivas da Alemanha e do Japão desafiaram com sucesso a vantagem tecnológica dos Estados Unidos, minando os fundamentos do excepcionalismo norte-americano. A segunda foi em 2001, quando formas de violência religiosa fanática que todos pensávamos estar em declínio por séculos se incendiaram novamente, e especialistas coçaram o queixo e opinaram sobre uma "guerra de civilizações" – mas não havia tal coisa. A terceira foi a Grande Recessão, iniciada em 2008, quando ficou claro que tínhamos esquecido as lições keynesianas dos anos 1930 e não tínhamos capacidade nem vontade de fazer o que era necessário. O quarto foi o fracasso do mundo durante o período de aproximadamente 1989 (quando as evidências científicas ficaram claras) até o presente em agir de forma decisiva para combater o aquecimento global. A história após a confluência desses eventos parece notavelmente distinta da anterior, como se exigisse uma narrativa grandiosa nova e diferente para dar sentido a ela.

Que o longo século XX tinha terminado em 2010 e não seria revivido foi confirmado pela ruptura que veio a seguir, em 8 de novembro de 2016, quando Donald Trump venceu a eleição presidencial daquele ano. Naquele momento, ficou claro que cada um dos quatro acontecimentos definidores do longo século XX não poderia ser restaurado. O crescimento econômico no Atlântico Norte tinha caído substancialmente – se não todo o caminho até o ritmo mais lento anterior a 1870, uma parte substancial do caminho. A globalização estava definitivamente sendo revertida: tinha poucos defensores públicos e muitos inimigos.

Além disso, as pessoas de outros lugares – com razão – não enxergavam mais os Estados Unidos como um país excepcional ou o governo dos Estados Unidos como um líder confiável no cenário mundial. Essas opiniões foram fortemente respaldadas quando mais do que os 345.323 norte-americanos contados morreram na pandemia de covid-19 apenas em 2020, já que a única reação de contenção do vírus que o governo Trump conseguiu reunir foi girar em círculos e sussurrar que as mortes não eram culpa deles, pois como alguém poderia esperar que eles previssem a disseminação de uma arma biológica chinesa? A ciência e a tecnologia produziram maravilhas no desenvolvimento extremamente rápido e bem-sucedido de vacinas poderosas. A governança global liderada pelos Estados Unidos, no entanto, provou-se ineficaz ao não vacinar o mundo antes que a pandemia se espalhasse amplamente e desenvolvesse novas variantes.

Ademais, a confiança no futuro também foi bastante atenuada, se é que não desapareceu. A ameaça do aquecimento global era o demônio de Malthus tomando, se ainda não carne, pelo menos a forma de uma sombra. O único lugar onde a confiança no futuro era forte era entre os quadros do Partido Comunista Chinês, que se viam liderando a humanidade, erguendo bem alto a bandeira do Socialismo com Características Chinesas, guiados pelo Pensamento de Mao Zedong-Deng Xiaoping-Xi Jinping. Mas, para todos os de fora, aquilo parecia mais um capitalismo autoritário e corrupto de vigilância com características chinesas (embora falando da boca para fora, e talvez um dia mais do que isso, sobre aspirações igualitárias e utópicas de "prosperidade comum"). Portanto, para os de fora, parecia improvável que a ascendência da China prometesse passos adiante no caminho da utopia. Em vez disso, parecia sinalizar um retorno – embora em um nível muito mais alto de prosperidade geral – à Roda da Fortuna da história, a um ciclo de governantes e governados, os fortes agarrando o que desejavam e os fracos aguentando o que fosse preciso.

Até o ponto em que se pode dizer que o governo Trump tinha uma visão de mundo, essa visão era de suspeita, baseada na ideia de que inimigos internos e externos, especialmente pessoas não brancas e que não falavam inglês, estavam tirando vantagem dos valores norte-americanos de liberdade e oportunidade. Até o ponto em que havia políticas, elas consistiam, antes de tudo, em cortes de impostos para os ricos. Em segundo lugar vinha a negação da mudança climática. Em terceiro lugar, houve retrocessos regulamentares aleatórios, em grande parte não embasados em cálculos tecnocráticos de benefícios e custos. E, por trás de tudo, a crueldade – que muitas vezes parecia ser o único objetivo.[6] E então houve denúncias furiosas dos próprios funcionários da saúde pública do governo, que Trump, no entanto, não procurou substituir: "Mas Fauci é um desastre. Se eu o ouvisse, teríamos 500 mil mortes"; "Os drs. Fauci e Birx [...] [são] autopromotores tentando reinventar a história para encobrir seus maus instintos e recomendações errôneas, que felizmente quase sempre derrubei"; e – depois que uma multidão gritou "Demita Fauci!" – "Não conte a ninguém, mas deixe-me esperar até um pouco depois da eleição. Agradeço o conselho, agradeço!".[7] A praga acabaria por matar mais de 1 milhão de norte-americanos, espalhando-se pelo país durante o último ano de sua presidência, em 2020, e concentrando-se em regiões onde políticos locais vencedores das eleições juraram lealdade a Donald Trump depois disso. E matou apenas um quarto dessa fração da população do Canadá.

Com a eleição presidencial de 2016, mesmo com os norte-americanos divididos em dois campos opostos que não concordavam em praticamente nada, quase todos compartilhavam a sensação de que a nação estava em um grande apuro. Dependendo de a quem você perguntasse, Donald Trump era um sintoma desse declínio ou a única cura em potencial, seu "Voo 93".[8] Ambos os casos testemunharam a transformação para um país muito diferente. Ou já tinha acontecido e se encerrado a história do excepcionalismo norte-americano, ou era necessário tornar grande novamente um país que tinha perdido o rumo. E os Estados Unidos não estavam sozinhos em suas circunstâncias infelizes. Tanto os Estados Unidos quanto o mundo enfrentaram uma constelação de problemas novos e crescentes que pareciam certamente desafiar, e talvez ameaçar, as muitas conquistas da civilização ao longo do extenso século XX.

O presidente Trump não apenas colocou um ponto-final na longa conclusão do século XX, mas serviu como um lembrete de que o pessimismo, o medo e o pânico podem animar indivíduos, ideias e eventos tão facilmente quanto o otimismo, a esperança e a confiança.

O que deu errado? Bem, Hayek e seus seguidores não eram apenas gênios à moda do dr. Jekyll, mas também idiotas à moda do sr. Hyde. Eles pensaram que o mercado poderia fazer todo o trabalho e ordenaram à humanidade que acreditasse em "o mercado dá, o mercado tira; abençoado seja o nome do mercado". Mas a humanidade se opôs: o mercado claramente não fazia todo o trabalho, e o trabalho que a economia de mercado fez foi rejeitado e marcado como "devolver ao remetente".

Ao longo do longo século XX, muitos outros – Karl Polanyi, John Maynard Keynes, Benito Mussolini, Vladimir Lênin e vários outros – tentaram criar soluções. Eles discordaram de "o mercado dá..." de forma construtiva e destrutiva, exigindo que o mercado fizesse menos, ou algo diferente, e que outras instituições fizessem mais. Talvez o mais próximo que a humanidade chegou de um "algo diferente" bem-sucedido foi o casamento forçado de Hayek e Polanyi, abençoado por Keynes, na forma da social-democracia do Estado desenvolvimentista do Norte global pós-Segunda Guerra Mundial. Mas essa configuração institucional social-democrata falhou em seu próprio teste de sustentabilidade. E embora o neoliberalismo subsequente tenha cumprido muitas das promessas que tinha feito à elite do Norte global, não foi de forma alguma um bom progresso em direção a qualquer utopia desejável.

Assim, o mundo se encontrou em uma posição análoga àquela que John Maynard Keynes tinha descrito em 1924, quando criticou a suposição de Leon Trótski "de que os problemas morais e intelectuais da transformação da sociedade já foram resolvidos – que existe um plano, e que nada resta senão colocá-lo em operação". Porque, disse Keynes, isso não era verdade: "Falta-nos, mais do que o normal, um esquema coerente de progresso, um ideal tangível. Todos os partidos políticos têm suas origens em ideias passadas, e não em ideias novas – e nenhum de forma mais evidente do que os marxistas. Não é necessário debater as sutilezas do que justifica um homem promover seu evangelho pela força; pois ninguém tem um evangelho. O próximo movimento é com a cabeça, e os punhos devem esperar".[9]

A melhoria econômica, alcançada por rastejo ou a galope, importa. A obtenção de mais do que o suficiente – mais do que o suficiente de calorias, abrigo, roupas, bens materiais – importa. Uma vez alcançados, mesmo os pessimistas relutam em desistir deles. E certos pensamentos, uma vez pensados, são difíceis de esquecer. Este é um benefício não aclamado do índice quantitativo do valor global do conhecimento humano útil. Ele se acumula. Entre esses pensamentos estão "o mercado dá, o mercado tira; bendito seja o nome do mercado"; e, igualmente, "o mercado é feito para o homem, não o homem para o mercado"; e também, eu acrescentaria: porque muitas vezes a demanda cria oferta, os governos devem administrar, e administrar com competência, às vezes com uma mão pesada.

As ideias e visões humanas de utopia têm sido amplamente díspares: o Santo Reino dos Céus descido à terra; a vida harmoniosa e de lazeres naturais de Arcádia; os luxuosos prazeres sensuais e os êxtases de Síbaris; a excelência disciplinada de Esparta; a cacofônica liberdade de expressão e ação de Atenas; o propósito coletivo e a boa ordem de Roma e sua *Pax*. Foi amplamente aceito que a escassez material manteve e manteria essas utopias (exceto as teológicas) fora do alcance permanente da humanidade. A idade de ouro quase sempre foi vista como no passado, ou pelo menos em algum outro lugar distante e semimítico, onde os recursos eram muito mais abundantes, não em um futuro provável.[10]

Foi em 1870 que as coisas começaram a mudar. Já em 1919, Keynes tinha enfatizado que a humanidade já tinha alcançado o poder de produzir "conveniências, confortos e comodidades além do imaginado pelos monarcas mais ricos e poderosos de outras épocas", embora a fruição de tais coisas ainda estivesse confinada a uma classe alta.[11] Em 350 a.C., Aristóteles tinha suas observações sobre como era fantasia imaginar que a autoridade dos senhores e a servidão dos escravos poderiam ser substituídas, pois isso exigiria que os humanos tivessem poderes divinos para fazer e, em seguida, comandar servidores – os robôs ferreiros de Dédalo e os veículos autoconscientes e autopropelidos que Hefesto fez para os banquetes dos deuses no monte Olimpo.[12] Nós, humanos, tínhamos, a partir de 2010, ultrapassado enormemente seus sonhos e imaginações.

Existe alguém em qualquer século anterior que não ficaria surpreso e incrédulo ao ver os poderes tecnológicos e organizacionais da humanidade em 2010? No entanto, eles logo partiriam para a próxima pergunta: por que, com tais poderes divinos para comandar a natureza e nos organizar, fizemos tão pouco para construir um mundo verdadeiramente humano, para se aproximar de qualquer uma de nossas utopias?

Em 2010, a desconfiança no papel hegemônico dos Estados Unidos tinha sido consolidada pelas desventuras do Oriente Médio. O descontentamento cresceu com uma explosão da desigualdade de renda e riqueza que poucos associaram a qualquer impulso de crescimento econômico. A Grande Recessão de 2008-2010 revelou o vazio das alegações de que os tecnocratas neoliberais haviam finalmente resolvido os problemas de gestão econômica. As instituições políticas do Norte global nem sequer começaram a lidar com o problema do aquecimento global. O motor subjacente do crescimento da produtividade tinha começado a estagnar. E os campeões do Norte global estavam prestes a fracassar na priorização de uma rápida restauração do pleno emprego e em entender e administrar os descontentamentos que trariam os políticos neofascistas e adjacentes ao fascismo à proeminência mundial na década de 2010.

Assim, a longa história do século XX estava encerrada.

Talvez não precisasse terminar então em 2010. Talvez sempre tenha sido ilusório o futuro brilhante que muitos de nós vislumbramos durante o governo Clinton – a ideia de que, se suas políticas tivessem continuidade, elas começariam a funcionar para restaurar o rápido crescimento equitativo, com o *boom* da tecnologia da informação rugindo à frente. Ou talvez a oportunidade pudesse ter sido aproveitada, se o acaso e a contingência tivessem tido resultados diferentes. Talvez se em 2008 os Estados Unidos tivessem eleito um FDR, ele (ou ela) poderia ter feito um milagre – como o FDR original fizera inesperadamente em 1933 e depois. Talvez até mesmo em 2016 os ossos ressequidos do século XX poderiam ter voltado à vida, com um longo padrão de rápido crescimento da produtividade, governos que poderiam administrar as transformações de destruição criativa que tal crescimento trouxe ao mundo, e o excepcionalismo norte-americano.

Mas acabou que os Estados Unidos pós-2010 elegeriam Donald Trump, e a Europa Ocidental faria só um pouco melhor, acabando com as possibilidades de revivificação.

Uma nova história, que precisa de uma nova narrativa grandiosa que ainda não conhecemos, começou.

AGRADECIMENTOS

Minhas dívidas ao escrever este livro são imensas: minha esposa, Ann Marie Marciarille, e meus filhos, Michael e Gianna, tornaram o longo processo de escrevê-lo muito prazeroso. Meu editor de desenvolvimento, Thomas Lebien, e meu editor na Basic, Brian Distelberg, foram essenciais: muito deste livro poderia ser mais bem enquadrado como um diálogo platônico com eles, e não existiria sem eles. Minhas dívidas intelectuais são tão grandes, e há muitos que merecem ser agradecidos (sem implicar nenhum deles nos muitos erros que tenho certeza de ter cometido neste livro). Mas deixe-me trapacear e agradecer apenas mais dez. Em primeiro lugar, deixe-me agradecer a Andrei Shleifer e Larry Summers: sempre que consigo ter pensamentos que valem a pena registrar e disseminar, na maioria das vezes minha linha de pensamento começa com "O que Larry diria?" ou "O que Andrei pensaria sobre isso?". Depois, há a enorme quantidade de minha formação intelectual que brota do Comitê de Graduação em Estudos Sociais, principalmente Jeff Weintraub e Shannon Stimson. O corpo docente sênior do Seminário de História Econômica de Harvard também deve ser mencionado: Peter Temin, Jeffrey Williamson, Claudia Goldin e o falecido David Landes. Paul Krugman tem sido uma influência imensa, embora principalmente à distância: a pessoa que acho que chega mais perto de vestir o manto de John Maynard Keynes em nossa geração. Para o décimo, deixe-me trapacear novamente: meus colegas da Universidade da Califórnia em Berkeley, a melhor coleção de colegas em economia no final do século XX e – coletivamente, pois o todo é muito maior do que a soma de suas partes – os melhores professores que posso imaginar. E a todos aqueles que não mencionei, tenham certeza de que tento muito lembrar de minhas dívidas intelectuais e, pelo menos, retribuí-las.

NOTAS

Algumas palavras sobre as notas:

Limitei as notas finais deste volume a citações diretas, paráfrases fechadas, marcadores de onde meu pensamento e conhecimento foram predominantemente moldados por uma única fonte e lugares onde acho que uma referência para "o que ler a seguir para ir mais fundo" é apropriada.

Foi o que fiz, embora esteja bem ciente de que seja grosseiramente inadequado. Quase todos os parágrafos precisam ser substancialmente reforçados, pois cada um com certeza poderia ser – e, espero, será – ferozmente contestado por pelo menos uma pessoa de grande inteligência e conhecimento. Além disso, onde estou nadando a favor (ou contra) uma corrente, não deixei uma nota para nenhuma das pessoas que compõem essa corrente, exceto onde acho que posso recomendar o melhor ponto de entrada na literatura. E mesmo onde acho que sou original... pense assim: Keynes escreveu sobre os loucos em posição de autoridade que pensavam estar ouvindo vozes no ar quando, na verdade, escribas acadêmicos se insinuavam em suas mentes. Maquiavel escreveu sobre como seus livros eram seus amigos com quem ele falava e que lhe respondiam – enquanto ele criava com marcas pretas em páginas brancas instanciações sub-Turing das mentes dos autores que ele então executava em seu *wetware*. Mesmo onde penso que sou mais original, quase com certeza estou simplesmente repetindo algo que meu modelo interno da mente de alguma pessoa mais sábia disse a mim em meu diálogo interno.

Portanto, por uma questão de justiça, deveria haver muito mais notas. Mas há limites rigorosos para quão eficazes longas notas de rodapé podem ser. E há limites ainda mais rigorosos para quão eficazes notas finais podem ser.

Este livro também tem um site para argumentos favoráveis e contraditórios em https://braddelong.substack.com/s/slouching-towards-utopia-long-notes. Venha, leia e comente, por favor.

INTRODUÇÃO

1 Steven Usselman, "Research and Development in the United States Sinc 1900: An Interpretive History", *Economic History Workshop*, Universidade de Yale, 11 nov. 2013, https://economics.yale.edu/sites/default/files/usselman_paper.pdf; Thomas P. Hughes, *American Genesis: A Century of Invention and Technological Enthusiasm, 1870-1970*, Chicago: University of Chicago Press, 2004; Alfred Chandler, *The Visible Hand: The Managerial Revolution in American Business*, Cambridge, MA: Harvard University Press, 1977.

2 Eric Hobsbawm, *Age of Extremes: The Short Twentieth Century, 1914-1991*, London: Michael Joseph, 1984.

3 O perspicaz e erudito Ivan Berend também enxerga um "longo" século XX como mais útil em *An Economic History of Twentieth-Century Europe: Economic Regimes from Laissez-Faire to Globalization*, Cambridge: Cambridge University Press, 2006.

4 Friedrich A. von Hayek, "The Use of Knowledge in Society", *American Economic Review* 35, n. 4 (set. 1945): 519-530.

5 Hans Rosling et al., *Gapminder*, http://gapminder.org; "Globalization over Five Centuries, World", Our World in Data, https://ourworldindata.org/grapher/globalization-over-5-centuries?country=~OWID_WRL.

6 Karl Marx e Friedrich Engels, *Manifesto of the Communist Party*, London: Communist League, 1848; Jonathan Sperber, *Karl Marx: A Nineteenth-Century Life*, New York: Liveright, 2013; Marshall Berman, *All That Is Solid Melts into Air: The Experience of Modernity*, New York: Verso, 1983.

7 Friedrich A. von Hayek, "The Pretence of Knowledge", discurso no Prêmio Nobel, 1974, www.nobelprize.org/prizes/economic-sciences/1974/hayek/lecture.

8 Karl Polanyi, *The Great Transformation*, New York: Farrar and Rinehart, 1944.

9 Takashi Negishi, "Welfare Economics and Existence of an Equilibrium for a Competitive Economy", *Metroeconomica* 12, n. 2-3 (jun. 1960): 92-97.

10 Friedrich A. von Hayek, *The Mirage of Social Justice: Law, Legislation, and Liberty*, vol. 2, London: Routledge and Kegan Paul, 1976.
11 Arthur Cecil Pigou, "Welfare and Economic Welfare", em *The Economics of Welfare*, London: Routledge, 1920, p. 3-22.
12 Ludwig Wittgenstein, *Tractatus Logico-Philosophicus*, London: Kegan Paul, Trench, Trubner, 1921, p. 89; Jean-François Lyotard, *The Postmodern Condition: A Report on Knowledge*, Minneapolis: University of Minnesota Press, 1984; William Flesch, *Comeuppance: Costly Signaling, Altruistic Punishment, and Other Biological Components of Fiction*, Cambridge, MA: Harvard University Press, 2007.
13 Greg Clark, *A Farewell to Alms: A Brief Economic History of the World*, Princeton, NJ: Princeton University Press, 2007.
14 John Stuart Mill, *Principles of Political Economy, with Some of Their Applications to Social Philosophy*, London: Longmans, Green, Reader, and Dyer, 1873, p. 516.
15 Edward Bellamy, *Looking Backward, 2000-1887*, Boston: Ticknor, 1888; Edward Bellamy, "How I Came to Write Looking Backward", *The Nationalist* (maio 1889).
16 Bellamy, *Looking Backward*, p. 152-158.
17 "Utopia", *Oxford Reference*, www.oxfordreference.com/view/10.1093/oi/authority.20110803115009560.
18 Essa era a citação de Kant predileta de Berlin. Ver, por exemplo, Isaiah Berlin, "The Pursuit of the Ideal", Turin: Senator Giovanni Agnelli International Prize Lecture, 1988, https://isaiah-berlin.wolfson.ox.ac.uk/sites/www3.berlin.wolf.ox.ac.uk/files/2018-09/Bib.196%20-%20Pursuit%20of%20the%20Ideal%20by%20Isaiah%20Berlin_1.pdf; Henry Hardy, "Editor's Preface", em Isaiah Berlin, *The Crooked Timber of Humanity: Essays in the History of Ideas*, London: John Murray, 1990.
19 G. W. F. Hegel, citado por John Ganz, "The Politics of Cultural Despair", *Substack*, 20 abr. 2021, https://johnganz.substack.com/p/the-politics-of-cultural-despair. @Ronald00Address relata que a fonte é G. W. F. Hegel, carta a [Karl Ludwig von] Knebel, 30 ago. 1807, NexusMods, www.nexusmods.com/cyberpunk2077/images/15600, citado em Walter Benjamin, *On the Concept of History*, 1940, traduzido por Dennis Redmond, 4 ago. 2001, Internet Archive Wayback Machine, https://web.archive.org/web/20120710213703/http://members.efn.org/~dredmond/Theses_on_History.PDF.
20 Madeleine Albright, *Fascism: A Warning*, New York: HarperCollins, 2018.
21 Fred Block, "Introduction", em Karl Polanyi, *Great Transformation*.
22 Ver Charles I. Jones, "Paul Romer: Ideas, Nonrivalry, and Endogenous Growth", *Scandinavian Journal of Economics* 121, n. 3 (2019): 859-883.
23 Clark, *Farewell*, p. 91-96.

24 Simon Kuznets, *Modern Economic Growth: Rate, Structure, and Spread*, New Haven, CT: Yale University Press, 1966.
25 Edward Shorter e Lawrence Shorter, *A History of Women's Bodies*, New York: Basic Books, 1982. Considere que, entre William I da Normandia e Victória de Hanover, uma em sete rainhas e herdeiras aparentes morreu no leito de parto.
26 Mill, *Principles*, p. 516.
27 Em oposição, traçando uma linha divisória entre a boa "liberdade negativa" e a não tão boa "liberdade positiva", está Isaiah Berlin, "Two Concepts of Liberty", em *Four Essays on Liberty*, Oxford: Oxford University Press, 1969. Mill examinou os dentes desse cavalo dado.
28 Mill, *Principles*, p. 516.
29 William Stanley Jevons, *The Coal Question: An Enquiry Concerning the Progress of the Nation, and the Probable Exhaustion of Our Coal-Mines*, London: Macmillan, 1865.
30 Marx e Engels, *Manifesto*, p. 17.
31 Friedrich Engels, "Outlines of a Critique of Political Economy", *German-French Yearbooks*, 1844.
32 Karl Marx, *Critique of the Gotha Program*, em *Marx/Engels Selected Works*, vol. 3, Moscow: Progress Publishers, 1970 [1875], p. 13-30, disponível em Marxists Internet Archive, www.marxists.org/archive/marx/works/1875/gotha.
33 Richard Easterlin, *Growth Triumphant: The Twenty-First Century in Historical Perspective*, Ann Arbor: University of Michigan, 2009, p. 154.
34 Easterlin, *Growth Triumphant*, p. 154.
35 Thomas Robert Malthus, *First Essay on Population*, London: Macmillan, 1926 [1798], Internet Archive, https://archive.org/details/b31355250. A frase "Malthus liberou um Demônio" é de John Maynard Keynes, *The Economic Consequences of the Peace*, London: Macmillan, 1919, p. 8.

CAPÍTULO 1

1 Thomas Robert Malthus, *An Essay on the Principle of Population, as It Affects the Future Improvement of Society*, London: J. Johnson, 1798.
2 Gregory Clark, "The Condition of the Working Class in England, 1209-2004", *Journal of Political Economy* 113, n. 6 (dez. 2005): 1307-1340, http://faculty.econ.ucdavis.edu/faculty/gclark/papers/wage%20-%20jpe%20-2004.pdf.
3 John Maynard Keynes, *The Economic Consequences of the Peace*, London: Macmillan, 1919, p. 8.
4 Considere o contraste entre a cultura material disponível para manter o estilo de vida de, digamos, Thomas Jefferson em 1800, e aquela disponível nos tempos de Gilgamesh, 5 mil anos antes. Alexander Heidel, trad. e org., *The*

Gilgamesh Epic and Old Testament Parallels, Chicago: University of Chicago Press, 1946; Robert Silverberg, org., *Gilgamesh the King*, New York: Arbor House, 1984; George W. Boudreau e Margaretta Markle Lovell, orgs., *A Material World: Culture, Society, and the Life of Things in Early Anglo-America*, University Park, PA: Pennsylvania State University Press, 2019.

5 Citação relatada a mim por Trevon Logan.
6 Devo minha convicção sobre este ponto – que o caminho singular que a Grã-Bretanha da era da Revolução Industrial britânica cursou antes de 1870 foi mais um fenômeno de "globalização" do que um fenômeno de "tecnorrevolução" – a Gregory Clark, "The Secret History of the Industrial Revolution", out. 2001, http://faculty.econ.ucdavis.edu/faculty/gclark/papers/secret2001.pdf.
7 William Stanley Jevons, *The Coal Question: An Enquiry Concerning the Progress of the Nation, and the Probable Exhaustion of Our Coal-Mines*, London: Macmillan, 1865.
8 Rudyard Kipling, "Recessional", publicado originalmente em *The Times* (Londres), 17 jul. 1897, reimpresso pela Poetry Foundation, www.poetryfoundation.org/poems/46780/recessional.
9 Keynes, *Economic Consequences*, p. 8.
10 Anton Howes, "Is Innovation in Human Nature?", *Medium*, 21 out. 2016, https://medium.com/@antonhowes/is-innovation-in-human-nature-48c2578e-27ba#.v54zq0ogx.
11 "Globalization over Five Centuries, World", Our World in Data, https://ourworldindata.org/grapher/globalization-over-5-centuries?country=~OWID_WRL, reunindo estimativas de várias fontes.
12 W. Arthur Lewis, *The Evolution of the International Economic Order*, Princeton, NJ: Princeton University Press, 1978, p. 14.
13 Henry David Thoreau, *Walden; or, a Life in the Woods*, Boston: Ticknor and Fields, 1854, p. 58-59.
14 Mark Chirnside, *Oceanic: White Star's "Ship of the Century"*, Cheltenham: History Press, 2019, p. 72.
15 Elisabeth Kehoe, *Fortune's Daughters: The Extravagant Lives of the Jerome Sisters – Jennie Churchill, Clara Frewen and Leonie Leslie*, Boston: Atlantic, 2011, p. 71.
16 Para a história de Gandhi, a melhor coisa, disparada, que li são os três volumes de Ramachandra Gupta, *Gandhi Before India*, New York: Alfred A. Knopf, 2013; *Gandhi: The Years That Changed the World, 1914-1948*, New York: Random House, 2018; *India After Gandhi: The History of the World's Largest Democracy*, London: Pan Macmillan, 2011.
17 Benjamin Yang, *Deng: A Political Biography*, London: Routledge, 2016, p. 22-46.
18 Jeffrey Williamson, "Globalization and Inequality, Past and Present", *World Bank Observer* 12, n. 2 (ago. 1997): 117-135, https://documents1.worldbank.

org/curated/en/502441468161647699/pdf/766050JRN0WBRO00Box374378B00PUBLIC0.pdf.
19. Steven Dowrick e J. Bradford DeLong, "Globalization and Convergence", em *Globalization in Historical Perspective*, Michael D. Bordo, Alan M. Taylor e Jeffrey G. Williamson (orgs.), National Bureau of Economic Research (NBER) Conference Report, Chicago: University of Chicago Press, 2003, p. 191-226, disponível em NBER, www.nber.org/system/files/chapters/c9589/c9589.pdf.
20. Neal Stephenson, "Mother Earth, Motherboard", *Wired*, 1 dez. 1996, www.wired.com/1996/12/ffglass.
21. Keven H. O'Rourke e Jeffrey G. Williamson, *Globalization and History: The Evolution of a Nineteenth-Century Atlantic Economy*, Cambridge, MA: MIT Press, 1999.
22. "Globalization over Five Centuries."
23. Richard Baldwin, *The Great Convergence: Information Technology and the New Globalization*, Cambridge, MA: Harvard University Press, 2016, p. 5.
24. Robert Allen, *Global Economic History: A Very Short Introduction*, Oxford: Oxford University Press, 2011, p. 6-8.
25. Robert Fogel, *Railroads and American Economic Growth: Essays in Econometric History*, Baltimore: Johns Hopkins University Press, 1964, p. 39.
26. Wladimir S. Woytinsky e Emma S. Woytinsky, *World Commerce and Governments: Trends and Outlook*, New York: Twentieth Century Fund, 1955, p. 179.
27. Keynes, *Economic Consequences*, p. 32.
28. Elizabeth Longford, *Wellington: The Years of the Sword*, London: Weidenfeld and Nicolson, 1969.
29. Thoreau, *Walden*.
30. Vincent P. Carosso e Rose C. Carosso, *The Morgans: Private International Bankers, 1854-1913*, Cambridge, MA: Harvard University Press, 1987, p. 133-200.
31. W. Arthur Lewis, *Growth and Fluctuations, 1870-1913*, London: G. Allen and Unwin, 1978, p. 20.
32. Laura Panza e Jeffrey G. Williamson, "Did Muhammad Ali Foster Industrialization in Early Nineteenth-Century Egypt?", *Economic History Review 68*, n. 1 (fev. 2015): 79-100; David S. Landes, "Bankers and Pashas: International Finance and Imperialism in the Egypt of the 1860's" (tese de doutorado, Harvard University, 1953).
33. Stephen S. Cohen e J. Bradford DeLong, *Concrete Economics: The Hamiltonian Approach to Economic Policy*, Boston: Harvard Business Review Press, 2016; John Stuart Mill, *Principles of Political Economy, with Some of Their Applications to Social Philosophy*, London: Longmans, Green, Reader, and Dyer, 1873, p. 556.
34. AnnaLee Saxenian, *Regional Advantage: Culture and Competition in Silicon Valley and Route 128*, Cambridge, MA: Harvard University Press, 1996, p. 32-34.

35 Allen, *Global Economic History*, p. 7.
36 Allen, *Global Economic History*, p. 41-42; Lewis, *Evolution*; Joel Mokyr, *The British Industrial Revolution: An Economic Perspective*, New York: Routledge, 2018 [1999]; Edgar J. Dosman, *The Life and Times of Raul Prebisch, 1901-1986*, Montreal: McGill-Queen's University Press, 2008.

CAPÍTULO 2

1 Kenneth Whyte, *Hoover: An Extraordinary Life in Extraordinary Times*, New York: Alfred A. Knopf, 2017; Herbert Hoover, *The Memoirs of Herbert Hoover*, vol. 1, *Years of Adventure*, 1874-1920; vol. 2, *The Cabinet and the Presidency*, 1920-1933; vol. 3, *The Great Depression*, 1929-1941, New York: Macmillan, 1951-1953; Rose Wilder Lane, *The Making of Herbert Hoover*, New York: Century, 1920.
2 Ellsworth Carlson, *The Kaiping Mines*, Cambridge, MA: Harvard University Press, 1957.
3 Sobre liderança econômica global, ver W. Arthur Lewis, *Growth and Fluctuations, 1870-1913*, London: G. Allen and Unwin, 1978, p. 94-113.
4 Jack Goldstone, "Efflorescences and Economic Growth in World History: Rethinking the 'Rise of the West' and the Industrial Revolution", *Journal of World History* 13, n. 2 (set. 2002): 323-389.
5 Lewis, *Growth*, p. 14.
6 "Globalization over Five Centuries, World", *Our World in Data*, https://ourworldindata.org/grapher/globalization-over-5-centuries?country=~OWID_WRL.
7 Ragin, nas velhas lendas antes de Wagner. Ver Stephan Grundy, *Rhinegold*, New York: Bantam, 1994, p. 47-63, 332-333.
8 Para uma história da tecnologia entre 1700 e 1945, a melhor coisa, pelo menos para mim, continua sendo David Landes, *The Unbound Prometheus*, Cambridge: Cambridge University Press, 1969.
9 Robert Gordon, *The Rise and Fall of American Growth: The U.S. Standard of Living Since the Civil War*, Princeton, NJ: Princeton University Press, 2017, p. 61.
10 Donald Sassoon, *One Hundred Years of Socialism: The West European Left in the Twentieth Century*, New York: New Press, 1996, p. xxxiii. Note que Sassoon não aprecia especialmente essa transformação do ideal revolucionário em uma celebração das maravilhas da tecnologia.
11 Thomas Piketty, *Capital in the Twenty-First Century*, Cambridge, MA: Harvard University Press, 2014, p. 24; Mark Twain e Charles Dudley Warner, *The Gilded Age: A Novel of Today*, Boone, IA: Library of America, 2002 [1873].

12 Sobre a vida da classe trabalhadora norte-americana por volta de 1900, ver Margaret Frances Byington, *Homestead: The Households of a Mill Town*, New York: Charities Publication Committee, 1910.
13 Nicola Tesla, *My Inventions: The Autobiography of Nicola Tesla*, New York: Hart Bros., 1982 [1919]; Marc Seifer, *Wizard: The Life and Times of Nikola Tesla*, Toronto: Citadel Press, 2011.
14 Margaret Cheney, *Tesla: Man Out of Time*, New York: Simon and Schuster, 2001, p. 56.
15 Nikola Tesla, "My Early Life", Electrical Experimenter, 1919, republicado por David Major no *Medium*, 4 jan. 2017, https://medium.com/@dlmajor/my-early-life-by-nikola-tesla-7b55945ee114.
16 Paul David, "Heroes, Herds, and Hysteresis in Technological History: Thomas Edison and the 'Battle of the Systems' Reconsidered", *Industrial and Corporate Change* 1, n. 1 (1992): 125-180; Landes, *Unbound Prometheus*, p. 284-289.
17 Para um sabor da época, ver Graham Moore, *The Last Days of Night: A Novel*, New York: Random House, 2016.
18 Quentin Skrabec, *George Westinghouse: Gentle Genius*, New York: Algora, 2007, p. 7-23.
19 David Glantz, *Operation Barbarossa: Hitler's Invasion of Russia*, 1941, Cheltenham, UK: History Press, 2011, p. 19-22.
20 Irwin Collier acredita que G.H.M. seja Gilbert Holland Montague. Irwin Collier, "Harvard(?) Professor's Standard of Living, 1905", *Economics in the Rear-View Mirror*, 2017, www.irwincollier.com/harvard-professors-standard-of-living-1905; "Gilbert Holland Mongague, 1880-1961", *Internet Archive Wayback Machine*, https://web.archive.org/web/20040310032941/http://www.montaguemillennium.com/familyresearch/h_1961_gilbert.htm.
21 G.H.M., "What Should College Professors Be Paid?", *Atlantic Monthly* 95, n. 5 (maio 1905): 647-650.
22 Byington, *Homestead*.
23 Ray Ginger, *Age of Excess: American Life from the End of Reconstruction to World War I*, New York: Macmillan, 1965, p. 95.
24 J. R. Habakkuk, *American and British Technology in the Nineteenth Century: The Search for Labour-Saving Inventions*, Cambridge: Cambridge University Press, 1962.
25 Claudia D. Goldin e Lawrence F. Katz, *The Race Between Education and Technology*, Cambridge, MA: Harvard University Press, 2008; Claudia Goldin, "The Human Capital Century and American Leadership: Virtues of the Past", *National Bureau of Economic Research* (NBER), artigo 8239, *Journal of Economic History* 61, n. 2 (jun. 2001): 263-292, disponível em: NBER, www.nber.org/papers/w8239.

26 Leon Trótski, *My Life: An Attempt at an Autobiography*, New York: Charles Scribner's Sons, 1930.
27 Joseph Schumpeter, *Capitalism, Socialism, and Democracy*, New York: Harper and Bros., 1942, p. 83.

CAPÍTULO 3

1 Alexander Hamilton, John Jay e James Madison, *The Federalist Papers*, New York Packet, Independent Journal, Daily Advertiser, reunidos nos n. 78-85, em *The Federalist: A Collection of Essays, Written in Favour of the New Constitution, as Agreed upon by the Federal Convention*, 17 set. 1787, New York: J. and A. McLean, 1787-1788, n. 10. Para uma íntegra *on-line*, ver Biblioteca do Congresso dos Estados Unidos, https://guides.loc.gov/federalist-papers/full-text.
2 Thomas Jefferson, Carta a George Washington, 23 maio 1792, em Noble Cunningham, *Jefferson vs. Hamilton: Confrontations That Shaped a Nation*, Boston: Bedford/St. Martins, 2000, p. 79.
3 Munro Price, *The Perilous Crown*, New York: Pan Macmillan, 2010, p. 308, 351-360.
4 Daniel Ziblatt, *Conservative Parties and the Birth of Democracy*, Cambridge: Cambridge University Press, 2017, p. 109.
5 Ellis A. Wasson, "The Spirit of Reform, 1832 e 1867", *Albion: A Quarterly Journal Concerned with British Studies* 12, n. 2 (1980): 164-174.
6 John W. Dean, *The Rehnquist Choice: The Untold Story of the Nixon Appointment That Redefined the Supreme Court*, New York: Free Press, 2001, p. 160, 312.
7 Friedrich A. von Hayek, *The Constitution of Liberty*, Chicago: University of Chicago Press, 1960, p. 148.
8 Hayek, *Constitution*, p. 286.
9 Friedrich A. von Hayek, *The Road to Serfdom*, London: Routledge, 1944, p. 124.
10 Friedrich A. von Hayek, *Law, Legislation and Liberty: The Political Order of a Free People*, Chicago: University of Chicago Press, 1979, p. 172.
11 Isaiah Berlin, *The Hedgehog and the Fox: An Essay on Tolstoy's View of History*, London: Weidenfeld and Nicolson, 1953, p. 1.
12 Karl Polanyi, *The Great Transformation*, New York: Farrar and Rinehart, 1944, p. 84.
13 Note que, antes de Karl Marx estabelecer "burguês" como seu rótulo para tudo o que ele odiava e amava na economia de mercado industrial que via surgir, ele havia usado a palavra "judeu" em seus escritos. Ver Jonathan Sperber, *Karl Marx: A Nineteenth-Century Life*, New York: Liveright, 2013, p. 133.
14 Polanyi, *Great Transformation*, p. 144, 153-162.

15 William Cronon, *Nature's Metropolis: Chicago and the Great West*, New York: W. W. Norton, 1992.

16 Ray Ginger, *The Age of Excess: The United States from 1877 to 1914*, New York: Macmillan, 1965; Ray Ginger, *Altgeld's America: The Lincoln Ideal Versus Changing Realities*, Chicago: Quadrangle Books, 1958.

17 John Peter Altgeld, *Our Penal Machinery and Its Victims*, Chicago: A. C. McClurg and Company, 1886.

18 Clarence Darrow, *The Story of My Life*, New York: Scribner's, 1932, p. 66.

19 Constituição dos Estados Unidos, Art. IV, §4.

20 Allan Nevins, *Grover Cleveland: A Study in Courage*, New York: Dodd, Mean, 1930, p. 691.

21 Ginger, *Age of Excess*, p. 359.

22 Darrow, *My Life*, p. 93.

23 Clarence Darrow, *Closing Arguments: Clarence Darrow on Religion, Law, and Society*, Columbus: Ohio University Press, 2005, p. 202.

24 W. E. B. Du Bois, "My Evolving Program for Negro Freedom", em *What the Negro Wants*, org. Rayford W. Logan, Chapel Hill: University of North Carolina Press, 1944, p. 36.

25 Booker T. Washington, *Up from Slavery: An Autobiography*, London: George Harrap, 1934 [1901], p. 137.

26 Annette Gordon-Reed, "The Color Line: W. E. B. Du Bois's Exhibit at the 1900 Paris Exposition", *New York Review of Books*, 19 ago. 2021, www.nybooks.com/articles/2021/08/19/du-bois-color-line-paris-exposition.

27 W. E. B. Du Bois, *The Souls of Black Folk*, Chicago: A. C. McClurg, 1903.

28 Alexis de Tocqueville, *Souvenirs*, Paris: Calmann Lévy, 1893 [1850-1852].

29 Jean-François de La Harpe, *Cours de Littérature Ancienne et Moderne*, Paris: Didot Frères, 1840.

30 William L. Shirer, *The Collapse of the Third Republic: An Inquiry into the Fall of France in 1940*, New York: Pocket Books, 1971, p. 33-39.

31 Donald Sassoon, *One Hundred Years of Socialism: The West European Left in the Twentieth Century*, New York: New Press, 1996, p. 5-25.

32 John Maynard Keynes, *The End of Laissez-Faire*, London: Hogarth Press, 1926, n.p.

33 Andrew Carnegie, "Wealth", *North American Review* 148, n. 391 (jun. 1889), disponibilizado por Robert Bannister no Swarthmore College, 27 jun. 1995, www.swarthmore.edu/SocSci/rbannis1/AIH19th/Carnegie.html.

34 Winston S. Churchill, *The World Crisis*, v. 1, New York: Charles Scribner's Sons, 1923, p. 33.

35 Arthur Conan Doyle, *His Last Bow: Some Reminiscences of Sherlock Holmes*, New York: George H. Doran, 1917, p. 307-308.

36 John Maynard Keynes, *The Economic Consequences of the Peace*, London: Macmillan, 1919, p. 22.

CAPÍTULO 4

1. Bernal Díaz del Castillo, *The History of the Conquest of New Spain*, Albuquerque: University of New Mexico Press, 2008 [1568].
2. David Abernethy, *The Dynamics of Global Dominance: European Overseas Empires, 1415-1980*, New Haven, CT: Yale University Press, 2000, p. 242-248.
3. Eric Williams, *Capitalism and Slavery*, Chapel Hill: University of North Carolina Press, 1944; Nathan Nunn e Leonard Wantchekon, "The Slave Trade and the Origins of Mistrust in Africa", *American Economic Review* 101, n. 7 (dez. 2011): 3221-3252, disponível em American Economic Association, www.aeaweb.org/articles?id=10.1257/aer.101.7.3221.
4. Winston Churchill, *The River War: An Historical Account of the Reconquest of the Sudan*, London: Longmans, Green, 1899.
5. L. A. Knight, "The Royal Titles Act and India", *Historical Journal* 11, n. 3 (1968): 488-507.
6. Karl Marx, "British Rule in India", *New-York Daily Tribune*, 25 jun. 1853, disponível em Marxists Internet Archive, www.marxists.org/archive/marx/works/1853/06/25.htm; Karl Marx, "The Future Results of British Rule in India", *New-York Daily Tribune*, 22 jul. 1853, disponível em Marxists Internet Archive, https://www.marxists.org/archive/marx/works/1853/07/22.htm.
7. Dugald Stewart, *Account of the Life and Writings of Adam Smith*, LL.D., Edinburgh: Transactions of the Royal Society of Edinburgh, 1794, disponível no meu *site* em https://delong.typepad.com/files/stewart.pdf.
8. Mancur Olson, *The Rise and Decline of Nations: Economic Growth, Stagflation, and Social Rigidities*, New Haven, CT: Yale University Press, 1982, p. 179.
9. Afaf Lutfi al-Sayyid Marsot, *A Short History of Modern Egypt*, Cambridge: Cambridge University Press, 1985, p. 48-68.
10. Laura Panza and Jeffrey G. Williamson, "Did Muhammad Ali Foster Industrialization in Early 19th Century Egypt?", *Economic History Review* 68 (2015): 79-100.
11. David Landes, "Bankers and Pashas: International Finance and Imperialism in the Egypt of the 1860's" (Tese de doutorado, Universidade de Harvard, 1953).
12. Alicia E. Neve Little, *Li Hung-Chang: His Life and Times*, London: Cassell and Company, 1903; Jonathan Spence, *The Search for Modern China*, New York: W. W. Norton, 1990.
13. Ellsworth Carlson, *The Kaiping Mines*, Cambridge, MA: Harvard University Press, 1957.

14 Robert Allen, *The British Industrial Revolution in Global Perspective*, Cambridge: Cambridge University Press, 2009.
15 A. L. Sadler, *The Maker of Modern Japan: The Life of Tokugawa Ieyasu*, London: Routledge, 1937; Conrad D. Totman, *The Collapse of the Tokugawa Bakufu: 1862-1868*, Honolulu: University Press of Hawaii, 1980.
16 Robert Allen, *Global Economic History: A Very Short Introduction*, Oxford: Oxford University Press, 2013, p. 118-119.
17 Totman, *Collapse of the Tokugawa Bakufu*; Jerry Kamm Fisher, *The Meirokusha*, Charlottesville: University of Virginia Press, 1974.
18 John P. Tang, "Railroad Expansion and Industrialization: Evidence from Meiji Japan", *Journal of Economic History* 74, n. 3 (set. 2014): 863-886; George Allen, *A Short Economic History of Modern Japan, 1867-1937*, London: Allen and Unwin, 1972, p. 32-62, 81-99.
19 Myung Soo Cha, "Did Takahashi Korekiyo Rescue Japan from the Great Depression?", *Journal of Economic History* 63, n. 1 (mar. 2003): 127-144; Dick Nanto e Shinji Takagi, "Korekiyo Takahashi and Japan's Recovery from the Great Depression", *American Economic Review* 75, n. 2 (maio 1985): 369-374; Richard J. Smethurst, *From Foot Soldier to Finance Minister: Takahashi Korekiyo, Japan's Keynes*, Cambridge, MA: Harvard University Asia Center, 2007.
20 Kozo Yamamura, "Success Illgotten? The Role of Meiji Militarism in Japan's Technological Progress", *Journal of Economic History* 37, n. 1 (mar. 1977): 113-135.
21 Rudyard Kipling, "The White Man's Burden", *The Times*, 4 fev. 1899, republicado na Wikipedia, https://en.wikipedia.org/wiki/The_White_Man%27s_Burden.
22 Joseph Schumpeter, "The Sociology of Imperialisms", 1918, em *Imperialism and Social Classes: Two Essays by Joseph Schumpeter*, Cleveland: Meridian Books, 2007.
23 John Hobson, *Imperialism: A Study*, London: James Nisbet, 1902.
24 Norman Angell, *Europe's Optical Illusion*, Hamilton, Kent, UK: Simpkin, Marshall, 1908.

CAPÍTULO 5

1 Norman Angell, *Peace Theories and the Balkan War*, London: Horace Marshall and Son, 1912, p. 124.
2 "Otto von Bismarck", *Social Security Administration*, www.ssa.gov/history/ottob.html; Otto von Bismarck, "Bismarck's Reichstag Speech on the Law for Workers' Compensation (15 mar. 1884)", *German Historical Institute*, German History in Documents and Images, https://germanhistorydocs.ghi-dc.org/sub_document.cfm?document_id=1809.

3   Thomas Pakenham, *The Boer War*, New York: HarperCollins, 1992.
4   George Dangerfield, *The Strange Death of Liberal England*, London: Harrison Smith and Robert Haas, 1935.
5   Max Weber, *The National State and Economic Policy*, Freiburg, 1895, citado em Wolfgang J. Mommsen e Jürgen Osterhammel, *Max Weber and His Contemporaries*, London: Routledge, 1987, p. 36.
6   Max Weber, *The Sociology of Religion*, excerto de Max Weber, Hans Heinrich Gerth e C. Wright Mills, orgs., *From Max Weber: Essays in Sociology*, London: Routledge and Kegan Paul, 1948, p. 280.
7   Robert Forczyk, *Erich von Manstein: Leadership, Strategy, Conflict*, Oxford: Osprey Publishing, 2010.
8   Christopher Clark, *The Sleepwalkers: How Europe Went to War in 1914*, London: Allen Lane, 2012; David Mackenzie, *The "Black Hand" on Trial: Salonika 1917*, New York: Columbia University Press, 1995; W. A. Dolph Owings, *The Sarajevo Trial*, Chapel Hill, NC: Documentary Publications, 1984.
9   Arno Mayer, *The Persistence of the Old Regime: Europe to the Great War*, New York: Pantheon Books, 1981.
10 Robert Citino, *The German Way of War: From the Thirty Years' War to the Third Reich*, Lawrence: University Press of Kansas, 2005.
11 Niall Ferguson, *The Pity of War*, London: Penguin, 1998, p. xxxix.
12 Adam Tooze, *The Deluge: The Great War, America and the Remaking of the Global Order*, New York: Penguin Random House, 2014.
13 Walther Rathenau, *To Germany's Youth*, Berlin: S. Fischer, 1918, p. 9.
14 Hugo Haase, "Social Democratic Party Statement on the Outbreak of the War", 4 ago. 1914, citado em "The Socialists Support the War (August 4, 1914)", German Historical Institute, German History in *Documents and Images*, https://germanhistorydocs.ghi-dc.org/sub_document.cfm?document_id=816&language=english.
15 Michael Howard, *The First World War*, Oxford: Oxford University Press, 2002. Uma opção bem menor é Michael Howard, *The First World War: A Very Short Introduction*, Oxford: Oxford University Press, 2007.
16 John Maynard Keynes, *The Economic Consequences of the Peace*, London: Macmillan, 1919, p. 7.
17 Robert Skidelsky, *John Maynard Keynes, 1883-1946: Economist, Philosopher, Statesman*, New York: Penguin, 2005.

CAPÍTULO 6

1   Como proposto por Mikhail Gorbachev, secretário-geral da União Soviética, em seu discurso "Europe as a Common Home" [Europa como uma casa de

todos] (6 jul. 1989), transcrição no Roy Rosenzweig Center for History and New Media, antigo Center for History and New Media, George Mason University, https://chnm.gmu .edu/1989/archive/files/gorbachev-speech-7-6-89_e3ccb87237.pdf.
2. Joseph Schumpeter, *Capitalism, Socialism, and Democracy*, New York: Taylor and Francis, 2013 [1942].
3. Karl Popper, *The Open Society and Its Enemies*, New York: Taylor and Francis, 2012 [1945].
4. Peter Drucker, *Management: Tasks, Responsibilities, Practices*, New York: HarperCollins, 1993 [1973]; Alasdair Macintyre, *After Virtue: A Study in Moral Theory*, South Bend, IN: University of Notre Dame Press, 1981.
5. Uma introdução muito boa da aplicação dessa ideia à ciência e tecnologia é o Capítulo 5 de Partha Dasgupta, *Economics: A Very Short Introduction*, Oxford: Oxford University Press, 2007, p. 90-99.
6. Charles Kindleberger, *The World in Depression, 1929-1939*, Berkeley: University of California Press, 1973, p. 291-292.
7. Margaret MacMillan, *Paris 1919: Six Months That Changed the World*, New York: Random House, 2001.
8. Laura Spinney, *Pale Rider: The Spanish Flu of 1918 and How It Changed the World*, New York: PublicAffairs, 2017.
9. Wladimir S. Woytinsky, *Stormy Passage: A Personal History Through Two Russian Revolutions to Democracy and Freedom, 1905-1960*, New York: Vanguard, 1961.
10. Woodrow Wilson, "Address of the President of the United States to the Senate", 22 jan. 1917, postado pela University of Michigan-Dearborn, *Personal Pages*, www.personal.umd.umich.edu/~ppennock/doc-Wilsonpeace.htm.
11. John Maynard Keynes, *The Economic Consequences of the Peace*, London: Macmillan, 1919, p. 37-55.
12. Keynes, *Economic Consequences*, p. 3.
13. Keynes, *Economic Consequences*, p. 3-4.
14. Jan Christiaan Smuts, *Selections from the Smuts Papers*, vol. 4, nov. 1918-ago. 1919, Cambridge: Cambridge University Press, 1966, p. 152-153.
15. George H. Nash, *The Life of Herbert Hoover: The Humanitarian, 1914-1917*, New York: W. W. Norton, 1988; George H. Nash, *The Life of Herbert Hoover: Master of Emergencies, 1917-1918*, New York: W. W. Norton, 1996; Kendrick A. Clements, *The Life of Herbert Hoover: Imperfect Visionary, 1918-1928*, New York: Palgrave Macmillan, 2010.
16. Keynes, *Economic Consequences*, p. 268.
17. Keynes, *Economic Consequences*, p. 149.
18. Christian Seidl, "The Bauer-Schumpeter Controversy on Socialization", *History of Economic Ideas* 2, n. 2 (1994): 53, cita Joseph Schumpeter, "Die Krise des

Steuerstaates", 1917, reeditado em Joseph Schumpeter, "Die Krise des Steuerstaates", *Aufsätze zur Soziologie*, Tübingen: J. C. B. Mohr (Paul Siebeck), 1953.

19 Joe Weisenthal, Tracy Alloway e Zach Carter, "The Real Story of Weimar Hyperinflation", Bloomberg, *Odd Lots Podcast*, 15 abr. 2021, www.bloomberg.com/news/articles/2021-04-15/zach-carter-on-the-real-story-of-weimar-hyperinflation; Sally Marks, "The Myths of Reparations", *Central European History* 11, n. 3 (2008): 231-255.

20 Barry J. Eichengreen, *Golden Fetters: The Gold Standard and the Great Depression*, New York: Oxford University Press, 1992. O termo "grilhões de ouro", usado em: "Não foi um desastre que nos sobreveio, mas uma libertação feliz; o rompimento de nossos grilhões de ouro nos restaurou o controle sobre nossas fortunas", vem de John Maynard Keynes, "Two Years Off Gold: How Far Are We from Prosperity Now?", *Daily Mail*, 19 set. 1933, republicado em John Maynard Keynes, *The Collected Writings of John Maynard Keynes*, vol. 21, *Activities, 1931-1939: World Crises and Policies in Britain and America*, Cambridge: Cambridge University Press, 1982, p. 285.

21 Robert Skidelsky, *John Maynard Keynes, 1883-1946: Economist, Philosopher, Statesman*, New York: Penguin, 2005, p. 217-249.

22 Skidelsky, *Keynes*; P. J. Grigg, *Prejudice and Judgment*, London: Jonathan Cape, 1948, p. 183. Eu não considero Grigg confiável, por razões que exponho nas notas para este capítulo publicadas em meu site: https://braddelong.substack.com/p/chapter-vi-roaring-twenties.

23 Eichengreen, *Golden Fetters*, p. 153-186.

24 Paul Krugman, "Notes on Globalization and Slowbalization", nov. 2020, *The Graduate Center*, City University of New York, www.gc.cuny.edu/CUNY_GC/media/LISCenter/pkrugman/Notes-on-globalization-and-slowbalization.pdf.

25 Kevin H. O'Rourke, "Globalization in Historical Perspective", em *Globalization and Unemployment*, org. H. Wagner, Berlin: Springer-Verlag, 2000.

26 William C. Widenor, *Henry Cabot Lodge and the Search for an American Foreign Policy*, Berkeley: University of California Press, 1980; Henry Cabot Lodge, "Lynch Law and Unrestricted Immigration", *North American Review* 152, n. 414 (maio 1891): 602-612. Woodrow Wilson acreditava firmemente que o imigrante típico se tornara uma ameaça aos Estados Unidos nos anos 1880. Woodrow Wilson, *Division and Reunion, 1829-1889*, London: Longmans, Green, 1893, p. 297.

27 Eric S. Yellin, "How the Black Middle Class Was Attacked by Woodrow Wilson's Administration", *The Conversation*, 8 fev. 2016, https://theconversation.com/how-the-black-middle-class-was-attacked-by-woodrow-wilsons-administration-52200; Franklin Delano Roosevelt, "Cover Memorandum", 7 ago. 1916, republicado em "Roosevelt Exposed as Rabid Jim Crower by Navy Or-

der", *Chicago Defender*, 15 out. 1932, p. 1, disponível no Internet Archive Wayback Machine, web.archive.org/web/20110104185404 /http://j-bradford-delong.net/2007_images/20070728_Roosevelt_memo.pdf.

28 J. H. Habakkuk, *American and British Technology in the Nineteenth Century: The Search for Labour Saving Inventions*, Cambridge: Cambridge University Press, 1962; David A. Hounshell, *From the American System to Mass Production: The Development of Manufacturing Technology in the United States, 1850-1920*, Wilmington: University of Delaware Press, 1978.

29 Paul A. David, "The Dynamo and the Computer: An Historical Perspective on the Modern Productivity Paradox", *American Economic Review* 80, n. 2 (maio 1990): 355-361.

30 Daniel Raff, "Wage Determination Theory and the Five-Dollar Day at Ford: A Detailed Examination" (tese de doutorado, Massachusetts Institute of Technology, 1987); Daniel M.G. Raff e Lawrence H. Summers, "Did Henry Ford Pay Efficiency Wages?", *Journal of Labor Economics* 5, n. 4, pt. 2 (out. 1987): S57-S86.

31 "Theodore N. Vail on Public Utilities and Public Policies", *Public Service Management* 14, n. 6 (jun. 1913): 208.

32 Alfred P. Sloan, *My Years with General Motors*, New York: Doubleday, 1964; Peter F. Drucker, *The Concept of the Corporation*, New York: John Day, 1946.

33 Aldous Huxley, *Brave New World*, New York: Random House, 2008 [1932].

34 O. M. W. Sprague, *History of Crises Under the National Banking System*, Washington, DC: Government Printing Office, 1910, arquivado em Federal Reserve Archival System for Economic Research (FRASER), https://fraser.stlouisfed.org/files/docs/historical/nmc/nmc_538_1910.pdf; Elmus Wicker, *Banking Panics of the Gilded Age*, Cambridge: Cambridge University Press, 2000.

35 Nash, *Master of Emergencies*; Clements, *Imperfect Visionary*.

36 Calvin Coolidge, "Sixth Annual Message", 1928, *American Presidency Project*, University of California, Santa Barbara, www.presidency.ucsb.edu/documents/sixth-annual-message-5.

37 Calvin Coolidge, "Address to the American Society of Newspaper Editors, Washington, D.C.", 17 jan. 1925, *American Presidency Project*, University of California, Santa Barbara, www.presidency.ucsb.edu/documents/address-the--american-society-newspaper-editors-washington-dc.

38 Edward A. Filene, "The New Capitalism", *Annals of the American Academy of Political and Social Science* 149, n. 1 (maio 1930): 3-11.

39 "Fisher Sees Stocks Permanently High", *New York Times*, 16 out. 1929, https://timesmachine.nytimes.com/timesmachine/1929/10/16/96000134.html.

40 J. Bradford DeLong e Andrei Shleifer, "Closed-End Fund Discounts: A Yards-

tick of Small-Investor Sentiment", *Journal of Portfolio Management* 18, n. 2 (1992): 46-53.
41 Eichengreen, *Golden Fetters*, p. 222-256.
42 Douglas Irwin, "Who Anticipated the Great Depression? Gustav Cassel Versus Keynes and Hayek on the Interwar Gold Standard", *Journal of Money, Credit, and Banking* 46, n. 1 (fev. 2014): 199-227, https://cpb-us-e1.wpmucdn.com/sites.dartmouth.edu/dist/c/1993/files/2021/01/jmcb.12102.pdf.
43 John Kenneth Galbraith, *The Great Crash, 1929*, Boston: Houghton Mifflin, 1955.

CAPÍTULO 7

1 Jean-Baptiste Say, *A Treatise on Political Economy*, Philadelphia: Gregg and Elliot, 1843 [1803].
2 John Stuart Mill, *Essays on Some Unsettled Questions in Political Economy*, London: John W. Parker, 1844 [1829]; John Maynard Keynes, *The General Theory of Employment, Interest and Money*, London: Macmillan, 1936; William Baumol, "Retrospectives: Say's Law", *Journal of Economic Perspectives* 13, n. 1 (1999): 195-204, disponível em American Economic Association, https://pubs.aeaweb.org/doi/pdfplus/10.1257/jep.13.1.195.
3 Karl Marx, *Theories of Surplus Value*, Moscow: Progress Publishers, 1971 [1861-1863], cap. 17, disponível em Marxists Internet Archive, www.marxists.org/archive/marx/works/1863/theories-surplus-value/ch17.htm.
4 Thomas Robert Malthus, *Principles of Political Economy Considered with a View Toward Their Practical Application*, 2. ed., London: W. Pickering, 1836 [1820]; Mill, *Unsettled Questions*.
5 Esse poderoso e crucial argumento é mais bem expressado por Nick Rowe. Ver "Why Is Macroeconomics So Hard to Teach?", *Economist*, 9 ago. 2018, www.economist.com/finance-and-economics/2018/08/09/why-is-macro economics-so-hard-to-teach.
6 Jean-Baptiste Say, *Cours Complet d'Economie Politique Pratique*, Paris: Chez Rapilly, 1828-1830.
7 E. M. Forster, *Marianne Thornton: A Domestic Biography, 1797-1887*, New York: Harcourt Brace Jovanovich, 1973 [1902], p. 109-123.
8 Citado por Walter Bagehot, *Lombard Street: A Description of the Money Market*, London: Henry S. King, 1873, p. 53.
9 John Kenneth Galbraith, *The Great Crash 1929*, Boston: Houghton Mifflin, 1955.
10 Barry J. Eichengreen, *Golden Fetters: The Gold Standard and the Great Depression*, New York: Oxford University Press, 1992, p. 258-316.

11 George Orwell, *The Road to Wigan Pier*, London: Left Book Club, 1937.
12 Eichengreen, *Golden Fetters*, p. 256-268.
13 Joseph Schumpeter, "Depressions", em Douglass V. Brown, Edward Chamberlin, Seymour E. Harris, Wassily W. Leontief, Edward S. Mason, Joseph A. Schumpeter e Overton H. Taylor, *The Economics of the Recovery Program*, New York: McGraw-Hill, 1934, p. 16.
14 Friedrich A. von Hayek, "Prices and Production", 1931, em Friedrich A. von Hayek, *Prices and Production and Other Works*, Auburn, AL: Ludwig von Mises Institute, 2008, p. 275.
15 Schumpeter, "Depressions", p. 16.
16 Herbert Hoover, *The Memoirs of Herbert Hoover*, v. 3, The Great Depression, 1929-1941, New York: Macmillan, 1953, p. 30.
17 Mill, *Unsettled Questions*, s.p.
18 Bagehot, *Lombard Street*; Robert Peel, "Letter of 1844", em *British Parliament Papers*, 1847, v. 2, p. xxix, citado por Charles Kindleberger, *A Financial History of Western Europe*, London: George Allen and Unwin, 1984, p. 90.
19 Ralph G. Hawtrey, *A Century of Bank Rate*, London: Taylor and Francis, 1995 [1938], p. 145.
20 John Maynard Keynes, "The Great Slump of 1930", *Nation and Athenaeum*, 20 e 27 dez.1930.
21 John Maynard Keynes, *The Economic Consequences of the Peace*, London: Macmillan, 1919, p. 251.
22 Barry Eichengreen e Jeffrey Sachs, "Exchange Rates and Economic Recovery in the 1930s", National Bureau of Economic Research (NBER), artigo 1498, *Journal of Economic History* 45, n. 4 (dez. 1985): 925-946, disponível em NBER, www.nber.org/papers/w1498.
23 Franklin Delano Roosevelt, "First Inaugural Address", 4 mar. 1933, *American Presidency Project*, University of California, Santa Barbara, www .presidency.ucsb.edu/documents/inaugural-address-8.
24 P. J. Grigg, *Prejudice and Judgment*, London: Jonathan Cape, 1948, p. 7.
25 Jacob Viner, "Review: Mr. Keynes on the Causes of Unemployment", *Quarterly Journal of Economics* 51, n. 1 (nov. 1936): 147-167.
26 Keynes, *General Theory*, cap. 24.
27 Margaret Weir e Theda Skocpol, "State Structures and Social Keynesianism: Responses to the Great Depression in Sweden and the United States", *International Journal of Comparative Sociology* 24, ns. 1-2 (jan. 1983).
28 Richard J. Smethurst, *From Foot Soldier to Finance Minister: Takahashi Korekiyo*, Cambridge, MA: Harvard University Asia Center, 2007.
29 Hjalmar Horace Greeley Schacht, *Confessions of "the Old Wizard": Autobiography*, Boston: Houghton Mifflin, 1956.

30 Nico Voigtlaender e Hans-Joachim Voth, "Highway to Hitler", *National Bureau of Economic Research* (NBER), artigo 20150, maio 2014, revisado em jan. 2021, disponível em NBER, www.nber.org/papers/w20150.
31 Adolf Hitler, *Mein Kampf*, Baltimore: Pimlico, 1992 [1925]; Adolf Hitler, *Hitler's Second Book*, New York: Enigma Books, 2006.
32 Eichengreen, *Golden Fetters*, p. 411.
33 "Statement of J. Bradford DeLong, Professor of Economics, University of California at Berkeley", em "Lessons from the New Deal: Hearing Before the Subcommittee on Economic Policy of the Committee of Banking, Housing, and Urban Affairs, United States Senate, One Hundred Eleventh Congress, First Session, on What Lessons Can Congress Learn from the New Deal That Can Help Drive Our Economy Today", 31 mar. 2009, Washington, DC: Government Printing Office, 2009, p. 21-22, 53-60, disponível em US Government Publishing Office website, www.govinfo.gov/content/pkg/CHRG-111shrg53161/html/CHRG-111shrg53161.htm.
34 Peter Temin, *Lessons from the Great Depression*, Cambridge, MA: MIT Press, 1991.
35 William L. Shirer, *The Collapse of the Third Republic: An Inquiry into the Fall of France in 1940*, New York: Pocket Books, 1971, p. 294.
36 Orwell, *Wigan Pier*, p. 78.
37 Orwell, *Wigan Pier*, p. 40-42.
38 Franklin Delano Roosevelt, "Address Accepting the Presidential Nomination at the Democratic National Convention in Chicago", 2 jul. 1932, *American Presidency Project*, University of California, Santa Barbara, www.presidency.ucsb.edu/documents/address-accepting-the-presidential-nomination-the-democratic-national-convention-chicago-1.
39 Ellis Hawley, *The New Deal and the Problem of Monopoly, 1934-1938: A Study in Economic Schizophrenia*, Madison: University of Wisconsin Press, 1958.
40 Vaclav Smil, *Creating the Twentieth Century: Technical Innovations of 1867-1914 and Their Lasting Impact*, Oxford: Oxford University Press, 2005; Vaclav Smil, *Transforming the Twentieth Century: Technical Innovations and Their Consequences*, Oxford: Oxford University Press, 2006.
41 Dwight D. Eisenhower, carta a Edgar Newton Eisenhower, 8 nov. 1954, disponível em Teaching American History, https://teachingamericanhistory.org/document/letter-to-edgar-newton-eisenhower/.
42 John Maynard Keynes, *Essays in Persuasion*, London: Macmillan, 1933, p. 326-329.

CAPÍTULO 8

1. Giuseppe Tomasi di Lampedusa, *The Leopard*, New York: Random House, 1960 [1958], p. 40.
2. Joseph Weydemeyer, "Dictatorship of the Proletariat", *Turn-Zeitung*, 1 jan. 1852, disponível em Libcom, https://files.libcom.org/files/Joseph%20Weydemeyer%20-%20The%20Dictatorship%20of%20the%20Proletariat%20 (article%20published%20in%20New%20York,%201852).pdf. Há grande similaridade com o conceito de Friedrich A. von Hayek de um "momento de Licurgo", em que se preserva a liberdade no longo prazo por meio de uma violência autoritária no curto prazo. Margaret Thatcher, carta a Friedrich von Hayek, 17 fev. 1982. Para uma transcrição e uma imagem digitalizada da carta, ver Corey Robin, "Margaret Thatcher's Democracy Lessons", *Jacobin*, s.d., https://jacobinmag.com/2013/07/margaret-thatcher-democracy-lessons.
3. De novo, não só Lênin, mas também Cromwell, e até o próprio César, teve problemas com a natureza "temporária" da ditadura.
4. Karl Marx, "Wage Labour and Capital", *Neue Rheinische Zeitung*, 5-8, 11 abr. 1849 [1847], cap. 9, disponível em Marxists Internet Archive, www.marxists.org/archive/marx/works/1847/wage-labour.
5. Karl Marx e Friedrich Engels, *Manifesto of the Communist Party*, London: Communist League, 1848, s.p.
6. George Boyer, "The Historical Background of the Communist Manifesto", *Journal of Economic Perspectives* 12, n. 4 (1998): 151-174.
7. Eric Hobsbawm, *Age of Extremes: The Short Twentieth Century, 1914-1991*, London: Michael Joseph, 1984, p. 379.
8. Evan Mawdsley, *The Russian Civil War*, New York: Simon and Schuster, 2009.
9. Peter Boettke, *Calculation and Coordination: Essays on Socialism and Transitional Political Economy*, New York: Routledge, 2001, p. 312, citando Vladimir Lenin, "Theses for an Appeal to the International Socialist Committee and All Socialist Parties" [1931], em *Lenin Collected Works*, vol. 23, Moscow: Progress Publishers, 1964, p. 206-216, disponível em Marxists Internet Archive, www.marxists.org/archive/lenin/works/1916/dec/25.htm.
10. Edmund Wilson, *To the Finland Station: A Study in the Writing and Acting of History*, Garden City, NY: Doubleday, 1955 [1940], p. 384-385.
11. Uma questão central de Michael Polanyi, "Planning and Spontaneous Order", *Manchester School of Economics and Social Studies* 16, n. 3 (1948): 237-268.
12. Vladimir Lenin, *Testament*, nov. 1922, em *Lenin Collected Works*, vol. 36, Moscow: Progress Publishers, 1966, p. 594-596, disponível em History Guide: Lectures on Twentieth Century Europe, www.historyguide.org/europe/testament.html.

13 Adolf Hitler, *Mein Kampf*, Baltimore: Pimlico, 1992 [1925].
14 Bertholt Brecht, "The Solution", jun. 1953, republicado em Internet Poem, https://internetpoem.com/bertolt-brecht/the-solution-poem.
15 Timothy Snyder, *Bloodlands: Europe Between Hitler and Stálin*, New York: Basic Books, 2010, p. 21-87.

CAPÍTULO 9

1 Aleksandr Solzhenitsyn, *The Gulag Archipelago*, vol. 1, New York: Harper and Row, 1976, p. 79. Ele escreveu pensando nos bolcheviques e no Partido Comunista da União Soviética. Mas penso que essa verdade se aplica igualmente ao socialismo real e ao seu gêmeo fraterno, o fascismo.
2 Andrew Carnegie, "Wealth", *North American Review* 148, n. 391 (jun. 1889): s.p., disponível em Robert Bannister, Swarthmore College, 27 jun. 1995, www.swarthmore.edu/SocSci/rbannis1/AIH19th/Carnegie.html.
3 Benito Mussolini, "The Doctrine of Fascism", publicado primeiro em *Enciclopedia Italiana di Scienzek Lettere ed Arti*, vol. 14, Rome: Instituto Giovanni Treccani, 1932, disponível em San José State University, https://sjsu.edu/faculty/wooda/2B-HUM/Readings/The-Doctrine-of-Fascism.pdf; Antonio Scurati, *M: Son of the Century*, New York: HarperCollins, 2021; R. J. B. Bosworth, *Mussolini's Italy: Life Under the Fascist Dictatorship, 1915-1945*, New York: Penguin, 2005.
4 Leon Trótski, "Political Profiles: Victor Adler", *Kievskaya Mysl*, n. 191 (13 jul. 1913), disponível em Marxists Internet Archive, www.marxists.org /archive/trotsky/profiles/victoradler.htm.
5 Jasper Ridley, *Mussolini: A Biography*, New York: St. Martin's Press, 1998, p. 64.
6 George Orwell, "In Front of Your Nose", *London Tribune*, 22 mar. 1946, republicado em Orwell Foundation, www.orwellfoundation.com/the-orwell-foundation/orwell/essays-and-other-works/in-front-of-your-nose.
7 John Lukacs, *A Short History of the Twentieth Century*, Cambridge, MA: Belknap Press of Harvard University Press, 2013; Francis Fukuyama, *The End of History and the Last Man*, New York: Free Press, 1992.
8 Minha melhor leitura sobre a reação das pessoas à figura de Hitler – àquela época e agora – é Ron Rosenbaum, *Explaining Hitler: The Search for the Origins of His Evil*, New York: Random House, 1998.
9 Eu ainda gosto de William L. Shirer, *The Rise and Fall of the Third Reich: A History of Nazi Germany*, New York: Simon and Schuster, 1960, mais do que qualquer outra história geral do nazismo, por razões bem expressas por Ron Rosenbaum, "Revisiting the Rise and Fall of the Third Reich", *Smithsonian*, fev. 2012, www.smithsonianmag.com/history/revisiting-the-rise-and-fall-of-the-

-third-reich-20231221. Pode-se ler o material cru que demonstra o que faz de Shirer tão especial em William L. Shirer, *Berlin Diary*, New York: Knopf, 1941.
10 Adolf Hitler, *Mein Kampf*, Baltimore: Pimlico, 1992 [1925], p. 298.
11 Hitler, *Mein Kampf*, p. 121.
12 Hitler, *Mein Kampf*, p. 119.
13 Hitler, *Mein Kampf*, p. 500.
14 Ver David Ceserani, *Final Solution: The Fate of the Jews, 1933-49*, New York: Pan Macmillan, 2017; Christopher Browning, *Ordinary Men: Reserve Police Battalion 101 and the Final Solution in Poland*, New York: Harper Perennial, 1993. Ao menos na minha opinião, vale assistir a *Conspiracy*, dirigido por Frank Pierson, roteirizado por Loring Mandel e apresentado por Kenneth Branagh (BBC and HBO Films, 2001).
15 Leo Strauss, carta a Karl Löwith, 19 maio 1933, em Leo Strauss, *Gesammelte Schriften, Bd. 3: Hobbes' politische Wissenschaft und zugehörige Schriften, Briefe*, org. Heinrich Meier, Stuttgart: Metzler Verlag, 2001, p. 624-625, traduzido por Scott Horton em Balkinization, https://balkin.blogspot.com/2006/07/letter_16.html.
16 Ludwig von Mises, *Liberalism: The Classical Tradition*, Jena, Germany: Gustav Fischer Verlag, 1927, p. 51.
17 Margaret Thatcher, carta a Friedrich von Hayek, 17 fev. 1982, transcrição e imagem digitalizada em Corey Robin, "Margaret Thatcher's Democracy Lessons", *Jacobin*, s.d., https://jacobinmag.com/2013/07/margaret-thatcher-democracy-lessons.
18 Hitler, *Mein Kampf*.
19 George Orwell, *Homage to Catalonia*, London: Seeker and Warburg, 1938, p. 34.
20 Hermann Rauschning, *The Voice of Destruction*, New York: Pelican, 1940, p. 192.
21 Eric Hobsbawm, *Age of Extremes: The Short Twentieth Century, 1914-1991*, London: Michael Joseph, 1984, p. 76.
22 Anton Antonov-Ovseenko, *The Time of Stálin: Portrait of a Tyranny*, New York: Harper and Row, 1981, p. 165. A suposta cadeia de transmissão vai de Klement Voroshilov, testemunha, a Anastas Mikoyan.
23 Rosa Luxemburg, *The Russian Revolution*, New York: Workers' Age Publishers, 1940 [1918], p. 34.
24 Janek Wasserman, *The Marginal Revolutionaries: How Austrian Economists Fought the War of Ideas*, New Haven, CT: Yale University Press, 1919, p. 98.
25 Eric Phipps, *Our Man in Berlin: The Diary of Sir Eric Phipps, 1933-1937*, Basingstoke, UK: Palgrave Macmillan, 2008, p. 31.

CAPÍTULO 10

1   William L. Shirer, *The Rise and Fall of the Third Reich: A History of Nazi Germany*, New York: Simon and Schuster, 1960, p. 197.
2   Eric Phipps, *Our Man in Berlin: The Diary of Sir Eric Phipps, 1933-1937*, Basingstoke, UK: Palgrave Macmillan, 2008, p. 31.
3   De todos os "Eu avisei" já escritos, a medalha de ouro tem que ir para Winston S. Churchill, *The Gathering Storm*, Boston: Houghton Mifflin, 1948, que é excelente, mas apenas com um corretivo necessário: David Reynolds, *In Command of History: Churchill Fighting and Writing the Second World War*, New York: Random House, 2005.
4   Sempre considerei que Winston S. Churchill estava certo em enxergar a campanha nos Dardanelos, Turquia, como um uso vastamente preferível dos recursos britânicos do que enviar jovens "para mastigar arame farpado em Flandres". Winston S. Churchill para Herbert Henry Asquith, 29 dez. 1914, Churchill Papers, 26/1; citado por W. Mark Hamilton, "Disaster in the Dardanelles: The History of the History", *International Churchill Society*, 10 nov. 2015, https://winstonchurchill.org/publications/finest-hour/finest-hour-169/disaster-in-the-dardanelles-the-history-of-the-history.
5   David Faber, *Munich: The Appeasement Crisis*, London: Pocket Books, 2008.
6   Neville Chamberlain, "Peace for Our Time", discurso, 30 set. 1938, transcrito em EuroDocs, https://eudocs.lib.byu.edu/index.php/Neville_Chamberlain%27s_%22Peace_For_Our_Time%22_speech.
7   Martin Gilbert, ed., *Winston S. Churchill, Companion*, vol. 5, p. 3, *The Coming of War, 1936-1939*, London: Heinemann, 1982.
8   "The End of Czecho-Slovakia: A Day-to-Day Diary", *Bulletin of International News* 16, n. 6 (25 mar. 1939): 23-39.
9   Winston S. Churchill, "The Russian Enigma", BBC, 1 out. 1939, transcrito em Churchill Society, www.churchill-society-london.org.uk/RusnEnig.html.
10 Para a Segunda Guerra Mundial, o livro mais breve que posso recomendar é Gerhard Weinberg, *World War II: A Very Short Introduction*, Oxford: Oxford University Press, 2014. Para ir mais fundo, ver Gerhard Weinberg, *A World at Arms: A Global History of World War II*, Cambridge: Cambridge University Press, 1994; R. J. Overy, *Why the Allies Won*, London: Pimlico, 1996.
11 Acho que este livro precisa de ao menos uma nota de fim que não traga uma referência: é claro que, depois de ter ido aos Estados Unidos em 1945, Wernher von Braun teve uma vida longa como outra coisa que não um nazista sádico e construtor de armas de terror, mas sigo espantado que haja um Centro Wernher von Braun em Huntsville, Alabama, para "conferências, convenções, concertos,

peças teatrais, balés, sinfonias, uma gama de eventos esportivos e muito mais!". Ver www.vonbrauncenter.com/about-us.
12 David Glantz, *Barbarossa: Hitler's Invasion of Russia, 1941*, Stroud, UK: Tempus Books, 2001.
13 Ernest May, *Strange Victory: Hitler's Conquest of France*, New York: Hill and Wang, 2000, p. 410.
14 William L. Shirer, *The Collapse of the Third Republic: An Inquiry into the Fall of France in 1940*, New York: Pocket Books, 1971, p. 690.
15 Shirer, *Collapse*, p. 691. O general Robert-Auguste Touchon, comandante do 6º Exército Francês, em cuja área a 4ª Divisão Blindada estava operando, escreveu em seus relatórios sobre a divisão ter dado um "golpe vigoroso", notando que, como resultado, ele havia "desacelerado os *panzers* [no ataque]". Jean La-couture, *De Gaulle: The Rebel: 1890-1944*, trad. Patrick O'Brian, New York: Norton, 1990 [1984], p. 182.
16 Charles de Gaulle, "The Appeal of June 18", BBC, 18 jun. 1940, *Internet Archive Wayback Machine*, https://web.archive.org/web/20130423194941/http://www.france.fr/en/institutions-and-values/appeal-18-june.
17 Winston S. Churchill, *Their Finest Hour*, Boston: Houghton Mifflin, 1949, p. 59.
18 Churchill, *Their Finest Hour*.
19 Um das mais espantosas e extraordinárias façanhas de todo o século XX – e sobre a qual eu sei muito pouco.

CAPÍTULO 11

1 Ron Rosenbaum, *How the End Begins: The Road to a Nuclear World War III*, New York: Simon and Schuster, 2011.
2 Nikita S. Khrushchev, "On Peaceful Coexistence", *Foreign Affairs* 38, n. 1 (out. 1959): 1-18.
3 "We Will Bury You", *Time*, 26 nov. 1956, Internet Archive Wayback Machine, https://web.archive.org/web/20070124152821/http://www.time.com/time/magazine/article/0,9171,867329,00.html.
4 A sua próxima leitura sobre a Guerra Fria deveria ser John Lewis Gaddis, *The Cold War: A New History*, New York: Penguin, 2005, e depois os seus *We Now Know: Rethinking Cold War History*, Oxford: Clarendon Press, 1997, e *The United States and the Origins of the Cold War*, New York: Columbia University Press, 1972.
5 Vladimir Lenin, *Imperialism: The Highest Stage of Capitalism*, London: Lawrence and Wishart, 1948 [1916].

6 Paul Sweezy, *The Theory of Capitalist Development*, New York: Monthly Review Press, 1942, p. 361.

7 Charles Maier, *In Search of Stability: Explorations in Historical Political Economy*, Cambridge: Cambridge University Press, 1987, p. 153.

8 J. Bradford DeLong e Barry Eichengreen, "The Marshall Plan: History's Most Successful Structural Adjustment Program", em *Postwar Economic Reconstruction and Its Lessons for the East Today*, org. Rüdiger Dornbusch, Willem Nolling e Richard Layard, Cambridge, MA: MIT Press, 2003, p. 189-230.

9 Richard Strout, TRB (coluna), *New Republic*, 5 maio 1947.

10 Conforme relatado por Clark Clifford. Forrest C. Pogue, *George C. Marshall: Statesman, 1945-1959*, Lexington, MA: Plunkett Lake Press, 2020 [1963], p. 236.

11 Ver Barry Eichengreen e Marc Uzan, "The Marshall Plan: Economic Effects and Implications for Eastern Europe and the Former USSR", *Economic Policy* 7, n. 14 (1992): 13-75.

12 Paul Krugman, "The Conscience of a Liberal", *New York Times*, 30 nov. 2010, https://krugman.blogs.nytimes.com/2010/11; Étienne Davignon, "Address", em Jean Monnet: *Proceedings of Centenary Symposium Organized by the Commission of the European Communities*, Brussels, 10 nov. 1988, Luxembourg: Office for Official Publications of the European Communities, 1989, p. 36, disponível em Archive of European Integration, University of Pittsburgh, http://aei-dev.library.pitt.edu/52373/1/A7287.pdf.

13 Dean Acheson, "Speech on the Far East", 12 jan. 1950, disponível em Teaching American History, https://teachingamericanhistory.org/document/speech-on--the-far-east.

14 Max Hastings, *The Korean War*, New York: Simon and Schuster, 1987.

15 John Foster Dulles, "The Evolution of Foreign Policy", Council on Foreign Relations, New York, 12 jan. 1954, republicado nos arquivos de *Air Force Magazine*, www.airforcemag.com/PDF/MagazineArchive/Documents/2013/September%202013/0913keeperfull.pdf.

16 George F. Kennan, "Sources of Soviet Conduct", *Foreign Affairs* 25, n. 4 (jul. 1947): 566-582.

17 "We Will Bury You"; "False Claim: Nikita Khrushchev 1959 Quote to the United Nations General Assembly", *Reuters*, 11 maio 2020, www.reuters.com/article/uk-factcheck-khrushchev-1959-quote/false-claim-nikita-khrushchev--1959-quote-to-the-united-nations-general-assembly-idUSKBN 22N25D.

18 Dwight D. Eisenhower, carta a Edgar Newton Eisenhower, 8 nov. 1954, disponível em Teaching American History, https://teachingamericanhistory.org/document/letter-to-edgar-newton-eisenhower/.

CAPÍTULO 12

1. W. Arthur Lewis, *Growth and Fluctuations, 1870-1913*, London: G. Allen and Unwin, 1978, p. 215-219.
2. Lant Pritchett, "Divergence, Bigtime", *Journal of Economic Perspectives* 11, n. 3 (1997): 3-17.
3. Robert Allen, *Global Economic History: A Very Short Introduction*, Oxford: Oxford University Press, 2013, p. 131-144.
4. Stanley Engerman e Kenneth Sokoloff, "Institutions, Factor Endowments, and Paths of Development in the New World", *Journal of Economic Perspectives* 14, n. 3 (2020): 217-232, disponível em American Economic Association, www.aeaweb.org/articles?id=10.1257/jep.14.3.217; Rafael La Porta, Florencio Lopez-de-Silanes e Andrei Shleifer, "The Economic Consequences of Legal Origins", *Journal of Economic Literature* 46, n. 2 (jun. 2008): 285-332.
5. Harold Macmillan, "Winds of Change", BBC, 3 fev. 1960, www.bbc.co.uk/archive/tour-of-south-africa—rt-hon-macmillan/zv6gt39.
6. Ashutosh Varshney, "The Wonder of Indian Democracy", *East Asia Forum Quarterly*, 29 fev. 2012, www.eastasiaforum.org/2012/02/29/the-wonder-of-indian-democracy.
7. Robert Bates, *Markets and States in Tropical Africa: The Political Basis of Agricultural Policies*, Berkeley: University of California Press, 1981, p. 1.
8. Nathan Nunn, "Long Term Effects of Africa's Slave Trades", *Quarterly Journal of Economics* 123, n. 1 (fev. 2008): 139-176.
9. Abubakar Tafawa Balewa, *Shaihu Umar*, Princeton, NJ: Markus Weiner Publishers, 1989 [1934]; ver também a discussão em Aaron Bady (@zunguzungu), Twitter, 9 maio 2021, https://twitter.com/zunguzungu/status/1391463836314607618.
10. Niccolò Machiavelli, *The Prince*, p. 1513.
11. Bates, *Markets and States*, p. 131.
12. Carlos Diaz-Alejandro, *Essays on the Economic History of the Argentine Republic*, New Haven, CT: Yale University Press, 1970; Gerardo della Paolera e Alan M. Taylor, *A New Economic History of Argentina*, Cambridge: Cambridge University Press, 2011.
13. Paul H. Lewis, *Guerrillas and Generals: The "Dirty War" in Argentina*, Westport, CT: Praeger, 2002. A visão fundamental de Lewis é que "o que está na essência do declínio da Argentina [...] foi a recusa de suas elites entrincheiradas [...] em aceitar a era da política de massa" (p. 4).
14. J. Bradford DeLong e Barry Eichengreen, "The Marshall Plan: History's Most Successful Structural Adjustment Program", em *Postwar Economic Reconstruc-*

tion and Its Lessons for the East Today, orgs. Rüdiger Dornbusch, Willem Nolling e Richard Layard, Cambridge, MA: MIT Press, 2003.
15 Said Amir Arjomand, *The Turban for the Crown: The Islamic Revolution in Iran*, Oxford: Oxford University Press, 1988.
16 Roderick MacFarquhar, org., *The Politics of China: Sixty Years of the People's Republic of China*, Cambridge: Cambridge University Press, 2011.
17 Roderick MacFarquhar e Michael Schoenhals, *Mao's Last Revolution*, Cambridge, MA: Belknap Press of Harvard University Press, 2006.
18 Victor Shih, *Coalitions of the Weak: Mao and Deng's Power Strategy*, no prelo.
19 Joe Studwell, *How Asia Works: Success and Failure in the World's Most Dynamic Region*, New York: Grove Press, 2013.
20 Ellen Hillbom e Jutta Bolt, *Botswana – A Modern Economic History: An African Diamond in the Rough*, Basingstoke, UK: Palgrave Macmillan, 2018.
21 Carl von Clausewitz, *On War*, Princeton, NJ: Princeton University Press, 1976 [1832].
22 Pritchett, "Divergence, Bigtime."

CAPÍTULO 13

1 Chinua Achebe, *Things Fall Apart*, New York: Anchor Books, 1958, p. 178.
2 W. Arthur Lewis, "Biographical", in *Nobel Lectures: Economics, 1969-1980*, org. Assar Lindbeck, Singapore: World Scientific Publishing Company, 1992 [1979], p. 395, republicado em NobelPrize.org, www.nobelprize.org/prizes/economic-sciences/1979/lewis/biographical.
3 W. Arthur Lewis, *The Evolution of the International Economic Order*, Princeton, NJ: Princeton University Press, 1978.
4 Aristotle, *Politics*, trad. B. Jowett, Oxford: Clarendon Press, 1885 [350 a.C.], p. 6.
5 W. E. B. Du Bois, "The Souls of White Folk", *The Collected Works of Du Bois*, e-artnow, 2018 [1903], s.p.
6 Doug Jones, "Toba? Or the Sperm Whale Effect?", *Logarithmic History*, 6 ago. 2017, https://logarithmichistory.wordpress.com/2017/08/05/toba-or-the-sperm-whale-effect-2.
7 Thomas Sowell e Lynn D. Collins, *Essays and Data on American Ethnic Groups*, Washington, DC: Urban Institute, 1978, p. 208.
8 Sheera Frenkel e Cecilia Kang, *An Ugly Truth: Inside Facebook's Battle for Domination*, New York: HarperCollins, 2021. Em minha visão, aqueles que acham que autores como Richard Herrnstein e Charles Murray estão só "fazendo perguntas" e "apresentando dados" (ver Richard Herrnstein e Charles Murray, *The Bell Curve: Intelligence and Class Structure in American Life*, New York:

Simon and Schuster, 1994), que então os levam a afirmar que existem diferenças raciais importantes e fundamentais na inteligência, baseadas na genética, devem refletir. Devem refletir que Charles Murray queimou uma cruz para tentar aterrorizar duas famílias negras que viviam no subúrbio do Meio-Oeste onde ele cresceu – e então tem a ousadia de afirmar que "não tem como haver um pensamento racista em nossas mentes simplórias. Estávamos inconscientes a esse ponto". Ver Jason DeParle, "Daring Research or 'Social Science Pornography'? Charles Murray", *New York Times*, 9 out. 1994, https://timesmachine.nytimes.com/timesmachine/1994/10/09/397547.html. Devem refletir sobre as fontes de sua própria ingenuidade e sobre as fontes de sua necessidade de acreditar que os negros são relativamente pobres nos Estados Unidos hoje não por causa da discriminação passada e presente, mas por causa de elementos imutáveis da natureza.

9 Abraham Lincoln e Stephen Douglas, "First Debate: Ottawa, Illinois", 21 ago. 1858, National Park Service, www.nps.gov/liho/learn/historyculture/debate1.htm.
10 Lincoln e Douglas, "First Debate."
11 Martin Luther King Jr., "I Have a Dream Today", 28 ago. 1963.
12 Lee Atwater, estrategista da campanha republicana, disse em 1981, em uma entrevista com Alexander P. Lamis, que o Partido Republicano não era uma organização racista porque, se fosse, suprimir o voto dos negros e reverter a Lei dos Direitos de Voto "teria sido uma parte central de manter o Sul [elegendo republicanos]". Mas agora, ele continuou, "eles não precisam fazer isso. Tudo o que você precisa fazer para manter o Sul é Reagan não sair do lugar nas questões [...] conservadorismo fiscal, equilíbrio do orçamento, corte de impostos – você sabe, aquele velho pacote – [e] ser duro com a defesa nacional". Atwater estava, portanto, muito esperançoso. Ele pode ou não ter acertado em 1981. Mas o teste decisivo que ele propôs sugere fortemente que ele estaria errado sobre o Partido Republicano dos Estados Unidos hoje. Lee Atwater, "Southern Strategy Interview", 1981, postado no YouTube em três partes por "john smith", 3 ago. 2013, www.youtube.com/watch?v=yeHFMIdDuNQ, www.youtube.com/watch?v=btW831W0o34 e www.youtube.com/watch?v=dxmh5vXyhzA.
13 Continental Congress, *Declaration of Independence*, 4 jul. 1776, transcrição no National Archives, www.archives.gov/founding-docs/declaration-transcript; Roger B. Taney, Dred Scott v. Sandford, 60 U.S. 393 (1856), *Justia*, https://supreme.justia.com/cases/federal/us/60/393; Harry V. Jaffa, *Crisis of the House Divided: An Interpretation of the Issues in the Lincoln-Douglas Debates*, Seattle: University of Washington Press, 1973; Harry V. Jaffa, *Storm over the Constitution*, New York: Lexington Books, 1999.
14 Tim Naftali, "Ronald Reagan's Long-Hidden Racist Conversation with Richard

Nixon", *Atlantic*, 30 jul. 2019, www.theatlantic.com/ideas/archive/2019/07/ronald-reagans-racist-conversation-richard-nixon/595102; George Stigler, "The Problem of the Negro", *New Guard* 5 (dez. 1965): 11-12.

15 Dan Ziblatt, *Conservative Parties and the Birth of Democracy*, Cambridge: Cambridge University Press, 2017.
16 Edmund S. Morgan, *American Slavery, American Freedom: The Ordeal of Colonial Virginia*, New York: W. W. Norton, 1975.
17 Charles Murray, *Losing Ground: American Social Policy, 1950-1980*, New York: Basic Books, 1984.
18 George Gilder, *Wealth and Poverty*, New York: ICS Press, 1981.
19 Daniel Patrick Moynihan, *The Negro Family: The Case for National Action*, Office of Policy Planning and Research, US Department of Labor, mar. 1965, texto completo em US Department of Labor, www.dol.gov/general/aboutdol/history/webid-moynihan.
20 Aristotle, *Politics*, p. 24.
21 Doug Jones, "The Patriarchal Age", *Logarithmic History*, 27 set. 2015, https://logarithmichistory.wordpress.com/2015/09/27/the-patriarchal-age; Monika Karmin, Lauri Saag, Mário Vicente, Melissa A. Wilson Sayres, Mari Järve, Ulvi Gerst Talas, Siiri Rootsi et al., "A Recent Bottleneck of Y Chromosome Diversity Coincides with a Global Change in Culture", *Genome Research* 25, n. 4 (abr. 2015): 459-466.
22 Claudia Goldin, *Understanding the Gender Gap: An Economic History of American Women*, New York: Oxford University Press, 1990.
23 Louis Menand, "How Women Got in on the Civil Rights Act", *New Yorker*, 21 jul. 2014, www.newyorker.com/magazine/2014/07/21/sex-amendment.
24 Goldin, *Understanding the Gender Gap*, p. 217.
25 Betty Friedan, *The Feminine Mystique*, New York: W. W. Norton, 1963, p. 474.

CAPÍTULO 14

1 Jean Fourastié, *Les Trente Glorieuses: Ou, la Révolution Invisible de 1946 à 1975*, Paris: Hachette Littérature, 1997 [1949].
2 Antonio Gramsci, "Americanism and Fordism", em *Selections from the Prison Notebooks of Antonio Gramsci*, London: Lawrence and Wishart, 1971 [1934], p. 277-320; Charles S. Maier, "Between Taylorism and Technocracy: European Ideologies and the Vision of Industrial Productivity in the 1920s", *Journal of Contemporary History* 5, n. 2 (1970): 27-61.
3 Martin Weitzman, "Prices Versus Quantities", *Review of Economic Studies* 41, n. 4 (out. 1974): 477-491.
4 Ronald Coase, "The Nature of the Firm", *Economica* 4, n. 16 (1937): 386-405.

5   Janos Kornai, *The Economics of Shortage*, Amsterdam: North-Holland, 1979.
6   Pense em Henry Simons, cofundador da Escola de Chicago, e sua crença de que a Comissão Federal de Comércio [Federal Trade Commision], e suas atividades como garantidora da confiança, deveria ser o braço mais importante e ativo do governo. Henry Simons, *Economic Policy for a Free Society*, Chicago: University of Chicago Press, 1948.
7   John Maynard Keynes, *The General Theory of Employment, Interest and Money*, London: Macmillan, 1936, cap. 24.
8   Franklin Delano Roosevelt, "First Inaugural Address", 4 mar. 1933, *American Presidency Project*, University of California, Santa Barbara, www.presidency.ucsb.edu/documents/inaugural-address-8.
9   Por um momento em sua carreira, Friedman apoiou-se em correlações históricas para alegar que uma se poderia tornar uma política monetária "neutra" automática. Mas como Charles Goodhart o alertou, as correlação históricas se esfarelaram assim que os bancos centrais começam a tentar se apoiar nelas como mecanismos de controle. Ver C. A. E. Goodhart, "Problems of Monetary Management: The UK Experience", em *Monetary Theory and Practice: The UK Experience*, London: Palgrave Macmillan, 1984, p. 91-121. Friedman refugiou-se então em uma posição do tipo "'neutro' é o que quer que funcione". Ver Timothy B. Lee, "Milton Friedman Would Be Pushing for Easy Money Today", *Forbes*, 1 jun. 2012, www.forbes.com/sites/timothylee/2012/06/01/milton-friedman-would-be-pushing-for-easy-money-today/?sh=76b918545b16.
10 Keynes, *General Theory*, cap. 24.
11 Employment Act of 1946, 15 U.S.C. § 1021, arquivado no Federal Reserve Archival System for Economic Research (FRASER), https://fraser.stlouisfed.org/title/employment-act-1946-1099; J. Bradford De Long, "Keynesianism, Pennsylvania Avenue Style: Some Economic Consequences of the Employment Act of 1946", *Journal of Economic Perspectives* 10, n. 3 (1996): 41-53.
12 Dwight D. Eisenhower, carta a Edgar Newton Eisenhower, 8 nov. 1954, disponível em Teaching American History, https://teachingamericanhistory.org/document/letter-to-edgar-newton-eisenhower/.
13 Thomas Piketty e Emmanual Saez, "Income Inequality in the United States", *Quarterly Journal of Economics* 118, n. 1 (fev. 2003): 1-39, https://eml.berkeley.edu/~saez/pikettyqje.pdf.
14 Nelson Lichtenstein, *The Most Dangerous Man in Detroit: Walter Reuther and the Fate of American Labor*, New York: Basic Books, 1995.
15 J. Bradford DeLong e Barry Eichengreen, "The Marshall Plan: History's Most Successful Structural Adjustment Program", em *Postwar Economic Reconstruction and Its Lessons for the East Today*, orgs. Rüdiger Dornbusch, Willem Nolling e Richard Layard, Cambridge, MA: MIT Press, 2003.

16 Charles Kindleberger, *Europe's Postwar Growth: The Role of Labor Supply*, Cambridge, MA: Harvard University, Center for International Affairs, 1967; Barry Eichengreen, *The European Economy Since 1945: Coordinated Capitalism and Beyond*, Princeton, NJ: Princeton University Press, 1947.
17 Marcel Mauss, *The Gift: The Form and Reason for Exchange in Archaic Societies*, New York: Routledge, 1990 [1950].
18 Robert Gordon, "Postwar Macroeconomics: The Evolution of Events and Ideas", *National Bureau of Economic Research* (NBER), artigo 459, mar. 1980, disponível em NBER, www.nber.org/system/files/working_papers/w0459/w0459.pdf.
19 Richard Nixon, *Six Crises*, New York: Doubleday, 1962.
20 Paul Volcker e Toyoo Gyohten, *Changing Fortunes: The World's Money and the Threat to American Leadership*, New York: Random House, 1992.
21 Arthur Burns, "Progress Towards Economic Stability", *American Economic Review* 50, n. 3 (mar. 1960): 1-19.
22 John Maynard Keynes, *The Economic Consequences of the Peace*, London: Macmillan, 1919, p. 220.
23 Keynes, *Economic Consequences*, p. 235-236.

CAPÍTULO 15

1 John Maynard Keynes, *The Economic Consequences of the Peace*, London: Macmillan, 1919, p. 22.
2 John Maynard Keynes, "Economic Possibilities for Our Grandchildren", republicado em John Maynard Keynes, *The Collected Writings of John Maynard Keynes*, vol. 9, *Essays in Persuasion*, Cambridge: Cambridge University Press, 2013, p. 328.
3 Gareth Dale, *Karl Polanyi: A Life on the Left*, New York: Columbia University Press, 2016. Também é uma leitura muito proveitosa Tim Rogan, *The Moral Economists: R. H. Tawney, Karl Polanyi, E. P. Thompson, and the Critique of Capitalism*, Princeton, NJ: Princeton University Press, 2017.
4 Joan Robinson, *The Cultural Revolution in China*, New York: Penguin, 1967; Jan Myrdal, *Report from a Chinese Village*, New York: Pantheon Books, 1965.
5 Robert Gordon, *The Rise and Fall of American Growth: The U.S. Standard of Living Since the Civil War*, Princeton, NJ: Princeton University Press, 2017.
6 William Nordhaus, *Retrospectives on the 1970s Productivity Slowdown*, Cambridge, MA: National Bureau of Economic Research, 2004.
7 Até que ponto Nixon e Kissinger aprovaram a triplicação do preço do petróleo (porque, tentando jogar xadrez 11D, eles pensaram que preços mais altos do petróleo beneficiariam os Estados Unidos ao dar ao xá iraniano, Mohammed

Reza Pahlavi, dinheiro para comprar armas e irritar a União Soviética) é algo que nunca consegui decifrar satisfatoriamente. O então secretário do Tesouro, William Simon, achou que essa era a opinião dominante e um erro terrível. V. H. Oppenheim, "See the Past: We Pushed Them", *Foreign Policy* 25 (1976-1977): 24-57; David M. Wight, *Oil Money: Middle East Petrodollars and the Transformation of US Empire*, Ithaca, NY: Cornell University Press, 2021.

8   Jonathon Hazell, Juan Herreño, Emi Nakamura e Jón Steinsson, "The Slope of the Phillips Curve: Evidence from U.S. States", *National Bureau of Economic Research* (NBER), artigo 28005, out. 2020, revisado em maio 2021, disponível em NBER, www.nber.org/papers/w28005; Olivier Blanchard, "The U.S. Phillips Curve: Back to the 60s?", *Peterson Institute for International Economics*, jan. 2016, https://www.piie.com/publications/policy-briefs/us-phillips-curve--back-60s.

9   John A. Farrell, *Richard Nixon: The Life*, New York: Doubleday, 2017.

10 Martin Feldstein, "Introduction", em *The American Economy in Transition*, org. Martin Feldstein, Chicago: University of Chicago Press, 1980, p. 1-8; Albert O. Hirschman, *The Rhetoric of Reaction: Perversity, Futility, Jeopardy*, Cambridge, MA: Belknap Press of Harvard University Press, 1991.

11 Eric Hobsbawm, *Age of Extremes: The Short Twentieth Century, 1914-1991*, London: Michael Joseph, 1984, p. 460.

12 Ver a entrevista de Eric Hobsbawm a Michael Ignatieff, "The Late Show – Eric Hobsbawm – Age of Extremes (24 out. 1994)", YouTube, postado por "tw19751", 6 nov. 2012, https://www.youtube.com/watch?v=Nnd2Pu9NNPw; Sarah Lyall, "A Communist Life with No Apologies", *New York Times*, 23 ago. 2003, www.nytimes.com/2003/08/23/books/a-communist-life-with-no-apology.html.

13 George Stigler, "The Problem of the Negro", *New Guard* 5 (dez. 1965): 11-12, disponível em Digressions and Impressions, website de Eric Schliesser, https://digressionsnimpressions.typepad.com/digressionsimpressions/2020/06/stigler-racism.html.

14 Paul Volcker e Toyoo Gyohten, *Changing Fortunes: The World's Money and the Threat to American Leadership*, New York: Random House, 1992. Volcker se lembra de ter dito a Burns "com certa exasperação", quando Burns presidia o Fed: "Arthur [...] é melhor você ir pra casa e fazer uma política monetária restritiva". Ver também Arthur Burns, "Progress Towards Economic Stability", *American Economic Review* 50, n. 3 (mar. 1960): 1-19.

15 Stuart Eizenstat, "Economists and White House Decisions", *Journal of Economic Perspectives* 6, n. 3 (1992): 65-71.

16 Barrie Wigmore e Peter Temin, "The End of One Big Deflation", *MIT Department of Economics*, artigo 503, 1988, https://dspace.mit.edu/bitstream/hand-

le/1721.1/63586/endofonebigdefla00temi.pdf; Thomas Sargent, "Stopping Moderate Inflations: The Methods of Poincaré and Thatcher", *Federal Reserve Bank of Minneapolis*, artigo W, maio 1981, JSTOR, www.jstor.org/stable/10.2307/community.28111603; Laurence Ball, "The Genesis of Inflation and the Costs of Disinflation", *Journal of Money, Credit and Banking* 23, n. 3, Part 2: Price Stability (ago. 1991): 439-452.

17　Laurence Ball, "What Determines the Sacrifice Ratio?", em *Monetary Policy*, ed. N. Gregory Mankiw, Chicago: University of Chicago Press, 1994, p. 155-194.

18　Martin Feldstein, "The Dollar and the Trade Deficit in the 1980s: A Personal View", *National Bureau of Economic Research* (NBER), artigo 4325, abr. 1993, disponível em NBER, www.nber.org/system /files/working_papers/w4325/w4325.pdf.

19　Milton Friedman e Rose Friedman, *Free to Choose: A Personal Statement*, New York: Avon, 1979.

20　Bill Clinton, "Address Before a Joint Session of the Congress on the State of the Union", 23 jan. 1996, *American Presidency Project*, University of California, Santa Barbara, www.presidency.ucsb.edu/documents/address-before-joint-session-the-congress-the-state-the-union-10.

21　Barack Obama, "Address Before a Joint Session of the Congress on the State of the Union", 27 jan. 2010, *American Presidency Project*, University of California, Santa Barbara, www.presidency.ucsb.edu/documents/address-before-joint-session-the-congress-the-state-the-union-17.

22　Martín Carcasson, "Ending Welfare as We Know It: President Clinton and the Rhetorical Transformation of the Anti-Welfare Culture", *Rhetoric and Public Affairs* 9, n. 4 (2006): 655-692.

23　Alwyn W. Turner, *A Classless Society: Britain in the 1990s*, London: Aurum Press, 2013.

24　J. Bradford DeLong, "Private Accounts: Add-on, Not Carve-Out", *Grasping Reality*, 3 maio 2005, https://delong.typepad.com/sdj/2005/05/private_account.html.

25　Thomas Piketty e Emmanuel Saez, "Income Inequality in the United States, 1913-1998", *Quarterly Journal of Economics* 118, n. 1 (fev. 2003): 1-39, https://eml.berkeley.edu/~saez/pikettyqje.pdf.

26　Takashi Negishi, "Welfare Economics and Existence of an Equilibrium for a Competitive Economy", *Metroeconomica* 12 (jun. 1960): 92-97.

27　Jeremias, 7:18.

28　"Globalization over Five Centuries, World", *Our World in Data*, https://ourworldindata.org/grapher/globalization-over-5-centuries?country= ~OWID_WRL.

29 Thomas Piketty, *Capital in the Twenty-First Century*, Cambridge, MA: Harvard University Press, 2014.
30 Rosa Luxemburg, *The Russian Revolution*, New York: Workers' Age Publishers, 1940 [1918].
31 Yegor Gaidar, "The Soviet Collapse: Grain and Oil", *American Enterprise Institute for Public Policy Research*, abr. 2007, www.aei.org/wp-content/uploads/2011/10/20070419_Gaidar.pdf.

CAPÍTULO 16

1 Michael Kremer, Jack Willis e Yang You, "Converging to Convergence", em *NBER Macroeconomics Annual 2021*, vol. 36, orgs. Martin S. Eichenbaum e Erik Hurst, Chicago: University of Chicago Press, 2021, disponível em National Bureau of Economic Research, www.nber.org/books-and-chapters/nber-macroeconomics-annual-2021-volume-36/converging-convergence.
2 Alan S. Blinder e Janet Louise Yellen, *The Fabulous Decade: Macroeconomic Lessons from the 1990s*, New York: Century Foundation, 2001; Dale W. Jorgenson, Mun S. Ho e Kevin J. Stiroh, "A Retrospective Look at the U.S. Productivity Growth Resurgence", *Journal of Economic Perspectives* 22, n. 1 (2008): 3-24, disponível em American Economic Association, https://pubs.aeaweb.org/doi/pdfplus/10.1257/jep.22.1.3.
3 Marc Levinson, *The Box: How the Shipping Container Made the World Smaller and the World Economy Bigger*, Princeton, NJ: Princeton University Press, 2008.
4 David S. Landes, *The Unbound Prometheus: Technological Change and Industrial Development in Western Europe from 1750 to the Present*, Cambridge, UK: Cambridge University Press, 1969; Robert S. Gordon, *The Rise and Fall of American Growth: The U.S Standard of Living since the Civil War*, Princeton, NJ: Princeton University Press, 2016.
5 Elhanan Helpman, *General Purpose Technologies and Economic Growth*, Cambridge, MA: MIT Press, 1998.
6 Paul E. Ceruzzi, *Computing: A Concise History*, Cambridge, MA: MIT Press, 2012.
7 Gordon Moore, "Cramming More Components onto Integrated Circuits", *Electronics* 38, n. 8 (abr. 1965), disponível em https://www.cs.utexas.edu/~fussell/courses/cs352h/papers/moore.pdf.
8 "EUV Lithography Systems: TwinScan NXE:3400", *ASML*, www.asml.com/en/products/euv-lithography-systems/twinscan-nxe3400c.
9 Richard Baldwin, *The Great Convergence: Information Technology and the New Globalization*, Cambridge, MA: Harvard University Press, 2016.
10 Dani Rodrik, *Has Globalization Gone Too Far?*, Washington, DC: Institute for

International Economics, 1997; David Autor, "Work of the Past, Work of the Future", *American Economic Association Papers and Proceedings* 109 (2019): 1-32; J. Bradford DeLong, "NAFTA and Other Trade Deals Have Not Gutted American Manufacturing – Period", *Vox*, 24 jan. 2017, www.vox.com/the-big-idea/2017/1/24/14363148/trade-deals-nafta-wto-china-job-loss-trump.

CAPÍTULO 17

1. John Fernald, "Productivity and Potential Output Before, During, and After the Great Recession", *National Bureau of Economic Research* (NBER), artigo 20248, jun. 2014, disponível em NBER, www.nber.org/papers/w20248.
2. James H. Stock e Mark W. Watson, "Has the Business Cycle Changed, and Why?", *NBER Macroeconomics Annual* 17 (2002): 159-230, disponível em National Bureau of Economic Research, www.nber.org/system/files/chapters/c11075/c11075.pdf.
3. Amanda Robb, "Anatomy of a Fake News Scandal", *Rolling Stone*, 16 nov. 2017, www.rollingstone.com/feature/anatomy-of-a-fake-news-scandal-125877.
4. Barack Obama, "2004 Democratic National Convention Speech", *PBS NewsHour*, 27 jul. 2004, https://www.pbs.org/newshour/show/barack-obamas-keynote-address-at-the-2004-democratic-national-convention.
5. J. Bradford DeLong, "This Time, It Is Not Different: The Persistent Concerns of Financial Macroeconomics", em *Rethinking the Financial Crisis*, orgs. Alan Blinder, Andrew Lo e Robert Solow, New York: Russell Sage Foundation, 2012.
6. Warren Buffett, carta do CEO da Berkshire-Hathaway, 28 fev. 2002, Berkshire-Hathaway, www.berkshirehathaway.com/2001ar/2001letter.html.
7. Olivier Blanchard e Lawrence Summers, "Hysteresis and the European Unemployment Problem", *National Bureau of Economic Research* (NBER), artigo 1950, *NBER Macroeconomics Annual* 1 (1986): 15-78, disponível em NBER, www.nber.org/papers/w1950.
8. Esse consenso é representado por Ben Bernanke, "Japanese Monetary Policy: A Case of Self-Induced Paralysis?", Princeton University, dez. 1999, www.princeton.edu/~pkrugman/bernanke_paralysis.pdf; Kenneth Rogoff, "Comment on Krugman", *Brookings Papers on Economic Activity* 2 (1998): 194-199, www.brookings.edu/wp-content/uploads/1998/06/1998b_bpea_krugman_dominquez_rogoff.pdf.
9. Raghuram Rajan, "Has Financial Development Made the World Riskier?", em *The Greenspan Era: Lesson for the Future*, Kansas City: Federal Reserve Bank of Kansas City, 2005, p. 313-369, www.kansascityfed.org/documents/3326/PDF-Rajan2005.pdf. A outra Cassandra mais proeminente foi Paul Krugman.

Ver seu ensaio "It's Baaack: Japan's Slump and the Return of the Liquidity Trap", *Brookings Papers on Economic Activity* 199, n. 2 (1998): 137-187; e seu livro *The Return of Depression Economics*, New York: Norton, 1999.

10 "What Should Economists and Policymakers Learn from the Financial Crisis?", London School of Economics, 25 mar. 2013, www.lse.ac.uk/lse-player?id=1856.

11 "What Should Economists and Policymakers Learn [...]?"

12 Carol Loomis, "Robert Rubin on the Job He Never Wanted", *Fortune*, 26 nov. 2007, disponível em Boston University Economics Department, www.bu.edu/econ/files/2011/01/Loomis.pdf.

13 Ver, por exemplo, Chris Giles, "Harvard President Warns on Global Imbalances", *Financial Times*, 28 jan. 2006, https://www.ft.com/content/f925a9e0-9035-11da-9e7e-0000779e2340; Maurice Obstfeld e Kenneth Rogoff, "The Unsustainable U.S. Current Account Position Revisited", em *G7 Current Account Imbalances: Sustainability and Adjustment*, org. Richard Clarida, Chicago: University of Chicago Press, 2007, p. 339-375, disponível em National Bureau of Economic Research, www.nber.org/system/files/chapters/c0127/c0127.pdf.

14 Palestra para o Center for Research in Security Prices (CRSP) Forum, Gleacher Center, University of Chicago, citada em John Lippert, "Friedman Would Be Roiled as Chicago Disciples Rue Repudiation", *Bloomberg*, 23 dez. 2008, disponível em "John Lippert on the Chicago School", *Brad DeLong's Egregious Moderation*, blog, 30 dez. 2008.

15 Brad Setser, "Bernanke's Global Savings Glut", *Council on Foreign Relations*, 21 maio 2005, www.cfr.org/blog/bernankes-global-savings-glut.

16 O melhor panorama é, acredito, Barry J. Eichengreen, *Hall of Mirrors: The Great Depression, the Great Recession, and the Uses – and Misuses – of History*, New York: Oxford University Press, 2015.

17 John Stuart Mill, *Essays on Some Unsettled Questions in Political Economy*, London: John W. Parker, 1844 [1829].

18 Nick Rowe, "Money Stocks and Flows", *Worthwhile Canadian Initiative*, 11 set. 2016, https://worthwhile.typepad.com/worthwhile_canadian_initi/2016/09/money-stocks-and-flows.html.

19 Hyman Minsky, *Stabilizing an Unstable Economy*, New Haven, CT: Yale University Press, 1986; Charles P. Kindleberger, *Manias, Panics, and Crashes: A History of Financial Crises*, New York: Basic Books, 1978.

20 J. Bradford DeLong, "John Stewart Mill vs. the European Central Bank", *Project Syndicate*, 29 jul. 2010, https://www.project-syndicate.org/commentary/john-stewart-mill-vs--the-european-central-bank-2010-07; Ricardo J. Caballero, Emmanuel Farhi e Pierre-Olivier Gourinchas, "The Safe Assets Shortage Conundrum", *Journal of Economic Perspectives* 31, n. 3 (2017): 29-46,

disponível em American Economic Association, https://pubs.aeaweb.org/doi/pdfplus/10.1257/jep.31.3.29.
21 Donald Kohn, "Financial Markets and Central Banking", *Board of Governors of the Federal Reserve System*, 28 nov. 2007, www.federalreserve.gov/newsevents/speech/kohn20071128a.htm.
22 Para uma visão minha contemporânea ao desenvolvimento da Grande Recessão, ver J. Bradford DeLong, "Battered but not and Beaten", GitHub, 29 out. 2010, https://github.com/braddelong/public-files/blob/master/2010-10-29-battered-and-beaten.pdf.
23 Walter Bagehot, *Lombard Street: A Description of the Money Market*, London: Henry S. King, 1873.
24 Alan Blinder e Mark Zandi, "The Financial Crisis: Lessons for the Next One", *Center on Budget and Policy Priorities*, 15 out. 2015, www.cbpp.org/sites/default/files/atoms/files/10-15-15pf.pdf.
25 Acrônimos para Troubled Asset Relief Program [Programa de Alívio para Investimentos em Problemas], Term-Asset Backed Security Loan Facility [Linha de Empréstimo de Títulos Garantidos], Home Affordable Modification Program [Programa de Modificações Acessíveis para Casas] e American Recovery and Reinvestment Act [Lei de Recuperação e Reinvestimento].
26 "Gore vs. Kemp: The 1996 Vice-Presidential Debate", *YouTube*, postado por PBS NewsHour, 26 set. 2020, www.youtube.com/watch?v=HZCcSTz1qLo.
27 Lawrence Summers, "The Age of Secular Stagnation", *Foreign Affairs*, mar./abr. 2016, www.foreignaffairs.com/articles/united-states/2016-02-15/age-secular--stagnation.
28 Ver Olivier J. Blanchard, "Public Debt and Low Interest Rates", *American Economic Association*, 4 jan. 2019, www.aeaweb.org/webcasts/2019/aea-presidential-address-public-debt-and-low-interest-rates.
29 Barack Obama, "Remarks by the President in State of the Union Address", White House, President Barack Obama, 27 jan. 2010, https://obamawhitehouse.archives.gov/the-press-office/remarks-president-state-union-address.
30 John Maynard Keynes, "How to Avoid a Slump", *The Times*, 12-14 jan. 1937, republicado por John Maynard Keynes, *Collected Writings of John Maynard Keynes*, vol. 21, Activities, 1931-1939: World Crises and Policies in Britain and America, Cambridge: Cambridge University Press, 1982, p. 390.
31 Ben Bernanke, "The Near-and Longer-Term Prospects for the U.S. Economy", 26 ago. 2011, arquivado em Federal Reserve Archival System for Economic Research (FRASER), https://fraser.stlouisfed.org/title/statements-speeches--ben-s-bernanke-453/near-longer-term-prospects-us-economy-9116; Cf. J. Bradford DeLong, "Ben Bernanke's Dream World", *Project Syndicate*, 30 ago. 2011, www.project-syndicate.org/commentary/ben-bernanke-s-dream-world.

32 Josh Bivens, "The Reinhart and Rogoff Magical 90 Percent Threshold Loses Its Magic?", *Economic Policy Institute*, 16 abr. 2013, www.epi.org/blog/reinhart--rogoff-magical-90-percent-threshold.

33 Ben Bernanke, "Japanese Monetary Policy: A Case of Self-Induced Paralysis?", Princeton University, dez. 1999, p. 14-15, www.princeton.edu/~pkrugman/bernanke_paralysis.pdf.

34 J. Bradford DeLong, "Understanding the Lesser Depression" (esboço), *Grasping Reality*, ago. 2011, https://delong.typepad.com/delong_long_form/2011/09/understanding-the-lesser-depression-incomplete-draft.html.

35 Adam Tooze, *Crashed: How a Decade of Financial Crises Changed the World*, New York: Penguin, 2018.

36 "Franklin Delano Roosevelt Speeches: Oglethorpe University Address. The New Deal", 22 maio 1932, *Pepperdine School of Public Policy*, https://publicpolicy.pepperdine.edu/academics/research/faculty-research/new-deal/roosevelt-speeches/fr052232.htm.

37 Geoffrey Ward, *A First-Class Temperament: The Emergence of Franklin Roosevelt, 1905-1928*, New York: Vintage, 2014, p. xv; Randy Roberts, "FDR in the House of Mirrors", *Reviews in American History* 18, n. 1 (mar. 1990): 82-88.

38 Obama, 2010 State of the Union Address.

39 Cliff Asness et al., "Open Letter to Ben Bernanke", *Wall Street Journal*, 15 nov. 2010, www.wsj.com/articles/BL-REB-12460.

40 Leopold von Ranke, "Preface: Histories of the Latin and Germanic Nations from 1494-1514", citado em Fritz Stern, *The Varieties of History*, Cleveland, OH: Meridian Books, 1956, p. 57; Max Weber, *From Max Weber: Essays in Sociology*, org. e trad. C. Wright Mills e Hans Heinrich Gerth, New York: Oxford University Press, 1946, p. 95.

CONCLUSÃO

1 John Maynard Keynes escreveu duas cartas importantes a Roosevelt na década de 1930, ambas o instando a ser mais keynesiano: que gastasse menos energia na reforma estrutural social-democrata e mais simplesmente no retorno ao pleno emprego. Ver John Maynard Keynes, "An Open Letter to President Roosevelt", *New York Times*, 31 dez. 1933, www.nytimes.com/1933/12/31/archives/from-keynes-to-roosevelt-our-recovery-plan-assayed-the-british.html; John Maynard Keynes to President Franklin Roosevelt, 1 fev. 1938, facsimile no meu website https://delong.typepad.com/19380201-keynes-to-roosevelt.pdf.

2 Eric Hobsbawm, *Age of Extremes: The Short Twentieth Century, 1914-1991*, London: Michael Joseph, 1984.

3 Hebreus 11:1.
4 John Stuart Mill, *Principles of Political Economy, with Some of Their Applications to Social Philosophy*, London: Longmans, Green, Reader, and Dyer, 1873, p. 455. Na visão de Mill, a classe trabalhadora pouco qualificada não conseguiria ser judiciosa, e no entanto somente após a chegada da utopia é que os recursos *per capita* existiram para educá-la adequadamente.
5 "President Franklin Roosevelt's Annual Message (Four Freedoms) to Congress", 6 jan. 1941, *Our Documents*, https://www.archives.gov/milestone-documents/president-franklin-roosevelts-annual-message-to-congress.
6 Adam Serwer, *The Cruelty Is the Point: The Past, Present, and Future of Trump's America*, New York: One World Books, 2021.
7 Will Steakin, "Trump Dismisses Pandemic, Rips Fauci as 'Disaster' in Campaign All-Staff Call", *ABC News*, 19 out. 2020, https://abcnews.go.com/Politics/trump-dismisses-pandemic-rips-fauci-disaster-campaign-staff/story?id=73697476; Benjamin Din, "Trump Lashes Out at Fauci and Birx After CNN Documentary", *Politico*, 29 mar. 2021, www.politico.com/news/2021/03/29/trump-fauci-birx-cnn-documentary-478422; "'Fire Fauci' Chant Erupts at Trump Rally as Tensions Simmer", *YouTube*, postado por "Bloomberg Quicktake: Now", 2 nov. 2020, www.youtube.com/watch?v=n-WBqeTXKdTQ.
8 Ver Publius Decius Mus, "The Flight 93 Election", *Claremont Review of Books*, 5 set. 2016, https://claremontreviewofbooks.com/digital/the-flight-93-election.
9 John Maynard Keynes, *Essays in Biography*, London: Macmillan, 1933, republicado em John Maynard Keynes, *Collected Writings*, vol. 10, Cambridge: Cambridge University Press, 2013, p. 66-67.
10 Francis Bacon e Tomasso Campanella, *New Atlantis and City of the Sun: Two Classic Utopias*, New York: Dover, 2018.
11 John Maynard Keynes, *The Economic Consequences of the Peace*, London: Macmillan, 1919, p. 9, 12.
12 Aristotle, *Politics*, trad. Ernest Barker, Oxford: Oxford University Press, 2009 [350 a.C.], p. 14, 1253b-1254a.

Editora Planeta Brasil | 20 ANOS
Acreditamos nos livros

Este livro foi composto em Adobe Garamond Pro
e impresso pela Gráfica Santa Marta para a Editora
Planeta do Brasil em janeiro de 2024.